Droit constitutionnel

Séquences

collection conçue et dirigée par

Jean-Sylvestre Bergé

SÉ-
QUEN
-CES

Droit constitutionnel

2021

Arnaud Haquet
Professeur à l'Université de Rouen Normandie

DALLOZ

DALLOZ

31-35, rue Froidevaux – 75685 Paris cedex 14

978-2-247-20765-7

Sommaire

Bibliographie

Ouvrages généraux

- Philippe Ardant et Bertrand Mathieu, *Institutions politiques et droit constitutionnel*, Paris, LGDJ, coll. « Manuels », 32e éd., 2020.
- Denis Baranger, *Le droit constitutionnel*, Paris, PUF, coll. « Que sais-je ? », 7e éd., 2017.
- Philippe Blachèr, *Droit constitutionnel*, Hachette, coll. « Les Fondamentaux », 7e éd., 2020.
- Julien Boudon, *Manuel de droit constitutionnel*, Tome 1, *Théorie générale, histoire, régimes étrangers*, Paris, PUF, coll. « Droit fondamental », 3e éd., 2021 ; Tome 2, *La Ve République*, Paris, PUF, coll. « Droit fondamental », 3e éd., 2020.
- Carolina Cerda-Guzman, *Cours de droit constitutionnel et des institutions de la Ve République*, Paris, Gualino, coll. « Amphi LMD », 6e éd., 2020.
- Dominique Chagnollaud de Sabouret, Pierre de Montalivet, *Droit constitutionnel contemporain, 1. Théorie générale, Régimes étrangers, Histoire*, Paris, Dalloz, coll. « Cours », 10e éd., 2019 ; Dominique Chagnollaud de Sabouret, Aurélien Baudu, *Droit constitutionnel contemporain, 2. La constitution de la Ve République*, Paris, Dalloz, coll. « Cours », 9e éd., 2019.
- Bernard Chantebout, *Droit constitutionnel*, Paris, Sirey, 32e éd., 2015.
- Marie-Anne Cohendet, *Droit constitutionnel*, Paris, LGDJ, coll. « LMD », 4e éd., 2019.
- Vlad Constantinesco et Stéphane Pierré-Caps, *Droit constitutionnel*, Paris, PUF, coll. « Thémis », 7e éd., 2016.
- Roland Debbasch, *Droit constitutionnel*, Paris, LexisNexis, coll. « Objectif droit », 12e éd., 2019.
- Olivier Duhamel et Guillaume Tusseau, *Droit constitutionnel et Institutions politiques*, Paris, Seuil, 5e éd., 2019.
- Louis Favoreu, Patrick Gaïa, Richard Ghevontian, Jean-Louis Mestre, Otto Pfersmann, André Roux, Guy Scoffoni, *Droit constitutionnel 2021*, Paris, Dalloz, coll. « Précis », 23e éd., 2020.
- Jean Gicquel et Jean-Éric Gicquel, *Droit constitutionnel et institutions politiques*, Paris, LGDJ, coll. « Précis Domat », 34e éd., 2020.
- Olivier Gohin, *Droit constitutionnel*, Paris, LexisNexis, coll. « Les manuels », 4e éd., 2019.
- Francis Hamon et Michel Troper, *Droit constitutionnel*, Paris, LGDJ, 41e éd., 2020.

- Jacky Hummel, *Essai sur la destinée de l'art constitutionnel*, Paris, éd. Michel Houdiard, 2010.
- Michel Lascombe et Gilles Toulemonde, *Le droit constitutionnel de la Ve République*, Paris, L'Harmattan, coll. « Logiques juridiques », 13e éd., 2015.
- Anne-Marie Le Pourhiet, *Droit constitutionnel*, Paris, Economica, coll. « Corpus droit public », 10e éd., 2020.
- Ferdinand Mélin-Soucramanien et Pierre Pactet, *Droit constitutionnel*, Paris, Sirey, 39e éd., 2020.
- Éric Oliva et Sandrine Giummarra, *Droit constitutionnel*, Paris, Sirey, coll. « Aide-mémoire », 9e éd., 2017.
- Hugues Portelli et Thomas Ehrhard, *Droit constitutionnel*, Paris, Dalloz, coll. « Hypercours », 13e éd., 2019.
- Romain Rambaud, *Droit des élections et des référendums politiques*, Paris, LGDJ, 2019.
- Frédéric Rouvillois, *Droit constitutionnel, 1. Fondements et pratiques*, Paris, Flammarion, coll. « Champs Université », 7e éd., 2021 ; *Droit constitutionnel, 2. La Ve République*, Paris, Flammarion, coll. « Champs Université », 6e éd., 2019.
- Gilles Toulemonde, *L'essentiel des institutions de la Ve République*, 8e éd., Gualino, 2020 ; Gilles Toulemonde et Isabelle Thumerel, *L'essentiel des principes fondamentaux de droit constitutionnel*, 8e éd., Gualino, 2020.
- Michel Troper et Dominique Chagnollaud (dir.), *Traité international de droit constitutionnel* ; tome 1 : *Théorie de la Constitution* ; tome 2 : *Distribution des pouvoirs* ; tome 3 : *Suprématie de la Constitution*, Paris, Dalloz, 2012.
- Pauline Türk, *Principes fondamentaux de droit constitutionnel*, Paris, 13e éd. Gualino, coll. « Mémentos LMD », 2020 ; *Les institutions de la Ve République*, Paris, Gualino, 13e éd., 2020.
- Michel Verpeaux, *Droit constitutionnel français*, Paris, PUF, Coll. « Droit fondamental », 2e éd., 2015.
- Michel Verpeaux, *La constitution*, Paris, Dalloz, coll. « Connaissance du droit », 2e éd., 2016.
- Elisabeth Zoller et Wanda Mastor, *Droit constitutionnel*, Paris, PUF, 3e éd., 2021.

Dictionnaires et lexiques

- Pierre Avril et Jean Gicquel, *Lexique de droit constitutionnel*, Paris, PUF, coll. « Que sais-je ? », 6e éd., 2020.
- Marie-Anne Cohendet, *Droit constitutionnel*, Paris, LGDJ, coll. « Focus », 5e éd., 2011.
- Olivier Nay (dir.), *Lexique de science politique*, Paris, Dalloz, 4e éd., 2017.
- Michel de Villiers et Armel Le Divellec, *Dictionnaire du droit constitutionnel*, Paris, Sirey, 12e éd., 2020.

Textes constitutionnels

- Jacques Godechot et Hervé Faupin, *Les Constitutions de la France depuis 1789*, Paris, Flammarion, 2018.
- Ferdinand Mélin-Soucramanien, *Constitution de la République française*, Paris, Dalloz, 18e éd., 2020.
- Ferdinand Mélin-Soucramanien, *Les grandes démocraties. Constitutions des États-Unis, de l'Allemagne, de l'Espagne et de l'Italie*, Paris, Dalloz, 2018.
- Stéphane Rials, *Textes constitutionnels français*, Paris, PUF, Coll. « Que sais-je ? », 32e éd., 2020.
- Stéphane Rials, Julien Boudon, *Textes constitutionnels étrangers*, Paris, PUF, Coll. « Que sais-je ? », 16e éd., 2017.
- Anne-Charlène Bezzina et Michel Verpeaux, *Textes constitutionnels et politiques*, Paris, PUF, coll. « Thémis », 2018.

Quelques classiques :

- Pellegrino Rossi, *Cours de droit constitutionnel*, 1835 (rééd. Dalloz, 2012, avec une introduction de Julien Boudon).
- Maurice Hauriou, *Précis élémentaire de droit constitutionnel*, Paris, Recueil Sirey, 2e éd., 1930.
- Georg Jellinek, *L'État moderne et son droit*, Giard et Brière, vol. I, 1911 ; vol. II, 1913.
- Adhémar Esmein, *Éléments de droit constitutionnel français et comparé*, Sirey, 6e éd., 1914.
- Raymond Carré de Malberg, *Contribution à la Théorie générale de l'État*, Sirey, t. I, 1920 ; t. II, 1922 (rééd. Dalloz, 2004).
- Léon Duguit, *Traité de droit constitutionnel*, T. 1er, Paris, E. de Boccard, 1921.
- Joseph Barthélémy et Paul Duez, *Traité de droit constitutionnel*, Dalloz, 2e éd., 1933 (rééd. Panthéon-Assas, 2004).
- Georges Burdeau, *Traité de Science politique*, Paris, LGDJ, dix tomes, 2e éd., de 1966 à 1977.
- Georges Burdeau, *L'État*, Paris, Seuil, 1970.
- Marcel Prélot, *Institutions politiques et droit constitutionnel*, Paris, Dalloz, 4e éd., 1969.
- Jean-Louis Quermonne, *Les régimes politiques occidentaux*, Paris, Seuil, 1994.
- Maurice Duverger, *Les partis politiques*, Paris, A. Colin, 5e éd., 1964.
- Maurice Duverger, *Les grands systèmes politiques*, Paris, PUF, 18e éd., 1990.
- Maurice Duverger, *Le système politique français*, Paris, PUF, 21e éd., 1996.
- Georges Vedel, *Manuel élémentaire de droit constitutionnel*, Paris, Sirey, 1949 (réimp. Dalloz, 2002).

- André Hauriou, *Droit constitutionnel et institutions politiques*, Paris, Montchrestien, 1re éd., 1966 (auj. 30e éd. par Jean Gicquel et Jean-Eric Gicquel).

Droit constitutionnel comparé

- Andreas Auer, Giorgio Malinverni, Michel Hottelier, *Droit constitutionnel suisse*, Berne, Stämpfli, 2013, 3e éd., vol. I (L'État).
- Pierre Bon et Didier Maus (dir.), *Les grandes décisions des cours constitutionnelles européennes*, Paris, Dalloz, 2008.
- Henri Brun, Guy Tremblay et Eugénie Brouillet, *Droit constitutionnel (Canada)*, Cowansville, Éd. Yvon Blais, 6e éd., 2014.
- Anne Deysine, *La Cour suprême des États-Unis*, Paris, Dalloz, 2015.
- Han Dayuan et Ferdinand Mélin-Soucramanien, *Le contrôle de constitutionnalité en France et en Chine*, Paris, Dalloz, 2014.
- Michel Fromont, *Justice constitutionnelle comparée*, Paris, Dalloz, 2013.
- Louis Favoreu, Wanda Mastor, *Les cours constitutionnelles*, Paris, Dalloz, coll. « Connaissance du droit », 2e éd., 2016.
- Hélène Ruiz Fabri, Constance Grewe, *Droits constitutionnels européens*, Paris, PUF, coll. « Droit fondamental », 1995.
- Francis Hamon et Céline Wiener, *La justice constitutionnelle en France et à l'étranger*, Paris, LGDJ, coll. « Systèmes », 2011.
- Philippe Lauvaux, Armel Le Divellec, *Les grandes démocraties contemporaines*, Paris, PUF, coll. « Droit fondamental », 4e éd., 2015.
- Yves Lejeune, *Droit constitutionnel belge*, Larcier, 3e éd., 2017.
- Jean-Pierre Massias (dir.), *Droit constitutionnel des États d'Europe de l'Est*, Paris, Paris, PUF, coll. « Droit fondamental », 2e éd., 2008.
- Stéphane Pierré-Caps, *Droits constitutionnels étrangers*, Paris, PUF, coll. « Quadrige », 2015.
- Stéphane Pinon, *Les systèmes constitutionnels dans l'Union européenne : Allemagne, Espagne, Italie et Portugal*, Larcier, 2015.
- Marie-Claire Ponthoreau, *Droit(s) constitutionnel(s) comparé(s)*, Paris, Economica, coll. « Corpus droit public », 2010.
- Luc Sindjoun, *Les grandes décisions de la justice constitutionnelle africaine*, Bruxelles, Bruylant, 2009.
- Guillaume Tusseau, *Contentieux constitutionnel comparé. Une introduction critique au droit processuel constitutionnel*, Paris La Défense, Lextenso, 2021.
- Marc Verdussen, *Justice constitutionnelle*, Bruxelles, Larcier, 2012.
- Elisabeth Zoller, *Grands arrêts de la Cour suprême des États-Unis*, Paris, Dalloz, 2010.

Commentaires de la Constitution française de 1958

- Guy Carcassonne et Marc Guillaume, *La Constitution*, Paris, Seuil, coll. « Points », 15e éd., 2019.

- Philippe Blachèr et Jean Garrigues, *La Constitution de 1958 à nos jours*, Paris, La doc. F., 2019.
- Jean-Eric Gicquel, *Comprendre la Constitution de 1958*, Paris, LexisNexis, 2014.
- Simon Formery, *La Constitution commentée*, Paris, Hachette, 23e éd., coll. « Les Fondamentaux », 2020.
- Michel Lascombe, *Code constitutionnel et des droits fondamentaux 2021*, Paris, Dalloz, 10e éd., 2020.
- Thierry S. Renoux, Michel de Villiers et Xavier Magnon (dir.), *Code constitutionnel 2021*, Paris, LexisNexis, 10e éd., 2020.

Sur le contentieux constitutionnel

- Pierre Avril, Jean Gicquel, *Le Conseil constitutionnel*, Paris, Montchrestien, coll. « Clefs », 6e éd., 2011.
- Julien Bonnet et Pierre-Yves Gahdoun, *La question prioritaire de constitutionnalité*, Paris, PUF, Coll. « Que sais-je ? », 2014.
- Emmanuel Cartier, *La QPC, le procès et ses juges*, Dalloz, 2013.
- Mathieu Disant, *Droit de la question prioritaire de constitutionnalité*, Lamy, 2011.
- Guy Carcassonne, Olivier Duhamel et Aurélie Duffy, *La question prioritaire de constitutionnalité*, Paris, Dalloz, coll. « À savoir », 2e éd., 2015.
- Guillaume Drago, *Contentieux constitutionnel français*, Paris, PUF, coll. « Thémis Droit », 5e éd., 2020.
- Pierre Esplugas-Labatut, *Le Conseil constitutionnel*, Dalloz, 9e éd., 2020.
- Louis Favoreu, Loïc Philip et Patrick Gaïa, Richard Ghevontian, Ferdinand Mélin-Soucramanien, Éric Oliva, André Roux, *Les grandes décisions du Conseil constitutionnel (GDCC)*, Paris, Dalloz, 19e éd., 2018.
- Valérie Goesel-Le Bihan, *Contentieux constitutionnel*, Ellipses, coll. « Cours magistral », 2e éd., 2016.
- Marc Guillaume, « Question prioritaire de constitutionnalité », *Rép. cont. administratif*, Dalloz, act. avril 2019.
- Pascal Jan, *Le procès constitutionnel*, Paris, LGDJ, coll. « Systèmes », 2e éd., 2010.
- Xavier Magnon (dir.), Valérie Bernaud, Karine Foucher, Jean-Pierre Mignard et Thierry S. Renoux, *La question prioritaire de constitutionnalité : Pratique et contentieux*, Paris, Litec/LexisNexis, 2e éd., 2013.
- Christine Maugüé et Jacques-Henri Stahl, *La question prioritaire de constitutionnalité*, Paris, Dalloz, coll. « Connaissance du droit », 3e éd., 2017.
- Bertrand Mathieu, Jean-Pierre Machelon, Ferdinand Mélin-Soucramanien, Dominique Rousseau, Xavier Philippe (dir.), *Les grandes délibérations du Conseil constitutionnel (1958-1986)*, Paris, Dalloz, 2e éd., 2014.
- Dominique Rousseau, Julien Bonnet, Pierre-Yves Gahdoun, *Droit du contentieux constitutionnel*, Paris, LGDJ-Lextenso, coll. « Domat droit public », 11e éd., 2016.

- Dominique Rousseau, Julien Bonnet, Pierre-Yves Gahdoun, *L'essentiel du droit du contentieux constitutionnel*, Paris, Gualino, coll. « Les Carrés », 2018.
- Dominique Rousseau, Julien Bonnet, *L'essentiel de la QPC*, Paris, Gualino, coll. « Les Carrés », 2e éd., 2012.
- Michel Verpeaux, Pierre de Montalivet, Agnès Roblot-Troizier, Ariane Vidal-Naquet, *Droit constitutionnel. Les grandes décisions de la jurisprudence*, Paris, PUF, coll. « Thémis », 2e éd., 2017.
- Michel Verpeaux, *La question prioritaire de constitutionnalité*, Paris, Hachette, coll. « Les fondamentaux », 2013.
- Michel Verpeaux, Le Conseil constitutionnel, *Doc. fr.*, 2e éd., 2014.
- Michel Verpeaux, *Contentieux constitutionnel*, Dalloz, coll. « Mémentos », 2e éd., 2020.

Histoire constitutionnelle, des institutions et de la vie politique

- Daniel Amson, *Histoire constitutionnelle française*, Paris, LGDJ, t. 1 (2010), t. 2 (2014), t. 3 (2016).
- Guy Antonetti, *Histoire contemporaine politique et sociale*, Paris, PUF, coll. « Droit fondamental », 8e éd., 1999.
- Pierre Avril, *Le régime politique de la Ve République*, Paris, LGDJ, 1964.
- Pierre Avril, *La Ve République, histoire politique et constitutionnelle*, PUF, 1987.
- Julie Benetti, Pierre Egéa, Xavier Magnon, Wanda Mastor, *Les grands discours de la culture juridique*, Paris, Dalloz, 2e éd., 2020.
- Pierre Bodineau et Michel Verpeaux, *Histoire constitutionnelle de la France*, Paris, PUF, Coll. « Que sais-je ? », 6e éd., 2020.
- Jacques Bouveresse, *Histoire des institutions, de la vie politique et de la société françaises de 1789 à 1945*, Rouen, PURH, 2012.
- Jean-Félix de Bujadoux, *La « Constitution de la IIIe République »*, Paris, LGDJ, 2015.
- Jacques Chapsal, *La vie politique sous la Ve République*, Paris, PUF, coll. « Thémis », 1981.
- Patrick Charlot, *La troisième République : ordre politique, ordre moral, ordre social*, éd. Inst. univ. Varenne, 2015.
- Jean-Jacques Chevallier, *Histoire des institutions et des régimes politiques de la France. De 1789 à 1958*, Paris, Dalloz, 9e éd., 2009.
- Jean-Jacques Chevallier, Guy Carcassonne, Olivier Duhamel, Julie Benetti, *Histoire de la Ve République. 1958-2017*, Paris, Dalloz, 16e éd., 2017.
- Bastien François, *Naissance d'une constitution*, Paris, Presses de Sc. po., 1997.
- Damien Gros, *Naissance de la IIIe République*, Paris, PUF, coll. « Léviathan », 2014.

- Jean Gicquel, *Essai sur la pratique de la Vᵉ République (bilan d'un septennat)*, Paris, LGDJ, 1968.
- Pascal Jan, *Les constitutions de la France t. 2 (1814-1958). L'établissement du régime parlementaire*, Paris, LGDJ, 2016.
- Jean-Marie Mayeur, *La vie politique sous la IIIᵉ République*, Paris, Seuil, 1984.
- Marcel Morabito, *Histoire constitutionnelle de la France de 1789 à nos jours*, Paris, Montchrestien, coll. « Précis Domat », 15ᵉ éd., 2018.
- René Rémond, *La vie politique en France, 1879-1939. La République souveraine*, Paris, Fayard, 2002.
- Frédéric Rouvillois, *Les origines de la Vᵉ République*, PUF, Coll. « Que sais-je ? », 1998.
- Odile Rudelle, *La République absolue. Aux origines de l'instabilité constitutionnelle de la France républicaine, 1870-1889*, Paris, Publications de la Sorbonne, 1982.
- Serge Sur, *La vie politique en France sous la Cinquième République*, Paris, Montchrestien, coll. « Précis Domat », 2ᵉ éd., 1982.
- Romuald Szramkiewicz et Jacques Bouineau, *Histoire des institutions, 1750-1914*, Paris, Litec, 4ᵉ éd. 1998.

Ouvrages de préparation aux examens

- Aurélien Baudu, *Principes fondamentaux de droit constitutionnel* L1, 2018 et *Les institutions de la Vᵉ République* L1, 2018, Gualino, coll. « Annales corrigées et commentées ».
- Philippe Blachèr, *Travaux dirigés. Droit constitutionnel*, Paris, Lexis-Nexis, coll. « Objectif droit », 2ᵉ éd., 2018.
- Stéphane Caporal-Gréco, Pierre Esplugas-Labatut, Philippe Ségur, et Sylvie Torcol, *Droit constitutionnel. Cours et exercices*, Ellipses, coll. « Spécial Droit », 2ᵉ éd., 2019.
- Hervé Faupin, *Réussir ses TD. Droit constitutionnel*, Bruylant, coll. « Paradigme », 2021.
- Gilles Toulemonde et Dorothée Reignier (dir.), *Droit constitutionnel, Annales corrigées et commentées*, 2020-2021, Gualino, 2020.
- Michel Verpeaux (dir.), *Annales de droit constitutionnel 2022, Méthodologie & sujets corrigés*, Dalloz, 2021.

SÉQUENCE 1

La constitution, règle de droit

La constitution est un pacte fondateur par lequel une communauté établit les conditions d'exercice du pouvoir politique.

Cette règle de droit n'est pas ordinaire. Elle se distingue des autres règles par la considération dont elle bénéficie, par son contenu et sa valeur juridique.

Une règle symbolique. – L'adoption d'une constitution est un acte solennel. Une perspective historique est tracée et un récit national est proposé.

> Une communauté nationale scelle son destin, comme l'a fait, par exemple, le Peuple des États-Unis en 1787 dans le préambule de la Constitution : « Nous, Peuple des États-Unis, en vue de former une Union plus parfaite, d'établir la justice, de faire régner la paix intérieure, de pourvoir à la défense commune, de développer le bien-être général et d'assurer les bienfaits de la liberté à nous-mêmes et à notre postérité, nous décrétons et établissons cette Constitution pour les États-Unis d'Amérique ».

La constitution traduit ce pacte collectif. Elle sacralise les valeurs qui forgent l'identité de la communauté et elle établit des principes qui structurent l'ordre juridique.

> Par exemple, l'article 1er de la Constitution française de 1958 dispose que : « La France est une République indivisible, laïque, démocratique et sociale. Elle assure l'égalité devant la loi de tous les citoyens sans distinction d'origine, de race ou de religion. Elle respecte toutes les croyances. Son organisation est décentralisée » (al. 1). / « La loi favorise l'égal accès des femmes et des hommes aux mandats électoraux et fonctions électives, ainsi qu'aux responsabilités professionnelles et sociales » (al. 2).

Une règle fondatrice. – La constitution structure cet ordre. Elle établit les principaux organes de l'État, organise l'exercice du pouvoir politique et garantit les droits des citoyens :

– La constitution a donc un objet *institutionnel*. Elle prévoit le mode de désignation des organes constitués et leurs compétences. Elle leur confère des moyens d'action réciproques. Elle instaure une *séparation horizontale des pouvoirs* (législatif, exécutif et judiciaire).

– Elle régit aussi les *relations verticales* entre l'État et les entités infra-étatiques. Elle détermine le degré d'autonomie des différentes collectivités et définit ainsi la *forme de l'État* (de type *fédéral, régional,* ou *décentralisé,* par exemple).

– Elle est également une *charte des droits et libertés fondamentaux.* Ils sont consacrés dans la norme la plus élevée.

Une règle supérieure. – La constitution est placée au sommet de la hiérarchie des normes. Elle établit les conditions de validité des autres normes en droit interne (les lois et règlements, par exemple, doivent être conformes à la constitution).

Elle est fondatrice et élémentaire parce qu'elle est celle d'une communauté nationale. Elle est donc nécessairement singulière.

Diversité des règles constitutionnelles. – Les constitutions sont généralement présentées dans des textes. En pratique, cependant, leur forme et leur contenu varient.

Les différences entre les constitutions sont multiples :

– Elles portent sur leur dénomination. Le pacte fondateur de la communauté étatique peut être intitulé *Constitution, Charte, Loi fondamentale, Statuts* (etc.) et régir un *État,* une *Fédération,* une *République,* un *Royaume,* (etc.).

– Le style, la composition et la longueur du texte peuvent être différents[1]. Le texte peut être relativement court (comme celui de la const. des États-Unis) ou très long (comme celui de la const. de l'Inde).

– Le contenu diffère aussi (v. Séquence 2). La constitution peut n'avoir qu'un objet institutionnel, ou consacrer également des valeurs, des principes, des droits, des libertés. Elle peut aussi prévoir des obligations.

– Les règles constitutionnelles ne sont, du reste, pas nécessairement retranscrites dans un texte constitutionnel. Elles peuvent figurer dans différents textes et / ou dans des règles de nature différente.

Dans certains États, comme le Royaume-Uni, la constitution est formée de textes anciens, de coutumes et de lois adoptées à l'époque contemporaine[2]. L'on se réfère avant tout à son contenu pour la définir. Pour cette raison, la constitution britannique est souvent qualifiée de *matérielle* (par référence à son contenu et non par sa forme).

Dans les États où les sources textuelles sont privilégiées, des éléments essentiels de la constitution matérielle peuvent aussi être situés dans des normes d'un rang inférieur à la constitution formelle. Des règles relatives à l'organisation et au fonctionnement des institutions figurent en dehors du texte constitutionnel (notamment, dans des lois organiques ou ordinaires, ou dans les règlements des assemblées parlementaires). En France, par exemple,

1. A. Le Divellec, « Le style des constitutions écrites dans l'histoire moderne. Une esquisse sur les trois types de l'écriture constitutionnelle (XVIIe-XXe siècles) », *Jus Politicum*, n° 10, mars 2014.
2. D. Baranger, *Écrire la Constitution non écrite (une introduction au droit politique britannique)*, PUF, 2008.

le mode de scrutin aux élections législatives n'est pas mentionné dans la Constitution de 1958. Il est établi par la loi (v. C. élect., art. L. 123). Pourtant, le choix du mode de scrutin fait incontestablement partie de la *constitution matérielle*. Il a une incidence déterminante sur le fonctionnement du régime politique.

La constitution a, en effet, une dimension éminemment politique. Quels que soient leur forme et leur contenu, les constitutions sont élaborées pour assumer une fonction : permettre à une communauté de se gouverner. La constitution organise l'exercice du pouvoir politique.

Cette fonction permet de comprendre pourquoi le droit constitutionnel est qualifié de *droit politique* et qu'il intéresse d'autres disciplines comme l'*histoire* ou la *science politique*.

Pour autant, le droit constitutionnel est avant tout une discipline juridique. La constitution est une règle de droit.

Elle doit être présentée en cette qualité et étudiée au regard de sa *valeur juridique* (I), de *l'autorité* compétente pour l'adopter ou la modifier (II) et de la *protection juridictionnelle* dont elle bénéficie (III).

I ▪ La valeur juridique de la constitution

Un ordre juridique comporte une hiérarchie des normes. Au sommet de la pyramide se trouve une norme générale qui précise les conditions de validité des autres normes. En droit interne, cette norme supérieure est traditionnellement appelée *constitution*. Les autres normes (ex. : *lois, règlements*, etc.) ont une autorité inférieure et doivent être adoptées conformément à la constitution.

L'on pourrait envisager que d'autres catégories de normes soient placées au sommet de la hiérarchie. L'on peut, notamment, se demander pourquoi les normes internationales ne sont pas situées à un niveau supérieur à celui des constitutions nationales ? La réponse ne relève pas de l'évidence (par ex., la Constitution française est-elle supérieure à la Charte des Nations Unies et, si oui, pourquoi ?).

La supériorité de la constitution sur les autres normes est un principe (A). Il s'inscrit dans une logique du droit interne qui peut être différente de celle du droit supranational (B).

A ▪ La valeur supérieure de la constitution

Différentes explications sont avancées pour justifier la valeur supérieure de la constitution. Elles peuvent être combinées ou se suffire à elles-mêmes. La *nécessité* de choisir une norme élémentaire dans un système juridique peut être une explication (1). La nature particulière de la constitution, expression directe de la *souveraineté*, peut être une autre raison (2). L'on peut aussi *postuler* la place de la constitution au sommet de la hiérarchie des normes (3).

1. Une norme constitutive

Au sommet de la hiérarchie se trouve une norme qui ne peut être remise en cause par les autorités qui adoptent les normes inférieures. Cette norme *constitutive* assure la cohérence et la stabilité de l'ordre juridique. Elle est hors d'atteinte des organes qu'elle a créés. La norme constitutionnelle joue ce rôle. Il en résulte deux conséquences :

- La constitution ne peut être modifiée que dans les conditions qu'elle a elle-même prévues. Elle ne peut généralement être révisée qu'en mettant en œuvre une procédure spéciale (v. *infra*). La loi ordinaire ne peut modifier la loi constitutionnelle. Celle-ci est donc supérieure aux autres lois pour des raisons procédurales.

- C'est, en outre, dans la constitution que les organes constitués (législateur, autorités réglementaires, etc.) trouvent leur titre à agir. Dans tout système juridique, les autorités bénéficient d'un titre à agir pour l'exercice de leur pouvoir. Ce titre, appelé *compétence*, se situe dans une norme supérieure à celle que les autorités édictent. La constitution leur confère cette compétence.

À partir de ces explications, l'on comprend la nécessité de se référer à une norme ultime pour établir un ordre juridique. Pour autant, ces raisons n'expliquent pas nécessairement pourquoi la norme constitutionnelle est retenue ? Pourquoi ne pas choisir une autre norme de référence, comme un engagement international par exemple (le *traité sur l'Union européenne*, par ex.) ?

D'autres explications peuvent être avancées pour justifier la valeur supérieure de la constitution. Elles se rapportent à l'idée de *souveraineté*.

2. L'expression directe de la souveraineté

Le lien entre la souveraineté et le pouvoir constituant est évident. La souveraineté est un pouvoir suprême. Or la constitution est l'expression directe de la souveraineté. Elle est donc nécessairement située au niveau supérieur de la hiérarchie des normes.

Ce lien entre constitution et souveraineté permet d'établir le statut de l'autorité constituante. La constitution est adoptée par une autorité souveraine qui n'est soumise à aucune autre autorité. Le titulaire de la souveraineté n'est, par définition, soumis à aucune autre autorité. Il est au-dessus des lois (*princeps legibus solutus est*).

Pourtant, une autorité ne peut intervenir que lorsqu'elle dispose d'une *compétence*, c'est-à-dire d'un titre à agir. Au sommet des organes de l'État se situe l'autorité qui se donne sa propre compétence. Cette autorité est *souveraine*.

Elle dispose de *la compétence de la compétence*. Elle s'est attribuée ses compétences et a conféré leurs compétences aux organes étatiques.

La constitution, adoptée par une autorité souveraine, est donc supérieure aux normes adoptées par les organes qu'elle a institués. L'on peut, dès lors, se demander ce qu'il adviendrait si l'idée de souveraineté était remise en cause ? La constitution perdrait-elle sa place au sommet de la hiérarchie des normes ? Pas nécessairement. Sa valeur peut encore être *postulée*.

3. Une valeur juridique postulée

La hiérarchie des normes peut être présentée sans évoquer de principe politique élémentaire. Une approche *normativiste*, notamment, permet de justifier la supériorité de la constitution sans faire référence à l'idée de souveraineté. Ses tenants considèrent que la science juridique doit occulter la référence à la nature politique du pouvoir.

L'ordre juridique fait apparaître que la *constitution* est la norme générale et abstraite la plus élevée. À quel titre ? Parce qu'une norme *supposée* impose la validité de la constitution. Cette norme supposée (que Hans Kelsen a intitulée « norme fondamentale »[1]) relève de l'hypothèse. Le juriste ne doit pas chercher à lui conférer une nature particulière.

Mais ce raisonnement peut être présenté dans un sens défavorable à *la constitution*. En effet, il permet également de postuler que la « norme supposée » désigne une autre norme que la constitution comme norme supérieure. Elle pourrait désigner une norme internationale.

Au demeurant, ce choix entre norme internationale ou norme constitutionnelle diffère selon que la logique du système juridique s'inscrit dans celle du droit constitutionnel national ou du droit supranational.

B ▪ Des logiques différentes

Les rapports de système sont complexes. De nombreuses théories ont été avancées pour expliquer l'articulation entre les normes internes et les normes internationales. L'on se contentera, en première approche, de souligner que les organes juridictionnels chargés d'appliquer ces normes doivent choisir la catégorie de norme supérieure. Selon leur appartenance à un ordre juridique, ces organes sont enclins à faire prévaloir une logique favorable à la norme nationale (1) ou à la norme internationale (2).

1. Hans Kelsen, *Théorie pure du droit*, 1962 ; éd. Bruylant/LGDJ, 1999, p. 224.

1. La supériorité de la constitution nationale

Les juridictions nationales privilégient la norme constitutionnelle. Elles estiment, généralement, que la constitution est placée au sommet de la hiérarchie des normes. Elle est supérieure aux engagements internationaux. Cette logique s'impose quel que soit le système retenu.

- Dans une conception *dualiste* (fondée sur la coexistence de plusieurs ordres juridiques, nationaux et supranationaux), les juridictions nationales défendent, dans « l'ordre interne », la supériorité de la constitution. Par exemple, le Conseil constitutionnel français considère que la « place » de la constitution française se situe « au sommet de l'ordre juridique interne » (déc. n° 2004-505 DC du 19 nov. 2004, *Traité établissant une Constitution pour l'Europe*, cons. 10 ; déc. n° 2017-749 DC du 31 juill. 2017, *CETA*, § 10). De même, pour le Conseil d'État et la Cour de cassation, « la suprématie des engagements internationaux ne s'applique pas, dans l'ordre interne, aux dispositions de nature constitutionnelle » (CE, ass., 30 oct. 1998, *Sarran*, n° 200286 ; Cass., ass. plén., 2 juin 2000, *Fraisse*, n° 99-60274).

- Dans une conception *moniste* (se référant à un seul ordre juridique), les juridictions nationales peuvent estimer que la constitution est la norme supérieure de l'ordre juridique. Le *monisme* est *à primauté du droit national*. Mais ce système est difficile à défendre parce qu'il fait perdre son statut au droit international, qui n'a alors d'autre autorité que celle reconnue par le droit de chaque État. Or, le droit international ne peut exister sans que le respect des règles internationales soit une obligation pour les États.

2. La primauté du droit international

La logique du droit international impose la primauté des règles internationales sur les règles nationales. C'est une question de principe. Le droit international public perd sa raison d'être si les normes internationales (et notamment les engagements internationaux) ne sont pas opposables et ne sont pas respectées (*pacta sunt servanda*).

Les engagements internationaux doivent prévaloir sur les lois mais aussi sur les constitutions nationales. Il est classiquement admis en droit international public qu'« un État ne saurait invoquer, vis-à-vis d'un autre État, sa propre constitution pour se soustraire aux obligations que lui imposent le droit international ou les traités en vigueur » (CPJI, avis du 4 févr. 1932, *aff. du Traitement des nationaux polonais et des autres personnes d'origine ou de langue polonaise sur le territoire de Dantzig*, Série A/B, n° 44, p. 39).

La prévalence du droit supranational sur les constitutions nationales est également défendue par les juges européens. Elle s'impose dans la jurisprudence de la Cour de justice de l'Union européenne (v. CJCE 17 déc. 1970, *Internationale Handelsgesellschaft*, aff. 11/70, *Rec.* p. 1125 ; CJCE 11 janv. 2000, *Kreil*, aff. C-285/98, *Rec.* I-69) ou celle de la Cour européenne des droits de l'homme, qui a déjà condamné des États parce que les droits figurant dans les constitutions nationales ne respectaient pas ceux de la Convention européenne des droits de l'homme (ex. CEDH 22 déc. 2009, n° 27996/06 et 34836/06, ou CEDH 4 juill. 2013, *Anchugov et Gladkov c/ Russie*, n° 11157/04).

Cette prévalence des normes internationales sur les normes nationales est difficile à organiser. Les juridictions nationales sont portées à défendre la supériorité de la constitution de l'État. Celle-ci est adoptée par une autorité nationale souveraine dont la légitimité ne peut être contestée par les juridictions nationales.

II ■ L'auteur de la constitution

Le titulaire du pouvoir constituant intervient à deux stades différents : initialement, ou *a posteriori*. Le *pouvoir constituant originaire* instaure un nouvel ordre constitutionnel (A) et le *pouvoir constituant dérivé* modifie la constitution (B).

A ■ Le pouvoir constituant originaire

Ce pouvoir est exercé par le titulaire de la souveraineté, c'est-à-dire par le Constituant (1). Cette autorité normative doit être clairement distinguée des rédacteurs du projet de constitution (2).

1. Le titulaire du pouvoir constituant

Dans une perspective historique, l'acte constituant présente un aspect révolutionnaire. Les constitutions sont souvent adoptées lors de la création d'un nouvel État ou à l'occasion d'un changement de régime (à la suite d'une révolution, d'un coup d'État, ou d'une guerre). Le nouveau titulaire de la souveraineté impose un ordre constitutionnel.

Le titulaire d'un pouvoir souverain. – L'acte constituant est l'expression de la *souveraineté*. Le Constituant est dit *originaire* parce que son acte est fondateur. Il intervient lors de la création du nouvel ordre constitutionnel.

La souveraineté étant un pouvoir suprême incontestable, le Constituant pose les règles juridiques supérieures et octroie les compétences aux organes qu'il crée. Il établit la forme de l'État, les compétences des organes, ainsi que les droits et devoirs des citoyens. Souverain, le Constituant ne peut subir de contraintes juridiques.

Cette proposition a, néanmoins, paru excessive à ceux qui considèrent que le pouvoir souverain ne saurait être arbitraire.

PRÉSENTATION

La thèse de la *supraconstitutionnalité*. – Peut-on concevoir que le Constituant adopte des règles immorales ? Peut-on admettre, par exemple, qu'une constitution institue l'esclavage ou la ségrégation raciale ? Existe-t-il des valeurs ou des principes qui s'imposent au Constituant (comme l'égalité ou la sauvegarde de la dignité de la personne humaine) ?

Pour les partisans de la *supraconstitutionnalité*, le pouvoir constituant doit respecter certains principes, valeurs, ou droits élémentaires. Ils sont immanents. Leur contenu les rend intangibles.

C'est l'évidence qui les caractérise, ce qui, paradoxalement, les fragilise. Il est difficile de leur reconnaître une force juridique en l'absence de norme qui établit leur validité. Il ne suffit pas d'affirmer qu'elles ont un fondement naturel ou divin, qu'elles sont induites de l'ordre social, inhérentes à la démocratie, ou de l'État de droit, etc. Une norme supérieure doit déterminer leur validité. La *supraconstitutionnalité* subit, en effet, les reproches habituellement portés à l'encontre des conceptions *jusnaturaslites*. Elle apparaît subjective. Cette critique rejoint celle qui est opposée à l'universalité des droits et principes. L'attachement qu'on leur porte varie selon les États et les époques, et semble résulter d'une vision ethnocentrée (par exemple, l'égalité entre les sexes ou la sauvegarde de la dignité de la personne humaine ne sont pas définies de la même façon dans l'ensemble des États).

Au demeurant, la *supraconstitutionnalité* s'oppose à la souveraineté qui désigne un pouvoir suprême ne tolérant aucune limitation. L'on peut, certes, s'interroger sur la pertinence et la pérennité du concept de souveraineté (v. Séquence 4). Mais il est difficile d'admettre la thèse de la *supraconstitutionnalité* tant que l'idée de souveraineté reste associée à celle du pouvoir constituant.

Souverain, le pouvoir constituant ne peut toutefois s'exprimer sans l'intervention concrète des rédacteurs du texte constitutionnel.

2. Les rédacteurs du texte constitutionnel

Le titulaire de la souveraineté ne peut rédiger lui-même la constitution. Dans une démocratie idéale, la communauté politique originelle se réunit et rédige sa loi fondamentale. Mais cette solution est impraticable lorsque le corps électoral comprend des dizaines de millions de citoyens. La rédaction de la constitution est nécessairement confiée à un groupe de personnes.

Sur le sujet, une confusion règne dans les termes employés. L'on confond souvent l'auteur de la constitution – au sens juridique (celui qui adopte) – et l'auteur du texte (celui qui rédige). Par facilité de langage, le mot *Constituants* est utilisé au pluriel pour désigner à la fois les rédacteurs et l'auteur de la constitution. Ce terme évite de faire la distinction. Or, les rédacteurs du projet de constitution n'exercent pas le pouvoir constituant. Ils ont le privilège de tenir la plume et de proposer un texte au Constituant. Mais la rédaction, en elle-même, ne donne pas valeur constitutionnelle au texte (par exemple, le groupe de travail qui a rédigé la Constitution en 1958 n'avait pas la qualité de Constituant ; c'est le Peuple français qui a adopté la nouvelle constitution lors du référendum du 28 sept. 1958).

La distinction doit être clairement établie entre l'adoption et la rédaction de la constitution, ce qui n'interdit pas de s'intéresser aux conditions d'élaboration de la constitution. Son étude aide à la compréhension du texte (v. situation 4) en fonction du modèle retenu.

L'histoire constitutionnelle fait apparaître plusieurs modèles d'élaboration de la constitution. La rédaction peut être confiée à une assemblée, spéciale (a) ou constituante (b), ou à un gouvernement (c).

a. Le modèle de l'assemblée spéciale

La rédaction du texte constitutionnel peut être confiée à une assemblée restreinte. Elle propose une constitution qui est ensuite adoptée par le pouvoir souverain. Ce modèle est efficace. Un petit comité, dont les délibérations sont confidentielles, a davantage de facilité à trouver des compromis rédactionnels qu'une large assemblée soumise à la pression de l'opinion.

La convention de Philadelphie (Pennsylvanie) est l'assemblée spéciale la plus célèbre de l'histoire constitutionnelle. Elle était réduite à cinquante-cinq délégués (les *pères fondateurs*). Elle s'est réunie du 25 mai au 17 septembre 1787. Le texte de la Constitution des États-Unis qu'elle a élaboré a ensuite été approuvé par les États.

Le fonctionnement de cette convention reposait sur la discussion entre des esprits libres. Un tel modèle est aujourd'hui difficile à reproduire parce que les acteurs politiques ont perdu leur liberté d'action. Ils appartiennent à des partis très structurés. Les représentants défendent les positions de leur parti. Ils sont soumis à une discipline partisane que ne connaissaient pas les délégués du XVIIIe siècle.

b. Le modèle de l'assemblée constituante

La rédaction de la constitution peut également être confiée à une assemblée élargie qui représente le peuple. Elle est élue au suffrage universel. Sa composition est plus large pour permettre à l'ensemble des formations politiques d'être associées à l'élaboration de la constitution.

L'assemblée bénéficie d'une légitimité politique, mais son fonctionnement peut s'avérer compliqué. Elle représente les courants politiques nationaux. Leurs intérêts sont divergents. Le contenu du texte doit être négocié. Les compromis sont difficiles à trouver.

Ce modèle a, par exemple, été retenu pour l'élaboration de la Constitution de la IIIe République. L'Assemblée, élue en 1871 après la défaite militaire, n'adopta la Constitution qu'en 1875. Cette œuvre de « transaction » prit la forme de trois lois constitutionnelles qui se sont contentées d'organiser techniquement les pouvoirs publics (v. Séquence 5).

Le modèle de l'assemblée constituante connaît une variante. L'assemblée peut avoir pour mission d'adopter un projet de constitution qui est ensuite approuvé par le Peuple souverain. Le processus est alors dominé par une recherche constante de légitimité politique. Cette solution a, par exemple, été retenue pour la Constitution de la IVe République. Mais la procédure d'adoption s'est également avérée difficile (v. Séquence 5).

En tout état de cause, le bon fonctionnement de l'assemblée constituante dépend de sa composition. Le choix du mode de scrutin (majoritaire ou proportionnel) qui a permis d'organiser l'élection de ses membres est déterminant. Il constitue déjà un choix politique.

c. Le modèle exécutif

Il consiste à confier à un gouvernement le soin de rédiger le texte constitutionnel. Par exemple, le gouvernement du général de Gaulle a été chargé de rédiger un projet de constitution en 1958. Le texte a été soumis pour avis à divers organes avant d'être proposé au référendum du 28 septembre 1958 (v. Séquence 5). La solution était pragmatique. Elle répondait aux difficultés politiques du moment.

Cette procédure ne correspond pas à un mode d'édiction unilatérale de la constitution. Ce modèle doit être distingué de celui de la constitution *octroyée*, c'est-à-dire d'une constitution adoptée par une autorité souveraine sans être approuvée par ses destinataires (par ex., en 1814, Louis XVIII édicte une Charte en déclarant : « nous avons volontairement, et par le libre exercice de notre autorité royale, accordé et accordons, fait concession et octroi à nos sujets, tant pour nous que pour nos successeurs, et à toujours, de la Charte constitutionnelle qui suit : (...) »).

Le choix d'un modèle dépend des circonstances politiques. Mais, en tout état de cause, la constitution est toujours adoptée par le titulaire de la souveraineté. Celui-ci dispose d'une plénitude de compétence pour adopter la constitution, contrairement aux organes qui exercent le pouvoir constituant dérivé.

B ▪ Le pouvoir constituant dérivé

La constitution doit s'adapter aux besoins nouveaux de la communauté. Elle doit être révisée. Pour autant, la modification de la constitution ne doit pas conduire à la remettre en cause. Le pouvoir constituant dérivé ne doit pas dénaturer l'œuvre du pouvoir constituant originaire. La fonction du pouvoir constituant dérivé est par définition secondaire (1). Elle est mise en œuvre en respectant la procédure prévue à cet effet dans la constitution (2).

1. Un pouvoir secondaire

Le pouvoir constituant de révision doit respecter l'ordre constitutionnel dont il émane. De façon imagée, on peut dire que la constitution pose des règles du jeu et que les acteurs politiques, qui sont les joueurs, ne peuvent modifier ces règles, sauf à les adapter à des nécessités pratiques.

Le pouvoir constituant secondaire n'a pas la même portée que celle du pouvoir constituant originaire. Son pouvoir est limité bien qu'il soit également constitutionnel. Cette ambivalence du pouvoir constituant de révision soulève une question très complexe relative à la nature de ce pouvoir.

Le pouvoir constituant dérivé est-il « souverain » ?. – S'il est *dérivé*, le pouvoir constituant exerce une fonction d'une même nature que celle du pouvoir constituant originaire. Il participe à l'exercice de la *souveraineté*. Le Conseil constitutionnel français adhère à cette proposition lorsqu'il précise que « le pouvoir constituant », exercé dans le cadre de l'article 89 de la Constitution, « est souverain ». Il lui est donc « loisible d'abroger, de modifier ou de compléter des dispositions de valeur constitutionnelle dans la forme qu'il estime appropriée ». Il peut, notamment, introduire dans la Constitution de nouvelles dispositions qui « dérogent à une règle ou à un principe de valeur constitutionnelle » (déc. n° 92-312 DC du 2 sept. 1992, cons. 19 ; déc. n° 99-410 DC du 15 mars 1999, cons. 3).

Mais ce raisonnement a été critiqué. L'on peut considérer que le pouvoir de révision est attribué à un organe constitué (par ex. le Congrès), que cet organe n'est pas souverain et qu'il ne saurait donc modifier des éléments fondamentaux de la constitution.

La conformité des « lois constitutionnelles » à la « constitution ». – Une partie de la doctrine défend l'idée d'une hiérarchie induite de la constitution entre les principes et droits fondamentaux[1]. Certaines règles de la constitution seraient élémentaires (comme les droits fondamentaux et la forme de l'État) alors que d'autres seraient secondaires. Les premières seraient intangibles et ne pourraient être adoptées que par le pouvoir constituant originaire (ex. le Peuple) alors que les autres pourraient être modifiées par le pouvoir constituant dérivé (ex. le Congrès). La portée du pouvoir constituant originaire et celle du pouvoir constituant dérivé seraient donc distinctes.

Cette thèse vise à rendre impossible toute modification des éléments fondamentaux de la constitution. Pour cela, elle reconnaît une liberté initiale au constituant originaire (ce qui pose, au demeurant, la question du respect, par celui-ci, des droits fondamentaux). Le constituant originaire est souverain. Il

1. M. Hauriou, *Précis de droit constitutionnel*, Sirey, 2e éd., 1930 (v. p. 81) ; G. Vedel et L. Favoreu (débat) : « souveraineté et supraconstitutionnalité », *Pouvoirs*, n° 67, 1993, p. 71 s. ; M. Troper, « Le problème de l'interprétation et la théorie de la supra-légalité constitutionnelle », *Mélanges Eisenmann*, Cujas, 1975, p. 133 ; O. Beaud, *La puissance de l'État*, PUF, 1994 (p. 313 s.) ; B. Genevois, « Les limites d'ordre juridique à l'intervention du pouvoir constituant » *RFDA* 1998. 909 ; W. Sabète, *Pouvoir de révision constitutionnelle et droits fondamentaux*, PU Rennes, 2006.

a la *compétence de la compétence*. Il ne peut subir de contrainte juridique. Le titulaire de la souveraineté est par définition affranchi du respect du droit (*v.* Séquence 4).

En revanche, selon cette thèse, le titulaire du pouvoir constituant dérivé n'est qu'un organe constitué. Il intervient dans les conditions prévues par la constitution. Il n'adopte que de simples *lois constitutionnelles*. Elles sont secondaires par rapport à *la constitution*. Elles ne peuvent la remettre en cause. Ce raisonnement a été, notamment, défendu par Carl Schmitt, pour qui « les *lois constitutionnelles* n'ont de validité que sur le fondement de la constitution et présupposent une *constitution* »[1].

En France, cette thèse a été défendue au début des années 1990. Elle a animé les débats sur la ratification du traité sur l'Union européenne. Les défenseurs de la *souveraineté nationale* ont estimé que la révision de la Constitution de 1992 avait violé ce principe. La loi constitutionnelle du 25 juin 1992 a introduit un titre XV dans la Constitution qui a consacré la participation de la France à l'Union européenne. La révision aurait donc, selon ses adversaires, dénaturé la Constitution. Les transferts de compétence en faveur de l'Union ont restreint l'exercice de la souveraineté nationale. Ce principe est consacré au Titre 1er de la Constitution de 1958 (ainsi que dans la plupart des constitutions françaises depuis 1791). Selon les partisans de la *supraconstitutionnalité*, la souveraineté faisait partie des principes dont la portée ne pouvait être remise en cause[2].

Cette thèse n'a pas empêché la révision de la constitution en faveur de la construction européenne. Elle n'a pas bénéficié du soutien du Conseil constitutionnel. Il n'a jamais déclaré une loi constitutionnelle contraire à la constitution. Le Conseil constitutionnel ne distingue pas les pouvoirs respectifs du constituant originaire et du constituant dérivé. Celui-ci est « souverain » (déc. n° 92-312 DC, 2 sept. 1992, cons. 19, même si cette décision évoque une restriction relative « à la forme républicaine du gouvernement » et des circonstances interdisant une révision : v. *infra*). Le Conseil constitutionnel a déclaré qu'il ne détenait d'aucune disposition de la Constitution « le pouvoir de statuer sur une révision constitutionnelle » (déc. n° 2003-469 DC du 26 mars 2003, cons. 6)[3]. Pourtant, d'autres cours constitutionnelles se sont opposées à la souveraineté du pouvoir constituant de révision. En Italie, par exemple, la Cour constitutionnelle s'est estimée compétente pour contrôler la conformité des lois

1. Carl Schmitt, *Théorie de la constitution*, PUF, 2e éd. 2013, p. 153.
2. J.-Ph. Derosier, *Les limites constitutionnelles à l'intégration européenne*, LGDJ, 2015.
3. L. Favoreu, « L'injusticiabilité des lois constitutionnelles », *RFDA* 2003. 792 ; R. Libchaber, « Le contrôle d'une éventuelle hiérarchie des normes constitutionnelles », *RTD civ.* 2003. 563 ; X. Magnon, « Quelques maux encore à propos des lois de révision constitutionnelle : limites, contrôle, efficacité, caractère opératoire et existence », *RFDC* 2004, n° 59, p. 595 ; E. Dubout, « "Les règles ou principes inhérents à l'identité constitutionnelle de la France" : une supra-constitutionnalité ? », *RFDC* 2010, n° 83, p. 451 ; Dossier : *Le contrôle de constitutionnalité des lois constitutionnelles, Cah. Cons. const.*, n° 27, 2010.

constitutionnelles aux « principes suprêmes » de la Constitution (arrêt n° 1146/1988)[1]. La cour a considéré que le pouvoir constituant dérivé ne pouvait pas modifier certaines dispositions de la constitution.

Certaines constitutions facilitent ce contrôle en énumérant les dispositions qui ne peuvent faire l'objet d'une révision. Ces dispositions, dites *clauses d'éternité*, sont intangibles.

Les dispositions intangibles. - Elles portent généralement sur la garantie des droits fondamentaux, la nature du régime ou la forme de l'État. La loi fondamentale allemande est à cet égard une constitution-type. Selon son article 79, « est interdite » toute révision relative « à l'organisation de la Fédération en Länder, au principe du concours des Länder à la législation ou aux principes énoncés aux articles 1 et 20 » (ces articles 1 à 20 énumèrent les droits fondamentaux ; des principes plus généraux sont posés à l'article 20, tels que le caractère démocratique du régime politique, le principe de l'élection, etc.).

L'article 79 de la Loi fondamentale allemande a servi d'exemple. Des « limites matérielles » sur les droits fondamentaux, le régime politique, ou les principes élémentaires de l'ordre constitutionnel ont, par exemple, été établies dans les Constitutions de la Grèce, (art. 110), du Portugal (art. 288), du Brésil (art. 60), de la République Tchèque (art. 9), de la Roumanie (art. 148), ou, plus récemment, de la Tunisie (sur l'« Islam » à l'art. 1er ou sur la « volonté du Peuple » à l'art. 2).

- D'autres constitutions ont consacré un principe politique à partir duquel le juge constitutionnel a élaboré une protection plus générale. Ainsi, l'article 139 de la Constitution italienne dispose que « la forme républicaine ne peut faire l'objet d'une révision constitutionnelle ». À partir de cette disposition, la cour constitutionnelle italienne a extrapolé une protection de la constitution. Selon elle, les lois constitutionnelles ne peuvent remettre en cause ni « la forme républicaine du gouvernement » ni « les principes » qui « relèvent de l'essence même des valeurs suprêmes sur lesquelles se fonde la Constitution italienne » (CCI, arrêt précité n° 1146/1988, 2.1).

Cette jurisprudence aurait pu inspirer le Conseil constitutionnel, mais il est resté prudent. Il n'a rendu aucune décision dans laquelle était admis le contrôle des lois constitutionnelles. Pourtant, l'article 89 de la Constitution française de 1958 dispose que « la forme républicaine du gouvernement ne peut faire l'objet d'une révision » (cette restriction remonte à la IIIe République où une loi constitutionnelle de 1884 a introduit cette limitation au pouvoir constituant à l'art. 8 de la loi du 25 févr. 1875). Cette limite a été rappelée par le Conseil constitutionnel dans sa décision du 2 septembre 1992 relative à la loi constitutionnelle du 25 juin 1992 sur l'Union européenne (déc. n° 92-312

1. V. *Les grandes décisions des cours constitutionnelles européennes*, Dalloz, 2008, p. 76 (trad. T. Groppi et Ch. Meoli) ; Massimo Luciani, « Le contrôle de constitutionnalité des lois constitutionnelles en Italie », *Cah. Cons. const.*, n° 27, 2010.

DC, cons. 19). Toutefois, le Conseil constitutionnel a précisé, dans cette même décision, que le pouvoir constituant était « souverain ».

- Une constitution peut également prévoir des périodes ou des circonstances au cours desquelles une révision ne peut être engagée (par ex., en cas de guerre, d'état d'urgence, ou d'impossibilité pour les chambres de se réunir : v. art. 169 Const. espagnole ; art. 196 de la Const. belge, ou art. 289 Const. portugaise). De même, en France, la constitution prévoit que la procédure de révision ne peut être mise en application en cas de vacance de la présidence de la République (art. 7 Const.), d'utilisation des pouvoirs exceptionnels (art. 16), ou lorsqu'il est porté atteinte à l'intégrité du territoire (art. 89).

- Lorsque la constitution ne prévoit pas de dispositions intangibles, le juge constitutionnel peut tenter d'opposer au pouvoir constituant dérivé la structure fondamentale de la constitution. Cette réaction prétorienne vise à limiter les excès du pouvoir constituant. En Inde, par exemple, la procédure de révision n'est pas suffisamment contraignante pour empêcher toute nouvelle majorité de modifier la constitution. La constitution a, en conséquence, pu être modifiée à une centaine de reprises. En réaction, la Cour suprême indienne s'oppose depuis la fin des années 1960 aux amendements qui portent atteinte à la « structure basique » de la constitution (*Golaknath v. State of Punjab*, (1967) 2 SCR 762).

En effet, la protection de la constitution repose essentiellement sur ses modalités de révision. Elles peuvent être contraignantes.

2. Constitution souple et constitution rigide

Cette distinction a été établie à des fins didactiques. Elle oppose deux catégories de constitutions en fonction du degré de contrainte retenu pour l'exercice du pouvoir constituant dérivé :

- Les *constitutions souples* peuvent être modifiées par le Parlement en mettant en œuvre une procédure similaire à celle prévue pour les lois ordinaires. Le Parlement adopte les lois constitutionnelles et les lois ordinaires dans les mêmes conditions (ce qui fait douter de la différence de valeur juridique entre ces lois).

- Au contraire, une procédure beaucoup plus contraignante est prévue pour la révision des *constitutions rigides*. Par exemple, la révision suppose l'obtention d'une majorité qualifiée dans les assemblées (des deux tiers, ou des trois cinquièmes, par ex.). La constitution peut aussi imposer la dissolution préalable de l'une des assemblées, ou l'organisation d'un référendum, etc.

Le choix d'une constitution souple. - Ce choix peut être justifié par la nature du régime. Certains systèmes politiques font du parlement le lieu d'exercice de la souveraineté nationale. Le régime est représentatif. Il ne connaît pas de mécanisme de démocratie directe. Le Parlement adopte toutes les lois. La loi constitutionnelle ne présente pas de différence de nature par rapport à la loi ordinaire. Il est donc inutile de prévoir une procédure contraignante pour l'adoption des lois constitutionnelles.

Le choix d'une constitution souple peut également s'expliquer par la volonté de ses auteurs de modifier le système politique rapidement. La constitution n'a pas fait l'objet d'un consensus. Elle semble transitoire. La procédure de révision ne doit pas être un obstacle politique.

• Par exemple, en 1875, les forces politiques présentes à l'Assemblée nationale constituante souhaitaient revisiter rapidement le nouveau régime. Une procédure de révision relativement simple a donc été prévue. Chaque assemblée devait se prononcer à la majorité absolue sur la demande de révision et les parlementaires se réunissaient en Assemblée nationale pour voter la loi constitutionnelle à la majorité absolue (art. 8 de la LC du 25 févr. 1875).

Le choix d'une constitution rigide. – Il répond à un objectif de stabilité. Les rédacteurs du texte souhaitent le protéger. Les organes constitués ne doivent pas modifier librement la constitution à leur profit (par ex., le Parlement français ne peut, seul, réviser la constitution et remettre en cause, notamment, la rationalisation du parlementarisme que le Constituant lui a imposée en 1958).

D'autres préoccupations relatives à la forme de l'État expliquent le choix d'une constitution rigide. Les constitutions fédérales comportent une part de rigidité pour protéger le pacte fondateur. Les collectivités fédérées qui ont intégré la fédération ont accepté de perdre leur souveraineté. Mais leur adhésion s'est faite en contrepartie du respect de leur autonomie au sein de la fédération. La constitution fédérale garantit ce pacte originaire. Elle ne peut donc être modifiée qu'avec l'accord des États fédérés.

• Par exemple, tout amendement à la Constitution des États-Unis suppose que les trois quarts des États fédérés ratifient la révision (en outre, pour garantir le principe de participation au fédéralisme des États fédérés, la constitution ne permet pas la remise en cause du principe selon lequel un État pourrait, « sans son consentement », être « privé de l'égalité de suffrage au Sénat » : art. V, const. EU).

Le choix de la rigidité peut aussi s'expliquer par l'ambition des rédacteurs de la constitution. Ils ont pu penser que leur œuvre régirait la communauté nationale sur le très long terme. Cette vision utopique a notamment animé les auteurs des constitutions françaises de l'époque révolutionnaire. Les premières constitutions étaient rigides.

• Par exemple, la Constitution du 3 septembre 1791 était quasiment impossible à réviser. Pour qu'un article fût modifié, il fallait que trois législatures successives en fissent la demande. Les deux législatures suivantes ne pouvaient proposer de réforme de la Constitution. Les trois législatures suivantes ne pouvaient s'occuper de cet objet qu'à certaines périodes des sessions. Enfin, l'assemblée de révision (dont le nombre devait être augmenté de nombreux élus) ne devait pas comprendre de représentants de la troisième législature qui avait demandé le changement (v. titre VII, Const. 1791). La procédure était si contraignante qu'elle rendait la révision de la Constitution quasiment impossible.

De façon paradoxale, une trop grande rigidité de la constitution peut mettre l'ordre constitutionnel en péril. Les constitutions doivent être adaptées aux besoins de la communauté politique. Lorsque la constitution est trop rigide, le risque est grand que la procédure de révision ne soit pas respectée. La constitution peut même être abandonnée au profit d'une nouvelle constitution.

L'histoire constitutionnelle française montre que les constitutions rigides ont eu une durée de vie très courte. Les constitutions de 1791, 1793 (suspendue), 1795 et 1848 n'ont été appliquées que durant quelques années. Au contraire, une constitution relativement souple, comme celle de 1875, a fait l'objet de peu de révisions. Elle a duré soixante-cinq ans. Elle a eu la durée la plus longue de notre histoire constitutionnelle, ce qui prouve que l'application dans le temps d'une constitution dépend avant tout de son acceptation par la communauté politique.

III ▪ La constitution et son juge

La constitution est le pacte fondateur d'une communauté politique. Pour autant, elle reste une règle dont la signification est révélée par ses interprètes (A) et, notamment, par l'instance constitutionnelle chargée de sa protection (B).

A ▪ L'interprétation de la constitution

Contrairement à une idée reçue, la signification du texte constitutionnel ne relève pas de l'évidence (1). Elle est proposée par un interprète dont le statut varie (2).

1. L'indétermination du sens de la constitution

L'interprète attribue un sens à la constitution (a). Le choix est difficile parce que l'interprète n'est pas supposé recréer la constitution (b). Il ne doit pas se substituer à l'autorité constituante et pratiquer le *gouvernement des juges* (c).

a. Donner un sens à la constitution

Il est rare qu'un texte ne fasse pas l'objet d'interprétations divergentes. Il n'y a, au demeurant, pas de sens véritable ou de signification erronée. Le sens du texte est, par définition, indéterminé[1].

---

1. *Bibl.* : H. Kelsen, *Théorie pure du droit*, 1962, *op. cit.* ; M. Troper, « Interprétation », *in Dictionnaire de la culture juridique*, Lamy-PUF ; R. Berger, *Government by Judiciary*, Liberty Fund, 2e éd., 1997 ; S. Brondel, N. Foulquier et L. Heuschling (dir.), *Gouvernement des juges et démocratie*, PU Sorbonne, 2001 ; P. Brunet, *Vouloir pour la nation. Le concept de représentation dans la théorie de l'État*, LGDJ, 2004 ; J. Jeanneney, *Les lacunes constitutionnelles*, Dalloz, 2016 ; O. Pfersmann,

Il appartient à l'interprète d'énoncer le sens du texte. Or, l'interprétation n'est pas un *acte de connaissance*. Il s'agit d'un *acte de volonté* par lequel l'interprète détermine la signification d'un énoncé. L'exercice s'avère difficile, notamment, à l'égard de la constitution.

L'interprète doit reconstruire la signification de la constitution. Cette norme a été adoptée par une entité abstraite. La recherche de l'intention du Constituant est artificielle (lorsque le titulaire de la souveraineté est, par exemple, la nation). De même, l'interprète est confronté à la difficulté d'interprétation de dispositions datées. Certains sujets ont pu être ignorés par les rédacteurs de la constitution. Ils leur étaient inconnus (ex. : Internet, en 1958) ou avaient échappé à leur attention (ex. : les autorités indépendantes).

En outre, l'interprète d'une constitution exerce sa fonction dans un contexte politique. Un acteur du jeu institutionnel (ex. président de la République) n'est pas neutre. Il interprète l'étendue de ses compétences dans un sens qui lui est favorable. Les autres organes constitués ont la même attitude. Leur interprétation de la constitution est orientée par l'appréciation qu'ils portent des fonctions qu'ils entendent exercer et de la place qu'ils souhaitent occuper. Le Conseil constitutionnel, par exemple, a dû définir son rôle[1].

L'interprète cherche à inspirer confiance. Pour cela, il ne doit pas donner l'impression de substituer une règle nouvelle à celle qu'il interprète.

b. Interpréter ou créer ?

L'interprétation consiste à choisir la signification d'une disposition constitutionnelle. Elle ne doit pas être un prétexte pour s'approprier le pouvoir normatif. Si c'est le cas, l'interprète ne remplit plus sa fonction. Il devient législateur. Pour échapper à cette accusation, l'interprète utilise des techniques.

Pour convaincre, il met en œuvre une interprétation qui peut-être *sémiotique, téléologique, systémique*, ou *exégétique*.

Interprétation sémiotique. - L'interprète peut établir la signification des dispositions en étudiant le sens habituellement reconnu aux termes de la constitution.

• Par exemple, le verbe « signer » qui figure à l'article 13 de la Constitution (le président « signe les ordonnances et les décrets délibérés en Conseil des ministres ») n'a pas le même sens que le verbe « contresigner » qui figure à

« De l'impossibilité du changement de sens de la constitution », *Mélanges Pactet*, Dalloz, 2003, p. 357 ; A. Basset, *Pour en finir avec l'interprétation. Usages des techniques d'interprétation dans les jurisprudences constitutionnelles française et allemande*, éd. Inst. Univ. Varenne, 2015 ; F. Mélin-Soucramanien (dir.), *L'interprétation constitutionnelle*, Dalloz, 2005 ; O. Pfersmann, « Contre le néo-réalisme juridique. Pour un débat sur l'interprétation », *RFDC* 2002, n° 52, p. 789 ; M. Troper, « Réplique à Otto Pfersmann », *RFDC* 2002, n° 50, p. 335 ; O. Pfersmann, « Une théorie sans objet, une dogmatique sans théorie. En réponse à Michel Troper », *RFDC* 2002, n° 52, p. 759.

1. J. Meunier, *Les pouvoirs du Conseil constitutionnel. Essai d'analyse stratégique*, LGDJ et Bruylant, 1994.

l'article 19 (les actes du président sont « contresignés » par les ministres) : v. Séquence 8.

Interprétation téléologique. – La finalité de la règle oriente l'interprète. La constitution confère des compétences à des organes pour accomplir certaines missions. Les termes de la constitution peuvent être interprétés par référence à ces missions.

• Par exemple, il faut convenir que le président de la République ne dispose pas d'un droit de *veto* lorsqu'il « promulgue les lois » (en vertu de l'art. 10 Const.) si l'on convient que « la promulgation » est « l'acte par lequel le chef de l'État atteste l'existence d'une loi et donne ordre aux autorités publiques de l'observer et de la faire observer » (CE, ass., 8 févr. 1974, *Cne de Montory*, n° 84888) : v. Séquence 9.

Interprétation systémique. – L'interprète peut aussi s'intéresser à la logique d'ensemble du texte. Lorsqu'une disposition de la constitution paraît muette, l'interprète peut lui donner une signification par concordance avec d'autres dispositions. La cohérence d'ensemble du texte guide l'interprète.

• Le président de la République peut-il dissoudre le Sénat, par exemple ? La Constitution ne le précise pas, mais son article 12 prévoit que le président peut dissoudre l'Assemblée nationale. Si une règle régit une situation dans un sens, on peut supposer qu'une règle différente régit une situation distincte. L'article 12 peut être utilisé dans le cadre d'une argumentation *a contrario*. Un rapprochement est fait entre les dispositions. Si un article de la Constitution autorise la dissolution de l'assemblée mais ne comporte pas de disposition concernant la dissolution du Sénat, l'on doit certainement considérer que la Constitution n'autorise pas le président de la République à dissoudre le Sénat.

Interprétation exégétique. – L'on peut aussi rechercher l'intention des auteurs de la constitution. Cette méthode historique présente un double mérite : elle restitue la signification originale du texte et elle met en avant la volonté des auteurs de la constitution. Le rôle de l'interprète est ainsi occulté. Dans l'idéal, en effet, il peut sembler légitime de laisser à l'auteur le soin d'expliquer la signification de son texte. Mais cet idéal est une illusion parce que l'explication qu'il livre est elle-même une interprétation sujette à discussion. En outre, la volonté de l'auteur d'une constitution est difficile à reconstituer (v. situation 4).

Quelle que soit la technique retenue, le rôle de l'interprète apparaît élémentaire. Il est si important que certains théoriciens considèrent qu'il est indissociable de l'acte de création de la règle. Puisque l'interprétation est un acte de volonté et non de connaissance, il faut convenir que l'interprète ne se contente pas de rechercher le sens du texte. Il le détermine[1]. Les partisans de la théorie

1. L'interprétation n'est cependant pas arbitraire. À défaut d'obligation pesant sur l'interprète, sa situation dans le système juridique induit des contraintes auxquelles il peut difficilement échapper : v. M. Troper, V. Champeil-Desplats, Ch. Grzegorczyk, *Théorie des contraintes juridiques*, Bruylant-LGDJ, 2005.

dite *réaliste* de l'interprétation, notamment, considèrent que les juges *créent* la règle constitutionnelle. Pour eux, la constitution n'est pas formée par le texte. Elle est *le résultat* de son interprétation par les cours suprêmes.

Mais cette théorie est discutée parce qu'elle conduit, selon ses contradicteurs, à méconnaître l'existence de la norme avant son interprétation, ce qu'aucun interprète officiel ne saurait avouer.

c. L'accusation de gouvernement des juges

Une cour constitutionnelle peut difficilement reconnaître qu'elle crée la constitution. Elle serait accusée de se substituer au Constituant. Un tel aveu serait inacceptable. Le *gouvernement des juges* (E. Lambert[1]) est une faute grave et antidémocratique. C'est une accusation portée à l'encontre de juges qui sont sans légitimité politique et qui créent le droit sous prétexte de l'interpréter.

Les juges tentent de se prémunir contre ce type d'accusation. Ils le font en réfutant leur rôle créateur dans des positions de principe. Par exemple, le Conseil constitutionnel français affirme « qu'il ne lui appartient de procéder à l'interprétation du texte qui lui est déféré que dans la mesure où cette interprétation est nécessaire à l'appréciation de sa constitutionnalité », ou encore qu'il « ne dispose pas d'un pouvoir général d'appréciation et de décision de même nature que celui du Parlement ».

Mais ces explications ne sont pas toujours convaincantes. Le rôle créateur du juge est parfois difficile à nier. Comment ne pas constater, par exemple, que le Conseil constitutionnel a réécrit la Constitution de 1958 ? Dans sa décision du 16 juillet 1971, il a totalement modifié son étendue (v. Séquence 6).

Au demeurant, la légitimité de l'interprétation dépend de son acceptation par les autres acteurs constitutionnels. Elle résulte souvent d'une volonté convergente de faire évoluer la signification de la constitution. La cohérence du droit résulte de sa construction sur le long terme. Selon la formule de Ronald Dworkin, les juges, par leur interprétation, participent à la rédaction d'un « roman écrit à la chaîne »[2].

Les juges ne sont d'ailleurs pas les seuls auteurs de ce roman. La constitution est une règle de droit interprétée par de nombreux interprètes dont le statut et les pouvoirs varient.

---

1. Cette formule a été utilisée par Édouard Lambert en 1921 pour montrer le formidable pouvoir d'interprétation dont disposait la Cour suprême des États-Unis à l'égard d'une constitution ancienne ; E. Lambert, *Le Gouvernement des juges et la lutte contre la législation sociale aux États-Unis*, Giard, 1921 ; rééd. Dalloz, 2005.
2. Ronald Dworkin, *L'empire du droit*, PUF, 1994, p. 250 s.

2. Le statut de l'interprète

Tout lecteur peut proposer une interprétation de la constitution. Mais certains interprètes ont un statut particulier. Ils exercent une fonction au sein du système juridique. Ils n'ont certes pas le pouvoir extraordinaire de révéler la vérité de la constitution. Mais ils sont habilités à dire le droit (a). Les autres interprètes ne disposent pas de cette habilitation. Ils n'ont qu'une force de conviction leur permettant de suggérer une signification de la constitution (b).

a. L'interprétation *authentique*

Les organes de l'État, comme les juges, doivent donner un sens aux règles de droit pour exercer leurs compétences. L'interprétation *authentique* désigne – dans la terminologie de Hans Kelsen – l'acte de volonté par lequel un organe d'application choisit un sens à la norme. Il lui appartient de retenir un sens parmi les « possibilités révélées par l'interprétation ». Celle-ci a un statut particulier parce qu'elle ne relève pas de la suggestion. L'interprétation authentique est valide dans un système juridique. Elle « crée du droit »[1].

Les juges constitutionnels sont des interprètes authentiques. Leur interprétation des normes auxquelles ils se réfèrent s'impose. Les *cours constitutionnelles*, notamment, établissent la signification des dispositions constitutionnelles. Elles ne peuvent se prononcer sur la constitutionnalité des lois sans les interpréter. Par là même, elles déterminent une signification de la norme constitutionnelle.

Les juges ne sont pas les seuls interprètes authentiques. D'autres organes sont chargés d'appliquer la constitution. Des autorités politiques, notamment, interprètent les dispositions de la constitution pour exercer leurs compétences. Le président de la République française, par exemple, détermine l'étendue de certaines de ses compétences. Pour les dispositions concernées, son interprétation s'impose sans possibilité de recours. Des polémiques peuvent naître des interprétations retenues par le président (ex. refus de signature des ordonnances par le président Mitterrand en 1986 ; refus par le président Chirac d'inscrire un projet de loi à l'ordre du jour de la réunion d'un Conseil des ministres en févr. 2001, etc.). Mais, au final, l'interprétation du président s'impose.

L'interprète authentique applique la constitution, ce qui n'est pas le cas de l'interprète scientifique. Il assume une fonction différente.

b. L'interprétation *scientifique*

Cette interprétation n'est pas proposée par un organe de l'État chargé d'appliquer le droit. L'« interprétation scientifique » n'est qu'une « opération purement intellectuelle », selon Hans Kelsen. Elle « n'est pas création du droit »[2].

1. V. Hans Kelsen, *Théorie pure du droit, op. cit.*, p. 340.
2. H. Kelsen, *Théorie pure du droit, op. cit.*, p. 341.

Des spécialistes du droit constitutionnel (professeurs, avocats, etc.) défendent une interprétation de la constitution. C'est leur profession. Ils étudient les règles de droit et relèvent leurs différentes significations. Ils justifient une interprétation de la règle. Ces interprètes présentent leur méthode d'interprétation, leur raisonnement et les conclusions auxquelles ils sont parvenus. L'interprétation scientifique est libre. Elle est proposée sans préjugé (en principe) parce qu'elle est effectuée par des chercheurs qui n'ont *a priori* pas d'intérêt à défendre.

L'expression d'*interprétation scientifique* ne doit pas être comprise étroitement. Parce qu'elle est scientifique, l'interprétation ne doit pas être considérée comme véritable et donc incontestable. Il n'y a pas de vérité dans l'interprétation. Il n'y a que des prises de position. L'interprétation d'une disposition de la constitution par un professeur de droit n'est pas plus avérée que celle d'un étudiant (disons qu'elle est souvent plus argumentée).

B ▪ La protection juridictionnelle de la constitution

La protection de la constitution suppose qu'une autorité impose son respect. Il peut s'agir d'une instance politique (comme le Sénat des constitutions de l'an VIII [v. art. 21], ou de 1852 [art. 29]). Il s'agit généralement d'une instance juridictionnelle parce qu'elle présente l'avantage d'être indépendante du pouvoir législatif[1].

Pour cette raison, le contrôle juridictionnel de la constitutionnalité de la loi a suscité la défiance du pouvoir politique (1). Pour que ce contrôle soit accepté, des motifs impératifs ont dû être avancés. Ils ont conduit à l'instauration de différents modèles de justice constitutionnelle (2).

1. L'introduction du contrôle de constitutionnalité

Les juges ont longtemps eu pour vocation de faire appliquer la loi et non de la contrôler. Ils n'étaient, selon la formule classique de Montesquieu, « que la bouche qui prononce les paroles de la loi »[2] (même si les juges sous l'Ancien Régime n'avaient pas le même rapport à la loi[3]).

Le respect dû à la loi s'est longtemps opposé à l'instauration du contrôle de constitutionnalité. La loi était sacralisée. Elle incarnait la Raison. Elle était

1. Sur les avantages et inconvénients de ce choix, v. not. : *La controverse sur "le gardien de la Constitution" et la justice constitutionnelle : Kelsen contre Schmitt* (O. Beaud et P. Pasquino, dir.), éd. Panthéon-Assas, 2007.
2. Montesquieu, *De l'Esprit des lois*, 1748, Liv. XI, chap. VI.
3. Les juges n'appliquaient pas les lois dont les termes leur paraissaient inacceptables : F. Saint-Bonnet, « Le contrôle *a posteriori* : les parlements de l'Ancien Régime et la neutralisation de la loi », *Cah. Cons. const.*, n° 28.

« l'expression de la volonté générale » (art. 6 DDHC) qui était « toujours droite » selon Rousseau[1]. Le législateur était donc infaillible ce qui a justifié la souveraineté parlementaire.

Tout au long du XIXe siècle et une partie du XXe siècle, le contrôle de la conformité de la loi à la constitution s'est heurté à ce principe. Pour le contourner, des impératifs supérieurs ont été invoqués, comme le fonctionnement de l'État fédéral (a), la protection des droits fondamentaux (b), l'arbitrage entre organes constitutionnels (c), ou la séparation des pouvoirs législatif et exécutif (d).

a. Une cour constitutionnelle pour régir le fédéralisme

Pour fonctionner, l'État fédéral a besoin d'un arbitre qui veille à la répartition des compétences entre le niveau fédéral et celui des entités fédérées. Une instance constitutionnelle (ex. : la cour constitutionnelle fédérale allemande, ou la cour constitutionnelle de Belgique) doit protéger la répartition établie par la constitution fédérale.

Lorsque la constitution n'a pas expressément prévu ce contrôle, le juge s'est reconnu cette compétence pour permettre à l'État fédéral de fonctionner. Ainsi, aux États-Unis, la Cour suprême a-t-elle considéré qu'elle devait contrôler la constitutionnalité des lois. Cette compétence ne figurait pas clairement dans la Constitution. Mais la Cour suprême a estimé qu'elle devait exercer cette fonction dans sa célèbre décision de 1803, *Marbury v. Madison*. Quand « une loi est en opposition avec la Constitution », le juge doit dire « laquelle des deux règles gouverne l'affaire. C'est là l'essence même du devoir judiciaire » (*opinion* du juge Marshall[2]).

Cette fonction d'arbitrage est également exercée par le juge constitutionnel de l'État régional. Il ne s'agit pas d'un État fédéral (v. Séquence 3). Pour autant, le tribunal constitutionnel (ex. italien ou espagnol) exerce une fonction similaire. Il peut être appelé à se prononcer sur la répartition des compétences entre l'État et les régions.

b. Une cour constitutionnelle pour protéger les droits fondamentaux

L'essor de la justice constitutionnelle s'explique aussi par le souci de protéger les citoyens contre les abus du pouvoir politique. L'on sait, depuis longtemps, qu'une démocratie peut être despotique. Tocqueville l'avait expliqué en 1835 dans son analyse de la démocratie américaine. Pour lui, « le plus grand danger des Républiques américaines vient de l'omnipotence de la majorité ». Selon Tocqueville, « si jamais la liberté se perd en Amérique, il faudra s'en prendre à l'omnipotence de la majorité qui aura porté des minorités au désespoir et les

1. Rousseau, *Du contrat social*, 1762, Liv. II, Chap. III.
2. *In* E. Zoller (dir.), *Les Grands arrêts de la Cour suprême des États-Unis*, Dalloz, 2010, p. 11.

aura forcées de faire un appel à la force matérielle » (*De la Démocratie en Amérique*, IIe Partie, chap. VII).

L'expérience a prouvé que, dans une démocratie, la majorité peut opprimer des minorités ou des individus isolés. Des crimes contre l'humanité et des génocides ont été organisés par des autorités qui bénéficiaient d'une légitimité démocratique. Ces considérations expliquent la création de juridictions constitutionnelles après la Seconde Guerre mondiale.

L'institution d'une cour constitutionnelle fédérale en Allemagne en 1949 a été justifiée par deux considérations : la fonction d'arbitrage du fédéralisme et le respect des « droits fondamentaux » (art. 93 de la loi fond. du 23 mai 1949). Après la *catastrophe allemande*, les rédacteurs de la loi fondamentale ont cherché à « protéger les majorités contre elles-mêmes en mettant hors d'atteinte de leur volonté certaines valeurs inaliénables et certaines institutions garantes de libertés » (H. A. Winkler[1]). Différentes procédures ont été créées pour saisir la Cour de Karlsruhe. L'une d'elle permet à « quiconque estime avoir été lésé par la puissance publique dans l'un de ses droits fondamentaux » de former directement un « recours constitutionnel » devant la Cour (art. 93 Loi fond.).

D'autres cours constitutionnelles ont été créées à la même époque, comme celle de l'Italie (en 1948) ou ont été rétablies, comme celle de l'Autriche (en 1945[2]).

Notons que la signature, en 1950, de la Convention européenne des droits de l'Homme (CEDH) par les États membres du Conseil de l'Europe s'inscrit dans le prolongement de ce mouvement. Elle constitue une réponse aux tragédies que le continent a connues. La Cour européenne des droits de l'homme n'est pas une cour constitutionnelle mais elle est un instrument de protection juridictionnelle des droits fondamentaux. Elle contribue à la défense de *l'État de droit*.

Les changements de régime survenus dans les années 1970 dans le sud de l'Europe ont également conduit à la création de juridictions constitutionnelles. Une nouvelle conception de la démocratie s'est imposée avec la fin de régimes autoritaires en Grèce (en 1975), au Portugal (en 1976) et en Espagne (en 1978). Leurs ordres constitutionnels sont devenus des *États de droit*, c'est-à-dire des ordres juridiques où les droits fondamentaux ont valeur constitutionnelle et sont garantis par des juges indépendants. Par exemple, en Espagne, « toute personne physique ou morale qui invoque un intérêt légitime » peut introduire un « recours en garantie des droits » (art. 162, Const. esp.). L'instauration de ce recours en protection (*amparo*) à l'encontre des actes administratifs et juridictionnels témoigne d'une défiance à l'encontre de la puissance publique.

1. Heinrich A. Winkler, *Histoire de l'Allemagne, XIXe-XXe siècle*, Fayard, 2005, p. 577.
2. Une cour constitutionnelle a été créée dans cet État dès 1920 sur le modèle préconisé par H. Kelsen, institution dont il fut membre dans les années 1920 ; G. Holzinger, « La Cour constitutionnelle autrichienne », *Nouv. Cah. Cons. const.*, n° 36, 2012.

Le contrôle de constitutionnalité par des juges s'est aussi imposé dans les anciennes républiques populaires du bloc de l'Est. Par exemple, des tribunaux constitutionnels ont été créés en Pologne (1985 : v. situation 3), puis, entre 1990 et 1995, en Hongrie, Bulgarie, Albanie, Roumanie, République Tchèque, Lituanie, Slovénie et Russie.

Ce mouvement a concerné d'autres continents, comme l'Afrique. La protection des droits fondamentaux a été institutionnalisée avec la création de cours constitutionnelles. Par exemple, après la fin de l'apartheid, en 1991, a été instaurée une cour constitutionnelle en Afrique du sud (en 1993)[1].

Le *néoconstitutionnalisme* explique la généralisation de ces cours constitutionnelles. Selon cette théorie générale de l'État, il n'y a pas d'État démocratique, au sens contemporain du terme, sans *État de droit* et, donc, sans juge constitutionnel pour garantir le respect des droits fondamentaux (v. situation 3). L'essor du *néoconstitutionnalisme* a conduit un grand nombre d'États à disposer d'une cour constitutionnelle[2]. Il convient, cependant, de souligner que l'adhésion à cette conception de l'*État de droit* peut n'être qu'apparente. L'indépendance de nombreuses cours constitutionnelles est discutable. La justice constitutionnelle est souvent instrumentalisée pour légitimer le pouvoir en place.

c. Les conflits de compétences entre organes constitutionnels

Dans certains États, une cour arbitre les conflits de compétences entre les organes constitutionnels. Elle se prononce sur les attributions des autorités nationales (par ex. entre le gouvernement et le parlement). Cette mission incombe, par exemple, à la Cour constitutionnelle fédérale allemande, à la Cour constitutionnelle italienne, ou au tribunal constitutionnel espagnol.

Cette instance d'arbitrage est généralement une cour constitutionnelle dont le contentieux constitutionnel est la principale mission. Mais il peut également s'agir d'une juridiction supérieure se prononçant sur des questions constitutionnelles.

> Par exemple, la Cour suprême du Royaume-Uni, instituée en 2005 par le *Constitutional Reform Act*, est une cour d'appel des décisions rendues par les hautes cours. En matière constitutionnelle, un arrêt de la Cour suprême a connu une grande résonance. Le 24 septembre 2019, lors des discussions sur les modalités du *Brexit*, la Cour a jugé illégale la suspension du Parlement prononcée par la Reine sur l'avis du gouvernement de Boris Johnson.

---

1. Une grande majorité d'États africains s'est dotée d'une cour constitutionnelle spéciale ; *cf.* le site de la *Conférence des Juridictions Constitutionnelles Africaines* : www.cjca-conf.org/fr/.
2. La *Conférence mondiale sur la Justice constitutionnelle* accueille cent-dix-sept cours constitutionnelles et instances équivalentes ; *cf.* www.venice.coe.int.

d. Une instance constitutionnelle contre la souveraineté parlementaire

En France, la création d'une instance constitutionnelle a répondu à une problématique spécifique. Elle était institutionnelle. Elle ne se rapportait pas au fédéralisme ou à la protection des droits fondamentaux, mais elle concernait la *rationalisation du parlementarisme*.

Jusqu'en 1958, le principe de la *souveraineté parlementaire* interdisait le contrôle de constitutionnalité. Il empêchait les juges ordinaires d'assumer ce contrôle. En l'absence d'habilitation expresse de la constitution, les juges refusaient de se prononcer sur la conformité de la loi à la constitution. Les justiciables n'étaient pas admis à soulever une exception d'inconstitutionnalité de la loi (v. CE, sect., 6 nov. 1936, *Arrighi* et *Coudert, Leb.* p. 966).

La Constitution de 1958 a mis un terme à la souveraineté parlementaire. Un domaine réglementaire autonome a été reconnu au gouvernement (art. 37 Const.). Le domaine du législateur a été limité. Le Parlement a perdu la compétence de sa compétence. Il ne pouvait intervenir que dans les matières énumérées dans la Constitution (notamment celles prévues à l'art. 34 Const. ; v. Séquence 9).

Les rédacteurs de la Constitution de 1958 ont pris conscience que des litiges pouvaient survenir entre le gouvernement et le Parlement sur la délimitation de leurs domaines respectifs. Pour les départager, il convenait de faire appel à un arbitre. Le *Conseil constitutionnel* a été institué pour exercer cette fonction.

Il a œuvré à la suppression de la souveraineté parlementaire en contrôlant, notamment, la constitutionnalité des lois, des règlements des assemblées, ou en se prononçant sur la régularité des élections parlementaires (v. Séquence 9).

Cette mission initiale du Conseil constitutionnel a orienté le modèle de justice constitutionnelle français.

2. Les modèles de justice constitutionnelle

Les modalités du contrôle de constitutionnalité varient selon les États. Le rôle des juges et des justiciables diffère. Le contrôle peut être réservé à une cour constitutionnelle spéciale ou être partagé avec les autres juges. Les justiciables peuvent être écartés de ce contrôle, ou admis à s'adresser (directement, ou indirectement) à la cour constitutionnelle, etc.

À titre *didactique*, l'on peut, néanmoins, opposer deux modèles de justice constitutionnelle : le contrôle par voie *d'exception* (a) et celui par voie *d'action* (b).

a. Contrôle par voie d'exception

Ce contrôle est pratiqué aux États-Unis (il est intitulé *modèle américain* pour cette raison).

Caractéristiques. – Ce modèle est ouvert. Tout justiciable peut contester la conformité de la loi à la constitution devant n'importe quel tribunal, ce qui confère à ce modèle les caractéristiques suivantes :

– Le contrôle de la constitutionnalité des lois est diffus. Aux États-Unis, les tribunaux disposent d'un pouvoir de *judicial review* leur permettant d'apprécier la constitutionnalité d'une loi ou d'un acte exécutif. Chaque juge défend « la loi suprême du pays » (art. VI, Const. EU). Dans un système de *commun law*, les tribunaux ont la légitimité pour déterminer l'état du droit. Le contrôle de constitutionnalité n'est donc pas réservé à une cour. Il est *décentralisé*.

– Le contrôle de constitutionnalité de la loi a lieu *a posteriori*, c'est-à-dire après que la loi est entrée en vigueur. La contestation de la loi apparaît à l'occasion de son application.

– Le *contrôle est concret* dans la mesure où la constitutionnalité de la loi est appréciée dans le cadre d'un litige. Le justiciable soulève une exception d'inconstitutionnalité. Il s'agit d'une *demande incidente*. Elle n'ouvre pas le procès. Elle est présentée pour régler le litige (par exemple, un retraité engage une procédure pour obtenir une pension de retraite et conteste, devant le tribunal, la conformité de la loi que l'organisme qui gère sa retraite lui oppose). Le contrôle de la loi n'a pas de raison d'être sans litige. Il n'y a pas de contrôle sans *affaires et différends* (*cases and controversies*).

Effets. – Dans le modèle américain, le juge n'annule pas la loi qu'il déclare inconstitutionnelle. Elle est simplement écartée pour la résolution du litige. Sa décision n'est revêtue que de *l'autorité relative de la chose jugée*. La loi reste en vigueur. Les autres tribunaux peuvent l'appliquer.

Mais, dans un système de *commun law*, les tribunaux disent le droit en respectant les précédents et les *opinions* de la Cour suprême (en vertu de la règle du *stare decisis*). Aux États-Unis, la Cour suprême est placée au sommet de l'ordre juridictionnel fédéral. Elle peut connaître en appel des décisions rendues en matière constitutionnelle. Dès lors, une loi déclarée inconstitutionnelle par la Cour suprême ne sera plus appliquée par les autres tribunaux.

L'exemple américain. – Le modèle américain a joué un rôle considérable dans l'expansion du contrôle de constitutionnalité et a prouvé que le contrôle juridictionnel de la loi était compatible avec la démocratie. Il a été une source d'inspiration.

Pour autant, l'essor du contrôle diffus de constitutionnalité n'a pas conduit à la reproduction fidèle du modèle des États-Unis (notamment en Australie, Argentine, Brésil, Canada, Colombie, Chypre, Danemark, Estonie, Grèce, Irlande, Islande, Israël, Japon, Malte, Mexique, Monaco, Norvège, Nouvelle-Zélande, Portugal, Suède). Le contrôle y est diffus mais emprunte des éléments du contrôle concentré.

b. Contrôle par voie d'action

Dans ce modèle, le contrôle est abstrait et réservé à une instance constitutionnelle. Il est concentré.

Terminologie. – L'on fait souvent référence au modèle *kelsénien* pour désigner le contrôle de la constitutionnalité des lois répondant à ces caractéristiques. Le modèle a, en effet, été inspiré des travaux de Hans Kelsen[1]. Ce modèle est également dénommé *européen* parce que ses caractéristiques s'opposent à celles du *modèle américain*[2].

Ces termes sont souvent employés. Or, ils sont une source de confusion. La plupart des constitutions en Europe qui ont instauré un contrôle par voie d'action n'ont pas repris de façon stricte les caractéristiques du modèle *kelsénien – européen*[3].

Caractéristiques. – Elles s'opposent dans une large mesure au modèle américain :

– Le contrôle est *centralisé*. Seule une instance est compétente pour déclarer qu'une loi est inconstitutionnelle (le nom de cette instance varie : elle peut être dénommée *Cour, Conseil,* ou *Tribunal constitutionnel*). Il n'appartient pas aux juridictions ordinaires de constater qu'une loi est conforme ou non à la constitution.

– L'instance constitutionnelle n'est pas une *Cour suprême* placée au sommet de l'ordre juridictionnel. La cour ne connaît pas de litige. Le contrôle est *abstrait*. Des autorités politiques saisissent directement la Cour. Il n'appartient pas aux justiciables de contester la conformité des lois à la constitution lors d'un procès.

Contrôle *a priori* ou *a posteriori*.. – Le contrôle par voie d'action peut être organisé *a priori* et *a posteriori* (ex. au Portugal).

– Lorsque le contrôle est *a priori*, les lois déclarées inconstitutionnelles n'entrent pas en vigueur. Ce contrôle permet de protéger la hiérarchie des normes *ab initio*. Par exemple, en France, de 1958 à 2010, le contrôle de la conformité des lois à la constitution ne pouvait avoir lieu qu'*a priori* devant le Conseil constitutionnel. Il n'était pas mis en œuvre pour régler un litige (depuis 2010, la justice constitutionnelle française a emprunté avec la QPC des éléments du contrôle concret).

---

1. Hans Kelsen, « La garantie juridictionnelle de la Constitution », *RD publ.* 1928. 197 ; H. Kelsen, « Le contrôle de constitutionnalité des lois : une étude comparative des constitutions autrichienne et américaine », *RFDC*, n° 1, 1990, p. 17, trad. française d'un article publié *in The Journal of Politics* ; vol. 4, 1942, p. 183.
2. M. Cappelletti et W. Cohen, *Comparative Constitutional Law. Cases and Materials,* Indianapolis, Bobbs-Merrill, 1979 ; M. Cappelletti, *Le pouvoir des juges*, Economica, PUAM, 1990 ; L. Favoreu, « Modèle européen et modèle américain de justice constitutionnelle », *AIJC* 1988. 51 ; L. Favoreu, W. Mastor, *Les cours constitutionnelles*, Dalloz, 2e éd., 2016 ; F. Hamon et C. Wiener, *La justice constitutionnelle en France et à l'étranger*, LGDJ, 2011 ; M. Fromont, *Justice constitutionnelle comparée*, Dalloz, 2013.
3. La catégorie du modèle européen est contestée : v. O. Jouanjan « Modèles et représentations de la justice constitutionnelle en France : un bilan critique », *Jus Politicum*, n° 2, mars 2009 ; G. Tusseau, *Contre les « modèles » de justice constitutionnelle*, Bologne, Bononia University Press, 2009 ; G. Tusseau, « Les causes du choix d'un modèle de contrôle de constitutionnalité », *Jus Politicum*, n° 13, déc. 2014 ; M. Carpentier, « Pour de nouveaux "modèles" de justice constitutionnelle », *RIDC*, vol. 68 n° 1, 2016.

– Lorsque le contrôle a lieu *a posteriori*, le contrôle porte sur une loi déjà promulguée. De nombreux États qui pratiquent le contrôle de constitutionnalité par voie d'action ont établi ce type de contrôle. Le contrôle peut être mis en œuvre immédiatement après la promulgation.

Effets. – La loi déclarée inconstitutionnelle est annulée. La décision de l'instance constitutionnelle a un effet *erga omnes*. Elle a *autorité absolue de chose jugée*.

Lorsque le contrôle par voie d'action est exercé *a priori*, la loi inconstitutionnelle mérite d'être supprimée avant d'être promulguée. En revanche, lorsque le contrôle est exercé *a posteriori*, la suppression de la loi pose problème parce que la déclaration d'inconstitutionnalité porte sur une loi déjà promulguée. L'annulation d'une loi qui est entrée en vigueur crée du désordre juridique. La cour hésite donc à l'annuler. La loi est généralement déclarée constitutionnelle sous réserve d'interprétation. La cour prononce parfois des annulations qui ne sont que partielles. Elle peut aussi convier le législateur à remplacer la loi annulée dans le sens établi dans la décision.

c. L'association des contrôles

Dans de nombreux systèmes constitutionnels, plusieurs procédures sont prévues en parallèle. Le contrôle de constitutionnalité peut avoir lieu par voie d'action ou par voie d'exception. Il peut être organisé *a priori* et *a posteriori* et revêtir, selon les voies, une nature concrète ou abstraite. Les procédures ne sont pas exclusives. Elles peuvent aussi présenter un caractère mixte.

Modèle mixte. – Une même procédure peut organiser un contrôle concret de constitutionnalité et réserver son issue à une cour spéciale. Pour résoudre un litige, des juges ordinaires saisissent la cour constitutionnelle pour qu'elle statue *erga omnes* sur la constitutionnalité de la loi. Les tribunaux ordinaires effectuent un premier contrôle de la constitutionnalité de la loi. Lorsqu'elle paraît inconstitutionnelle, ils renvoient la question à la cour constitutionnelle. Elle est seule compétente pour censurer la loi

Par exemple, en Allemagne, ou en Italie, les juges peuvent s'interroger sur la conformité d'une loi à la Constitution. Ils renvoient la loi à la cour constitutionnelle qui a le pouvoir de l'annuler. De même, en France, des justiciables peuvent contester devant un juge ordinaire la constitutionnalité d'une loi « applicable au litige ou à la procédure ». La *question prioritaire de constitutionnalité* (QPC) peut être présentée par le juge à la Cour de cassation ou au Conseil d'État (qui jouent un rôle de filtre) pour qu'il la renvoie au Conseil constitutionnel (v. Séquence 11).

Effets. – Il peut paraître préférable que la loi ne soit pas annulée par la cour constitutionnelle lorsqu'elle intervient dans le cadre de cette procédure. L'annulation de la loi fait disparaître ses effets passés et à venir. Elle remet en cause des situations juridiques. Pour cette raison, en Italie par exemple, « la norme cesse de produire effet dès le lendemain de la publication de la décision » (art. 136, Const.). De même, en France, la solution de l'*abrogation* a été retenue dans le mécanisme de la QPC (art. 62, Const.) La loi ne disparaît que pour l'avenir. Les effets passés de la loi ne sont pas remis en cause. En revanche, lorsque l'abrogation n'est pas prévue, comme en Allemagne, l'annulation doit être prononcée (issue que la cour constitutionnelle cherche à éviter).

SÉQUENCE 1

La constitution, règle de droit

SITUATION 1

Le constitutionnalisme global

Les systèmes juridiques traditionnels sont affectés par la crise de l'État. Les sociétés sont ouvertes et mondialisées. Les acteurs de la société civile organisent leurs échanges dans le cadre de multiples espaces sectoriels. Leurs relations sont complexes et en interaction. Elles semblent échapper à la maîtrise des États.

La *globalisation* contribue à l'évolution du constitutionnalisme (v. M.-C. Ponthoreau, « Trois interprétations de la globalisation juridique », *AJDA* 2006. 20). Pour certains auteurs[1], le droit constitutionnel connaît, sous l'influence de ce phénomène, une nouvelle étape de son histoire. Il se *désétatise*, ce qui, au demeurant, le *déstabilise*.

» *Désétatisation* du droit constitutionnel

La constitution désigne une norme supérieure qui organise le pouvoir et garantit les droits fondamentaux. Au regard de cette définition, les théoriciens du *constitutionnalisme global* estiment que l'idée de constitution ne doit plus nécessairement être asso-

1. V. *Jus Politicum*, n° 19 : *Constitutionnalisme global* (janv. 2018) ; égal. J.-B. Auby, *La globalisation, le droit et l'État*, LGDJ, 2e éd., 2010 ; S. Cassese, *Au-delà de l'État*, Bruylant 2011 ; J.-Y. Chérot et B. Frydman (dir.), *La science du droit dans la globalisation*, Bruylant, 2012 ; R. Domingo, *The New Global Law*, Cambridge Univ. Press, 2011 ; P. Häberle, *L'État constitutionnel*, texte trad. M. Roffi et révisé par C. Grewe, Economica, PUAM, 2004 ; Poul F. Kjaer, *Constitutionalism in the Global Realm*, Routledge, 2014 ; A. Le Quinio (dir.), *Les réactions constitutionnelles à la globalisation*, Bruylant, 2016 ; N. Luhmann, *Le Pouvoir*, PU Laval, 2010 ; *Die Gesellschaft der Gesellschaft*, Francfort/Main, Suhrkamp, 1997 ; Ch.-A. Morand (dir.), *Le droit saisi par la mondialisation*, Bruylant, 2001 ; A. Peters, « The Globalisation of State Constitutions », *in* J.N. Nijman, A. Nolkaemper, *New Perspectives on the Divide Between National and International Law*, Oxford, univ. Press, 2007, p. 251 ; A. Peters, *The Constitutionalization of International Law*, Oxford, univ. Press, 2009 ; G. Teubner, *Fragments constitutionnels*, Garnier, 2016 ; D. Sciulli, *Theory of Societal Constitutionalism*, Cambridge University Press, 1992.

ciée à celle de l'État. Celle-ci serait une idée dépassée.

Plusieurs constats vont dans ce sens :

- L'exercice du pouvoir est pluriel. Il existe un pouvoir des États, mais aussi celui de multiples entités non étatiques (ex. : organisations internationales, organisations non gouvernementales, entreprises multinationales, fédérations sportives internationales, etc.). Les sujets de droit sont également destinataires de règles émises à différents niveaux (locaux, nationaux, internationaux ou transnationaux).

- Ces autorités ne sont plus hiérarchisées. Elles sont dans une relation d'interdépendance. Leurs actions sont complémentaires. Leurs normes convergent dans chaque domaine d'activité ; ce qui contribue, au demeurant, à leur standardisation et à la diminution du rôle normatif des États.

- Le mode d'édiction et le contenu de ces règles résultent de problématiques propres à chaque domaine d'activité. Le processus d'élaboration, par exemple, de la *lex mercatoria* ou la *lex sportiva* répond à une logique particulière en matière commerciale ou sportive. Le contrôle de ces règles est d'ailleurs assuré par des instances juridictionnelles ou arbitrales spéciales.

- L'État perd ainsi sa raison d'être. Même la protection des droits fondamentaux ne lui est plus réservée. Des instances supranationales (comme la Cour européenne des droits de l'homme) jouent un rôle élémentaire dans cette protection. Elles imposent le respect de ces droits à un autre niveau.

Le pouvoir tend à s'exercer sans les États. Le *constitutionnalisme global* s'inscrit dans un cadre *mondialisé* et *dépolitisé*. Mais cette orientation s'oppose totalement au *constitutionnalisme* des origines.

» *Déstabilisation* du droit constitutionnel

Pour les partisans du *constitutionnalisme global,* un ensemble de constitutions sociétales régirait de multiples espaces sectoriels à l'échelle mondiale (en matière économique, financière, sociale, culturelle, éducative, sportive, etc.). Le dépérissement du droit constitutionnel des États-nations est à l'origine de cette analyse. Mais ces conclusions ne sont-elles pas hâtives ?

Cette proposition soulève des interrogations au regard de l'idée même de *constitution* :

- La validité de ces règles *dites* « sociétales » interroge. Malgré sa vocation cosmopolite, le droit constitutionnel global ne s'inscrit pas dans un même ordre juridique. Il ne participe pas à la construction d'un système unitaire international. La reconnaissance de ces constitutions sociétales relève du constat. Il s'agit de faits. L'approche est sociologique et non juridique.

- De même, l'on s'interroge sur la validité et l'effectivité du système de protection des droits fondamentaux par des acteurs de la société civile ? Peut-on faire confiance à des organes non étatiques pour assurer cette protection ? L'*État de droit* a été conçu pour garantir et protéger des droits fondamentaux contre les abus des autorités politiques. Sa conception a été le résultat d'un long parcours. Les États et leurs organes juridictionnels ont œuvré à la protection de ces droits. Ils leur ont offert le cadre précieux de *l'État de droit*. En l'absence d'État, il faut réinventer les conditions de *l'État de droit*.

– Un vide conceptuel apparaît. L'État a été conçu pour assumer certaines fonctions. Il a joué un rôle essentiel dans la médiatisation du pouvoir entre les gouvernants et les gouvernés. Il a légitimé l'usage de la contrainte (v. Séquence 3). Il est dès lors difficile de renoncer à ce concept sans s'interroger sur la translation de l'exercice de ces fonctions à une nouvelle entité. Quelle peut-être la force contraignante (si elle reste juridique) des organes chargés de défendre les droits des individus sans l'intervention des États ?

– Enfin se pose la question du devenir des communautés politiques nationales. Dans ces espaces juridiques fractionnés et mondialisés décrits par les partisans du *constitutionnalisme global*, les individus (clients, adhérents, etc.) ne sont plus des citoyens. La perte de la citoyenneté soulève la question de la rupture opérée entre les idées de constitution, d'État et de souveraineté. Elle interroge sur le bien commun. Qui prend désormais en charge l'intérêt général ?

Les préceptes du *constitutionnalisme global* semblent renoncer à l'idée de communauté nationale soumise à une règle commune. Or l'idée de constitution est étroitement liée à celles de communauté politique et de légitimité du pouvoir. La constitution nationale est un pacte fondateur établi sur des valeurs et des principes partagés par une communauté de destin. Cette définition disparaît avec le *constitutionnalisme global*.

Lorsqu'ils ne sont plus opérants, les concepts peuvent être écartés au profit d'autres concepts. Les *constitutions des États-nations* seront peut-être remplacées par des *constitutions désétatisées*. Mais les deuxièmes ne rempliront plus les mêmes fonctions que les premières.

SITUATION 2

L'internationalisation du droit constitutionnel

S'il n'a pas encore renoncé à sa dimension étatique, le *droit constitutionnel* s'est néanmoins *internationalisé*. Les termes de *droit constitutionnel international*, ou d'*internationalisation du droit constitutionnel*, sont souvent employés.

Le droit constitutionnel s'est internationalisé dans le sens où il s'est uniformisé. Des standards de qualité d'une « bonne constitution » se sont imposés. Ils sont devenus une source d'inspiration pour la rédaction des constitutions et pour celle des traités fondateurs des organisations internationales.

En outre, les constitutions nationales, elles-mêmes, s'internationalisent. Elles se réfèrent au droit international et reconnaissent sa validité.

» La standardisation du droit constitutionnel

Les constitutions se sont normalisées. Certaines exigences relèvent de l'évidence. L'on ne saurait concevoir, notamment, une constitution sans « garantie des droits », ou « séparation des pouvoirs » (selon la formule de l'art. 16 DDHC de 1789). À défaut, l'État n'a « point de Constitution » (*ibid.*). De même, le contrôle de constitutionnalité et l'organisation d'élections pluralistes sont inhérents au droit constitutionnel contemporain.

Ces standards se sont imposés par l'expérience et l'exemplarité. Ils forment une sorte d'héritage constitutionnel universel qui inspire les rédacteurs des constitutions. Ceux-ci sont conscients que leur texte sera apprécié par référence à des principes éprouvés. Les mentionner permet de légitimer le texte qu'ils proposent. Leur reconnaissance évite la critique systématique et répond au *benchmarking* constitutionnel qui tend à faire de quelques textes constitutionnels des étalons pour la rédaction des autres textes.

Cet objectif est clairement apparu lors de la rédaction de constitutions récentes (ex. la Constitution de la Tunisie de 2014, v. T. Groppi, « La Constitution tunisienne de 2014 dans le cadre du "constitutionalisme global" », *Constitutions* 2016, p. 7).

À l'inverse, la négation de ces principes rend la démarche du Constituant suspecte. La révision de la Constitution de la Turquie, approuvée par référendum le 16 avril 2017, a supprimé des contre-pouvoirs. Dans un avis du 11 mars 2017, la *Commission de Venise*[1] a condamné cette évolution constitutionnelle. Cette révision a instauré un « régime personnel ». Ce régime contredit les principes et valeurs défendus par le Conseil de l'Europe dont la vocation est de défendre *la démocratie*, les *droits de l'homme* et la *prééminence du droit*.

Le respect de ces standards est encouragé lors de la rédaction des constitutions. Ils se sont également imposés pour la rédaction des engagements internationaux.

» La constitutionnalisation des traités internationaux

Le droit international et le droit constitutionnel connaissent une forme de mimétisme. Par un effet en retour, les chartes fondatrices des organisations internationales ont retranscrit les standards du constitutionnalisme. Les traités fondateurs de nombreuses organisations internationales (comme l'ONU ou ses organisations spécialisées telles que l'OMS, l'OIT, l'UNESCO, etc.) bénéficient d'une constitution matérielle pour leur structure organique. Elles prévoient, notamment, une distinction des fonctions et un contrôle juridictionnel de leurs actes.

Certaines entités supranationales ont atteint un très haut degré de

1. La *Commission européenne pour la démocratie par le droit* (dite *Commission de Venise*) est un organe consultatif du Conseil de l'Europe. Elle a pour vocation de promouvoir un « patrimoine constitutionnel commun » : www.venice.coe.int

constitutionnalisation. Les traités fondateurs de l'Union européenne, par exemple, ont repris les standards constitutionnels[1] :

– Le traité sur l'Union protège des « valeurs communes », (comme le respect de la dignité humaine, la liberté, la démocratie, l'égalité, l'État de droit, les droits de l'homme : v. art. 2 TUE ; *cf. infra*, situation 3).

– Une « citoyenneté de l'Union » a été reconnue à ses ressortissants. Ils participent indirectement à l'exercice du pouvoir dans le cadre d'une « démocratie représentative » (art. 10 TUE). Les citoyens sont directement représentés au Parlement européen, ainsi que par l'intermédiaire de leur chef d'État ou de gouvernement au Conseil européen et au Conseil par leurs gouvernements (même art.).

– Selon les préceptes évoqués du *néoconstitutionnalisme* (v. *supra*), l'Union est une entité démocratique (au sens contemporain d'*État de droit*) dès lors qu'un juge communautaire (la CJUE) protège en toute indépendance les droits élémentaires des citoyens européens (consacrés, notamment, par la *Charte des droits fondamentaux* de l'Union). Une forme de séparation des pouvoirs a été instituée.

Le droit communautaire originaire s'apparente donc à une « charte constitutionnelle de base » (CJCE 23 avr. 1986, *Parti écologiste « Les Verts »*, aff. 294/83). Elle pourrait devenir une constitution si l'Union disposait de la souveraineté.

Cette constitutionnalisation des traités fondateurs de l'Union européenne et de certaines organisations internationales a favorisé l'expansion du constitutionnalisme[2]. Mais elle ne s'est pas faite au détriment du droit international.

» L'ouverture des constitutions au droit international

Les constitutions nationales procèdent à des renvois au droit interna-

1. H. Ruiz Fabri, C. Grewe, *Droits constitutionnels européens*, PUF, 1995 ; J. Jorda, *Le pouvoir exécutif de l'Union européenne*, PUAM, 2001 ; O. Beaud, A. Lechevalier, I. Pernice, S. Strudel (dir.), *L'Europe en voie de constitution*, Bruylant, 2004 ; « Le droit constitutionnel européen », rép. D. Rousseau et H. Gaudin, *RD publ.* 2008. 721 ; J. Ziller (dir.), *L'européanisation des droits constitutionnels à la lumière de la Constitution pour l'Europe*, L'Harmattan, 2003 ; J.-L. Quermonne, « L'émergence d'un droit constitutionnel européen », *RIDC*, 2-2006, p. 581.

2. A. Pellet, « Constitutionnalisation du droit des Nations unies ou triomphe du Dualisme ? », *RMCUE* 2009. 415 ; R. Chemain et A. Pellet (dir.), *La Charte des Nations unies, Constitution mondiale ?*, Pedone, 2006 ; H. Ruiz Fabri et M. Rosenfeld, *Repenser le constitutionnalisme à l'âge de la mondialisation et de la privatisation*, Soc. de législation comparée, Coll. UMR-DC, vol. 23, 2011 ; H. Tourard, *L'internationalisation des constitutions nationales*, LGDJ, 2000 ; G. Scelle, « Le droit constitutionnel international », *Mélanges Carré de Malberg*, Sirey, 1933, p. 501 ; B. Mirkine-Guetzevitch, *Droit constitutionnel international*, Sirey, 1933 ; O. De Frouville, « Le paradigme de la constitutionnalisation vu du droit international », *in Les droits de l'homme ont-ils constitutionnalisé le monde* (S. Hennette-Vauchez et J.-M. Sorel, dir.), Bruylant, 2011, p. 193 ; J.-S. Bergé / S. Romano, *Les ordres juridiques*, Dalloz, 2015 ; O. Dupéré (dir.), *Constitution et droit international*, Fond. Varenne, 2016 ; P.-F. Laval et R. Prouveze (dir.), *L'ONU, entre internationalisation et constitutionnalisation*, Pedone, 2015.

tional. Elles établissent notamment le rang des normes internes par rapport à celui des engagements internationaux. Par exemple, l'article 25 de la Loi fondamentale allemande dispose que « les règles générales du droit international public font partie du droit fédéral. Elles sont supérieures aux lois et créent directement des droits et des obligations pour les habitants du territoire fédéral ». De même, l'article 55 de la Constitution française de 1958 dispose que « les traités ou accords régulièrement ratifiés ou approuvés ont, dès leur publication, une autorité supérieure à celle des lois (...) ».

La constitution peut aussi consacrer la participation de l'État à un ordre juridique supranational intégré. Par exemple, l'article 23 de la Loi fondamentale allemande autorise le transfert de droits de souveraineté « pour l'édification d'une Europe unie ». De même, l'article 88-1 de la Constitution française autorise les transferts de compétence pour permettre à la République de participer à l'Union européenne.

Ces dispositions montrent que la constitution est d'inspiration *moniste* (système où le droit international et le droit national forment un même ordre hiérarchisé, à primauté de l'un ou de l'autre) ou *dualiste* (les ordres juridiques, international et national, sont distincts et, pour être valides, les normes internationales doivent être transposées en droit interne).

SITUATION 3

L'Union européenne et la défense de « l'État de droit » en Pologne

Dans un *État de droit*, les droits et libertés élémentaires des individus sont garantis par la constitution et protégés, notamment, par une juridiction constitutionnelle neutre, impartiale et indépendante du pouvoir politique. Celle-ci contrôle la conformité des lois à ces droits et libertés.

Ce concept de *l'État de droit* a été érigé au rang de « valeur commune » des États membres de l'Union européenne (art. 2, TUE). Un État membre qui ne respecte pas cette valeur s'expose à des sanctions. Le traité sur l'Union prévoit une procédure coercitive (v. D. Kochenov, L. Pech et S. Platon, « Ni panacée, ni gadget : le “nouveau cadre de l'Union européenne pour renforcer l'État de droit” », *RTD eur.* 2015. 689).

La menace de sanction a été brandie à l'encontre de plusieurs États après l'arrivée au pouvoir de gouvernements réputés autoritaires. Ils ont été accusés de porter atteinte à l'indépendance du pouvoir judiciaire, ou d'utiliser le référendum à des fins populistes.

Les gouvernements de ces États souverains (Autriche, Hongrie, Pologne) bénéficient d'une légitimité démocratique. Mais, dans un *État de droit,* l'exercice du pouvoir politique est placé sous le contrôle d'une juridiction constitutionnelle. L'indépendance de cette instance est donc un enjeu de pouvoir, comme l'a montré la *crise* dite *de l'État de droit* en Pologne.

» Le pouvoir politique sous surveillance

Dans un *État de droit,* l'État n'est pas seulement soumis au droit. Il protège les citoyens contre l'autoritarisme du pouvoir politique. De même, la démocratie ne se résume pas à l'exercice du pouvoir par le peuple. Elle connaît une limite : le respect des individus. Pour cela, le pouvoir est contrôlé. La majorité politique ne doit pas être omnipotente. *État de droit* et *démocratie* sont conçus pour éviter que le pouvoir exercé par les représentants opprime les minorités. Cette conception de l'État et de la démocratie a été intégrée au constitutionnalisme. On utilise le terme de *néoconstitutionnalisme* pour qualifier cette évolution.

Conditions. – Cette nouvelle conception de la démocratie modifie l'objet de la constitution. Elle n'a plus seulement un objet institutionnel. Dans le *néoconstitutionnalisme,* la constitution énonce des droits et libertés fondamentaux pour protéger les citoyens contre les abus du pouvoir politique. Ces droits et libertés sont garantis par la norme la plus élevée. Pour les protéger, la constitution institue une justice constitutionnelle indépendante du pouvoir politique. Tous les organes politiques, même le Parlement, doivent respecter ces droits et libertés garantis par la constitution. Leur violation doit être sanctionnée et les préjudices subis par des citoyens obtenir réparation[1].

L'État de droit poursuit un objectif : protéger les citoyens. Il ne doit pas relever de l'apparence. Pour qu'il ne soit pas formel, l'État doit garantir l'indépendance du juge et protéger les libertés qui la favorisent (il doit, par exemple, rendre effective la liberté de la presse sans laquelle l'indépendance de l'autorité judiciaire à l'égard du pouvoir politique n'est qu'une illusion). En effet, *l'État de droit* n'est qu'un slogan dans nombre d'États. Un discours officiel est véhiculé sur ce thème, mais il masque une forme d'autoritarisme.

C'est un fait : l'*État de droit* n'est pas une *valeur* partagée dans tous les États. Lorsqu'elle est consacrée, elle est, en outre, mise en œuvre différemment.

Une « valeur commune ». – La protection de l'*État de droit* diffère y compris au sein de l'Union[2]. La Com-

1. *Bibl.* : R. Denoix de Saint Marc, *L'État*, PUF, coll. « Que sais-je ? », 2012, 2e éd. ; L. Heuschling, *État de droit, Rechtsstaat, Rule of Law,* Dalloz, 2002 ; J. Chevallier, *L'État de droit,* Montchrestien, 2010 ; J. Chevallier, « L'État de droit », *RD publ.* 1988. 313 ; V. Champeil-Desplats, « La théorie générale de l'État est aussi une théorie des libertés fondamentales », *Jus politicum,* n° 8, 2012, p. 15 ; M.-J. Redor, *De l'État légal à l'État de droit,* Economica, 1992 ; M. Troper, « Le concept d'État de droit », *Droits,* n° 15, 1992, p. 51.
2. R. Arnold, « L'État de droit comme fondement du constitutionnalisme européen », *RFDC* 2014. 769 ; A. von Bogdandy, P. Sonnevend, *Constitutional Crisis in the European Constitutional Area (Theory, Law and Politics in Hungary and Romania),* Beck/Hart, 2015.

mission européenne reconnaît que la teneur de *l'État de droit* varie selon les systèmes constitutionnels.

La Commission a dû, néanmoins, énoncer des standards de *l'État de droit*. Pour les déterminer, la Commission se réfère aux principes résultant des jurisprudences de la Cour de justice de l'Union européenne et de la Cour européenne des droits de l'homme, ainsi qu'aux travaux de la *Commission de Venise* du Conseil de l'Europe (v. *supra*). Cette Commission a exposé les principes qui « définissent la substance de l'État de droit » dans une recommandation du 11 mars 2014 intitulée *Un nouveau cadre de l'UE pour renforcer l'État de droit* (COM[2014] 158 final).

La protection des citoyens doit être effective. Quelles que soient les modalités retenues par les États membres, cette protection doit se traduire par des garanties et des mécanismes institutionnels. Lorsqu'il existe des « indices clairs d'une menace systémique envers l'État de droit » dans un État membre, la Commission peut mettre en action le mécanisme de sanction prévu à cet effet dans le traité sur l'Union européenne (TUE).

La procédure de sanction. – La mise en œuvre de la procédure prévue à l'article 7 TUE est graduée. Elle comporte plusieurs étapes :

– Dans un premier temps, la Commission européenne organise un dialogue avec l'État. Elle tente de dépasser le conflit et elle peut, si nécessaire, adresser à cet État un « avis sur *l'État de droit* ». En l'absence de réaction positive, la Commission émet une recommandation où elle expose ses motifs d'inquiétude. Elle mentionne les questions que l'État doit résoudre dans un certain délai.

– Si le dialogue échoue, la procédure de l'article 7 TUE peut être activée sur « proposition motivée d'un tiers des États membres, du Parlement européen ou de la Commission européenne ». Il appartient alors au *Conseil* (des ministres) de constater la « violation grave » de *l'État de droit*. Le Conseil statue « à la majorité des quatre cinquièmes de ses membres après approbation du Parlement européen ».

– Il appartient ensuite au *Conseil européen* (qui regroupe les chefs d'État et de gouvernement) de « constater l'existence d'une violation grave et persistante » de *l'État de droit*. Le Conseil européen statue « à l'unanimité ».

– Lorsque le Conseil européen a constaté la violation de *l'État de droit*, le Conseil (des ministres) peut sanctionner l'État fautif. Le Conseil, statuant à la majorité qualifiée, peut suspendre certains des droits de l'État qui résultent de son appartenance à l'Union, « y compris les droits de vote du représentant du gouvernement de cet État membre au sein du Conseil ».

» Tribunal constitutionnel *versus* majorité parlementaire

Cette procédure de sanction a été initiée à l'encontre de la Pologne pour ne pas avoir respecté l'indépendance de son tribunal constitutionnel.

L'instauration d'un contrôle de constitutionnalité en Pologne. – Ce contrôle ne relève pas de la tradition constitutionnelle polonaise[1]. Devenue une république populaire dans la deuxième moitié du XXe siècle, la Pologne a été régie par le principe de « l'uniformité du pouvoir d'État ». Ce principe s'opposait à la séparation des pouvoirs et au contrôle de constitutionnalité. À l'époque de *l'état d'urgence* et de *Solidarność*, un tribunal constitutionnel a certes été institué à l'issue de la révision de la Constitution en 1982 et de l'adoption d'une loi du 29 avril 1985. Mais les attributions de ce tribunal étaient limitées. Ses décisions étaient même placées sous le contrôle du Parlement.

Il a fallu attendre la chute du mur de Berlin pour qu'une nouvelle conception de la démocratie s'impose dans les anciens États satellites de l'URSS. La Pologne est alors devenue un *État de droit*. La Constitution du 2 avril 1997 (complétée par la loi sur le Tribunal constitutionnel du 1er août 1997) a institué une véritable juridiction constitutionnelle[2].

Le « Tribunal constitutionnel » (v. art. 122 Const. Rép. pol.) défend « la Constitution » qui « est le droit suprême de la République de Pologne » (art. 8). Il dispose de compétences étendues pour réaliser cette mission. Il veille au contrôle de la constitutionnalité des lois et des traités, ainsi qu'à celle des règlements les plus élevés. Toute personne dont les libertés ou les droits constitutionnels ont été violés peut porter plainte devant le Tribunal constitutionnel. Il règle aussi les conflits de compétence entre les autorités centrales de l'État. Il est enfin chargé de contrôler l'activité des partis politiques. Au regard de l'étendue de ces attributions, l'on peut comprendre l'enjeu que les nominations au Tribunal constitutionnel ont représenté.

Le conflit autour des nominations. – Le Tribunal constitutionnel polonais comprend quinze juges. Ils sont élus par la Diète pour neuf ans (la Diète polonaise, ou « *Sejm* », est la chambre basse du Parlement, la chambre haute étant le Sénat). Les juges sont choisis pour « leur connaissance du droit » (art. 194 Const. Rép. pol., complété par la loi sur le Trib. const.). En outre, pour assurer leur indépendance, les juges ne peuvent être réélus. Le président et le vice-président du Tribunal constitutionnel sont nommés par le président de la République parmi les candidats présentés par ce même tribunal.

L'on aurait pu penser que les qualités requises pour être juge et la légitimité démocratique conférée par l'élection auraient favorisé le choix de personnalités de consensus. Mais, comme dans tous les États qui ont retenu ces critères, le tribunal a connu une politisation des nominations.

La politisation ne nuit pas nécessairement à l'institution. En Allemagne, par exemple, la loi fondamentale prévoit cette double légitimité : « la Cour constitutionnelle fédérale

1. V. égal. Miroslaw Wyrzykowski, « Présentation du Tribunal constitutionnel Polonais », *Nouv. Cah. Cons. const.*, n° 3 (doss. : *Pologne*), 1997.
2. La Constitution de la République de Pologne est traduite en langue française sur le site du Tribunal constitutionnel polonais : http://trybunal.gov.pl/fr/

se compose de juges fédéraux et d'autres membres. Les membres de la Cour constitutionnelle fédérale sont élus pour moitié par le Bundestag et pour moitié par le Bundesrat » (art. 94, LF pour la RFA). Les juges sont des juristes de formation et de carrière. Mais ils sont élus et les principales formations politiques se répartissent les nominations. Malgré cela, la Cour constitutionnelle fédérale allemande est une institution très respectée.

La situation est différente en Pologne, où le Tribunal constitutionnel ne bénéficie pas de la même considération.

La crise. – La Diète a choisi cinq nouveaux juges, le 8 octobre 2015. Trois nominations concernaient le remplacement de sièges vacants et deux nominations étaient destinées à pourvoir des postes qui devaient être vacants à compter du 12 novembre 2015, c'est-à-dire après les élections législatives du 25 octobre 2015. Le parti *Droit et justice* (PiS) a obtenu la majorité absolue à l'issue de ces élections. La nouvelle Diète n'a pas accepté ces nominations qui avaient précédé les élections législatives et devancé la victoire de la nouvelle majorité. En réaction, la Diète a adopté, le 19 novembre 2015, une loi sur le tribunal constitutionnel par laquelle elle s'est autorisée à annuler les nominations. La Diète a alors choisi cinq nouveaux membres (le 25 nov.).

Le Tribunal constitutionnel a alors été saisi de ces nominations dans le cadre d'une affaire où il a été juge et partie. Dans une décision du 3 décembre 2015 (K 34/15), le Tribunal a confirmé les nominations des trois juges nommés pour des sièges vacants avant les élections législatives. Il a annulé les nominations par anticipation. Dans une autre décision du 9 décembre 2015 (K35/15), le Tribunal constitutionnel a annulé les modalités de nomination des juges décidées par la Diète.

En réaction, la majorité présidentielle s'est frontalement opposée au Tribunal constitutionnel. Le président de la République, M. Andrzej Duda (élu au suffrage universel direct le 25 mai 2015) n'a pas tenu compte des décisions du Tribunal. Il a refusé de recevoir le serment des premiers juges mais il a accepté celui des juges désignés par la nouvelle majorité. Une nouvelle loi du 22 décembre 2015 a prévu l'augmentation du *quorum* pour les délibérations du tribunal constitutionnel, rendant son fonctionnement impossible sans la présence des nouveaux juges. La loi a également imposé un traitement chronologique des affaires (pour dénoncer les priorités du président du tribunal, M. Andrzej Rzeplinski, dans le choix de celles qui étaient inscrites à l'audience). Pour sa part, le gouvernement a refusé de publier des décisions du tribunal qui ne lui paraissaient pas valides au regard des règles législatives relatives au fonctionnement du tribunal.

Le 19 décembre 2016, le président de la République, M. Andrzej Duda, a nommé une personne de confiance, Mme Julia Przylebska, en qualité de présidente du Tribunal constitutionnel. Elle a pris parti en faveur des choix retenus par la Diète. Ce faisant, les intérêts du Tribunal constitutionnel et de la majorité présidentielle sont devenus convergents…

La réaction de l'Union européenne. – Pour la première fois, la Commission européenne a déclenché la procédure de l'article 7, TUE. Le 20 décembre 2017, elle a présenté une proposition de décision au Conseil relative à la constatation d'un risque clair de violation grave, par la République de Pologne, de l'*État de droit* (COM[2017] 835 final). La violation portait sur l'indépendance du tribunal constitutionnel polonais, mais aussi sur l'adoption de nouvelles législations permettant de contrôler les juridictions ordinaires (notamment, par un régime disciplinaire applicable au contenu des décisions juridictionnelles) et de recomposer la Cour suprême (l'âge de la retraite de ses membres a été baissé, le président de la République pouvant choisir librement les juges qui auraient le droit de rester en poste).

La procédure de l'article 7 TUE est à vrai dire peu dissuasive. La menace d'une sanction de l'Union à l'encontre de la Pologne apparaît faible. La décision doit être prise à l'unanimité des autres États membres. Or, les États ne sont pas enclins à se sanctionner mutuellement et, notamment, ceux qui, comme la Hongrie, sont accusés de méconnaître *l'État de droit*. Le 12 septembre 2018, le Parlement européen a en effet demandé au Conseil d'établir, conformément à l'article 7 du Traité, que la Hongrie violait les valeurs fondatrices de l'Union européenne. On imagine donc mal la Hongrie voter en faveur d'une sanction contre la Pologne pour violation de l'*État de droit* (sauf à considérer, comme l'idée est avancée, que ces deux pays ne pourraient participer au vote dès lors qu'ils sont concernés par le même type d'accusation).

À vrai dire, « la procédure de l'article 7 est aujourd'hui dans l'impasse, tant pour le dossier polonais que pour le dossier hongrois » (rapp. d'inf. du 18 mars 2021, Sénat, de MM. Ph. Bonnecarrère et J.-Y. Leconte sur *l'État de droit dans l'Union européenne*, p. 41).

Au demeurant, d'autres procédures de nature juridictionnelle apparaissent plus efficaces pour constater la violation de l'*État de droit* et, notamment, pour avoir méconnu le droit à un recours effectif devant un tribunal impartial et indépendant (art. 19, § 1 du TUE et art. 47 de la Charte des droits fondamentaux de l'UE). Les juges polonais, d'une part, ont posé des questions préjudicielles à la CJUE (art. 267, TFUE) et la Commission, d'autre part, a introduit une procédure d'infraction contre la Pologne (art. 258 TFUE) pour manquement à ses obligations au regard des principes énoncés. En réponse, la CJUE a, notamment, ordonné la suspension des dispositions législatives relatives aux nominations à la Cour suprême polonaise (CJUE, ord., 19 oct. 2018, affaire C-619/18 R), ce qui a conduit les autorités polonaises a apporté de premières modifications à leur législation. Elles ont répondu à la CJUE et se sont surtout prémunies contre des accusations politiques dans le contexte électoral de l'époque. En Pologne, comme dans les autres États de l'Union, les considérations politiques nationales prévalent sur la défense des principes communautaires.

L'affrontement perdure néanmoins et, malgré les condamnations, la Pologne résiste. La CJUE a ainsi jugé le 15 juillet 2021 (aff. C-791/19) que l'État polonais avait manqué à ses obligations résultant des traités en attribuant à la chambre disciplinaire de la Cour suprême le pouvoir de sanctionner les juges pour le contenu des décisions judiciaires qu'ils avaient prononcées. Pour la CJUE, cette évolution de la législation polonaise constitue « une régression de la protection de la valeur de l'État de droit » (pt. 112). Et, la veille, une ordonnance de la CJUE (rendue en référé) a ordonné à la Pologne de suspendre les dispositions relatives aux compétences de la chambre disciplinaire (ord. du 14 juill. 2021, aff. C-204/21 R). Le même jour, le tribunal constitutionnel polonais a répliqué. Il a jugé, le 14 juillet 2021, que la CJUE ne pouvait pas lui imposer des obligations sur son système judiciaire sans méconnaître la Constitution de la République de Pologne (aff. P 7 / 20).

SITUATION 4

Les travaux préparatoires de la constitution

L'interprète peut tenter de reconstituer l'intention du Constituant par la recherche d'indices. La référence aux *travaux préparatoires* de la constitution a cet objet (v. par ex. P. Avril, « Le Conseil constitutionnel et le droit pénal international (à propos de l'interprétation littérale de l'article 68 de la Constitution) », *RFDA*, n° 4, 1999, p. 715). L'utilisation de cette méthode légitime l'interprétation retenue. Pour cela, l'interprète doit disposer de travaux préparatoires inspirant confiance.

» Légitimer l'interprétation par la référence aux « travaux »

Cette méthode consiste à rechercher l'intention de l'auteur de la constitution dans les documents qui ont servi à l'élaboration du texte. La volonté de l'auteur est attestée par la référence à ses prises de position.

Le Conseil constitutionnel met ainsi régulièrement en avant l'intention du Constituant pour légitimer l'interprétation qu'il propose d'une disposition constitutionnelle. Pour cela, le juge constitutionnel use de formules qui montrent qu'il a utilisé cette méthode d'interprétation. Il se réfère aux dispositions de la constitution « éclairées par les travaux préparatoires », ou par les « débats parlementaires sur la révision constitutionnelle ». Il peut aussi affirmer que « le constituant a entendu » donner une signification à un article de la constitution.

Cette méthode d'interprétation est utilisée pour donner une signification à la norme constitutionnelle de référence ainsi qu'à la loi qui est contrôlée[1]. Le Conseil constitutionnel constate, par exemple, qu'il résulte des « travaux parlementaires », ou « des travaux préparatoires de la loi... qu'en adoptant les dispositions contestées le législateur a entendu (...) ».

La référence à l'intention de l'auteur est destinée à emporter la conviction. L'interprétation ne paraît souffrir d'aucune discussion dès lors que le « constituant » a « entendu » donner une signification à un article de la constitution. Il reste à savoir comment le juge constitutionnel peut connaître cette intention du « constituant » ?

» Légitimer les « travaux » pour justifier l'interprétation

La recherche de l'intention du Constituant soulève plusieurs questions[2]. Il faut désigner « l'auteur de la constitution », apprécier s'il s'agit de « véritables » travaux préparatoires et se demander si l'intention originelle du Constituant mérite toujours l'attention.

L'auteur de la constitution. – Le terme d'« auteur » peut faire référence à celui qui a adopté la règle (le « Constituant ») ou à celui qui a rédigé le texte. Leur rôle est différent et la recherche de leur intention ne présente pas la même difficulté.

– Le Constituant originaire est une entité abstraite. Sa volonté est difficile à déterminer. Même s'il s'agit du Peuple, il est impossible de connaître la signification que chaque citoyen a donnée de la constitution. Lors d'un référendum, les électeurs approuvent les lignes directrices de la constitution. Ils ne développent pas une réflexion sur chacune de ses dispositions. En outre, nombre d'électeurs témoignent davantage leur attachement à la personnalité qui leur soumet la constitution qu'au contenu du texte. L'intention du Constituant paraît donc inaccessible.

– Pour cette raison, l'on se reporte souvent à la volonté des rédacteurs du texte. La référence aux « travaux préparatoires » renvoie à l'intention de ceux qui ont rédigé la constitution. Il est, en effet, possible d'avoir une idée du sens donné par les rédacteurs du texte en se reportant aux différentes étapes et aux débats qui ont présidé à la rédaction. Les

---

1. H. Capitant, « L'interprétation des lois d'après les travaux préparatoires », *D.* 1935. Chron. 77 ; M. Couderc, « Les travaux préparatoires ou la remontée des enfers », *D.* 1975. Chron. 249.
2. J. Gicquel, *Essai sur la pratique de la Ve République (bilan d'un septennat)*, LGDJ, 1968, p. 28 ; P. Avril, « Le piano mécanique », *in Itinéraires. Études en l'honneur de Léo Hamon*, Economica, 1982, p. 13 ; G. Vedel, « La place de la Déclaration de 1789 dans le "bloc de constitutionnalité" », *in La déclaration des droits de l'homme et du citoyen et la jurisprudence*, PUF, 1989, p. 43-45 ; D. Maus, « À la recherche des travaux préparatoires de la Constitution de 1958 », *RFDC* 1999, n° 40, p. 677 ; Y. Aguila, « Cinq questions sur l'interprétation constitutionnelle », *RFDC*, n° 21, 1995, p. 26 ; A. Rosa, « La référence aux travaux parlementaires dans la jurisprudence du Conseil constitutionnel : un instrument de renforcement de la légitimité du juge et du législateur », *RFDC* 2014, n° 99, p. 641 ; G. Drago, « La qualité de l'argumentation constitutionnelle », *RFDC* 2015, n° 102, p. 335 ; M. Carpentier, « Variations autour de l'originalisme », *RFDC* 2016, n° 107, p. 739.

travaux préparatoires les mentionnent.

Il faut, néanmoins, définir cette notion pour savoir si l'on dispose de véritables travaux préparatoires.

L'existence de travaux préparatoires. – La rédaction de la constitution doit résulter d'une assemblée constituante. La procédure parlementaire permet de connaître les étapes de la rédaction d'une loi constitutionnelle. Elles sont connues, publiques et transparentes. Les principes qui régissent le processus délibérant clarifient les enjeux.

Il est ainsi possible de se référer aux travaux préparatoires de la Constitution française de 1946. Elle a été élaborée et adoptée par une assemblée constituante avant d'être soumise au référendum (par ex., le Conseil constitutionnel peut apprécier la portée d'un article de la Constitution de 1946 relatif au « principe de laïcité » en se référant aux « travaux préparatoires du projet de la Constitution du 27 octobre 1946 relatifs à son article 1er » et à « ceux du projet de la Constitution du 4 octobre 1958 qui a repris la même disposition » : déc. n° 2012-297 QPC, 21 févr. 2013, cons. 6).

De même, une révision récente de la constitution peut être utilement analysée par référence à ses travaux préparatoires. Les débats parlementaires de la loi constitutionnelle sont consultables comme peuvent l'être ceux d'une loi ordinaire (notamment, le projet de loi, les rapports et les débats parlementaires, etc.). Par exemple, l'importante loi constitutionnelle du 23 juillet 2008, adoptée par le Congrès, a fait l'objet de « travaux préparatoires »[1]. Leur étude permet de comprendre l'intention des acteurs du processus constituant.

La référence aux travaux préparatoires suppose l'accès aux débats. Le lecteur doit pouvoir reconstituer les étapes du processus délibérant. En conséquence, l'utilisation de cette méthode est très discutable lorsque la rédaction de la constitution n'a pas été l'œuvre d'une assemblée constituante mais qu'elle a été confiée à un groupe de travail.

Ce fut le cas de la Constitution de 1958. Elle n'a pas été élaborée par une assemblée constituante (v. Séquence 5). Pour cette raison, il n'existe pas officiellement de travaux préparatoires de la Constitution de 1958. Les « *documents pour servir à l'histoire de l'élaboration de la Constitution* » ne méritent pas cette qualification (bien qu'ils aient été publiés par le *Comité national chargé de la publication des travaux préparatoires des institutions de la Ve République*[2]).

En outre, l'ancienneté de ces « travaux » pose la question de leur utilité pour la compréhension contemporaine de la constitution.

L'épreuve du temps. – Le texte constitutionnel est rédigé dans un certain contexte. La signification du

---

1. Les références aux « travaux préparatoires » de la loi constitutionnelle n° 2008-724 du 23 juill. 2008 sont mentionnées au Journal officiel. Ces travaux sont également accessibles sur les sites de l'Ass. nat. et du Sénat ; www.assemblee-nationale.fr/13/dossiers/reforme_5e.asp ; www.senat.fr/dossier-legislatif/pjl07-365.html
2. *Documents pour servir à l'histoire de l'élaboration de la Constitution*, Doc. fr., vol. I, 1987 ; vol. II 1988 ; vol. III, 1991.

texte est datée. Au fil du temps, la référence à l'intention originelle du Constituant est discutée. Les interprètes qui défendent l'intention des rédacteurs du texte affrontent ceux qui proposent une interprétation moderne de la constitution. L'interprétation *statique* s'oppose à son interprétation *dynamique*.

– Par exemple, aux États-Unis, la Constitution fédérale de 1787 fait l'objet d'interprétations divergentes selon la méthode d'interprétation retenue. Les partisans d'une lecture figée de la Constitution, dite *originaliste*, s'opposent à ceux qui considèrent que son sens a changé depuis la fin du XVIIIe siècle.

– De même, en France, les idées constitutionnelles du général de Gaulle et de Michel Debré sont systématiquement évoquées. Elles forment *l'esprit* de la Ve République. Celui-ci est pourtant ancien. Même si elle n'a pas connu la longévité de celle des États-Unis, cette constitution a été adoptée en 1958 et a connu vingt-quatre révisions. Elle a également fait l'objet d'une interprétation constructive du Conseil constitutionnel. La teneur de la constitution n'est plus la même aujourd'hui.

Une interprétation *dynamique* de la constitution paraît légitime. Mais elle se verra toujours opposer l'interprétation originelle de la constitution. L'intention des *pères fondateurs* est idéalisée.

SÉQUENCE 2

Le pouvoir, objet de la constitution

Le constitutionnalisme

Les premières constitutions écrites sont adoptées en Suède (1720), en Amérique (1787, const. EU), en Pologne et en France (en 1791)[1]. Elles s'inscrivent dans un mouvement - le *constitutionnalisme* - qui prône une nouvelle forme de gouvernement et la consécration des droits de l'homme. Désormais, « toute Société dans laquelle la garantie des droits n'est pas assurée, ni la séparation des pouvoirs déterminée, n'a point de Constitution » (art. XVI, DDHC 1789).

Le *constitutionnalisme* a pour objectif de protéger les individus contre les abus que l'exercice du pouvoir recèle. Il relève du *libéralisme politique*[2].

Le droit constitutionnel a conservé cette « signification ». En France, au début de la Ve République, André Hauriou écrit que le « sens profond » de la constitution « et, pour ainsi dire, sa mission, est *d'organiser, dans le cadre de l'État-Nation, une coexistence pacifique du pouvoir et de la liberté* »[3].

Cette « signification » du droit constitutionnel a été préservée même si l'idée contemporaine de constitution s'inscrit dans une théorie renouvelée de l'État. La constitution est un instrument de l'*État de droit*. Selon cette théorie, les droits fondamentaux des citoyens ne sont garantis que lorsqu'ils sont consacrés dans la norme située au niveau le plus élevé (c'est-à-dire la constitution) et qu'ils sont protégés par des juges indépendants du pouvoir politique.

La constitution a pour objet de prévoir les conditions d'exercice du pouvoir politique (I), de garantir les droits fondamentaux et d'organiser leur protection (II).

1. J.-P. Lepetit, « La constitution suédoise de 1720. Première constitution écrite de la liberté en Europe Continentale », *Jus politicum*, n° 9, 2013.
2. O. Beaud, « Constitution et constitutionnalisme », *Dict.de philosophie politique* (Ph. Raynaud et S. Rials, dir.), PUF, 1996 ; Ph. Raynaud, « Constitutionnalisme », *Dictionnaire de la culture juridique* (D. Alland et S. Rials, dir.), PUF-Lamy, 2003.
3. A. Hauriou, *Droit constitutionnel et institutions politiques*, Montchrestien, 1968, 3e éd., p. 23.

I ■ L'exercice du pouvoir

La constitution crée les principaux organes politiques (A). Elle détermine les modes d'accès au pouvoir (B) et elle sanctionne son exercice (C).

A ■ L'institutionnalisation du pouvoir

L'organisation du pouvoir politique est établie par la constitution écrite (1) et par les règles non écrites ou infra-constitutionnelles qui la complètent (2).

1. L'organisation du pouvoir politique

La constitution crée les principaux organes de l'État (ex. : président de la Rép., gouvernement, Premier ministre, assemblées parlementaires, Conseil constitutionnel, CESE, CSM, etc.). Elle prévoit leur mode de désignation et leurs compétences. Elle établit leurs rapports mutuels (*par ex.*, l'art. 50 de la Const. de 1958 permet à l'Assemblée nationale de renverser le gouvernement ; en contrepartie, l'art. 12 autorise le président de la République à dissoudre l'Assemblée).

Certaines constitutions n'ont eu qu'un objet institutionnel. *Par exemple*, la Constitution française de 1875 était formée de trois lois constitutionnelles qui se contentaient d'organiser les pouvoirs publics (v. Séquence 6). Elles ne faisaient référence à aucun principe. Elles n'étaient précédées ni d'un préambule ni d'une déclaration des droits.

La constitution était le statut des gouvernants. La discipline s'est longtemps contentée de cet objet. Cette conception prédominait, en France, après la Seconde Guerre mondiale. Pour Marcel Prélot, le droit constitutionnel était « la science des règles juridiques suivant lesquelles s'établit, se transmet et s'exerce l'autorité politique »[1]. Georges Vedel estimait que « le droit constitutionnel est constitué par l'ensemble des règles qui forment le statut juridique des gouvernants »[2].

Aujourd'hui encore, l'objet institutionnel est l'élément principal de la constitution. Il reste élémentaire. Il figure dans le texte de la constitution mais aussi dans des règles d'une autre nature.

---

1. M. Prélot, *Précis de droit constitutionnel*, Dalloz, 1949, p. 19.
2. G. Vedel, *Manuel élémentaire de droit constitutionnel*, Sirey, 1949, p. 4.

2. Un objet complété par d'autres normes

La *constitution matérielle* a un objet plus large que la *constitution formelle.* Le contenu de la constitution est généralement complété par des textes d'une autre valeur juridique. Il peut également l'être par des normes non écrites.

Les normes infra-constitutionnelles. - L'organisation et le fonctionnement des pouvoirs publics sont réglés par d'autres normes. *Par exemple,* en France la constitution est complétée par des lois organiques, des lois ordinaires et les règlements des assemblées parlementaires.

Il n'est pas souhaitable que toutes les questions d'ordre institutionnel figurent dans la constitution. Certaines règles doivent être modifiées lorsque le besoin apparaît. *Par exemple,* il est préférable de ne pas fixer dans la constitution les critères de la nationalité ou, encore de préciser le mode de scrutin aux élections législatives. Ces questions sont essentielles. Elles déterminent, notamment, le champ de la citoyenneté et de la représentation. Mais elles restent évolutives. La Constitution française ne mentionne donc pas le mode de scrutin aux élections législatives (mais un choix différent a été fait dans d'autres pays ; par ex., l'art. 68 de la Constitution espagnole prévoit que l'élection des députés a lieu à la représentation proportionnelle).

En outre, la qualité littéraire de la constitution ne doit pas être dénaturée par la multiplication de précisions techniques. Une constitution est un texte solennel. Elle a une dimension symbolique. Certaines dispositions doivent être simples et claires. Le texte de la constitution est destiné à être mémorisé par les citoyens. Il ne doit pas être rébarbatif.

Les normes non écrites. - Les coutumes sont des règles juridiques non écrites, qui sont répétées et considérées comme obligatoires. Les règles constitutionnelles peuvent être coutumières[1]. Cette source du droit constitutionnel est admise dans certains États, comme au Royaume-Uni ou en Israël.

De façon générale, le droit constitutionnel laisse peu de place à la coutume. Les constitutions sont principalement écrites. Elles ont été adoptées solennellement selon cette forme lors de la création d'un État, ou lors d'un changement de régime politique. Leur modification suppose la mise en œuvre d'une procédure prévue dans le texte initial.

Cette contrainte de l'écrit a, de surcroît, contribué à l'essor du contrôle de la constitutionnalité des lois par le juge constitutionnel[2].

Pour ces raisons, lorsque la constitution est écrite - ce qui est généralement le cas -, les usages et pratiques politiques sont rarement considérés comme des coutumes.

---

1. R. Capitant, « La coutume constitutionnelle », *Gazette du Palais,* 20 déc. 1929 (égal. pub. *RD publ.* 1979. 968).
2. Pour autant, une constitution partiellement non écrite n'interdit pas le contrôle de la constitutionnalité des lois ; « l'activisme » de la Cour suprême israélienne l'atteste : v. A. Jussiaume, « La Cour suprême et la Constitution en Israël : Entre activisme et prudence judiciaire », *Jus Politicum,* n° 3, 2009.

Les « *conventions de la constitution* ». - Pour affiner la distinction entre textes constitutionnels et coutumes constitutionnelles, M. Pierre Avril a présenté une troisième catégorie de normes : les *conventions de la constitution*[1]. Il s'agit de règles non écrites, d'origine politique, qui naissent de l'application d'une règle.

Par exemple, le Premier ministre français remet sa démission au président de la République lorsque celui-ci l'exige. L'obligation de démissionner ne figure pas expressément dans la constitution (v. Séquence 7), mais le Premier ministre considère qu'il est tenu d'agir en ce sens.

Est-ce une obligation constitutionnelle alors que la convention disparaît lorsque le Premier ministre est le véritable chef de la majorité parlementaire ? En période de cohabitation, le président ne saurait exiger la démission du Premier ministre.

Les conventions de la constitution représentent une catégorie de « normes » discutable. Elles « ne sont pas juridiquement valides » (comme le souligne Pierre Avril[2]). Elles relèvent de la pratique.

B ▪ L'accès au pouvoir

La constitution et les normes qui la complètent déterminent les conditions dans lesquelles sont désignées les principales autorités politiques[3]. Ces conditions contribuent à les légitimer (1). Elles précisent, notamment, le caractère direct ou indirect de l'élection (2) et le mode de scrutin (3).

1. La légitimité résultant du mode de désignation

La légitimité exprime la confiance des représentés dans leurs représentants. Le mode de désignation des représentants contribue à l'établissement de cette légitimité. Il varie selon la fonction exercée.

L'hérédité. - Le chef de l'État peut exercer une fonction symbolique et historique. Dans une monarchie constitutionnelle, l'hérédité est retenue pour désigner ce chef. Il bénéficie d'une légitimité traditionnelle (par ex., l'art. 157 de la Constitution espagnole prévoit que « la Couronne d'Espagne est héréditaire dans la succession de S.M. Don Juan Carlos Ier de Bourbon, héritier légitime de la dynastie historique »).

La nomination. - Ce mode de désignation caractérise la dépendance ou, au contraire, l'indépendance de l'autorité :

– Le procédé de la nomination peut marquer la dépendance politique d'une autorité par rapport à une autre. *Par exemple*, dans un régime parlementaire,

1. P. Avril, *Les conventions de la constitution*, PUF, 1997.
2. P. Avril, *Les conventions..., op. cit.*, p. 146.
3. ForInCIP, *La désignation des gouvernants* (J.-Ph. Derosier, dir.), LexisNexis, 2017.

les ministres sont nommés en raison de la confiance qui leur est accordée par la majorité parlementaire.

- D'autres autorités ne doivent pas être placées dans une situation de dépendance politique. Ils doivent afficher une neutralité politique. *Par exemple,* les membres des autorités administratives indépendantes ou des cours constitutionnelles ont une *légitimité de fonctionnalité* ou par *impartialité.* Ils ne doivent pas être désignés à l'issue d'une campagne électorale. Ils sont nommés en raison de leur légitimité professionnelle.

L'élection. - Ce procédé permet aux citoyens de choisir leurs représentants. Il existe d'autres procédés de sélection des représentants (comme le tirage au sort : v. situation 2), mais l'élection s'est imposée comme le mode de désignation normal dans les démocraties[1]. Il confère aux représentants la légitimité politique la plus élevée.

2. Suffrage direct ou indirect

Les élus peuvent être désignés directement par les citoyens ou par l'intermédiaire de grands électeurs.

La légitimité de l'élu désigné directement. - La légitimité de l'élu choisi directement est supposée supérieure. Le lien de confiance est plus étroit. *Par exemple,* en France, les élus désignés au suffrage direct bénéficient d'une forte légitimité. C'est le cas du président de la République ou des députés ; il est notamment admis que les membres de l'Assemblée nationale ont une légitimité politique supérieure à celle des sénateurs. Pour cette raison, l'Assemblée nationale exerce un rôle prépondérant dans la procédure législative. En cas de désaccord entre les chambres, le dernier mot est laissé à l'Assemblée (art. 45 al. 4 Const.).

La légitimité de l'élu désigné indirectement. - *A contrario,* l'élu désigné au suffrage universel indirect dispose d'une moindre légitimité. Pour combattre cette idée, une autre forme de légitimité est recherchée. *Par exemple,* en France, le Sénat assure à la fois la représentation du Peuple et « des collectivités territoriales » (art. 24 al. 4 Const.).

Cette seconde fonction ne suffit pas, sous la Ve République, à placer les deux assemblées au même niveau de légitimité. Pourtant, sous la IIIe République, le Sénat, qui était déjà « le grand conseil des communes françaises » (selon la formule de Gambetta), jouissait d'un grand prestige. Il avait les mêmes pouvoirs que la Chambre des députés.

En effet, le suffrage indirect ne donne pas nécessairement des pouvoirs inférieurs aux représentants. Dans les collectivités territoriales françaises, par exemple, le chef de l'exécutif (maire, président du conseil départemental ou du conseil régional) n'est pas désigné directement par les électeurs. Il est

1. B. Daugeron, *La notion d'élection en droit constitutionnel,* Dalloz, 2011 ; O. Christin, *Vox populi. Une histoire du vote avant le suffrage universel,* Seuil, 2014.

choisi par l'assemblée territoriale, ce qui lui permet de la dominer (il fixe son ordre du jour, préside ses séances et exécute les délibérations). Il dispose également de pouvoirs propres (dans la direction de l'administration ou en matière de police).

3. Le mode de scrutin

Le choix du représentant par l'élection se traduit par un *suffrage*, c'est-à-dire par un vote réalisé par les électeurs. Cette opération se réalise selon une technique : le *mode de scrutin*.

Le mode de scrutin est un *mode de calcul* permettant de déclarer les candidats vainqueurs. Deux modes principaux sont utilisés : le scrutin *majoritaire* (a) et le scrutin *proportionnel* (b). Ils répondent à des logiques différentes que l'on a parfois tenté de dépasser en concevant des scrutins mixtes (c).

a. Le scrutin majoritaire

C'est un mode de calcul simple (i). Il peut être organisé à un ou plusieurs tours (ii).

i) Objectifs

Avec le scrutin majoritaire, le candidat élu est celui qui a obtenu le plus grand nombre de voix dans la circonscription. Lorsqu'il s'agit d'un scrutin de liste, la formation qui emporte l'ensemble des sièges est celle qui est arrivée en tête.

Avantages. - L'objectif recherché est l'efficacité. Ce mode de scrutin permet de dégager des majorités. Il oriente le vote des électeurs. Ils sont conscients que les petits candidats ont peu de chance d'être élus. Ils ont tendance à voter utile et à choisir les principaux candidats.

Inconvénients. - La représentation obtenue est très déformée. L'élu (ou la liste) est désigné(e) parce qu'il (ou elle) arrive en tête. Mais, en général, l'élu (ou la liste) n'obtient que la majorité relative et non la majorité absolue. Beaucoup d'électeurs ont voté pour d'autres candidats.

Ce mode de scrutin défavorise les petits partis. Leurs voix ne sont pas prises en compte dans la distribution des sièges parce qu'ils ne sont pas arrivés en tête dans les circonscriptions.

Par exemple, le mode de scrutin majoritaire est utilisé en France à l'élection présidentielle (scrutin uninominal majoritaire à deux tours) et aux élections législatives (scrutin uninominal majoritaire à deux tours). L'efficacité du mode de scrutin pour l'obtention d'une majorité n'est plus à démontrer. Ainsi, à l'issue du second tour des élections législatives de juin 2017, le parti *La République en Marche* a obtenu la majorité absolue (308 sièges sur 577) parce que ses représentants sont arrivés en tête au second tour dans la majorité des circonscriptions. Les candidats des petites formations politiques ont été marginalisés.

ii) Un ou deux tours

Les sièges peuvent être attribués à l'issue d'un ou deux tours.

→ Scrutin majoritaire à un tour

Ce mode de scrutin est direct et brutal. Le candidat arrivé en tête est désigné immédiatement. Il est élu même s'il n'obtient, par exemple, que 35 % des voix. Les électeurs ont donc tendance à voter utile. Ils ne votent pas pour un petit candidat. Ils choisissent celui qui a une chance réelle de l'emporter.

Ce scrutin (dit *à l'anglaise*) est utilisé au Royaume-Uni pour désigner les députés de la Chambre des communes. Les électeurs britanniques choisissent leur député en ne votant qu'une fois. Ils ont donc tendance à voter pour l'un des partis qui alternent au pouvoir : le parti *conservateur* ou le parti *travailliste*. Ce système favorise le bipartisme (*two-party system*).

Avantages. - Dans ce système simple et rapide, le nom du Premier ministre est connu dès l'annonce des résultats. Le parti qui emporte le plus grand nombre de circonscriptions obtient la majorité des sièges. Son leader peut diriger un gouvernement qui sera soutenu par la majorité à la Chambre des communes. La Reine désigne comme Premier ministre le leader du parti qui a gagné les élections.

Le *two-party system*, favorisé par ce mode de scrutin, a une autre vertu. Il contribue à donner un *statut à l'opposition* sans laquelle il ne peut y avoir de délibération[1]. Le parti qui accède au pouvoir doit respecter le principal parti d'opposition. Ultérieurement, celui-ci accédera au pouvoir en raison du mode de scrutin. Au Royaume-Uni, le parti d'opposition forme un gouvernement virtuel et alternatif. L'existence de ce gouvernement fantôme (*shadow cabinet*) favorise le débat démocratique à la Chambre des communes entre majorité et opposition.

Inconvénients. - Ce mode de scrutin lamine les petites formations. Il défavorise les petits candidats au profit des représentants des partis de gouvernement. Ce mode de calcul prend en compte le nombre de circonscriptions gagnées et non le nombre de voix obtenues au niveau national. *Par exemple*, à l'issue des élections générales du 8 juin 2017, le parti conservateur de Theresa May a obtenu 317 sièges sur 650 avec seulement 42 % des voix au niveau national. Il a devancé le parti travailliste de Jeremy Corbyn qui n'obtint que 262 sièges avec 40 % des suffrages. Les autres partis ont eu peu de sièges (35 élus pour le Parti national écossais, 12 pour les Libéraux-démocrates, 10 pour le Parti unioniste et 7 pour le Sinn Féin).

Aux élections générales du 12 décembre 2019, le parti conservateur de Boris Johnson a obtenu la majorité absolue avec 365 sièges et 43 % des voix. Le

---

1. Commission de Venise, *Rapport sur le rôle de l'opposition au sein d'un parlement démocratique*, oct. 2010 (www.venice.coe.int) ; *Pouvoirs*, n° 108, *L'opposition*, 2004 ; ForInCIP, *L'opposition politique* (J.-Ph. Derosier, dir.), LexisNexis, 2016.

parti travailliste a fortement reculé à 32 % ; il n'a eu que 202 sièges. Il faut également noter les résultats du Parti national écossais qui a eu 48 sièges ; il n'a compté que 3,88 % des voix au niveau national, mais, en Écosse, ses candidats sont arrivés en tête dans 48 des 59 circonscriptions.

Avec un tel système, qui privilégie la position des candidats déclarés vainqueurs dans chaque circonscription sur le nombre de voix obtenues, un parti peut gagner les élections à la Chambre des communes en perdant numériquement dans l'ensemble du pays. Il peut obtenir la majorité des sièges sans avoir au niveau national la majorité des voix. En effet, un parti peut perdre certaines circonscriptions avec un très grand écart de voix tout en remportant la majorité des circonscriptions, en gagnant certaines d'entre elles avec peu d'avance. Cette situation s'est produite en octobre 1951 en faveur des conservateurs et en février 1974 au bénéfice des travaillistes.

Ces inconvénients expliquent la préférence pour le scrutin majoritaire à deux tours.

→ Scrutin majoritaire à deux tours

Avec ce mode de scrutin, le candidat arrivé en tête au premier tour n'est pas nécessairement élu. L'opération électorale tient compte des voix obtenues par l'ensemble des candidats. Elles peuvent se reporter au deuxième tour sur un autre candidat que celui qui était en tête au premier tour.

- Au premier tour, les électeurs se préoccupent moins du nom du vainqueur de l'élection. Ils votent pour le parti qui a leur préférence. *Par exemple*, au premier tour de l'élection présidentielle française, les électeurs choisissent le candidat qu'ils préfèrent. Peu importe qu'il ait peu de chances d'être élu. Les électeurs votent utiles au deuxième tour.

Avec ce système, le candidat déclaré vainqueur a souvent obtenu un score qui, au premier tour, était éloigné de la majorité absolue. Par exemple, à l'issue du premier tour de l'élection présidentielle de mai 2017, Emmanuel Macron a obtenu 24 % des suffrages exprimés au premier tour et 66 % au deuxième tour. En 2012, François Hollande avait obtenu 28,6 % des suffrages au premier tour et 51,6 % au deuxième tour.

- Au second tour, quelques candidats restent en lice. Un seuil est établi en nombre ou en pourcentage. *Par exemple*, au deuxième tour de l'élection présidentielle française deux candidats peuvent se maintenir (art. 7 al. 1er Const.). Aux élections législatives, les candidats qui ont obtenu un nombre de suffrages au moins égal à 12,5 % sont qualifiés pour le deuxième tour (C. élect., art. L. 162).

b. La représentation proportionnelle

Ce mode de calcul concerne les scrutins de liste.

En effet, pour un scrutin uninominal (ex. élection présidentielle), les électeurs désignent une personne. Le scrutin est toujours majoritaire.

Lorsque des listes sont présentées (ex. élections municipales), le mode de scrutin peut être *majoritaire* ou *proportionnel*.

Dans le cadre du scrutin proportionnel, les sièges à pourvoir sont répartis entre les listes en fonction du nombre de voix obtenues. Ce système est plus équitable (i), même si les effets varient selon les modalités retenues (ii).

i) Objectifs

Le mode de scrutin proportionnel permet d'attribuer un nombre de sièges correspondant au pourcentage de voix obtenues. *Par exemple*, si un parti obtient un quart des voix, il doit avoir un quart des sièges à l'assemblée.

Avantages. - Ce système est équitable. Il permet la représentation des candidats au prorata de leurs résultats. La représentation donne une image plus fidèle de l'opinion des citoyens que le système majoritaire. La représentation ne peut jamais être parfaite. Elle dépend, notamment, du profil des candidats. Mais elle évite l'élimination des candidats des petites formations. Ce mode de scrutin leur donne de la visibilité. Pour cette raison, les partis minoritaires le revendiquent.

Le scrutin proportionnel apporte également une certaine sécurité à la classe politique. Il favorise les leaders des partis politiques. Les têtes de liste ont de fortes chances d'être élues.

Inconvénients. - Ce mode de scrutin ne contribue pas à dégager une majorité. Il favorise l'instabilité gouvernementale. Cette critique explique le choix du mode de scrutin majoritaire (par ex., aux élections législatives sous la Vᵉ République).

À l'analyse, il apparaît que les effets du mode de scrutin dépendent surtout de l'évolution de la vie politique. Les effets mécaniques d'un système électoral, quel qu'il soit, ne peuvent suppléer la perte de légitimité des formations politique. *Par exemple*, en Espagne, le scrutin proportionnel, qui est utilisé aux *Cortes générales* pour la désignation des députés et des sénateurs, n'a pas empêché des majorités de se constituer durant une longue période. Il est vrai que le grand nombre de circonscriptions pour un nombre limité de sièges de députés a favorisé les principales formations politiques. Cette situation a perduré jusqu'en 2015. La bipolarisation de la vie politique espagnole a pris fin à l'occasion des élections législatives du 20 décembre 2015 (six mois plus tard, le Roi a dû prononcer la dissolution du Congrès après avoir constaté l'absence de majorité pour désigner un président du gouvernement).

ii) Le mode de calcul

Le calcul des résultats d'un scrutin proportionnel est plus complexe que celui d'un scrutin majoritaire. Chaque formation doit obtenir un résultat proportionnel aux nombres de voix obtenues. L'opération permet rarement d'obtenir un résultat juste.

Le premier calcul fait apparaître des restes. Il faut les attribuer aux différentes listes. Un deuxième calcul doit être effectué (au *plus fort reste* ou à *la plus forte moyenne*). En fonction des modalités retenues, le résultat final avantage les grandes ou les petites formations politiques.

→ Exemples

Exemple : élections où **20** sièges (donc 20 élus) sont à pourvoir dans une circonscription où **200 000** citoyens ont voté.

Calcul du quotient électoral (QE) :

Pour connaître les candidats élus, il faut d'abord calculer le *quotient électoral* (QE). Ce quotient correspond au rapport entre le nombre de suffrages exprimés (ex. : 200 000) et le nombre de sièges à pourvoir (ex. : 20). Le quotient électoral s'obtient par la division du nombre de suffrages exprimés par le nombre de sièges.

Dans cet exemple, le quotient électoral est de **10 000** (200 000 / 20 = 10 000). Est donc élu celui qui obtient 10 000 voix.

Cas d'école, avec un quotient électoral de *10 000* :

Exemple : résultats élections :	20 sièges / Quotient électoral : 10 000
Liste A : 80 000 voix	8 élus
Liste B : 70 000 voix	7 élus
Liste C : 50 000 voix	5 élus

Autre exemple, où le résultat ne peut être obtenu directement avec le seul quotient électoral :

Exemple : résultats élections :	20 sièges / QE : 10 000 :
Liste A : 84 000 voix	8,4 élus
Liste B : 71 000 voix	7,1 élus
Liste C : 45 000 voix	4,5 élus

Il faut donc répartir les restes, c'est-à-dire les voix qui ne correspondent pas au quotient électoral (une liste ne peut, en effet, disposer, par ex., de 8,4 élus : elle en a 8 ou 9...). Dans cet exemple, les restes correspondent aux milliers de voix qui sont inférieures à *10 000*. Pour cela, deux modes principaux de calcul ont été conçus pour la répartition des restes : celui du *plus fort reste* et celui de la *plus forte moyenne*.

1/ Répartition au plus fort reste :

Le dernier siège est attribué à la liste qui a le plus grand nombre de voix après le retrait du quotient électoral.

Calcul au plus fort reste :

Même exemple / résultat élections :	**1re répartition après retrait QE**	**Retrait des voix**	**2e répartition au plus fort reste**	**TOTAL**
Liste A : 84 000 voix	8 élus	84 000 - 80 000 = 4 000 voix	/	8 élus
Liste B : 71 000 voix	7 élus	71 000 - 70 000 = 1 000 voix	/	7 élus
Liste C : 45 000 voix	4 élus	45 000 - 40 000 = 5 000 voix	Plus fort reste : 1 élu supplémentaire	5 élus

Ce mode de calcul avantage les petites listes.

2/ Répartition à la plus forte moyenne :

Le système est plus complexe. Le siège restant est attribué à toutes les listes avant de procéder au calcul. Après calcul, le dernier siège est attribué à la liste qui a la plus grande moyenne de voix par siège.

Calcul à la plus forte moyenne :

Même exemple / résultat élections :	**1re répartition après retrait QE**	**Le siège restant est provisoirement ajouté**	**Cacul de la moyenne / au nb. de sièges**	**Plus forte moyenne**	**TOTAL**
Liste A : 84 000 voix	8 élus	9 élus	84 000 / 9 = 9 333	9 333 (1 siège en plus)	8 + 1 = 9 élus
Liste B : 71 000 voix	7 élus	8 élus	71 000 / 8 = 8 875	/	7 élus
Liste C : 45 000 voix	4 élus	5 élus	45 000 / 5 = 9 000	/	4 élus

Ce mode de calcul avantage les grandes listes.

Ces variantes ont des incidences sur un équilibre constamment recherché entre deux objectifs : assurer une juste représentation des formations politiques et favoriser la constitution d'une majorité.

Des corrections sont apportées. Pour les élections à la proportionnelle, un seuil est souvent prévu. Il exclut les listes ayant obtenu un faible résultat (*par ex.*, aux élections législatives, ce seuil est de 2 % au Danemark, 3 % en Grèce, 4 % en Espagne, 5 % en Allemagne, en Belgique, ou en Norvège).

Ces solutions peuvent apparaître encore insuffisantes pour créer des majorités. Aussi, le choix a-t-il été fait, pour certaines élections, de combiner les modes de scrutin majoritaire et proportionnel.

c. La combinaison des modes de scrutin

Cette combinaison peut prendre des formes très variées et parfois d'une grande complexité. À titre d'illustration, mentionnons les trois systèmes suivants :

Le système de la double voix. - Ce mode de scrutin concerne, notamment, les élections législatives en Allemagne pour la désignation des membres du Bundestag. Une partie des députés est élue au scrutin majoritaire uninominal à un tour (premier vote). L'autre partie est désignée à la représentation proportionnelle au travers de listes présentées au niveau des Länder par les formations politiques (second vote). Pour désigner ces élus, l'électeur allemand dispose de deux voix. La première permet de choisir un candidat. La seconde voix permet de choisir une liste.

Ce mode de scrutin est complexe (et fait prévaloir le scrutin proportionnel). Il est dit de « représentation proportionnelle personnalisée ». À l'issue du scrutin, tous les sièges sont répartis proportionnellement mais en commençant par attribuer les mandats obtenus au premier vote au scrutin majoritaire. Ce système permet, néanmoins, à chaque parti d'espérer avoir une représentation (sous réserve d'obtenir au minimum 5 %, ou de gagner 3 sièges au scrutin majoritaire).

Le système de la prime majoritaire. - Il s'agit d'un mode de scrutin proportionnel dont le résultat est modifié pour favoriser la liste arrivée en tête. Il lui garantit la majorité des sièges. On parle de scrutin proportionnel à correctif majoritaire. *Par exemple*, ce système est pratiqué en France aux élections régionales et aux élections municipales dans les communes de plus de 1 000 habitants. Les sièges sont répartis à la proportionnelle mais la liste arrivée en tête bénéficie d'une « prime » électorale. Elle représente le quart des sièges (élect. régionales : C. élect., art. L. 338) ou même la moitié des sièges (élect. municipales : C. élect., art. L. 262).

Le système alternatif en fonction de la taille de la circonscription. - Deux modes de scrutin peuvent être retenus pour une même catégorie de représentants. Dans les petites circonscriptions, le scrutin majoritaire peut sembler préférable. Il y a peu de sièges à disputer et le lien entre l'élu et ses électeurs est privilégié. En revanche, dans les grandes circonscriptions, la représentation proportionnelle contribue à donner davantage de sièges aux diverses formations. *Par exemple*, en France, aux élections sénatoriales, le scrutin est majoritaire à deux tours dans les départements où sont élus deux sénateurs ou moins (C. élect., art. L. 294) et proportionnel dans les départements où sont élus trois sénateurs ou plus (C. élect., art. L. 295).

C ▪ La sanction de l'exercice du pouvoir

« La Société a le droit de demander compte à tout Agent public de son administration » (art. 15, DDHC).

Les représentants doivent également rendre des comptes aux représentés. Les gouvernants - élus, ministres, etc. - sont responsables politiquement devant les électeurs. Ce principe de responsabilité politique est applicable dans tout régime représentatif. La nature du système politique importe peu (que le régime soit parlementaire, présidentiel, présidentialiste, etc.). Le représentant qui perd la confiance des représentés doit être sanctionné. Il ne mérite plus d'être représentant.

La sanction est politique (1) et souvent collective (2).

1. Le type de sanction

La sanction n'est pas de nature civile. Il n'y a pas de dommages à réparer. La sanction n'est pas de nature pénale. L'élu ne se voit pas infliger de sanction financière. Il n'a pas de faute à expier ou de châtiment à subir (pas de peine). La sanction politique est la réponse à un constat : la rupture du lien de confiance entre le représentant et les représentés.

Généralement, la sanction se traduit seulement par la non réélection. Cette sanction suppose que l'élu se représente et que les électeurs entendent le sanctionner. Or, les électeurs peuvent préférer un nouveau candidat - plus jeune ou plus expérimenté au regard des enjeux - sans chercher à sanctionner le candidat sortant. Il n'a pas nécessairement démérité.

La constitution ne prévoit pas d'autres formes de sanction politique. Elle instaure parfois des procédures de *destitution* prononcée par le Parlement. Elles mettent en cause la probité de l'élu (ex. procédure d'*impeachment* aux États-Unis ou de destitution en France). La procédure présente une nature mixte. Elle est politique et judiciaire. Elle est menée par des élus qui défendent la dignité de la fonction. Elle ne vise pas à condamner l'élu. Pour autant, l'action répond aux exigences d'une procédure juridictionnelle et son issue peut trouver des prolongements devant les juridictions civiles et pénales (ex. : art. I, sect. III-7, Const. EU).

2. Une sanction collective

Peu de constitutions organisent des procédures de sanction politique individuelle. Une telle solution fragilise la situation des parlementaires et des membres du pouvoir exécutif :

- Les parlementaires doivent disposer d'une certaine liberté dans l'exercice de leurs fonctions (par ex., en France, « tout mandat impératif est nul » : art. 27 Const.). Ils disposent d'un statut protecteur (v. situation 3).
- Les ministres sont solidaires. La cohérence du gouvernement ne doit pas être mise en cause par des attaques personnelles. Dans un régime parlementaire, le gouvernement est responsable dans son ensemble devant le Parlement. Celui-ci manifeste sa défiance par le vote d'une motion de censure.

Des mécanismes de révocation individuelle sont parfois prévus, notamment dans les États anglo-saxons. Une procédure de *recall* (de rappel) est organisée dans une vingtaine d'États fédérés aux États-Unis. La demande de sanction peut être initiée par la signature d'une pétition citoyenne. Des procédures existent également en Colombie britannique (au Canada) et, depuis 2015, à la Chambre des communes du Royaume-Uni (*Recall of MPs Bill*).

En pratique, la révocation des gouvernants en cours de mandat est exceptionnelle. Il est donc nécessaire que la constitution établisse des limites à l'exercice du pouvoir.

II ▪ La limitation du pouvoir

Pour prévenir l'autoritarisme, la constitution limite l'étendue du pouvoir. Elle protège les droits fondamentaux (A) et établit une séparation des pouvoirs (B).

A ▪ La garantie des droits fondamentaux

« Les droits fondamentaux lient les pouvoirs législatif, exécutif et judiciaire », selon la formule de l'article 1er de la Loi fondamentale allemande. Dans un *État de droit*, les droits fondamentaux sont consacrés dans la constitution (1) et protégés par des juges indépendants du pouvoir politique (2).

1. La consécration

Les droits fondamentaux inscrits dans la constitution varient (a) selon les termes du pacte constituant (b).

a. Une liste de droits évolutive

« Le but de toute association politique est la conservation des droits naturels et imprescriptibles de l'Homme » (art. 2, DDHC). Les *droits fondamentaux* sont élémentaires. Ils sont inhérents à la nature humaine. Leur liste devrait être arrêtée et relever de l'évidence. Pourtant, leur consécration varie selon les constitutions.

Par exemple, la Constitution du Royaume du Bhoutan impose au « gouvernement » de « protéger » le « bien-être et le bonheur du peuple »[1]. Les constitutions occidentales n'imposent pas des objectifs aux gouvernants formulés en ces termes.

---

1. F. Lemaire, « À propos du bonheur dans les constitutions », *RFDA* 2015. 107.

L'énoncé des droits fondamentaux est dépendant de conceptions philosophiques et de traditions culturelles. En outre, la liste de ces droits évolue. Des « générations » de droits se sont succédé (droits individuels, sociaux, collectifs, humanistes, environnementaux, etc.). Leur intitulé a également varié. Ils ont été qualifiés de *droits de l'homme, Human Rights, libertés publiques,* ou *droits fondamentaux* (selon une terminologie allemande).

Ces droits ont été garantis dans des normes relevant de différentes catégories : constitution, engagements internationaux, lois, etc.

La reconnaissance des droits fondamentaux est diverse. Pour autant, leur consécration dans la constitution présente une signification particulière.

b. L'inscription des droits dans un pacte fondateur

La constitutionnalisation des droits leur confère une valeur juridique supérieure. Toutes les autorités normatives doivent respecter ces droits.

La consécration constitutionnelle d'un droit présente également un aspect symbolique. La constitution est un pacte fondateur dans lequel la communauté mentionne les valeurs, principes, droits et libertés qui forgent son identité. Ils forment un *contrat social.*

La nature politique de la reconnaissance. - Celle-ci n'est jamais neutre. Le pacte constitutionnel comporte, au sens étroit du terme, une orientation politique. L'énoncé des droits et libertés peut apparaître plutôt individualiste et libéral (ex. DDHC de 1789), socialisant (ex. préamb. Const. 1946), ou collectiviste (ex. Const. de la « République populaire de chine », de 1982, révisée en 2004 : « État socialiste de dictature démocratique populaire » : art. 1). La nature du pacte fondateur explique l'orientation politique.

La Constitution peut aussi comporter une dimension religieuse. Un État peut être confessionnel (ex. selon l'art. 1er de la Constitution de 1992, « le royaume d'Arabie saoudite est un État islamique arabe souverain ; sa religion est l'*Islam* ; le *Saint Coran* et la *Sunna* du prophète forment sa constitution »). L'État peut également être laïque (art. 1er Const. française).

Droits et valeurs. - Ces éléments du pacte fondateur sont indissociables des *droits fondamentaux*. Ils sont souvent associés aux *valeurs* consacrées dans la constitution. Droits et valeurs sont étroitement liés et peuvent se recouper. Les *valeurs* sont des droits et des principes auxquels la nation voue un attachement particulier (ex. art. 1er Const. 1958). Ils forment une morale collective. Droits et valeurs contribuent au pacte constituant.

Par ce pacte, les citoyens acceptent d'être des sujets de droit parce que leurs droits fondamentaux sont protégés.

2. La protection

Dans un État de droit, tous les organes étatiques doivent protéger les droits fondamentaux.

Certains d'entre eux ont pour mission de préciser le régime juridique de ces droits. Par exemple, en France, il appartient au législateur de fixer les règles concernant « les droits civiques et les garanties fondamentales accordées aux citoyens pour l'exercice des libertés publiques » (art. 34 Const.).

D'autres organes sont chargés de veiller à la protection des droits et libertés. Les juges assument traditionnellement cette mission (a). Des autorités administratives indépendantes contribuent également à cette protection (b).

a. Protection par les juges

Le juge constitutionnel est le gardien des droits fondamentaux. En France, le Conseil constitutionnel veille à ce que les lois respectent les « droits et libertés que la Constitution garantit » (art. 61-1, Const.).

Cette mission est partagée par les autres juges. Ils sont associés au contrôle de la conformité des lois à la Constitution. Ils contrôlent aussi la conventionnalité des lois et veillent ainsi au respect des engagements internationaux qui garantissent les droits et libertés (ex. la CEDH).

Le juge occupe une place fondamentale dans la protection des droits. L'autorité judiciaire est « gardienne de la liberté individuelle » selon l'article 66 de la Constitution (qui, tel un *Habeas corpus*, précise que « nul ne peut être arbitrairement détenu »). Le juge administratif défend les droits des administrés[1].

La multiplication des sources de protection des droits fondamentaux a accru le rôle des juges. Elle les a placés au centre du système de garantie des droits. Les juges les ont interprétés et, par là-même, les ont souvent complétés. Ils ont également dû concilier des droits consacrés dans différents instruments de protection (d'ordre constitutionnel, conventionnel ou législatif).

b. Protection par les autorités indépendantes

Des autorités administratives indépendantes ont également été instituées pour protéger les droits fondamentaux[2]. *Par exemple*, la Constitution espagnole a créé un « *Defensor del Pueblo* » (art. 54). De même, la Constitution française confie au « défenseur des droits » (anciennement médiateur de la République) le soin de veiller « au respect des droits et libertés » par les administrations (art. 71-1 Const.). La loi a également institué de nombreuses autorités indépendantes.

La régulation de certains secteurs par les autorités indépendantes limite la capacité d'action du gouvernement. Elle participe à la séparation des pouvoirs.

1. J.-M. Sauvé, « Le juge administratif et les droits fondamentaux », *AJDA* 2016. 2420.
2. D. Löhrer, *La protection non juridictionnelle des droits fondamentaux en droit constitutionnel comparé. L'exemple de l'ombudsman spécialisé portugais, espagnol et français*, Inst. univ. Varenne, 2014.

B ▪ La séparation des pouvoirs

La constitution organise l'exercice du pouvoir pour empêcher sa concentration (1). Les modalités de cette séparation varient en fonction de la légitimité reconnue aux autorités (2).

1. Le principe

La *séparation des pouvoirs* est une solution qui a été proposée pour prévenir l'autoritarisme (a). Elle n'a pas été conçue pour paralyser l'exercice du pouvoir. La séparation ne doit pas être radicale (b), mais relever d'un équilibre (c).

a. La finalité

La séparation des pouvoirs a été envisagée pour lutter contre une triste réalité : la propension de l'être humain à l'omnipotence. Ce constat est exprimé dans de célèbres formules. Au XVIIIe siècle, Montesquieu relève que « c'est une expérience éternelle, que tout homme qui a du pouvoir est porté à en abuser ; il va jusqu'à ce qu'il trouve des limites »[1]. Au XIXe siècle, Lord Acton écrit que « le pouvoir tend à corrompre, le pouvoir absolu corrompt absolument »[2].

Il faut limiter l'étendue du pouvoir. À défaut, selon Montesquieu, « tout serait perdu si le même homme, ou le même corps des principaux, ou des nobles, ou du peuple, exerçaient ces trois pouvoirs : celui de faire des lois, celui d'exécuter les résolutions publiques et celui de juger les crimes ou les différends des particuliers »[3].

Le principe de séparation des pouvoirs a été conçu pour empêcher l'omnipotence. John Locke avait préconisé de distinguer les pouvoirs législatif, exécutif et fédératif (ce dernier pouvoir concernait les relations avec les autres États)[4]. Une autre distinction s'est imposée. À la suite de Montesquieu, ce sont les pouvoirs *législatif, exécutif* et *judiciaire*[5] qu'il a convenu de séparer.

Ces auteurs étaient favorables à une distinction des fonctions. Ils ne les plaçaient pas au même rang. Pour Montesquieu, notamment, la « puissance » de « juger » est « en quelque façon nulle »[6].

1. Montesquieu, *De l'Esprit des lois*, 1748, livre XI, chap. IV.
2. Lord Acton, *Lettre à M. Creighton*, 5 avr. 1887 ; R. de Bellescize, « Lord Acton, le pouvoir et la liberté », *RD publ.* 2013. 453.
3. Montesquieu, *De l'Esprit des lois*, livre XI, chap. VI.
4. Locke, *Essai sur le gouvernement civil*, 1690, chap. XII.
5. La trilogie est classique. Ces trois fonctions avaient été distinguées par Aristote (*Politique*, livre VI, chap. XI, § 1).
6. *De l'Esprit des lois*, livre XI, chap. VI.

Cette distinction des fonctions ne se traduit pas par une séparation absolue des pouvoirs. Elle paralyserait la puissance publique[1]. Malgré cela, une définition stricte et caricaturale du principe de séparation a été véhiculée.

b. La définition stricte

Une définition schématique de la séparation s'est imposée dans les esprits. Elle est présentée en termes radicaux. Les pouvoirs législatif, exécutif et judiciaire devraient être exercés en toute indépendance par des autorités différentes. « Selon la doctrine traditionnelle de la séparation des pouvoirs, les organes doivent être non seulement spécialisés, mais aussi indépendants les uns des autres » (Michel Troper, *La séparation des pouvoirs et l'histoire constitutionnelle française*, LGDJ, 1980, p. 69). La séparation serait à la fois fonctionnelle et organique.

Ses caractéristiques sont les suivantes :

1) Chaque fonction est *spécialisée* et *monopolisée* par une autorité. Le Parlement a, notamment, pour mission de concevoir et adopter les lois. Le gouvernement les exécute indépendamment du processus d'adoption de la loi. Les juges sanctionnent le non-respect des lois en cas de litige.

2) Chaque autorité est *indépendante*. Les trois « pouvoirs » sont sans interaction entre eux. En conséquence, les pouvoirs agissent séparément. Leur existence ne dépend pas des autres pouvoirs ; aucun pouvoir ne peut être supprimé par un autre pouvoir (la séparation interdit toute révocation, censure, ou dissolution). Chaque pouvoir dispose de sa propre légitimité ; il n'est pas nommé par un autre pouvoir.

Cette conception de la séparation des pouvoirs est communément admise. Elle est pourtant impossible à mettre en œuvre. La séparation ne peut être absolue pour ne pas paralyser la puissance publique.

La séparation n'est pas celle du *pouvoir* mais des fonctions exercées par les organes de l'État.

c. L'équilibre des pouvoirs

Aucun État ne peut fonctionner avec une séparation radicale entre les pouvoirs. C'est une illusion. Raymond Carré de Malberg l'a expliqué. Une telle séparation « est irréalisable, parce que, en exigeant que chaque fonction matérielle de puissance étatique soit remise en totalité à un organe ou à un groupe d'autorités spécial, indépendant, agissant librement, souverainement même, dans sa sphère

1. R. Carré de Malberg, *Théorie du droit de la formation par degrés*, Sirey, p. 1933 ; M. Troper, *La séparation des pouvoirs et l'histoire constitutionnelle française*, LGDJ, rééd. 2014 ; A. Pariente (dir.), *La séparation des pouvoirs. Théorie contestée et pratique renouvelée*, Dalloz, 2006 ; J.-Ph. Feldman, « La séparation des pouvoirs et le constitutionnalisme. Mythes et réalités d'une doctrine et de ses critiques », *RFDC* 2010, n° 83, p. 483. Revue *Pouvoirs*, 2012, n° 143 ; D. Kessler, « Les médias sont-ils un pouvoir », *Pouvoirs*, 2012, n° 143, p. 105.

propre de compétence, et constituant ainsi organiquement un pouvoir égal aux deux autres », la séparation « paralyserait la puissance de l'État, mais encore ruinerait son autorité »[1].

La prépondérance d'une fonction. - Dans chaque système politique, un pouvoir l'emporte sur les autres. L'autorité qui l'exerce se situe hiérarchiquement à un niveau supérieur.

- *Par exemple*, sous la IIIe République, Carré de Malberg a constaté que le pouvoir de décision appartenait en premier lieu au Législateur et que l'Exécutif n'intervenait « qu'à la suite et en exécution d'une loi »[2]. La fonction législative a permis au Parlement de s'imposer sur les autres pouvoirs. Le régime était régi par la souveraineté parlementaire.

- Au contraire, sous la Ve République, la prévalence de la fonction exécutive permet au président de dominer les autres pouvoirs.

La prépondérance d'une autorité est inévitable. Il importe de pondérer son pouvoir.

La modération du pouvoir. - L'exercice du pouvoir politique doit rester mesuré. Pour Montesquieu, « la liberté politique ne se trouve que dans les gouvernements modérés ». Pour cela, il est bon que chaque pouvoir puisse empêcher l'autre de statuer : « pour qu'on ne puisse pas abuser du pouvoir, il faut que, par la disposition des choses, le pouvoir arrête le pouvoir[3] ».

La modération est obtenue par le compromis. L'enseignement qui se dégage de Montesquieu est libéral. L'exercice du pouvoir est un danger potentiel. Il importe de le pondérer pour protéger *la liberté*.

Cette modération suppose de trouver un équilibre entre les fonctions exercées par les organes de l'État. L'équilibre est difficile à réaliser. Il varie selon les systèmes politiques.

2. Les modalités de la séparation

Les constitutions organisent la séparation des pouvoirs législatif, exécutif et judiciaire. La séparation est plus accentuée dans le *régime présidentiel* (a) que dans le *régime parlementaire* (b).

a. Le régime présidentiel

La séparation des pouvoirs est stricte. Cette définition du régime présidentiel (i) renvoie théoriquement à celle du régime des États-Unis, qui est supposé en être l'archétype, ce qui erroné. L'évolution du régime des États-Unis s'est effectivement dissociée de celle du régime parlementaire (ii). Pour autant, les régimes

1. R. Carré de Malberg, *Contribution à la Théorie générale de l'État*, t. II, Sirey, 1922, p. 110.
2. R. Carré de Malberg, *Contribution..., op. cit.*, p. 121.
3. Montesquieu, *De l'Esprit des lois*, livre XI, chap. IV.

ne s'opposent pas (iii). La collaboration des pouvoirs est recherchée dans tous les régimes, qu'ils soient de type présidentiel ou parlementaire.

i) Les caractéristiques de la séparation

Une définition est habituellement dispensée : la séparation entre les pouvoirs est *stricte* dans un régime présidentiel. Les trois pouvoirs – législatif, exécutif et judiciaire – sont indépendants, ce qui induit les caractéristiques suivantes :

– Le pouvoir législatif fait la loi (il a l'initiative de la loi et l'adopte). L'exécutif met en œuvre la loi (il administre également l'État). Le pouvoir judiciaire tranche les différends par référence à la loi.

– Dans ce type de régime, chaque pouvoir a sa légitimité. Aucun pouvoir n'a de compte à rendre aux autres pouvoirs. Ils ne sont responsables que devant les citoyens.

– Les autorités relèvent d'un pouvoir. Elles ne sont ni désignées ni révoquées par les représentants d'un autre pouvoir.

ii) Aux origines du régime

Les pouvoirs exécutif, législatif et judiciaire sont indépendants. Dès lors, pourquoi parler de régime *présidentiel* ? Le terme est trompeur. Il donne à penser que les trois pouvoirs sont hiérarchisés et que le pouvoir exécutif, incarné par le président, est supérieur aux autres.

L'expression de régime présidentiel a été utilisée au XIXe siècle par les observateurs européens. Ils étaient étonnés du grand rôle joué par le président des États-Unis (l'implication du président Lincoln durant la guerre de Sécession a impressionné). Au contraire, à la même époque en Europe, le pouvoir exécutif se déplaçait du roi vers le gouvernement, dont la légitimité résultait du soutien de la majorité parlementaire. Pour ces raisons, le système politique des États-Unis a été qualifié de régime *présidentiel*. Il l'a été par opposition au régime *parlementaire* des États européens[1].

C'est pourtant un contre-sens historique que d'opposer radicalement le système politique des États-Unis à celui de l'Angleterre. Les deux régimes ont évolué à partir d'un modèle initial commun : le régime parlementaire anglais du XVIIIe siècle.

Le modèle des Pères fondateurs des États-Unis n'a donc pas été celui de la séparation rigide. Il a été celui de la séparation et de la collaboration entre les pouvoirs.

iii) Séparation et collaboration des pouvoirs aux États-Unis

La séparation suppose la collaboration. Ces deux aspects caractérisent le système politique des États-Unis. Si la séparation des pouvoirs est prononcée, la

1. E. Zoller, *Histoire du gouvernement présidentiel aux États-Unis*, Dalloz, 2011 ; A. Coutant, *Histoire constitutionnelle des États-Unis*, Mare & Martin, t. I (2012) et t. II (2013).

Constitution de 1787 prévoit différents mécanismes qui permettent aux pouvoirs de se neutraliser.

La séparation. - Celle-ci est accentuée pour les raisons suivantes :

- Aucun pouvoir ne peut engager la responsabilité politique de l'autre pouvoir. Lorsque le lien de confiance est rompu, les pouvoirs législatif et exécutif n'ont pas de capacité d'élimination réciproque. Le président ne peut dissoudre la Chambre des représentants et celle-ci ne peut renverser le président. Le Congrès (composé de la Chambre des représentants et du Sénat) peut seulement mettre en œuvre la procédure d'*impeachment*.

- Le pouvoir exécutif est monocéphale. Il est « conféré au président » (Const. EU, art. II, sect. 1). Les « secrétaires » forment son cabinet et non un gouvernement. Ils sont exclusivement responsables devant le président, comme l'administration fédérale d'ailleurs. Il n'est donc pas envisageable de révoquer le président. Dans un régime parlementaire, le gouvernement qui est renversé est remplacé par un nouveau gouvernement nommé par le chef de l'État. Cette alternative n'existe pas aux États-Unis.

- Les membres du Congrès ont seul l'initiative des lois. La constitution ne donne au président ni l'initiative des lois ni la maîtrise de l'ordre du jour des assemblées.

- Les représentants des pouvoirs législatif et exécutif sont élus (aussi étonnant que cela puisse paraître, de nombreux juges le sont également au niveau des États[1]). Les autorités élues bénéficient d'une légitimité politique qui leur est propre. Elle est un gage d'indépendance. Elle très marquée et ne cesse de s'accentuer pour les parlementaires, ce qui ne favorise pas la discipline partisane.

- La régulation du fédéralisme a conduit à l'instauration d'un pouvoir judiciaire fort et indépendant. L'une de ses missions est d'arbitrer les conflits de compétences entre le niveau fédéral et le niveau fédéré. Ce rôle est dévolu en dernier ressort à la Cour suprême des États-Unis.

Les freins et contrepoids. - La séparation est une balance des pouvoirs. Le droit constitutionnel américain se caractérise par le système des *freins et contrepoids* (*checks and balances*) :

- Le président des États-Unis dispose d'un *veto* suspensif à l'égard des lois votées par le Congrès. Il résulte de la procédure prévue à la section 7 de l'article 1er de la Constitution, qui prévoit que « tout projet de loi adopté par la Chambre des représentants et par le Sénat devra, avant d'acquérir force de loi, être soumis au président des États-Unis. Si celui-ci l'approuve, il le signera ; sinon il le renverra, avec ses objections, à la chambre dont il émane (...) ». Les chambres ne peuvent passer outre au *veto* du président que par un vote adopté à la majorité des deux tiers dans chacune d'elles. Il est donc très rare que le *veto* du président soit levé. Pour sauver le texte, les parlementaires préfèrent modifier le texte dans le sens voulu par le président.

1. J. Krinen (dir.), *L'élection des juges*, PUF, 1999.

Le président ne dispose pas officiellement d'un *veto* sélectif qui porterait seulement sur certains articles du texte législatif (ce qui, notamment en matière budgétaire, oblige le président à utiliser l'arme du *veto* de façon disproportionnée ou à utiliser un *veto* sélectif « sans base légale »[1]). Le président doit négocier et trouver des majorités spécifiques pour l'adoption des textes législatifs.

- Le président prend indirectement part à l'initiative des lois. Il fait déposer des textes par l'intermédiaire de membres du Congrès. Il fait connaître également son programme législatif dans son discours sur « *l'état de l'Union* » (*State of the Union*). Cette information est prévue par la Constitution. Elle prévoit que : « le président informera le Congrès, de temps à autre, de l'état de l'Union, et recommandera à son attention telles mesures qu'il estimera nécessaires et expédientes » (art. II, sect. 3, Const. EU). Ce discours comporte les éléments d'un programme législatif et des choix budgétaires. Il le *demande* et *recommande* au Congrès.

- Le président ne peut ratifier un traité sans l'autorisation donnée par le Sénat à la majorité des deux tiers. Le Sénat s'est opposé à la ratification de traités importants (il s'est, par ex., opposé à la ratification du traité de Versailles). Le Sénat donne également son accord aux nominations du président (de ses secrétaires, des ambassadeurs, des hauts fonctionnaires et des membres de la Cour suprême).

- En tant qu'arbitre du bon fonctionnement de l'État fédéral, la Cour suprême a estimé qu'il lui appartenait de vérifier que les lois adoptées par le Congrès respectaient les compétences qui lui ont été attribuées par la Constitution. Dans son arrêt *Marbury v. Madison* de 1803, la Cour suprême s'est reconnue le pouvoir de contrôler la constitutionnalité des lois. Les autres juridictions ont également procédé à ce contrôle.

- La procédure d'*impeachment* permet à la Chambre des représentants de mettre le président en accusation (à la majorité simple) et au Sénat de le destituer (à la majorité des deux tiers). Des présidents ont été mis en en accusation et jugés par le Sénat, mais ils ont été acquittés (Andrew Jonhson en 1868, Bill Clinton en 1999 et Donald Trump en 2019 et 2021). La mise en œuvre de la procédure, en 1974, dans l'affaire du *Watergate* a conduit à la démission de Richard Nixon. La commission des affaires judiciaires de la Chambre des représentants a proposé à celle-ci de se prononcer sur l'accusation. Le président Nixon a préféré démissionner avant le vote.

Cette procédure ne concerne pas que le président. La Constitution prévoit que « le président, le vice-président et tous les fonctionnaires civils des États-Unis seront destitués de leurs charges sur mise en accusation et condamnation pour trahison, corruption ou autres crimes et délits majeurs » (art. 2, sect. IV). En pratique, les mises en accusation votées et les quelques destitutions prononcées ont concerné des juges fédéraux.

1. R. de Bellescize, *Le système budgétaire des États-Unis*, LGDJ, 2015, p. 202.

La séparation des pouvoirs n'est donc pas rigide aux États-Unis. Elle repose sur la collaboration entre les pouvoirs. Le système politique n'a certes pas évolué vers le régime parlementaire. Un gouvernement distinct du président n'est pas responsable devant le Congrès. Il s'agit plutôt, selon l'expression de Woodrow Wilson, d'un « parlementarisme de couloirs », où l'exercice du pouvoir résulte d'une négociation continue. Elle aboutit à un équilibre ; il est plutôt favorable au président en matière internationale et au Congrès en politique intérieure en raison de ses compétences législatives et budgétaires.

b. Le régime parlementaire

Dans un régime parlementaire, le gouvernement est collégial (c'est un *gouvernement de cabinet*). Il est placé sous le contrôle du parlement. Ce principe définit le parlementarisme[1].

Précisions terminologiques : l'intitulé du *régime parlementaire* s'explique par le contrôle du *parlement* sur le gouvernement. Pour autant, le *régime parlementaire* n'est pas un *régime d'assemblée* (c'est-à-dire un système politique où règne une concentration des pouvoirs au profit d'une assemblée[2]).

Le régime parlementaire est fondé sur la séparation des pouvoirs, même si celle-ci est souple. Les pouvoirs ne sont pas indépendants. C'est un régime de contrôle et de collaboration entre les pouvoirs.

Ce régime est le produit de l'histoire politique et institutionnelle de la Grande-Bretagne (i). Il est devenu un modèle (ii) et a été transposé dans de nombreux États.

i) L'évolution du régime britannique

Ce régime a été conçu par étapes successives. Il trouve ses origines aux XIIe-XIIIe siècles dans un affrontement du roi et de ses vassaux[3]. Par la *Magna Carta* de 1215, les barons réunis en Grand Conseil obtiennent le droit de s'opposer à la levée des contributions.

Au XVIIe siècle, après des luttes qui ont ensanglanté le royaume, la toute-puissance du roi a pris fin ; notamment en 1688 avec l'édiction de la *Charte des droits (Bill of rights)* et en 1707 avec l'*acte d'établissement (act of Settlement)*.

1. Pour Philippe Lauvaux, « le seul critère du parlementarisme paraît être la responsabilité gouvernementale devant une assemblée élue. Ce critère présente à la fois un aspect juridique, parce que sa mise en jeu est régie soit par des textes constitutionnels, soit par la coutume, et un aspect politique, qu'il revêt par définition, et qui rend cette responsabilité susceptible d'être engagée en dehors même des procédures formelles » (*Les grandes démocraties contemporaines*, 2004, p. 192).
2. P. Bastid, *Le gouvernement d'assemblée*, Cujas, 1956 ; A. Le Pillouer, « La notion de "régime d'assemblée" et les origines de la classification des régimes politiques », *RFDC* 2004/2, p. 305.
3. D. Baranger, *Parlementarisme des origines*, PUF, 1999.

Au XVIIIe siècle, une coutume a imposé que le gouvernement fût soutenu par la majorité parlementaire. L'une des étapes politiques majeures fut la démission collective, obtenue par le Parlement, du cabinet de Lord North en 1782.

Le régime parlementaire était alors *dualiste* ; le gouvernement devait être soutenu par le roi et le Parlement, les deux pouvant le révoquer. Ultérieurement, le régime est devenu *moniste* ; le gouvernement ne pouvait plus être révoqué que par le Parlement (v. *infra*).

Cet équilibre institutionnel a façonné le régime parlementaire.

ii) La répartition des pouvoirs

Dans un régime parlementaire, les pouvoirs législatif et exécutif sont dans une situation de dépendance mutuelle :

- Les pouvoirs législatif et exécutif ne sont pas étroitement spécialisés. Chaque pouvoir peut intervenir dans les domaines de compétences de l'autre pouvoir. *Par exemple*, le pouvoir exécutif participe à l'exercice du pouvoir législatif : il a l'initiative des lois, il élabore les projets lois de finances, il convoque le Parlement en session extraordinaire, etc.
- Les pouvoirs ont des moyens d'action réciproques. Chaque pouvoir peut provoquer la disparition de l'autre pouvoir. Le gouvernement est responsable devant la chambre élue au suffrage universel direct. En contrepartie, le chef du gouvernement peut demander au chef de l'État de dissoudre cette assemblée.
- Les pouvoirs sont alignés. L'orientation politique du gouvernement et celle de la majorité parlementaire convergent. Le chef de gouvernement est le leader du parti qui a emporté les élections législatives. Cette situation crée la solidarité politique entre les pouvoirs législatif et exécutif.

La collaboration entre les pouvoirs est donc inhérente au fonctionnement du régime parlementaire.

Le rôle du chef de l'État. - Les régimes parlementaires comportent deux autorités au sommet du pouvoir exécutif : un chef de l'État (Roi, président de la Rép....) et un chef du gouvernement (Premier ministre, président du Conseil, Chancelier...). L'histoire et la logique institutionnelle de ces régimes expliquent la coexistence de ces autorités exécutives.

- En Grande-Bretagne, le cabinet s'est dissocié du roi. Il a endossé la responsabilité politique des actes du roi, ce qui a renforcé son statut au sein du système politique. Le contrôle du parlement sur le cabinet lui a conféré en retour sa légitimité politique.
- Le chef de l'État est irresponsable politiquement. Il est le représentant de l'État et le garant de sa continuité. Il lui revient de nommer les gouvernements qui se succèdent. Sa permanence compense l'instabilité gouvernementale.

L'irresponsabilité politique du chef de l'État induit généralement sa neutralité politique. Il exerce une magistrature morale. Mais son rôle n'est pas seulement symbolique. Le chef de l'État reste le garant du bon fonctionnement de l'État. Il est « l'arbitre et le modérateur du fonctionnement régulier des institutions » (comme l'est le roi d'Espagne : art. 56, al. 1er Const.).

Le chef de l'État dispose parfois d'une légitimité politique supérieure. Dans un régime présidentialiste (v. Séquence 6), le président élu au suffrage universel direct exerce une fonction politique active. Elle est hégémonique.

Régimes moniste ou dualiste. - La nature des relations entre le chef de l'État et le gouvernement diffère selon que le régime parlementaire est *dualiste* ou *moniste* :

- Dans un régime parlementaire dualiste, le gouvernement est responsable devant le Parlement et le chef de l'État. Celui-ci choisit le chef du gouvernement qui doit, de surcroît, obtenir la confiance de la majorité parlementaire.

Exemples : Les monarchies en voie de démocratisation, notamment au XIXe siècle, ont connu ce type de régime (ex. en France, monarchie de juillet, de 1830 à 1848). Certains régimes parlementaires, où le président est élu au suffrage universel, sont dualistes (ex., le régime de la Ve République).

- Dans un régime parlementaire moniste, le gouvernement n'est politiquement responsable que devant le Parlement. Le chef du gouvernement est nommé de façon formelle par le chef de l'État. Il ne doit sa nomination qu'au soutien de la majorité parlementaire. Le chef du gouvernement est celui qui a mené et gagné les élections législatives.

Par exemple, en Allemagne, Angela Merkel est devenue présidente du parti CDU en avril 2000 et chancelière fédérale en novembre 2005. La CDU est arrivée en tête à l'issue des élections législatives de 2005, 2009, 2013 et 2017. Mme Merkel a été élue chancelière (chef du gouvernement) par le *Bundestag* (qui est la diète fédérale). Elle a dirigé des gouvernements de coalition.

La plupart des régimes parlementaires sont monistes, mais le fonctionnement de certains d'entre eux a dû être corrigé pour tenir compte de l'absence de majorité.

iii) L'orientation des régimes parlementaires

Le gouvernement doit être soutenu par une majorité ; mais lorsqu'elle n'existe pas, ce principe élémentaire du régime parlementaire ne peut être respecté. Le lien de confiance entre l'Exécutif et le Parlement ne peut être créé en cas de division des forces politiques.

Pour répondre à cette difficulté, le choix a été fait dans certains États de *rationaliser le parlementarisme* (selon la formule de Boris Mirkine-Guetzevitch[1] ; v. Séquence 9). Les pratiques politiques ont été réglementées. Elles ont été orientées par des mécanismes contraignants.

Ces mécanismes ont été maintenus alors que la plupart des systèmes politiques contemporains connaissent une concentration du pouvoir au profit du chef de l'exécutif.

1. B. Mirkine-Guetzévitch, *Les Constitutions de l'Europe nouvelle*, Delagrave, 10e éd., 1938.

→ La rationalisation du parlementarisme

Dans certains États, le régime parlementaire ne fonctionne pas harmonieusement de façon spontanée. Il souffre notamment d'une forte instabilité gouvernementale. Par exemple, en France, la IIIe République a connu 94 gouvernements en 65 ans et la IVe République a compté 22 gouvernements en 12 ans. Chaque changement de gouvernement était précédé d'une période de crise ministérielle. Le gouvernement démissionnaire expédiait les affaires courantes durant plusieurs semaines avant la constitution d'un nouveau gouvernement. Malgré la continuité du personnel politique et administratif, cette situation était insupportable aux citoyens. Ils avaient le sentiment que la classe politique était irresponsable et que le pays, qui affrontait de nombreux périls, n'était pas dirigé.

Origine du problème. - Un régime parlementaire a besoin de grands partis qui alternent au pouvoir (ex. : les partis *travailliste* et *conservateur* au Royaume-Uni). Ils forment la majorité ou l'opposition. Or, dans certains États, il n'y a jamais eu deux partis dominateurs sur une longue durée. Les majorités étaient constituées de coalitions qui finissaient par se disloquer.

Par exemple, en France, la rationalisation du parlementarisme a été instaurée en raison d'une forme d'incapacité à structurer la vie politique autour de deux grands partis. Ni la droite ni la gauche ne sont parvenues à s'organiser durablement. L'instauration de l'élection du président de la République au suffrage universel direct aurait pu permettre de voir apparaître un parti du président et un parti du futur président ; comme cela a été le cas aux États-Unis. Mais, en France, ce résultat n'a pas été atteint.

Le remède institutionnel. - En l'absence de majorité politique durable, la solution a consisté à donner au chef de l'exécutif des moyens juridiques lui permettant d'exercer efficacement le pouvoir.

Par exemple, en Allemagne, le *Bundestag* peut difficilement renverser le gouvernement en l'absence de majorité[1]. La loi fondamentale a établi des règles qui favorisent la stabilité gouvernementale (pour éviter le retour à l'instabilité de la *République de Weimar*). Elle prévoit, notamment, que les députés doivent désigner à la majorité absolue un nouveau chancelier avant de renverser le gouvernement : c'est la *motion de défiance constructive* (art. 67, Const. all.). Or il est beaucoup plus difficile de trouver une majorité pour choisir un nouveau chef de gouvernement que de trouver une majorité pour le renverser.

Par exemple, en France, les rédacteurs de la Constitution de 1958 ont conçu un procédé qui, à l'Assemblée nationale, permet l'adoption d'une loi sans vote. Sur le fondement de l'article 49 alinéa 3 de la Constitution, le texte est « considéré comme adopté » sauf si une motion de censure est votée. Pour s'opposer à l'adoption du texte, l'Assemblée doit voter une motion de censure. Cette réaction est très difficile à organiser parce que la motion doit être adoptée à la majorité absolue.

1. A. Le Divellec, *Le gouvernement parlementaire en Allemagne*, LGDJ, 2004.

La rationalisation du parlementarisme a paru nécessaire à une certaine époque. Elle soulève aujourd'hui des interrogations au regard de l'évolution contemporaine des régimes parlementaires.

→ La tendance à la confusion des pouvoirs

Cette évolution est très favorable au pouvoir exécutif. C'est une orientation générale. Le chef de l'exécutif définit la politique nationale. Il appartient aux autres organes de la mettre en œuvre. Cet accaparement du pouvoir s'explique par la légitimité que le chef de l'exécutif acquiert dans son parti.

Légitimité du parti. - Dans un régime parlementaire, la légitimité du chef de l'exécutif résulte de la confiance qui lui est accordée par la majorité parlementaire. Elle est étroitement liée au soutien du parti politique (v. situation 4). Le chef de l'exécutif est le leader du parti qui a remporté les élections législatives. En conséquence, la majorité parlementaire soutient la politique menée par le chef du gouvernement. Dès lors, la séparation des pouvoirs devient formelle. Le Premier ministre maîtrise le pouvoir législatif.

Les relations du chef de l'exécutif avec le parti majoritaire sont essentielles. Dans un régime parlementaire, le pouvoir se prend - et peut se perdre - dans le parti.

- *Par exemple*, en Allemagne, avant d'envisager un quatrième mandat comme chancelière, Angela Merkel a été réélue en décembre 2014 à la présidence de la *CDU* (avec 97 % des suffrages, pour un huitième mandat à la tête de ce parti). Mais en laissant la présidence de la CDU en décembre 2018, Angela Merkel renonce par avance à un cinquième mandat de chancelière.

- *Par exemple*, au Royaume-Uni, Theresa May est devenue chef du parti *conservateur* dans le cadre d'une élection interne (son prédécesseur, David Cameron, qui avait perdu la consultation sur le Brexit du 23 juin 2016, ne pouvait se maintenir à la tête du parti et diriger le gouvernement). Theresa May prend la direction du parti le 11 juillet 2016. Elle est nommée Premier ministre par la Reine, le 13 juillet 2016.

Légitimité du SUD. - Dans les régimes parlementaires classiques, la légitimité est avant tout partisane. Par contre, dans les régimes présidentialistes, la désignation du président par les citoyens trouble cette logique. La légitimité politique la plus élevée résulte du suffrage universel direct (SUD). La concentration du pouvoir ne s'explique pas seulement par le soutien de la majorité parlementaire et du parti politique dont elle est issue. Elle comporte une dimension personnelle. Le président incarne le pouvoir (v. Séquence 6).

SÉQUENCE 2

Le pouvoir, objet de la constitution

SITUATION 1

La démocratie, indépassable et contestée

Dans une démocratie (*dêmokratia*), le peuple (*dêmos*) exerce le pouvoir (*kratos*).

La démocratie est « le gouvernement du peuple, par le peuple, pour le peuple ». Cette formule figure dans le discours prononcé par le président Lincoln à Gettysburg le 19 novembre 1863. Elle a été reproduite, après la Seconde Guerre mondiale, dans la Constitution française de 1946 et, par la suite, dans celle de 1958. Elle est devenue le « principe » de la République française (art. 2 al. 5).

La démocratie est collective. Elle est fondée sur l'égalité des citoyens (*isonomie*). Ils disposent des mêmes droits politiques et ils sont, comme sujets de droit, placés à égalité devant la loi. « Tous les Citoyens ont droit de concourir personnellement, ou par leurs Représentants, à sa formation. Elle doit être la même pour tous, soit qu'elle protège, soit qu'elle punisse » (art. 6, DDHC de 1789).

Les citoyens respectent ainsi les lois qu'ils se donnent. Ils exercent la souveraineté (v. Séquence 4), mais la démocratie directe étant difficile à organiser, les citoyens sont représentés. La démocratie se résume souvent au choix des représentants. Pour cette raison, cette forme de gouvernement est qualifiée de *démocratie représentative* et son fonctionnement suppose le respect de nombreuses conditions.

Les conditions posées à la démocratie représentative. – Elles doivent être satisfaites pour préserver le rôle des citoyens et éviter l'accaparement du pouvoir par les représentants.

Pour cela, des garanties électorales doivent être apportées. Par exemple, le suffrage, qui est « universel, égal et secret » (art. 3, Const. 1958), doit permettre de désigner des représentants dans le cadre d'élections libres, transparentes, disputées et périodiques. Les campagnes électorales doivent être ouvertes, le multipartisme reconnu et le pouvoir ne doit pas être monopolisé.

En outre, pour participer à la vie de la cité, les citoyens doivent disposer de libertés individuelles (notamment d'opinion) et collectives (d'expression, de réunion ou d'association). Ces droits sont nécessaires dans une « société démocratique » (selon les termes de la *Convention de sauvegarde des droits de l'homme et des libertés fondamentales*).

La démocratie ne peut s'accomplir sans la garantie de droits et libertés des citoyens.

Démocratie et *État de droit*. – L'idée contemporaine de démocratie est liée à celle d'*État de droit*, dont l'objectif est d'empêcher l'omnipotence du pouvoir politique. Dans un *État de droit*, l'exercice du pouvoir est encadré. Les droits fondamentaux des individus sont consacrés dans les normes les plus élevées et protégés par des instances indépendantes du pouvoir politique.

L'association de ces concepts figure dans les constitutions d'après-guerre (par ex., l'art. 28 de la loi fondamentale pour la RFA consacre les « principes d'un État de droit républicain, démocratique et social ») ou dans certains engagements internationaux (par ex., l'art. 2 du Traité sur l'Union européenne précise qu'elle est « fondée sur les valeurs de respect de la dignité humaine, de liberté, de démocratie, d'égalité, de l'État de droit, ainsi que de respect des droits de l'homme, y compris des droits des personnes appartenant à des minorités »).

Cette association de la démocratie et de l'*État de droit* s'inscrit dans le cadre de la *démocratie libérale*. Il s'agit d'une idéologie politique, devenue progressivement dominante, et qui a même paru définitive. La meilleure forme de gouvernement semblait avoir été trouvée : c'était la *Fin de l'histoire* (F. Fukuyama, 1992). Ce récit a été délivré après l'effondrement de l'empire soviétique et le constat d'échec des démocraties populaires. Il faisait alors de la démocratie libérale un horizon indépassable.

Depuis, des interrogations sont apparues. L'avènement d'une forme de gouvernement suppose le bonheur des peuples. Lorsqu'il n'existe pas, le système politique est mis en cause. Or, depuis plusieurs dizaines d'années, l'échec de nombreuses politiques publiques a fait naître des doutes sur les vertus de la démocratie.

Certaines critiques sont classiques, d'autres portent davantage sur la démocratie libérale.

Les critiques classiques de la démocratie. – Elles concernent, notamment, l'efficacité du système politique. La gestion des affaires publiques est réputée moins énergique et réactive dans une organisation collective comme la démocratie que dans un régime autocratique.

Les critiques de la démocratie représentative ont également été renouvelées. Elles portent sur les qualités respectives des citoyens et des représentants. La démocratie représentative tolérerait l'ignorance des électeurs et favoriserait l'accaparement du pouvoir par une classe politique professionnalisée. Elle encouragerait la démagogie, le populisme, le clientélisme, mais aussi la passion de l'égalité des citoyens qui nivelle la société vers le bas et favorise la tyrannie de la majorité (A. Tocqueville).

Ces critiques sont connues. Pourtant, elles n'ont pas empêché la démocratie de triompher. Dans ces critiques, un élément est en effet occulté : le désir de liberté, qui trouve dans la démocratie sa plus forte satisfaction. Cet élément explique pourquoi la démocratie est une forme de gouvernement qui l'a emporté sur les autres. La démocratie est le « pire des systèmes, à l'exclusion de tous les autres » (Winston Churchill à la Chambre des communes, le 11 nov. 1947).

Si l'idée démocratique s'est imposée, en revanche, son caractère libéral est discuté.

Les critiques de la démocratie libérale. – Ces critiques peuvent paraître étonnantes. Les garanties que la démocratie libérale impose ont été conçues pour limiter les défauts du gouvernement représentatif. Mais les adversaires de la démocratie libérale prétendent que ces garanties ont perverti les démocraties.

Celles-ci ne peuvent fonctionner sans l'existence de communautés animées par un sentiment de solidarité. Elles ont besoin de projets politiques. Or ces communautés sont minées par l'individualisme qui caractérise le fonctionnement des démocraties libérales. Dans nos démocraties « désenchantées », les citoyens ne poursuivent plus d'idéaux collectifs. Ils ne font plus vivre la démocratie (Marcel Gauchet, *La démocratie contre elle-même*, 2002).

Dans cette dénonciation de l'individualisme, des critiques portent également sur la judiciarisation de la société et la multiplication de droits individuels. Leur protection limiterait la capacité d'action du pouvoir politique. Les droits individuels, consacrés à plusieurs niveaux (nationaux et internationaux), sont garantis par des juridictions relevant d'ordres juridiques différents. Or ces juridictions, qui n'ont pas de légitimité démocratique, entravent l'action des autorités politiques (ex. : v. A.-M. Le Pourhiet, « La Cour européenne des droits de l'homme et la démocratie », *Constitutions* 2018, p. 205 » ; en réponse : J. Andriantsimbazovina, « Ni idolâtrie ni exécration – À propos de l'opposition de la Cour européenne des droits de l'homme à la démocratie », *Constitutions* 2018, p. 523 ; égal. B. Mathieu, *Le droit contre la démocratie*, 2017).

L'idéal démocratique serait oublié. Mais peut-on revenir à l'essence de la démocratie ? L'idée d'un retour à la démocratie des origines est souvent avancée.

Le mythe de la démocratie directe. – Le peuple doit se réapproprier le pouvoir... Cette revendication est portée par des courants politiques et des mouvements citoyens (ex. en France, *Nuit debout* en 2016, ou les *Gilets jaunes* en 2018-19).

Le sentiment d'usurpation du pouvoir est souvent exprimé. Il repose sur l'idée que la *démocratie directe* aurait été indûment abandonnée au profit d'un régime représentatif inconciliable avec l'idéal démocratique. Dans une « véritable démocratie », c'est-à-dire une « démocratie directe », les membres de la communauté nationale se réunissent, discutent, s'écoutent, se respectent et se comprennent. Ils expriment la volonté générale qui détermine l'intérêt général.

Cette forme de gouvernement collectif caractérise la démocratie. Mais il s'agit d'un idéal. « S'il y avait un peuple de Dieux, il se gouvernerait démocratiquement », selon Rousseau (*Du Contrat social*, Liv. III, Chap. IV). Pour des êtres humains, cette forme de gouvernement s'avère compliquée.

Elle est difficile à concrétiser dans les communautés politiques qui comptent un nombre élevé de citoyens. Il est impossible de les réunir dans une assemblée sur le modèle athénien de l'*Ecclesia*. La réunion des citoyens ne peut être pratiquée que dans de petites collectivités (ex., en Suisse, dans la *Landsgemeinde* du canton d'Appenzell Rhodes-Intérieures, ou celle du canton de Glaris).

Au niveau des États, la réunion des membres de la communauté en assemblée ne peut être que virtuelle. Elle ne peut être envisagée que si les procédures sont dématérialisées. La démocratie directe peut être revisitée et prendre une forme nouvelle par la voie électronique. La *cyberdémocratie* est certainement la prochaine forme de gouvernement. Mais elle reste à élaborer.

En attendant, la démocratie représentative domine le monde. À l'exception notable et remarquable de la Suisse, très peu d'États pratiquent au quotidien la *démocratie semi-directe* (combinant la représentation et la consultation référendaire) et aucun État n'a organisé de démocratie directe à proprement parler. Il n'existe pas de système de gouvernement où tous les citoyens se réunissent périodiquement au niveau national. Les référendums sont généralement organisés pour l'adoption des constitutions mais ils le sont rarement pour l'adoption des lois nationales.

Le régime dominant est celui de la démocratie libérale représentative. Il est néanmoins contesté et il subit la concurrence d'un nouveau type de gouvernement, qui est représentatif mais dont le caractère libéral est limité.

La « *démocrature* ». – Un nouveau type de démocratie a été adopté dans de grands États (ex. en Chine, en Russie, ou en Turquie). Il s'agit d'un contre-modèle à la démocratie libérale. Autoritaire, cette forme de gouvernement fait prévaloir une relation directe entre l'autorité politique et les citoyens.

La *démocrature* est une forme de gouvernement hybride, à la fois démocratie – parce que les dirigeants sont élus au suffrage universel – et dictature parce que la contestation du pouvoir n'est pas tolérée et que le corps électoral est contrôlé (d'où le néologisme : *démocr-ature*).

La légitimité du pouvoir résulte de l'élection mais l'exercice du pouvoir est concentré et personnifié. Ce type de démocratie répond, en effet, à une demande sociale d'autorité. Il s'oppose au fonctionnement classique des démocraties représentatives basé sur une lente délibération. Les citoyens inquiets sont en quête de protection et de réactivité. Dans un monde redevenu instable et dangereux, ils préfèrent la sécurité à la garantie de leurs libertés. Dans les *démocratures*, le rôle des contre-pouvoirs est, en effet, très limité et l'*État de droit* tend à s'effacer.

Pour fonctionner, le régime préserve l'économie de marché mais cherche à la contrôler en instituant un capitalisme d'État et en transférant le contrôle des entreprises sensibles à des oligarques (v. n° spéc., *Pouvoirs*, n° 2019/2, n° 169).

Ces traits caractérisent les *démocratures*, ainsi que les démocraties dites *illibérales*, qui sont d'anciennes démocraties libérales s'orientant vers la *démocrature*.

Une orientation nationaliste et religieuse peut également entraîner une démocratie dans cette voie.

Ces formes de gouvernement autoritaires constituent-elles l'avenir des démocraties ? Il est impossible de le prédire. Leur essor est incontestable, mais il ne doit pas masquer leurs faiblesses. Comme toute organisation, les *démocratures* ne peuvent échapper à la contestation du pouvoir. Elles doivent également lever les contradictions liées au fonctionnement d'une économie de marché à la fois dérégulée et contrôlée. Surtout, ces régimes doivent répondre à l'aspiration des citoyens à la liberté. Elle a fait le succès des démocraties libérales.

*

Pour conclure, il est important de souligner que cette présentation entre les types de démocratie est schématique. Il est, en tout état de cause, impossible de distinguer les régimes qui sont de « vraies » démocraties et les autres. En outre, la plupart d'entre elles sont confrontées à des mouvements opposés. Les démocraties connaissent un phénomène de concentration du pouvoir politique au profit de l'autorité exécutive, qui s'accompagne, en sens contraire, d'un affaiblissement de la capacité d'action du pouvoir politique sur la sphère économique.

Ce phénomène contribue à une crise généralisée de la représentation dans les démocraties.

SITUATION 2

La crise de la représentation

La représentation est *dite* en crise. Le thème est classique, ce qui ne veut pas dire que la crise que traversent les démocraties n'a pas pris une ampleur inquiétante.

L'idée de représentation est fondée sur la *confiance* des citoyens dans leurs représentants. La *confiance* est un sentiment. Elle établit la *légitimité* des représentants. Lorsqu'elle s'estompe ou qu'elle disparaît, la représentation devient illégitime. Or, aujourd'hui, la défiance semble l'emporter. De nombreux indices l'attestent.

» Les indices de la crise

Impopularité des représentants, abstention aux élections, sanction systématique des candidats sortants, dénonciation des réformes : ces données ne peuvent qu'inquiéter. Le gouvernement représentatif semble contesté.

L'impopularité. – Les résultats des enquêtes d'opinion sont sévères. Plus de la moitié des personnes sondées manifestent leur défiance et parfois leur hostilité à l'égard des élus.

Ces résultats ne doivent, certes, pas conduire à désespérer trop rapidement de la représentation. En effet, l'*impopularité* des gouvernants ne signifie pas qu'ils accusent un déficit de *crédibilité*. Les concepts doivent être distingués. La *popularité* des gouvernants, mesurée par les sondages d'opinion, révèle l'intérêt porté à la personne. Pour être populaire, le gouvernant cherche la faveur des citoyens. La *crédibilité* porte sur la *confiance dans la capacité* du gouvernant à réaliser une action. Pour un même acteur politique, la *popularité* et la *crédibilité* peuvent être différentes. Un chef de gouvernement impopulaire peut paraître crédible.

Par exemple, Margaret Thatcher, Premier ministre du Royaume-Uni de 1979 à 1990, a engagé des réformes impopulaires. Pourtant, elle a été réélue deux fois. Elle a été impopulaire mais elle a bénéficié d'une *crédibilité* reconnue par une partie des électeurs.

Tout gouvernement supporte une part d'impopularité. Mais elle ne doit évidemment pas dépasser un certain seuil. La conjugaison de la perte de popularité et de crédibilité rend la situation insurmontable.

Or la critique contemporaine des gouvernants tend à être systématique. Elle interroge sur l'adhésion au régime représentatif.

L'attrait pour la déchéance des représentants. – La défiance à leur égard a pris un aspect déroutant. Quelque chose ne va plus dans les relations entre les citoyens et leurs élus. Goût du scabreux et de la déchéance des politiques, hystérie électorale, hypermédiatisation et emballement des réseaux sociaux : telle est la vie politique dans les démocraties modernes du début du XXIe siècle. Certes, la vie politique a toujours été violente. La presse a souvent été féroce, notamment sous la IIIe République. Mais la démocratie était parlementaire. Les institutions jouaient un rôle d'apaisement.

Aujourd'hui, une démocratie d'opinion impose sa critique systématique. Elle est gouvernée par les sondages. Cette démocratie d'opinion verse dans l'*ochlocratie* (régime où la multitude impose des opinions spontanées et peu raisonnées). La représentation n'intéresse plus.

L'abstention. – Dans certains États, comme la France, l'abstention ne cesse d'augmenter. Elle affecte tous les scrutins. Aux élections législatives de juin 2017, 42 % des électeurs seulement ont voté au second tour. Aux élections municipales de 2020, qui se sont certes déroulées durant la crise sanitaire du Covid-19, le taux de participation n'a été que de 44,64 % au premier tour (le 15 mars 2020) et 41,6 % au deuxième tour (le 28 juin 2020). Un an plus tard, en juin 2021, la participation aux élections régionales ne s'est élevée qu'à 33,28 % pour le premier tour et 34,69 % pour le deuxième tour (alors qu'elle était, en 2015, de 49,91 % au premier tour et 58,41 % au second tour) ; et de 33,32 % au premier tour et 34,36 % pour le deuxième tour des départementales (pour 50,17 % et 49,98 % en 2015).

Doit-on refuser de valider le résultat de ces élections en considérant que le niveau de participation est trop faible ? En France, le résultat peut être contesté mais les chances de succès sont très limitées si l'on se contente d'évoquer cet argument. Pour le Conseil constitutionnel, il appartient « au juge de l'élection d'apprécier si le niveau de l'abstention a pu ou non altérer, dans les circonstances de l'espèce, la sincérité du scrutin » (déc. n° 2020-849 QPC, 17 juin 2020). Or, s'agissant des élections municipales, le Conseil d'État a estimé que, la loi n'ayant pas prévu un taux minimum de participation, « le niveau de l'abstention n'est, par lui-même, pas de nature à remettre en cause les résultats du scrutin, s'il n'a pas altéré, dans les circonstances de l'espèce, sa sincérité » (CE 15 juill. 2020, n° 440055). Dès lors, un taux d'abstention élevé n'est pas un grief suffisant, en tant que tel, pour annuler les résultats des élections municipales (même s'il s'élève à 60,37 % : CE 22 mars 2021, n° 445083). En conséquence, la loi doit-elle prévoir un taux minimum de participation ? Ce serait mettre en danger la démocratie représentative car l'abstention peut réapparaître à chaque scrutin.

Mais la démocratie représentative peut-elle perdurer sans participation de la grande majorité des citoyens ? C'est une formidable question.

L'abstention est un phénomène massif dans nombre de démocraties. Aux États-Unis, traditionnellement, un citoyen sur deux seulement participe aux scrutins (ex. participation de 54 % à l'élection présidentielle du 8 nov. 2016) sans que la démocratie paraisse en danger (et il est vrai qu'elle est remontée à 67 % en 2020). Mais pour combien de temps ?

Les démocraties contemporaines sont touchées par l'individualisme. La chose publique n'est pas une préoccupation pour des citoyens tournés vers leurs intérêts privés.

La *liberté des modernes* triomphe. Son « danger », selon Benjamin Constant, « c'est qu'absorbés dans la jouissance de notre indépendance privée, dans la jouissance de nos intérêts particuliers, nous ne renonçions trop facilement à notre droit de partage dans le pouvoir politique » (discours : *De la liberté des anciens comparée à celle des modernes*, 1819).

La sanction systématique. – La crise de la représentation se manifeste aussi par de cuisantes défaites du parti au pouvoir. Les électeurs sanctionnent chaque gouvernement. *Par exemple*, en France, chaque élection législative de 1981 à 2017 s'est traduite par une défaite du parti au pouvoir (sauf en 2007). Or, il n'est pas normal que le gouvernement soit systématiquement sanctionné. L'alternance n'interdit pas des reconductions de majorités et des périodes de stabilité. La vie politique des États-Unis ou du Royaume-Uni le prouve.

La rue contre le parlement. – Les manifestations de masse contre l'action législative du Parlement constituent également un indice de crise de la représentation. Elles traduisent un rejet de la légitimité de la majorité parlementaire.

Par exemple, la France a connu des manifestations considérables accompagnées de grèves, blocages et occupations d'espaces publics (ex. en 2003 et 2010 contre les réformes des retraites ; en 2006 contre le CPE ;

en 2007-2008 contre la loi sur l'autonomie des universités ; en 2013 contre la loi sur le mariage pour tous ; en 2016 contre la *loi travail* ; en 2018 et 2019, avec le mouvement des *Gilets jaunes*). Le programme législatif est contesté par la rue. La légitimité des élus est mise en cause.

L'illégitimité des représentants. – Les élus ont pourtant été désignés par les citoyens. Or, nombre d'entre eux leur reprochent de ne pas les représenter véritablement. La composition des assemblées ne serait pas représentative. Elle ne le serait pas politiquement (en raison du mode de scrutin) et sociologiquement (en raison du profil des acteurs politiques).

L'attitude de la classe politique est également mise en cause. Un soupçon permanent de corruption plane sur les formations politiques. Il est alimenté par les scandales à répétition qui ont entaché la probité de l'ensemble des représentants. Des mesures de moralisation de la vie publique ont été prises. Mais le climat délétère a affecté le régime représentatif.

» Les solutions

Aucune solution miracle n'existe lorsque les défis sont aussi élevés. Une prise de conscience et un effort collectif s'imposent. Des solutions à la crise de la représentation ont été proposées, mais leurs effets ne peuvent qu'être limités.

L'évolution des modes de désignation. – Une démocratie ne peut fonctionner de façon harmonieuse lorsque l'ensemble des courants politiques n'est pas représenté au sein des assemblées. Celles-ci doivent représenter la diversité de la population. *Par exemple*, en France, une évolution du mode de scrutin aux élections législatives vers la proportionnelle pourrait être une solution aux difficultés évoquées (mais aussi une difficulté pour le fonctionnement du régime).

D'aucuns préconisent une solution plus radicale. L'idée du tirage au sort est revenue à la mode. Pratiqué à Athènes, ainsi que dans certaines cités italiennes ou d'Aragon, ou encore dans des cantons suisses, le tirage au sort (*stochocratie*) est défendu parce qu'il supprime la sélection des candidats. Le hasard désigne les représentants. Il évite les inconvénients des campagnes électorales et s'oppose à l'esprit de carrière.

Il est vrai que l'élection est un mode de désignation des gouvernants qui n'est pas consubstantielle à la démocratie (v. Bernard Manin, *Principes du gouvernement représentatif*, Calmann-Lévy, 1995). L'élection permet de désigner les meilleurs et donc l'élite de la communauté. Il a donc longtemps présenté un caractère aristocratique que le gouvernement représentatif est parvenu à occulter.

Le tirage au sort est plus démocratique, mais il a aussi quelques inconvénients... Avec ce mode de désignation, il importe peu que les personnes tirées au sort ne soient pas motivées, ou qu'elles ne soient pas compétentes, vertueuses, appréciées... Certes, elles peuvent aussi avoir les qualités requises, mais c'est le sort qui en décide. En outre, ce mode de désignation écarte les partis politiques de la sélection car il n'y a plus de candidats et de programmes à défendre dans le cadre d'une campagne électorale. Le choix du tirage au sort peut donc paraître compliqué.

Pourtant, ce procédé réapparaît. Il a été récemment utilisé dans certaines procédures. Par exemple, en Islande, en 2010 et en Irlande, en 2012, des assemblées, dont des membres étaient tirés au sort, ont fait des propositions constitutionnelles. En France, en 2019, des conférences régionales, regroupant des citoyens tirés au sort, ont été instituées dans le cadre du « grand débat ». De même, une « convention citoyenne pour le climat », composée de 150 citoyens tirés au sort, a mené des travaux d'octobre 2019 à juin 2020 et a présenté 149 propositions (dont 146 ont été acceptées par le président Macron qui a promis de les concrétiser).

L'intérêt pour ce mode de désignation s'est également traduit par la possibilité donnée, par la loi organique n° 2021-27 du 15 janvier 2021, à des personnes tirées au sort et à des représentants d'instances consultatives locales de participer, avec « voix consultative », aux travaux des commissions du Conseil économique, social et environnemental.

Le vote obligatoire. – Une solution peut également être adoptée pour lutter contre l'abstention : il suffit de l'interdire et de rendre le vote obligatoire. Cette solution (retenue, par exemple, en Australie ou en Belgique) diminue l'abstention, mais elle ne permet pas de récréer la confiance (la vie politique belge l'atteste).

Le vote blanc. – Une autre solution consiste à permettre aux citoyens de manifester leur défiance à l'encontre des candidats à l'occasion du vote. C'est l'objet du *vote blanc*. Le citoyen indique qu'il ne souhaite pas être représenté par l'un des candidats, ou qu'il n'a pas d'opinion. Il accomplit son devoir électoral et peut, s'il le souhaite, manifester ainsi son mécontentement.

Le législateur français a partiellement pris en considération cette demande. La loi n° 2014-172 du 21 février 2014 a prévu que « les bulletins blancs sont décomptés séparément et annexés au procès-verbal » (C. élect., art. L. 65). Ils bénéficient d'une reconnaissance officielle. L'annonce des résultats comprend celle du nombre de bulletins blancs. Pour autant, ce nombre ne modifie pas le pourcentage de voix obtenues par les candidats. Les « suffrages exprimés » ne sont pas ceux des électeurs qui ont participé au vote mais ceux des électeurs qui ont choisi un candidat (qui se sont « exprimés » pour l'un d'eux). Les bulletins blancs « n'entrent pas en compte pour la détermination des suffrages exprimés ».

La portée de ces solutions est limitée. Elles sont vouées à l'échec si l'on ne rétablit pas la confiance dans la représentation.

Le dialogue avec les représentés. – La première réponse à la crise de la représentation a trait au rôle que l'on entend attribuer aux représentants. Il est devenu illusoire de penser que les élus nationaux peuvent résoudre l'ensemble des difficultés rencontrées par les citoyens. Les enjeux (financiers, industriels, environnementaux, de santé, etc.) sont mondialisés. Les États, seuls, ne peuvent les résoudre. Ils sont devenus impuissants. Leurs représentants le sont également.

Malheureusement, l'on trouve toujours des candidats qui ont réponse à tout. Ils dénoncent l'incapacité des élites à résoudre les difficultés du moment. Une fois élus, ils ne peuvent contribuer qu'à nourrir les déceptions. Une hiérarchie des actions possibles doit être présentée. Il appartient aux représentants de faire preuve de pédagogie (c'est aussi le rôle des partis politiques : v. situation 4). À tout le moins, ils doivent dialoguer avec les représentés.

La représentation est un exercice difficile parce qu'elle suppose de *parler aux citoyens* et non de se contenter de *parler en leur nom*.

L'association des citoyens et la cyberdémocratie. – La représentation ne doit pas exclure les citoyens si l'on veut que ceux-ci adhèrent aux décisions prises par les représentants. Les campagnes électorales ne suffisent plus à établir la légitimité des programmes de gouvernement. Les citoyens doivent être présents dans le processus de décision. Ils peuvent intervenir à tous les niveaux (local et national), en amont pour exprimer leurs besoins, pour l'adoption de certaines règles par référendums, et en aval lors de l'évaluation des normes.

Pour cela, la démocratie peut être dématérialisée[1]. La *cyberdémocratie* (ou *e-démocratie*) doit permettre aux citoyens d'intervenir différemment. Elle pourrait bouleverser le processus d'adoption des règles de droit et, notamment, des lois (v. S. Pinon, « Révolution numérique, “gilets jaunes” et réformes constitutionnelles », *Constitutions* 2018, p. 515).

La démocratie participative. – Elle associe les citoyens aux représentants dans la prise de décision. Elle existe depuis longtemps dans certains domaines, comme l'urbanisme ou l'environnement, où les administrés sont invités à participer en amont au processus décisionnel (par des consultations, débats et enquêtes publiques, etc.). Il paraît naturel d'obtenir leur avis et, si possible, leur assentiment sur les projets envisagés.

La participation des personnes intéressées permet de renforcer la légitimité des décisions. Elle pourrait donc être étendue et l'on constate, en effet, que les procédés participatifs se multiplient (au niveau local avec les conseils de quartier, les budgets participatifs et, parfois, des consultations locales ; au niveau national avec les conventions de citoyens tirés au sort, comme la convention citoyenne pour le climat, ou le comité citoyen sur les vaccins contre la Covid-19, mais, en revanche, en excluant les consultations nationales...).

La démocratie participative connaît un indéniable essor, même si elle reste à organiser et est souvent décriée comme étant instrumentalisée par les représentants.

Elle risque, en effet, de se heurter à l'obstacle de la démocratie représentative. Les citoyens ne parlent pas d'égal à égal avec leurs représentants. Le contraire pourrait d'ailleurs sembler étonnant. Les citoyens ont

1. Dans une *e-démocratie*, sera-t-il encore nécessaire, par exemple, de réunir les parlementaires dans des assemblées ?

donné mandat à leurs représentants. Quel est donc l'intérêt pour les élus de permettre aux citoyens de discuter leur position ?

La réponse réside dans le déclin du modèle représentatif et la perte de légitimité des élus. L'élection n'est plus un titre suffisant pour établir la confiance dans les représentants. Ceux-ci peuvent donc avoir besoin de l'intervention directe des représentés pour soutenir leur position.

SITUATION 3
Le statut des parlementaires

Un *statut* est un ensemble de garanties reconnues à des autorités ou aux membres d'une communauté pour l'exercice de leurs missions. Elles sont généralement mentionnées dans un ou plusieurs textes. Ils énoncent le mode de désignation, ainsi que les droits et obligations des personnes concernées. Par ailleurs, le statut comporte une dimension psychosociale. Elle renvoie à la reconnaissance et au prestige dont jouissent les bénéficiaires du statut dans une société. Ils induisent un rôle social.

Ces aspects ne sont pas clairement distingués dans les discours sur le *statut de l'élu*. Cette confusion explique certaines assertions. Il est, notamment, affirmé que ce statut ferait défaut dès lors que le rôle social de l'élu resterait discuté.

Selon une formule convenue, en France, *le statut de l'élu n'existe pas*. Les présidents Hollande et Sarkozy, notamment, ont réclamé son adoption. Une mission sur le statut de l'élu a ainsi été créée à l'Assemblée nationale en mars 2013 pour que soit défini « un statut de l'élu » (ses conclusions ont porté sur le statut de l'élu local). Depuis, l'on continue à affirmer qu'il faut mettre en place « un véritable statut de l'élu » (prop. n° 2 du groupe de travail, Cl. Bartolone, M. Winock, sur *l'avenir des institutions*, 2015).

Pourtant, l'on ne peut nier qu'il existe un statut juridique des élus. La loi établit un statut en faveur des élus locaux (pour ces derniers, v. not. les art. L. 2123-1 et s. du Code général des collectivités territoriales ; A. Haquet, « Le statut de l'élu local en filigrane », *AJDA* 2015. 1210). La Constitution et les lois qui la complètent établissent également un statut des élus nationaux, que ce soit celui du président de la République (v. Séquence 7) ou celui des parlementaires.

Pour les députés et les sénateurs, les textes qui forment leur statut, précisent leur fonction, établissent un régime de protection, d'incompatibilité et un régime indemnitaire.

» Fonction

Des garanties sont prévues par la Constitution pour permettre aux parlementaires d'exercer leur fonction. Députés et sénateurs participent « à l'exercice de la souveraineté nationale » (art. 3 Const.). À ce titre, ils adoptent « la loi » qui est « l'expression de la volonté générale » (art. 6 DDHC).

Pour assumer leur fonction, les parlementaires bénéficient d'un statut protecteur. Il est, notamment, établi par les articles 26 et 27 de la Constitution ; dispositions qui, selon le Conseil constitutionnel, « imposent le respect de la liberté des membres du Parlement dans l'exercice de leur mandat » (déc. n° 2018-767 DC du 5 juill. 2018, § 3).

» Protection

Pour accomplir leur fonction, les élus sont placés dans une situation d'*irresponsabilité* (pour les actes accomplis dans l'exercice de leur fonction). La personne du parlementaire est également *inviolable*. Elle ne peut faire l'objet de mesures privatives de liberté.

Irresponsabilité. – Au nom de la séparation des pouvoirs, les parlementaires sont libres de s'exprimer sans subir la menace d'une poursuite judiciaire. Pour cela, « aucun membre du Parlement ne peut être poursuivi, recherché, arrêté, détenu ou jugé à l'occasion des opinions ou votes émis par lui dans l'exercice de ses fonctions » (art. 26 Const. al. 1er). Cette irresponsabilité porte sur la fonction parlementaire. Elle n'exonère pas le parlementaire de sa responsabilité pénale pour son comportement ou ses prises de parole en dehors de l'exercice de ses fonctions.

Inviolabilité. – La personne du parlementaire est également inviolable, dans le sens où les parlementaires ne peuvent pas faire l'objet de mesures privatives de liberté. C'est un principe d'ordre public qui s'impose à toute autorité et auquel le parlementaire, lui-même, ne peut renoncer. En conséquence, tout acte, notamment judiciaire, effectué en méconnaissance de l'inviolabilité est nul de plein droit. Mais, depuis la révision constitutionnelle du 4 août 1995, l'inviolabilité ne concerne plus l'engagement de la poursuite judiciaire. Pour autant, le parlementaire ne peut pas être placé en détention sans l'accord du bureau de l'Assemblée nationale ou de celui du Sénat. En outre, la poursuite d'un membre du Parlement est suspendue lorsque l'Assemblée le requiert (art. 26 Const. al. 3).

» Incompatibilités

Un régime d'*incompatibilité* avec une activité professionnelle est également prévu. Il protège les élus de la tentation d'exercer leur mandat de façon accessoire. Les lois limitant le cumul des mandats ont poursuivi cet objectif. Le mandat de député est incompatible avec celui de représentant au Parlement européen (C. élect., art. L.O. 137-1), avec plus d'un mandat local (C. élect., art. L.O. 141) et, surtout, avec une fonction exécutive locale (LO n° 2014-125 du 14 févr. 2014).

Un régime d'incompatibilité est également institué pour faire disparaître le soupçon de collusion d'intérêt entre la fonction d'élu et une activité professionnelle. Les fonctionnaires sont placés en position de disponibilité durant leur mandat (pour exercer leur activité en toute indépendance à l'égard du gouvernement). Les autres députés peuvent exercer une activité libérale (sous réserve, en résumé, de ne pas exercer une fonction de direction dans une entreprise qui bénéficie d'une aide publique ou qui a une activité étroitement liée au secteur public).

» Régime indemnitaire

Le parlementaire doit subvenir à ses besoins. L'on ne peut lui imposer des incompatibilités et lui refuser le bénéfice d'un régime indemnitaire. Sa rémunération n'est certes pas un salaire (il n'est pas employé) ou un traitement (il n'est pas fonctionnaire), mais c'est une *indemnité* assimilée à une rémunération (les indemnités des parlementaires, comme celles des élus locaux, font l'objet d'une imposition).

Le parlementaire doit exercer ses fonctions sans entrave. Il doit être libéré de toute pression hiérarchique et d'argent. Il doit disposer de temps pour se consacrer pleinement à ses missions. En outre, le mandat de parlementaire doit être ouvert à tous. Les citoyens désargentés ne doivent pas être exclus du Parlement. Pour ces raisons, une « indemnité » a été instaurée dès que le suffrage universel direct a été institué (art. 38 Const. 1848).

Aujourd'hui (art. 58 Const.), l'élu bénéficie d'une *indemnité de base*, d'une *indemnité de résidence* et d'une *indemnité de fonction* (Ord. n° 58-1210, 13 déc. 1958). Elles sont distinctes de *l'avance de frais de mandat* destinée à faire face aux dépenses liées à l'exercice du mandat. Il dispose également d'un crédit affecté à la rémunération de collaborateurs.

Ces indemnités sont nécessaires même si leur montant est traditionnellement critiqué. L'idée qu'un parlementaire profite de sa « situation » pour gagner de l'argent n'est pas admise. La professionnalisation de la fonction est dénoncée.

L'on retrouve la même problématique au niveau local. La loi continue d'affirmer le principe de « gratuité » (CGCT, art. 2123-17), et par là-même, celui du *bénévolat* pour l'exercice des fonctions électives locales. Elle pose le principe et le contourne rapidement. De nombreuses fonctions locales relèvent d'une forme de professionnalisation non avouée.

» Mode de désignation

Cet élément du statut ne figure que partiellement dans la Constitution. L'article 24 dispose que les députés, dont le nombre ne peut excéder 577, sont élus au suffrage direct, et que les sénateurs, dont le nombre ne peut être supérieur à 348, sont élus au suffrage indirect.

En revanche, le mode de scrutin (majoritaire ou proportionnel) ne figure pas dans la constitution. Il est établi par une loi ordinaire (v. C. élect., art. L. 123 ; art. L. 294, art. L. 295). Il peut donc être modifié sans qu'il soit nécessaire d'adopter une loi constitutionnelle. De même, le nombre de parlementaires peut être réduit sans révision constitutionnelle.

SITUATION 4

La reconnaissance constitutionnelle du rôle des partis politiques

La crise de la représentation (v. situation 2) est également celle des partis politiques. Accusés de tous les maux, ils sont pourtant des acteurs essentiels du fonctionnement de la démocratie et bénéficient à ce titre d'un statut constitutionnel.

» Des acteurs de la démocratie

Les partis politiques rassemblent les individus qui appartiennent à un courant d'opinion et qui souhaitent promouvoir des principes et des valeurs politiques lors des élections. L'essor des partis politiques a accompagné celui du régime représentatif et du suffrage universel. Ils orientent les débats et structurent l'offre politique. Ils ont également pour vocation de permettre à leurs membres d'exercer le pouvoir. Ils définissent un programme de gouvernement. Ils se distinguent donc des groupements, tels que les mouvements protestataires ou les groupes de pression, qui entendent contester ou influencer le pouvoir sans l'exercer. Créés pour accéder au pouvoir, les partis politiques choisissent des candidats aux élections. Ils recherchent également un soutien des citoyens. La reconnaissance nationale et l'ancrage local sont indispensables à la réalisation de leurs ambitions.

Les partis politiques jouent un rôle fondamental dans la vie démocratique, mais ils n'ont pas été institués par les pouvoirs publics. Ces organisations ont répondu à la nécessité d'organiser la vie politique. Ils se sont imposés pour désigner des candidats (prenant, notamment, le relais des comités électoraux). Ils ont également structuré l'action des parlementaires (qui était initialement organisée dans les groupes parlementaires).

Leur reconnaissance dans les constitutions a été tardive. Le rôle des partis n'est pas mentionné dans les anciennes constitutions (ex. celle des États-Unis). Il apparaît dans celles du XXᵉ siècle.

Cette consécration a parfois répondu à la mise en place d'un type particulier de régime. *Par exemple*, la Constitution de l'URSS de 1936 spécifie que « le Parti communiste (...) est l'avant-garde des travailleurs » ; art. 126. Elle s'opposait, en l'occurrence, au multipartisme. Au contraire, la reconnaissance des partis dans les constitutions de la deuxième moitié du XXᵉ siècle a permis d'affirmer le *pluralisme des courants d'opinion*.

» La consécration des partis dans les constitutions

Après la Seconde Guerre mondiale, les constitutions ont donné un statut aux partis politiques[1] :

1. *Pouvoirs*, n° 163, *Les partis politiques*, 2017 ; ForInCIP, *Les partis politiques* (J.-Ph. Derosier, dir.), LexisNexis, 2019.

– La Constitution italienne de 1947 dispose que « tous les citoyens ont le droit de s'associer librement en partis pour concourir, selon le mode de la démocratie, à la détermination de la politique nationale » (art. 49).

– La Constitution de République fédérale d'Allemagne a également consacré le rôle des partis. Dans cet État, où la pluralité des partis avait été interdite en 1933, la constitution mentionne leur apport à la démocratie. La loi fondamentale de 1949 dispose que « les partis concourent à la formation de la volonté politique du peuple. Leur fondation est libre » (art. 21).

La Constitution allemande comporte une restriction. Elle s'oppose aux partis qui auraient pour ambition de combattre la démocratie. Les partis qui « tendent à porter atteinte à l'ordre constitutionnel libéral et démocratique, ou à le renverser, ou à mettre en péril l'existence de la République fédérale d'Allemagne, sont inconstitutionnels » (art. 21 al. 2, Const. all.). Il appartient à la Cour constitutionnelle fédérale de se prononcer sur « l'inconstitutionnalité » de ces partis.

Dans les années 1970, ce type de formule sur le rôle des partis dans l'expression de la volonté populaire est repris dans les nouvelles constitutions des États du sud de l'Europe (ex. art. 29 Const. grecque de 1975 ; art. 10, Const. portugaise de 1976 ; art. 6 Const. espagnole de 1978). Ces États retrouvaient le chemin de la démocratie après avoir connu une période autoritaire.

Dans le même ordre d'idées, le renoncement des États de l'Europe de l'Est au régime de la république populaire les a conduits à accepter le multipartisme (ex. en Pologne, art. 11 s., Const. Pologne ; art. 11 Const. de la Bulgarie ; art. 8 Const. Roumanie ; art. 29 const. de la Slovaquie, etc.). Leurs constitutions ont également prévu un contrôle des objectifs démocratiques des partis politiques.

» La consécration ambiguë de la Constitution française

En France, les partis politiques bénéficient d'une reconnaissance constitutionnelle depuis 1958. La Ve République avait pourtant été conçue, selon le général de Gaulle, pour « mettre un terme au régime des partis » (déc. 1965). Or, la Constitution de 1958 consacre leur rôle. « Les partis et groupements politiques concourent à l'expression du suffrage. Ils se forment et exercent leur activité librement » (art. 4).

Cette consécration est paradoxale. Elle est liée à des restrictions. La Constitution dispose que les partis politiques « doivent respecter les principes de la souveraineté nationale et de la démocratie » (art. 4). La consécration du rôle des partis doit beaucoup à des difficultés rédactionnelles. La consécration de leur rôle dans l'expression du suffrage a été insérée pour justifier les restrictions que les rédacteurs entendaient mentionner (v. *Documents pour servir à l'histoire de l'élaboration de la Constitution*, Doc. fr., vol. II, 1988, p. 558, et vol. III, 1991, p. 49-51).

Une forme de statut des partis politiques a progressivement été consolidée. Il comporte des droits et des obligations établis dans la Constitution ou dans des lois.

La loi constitutionnelle du 8 juillet 1999 a imposé aux partis de respecter le principe de l'égalité des femmes et des hommes aux mandats électoraux dans les conditions prévues par la loi.

Les partis sont également soutenus dans leur existence par l'État. Ils restent des associations de droit privé. Ils se constituent librement. Mais ces « personnes morales » bénéficient d'un financement public (v. E. Royer, « Étude 45 : Associations de financement de la vie politique », in Ph.-H. Dutheil (dir.), *Droit des associations et fondations*, Juris Corpus, 2016), dont le montant est calculé en fonction de leur participation et de leurs résultats aux élections législatives (art. 8 s., loi n° 88-277 du 11 mars 1988). Des conditions restrictives accompagnent l'aide de l'État (interdiction de recevoir des aides des personnes morales et limitation du montant des dons des personnes physiques, par ex.).

Aujourd'hui, les partis politiques ne peuvent exister sans l'aide de l'État, mais la démocratie ne saurait se passer d'eux.

SITUATION 5

Démocratie tourmentée et complexité de l'élection du président des États-Unis

- En 2016, la victoire de Donald Trump a produit un effet de sidération. Elle a fait naître des interrogations sur le fonctionnement de la démocratie aux États-Unis. Sa défaite avait pourtant été annoncée... Ce candidat était riche, mais il était sans expérience politique, sans programme, réputé raciste et misogyne. Il ne pouvait pas gagner. Et il a été élu...

La campagne de 2016 a été singulière. Donald Trump a été accusé de populisme parce qu'il n'a cessé de dénoncer l'incompétence et la corruption de l'establishment de Washington. Il s'est aussi opposé à la presse qui avait pris fait et cause contre lui. La campagne fut extrêmement agressive. On a dépassé le stade des propos *politiquement incorrects*. Mais les excès sont apparus, au pire, comme un « populisme de divertissement », au mieux, comme une forme de défiance à l'endroit des bien-pensants. Le candidat a capté les voix des nombreux Américains qui connaissent une forme de déclassement.

- Quatre ans plus tard, le président Trump a été candidat à sa réélection. Son mandat a été agité et la situation sanitaire a créé un contexte défavorable (v. Elisa Chelle, « La politisation de l'épidémie de Covid-19 aux États-Unis », *RDSS* 2020. 1009). Une sanction électorale s'annonçait.

Mais l'élection a déchaîné les passions partisanes. Alors qu'il est habituellement peu élevé, la participation à l'élection présidentielle de 2020 s'est élevée à 67 % du corps électoral (taux le plus haut depuis l'élection de 1900).

Deux camps devenus irréconciliables se sont opposés, deux Amériques se sont affrontées : les républicains, devenus ou contraints d'être trumpistes, et les démocrates.

L'Amérique de Joe Biden l'a finalement emporté, mais il n'y pas eu de sanction électorale. Donald Trump a d'ailleurs refusé de reconnaître sa défaite.

Il est vrai que les résultats du scrutin ont paru incertains en raison, notamment, des singularités de l'élection du président des États-Unis. La procédure, qui se déroule dans un cadre fédéral, est longue et complexe.

Elle comprend, en effet, deux étapes de nature différente qui se déroulent dans chaque État. La première porte sur la sélection du candidat de chaque parti politique et la deuxième se rapporte à l'élection de l'un des candidats par les citoyens.

Première étape : le choix des candidats. – Le système politique repose sur le bipartisme. Il est dominé par deux grands partis : le parti *républicain*, plutôt conservateur, et le parti *démocrate*, plus progressiste. Les candidats à l'élection présidentielle sont désignés par la convention nationale de leur parti, qui ne fait qu'entériner des votes qui ont eu lieu antérieurement dans le cadre de chaque État.

La désignation des candidats s'effectue par des élections qui ont lieu dans chaque État fédéré. Des délégués sont désignés dans chaque État (en 2020 : 2 550 délégués pour les républicains et 4 749 pour les démocrates). Chaque candidat qui brigue l'investiture du parti doit essayer de se faire élire dans une majorité d'États. Pour cela, il doit tenter de remporter les États qui envoient le plus grand nombre de délégués à la convention nationale du parti. Le nombre de délégués par État varie en fonction de l'importance démographique de l'État.

Dans la plupart des États, les électeurs participent à des *primaires*. Ils élisent des délégués à la convention du parti, avec un accès différent aux primaires selon qu'elles sont *ouvertes* ou *fermées* (réservées aux électeurs affiliés au parti). Il existe une variante avec le système des *caucus*, où le vote est réservé aux militants des partis (ce système est minoritaire).

Notons que chez les démocrates, 770 *super délégués* (en 2020) sont membres de droit de la Convention démocrate (catégorie de délégués qui a été instituée pour tempérer les choix des électeurs).

Ce système des primaires donne au candidat investi une légitimité démocratique. Ce n'est pas seulement le candidat d'un appareil.

Cette légitimité renvoie à l'orientation du parti. Lorsque celle-ci est incertaine, la personnalité du candidat prédomine (en 2016, Donald Trump a imposé sa personnalité au parti ; il a séduit la majorité de l'électorat républicain).

Le système des primaires a des défauts. Les candidats mènent une lutte fratricide. Elle est financièrement très coûteuse et peut affaiblir le candidat investi avant d'affronter son rival de l'autre camp.

Notons que d'autres candidats, dont on parle peu, participent également à l'élection. Ils représentent des partis minoritaires (ex. le Parti libertarien, qui est anti-étatiste, ou le Parti vert, écologiste).

Deuxième étape : l'élection du président. – Il est habituel de dire que le président des États-Unis est élu tous les quatre ans, début novembre, au suffrage universel direct. En réalité, les modalités de l'élection sont beaucoup plus complexes pour respecter le caractère fédéral des États-Unis.

Dans chaque État, les citoyens élisent les grands électeurs. Leur nombre varie en fonction du nombre de parlementaires (représentants + sénateurs) que l'État envoie au Congrès ; c'est-à-dire en fonction du poids démographique de l'État. Chaque candidat doit remporter la victoire dans les États les plus importants. Il est ainsi préférable de remporter l'État de Californie, qui permet d'obtenir 55 grands électeurs, ou encore les 38 grands électeurs du Texas, que de gagner le Montana ou le Wyoming, qui ne rapportent chacun que 3 grands électeurs.

La victoire dans les grands États est d'autant plus importante que le gagnant obtient tous les grands électeurs. *Winner takes all*. Malheur au candidat qui perd de justesse dans un *État-clé*. Il perd toutes les voix de l'État au profit de son adversaire (sauf au Nebraska et dans le Maine). Les candidats cherchent donc la victoire dans les grands États, dans ceux qui sont traditionnellement acquis à leur formation politique, mais aussi dans les États incertains, qui ne sont pas systématiquement démocrates ou républicains. Ces États font l'élection. L'Ohio, notamment, est le *swing state* (*État bascule*, ou *pivot*) par excellence. Chaque candidat veut obtenir ses 18 grands électeurs, sachant que, jusqu'en 2016, les vainqueurs des 13 dernières élections avaient gagné l'Ohio (en revanche, D. Trump a gagné dans cet État en 2020 et n'a pas été réélu président). L'Ohio est un *bellwether state*, c'est-à-dire d'un État qui vote généralement pour le candidat qui sera élu président.

Le caractère indirect du suffrage n'est pas neutre. Il crée des distorsions entre le nombre de voix obtenues par les candidats et le nombre de grands électeurs qui votent pour eux. Avec ce système, il peut arriver qu'un candidat minoritaire en voix soit élu. Cette situation s'est déjà produite à cinq reprises : en 1824, en faveur de Adams (c. Jackson), en 1876 pour l'élection de Hayes (c. Tilden), en 1888 au bénéfice de Harrisson (c. Cleveland), en 2000 lors de l'élection si controversée de George W. Bush (c. Gore ; v. *infra*) et en 2016 en faveur de D. Trump (l'écart était de 2 % en faveur de Hillary Clinton ; elle a été majoritaire en voix mais pas en grands électeurs : 304 pour D. Trump, 227 pour H. Clinton).

Dernières étapes. – Les grands électeurs désignent le président des États-Unis. Ils se réunissent dans chacun des États au mois de décembre. Il s'agit, en principe, d'une formalité. Les grands électeurs doivent respecter le mandat qui leur a été confié.

Par exemple, en 2016, malgré les appels à ne pas voter pour Donald

Trump, la majorité des grands électeurs a voté comme convenu en sa faveur (le 19 déc. 2016). Il n'y a eu que deux désistements en sa défaveur (et cinq contre Hillary Clinton...). De même, en 2020 malgré les menaces brandies par Donald Trump, les grands électeurs ont élu Joe Biden le 14 décembre 2020 (par 306 votes en sa faveur contre 232).

Donald Trump, qui a refusé sa défaite, a par la suite tenté d'empêcher la validation des résultats par le Congrès (v. *infra*). En effet, début janvier, le Congrès décompte le nombre de voix et désigne le candidat élu président des États-Unis. Cette procédure de certification est une formalité (elle figure dans le XIIe amendement de la Constitution, qui organise également une procédure ultime de désignation du président par la Chambre des représentants s'il advenait qu'aucun candidat n'obtienne la majorité).

Enfin, le mandat du président débute le 20 janvier suivant, jour de son investiture (*Inauguration Day*). Le président élu prête serment sur les marches du Capitole devant le président de la Cour suprême (*Chief Justice*).

Si l'élection de Donald Trump, en 2016, a été controversée, celle de Joe Biden, en 2020, a été contestée, cette fois, par Donald Trump. Il a prétendu que sa victoire lui avait été volée. Des fraudes auraient été commises, que les commissions électorales et les tribunaux n'ont pourtant pas décelées.

En janvier, Donald Trump ne reconnaissait toujours pas la victoire de Joe Biden. Son entêtement et son attitude n'ont pas été étrangères aux événements du 6 janvier 2021.

L'assaut du Capitole. – Ce jour-là, les membres du Congrès se sont réunis pour se prononcer sur la certification des résultats de l'élection présidentielle. Donald Trump a organisé un rassemblement près du Capitole (où siège le Congrès). Il a tenu un discours pour demander à ses partisans de « stopper le vol » de son élection, de « faire preuve de force » et de « marcher vers le Capitole ». Une foule a alors pris d'assaut le bâtiment. Les parlementaires ont été évacués et les émeutiers ont investi les chambres et les bureaux.

L'invasion, qui a également fait plusieurs morts, a traumatisé l'Amérique. Des images spectaculaires et des vidéos de la foule des émeutiers ont été publiées. Elles ont fait le tour du monde et ont conduit à s'interroger sur l'évolution de la démocratie américaine.

La représentation nationale a été violée. En réaction, une procédure de destitution a été engagée à l'encontre de Donald Trump pour « incitation à l'insurrection ». Le 13 janvier 2021 (quelques jours avant la fin du mandat de D. Trump), la Chambre des représentants a prononcé la mise en accusation. Mais le 13 février, le Sénat n'a pas voté la destitution.

Acquitté, Donald Trump a continué à affirmer que sa victoire électorale lui avait été volée et n'a paru aucunement disposé à apaiser les esprits.

Une communauté politique fracturée. – L'élection présidentielle de 2020 a été l'occasion pour les « deux Amériques » de s'affronter. Les votes l'ont attesté. Même si Joe Biden a obtenu plus de voix que Donald Trump, ce dernier a bénéficié d'un très fort soutien de la part des électeurs républicains. Trump a, en effet, obtenu un nombre de suffrages considérable. Avec 73,9 millions de voix (contre 80,1 millions pour J. Biden), Donald Trump aurait été élu dans le cadre d'une élection antérieure. Toutefois, le taux de participation fut élevé et les deux Amériques se sont mobilisés.

Un camp l'a emporté mais la démocratie américaine est sortie fragilisée de cette élection.

Pourtant, au lendemain des élections, démocrates et républicains sont supposés se retrouver au sein d'une même communauté nationale. Les perdants doivent accepter les règles du jeu démocratique, comme l'avait montré une autre crise électorale, qui s'était déroulée en l'an 2000.

L'élection de George W. Bush et la crise électorale. – La première élection de George W. Bush en 2000 a mis à l'épreuve le processus de désignation du président. En 2000, la légitimité du nouveau président a été discutée en raison des conditions de sa désignation. Les deux candidats, George W. Bush (Républicain) et Al. Gore (Démocrate) étaient si proches qu'il était difficile de les départager. La Cour suprême des États-Unis a dû désigner le vainqueur. Elle le fit dans des conditions qui ont été critiquées mais, au final, acceptées.

Aux élections de novembre 2000, George W. Bush a été élu président avec un nombre de voix qui était inférieur (- 337 576) à celui de son adversaire. Bush a emporté le plus grand nombre d'États, mais la victoire dans certains États a été contestée. La crise s'est focalisée sur l'État de Floride (dont le gouverneur était Jeb Bush, le frère du candidat). Le résultat était difficile à connaître dans cet État parce que les machines utilisées pour le vote n'ont pas correctement perforé les bulletins de vote. La question s'est posée de savoir s'il fallait recompter tous les bulletins de cet État ? L'affaire a été portée successivement devant la Cour suprême de Floride (qui n'a pas imposé le recomptage de voix selon la même méthode dans tous les bureaux de vote) et devant la Cour suprême des États-Unis.

Par un arrêt du 12 décembre 2000, la Cour suprême des États-Unis a considéré que le recomptage des voix devait être effectué de façon uniforme dans toutes les circonscriptions électorales et non seulement dans celles où le litige était manifeste. Mais elle a estimé que le recomptage des voix ne pouvait reprendre parce que le code électoral fédéral prévoyait que la désignation définitive des grands électeurs devait avoir lieu le 12 décembre, soit six jours avant que ceux-ci ne procèdent, le 18 décembre, à la désignation officielle du président des États-Unis. En l'absence de recomptage des voix, la victoire de George W. Bush s'est trouvée acquise.

La décision de la Cour suprême a été rendue à une majorité de cinq voix contre quatre. Elle fut fortement contestée. Elle est apparue comme une décision politique émanant de la majorité républicaine de la Cour suprême.

Malgré cela, la Cour suprême est une institution respectée. Sa décision l'a également été. George W. Bush a été désigné et investi (il sera même réélu en 2004, dans un autre contexte).

L'un des juges de la Cour suprême, Stephen Breyer, qui s'opposa à cette décision parce qu'il l'a considérait « très néfaste », a écrit que ce qui importait était ce qui s'était « passé ensuite. Gore, le candidat battu, demanda à ses partisans de ne pas attaquer la légitimité de la décision de la Cour. Et malgré la grande importance de cette décision, le profond désaccord sur son bien-fondé et les vives réactions qu'inspira l'intervention de l'institution, l'opinion publique, démocrate aussi bien que républicaine, respecta cette décision » (S. Breyer, *La Cour suprême, l'Amérique et son histoire*, O. Jacob, 2011, p. 117 et 118).

SÉQUENCE 3

Constitution et État

Des concepts associés

En France, l'État a précédé la nation (contrairement à l'Allemagne ou l'Italie, par ex.). La référence à l'État s'impose donc avec facilité. Le terme est familier. Chaque jour, le mot *État* est utilisé un nombre incalculable de fois.

Sa signification devrait relever de l'évidence. Pourtant, il est impossible d'avancer une définition de l'État avec assurance. Elle varie selon la nature et l'objet du discours.

Qu'est-ce que l'État ?. – Définir l'État est l'une des questions les plus difficiles qui soit. Elle est abstraite. Avec Georges Burdeau, l'on peut dire que « l'État est, au sens plein du terme, une idée. N'ayant d'autre réalité que conceptuelle il n'existe que parce qu'il est pensé »[1].

En droit constitutionnel, l'*État* est une idée qui ne peut être présentée isolément. Elle doit être associée aux concepts élémentaires du droit constitutionnel que sont la *souveraineté,* la *séparation des pouvoirs,* la *citoyenneté,* la *représentation,* l'*État de droit,* etc. Ces concepts s'inscrivent dans une théorie générale qui définit le gouvernement d'un pays.

Il est vain de se référer à un texte fondateur pour obtenir une définition de l'État. La constitution, qui est le statut de l'État, ne le définit pas. Le mot peut même être masqué, comme dans la constitution française qui lui préfère souvent celui de *République.*

Les juges s'abstiennent également de proposer une définition de l'État. Ils ne défendent pas officiellement une théorie constitutionnelle. Le Conseil constitutionnel, notamment, ne donne à l'égard des concepts élémentaires du droit constitutionnel que « des observations éparses, conjoncturelles » (Jean-Marie Denquin[2]).

Situer l'idée en droit constitutionnel. – Il appartient à chacun d'inscrire l'État dans une théorie générale[3]. En droit constitutionnel, une proposition

1. G. Burdeau, *L'État,* Seuil, 1970, p. 14.
2. J.-M. Denquin, « La jurisprudence du Conseil constitutionnel : grandeur ou décadence du droit constitutionnel ? », *Jus Politicum,* n° 7, 2012.
3. V. *La théorie de l'État entre passé et avenir, Jus Politicum,* sept. 2012, n° 8.

théorique de Georges Burdeau peut nous guider. Selon cet auteur, l'État désigne le « pouvoir institutionnalisé »[1].

Cette formule orientera, ci-après, la présentation de la fonction de l'État. La définition qui en résulte est orientée vers *le pouvoir* (I). Elle montre que, pour l'exercice du pouvoir, l'État revêt différentes *formes* (II).

I ▪ L'État : le pouvoir institutionnalisé

Le terme « État » est polysémique. La signification du mot est imprécise parce qu'elle est multiple. Elle varie selon la nature des discours (qui peut être juridique, sociologique, économique, historique, philosophique, etc.). Par exemple, pour certains, l'État est assimilé à la nation, au peuple, à un gouvernement alors que, pour d'autres, c'est une personne juridique. D'aucuns perçoivent l'État de façon pragmatique comme étant une entité qui protège sa population, l'aide matériellement ou emploie de nombreux agents publics. À l'inverse, l'État peut apparaître comme une entité oppressive. C'est, selon la formule galvaudée de Nietzsche, « le plus froid de tous les monstres froids ». Il impose des obligations, en usant de la contrainte, soi-disant légitime. L'État est un être répressif, qui existe par la police, la justice et l'armée. Les rôles et les responsabilités attribués à l'État sont trop divers pour que la signification du concept soit évidente. L'État comporte une part de mystère.

Pour autant, on ne saurait tout confondre avec l'État. Ce concept a une raison d'être lorsqu'il est associé au *pouvoir* et à la *constitution*. On peut la déterminer en répondant aux questions suivantes :

- Quand et pourquoi a-t-on ressenti la nécessité d'utiliser ce concept ? (A)
- Quelles sont les conditions qui permettent de l'identifier ? (B)
- Pourquoi doit-on le qualifier de personne juridique ? (C)

A ▪ La nécessité du concept d'État

Quand et pourquoi a-t-on créé le concept ? En réponse, il convient de souligner que l'histoire du concept ne doit pas être confondue avec celle du *mot* État. Celui-ci est plus ancien que celle-là. Le mot *État* dérive de *status* en latin, qui a donné *Staat* en allemand ou *State* en anglais. Le terme est utilisé à partir de la Renaissance dans un sens politique pour désigner une communauté soumise à une autorité. Un concept apparaît.

---

1. G. Burdeau, *Traité de Science politique*, t. II, *L'État*, LGDJ, 2e éd., 1967, p. 169.

Des conditions doivent néanmoins être réunies pour que l'État soit un concept opératoire[1]. À la fin du XVIe siècle, l'idée d'État est rapportée au pouvoir politique suprême. L'avènement de la souveraineté royale contribue à cette évolution. L'idée d'État est étroitement liée à celle de souveraineté.

L'État est une idée qui s'est imposée parce qu'elle a accompli des fonctions élémentaires. L'État a permis d'unifier la communauté nationale. Le XVIe siècle a été, en France, une période marquée par des luttes de succession et par la division du pays en communautés religieuses. L'État, entité abstraite, a favorisé le regroupement dans une communauté politique.

L'État a également légitimé le pouvoir du Roi. On lui reprochait d'exercer un pouvoir personnel. Avec l'avènement de l'idée d'État, la critique est atténuée parce que le prince agit en son nom. Il n'est plus propriétaire du pouvoir, mais dépositaire de l'autorité étatique. Le pouvoir est *institutionnalisé* dans le sens où il n'appartient plus à un individu mais à une entité abstraite (une institution). Aucun gouvernant ne peut prétendre exercer le pouvoir en son nom propre. Il le fait au nom de l'État selon des principes juridiques.

L'État est, par définition, une personne abstraite. La dissociation de l'État et de son chef est nécessaire à la compréhension de l'État. À défaut, son identification reste confuse. Le concept de *Couronne*, outre-Manche, illustre cette difficulté. Pour Antoine J. Bullier, « les publicistes d'outre-Manche ont toujours eu le plus grand mal à définir l'État britannique car il est inextricablement lié à la personne physique et morale du monarque »[2].

La nature abstraite de l'État joue également un rôle essentiel dans les relations entre le pouvoir et les sujets soumis au droit. Ceux-ci acceptent la contrainte du droit parce que les règles sont édictées et imposées par des représentants de l'État, c'est-à-dire par une personne abstraite. Les sujets ont « le sentiment d'obligation d'obéir à l'État » (G. Burdeau[3]). Cette obligation ne repose pas sur la seule contrainte. L'État permet de *médiatiser* le pouvoir pour éviter une confrontation directe entre les gouvernants et les gouvernés.

La vengeance privée est prohibée. Le pouvoir de contrainte est réservé à l'État dont la reconnaissance contribue à pacifier la société. L'État dispose du « monopole de la violence légitime », selon la célèbre formule du sociologue Max Weber (*Le savant et le politique*, 1919). La force armée et la *police* (terme dérivé des mots grecs *politeia*, qui signifie « qualité et droit de citoyen » et « *polis* » : la « cité » ; dict. AF) relèvent de la puissance publique. Elles ne peuvent être organisées par les particuliers pour défendre leurs intérêts, mais ceux-ci peuvent solliciter la force de l'État en cas de nécessité.

Abstrait, l'État est également, depuis Hobbes, un « prodigieux artifice » (S. Goyard-Fabre[4]).

Dès lors, comment l'identifier ?

---

1. J. R. Strayer, *Les origines médiévales de l'État moderne*, Payot, 1919.
2. A. J. Bullier, *La commun law*, Dalloz, 2016, p. 42.
3. G. Burdeau, *Traité de Science politique*, t. II, *op. cit.*, p. 47.
4. S. Goyard-Fabre, *L'État, figure moderne de la politique*, A. Colin, 1999, p. 29 ; J. Chevallier, *L'État*, Dalloz, 2e éd., 2011.

B ▪ L'identification de l'État

Trois conditions sont habituellement retenues pour identifier un État[1]. Il s'agit du territoire (1), de la population (2) et de l'autorité politique (3).

Ces conditions se rapportent au « pouvoir politique », « trait essentiel dont tous les autres dépendent », selon Georges Burdeau : « le territoire est le champ d'action du Pouvoir, la nation est à la fois sujette et collaboratrice du Pouvoir, la puissance étatique est une manifestation du Pouvoir »[2].

Essentielles à l'identification de l'État, ces conditions ne doivent pas être confondues avec l'État lui-même (4).

1. Le territoire

Les « frontières, sur le plan juridique, délimitent la compétence territoriale de l'État » (Cons. const. déc. n° 91-294 DC du 25 juill. 1991, cons. 11). L'État a besoin d'un espace de domination politique et juridique. Les compétences étatiques, comme la défense ou la police, s'exercent sur un territoire, au sens large.

Il s'agit davantage d'un espace parce qu'il peut être territorial (en surface et en sous-sol), aérien ou maritime. En outre, les territoires ne sont pas nécessairement contigus. L'espace territorial de la France, par exemple, ne se limite pas à la métropole.

En tout état de cause, l'État est difficilement concevable sans territoire délimité. Par exemple, il n'existe pas d'État kurde parce que le Kurdistan est une région qui s'étend sur des espaces territoriaux d'États déjà reconnus (Turquie, Irak, Iran et Syrie).

En outre, le territoire est une donnée qui aide à la définition du peuple. Celui-ci vit souvent dans des frontières territoriales. Ce n'est certes pas un principe. Des exceptions se rencontrent (même ex. : le peuple Kurde). Mais les peuples se reconnaissent généralement dans les frontières étatiques.

Le territoire est donc une condition factuelle nécessaire pour penser l'État.

2. La population

Il n'y a pas d'État sur un territoire sans population parce qu'une règle de droit ne peut s'appliquer sans sujets de droit. L'État a été conçu pour institutionnaliser le pouvoir qui s'exerce sur deux catégories de personnes : les nationaux et les étrangers.

– La nationalité permet d'être citoyen et de participer à l'exercice de la souveraineté. Les nationaux ont une double qualité. Ils sont sujets de droit et,

1. V. Georg Jellinek, *L'État moderne et son droit*, vol. II, Giard et Briere, 1913, p. 17 s.
2. G. Burdeau, *Traité de Science politique*, t. II, *op. cit.*, 162.

comme citoyens, ils participent directement ou par l'intermédiaire de leurs représentants à la création des règles de droit (v. Séquence 2, situation 1, et Séquence 4).

– Les étrangers ne sont pas membres de la communauté politique nationale. Ils ne peuvent pas participer à l'exercice de la souveraineté nationale. Pour autant, ils disposent d'un statut en droit constitutionnel. L'État exerce son autorité sur eux et les protège. À ce titre, ils bénéficient d'un certain nombre de droits fondamentaux garantis par la constitution (v. Cons. const. déc. n° 89-269 DC du 22 janv. 1990, cons. 33 ; déc. n° 93-325 DC du 13 août 1993, cons. 3). En outre, ils ne sont pas exclus de tous les droits politiques. Dans nombre d'États, les étrangers ont une citoyenneté locale (v. Séquence 4).

3. L'autorité juridique

Jean Bodin, qui théorise l'idée de souveraineté à la fin du XVIe siècle, explique que la République – au sens d'État – est « un droit gouvernement de plusieurs familles, et de ce qui leur est commun avec puissance souveraine »[1]. Il n'y a pas d'État sans autorité juridique sur la collectivité.

Un ordre juridique indépendant. – Un État doit avoir la maîtrise du droit sur son territoire. Il dispose du monopole pour la création du droit car l'État n'existe pas lorsque les règles sont imposées de l'extérieur. De même, l'interprétation officielle des règles juridiques doit être assurée par des instances de l'État et non par des juridictions extérieures. Enfin, l'État doit avoir l'exclusivité de la contrainte pour imposer le respect du droit.

Un territoire effectivement indépendant. – Un État doit assurer l'indépendance de son territoire. Son autorité doit être effective. Sans domination sur un territoire, il n'y a pas d'État. Par exemple, l'État palestinien n'est pas reconnu par la communauté internationale parce qu'une partie de ses membres considère que l'autorité politique palestinienne ne gouverne pas réellement son territoire (ainsi, en 2019, 138 États, sur les 193 membres de l'ONU, reconnaissaient cette qualité à la Palestine ; le nombre était élevé, mais insuffisant en l'absence, notamment, des puissances occidentales). L'État peut proclamer son existence sans être nécessairement reconnu par les autres États.

Ces conditions permettent d'affirmer l'existence de l'État. Mais elles ne doivent pas être confondues avec l'État lui-même.

4. Distinguer l'État des conditions de sa reconnaissance

Ces conditions doivent être satisfaites pour qu'un État soit reconnu. Elles doivent même avoir une « réalité ». Il est difficile de reconnaître la qualité

1. J. Bodin, *Les six livres de la République*, 1576, Livre Ier, chap. VIII.

d'État à un territoire sans population significative ou sans exercice effectif de l'autorité politique.

Ces éléments « constitutifs » (territoire, population domination) sont des faits qui autorisent l'institutionnalisation de l'État[1]. Cependant, l'État ne se réduit pas à ces éléments. L'État est une entité abstraite. Il devient une personne morale lorsque ces conditions sont réunies.

L'État n'est pas la simple réunion d'individus sur un territoire donné. L'État est une personne publique.

C ▪ L'État, personne publique

L'État est une personne publique unique en son genre (*sui generis*). Doté de la personnalité morale (1), l'État est titulaire de la souveraineté (2).

1. Une personne morale

La personnalité juridique est reconnue aux personnes morales qui peuvent être des personnes privées (comme les associations, les sociétés, les syndicats, les fondations, etc.), ou des personnes publiques (comme les collectivités territoriales : communes, départements, régions ; ou des établissements publics : ex. universités ou centres hospitaliers, etc.). Ces personnes possèdent une personnalité juridique distincte de celle des membres qui la composent. À ce titre, elles ont une identité, un patrimoine, une capacité à ester en justice et sont responsables de leurs actes.

Des entités abstraites. - On ne peut rencontrer que les représentants d'une personne morale. L'État ne peut s'exprimer que par l'intermédiaire des autorités qui dirigent les organes qui le composent. En outre, contrairement aux personnes physiques, qui ont une espérance de vie limitée, les personnes morales peuvent être permanentes. La durée de vie de la personne morale est limitée lorsqu'un terme a été prévu dans ses statuts, ce qui n'est pas le cas pour l'État. Depuis son institution, l'État français, notamment, a traversé les siècles et connu de nombreux régimes.

Des sujets de droit. - Les personnes morales partagent cette qualité avec les personnes physiques. Elles sont des personnes juridiques. Elles sont donc soumises à des droits et obligations. Dès lors, l'État en sa qualité de personne morale est, par définition, un sujet de droit et se trouve soumis au droit (il peut, par exemple, être attaqué devant un tribunal s'il ne respecte pas ses obligations).

Pour autant, l'État n'est pas un sujet de droit ordinaire. Une qualité le distingue : *la souveraineté*.

---

1. Sur « la formation initiale de l'État », comme « un pur fait », v. Raymond Carré de Malberg, *Contribution à la Théorie générale de l'État*, t. II, 1920, Sirey, rééd. CNRS 1962. 491.

2. Une personne morale-souveraine

L'État est une personne morale particulière. Il a une qualité qui s'oppose *a priori* à la personnalité morale. L'État est souverain. Or les notions de personnalité morale et de souveraineté s'opposent. En effet, une personne souveraine est affranchie du respect du droit (du moins de celui qu'elle ne crée pas ou auquel elle ne consent pas). En outre, elle choisit elle-même ses activités. Dès lors, deux difficultés logiques se posent :

– En premier lieu, les personnes morales ne choisissent pas leurs compétences. Elles sont fixées par l'acte qui crée la personne morale. Par exemple, l'objet social d'une société est établi par ses statuts. Par exemple, les compétences des collectivités territoriales sont déterminées par les lois de décentralisation.

En revanche, l'État est une personne morale qui s'octroie ou renonce librement à ses compétences. Il les choisit parce qu'il est souverain. À ce titre, il a *la compétence de la compétence* (v. Séquence 4). Par exemple, les États de la zone euro ont longtemps disposé d'une politique monétaire et d'une monnaie (comme le franc) jusqu'à ce qu'ils décident finalement d'y renoncer au profit de l'euro (par le traité de Maastricht signé le 7 févr. 1992). Ils ont librement renoncé au pouvoir de battre monnaie.

– En deuxième lieu, l'État souverain crée le droit. Il établit les règles juridiques les plus élevées. L'État ne peut donc pas être soumis à des règles juridiques. *Princeps legibus solutus est* (le prince est délié des lois). Comment, dans ces conditions, comprendre que l'État soit une personne morale soumise à des obligations juridiques ? Comment admettre que l'État soit condamné par des tribunaux, nationaux ou supranationaux, pour ne pas avoir respecté des règles de droit ?

Dire que l'État est une *personne morale souveraine* est un *oxymore*. Cette expression comprend des termes qui s'opposent. La contradiction paraît insoluble. On peut se demander s'il est utile de feindre de lui trouver une explication. Pour Léon Duguit, « dire » que « l'État est limité par le droit parce qu'il s'impose à lui-même cette limitation, c'est, malgré les termes savants dont on se sert, une simple plaisanterie, parce qu'une obligation que l'on se crée à soi-même et à laquelle on peut se soustraire quand et comme on le veut n'est point une obligation »[1].

Ce constat relève de l'évidence. Malgré cela, des solutions sont proposées à titre d'explication pour justifier la contrainte du droit sur l'État :

– La première consiste à prétendre que ce n'est pas l'État qui est soumis au droit, mais ce sont les organes qui le composent. Cette réponse est discutable parce que ce ne sont pas les organes mais bien l'État qui est condamné par les tribunaux lorsqu'ils ne respectent pas le droit.

---

1. L. Duguit, *Traité de droit constitutionnel*, T. 1er, E. de Boccard, 1921, p. 496.

– Une deuxième solution confirme le postulat de la souveraineté de l'État mais elle prétend que celui-ci est un sujet de droit volontaire qui accepte de s'autolimiter en se soumettant au droit. L'État montre ainsi l'exemple en se soumettant au droit. Cette solution est commode et artificielle. Une entité dont le fonctionnement suppose en permanence le respect de règles de droit n'est pas véritablement affranchie du respect du droit. Mais cette solution présente une certaine logique et reste la plus cohérente pour justifier ce qui paraît contradictoire.

L'État est, en tout état de cause, une personne morale. À ce titre, la structure institutionnelle de cette personne morale figure dans son acte fondateur. La forme de l'État, notamment, est prévue par la constitution.

II ▪ La forme de l'État prévue par la Constitution

La forme de l'État correspond à la répartition du pouvoir politique entre les autorités étatiques et les autorités locales. La forme varie selon le degré d'autonomie reconnu à ces entités locales. Ce degré peut être élevé ou très faible. La forme de l'État est toujours le résultat d'une évolution historique. Elle est le produit de compromis politiques qui déterminent l'étendue de la compétence des autorités normatives et la validité territoriale des normes.

L'expression de séparation *verticale* des pouvoirs est parfois utilisée pour désigner la forme de l'État. Le concept de séparation est mobilisé pour montrer que la forme étatique est une garantie contre les abus du pouvoir étatique national.

L'autonomie régionale est plus ou moins accentuée selon le modèle étatique retenu. L'État unitaire (A) favorise moins cette autonomie que l'État fédéral (B). Au demeurant, l'autonomie régionale est toujours relative. Elle s'inscrit dans une organisation étatique qui est souvent complexe et qui peut échapper aux modèles classiques (C).

A ▪ L'État unitaire (État simple)

L'État unitaire est un *État simple*. Maurice Hauriou a expliqué que l'État unitaire « n'est pas divisible en parties internes méritant elles-mêmes le nom d'États et unies entre elles par un lien de société »[1].

L'État unitaire est dit *simple* parce qu'il ne connaît qu'un seul ordre juridique. Toute autorité juridique est placée sous le contrôle du pouvoir central,

1. M. Hauriou, *Précis élémentaire de droit constitutionnel*, Sirey, 2e éd. 1930, p. 31.

c'est-à-dire du pouvoir exercé par les instances nationales (parlement et gouvernement). Le système juridique est pyramidal. Les règles de droit dont la portée est la plus générale sont posées au niveau national et sont concrétisées par des normes inférieures, élaborées également au niveau national ou au niveau local. Un pouvoir local ne peut être admis que s'il est secondaire.

Cette conception de l'État est apparue dans les États anciens et notamment en France, où elle s'est imposée sous l'Ancien Régime et a été réaffirmée à la Révolution. Elle a contribué à unifier la communauté nationale. L'affirmation de l'unité de la nation française n'était pas conciliable avec l'autonomie politique et juridique des régions. Le principe de *l'indivisibilité de la République* s'est opposé au fédéralisme. Dans l'imagerie de la Révolution française, l'on a ainsi parlé d'une victoire des jacobins centralisateurs sur les Girondins fédéralistes et l'on a affirmé - de façon rapide[1] - que la France était *jacobine*.

Des États comme la France sont unitaires. Mais leur fonctionnement ne se réduit pas à un gouvernement national. En pratique, un système trop centralisé ne fonctionne pas correctement. Il connaît deux problèmes. Le gouvernement national et l'administration centrale, qui sont éloignés des territoires, ne peuvent appréhender l'ensemble des besoins locaux. Ils ne sont pas capables de les satisfaire. En outre, un pays centralisé suppose un contrôle administratif étendu. Celui-ci exige le développement d'une administration pléthorique, qui doit elle-même instituer de nombreux services pour se gérer et se contrôler. Le système devient technocratique et les responsables politiques perdent sa maîtrise.

Pour résoudre ces difficultés, la centralisation a été limitée par deux procédés. Dans les États unitaires, l'exercice du pouvoir étatique a été réservé en grande partie aux autorités nationales, mais a également été confié à des autorités locales par deux modes différents d'organisation : la *déconcentration* (1) et la *décentralisation* (2).

1. La déconcentration

La déconcentration est un système étatique où le pouvoir détenu par le gouvernement est en partie confié à des agents de l'État au niveau local. Ces agents sont subordonnés au gouvernement. Ce système a été instauré dans les États anciens où des représentants du roi (ex. les intendants dans les généralités) exerçaient un contrôle sur les provinces. Le système a perduré. Après la Révolution, d'autres autorités ont été créées pour représenter l'État dans les circonscriptions territoriales comme les préfets dans les départements et les régions, ou les recteurs dans les académies.

La déconcentration n'affecte pas le caractère unitaire de l'État. Elle n'est pas un danger pour le pouvoir central. Elle est sans risque pour deux raisons. En

1. S. Soleil et L. Jaume, « Centralisation-Décentralisation. Retour sur quelques certitudes historiques », *AJDA*, n° 14-2005, p. 760.

premier lieu, le gouvernement exerce un contrôle hiérarchique sur les agents de l'État. Il les nomme et leur adresse des instructions, qu'ils ont l'obligation de respecter. Un préfet ou un recteur qui ne respecte pas une instruction, ou qui a perdu la confiance du gouvernement, peut être révoqué. En deuxième lieu, les délégations de compétences accordées aux autorités déconcentrées peuvent être retirées. Elles n'ont pas un droit à les conserver.

La déconcentration est donc un système avantageux pour le gouvernement. Il l'est aussi pour les citoyens, qui bénéficient d'interlocuteurs locaux. Les autorités déconcentrées sont plus accessibles et mieux informées que les ministres des problèmes locaux.

La déconcentration a été utile aux citoyens, mais elle ne les a pas satisfait totalement. Les citoyens ont exprimé le désir de gérer eux-mêmes leurs affaires localement. À la déconcentration s'est donc ajoutée la *décentralisation*, qui a reposé sur la démocratie locale. Pour autant, la déconcentration n'a pas été supprimée par la décentralisation. En France, par exemple, les préfets n'ont pas été supprimés. Au contraire, la loi constitutionnelle du 28 mars 2003 *relative à l'organisation décentralisée de la République* a réaffirmé leur rôle dans le cadre d'un État unitaire. L'article 72 alinéa 6 dispose que, « dans les collectivités territoriales de la République, le représentant de l'État, représentant de chacun des membres du Gouvernement, a la charge des intérêts nationaux, du contrôle administratif et du respect des lois » (la formule précédente était moins explicite ; elle faisait référence au « délégué du gouvernement » dans les « départements et les territoires »).

2. La décentralisation

La plupart des États unitaires ont été concernés par le mouvement de la décentralisation. Ce mode d'organisation s'est imposé, notamment dans les États unitaires les plus anciens. La décentralisation connaît un grand succès parce qu'elle rapproche les administrés des personnes chargées de gérer leurs affaires localement. Ce système administratif accorde une certaine autonomie aux collectivités territoriales puisqu'elles ont la possibilité de s'administrer par des conseils élus. Ce faisant, la décentralisation permet d'établir un lien de proximité entre les décideurs et les administrés.

La décentralisation territoriale peut être définie de la façon suivante : il s'agit d'*un transfert opéré par la loi de compétences exercées auparavant par des organes de l'État à des collectivités locales gérées par des autorités élues par leurs administrés sur un territoire infra-étatique (territoire régional, départemental ou communal).*

En France, notamment, archétype de l'État unitaire décentralisé, la loi détermine les conditions de la libre administration des collectivités territoriales (a) et ne peut octroyer un pouvoir législatif aux autorités locales (b).

a. La loi détermine les conditions de la libre administration

Le législateur national organise la décentralisation. Il transfère les compétences aux collectivités locales (dénommés « territoriales » par la loi const. du 28 mars 2003). Par exemple, la construction et l'entretien des collèges étaient assurés par l'État avant que la loi n° 83-663 du 22 juillet 1983 confie cette compétence aux départements, qui sont gérés par des conseils départementaux composés de conseillers élus par les citoyens (de même, le législateur a confié les lycées aux régions).

Le législateur peut également modifier les compétences des collectivités. Elles n'ont pas un droit acquis à leur exercice. La compétence d'une collectivité peut être réintégrée par l'État dans son domaine de compétences[1].

Ce rôle du législateur dans l'organisation de la décentralisation s'explique par le caractère unitaire de l'État. En France, la loi détermine « les principes fondamentaux de la libre administration des collectivités territoriales, de leurs compétences et de leurs ressources » (art. 34 Const.). La loi peut donc modifier l'organisation des collectivités.

Par exemple, sous le quinquennat Sarkozy, la loi n° 2010-1563 du 16 décembre 2010 a créé un nouveau type d'élu local : le « *conseiller territorial* », commun aux départements et régions. Finalement, cette catégorie d'élu n'a pas eu le temps d'exister. Elle a été emportée par les réformes suivantes du quinquennat Hollande qui ont successivement procédé à la réduction de nombre de régions (par la loi n° 2015-29 du 16 janv. 2015) et revisité la répartition des compétences entre catégories de collectivités (par la loi n° 2015-991 du 7 août 2015 portant *nouvelle organisation territoriale de la République*, dite loi NOTRE).

Le Conseil constitutionnel rappelle, en effet, que « si, selon le troisième alinéa de son article 72, les collectivités territoriales « s'administrent librement par des conseils élus », chacune d'elles le fait « dans les conditions prévues par la loi » » (déc. n° 2014-411 QPC du 9 sept. 2014, *Cne de Tarascon*, cons. 9).

Par exemple, le législateur n'est pas tenu « de prévoir la consultation des électeurs inscrits dans les collectivités intéressées lorsqu'il est envisagé de créer une collectivité territoriale dotée d'un statut particulier ou de modifier son organisation ainsi que lorsque sont modifiées les limites des collectivités territoriales » (déc. n° 2013-687 DC du 23 janv. 2014, cons. 61).

Les collectivités territoriales, qui ne disposent pas d'un véritable pouvoir d'auto-organisation, ne peuvent choisir librement leurs compétences. Elles ne peuvent le faire que de façon secondaire. En France, les compétences des collectivités sont énumérées dans des lois (figurant dans des codes, dont le principal est le code général des collectivités territoriales [CGCT], avec deux parties regroupant des dispositions législatives et réglementaires). Les autorités territoriales doivent respecter les termes de la loi pour exercer leurs compétences. Elles sont placées dans une position de subordination par rapport à la loi.

---

1. J.-M. Pontier, « Fantasmagorie : décentralisation, recentralisation », *AJDA* n° 16-2016, p. 873.

b. Les autorités locales n'ont pas de pouvoir législatif

La décentralisation s'inscrit dans le cadre d'un État unitaire. Il ne comprend qu'un ordre juridique. Le pouvoir normatif des collectivités territoriales ne peut pas être législatif.

En France, les collectivités territoriales ne disposent que d'un « pouvoir réglementaire » « pour l'exercice de leurs compétences » (art. 72, al. 3 Const.). Ce pouvoir ne peut pas modifier les lois. Dans la hiérarchie des normes, les règlements des collectivités locales sont situés à un niveau inférieur par rapport aux lois. Ils sont même subordonnés aux règlements nationaux qui précisent les conditions d'application de la loi (v. situation 2).

Exceptions. – Des États unitaires ont évolué dans un sens favorable à certains territoires en raison de leur particularité et de la relation historique spécifique que leur population entretient avec la communauté nationale.

Ainsi, en France, la loi constitutionnelle du 20 juillet 1998 et la loi organique n° 99-209 du 19 mars 1999 ont-elles accordé un pouvoir législatif à la Nouvelle-Calédonie parce qu'elle devait se préparer à l'indépendance. La Nouvelle-Calédonie adopte ainsi des « lois du pays » (v. situation 5).

En France, également, des dérogations permettent à certaines collectivités d'exercer un pouvoir qui se situe à la limite du pouvoir législatif.

– Par exemple, la loi peut autoriser des collectivités à « déroger, à titre expérimental et pour un objet et une durée limités, aux dispositions législatives (...) qui régissent l'exercice de leurs compétences » (art. 72 Const.). Provisoire, cette dérogation peut ensuite être généralisée et pérennisée par le législateur national (v. situation 4).

– De même, les départements et les régions d'outre-mer (DOM et ROM) peuvent fixer eux-mêmes les règles applicables sur leur territoire. Pour autant, le législateur national doit habiliter les DOM et ROM à intervenir à ce titre. En outre, les départements et les régions d'outre-mer ne peuvent modifier les lois nationales dans les domaines essentiels (v. art. 73 Const. ; *infra*, situation 4).

– Les collectivités d'outre-mer (COM) peuvent modifier une loi qui a empiété sur les domaines de compétence qui leur ont été réservés par une loi organique. On se situe alors à un niveau important de dérogation. Elle s'explique par la spécificité territoriale de ces collectivités.

– La loi a également accordé successivement à la Corse (loi n° 2002-92 du 22 janv. 2002 ; CGCT, art. L. 4422-16) et à l'ensemble des régions (loi n° 2015-991 du 7 août 2015 ; CGCT, art. L. 4221-1, al. 4) le droit de présenter des propositions tendant à modifier ou à adapter des lois ou règlements nationaux concernant leurs compétences, ainsi que leur organisation et leur fonctionnement. Mais ce droit de *proposer* ne donne pas aux collectivités régionales celui de participer à l'exercice du pouvoir législatif (v. situation 4).

La décentralisation française n'a pas accordé un pouvoir législatif général aux collectivités locales. Son partage relève de l'exception et reste sous le contrôle du législateur national. À cet égard, notamment, le modèle de l'État unitaire décentralisé, tel que la France le connaît, s'oppose au modèle de l'État fédéral.

B ▪ L'État fédéral (État composé)

L'organisation de l'État fédéral est complexe parce qu'il s'agit d'un regroupement d'États qui ont conservé un ordre juridique mais ont perdu leur souveraineté au profit de l'entité fédérale. L'État fédéral a une organisation composée parce qu'il est « divisible en parties internes, qui méritent elles-mêmes le nom d'États et qui sont unies entre elles par un lien de société » (Maurice Hauriou[1]).

Le fédéralisme est un mode d'organisation fondée sur l'idée de pacte. Le mot *fédéral* est dérivé du latin *foedus* qui signifie alliance. L'union entre États ou communautés a séduit de nombreuses entités à travers le monde. La forme fédérale a ainsi été retenue en Europe (ex. Allemagne, Autriche, Suisse, Belgique), en Amérique (ex. États-Unis, Canada, Mexique, Argentine, Brésil), en Asie, (Inde, Malaisie, Népal), en Océanie (Australie), au Moyen-Orient (ex. Émirats arabes unis) et en Afrique (ex. Éthiopie, Nigeria, Soudan, Comores).

Le fédéralisme est un modèle en vogue. Il est prôné parce qu'il est respectueux de l'identité régionale. Ce modèle est souvent évoqué pour la construction européenne. Mais il obligerait les États membres de l'Union à abandonner leur souveraineté au profit du nouvel État fédéral européen, sauf à s'orienter vers la solution moins intégrée de la confédération.

L'État fédéral ne doit pas être confondu avec la *confédération*. Celle-ci est une forme d'organisation plus souple et respectueuse de l'indépendance des États. Ses principes diffèrent (1) de ceux de l'État fédéral (2).

1. Confédération et État fédéral

La confédération (a) et l'État fédéral (b) sont des regroupements d'États qui n'ont pas la même nature.

a. Le modèle de la confédération

Il s'agit d'un *regroupement d'États souverains*. La confédération n'est donc pas un État. Pour Louis Le Fur, « la confédération d'États ne constitue pas un nouvel État au-dessus de ses membres » ; elle n'est « qu'une association d'États souverains ; elle ne possède pas elle-même la souveraineté ni par conséquent le caractère d'État »[2].

---

1. M. Hauriou, *Précis élémentaire de droit constitutionnel*, Sirey, 2e éd. 1930, p. 31.
2. L. Le Fur, *État fédéral et confédération d'États*, 1896 ; rééd. Éd. Panthéon-Assas, 2000, p. 498.

Les organes centraux de la confédération ne sont pas indépendants par rapport aux États. Ils sont peu nombreux. La confédération ne comprend souvent qu'une seule assemblée (nommée congrès ou diète) et un organe exécutif. L'assemblée est composée de représentants des États membres. Elle s'apparente à une conférence au sein de laquelle les décisions sont prises à l'unanimité. Chaque État dispose d'un droit de *veto*, ce qui lui garantit son indépendance.

Ce modèle respecte l'indépendance et la souveraineté des États. C'est l'intérêt de ce regroupement. Elle a, à l'inverse, pour inconvénient d'avoir une utilité limitée dans la mesure où ses organes centraux ne peuvent imposer de décisions sans l'accord des États membres.

La confédération n'est pas un modèle stable. Ce regroupement a souvent été la première étape avant sa transformation en État fédéral. L'exemple le plus célèbre est celui des « *articles de confédérations des États-Unis* » par lesquels les colonies américaines ont créé une confédération avant que celle-ci ne se transforme en État fédéral en 1787.

Cette évolution crée d'ailleurs des confusions terminologiques lorsque le nom de confédération est maintenu à titre symbolique. L'exemple typique est celui de la Suisse, qui a conservé son appellation de *confédération suisse* – nommée usuellement *confédération helvétique* depuis des siècles – alors qu'elle est devenue un État fédéral. L'article 3 de la Constitution fédérale traduit les traces de cette évolution. Le terme souveraineté est défini dans un sens fédéral pour qualifier, non sans ambiguïté, le statut des entités fédérées qui ont perdu leur indépendance. Il dispose, en effet, que « les cantons sont souverains en tant que leur souveraineté n'est pas limitée par la Constitution fédérale et exercent tous les droits qui ne sont pas délégués à la Confédération ».

De même, la confédération ne dure pas lorsqu'elle résulte d'une transformation d'un État unitaire ou fédéral en entités qui ont recouvré leur souveraineté. Dans ce cas, la structure se fragilise et prend le risque de disparaître. Par exemple, l'URSS est devenue en 1991 la *Communauté des États indépendants* (CEI), mais les nouvelles républiques soviétiques ont eu le sentiment de rester sous la tutelle de la Russie et ont délaissé ou dénoncé l'organisation.

La confédération n'est donc pas un modèle durable. Les États membres restent indépendants et éprouvent, tôt ou tard, le désir de s'émanciper.

Cette évolution explique pourquoi le modèle de la confédération est évoqué par les adversaires de la construction européenne. Les *souverainistes*, favorables à l'indépendance des États membres, prônent la transformation de l'Union européenne en confédération (lorsqu'ils ne souhaitent pas, purement et simplement, sa disparition). Cette solution garantirait la souveraineté des États membres.

Confédération et unions d'États

La confédération, qui est créée par un traité entre États souverains, est à la fois distincte et proche des unions d'États qui résultent de la reconnaissance d'un même chef d'État (généralement un roi). Ces unions peuvent être personnelles parce que le monarque est le seul lien qui unit les États (ex. Commonwealth) ou réelles lorsque des organes communs ont été instaurés pour gérer des politiques communes et, notamment, les affaires étrangères (ex. Autriche-Hongrie de 1815 à 1918).

b. Le modèle de l'État fédéral

À l'inverse de la confédération, l'État fédéral dispose de la souveraineté. C'est un sujet de droit de la communauté internationale. L'État fédéral est même le seul sujet de droit parce que les États membres - dénommés États fédérés - ont perdu leur souveraineté.

Selon Louis Le Fur, « l'État fédéral est, comme l'indique son nom (*Bundesstaat*), à la fois *Staat* et *Bund*, État et fédération. Il est à la fois une réunion d'individus, comme l'État simple, et une réunion de collectivités non souveraines d'un certain genre, différentes de toutes celles qui composent l'État unitaire »[1].

Les États fédérés ne sont plus des entités juridiques indépendantes. Ils ne sont pas des sujets du droit international (même si certains États fédérés bénéficient d'une habilitation pour conclure, sous contrôle de l'État fédéral, des accords avec des États). On peut même dire, comme l'ont écrit Jean Combacau et Serge Sur, qu'« au regard du droit international public, l'État composé (« fédératif ») ne se distingue pas de l'État unitaire : le fédéralisme est un mode de décentralisation et rien de plus »[2] (*Droit international public*, Montchrestien, 4e éd., 1999, p. 299) ; l'État fédéré « perd dans cette incorporation sa qualité de sujet de droit originaire pour devenir un sujet dérivé, institué, mais en tant que sujet interne, par la constitution fédérale » (*ibid.*).

Les compétences régaliennes, qui traduisent l'indépendance étatique et qui sont l'expression de la souveraineté, sont exercées par l'État fédéral. Par exemple, la monnaie, la conduite des relations internationales, ou la force armée, relèvent du niveau fédéral. Elles sont réservées à l'État fédéral par la constitution fédérale. Les autres compétences, qui peuvent être très étendues, sont de la compétence des États fédérés.

1. L. Le Fur, *op. cit.*, p. 589.
2. J. Combacau et S. Sur, *Droit international public*, Montchrestien, 4e éd., 1999, p. 299.

La répartition des compétences entre les niveaux fédéral et fédéré varie. Selon les constitutions, chaque niveau dispose d'une compétence qui peut être générale ou d'attribution, de principe ou résiduelle, ou même partagée[1].

Le choix du fédéralisme

Il résulte d'un processus historique qui peut amener des États à s'agréger pour former une fédération. Par exemple, la confédération peut précéder l'État fédéral. Ainsi, aux États-Unis, les colonies britanniques d'Amérique du Nord se sont d'abord constituées en confédération, pour lutter contre l'ennemi anglais, avant de se regrouper en État fédéral (Déclaration d'indépendance de 1776, Articles de la Confédération de 1781 et Constitution des États-Unis de 1787).

Le sens du processus historique peut être également inversé. Des États unitaires peuvent accentuer leur décentralisation au point de se transformer en État fédéral. Par exemple, la Belgique est devenue à l'issue de réformes successives, de 1970 à 1993, un « État fédéral qui se compose des communautés et des régions » (art. 1er Titre III, Const.)[2].

La forme fédérale peut être retenue pour assurer la coexistence de communautés distinctes. Le fédéralisme permet de regrouper des populations sans que les communautés minoritaires perdent leur autonomie. Au Canada, par exemple, l'identité francophone du Québec est garantie par le fédéralisme. Il permet aussi de faire coexister des populations dont la culture est différente.

Mais les différences entre communautés ne doivent pas être trop accusées (comme dans tout État, à vrai dire). À défaut, la solidarité nationale est menacée et l'État fédéral en péril. Par exemple, la structure fédérale de la Belgique, qui comprend des communautés (française, flamande et germanophone) et des régions (wallonne, flamande et bruxelloise), protège les minorités linguistiques. Son fonctionnement est respectueux des identités régionales et culturelles. Cependant, il manque d'efficacité. Les crises politiques à répétition interrogent sur l'existence d'un destin collectif.

2. Les principes régissant l'État fédéral

Malgré la diversité des formes de gouvernement, les États fédéraux sont régis par des principes communs : l'*autonomie* (a), la *superposition* (b) et la *participation* (c).

---

1. O. Beaud, *Théorie de la fédération*, PUF, 2007 ; M. Croizat, *Le fédéralisme en Europe*, Montchrestien, 2009.
2. Y. Lejeune, *Droit constitutionnel belge*, Larcier, 2e éd., 2014, p. 353 s.

a. L'autonomie

Les États fédérés disposent d'une autonomie (qui n'est pas l'indépendance). Elle est garantie par la constitution fédérale qui répartit les compétences entre l'État fédéral et les États fédérés. La constitution fédérale précise s'il s'agit de compétences de principe, d'attribution ou partagées.

Par exemple, le dixième amendement de la Constitution des États-Unis dispose que « les pouvoirs qui ne sont pas délégués aux États-Unis par la Constitution, ni refusés par elle aux États, sont conservés par les États respectivement ou par le peuple ».

L'autonomie suppose le contrôle de constitutionnalité des lois. – La répartition des compétences est souvent complexe. L'autonomie des entités fédérées est très variable selon les États. Aussi, une cour constitutionnelle doit-elle veiller à ce que l'État fédéral et les États fédérés respectent la répartition des compétences prévue par la constitution fédérale. L'autonomie est garantie par le contrôle de la constitutionnalité des lois.

L'autonomie législative. – Cette autonomie se traduit par la reconnaissance d'un ordre juridique partiel pour chaque État fédéré. Il dispose d'une constitution et d'une compétence législative. Par exemple, selon la loi fondamentale allemande, « l'exercice des pouvoirs étatiques et l'accomplissement des missions de l'État relèvent des Länder, à moins que la présente Loi fondamentale n'en dispose autrement ou n'admette un autre règlement » (art. 30). À ce titre, « les Länder ont le droit de légiférer dans les cas où la présente Loi fondamentale ne confère pas à la Fédération des pouvoirs de légiférer » (art. 70).

b. La superposition

L'autonomie des États fédérés s'explique par la coexistence d'ordres juridiques qui se juxtaposent (ordres juridiques fédérés) mais aussi se superposent (ordre juridique fédéral et ordres fédérés). Pour Georges Scelle, « la caractéristique générale de l'État fédéral » est « la superposition des collectivités étatiques, (...) il n'y a pas fusion entre elles »[1].

Dans un État fédéral, chaque État fédéré dispose d'un ordre juridique partiel au sein de l'ordre juridique fédéral, ainsi que d'une organisation étatique distincte de l'organisation fédérale. Par exemple, aux États-Unis, chaque État fédéré, qu'il soit important (comme la Californie, ou le Texas) ou faiblement peuplé (comme l'Alaska, ou le Wyoming) dispose d'un ordre juridique établi par une constitution et d'un système politique organisant la répartition des pouvoirs exécutif (gouverneur) législatif (législature d'État) et judiciaire (not. Cour suprême). Chaque ordre juridique produit un droit fédéré. L'État fédéral est donc *plurilégislatif*. C'est également un État complexe dans la mesure où

1. G. Scelle, *Précis de droit des gens*, Sirey, 1932, p. 213 ; réimp. Dalloz 2008.

se superpose un ordre juridique fédéral aux ordres juridiques des États fédérés.

Néanmoins, l'ordre juridique fédéral, qui se concilie avec les ordres juridiques partiels des États fédérés, doit rester cohérent. Le *principe de superposition* suppose corrélativement l'affirmation d'un *principe de primauté* pour régler les conflits entre le droit fédéral et celui des États fédérés. Par exemple, *la loi fondamentale pour la RFA* dispose que « le droit fédéral prime le droit de Land » art. 31). De même, la Constitution des États-Unis comporte une « clause de suprématie » pour garantir que « la Constitution, ainsi que les lois des États-Unis qui en découleront, et tous les traités déjà conclus, ou qui le seront, sous l'autorité des États-Unis, seront la loi suprême du pays ; et les juges dans chaque État seront liés par les susdits, nonobstant toute disposition contraire de la Constitution ou des lois de l'un quelconque des États ». Cette « clause de suprématie » est défendue par la Cour suprême des États-Unis (*Gibbons v. Ogden*, 22 U.S. 1 [1824]).

On parle aussi de « loi de dépendance » pour qualifier cette primauté du droit fédéral et du rôle de l'entité fédérale pour garantir la primauté de son droit et la répartition des compétences.

c. La participation

Chaque État fédéré participe au processus d'adoption des normes fédérales. Ce principe résulte du pacte à l'origine de la création de l'État fédéral. Les États se sont regroupés pour constituer la fédération. Ils ont accepté de perdre leur souveraineté. Cependant, les États ont consenti ce sacrifice sous réserve de pouvoir participer au contrôle de l'État fédéral. Même s'ils ont perdu leur souveraineté, les entités fédérées restent des acteurs du fédéralisme.

Ce contrôle est opéré de diverses façons et, notamment, par les modalités suivantes de participation :

- Les États fédérés participent à l'adoption des lois fédérales. L'État fédéral comprend généralement une assemblée parlementaire qui est composée de représentants des États fédérés (ex. : le Sénat américain, ou le *Bundesrat* allemand).

Cette assemblée peut également contrôler le pouvoir exécutif en disposant, comme aux États-Unis, que le président ne peut « conclure des traités » que « sous réserve de l'approbation des deux tiers des sénateurs présents », ou ne procéder aux nominations qu'avec « l'avis et le consentement » du Sénat (art. Art. II Sect. 2).

- Les États fédérés veillent à ce que les compétences qui leur sont garanties par la Constitution ne leur soient pas retirées au profit de l'État fédéral. Pour cela, la révision de la constitution fédérale suppose l'accord des États fédérés. Par exemple, la Constitution des États-Unis prévoit qu'elle ne peut être amendée sans la ratification des trois quarts des États fédérés.

Ce principe de participation relève du *pacte fédératif*. Il est fondateur. Il est si important que la constitution (dans une *clause* dite *d'éternité*) peut interdire toute remise en cause du principe de participation à l'occasion d'une révision constitutionnelle. Par exemple, *la loi fondamentale pour la RFA* dispose que « toute modification de la présente Loi fondamentale qui toucherait à l'organisation de la Fédération en Länder, au principe du concours des Länder à la législation (...) est interdite » (art. 72 al. 3).

L'État fédéral résulte d'un pacte entre les anciens États souverains. Il induit le compromis entre les collectivités. Par exemple, la « fédération européenne » prônée par les partisans de la construction européenne (et, notamment, par Robert Schumann dans sa déclaration du salon de l'horloge du Quai d'Orsay du 9 mai 1950) ne pourrait se réaliser sans un nouveau pacte entre les États fédérés. La création d'un État fédéral européen supposerait non seulement de modifier la nature de l'Union européenne mais aussi d'accorder des garanties d'autonomie aux États membres de l'Union européenne. Ces garanties conditionneraient l'abandon de leur qualité d'État souverain.

C ■ L'État hybride

Les critères retenus pour distinguer les différentes formes d'États (unitaire décentralisé ou fédéral) relèvent de la dogmatique juridique. Cette présentation raisonnée est utile pour comparer les États et comprendre leur fonctionnement. Pour autant, cette logique d'ensemble ne résiste pas à l'étude des singularités étatiques. Leur évolution peut échapper à cette présentation.

Des catégories intermédiaires ont été proposées pour qualifier les États dont l'organisation ne s'inscrit ni dans la forme classique de l'État unitaire ni dans celle de l'État fédéral. Les *États régionaux* et *autonomiques* témoignent de la spécificité de toute institution étatique (1).

Au demeurant, tous les États connaissent des particularismes. Même les États unitaires décentralisés ont prévu des statuts territoriaux dérogatoires pour répondre aux revendications identitaires de leurs populations (2).

1. Les États régionaux et autonomiques

Cette catégorie d'État est habituellement présentée comme étant située à mi-chemin entre l'État unitaire décentralisé et l'État fédéral.

- Malgré leur vocation fédérale, les États régionaux se distinguent de l'État fédéral parce que les collectivités régionales n'ont pas de constitution même si les cours constitutionnelles (comme la Cour constitutionnelle italienne ou le Tribunal constitutionnel espagnol) jouent un rôle essentiel dans la répartition des compétences entre l'État et les régions.

L'absence de constitution régionale rapproche les États régionaux des États unitaires décentralisés. Pour autant, dans les États régionaux, certaines collectivités territoriales exercent le pouvoir législatif, ce qui n'est pas le cas dans les États unitaires décentralisés. En Espagne et en Italie, par exemple, les régions (Italie) et les communautés autonomes (Espagne) adoptent des lois.

– En outre, les *États autonomiques*, qui représentent une déclinaison de l'État régional, se distinguent des États unitaires décentralisés par leur organisation. Dans ces derniers, en principe, les collectivités territoriales (ex. communes, départements et régions) ont une structure et des compétences similaires au sein de chaque catégorie. *L'uniformité institutionnelle* est imposée pour chaque catégorie de collectivités territoriales. Au contraire, dans les États régionaux comme l'Italie ou l'Espagne, le principe d'uniformité ne joue pas au niveau régional. Les compétences et le degré d'autonomie des régions varient.

Les États régionaux sont des États unitaires fortement décentralisés qui éprouvent la tentation du fédéralisme. Celle-ci est, par exemple, manifeste en Italie où la révision constitutionnelle de 2001 a renforcé l'autonomie des régions bien qu'elle ne leur ait pas attribué la qualité d'entité fédérée[1].

La différence de statut entre les régions fragilise ce type d'État (Gérard Marcou a montré que cet État connaît une « dynamique centrifuge de différenciation »[2]).

L'exemple de la Catalogne

Cette dynamique peut conduire à réclamer l'indépendance. Une consultation a ainsi été organisée le 9 novembre 2014 sur l'avenir politique de la Catalogne. Son résultat n'a pas été validé (le tribunal constitutionnel espagnol avait déclaré la consultation illégale dans une sentence du 25 mars 2014). Trois ans plus tard, le gouvernement régional (de la Généralité) a décidé d'organiser un nouveau référendum sur l'indépendance de la Catalogne. Il s'est déroulé dans des conditions matérielles contestables et sans l'accord de l'État espagnol. Le oui l'a emporté à 90 %, avec une participation de 42 % du corps électoral régional. Le parlement de la Généralité a proclamé l'indépendance de la Catalogne. En réponse, le gouvernement national a placé la Catalogne sous tutelle, avec l'accord du Sénat espagnol, en vertu de l'article 155 de la Constitution (dispositif qui a été activé pour la première fois et qui a été levé en juin 2018).

1. J. Fourgerousse, « La révision constitutionnelle du 18 octobre 2001 : l'évolution incertaine de l'Italie vers le fédéralisme », *RIDC*, 2003, vol. 55, p. 923 ; F. Laffaille, « La "souveraineté régionale" entre oxymoron et hendialys constitutionnels. À propos de l'État "régional-fédéraliste" italien et de la sémantique en droit constitutionnel », *RIDC* 2009. 315 ; F. Laffaille, « État et territoire(s) en Italie », *RD publ.* 2015, n° 5, p. 1205 ; Carlo Iannello, « La réforme du titre V de la Constitution italienne douze ans après son entrée en vigueur », *RFDC* 2013, n° 96, p. 879.
2. G. Marcou, « Les collectivités locales dans les constitutions des États unitaires en Europe », *Cah. Cons. const.*, 2014 n° 42, p. 63.

2. États unitaires et différenciés

Le risque de démembrement des États concerne également les États unitaires décentralisés. L'acceptation de statuts dérogatoires pour répondre à l'identité d'un territoire fait peser un risque sur la cohérence de la forme étatique mais aussi, et surtout, sur l'appartenance du territoire à l'État.

La France, qui était l'archétype de l'État unitaire décentralisé, connaît également la tentation du fédéralisme. Ainsi, une dérogation a-t-elle été consentie à l'indivisibilité du pouvoir législatif en faveur de la Nouvelle-Calédonie. De même, l'autonomie et les compétences accordées à certaines collectivités, comme la Polynésie française, s'opposent au modèle de l'État décentralisé (v. Séquence 4). L'adaptation de la forme étatique aux revendications identitaires concerne tous les États, même les plus anciens. Certains, comme l'Espagne ou le Royaume-Uni, par exemple, connaissent une montée en puissance de l'indépendantisme régional.

L'exemple du Royaume-Uni

Dans quelle catégorie classer, désormais, le *Royaume-Uni de Grande-Bretagne et d'Irlande du Nord* ? Cet État est un Royaume à plusieurs nations constitutives. Elles cultivent leur identité anglaise, écossaise, galloise et irlandaise.

La forme de l'État a évolué. La *dévolution* a accordé une forme d'autonomie à l'Écosse, au Pays de Galles et à l'Irlande du Nord[1]. Malgré cela, le Royaume-Uni reste qualifié d'État unitaire parce que le Parlement de Westminster exerce la souveraineté ; il a accordé les compétences au Parlement écossais (*Scottish Parliament*), à l'Assemblée nationale du Pays de Galle (*National Assembly for Wales*) et à l'assemblée irlandaise du Nord (*Northern Ireland Assembly*). Ces compétences octroyées peuvent être reprises. L'autonomie des nations (régions) suppose l'accord du Parlement du Royaume-Uni.

Ainsi, le référendum du 18 septembre 2014 sur l'indépendance de l'Écosse a-t-il été organisé avec l'accord du Parlement de *Westminster*. Il a entériné *l'accord d'Édimbourg* du 15 octobre 2012 entre les gouvernements écossais et du Royaume-Uni autorisant le Parlement écossais (*Scottish Parliament*) à prévoir en Écosse la tenue d'un référendum sur l'indépendance de ce pays[2]. La consultation des Écossais n'aurait pas pu avoir lieu sans l'accord du Parlement de *Westminster* (au final, les Écossais ont répondu non, à 55 %, à l'indépendance le 18 sept. 2014).

Pour autant, certains principes classiques de l'État unitaire sont remis en cause. Les nations (régions) exercent un pouvoir législatif pour l'exercice de

1. F. Roux, *La dévolution en Grande-Bretagne*, Dalloz, 2009.
2. H. Colineau, « Le référendum sur l'indépendance de l'Écosse », *RD publ.* 2014. 1005.

compétences différentes. En outre, le degré d'autonomie des nations varie. Il est très accentué, notamment, en Écosse, alors que l'Angleterre, qui accueille plus de 80 % de la population, n'a pas d'assemblée parlementaire. L'Angleterre est régie par le parlement de *Westminster*, qui est celui du Royaume-Uni.

Les formes étatiques (État unitaire décentralisé, État fédéral et État régional) sont des modèles qui ne sont pas fidèlement reproduits. La forme de chaque État et le degré d'autonomie des entités infra-étatiques résultent de l'histoire politique de chaque pays.

Mais, tout État, quelle que soit sa forme, comporte deux dimensions : des normes valides sur l'ensemble du territoire et d'autres normes qui ne concernent qu'une partie de celui-ci, ainsi que des organes producteurs de normes dont le nombre varie. C'est la variation du domaine de validité des normes et de la combinaison des autorités qui conduit à évoquer une forme d'État plutôt qu'une autre.

Hans Kelsen a théorisé cette combinaison en relevant que chaque État est régi par une « donnée statique » et un « élément dynamique ». La première donnée concerne le « domaine de validité territorial », qui peut être national ou limité à une fraction du territoire[1]. La deuxième donnée porte sur « la pluralité ou l'unité des organes créateurs de normes » (*ibid.*). Les normes peuvent être posées par un organe unique ou par une pluralité d'organes.

La combinaison de ces données donne la forme de l'État. Pour autant, l'État, en sa qualité d'ordre juridique global ou d'entité souveraine, regroupe l'ensemble de ces organes créateurs de normes. L'État souverain est unique, quelle que soit sa forme.

La souveraineté est en effet par définition indivisible (v. Séquence 4).

1. H. Kelsen, *Théorie pure du droit*, trad. Ch. Eisenmann (1962), éd. Bruylant-LGDJ, 1999, p. 305.

SÉQUENCE 3

Constitution et État

SITUATION 1

« L'organisation décentralisée de la République »

La France est « une République indivisible » (art. 1er Const.). Mais son « organisation est décentralisée ». Cette précision a été apportée par la loi constitutionnelle du 28 mars 2003.

La République est indivisible. – À la Révolution française, l'indivisibilité du Royaume a été consacrée par la Constituante. Il convenait de s'opposer au fédéralisme. Celui-ci était un danger pour la Révolution. Lors de la séance de la Constituante du 7 sept. 1789, Sieyès dénonça ce risque en ces termes : « la France ne doit point être un assemblage de petites nations qui se gouverneraient séparément en démocraties ; elle n'est point une collection d'États ; elle est *un tout* unique, composé de parties intégrantes ». Sieyès mit en garde contre « un *État fédéral*, composé d'une multitude de républiques, unies par un lien politique quelconque ».

L'Assemblée vota un amendement, le 9 août 1791, qui disposait que « le royaume est un et indivisible » (art. 1er, titre II Const. de 1791). Par la suite, l'indivisibilité de la République est devenu un principe élémentaire du droit public français (v. art. 1er Const. 1793 ; art. 1er Const. 1795 [an III] ; art. 1er Const. 1799 [An VIII] ; art. 48 Const. 1848). Il disparaît, certes, avec les constitutions de 1852 et de 1875, mais il est réaffirmé à l'article 1er de la Constitution de 1946 et à l'art. 2 (qui deviendra l'art. 1er par la loi const. du 4 août 1995) de la Constitution de 1958[1].

À l'inverse, la décentralisation n'a pas été consacrée par les textes constitutionnels antérieurs. Ceux de la Révolution ont seulement précisé que le territoire était « distribué » en départements et communes ou administrations locales (art. 1er, titre II Const. de 1791 ; art. 2 Const. 1793 ; art. 3 et 5 Const. 1795 ; art. 1er Const. 1799). Les Chartes constitutionnelles de 1814 et 1830 ne mentionnaient pas cette distribution du pouvoir. Les institutions locales réapparaissent

1. L. Jaume, *Le discours jacobin et la démocratie*, Fayard, 1989 ; R. Debbasch, *Le principe révolutionnaire d'unité et d'indivisibilité de la République. Essai d'histoire politique*, Economica, PUAM, 1988, p. 154 ; « L'indivisibilité de la République », *in La République en droit français*, Economica, 1996, p. 66 ; v. A. Haquet, *Le concept de souveraineté en droit constitutionnel français*, PUF, 2004, p. 58.

dans la Constitution de 1848 (chap. VII). Mais il faut attendre la IVe République pour que fût consacrée la décentralisation. La Constitution de 1946 affirme que « la République française, une et indivisible, reconnaît l'existence de collectivités territoriales » (art. 85). Elle précise, également, que « les collectivités territoriales s'administrent librement par des conseils élus au suffrage universel » (art. 87) ; « le cadre, l'étendue, le regroupement éventuel et l'organisation des communes et départements, territoires d'outre-mer, sont fixés par la loi » (art. 86).

Malgré cette reconnaissance constitutionnelle, la décentralisation est restée limitée. Sous la IVe République et lors des vingt premières années de la Ve République, le statut constitutionnel des collectivités territoriales ne s'est pas traduit par des lois les favorisant. L'histoire de la décentralisation a longtemps connu une distorsion entre sa reconnaissance constitutionnelle et sa traduction législative.

Logique étatique. – De façon paradoxale, les régimes qui n'ont pas consacré la décentralisation ont œuvré à son essor. Ainsi, au XIXe siècle, deux étapes importantes ont eu lieu sous la monarchie de Juillet, en premier lieu, lorsqu'ont été restaurées les élections des conseillers municipaux et des conseillers généraux par les lois du 21 mars 1831 et 22 juin 1833 et, sous la IIIe République, lorsque le rôle des conseils généraux et des communes a été renforcé par les lois du 10 août 1871 et du 5 avril 1884. En revanche, la IVe République et la Ve République, jusqu'en 1982, ont prévu la décentralisation dans la constitution mais ne l'ont pas véritablement favorisée.

L'État s'est opposé aux libertés locales lorsqu'il a été en situation de faiblesse et les a encouragées lorsqu'il n'a plus été contesté ou qu'il a voulu instaurer un nouveau modèle d'administration. Cette pente naturelle est ancienne. Elle apparaît sous l'Ancien Régime et se traduit par un mouvement constant d'affirmation de l'État avant celle de l'autonomie locale. L'indivisibilité de la République est proclamée lorsqu'un risque de démembrement de l'État est dénoncé et la décentralisation admise lorsque ce risque s'éloigne.

Au XXe siècle, les gouvernements ont eu d'autres préoccupations que la décentralisation. L'État est faible jusqu'à la Ve République. Il doit affronter les guerres, les crises économiques, les conflits idéologiques et sociaux, la décolonisation, etc. En outre, les réflexions institutionnelles ont avant tout concerné les relations entre les pouvoirs exécutif et législatif. Elles portaient sur l'instabilité gouvernementale et la difficulté à légiférer sous les IIIe et IVe Républiques, même si la question de la place des territoires associés animait le débat public.

L'avènement de la Ve République n'a pas été accompagné par un mouvement de décentralisation. Les rédacteurs de la Constitution de 1958 se sont très largement inspirés de la constitution précédente. Un statut a été prévu pour les « territoires d'outre mer » (préamb. Const. 1958). Mais la question de la répartition du pouvoir entre l'État et les collectivités métropolitaines n'était pas une priorité. En 1958, le général de Gaulle revient « aux affaires » pour restaurer l'autorité de l'État. La décentralisation ne deviendra une préoccupation que lorsque l'État sera consolidé. Il le sera suffisamment pour que le général de Gaulle à la fin de son deuxième mandat prône la régionalisation. Dans son discours de Lyon, du 24 mars 1968, le Général déclara que « l'effort multiséculaire de centralisation, qui lui fut longtemps nécessaire pour réaliser et maintenir son unité malgré les divergences des provinces qui lui étaient successivement rattachées, ne s'impose plus désormais. Au contraire, ce sont les activités régionales qui apparaissent comme les ressorts de sa puissance économique de demain ». Un référendum portant, notamment, sur la « création des régions » fut organisé un an plus tard, le 27 avril 1969. Mais son résultat fut négatif.

L'article 72 de la Constitution de 1958 dispose que « les collectivités s'administrent librement par des conseils élus et dans les conditions prévues par la loi ». Cette formule prévoit la décentralisation sans pour autant l'organiser. Cette mission incombe au législateur. Or celui-ci a tardé à donner une véritable portée à la décentralisation. Certes, des lois sont adoptées en ce sens (par ex. loi n° 70-1297 du 31 déc. 1970 sur la gestion municipale et n° 71-588 du 16 juill. 1971 sur les fusions et regroupements de communes), des réflexions nourries ont lieu (v. rapport Guichard, *Vivre ensemble*, de 1976) et une tentative de réforme est engagée (un projet de loi relatif au développement des responsabilités locales est adopté en première lecture au Sénat en 1980). Pour autant, il a fallu attendre 1982 pour que le législateur donne des compétences étendues aux collectivités locales.

Le tournant fut si important qu'on le considéra comme l'acte fondateur de la décentralisation (l'acte I). Il est vrai que les lois du 2 mars 1982, 7 janvier 1983, 22 juillet 1983, 26 janvier 1984 et du 6 janvier 1986 ont donné une orientation fondamentale à la décentralisation. Elles ont supprimé la tutelle sur les collectivités dans le sens où le préfet, représentant de l'État, ne peut plus s'opposer aux décisions prises par les collectivités. Il ne peut que déférer au tribunal administratif les actes qu'il estime contraires à la légalité. En outre, de très nombreuses compétences sont confiées aux collectivités territoriales qui sont devenues des acteurs publics et économiques considérables. Elles réalisent une très large part de l'investissement public civil.

Un basculement s'opère dans la gestion de ces compétences. De nouvelles problématiques apparaissent. Elles portent sur la gouvernance des finances publiques locales, la gestion des fonctionnaires et agents publics territoriaux, les garanties accordées aux élus locaux, le mode d'attribution des marchés publics et des délégations de service public, etc. Un mouvement législatif est lancé. À ce premier acte de la décentralisation a succédé un acte II avec la révision constitutionnelle de 2003.

La consécration constitutionnelle de la décentralisation. – La loi constitutionnelle du 28 mars 2003 a refondu le titre XII de la Constitution sur « les collectivités territoriales » (art. 72 s. Const.). Les quatre articles de ce titre, qui étaient relativement brefs et qui retranscrivaient des dispositions de la Constitution de 1946, ont été remplacés par onze articles. La révision constitutionnelle a également entériné le changement de la forme de l'État en précisant, à l'article 1er de la Constitution, que l'« organisation de la République est décentralisée ».

La décentralisation est consacrée. Désormais, « les collectivités territoriales ont vocation à prendre les décisions pour l'ensemble des compétences qui peuvent le mieux être mises en œuvre à leur échelon » (art. 72 al. 2 Const.). Des règles de valeur législative ou seulement dégagées par le juge constitutionnel ont été inscrites au titre XII de la Constitution (par exemple, l'interdiction de la tutelle d'une collectivité sur une autre, ou, encore la reconnaissance de la région comme catégorie de collectivité). De même, le Constituant a précisé que les collectivités disposaient d'un pouvoir réglementaire pour l'exercice de leurs compétences. Cette précision ne modifie pas la nature du pouvoir normatif des collectivités. Il était déjà reconnu par le juge administratif. Mais cette précision met un terme, dans un sens négatif, au débat sur la reconnaissance d'un pouvoir législatif aux collectivités dans des conditions, néanmoins, nuancées (v. *infra*, situations 2 et 3).

La loi constitutionnelle de 2003 a également introduit des règles dont l'objet est de garantir la libre administration des collectivités territoriales ou de sécuriser et encourager des procédures favorisant la décentralisation. Par exemple, l'article 72-2 prévoit que les collectivités bénéficient de ressources dont elles peuvent disposer librement. L'article 72 alinéa 4 permet aussi aux collectivités, sur habilitation, de déroger aux lois et règlements nationaux à titre expérimental (v. *infra*, situation 4). De même, l'article 72-1 a donné un droit de pétition aux citoyens et la possibilité de participer à un référendum local « décisionnel ».

Enfin, la loi constitutionnelle, complétée par des lois organiques, a modifié le statut des départements et régions d'outre-mer (DOM-ROM) et collectivités d'outre-mer (COM) (v. B. Faure « La révision constitutionnelle de 2003. Vérités dix ans après », *AJDA* 2013. 1328).

Après l'acte II de nouvelles étapes ont été réalisées en faveur, notamment, de l'intercommunalité (avec les métropoles) et des régions (par leur fusion). Désormais, les actes se suivent. La décentralisation relève d'un processus législatif continu[1].

---

1. J. Viguier, « Pour en finir avec la polémique relative aux Actes de la décentralisation », *AJDA* 2013. 1993 ; v. égal. B. Faure, *Droit des collectivités territoriales*, Dalloz, 5e éd. 2018 ; J. Ferstenbert, F. Priet, P. Quilichini, *Droit des collectivités territoriales*, Dalloz, 2e éd., 2016 ; M. Verpeaux et L. Janicot, *Droit des collectivités territoriales*, PUF, 3e éd., 2015 ; J.-M. Pontier, *La décentralisation française*, LGDJ, coll. « Systèmes », 2016 ; A. Roux, *La décentralisation*, LGDJ, coll. « Systèmes », 2016.

SITUATION 2

Pouvoir législatif national et pouvoir normatif local en France

La concurrence entre le législateur et les autorités locales fait l'objet d'une faible tolérance. En France, la législation est l'expression de la souveraineté. Or dans un État unitaire, ou « État simple, la souveraineté n'est ni divisée ni partagée ; elle conserve sa pleine unité » (Esmein[1]). L'État comprend un ordre juridique où les règles les plus générales sont posées au niveau national. Les normes locales sont adoptées en application des normes nationales. Pour cette raison, les collectivités territoriales ne peuvent pas disposer d'un pouvoir législatif propre.

Position du Conseil constitutionnel. - Le pouvoir normatif des autorités locales est secondaire par rapport à celui du législateur. En outre, la loi ne peut pas confier le pouvoir législatif à une autorité territoriale. À l'exception de la Nouvelle-Calédonie, qui bénéficie d'un statut transitoire prévu par la Constitution (v. situation 5), aucune collectivité territoriale ne peut se voir attribuer un pouvoir législatif (déc. du Cons. const. n° 2001-454 DC du 17 janv. 2002, *Loi relative à la Corse*, cons. 20). Ainsi, l'Assemblée de Polynésie française n'exerce-t-elle pas un pouvoir législatif malgré la dénomination de ses délibérations. Les « lois du pays » de la Polynésie (LO n° 2004-192 du 27 févr. 2004) sont qualifiées d'« actes administratifs » (déc. n° 2004-490 DC du 12 févr. 2004, cons. 75).

Le modèle calédonien a inspiré d'autres collectivités infra-étatiques qui ont également souhaité disposer d'un pouvoir législatif. Le *processus de Matignon* a conduit à l'adoption de la loi n° 2002-92 *relative à la Corse*, mais elle a été partiellement déclarée contraire à la constitution. Le Conseil constitutionnel a estimé que la loi ne pouvait pas laisser la collectivité territoriale de Corse prendre des mesures relevant du « domaine de la loi », « fût-ce à titre expérimental, dérogatoire et limité dans le temps » (déc. n° 2001-454 DC, précitée, cons. 21).

Précision du Constituant. - Le débat a été clos l'année suivante par le Constituant. Avant la révision constitutionnelle de 2003, le pouvoir réglementaire des collectivités était déduit de l'exercice de leurs compétences, de leur clause générale de compétence, ou encore de la mise en œuvre de la jurisprudence *Jamart* (qui permet au chef de la collectivité de prendre les « mesures nécessaires au bon fonctionnement de l'administration placée sous son autorité » : CE, sect., 7 févr. 1936, *Jamart, Leb.* p. 172). Depuis 2003, le titre à agir des collectivités se situe dans la constitution, même si elles ne peuvent généralement intervenir que pour mettre

1. Esmein, *Éléments de droit constitutionnel français et comparé*, Sirey, 6e éd., 1914, p. 4.

en œuvre des compétences déterminées par la loi.

La révision constitutionnelle du 28 mars 2003 a précisé, à l'article 72 alinéa 3 de la Constitution, que les collectivités territoriales « disposent d'un pouvoir réglementaire pour l'exercice de leurs compétences » (loi constitutionnelle n° 2003-276 du 28 mars 2003 *relative à l'organisation décentralisée de la République*). Tout en entérinant ce pouvoir normatif de nature réglementaire, pour l'exercice de leurs compétences, le Constituant a fermé la porte à l'octroi d'un « pouvoir législatif » aux « collectivités territoriales » (v. J.-C. Douence, « Le statut constitutionnel des collectivités territoriales », *Encyclopédie des collectivités locales*, Dalloz, § 205 à 230).

SITUATION 3

Pouvoir réglementaire national et pouvoir réglementaire local en France

La portée du pouvoir réglementaire local fait l'objet d'un débat à intervalles réguliers (v. B. Faure, « Le Conseil d'État et le pouvoir réglementaire des collectivités territoriales. L'heure de vérité ? », *AJDA* 2013. 2240). Depuis le début des années 1980 et l'adoption des lois de décentralisation, ce débat oppose les « décentralisateurs » aux défenseurs de l'État unitaire. Les premiers considèrent que la libre administration locale induit un pouvoir réglementaire de principe. Pour les seconds, le pouvoir normatif des autorités locales est, par définition, subordonné au pouvoir national dans un État unitaire. La hiérarchie des normes est pyramidale et l'égalité de traitement entre les citoyens implique l'égalité des conditions d'application de la loi sur le territoire national.

Pourtant, la décentralisation suppose la différenciation. Elle induit la mise en œuvre de politiques locales pour répondre à des besoins locaux. La variation des règles locales n'est d'ailleurs pas toujours qualifiée d'inégalité de traitement (v. déc. n° 2012-238 QPC du 20 avr. 2012, cons. 10 s. sur les possibilités d'exonérations fiscales décidées par les communes).

Néanmoins, cette marge de manœuvre est nécessairement réduite parce que le législateur détermine les compétences de l'ensemble des collectivités territoriales. La *clause générale de compétence*, qui joue un rôle limité, a même été supprimée pour les départements et régions. Pour le Conseil constitutionnel, « il est loisible au législateur d'énumérer limitativement » les compétences des collectivités (déc. n° 2016-565 QPC du 16 sept. 2016, paragr. 4).

En outre, aucun règlement local ne peut moduler les conditions essentielles de mise en œuvre des libertés publiques. Elles ne peuvent dépendre de décisions des autorités locales (déc. n° 84-185 DC du 18 janv. 1985, cons. 18 ; déc. n° 93-329 DC du 13 janv. 1994, cons. 27).

À défaut d'exercer un pouvoir normatif initial, les collectivités peuvent exercer un pouvoir réglementaire secondaire.

La thèse du pouvoir réglementaire local secondaire. – Il est d'usage d'affirmer qu'il existe deux pouvoirs réglementaires : le pouvoir réglementaire *de principe* du Premier ministre (qui s'exerce sous réserve des prérogatives réglementaires du président de la République) et le pouvoir réglementaire *subordonné, secondaire, dérivé* ou encore *résiduel* des collectivités territoriales.

Les termes dépréciatifs ne manquent pas pour qualifier le pouvoir réglementaire local (également qualifié de *circonscrit, spécial* ou même *subsidiaire*). La subordination des mesures locales à celles du Premier ministre a été fondée sur un argument littéral, développé notamment par Louis Favoreu. Pour lui, l'article 21 de la Constitution ne prévoyait pas que le Premier ministre devait exercer le pouvoir réglementaire d'exécution de la loi sous réserve de l'intervention des autorités locales[1]. Selon Louis Favoreu, le pouvoir réglementaire local était *résiduel* – par opposition au pouvoir *réservé* – dans le sens où « rien n'empêcherait le pouvoir réglementaire national d'intervenir et de réduire progressivement la compétence réglementaire des "autorités locales" » ; c'est un pouvoir « susceptible d'être envahi progressivement »[2].

La réponse du Conseil constitutionnel. – Le juge constitutionnel défend une conception unitaire du pouvoir normatif. Le pouvoir réglementaire national (exercé principalement par le Premier ministre) précise la portée des lois qui concernent les collectivités territoriales. Par exemple, le Conseil constitutionnel a estimé que la loi sur la fonction publique territoriale pouvait comporter des renvois au pouvoir réglementaire national (déc. n° 83-168 DC du 20 janv. 1984). L'autorité réglementaire locale ne dispose pas d'une compétence spéciale pour déterminer les conditions d'application de la loi.

La réponse du Constituant. – Le « pouvoir réglementaire » des collectivités territoriales a été reconnu par la loi constitutionnelle du 28 mars 2003 (v. situation 2). Or, l'article 72 alinéa 3 de la Constitution, issu de la révision de la Constitution de 2003, ne précise pas que ce pouvoir est exercé « sous réserve de l'article 21 », c'est-à-dire de l'exercice du pouvoir réglementaire du Premier ministre. En conséquence, pour le Constituant également, l'autorité réglementaire locale n'a pas de compétence spéciale pour déterminer les conditions d'application de la loi.

Il résulte, en effet, des travaux préparatoires que la Constitution confère un « caractère résiduel » au pouvoir réglementaire local (*rapport*

1. L. Favoreu, *in Rencontres d'Angers*, actes parus aux *Cahiers du CFPC*, oct. 1983, n° 13, p. IX.

2. *Idid.*, p. XIV.

n° 27 de R. Garrec, Sénat, 2002-03, p. 83) et que celui-ci demeure « subordonné » malgré sa consécration dans la Constitution (*rapport n° 86 de R. Garrec, Sénat, 2002-03*), p. 21 ; *rapport n° 376 de P. Clément (AN 2002-03)*, p. 89). Lors de l'examen du projet de loi constitutionnelle, le Gouvernement a insisté sur la nature fondamentalement distincte du pouvoir réglementaire local, qui ne « procède que de la loi » et qui est « limité par le champ des compétences des collectivités territoriales » ; alors que le pouvoir réglementaire du Premier ministre est de « droit commun » et a une « vocation générale » (D. Perben, *JO* débats du Sénat, séance du 30 oct. 2002).

Les objets du pouvoir réglementaire. – À vrai dire, le débat sur la concurrence entre le pouvoir réglementaire national et celui des autorités territoriales est souvent faussé par l'absence de prise en considération de l'objet des règlements. Ils n'ont pas tous, loin s'en faut, pour objet de préciser les conditions d'application des lois. Un plan local d'urbanisme (PLU) d'une commune, par exemple, n'a pas pour objet de préciser le contenu de la loi. Il ne fait que la mettre en œuvre. Pourtant, ce règlement, qu'est le PLU, présente une importance considérable pour les habitants de la commune. Il n'est ni secondaire ni résiduel.

Pour comprendre la répartition des rôles entre le Premier ministre et les autorités locales, il faut attacher la plus grande importance à la distinction entre deux catégories de règlements : ceux pris pour rendre possible l'application de la loi et ceux pris pour son application.

– Les premiers ont pour objet de préciser le contenu des lois lorsqu'elles ne sont pas d'application immédiate. Ils permettent aux lois *d'entrer en vigueur* et sont généralement pris par le Premier ministre. On les nomme (même si l'appellation est ambiguë) *décrets d'application des lois*.

– Les seconds ont un objet différent. Ils ne déterminent pas les conditions d'application de la loi, mais ils appliquent la loi. Celle-ci est déjà entrée en vigueur et est applicable. Ces règlements ne font que mettre en œuvre la compétence que la loi a créée. C'est le cas, dans l'exemple précité, du plan local d'urbanisme[1].

Une différence de régime. – Cette distinction relative à l'objet du règlement induit une différence de régime. En vertu de l'article 21 de la Constitution, le Premier ministre doit prendre les décrets permettant aux lois d'entrer en vigueur. Il s'agit d'une obligation constitutionnelle sanctionnée par le juge administratif. La carence est une illégalité qui engage la responsabilité de l'État et qui peut conduire le juge administratif à enjoindre au Premier ministre d'édicter le décret (v. Séquence 8). En revanche l'adoption des règlements locaux relève de la libre administration locale (art. 72 Const.) et des conditions prévues par la loi pour chaque catégorie de compétence dévolue aux collectivités territoriales.

1. J.-M. Auby, « Le pouvoir réglementaire des autorités des collectivités locales », *AJDA* 1984. 468 ; A. Haquet, *La loi et le règlement*, LGDJ, 2007, p. 107.

Il n'y a donc pas de véritable concurrence parce que les missions, les obligations et les champs d'intervention ne sont pas les mêmes. Par exemple, le Premier ministre n'adopte pas de PLU au lieu et place d'une commune, mais il détermine les règles générales que les communes doivent respecter pour leur adoption.

Le Conseil d'État l'a précisé en ces termes : « l'édiction des règles confiées par la loi aux collectivités territoriales ne doit pas intervenir avant la mise en place du cadre général dont la détermination est renvoyée par la loi au décret ». Mais, « de son côté ; le décret d'application ne doit pas empiéter sur les compétences réglementaires que la loi a confiées aux collectivités territoriales » (CE, ass. gle., avis, section de l'Intérieur, n° 387.095, 15 nov. 2012).

Les autorités territoriales peuvent, sous conditions restrictives, appliquer la loi sans décret d'application du Premier ministre. – Dans deux hypothèses, néanmoins, les autorités territoriales peuvent intervenir directement sans intervention de l'autorité réglementaire nationale :

1/ Les autorités locales peuvent intervenir, en premier lieu, sans attendre un décret du Premier ministre lorsque la loi est d'application immédiate. En effet, selon l'article 1er du Code civil, « les lois entrent en vigueur à la date qu'ils fixent ou, à défaut, le lendemain de leur publication ». La loi est alors d'application immédiate.

En revanche, lorsque les lois ne sont pas suffisamment précises pour être appliquées, « l'entrée en vigueur de celles de leurs dispositions dont l'exécution nécessite des mesures d'application est reportée à la date d'entrée en vigueur de ces mesures » (C. civ., art. 1er).

La publication d'une loi suffisamment précise conduit simplement à son application. Destinataires de la loi, les collectivités ne font qu'user d'un pouvoir réglementaire pour encadrer leur pouvoir de décision individuelle. Par exemple, les autorités locales ont pu appliquer directement la loi qui autorisait les organes délibérants des collectivités à fixer la liste des emplois qui pouvaient bénéficier de logements de fonction. Un décret d'application n'était pas nécessaire pour cette loi (CE, ass., 2 déc. 1994, *Cne de Cuers, Leb.* p. 522 et *Préfet de la région Nord-Pas-de-Calais, Leb.* p. 529), ou encore pour celle relative aux frais de représentation des agents communaux (CE, avis, du 1er févr. 2006, *Préfet du Puy-de-Dôme*, n° 287656). En revanche, lorsque la loi n'est pas d'application immédiate, ce qui est souvent le cas, les autorités locales doivent attendre le décret du Premier ministre.

Il faut souligner que le Premier ministre peut intervenir pour préciser les conditions d'application de la loi même lorsque la loi renvoie à des mesures prises par les autorités locales. Ainsi, bien que les dispositions de la loi sur le temps de travail mentionnassent que les règles relatives à la durée et à l'aménagement du temps de travail étaient « *fixées* » par les collectivités, le Conseil d'État a précisé qu'« il appartient au Premier ministre, en vertu de l'article 21 de la Constitution, de prendre les règlements d'exécution de la loi »

(CE 9 oct. 2002, *Féd. des personnels des services des départements et des régions CGT-FO, Syndicat CGT des agents du Conseil général de Saône-et-Loire, Leb. T.* p. 585).

2/ Les collectivités territoriales peuvent parfois, sous des conditions très restrictives, déterminer les conditions d'application de la loi ; c'est-à-dire sans intervention d'un décret du Premier ministre. Ces conditions ont été énoncées dans l'avis *précité* du Conseil d'État du 15 novembre 2012. Les collectivités peuvent contribuer à déterminer ces conditions d'application lorsque « le législateur a laissé au décret d'application une latitude pour fixer plus ou moins complètement les modalités d'application de la loi et s'il n'a pas entendu répartir de façon étanche les règles confiées au décret et celles confiées aux collectivités territoriales » (CE, avis, précité n° 387.095, 4.c ; CE 10 juin 1988, *Dép. de l'Orne*, n° 90306).

En résumé, l'intervention du pouvoir réglementaire local est possible « dès lors qu'aucun décret n'est nécessaire »... (avis précité, 4.e) ; ce qui, dans ces conditions, conduit la doctrine à s'interroger sur la portée de la libre administration locale[1].

1. G. Chavrier, *Le pouvoir normatif local, enjeux et débats*, LGDJ, 2011 ; V. E. Maulin, « La décentralisation du pouvoir normatif », *AJCT* 2014. 309.

SITUATION 4

État unitaire et dérogations à la répartition des compétences

La répartition des compétences entre l'État et les collectivités territoriales, ou entre les collectivités, peut faire l'objet d'expérimentations, d'adaptations et de propositions d'évolution. Elles ne remettent pas en cause l'autorité du législateur et la cohérence de l'ordre juridique unitaire. Ces dérogations sont sollicitées et ont un effet provisoire ou limité.

L'expérimentation. – Le procédé permet de mettre la règle à l'essai et de ne la généraliser que si son utilité est démontrée. À l'occasion de la révision de 2003, des procédures ont été prévues dans la Constitution qui autorisent les collectivités territoriales à déroger à une législation ou réglementation nationale (v. Fl. Crouzatier-Durand, « L'expérimentation locale », *RFDA* 2004. 21). Elles figurent aux articles 72 alinéa 4 et 37-1 de la Constitution. Le législateur doit intervenir. La loi précise les catégories de collectivités autorisées à participer à l'expérimentation (v. CGCT, art. L.O. 1113-1). *In fine*, le législateur peut généraliser les mesures expérimentées, ou ne les maintenir que dans les collectivités « ayant participé à l'expérimentation, ou dans certaines d'entre elles » (CGCT, art. L.O. 1113-6, issu de la LO n° 2021-467 du 19 avr. 2021). Lorsqu'elles concernent un dispositif législatif, elles ne peuvent être mises en œuvre à titre expérimental par le pouvoir réglementaire (même par le Premier ministre) sans que la loi ait prévu l'expérimentation (CE 15 mars 2017, n° 391654).

En outre, même si les expérimentations dérogent, par définition, « pour un objet et une durée limités, au principe d'égalité devant la loi », le législateur doit les « définir de façon suffisamment précise » (déc. n° 2004-503 DC du 12 août 2004, cons. 9).

Enfin, les dérogations sont toujours provisoires. Elles ont un terme (déc. n° 2009-584 DC du 16 juill. 2009, cons. 39). À l'issue d'une évaluation, le législateur se prononce sur leur généralisation.

Le pouvoir de « proposition ». - Les régions peuvent proposer des modifications ou adaptations des dispositions législatives ou réglementaires les concernant. Ce pouvoir de « proposition » a été initialement reconnu à la collectivité territoriale de Corse (L. n° 2002-92, 22 janv. 2002 ; CGCT, art. L. 4422-16). Il a ensuite été étendu à l'ensemble des régions (L. n° 2015-991, 7 août 2015 ; CGCT, art. art. L. 4221-1, al. 4). Elles peuvent proposer des règles tendant à modifier ou à adapter des lois ou règlements nationaux concernant leurs compétences, ainsi que leur organisation et leur fonctionnement.

Le pouvoir d'adaptation des départements et régions d'outre-mer. - La Constitution prévoit que « les lois et règlements sont applicables de plein droit » dans les départements et régions d'outre-mer (Guadeloupe, Martinique, Guyane, Mayotte et La Réunion). En vertu du principe d'*identité législative*, les lois et règlements s'appliquent dans ces territoires sans mention spéciale dans les textes. Néanmoins, les normes nationales « peuvent faire l'objet d'adaptations tenant aux caractéristiques et contraintes particulières de ces collectivités » (art. 73 Const.). Celles-ci peuvent décider d'« adaptations » dans les matières qui relèvent de leurs compétences. Mais, ce pouvoir d'adaptation suppose que les départements et régions d'outre-mer soient « habilités » par la loi et le règlement.

Les départements et régions d'outre-mer (sauf La Réunion) peuvent également être autorisés par la loi ou par le règlement, à « fixer elles-mêmes les règles applicables sur leur territoire » dans des matières pouvant relever du « domaine de la loi ou du règlement » (à l'exception de matières fondamentales, comme la nationalité, les droits civiques, les garanties des libertés publiques, le droit pénal, la politique étrangère, etc. : art. 73 al. 3 Const. ; art. LO 3445-9 s. et art. LO 4435-9 s. CGCT). Lorsqu'elles bénéficient de cette habilitation, les départements et régions d'outre-mer peuvent soit déroger à des dispositions législatives ou réglementaires soit « créer des règles nouvelles » (CE 30 déc. 2015, *EDF*, n° 374395).

Vers un droit à la différenciation?. - Ce droit admet les particularités territoriales. La différenciation remet en cause le principe d'uniformité institutionnelle, qui impose à chaque catégorie de collectivités (communes, départements, régions) d'avoir une organisation et des compétences similaires.

Le président Macron a prôné un « droit à la différenciation » des collectivités territoriales dans son discours du 14 novembre 2017 (devant le Congrès des maires de France). Ce droit a ensuite été inscrit dans le projet de loi constitutionnelle enregistré à l'Assemblée nationale en mai 2018 et, comme, cette tentative de révision a échoué, a été réinscrit dans le projet de loi constitutionnelle déposé le 20 août 2019.

Ces projets prévoyaient que le législateur pouvait laisser les collectivités territoriales exercer « des compétences, en nombre limité, dont ne disposaient pas l'ensemble des collectivités de la même catégorie ». Les compétences des collectivités de droit commun (communes, départements, régions) pouvaient donc varier.

En outre, les projets autorisaient les collectivités à déroger « aux dispositions législatives ou réglementaires qui régissent l'exercice de leurs compétences, éventuellement après une expérimentation ». Avec le « droit à la différenciation », le résultat de l'expérimentation n'était pas nécessairement généralisé. Il pouvait être réservé à la collectivité ayant mené l'expérimentation (la révision de la Constitution ayant échoué, c'est par l'adoption de la loi organique n° 2021-467 du 19 avr. 2021 que cette possibilité sera donnée aux collectivités).

Ce droit à la différenciation était très encadré. Il ne permettait pas aux collectivités territoriales de choisir librement leurs compétences. Les projets prévoyaient que chaque dérogation resterait « limitée » en « nombre » et en « objet ». En outre, la différenciation ne pouvait mettre en cause les conditions essentielles d'exercice d'une liberté publique ou d'un droit constitutionnellement garanti.

L'examen du projet de loi constitutionnelle du 20 août 2019 a été rapidement suspendu, le contexte politique ne permettant pas de penser que les deux assemblées pourraient adopter le texte en termes identiques.

À défaut de révision de la Constitution, le régime de l'expérimentation a été revu par la loi organique du 19 avril 2021 et la notion de « différenciation » a été insérée dans un projet de loi ordinaire (*relatif à la différenciation, la décentralisation, la déconcentration et portant diverses mesures de simplification de l'action publique locale*), déposé au Sénat le 12 mai 2021. L'ambition du texte est plus modeste. Il prévoit, notamment, que « les règles relatives à l'attribution des compétences et à leur exercice applicables à une catégorie de collectivités territoriales peuvent être différenciées dans le respect du principe d'égalité ».

Différencier dans l'égalité est un exercice évidemment complexe, mais sa concrétisation donne du sens à la décentralisation (v. CE, avis, 7 déc. 2017 *sur la différenciation des compétences des collectivités territoriales*, n° 393651).

SITUATION 5

Le statut « transitoire » de la Nouvelle-Calédonie

La Nouvelle-Calédonie est un formidable laboratoire institutionnel qui met à l'épreuve la forme unitaire de l'État français. L'organisation de la République est « décentralisée » depuis la révision constitutionnelle du 28 mars 2003. Cependant, la « décentralisation » est une forme de l'État unitaire qui n'est pas appropriée pour qualifier la situation de la Nouvelle-Calédonie au sein de la République française.

Un statut conçu dans la perspective de l'indépendance. – Le statut exceptionnel et dérogatoire réservé à la Nouvelle-Calédonie a été admis dans cette perspective. Prévu à titre « transitoire », selon l'intitulé du titre XIII de la Constitution, ce statut doit permettre aux Néo-calédoniens de se « prononcer sur l'accession à la pleine souveraineté » (art. 77). Le mot indépendance n'est, certes, pas mentionné dans l'accord de Nouméa ni dans le titre XIII de la Constitution. L'« accession à la pleine souveraineté » est une formule qui résulte d'un compromis politique. Mais il ne faut pas se tromper. Une réponse positive au référendum conduit à l'indépendance de la Nouvelle-Calédonie. Le statut accordé à la Nouvelle-Calédonie s'inscrit d'ores et déjà dans cette perspective. Les « compétences de l'État seront transférées, de façon définitive, aux institutions de la Nouvelle-Calédonie » (art. 77 Const.).

Un statut dérogatoire. – L'autonomie de la Nouvelle-Calédonie est très accentuée. D'autres collectivités disposent également d'une forte autonomie. Les collectivités d'outre-mer, notamment, bénéficient d'un statut particulier prévu par la loi constitutionnelle du 28 mars 2003 et défini par une loi organique qui « tient compte de leurs intérêts propres (...) au sein de la République » (art. 74 al. 1er Const.). Pour autant, leur autonomie n'est pas aussi avancée.

La loi constitutionnelle du 20 juillet 1998 et la loi organique n° 99-209 du 19 mars 1999 *relative à la Nouvelle-Calédonie* ont autorisé de nombreuses dérogations aux principes traditionnels du droit public français. Conformément à l'accord de Nouméa, dont les orientations ont valeur constitutionnelle (Cons. const. déc. n° 99-410 DC du 15 mars 1999, cons. 3 ; Cass., ass. plén., 2 juin 2000, *Fraisse*, n° 99-60274), la Nouvelle-Calédonie bénéficie d'un pouvoir législatif pour l'exercice de compétences transférées de manière définitive, de façon à préparer ce territoire à l'exercice d'une pleine souveraineté. Celle-ci doit être décidée par un corps électoral restreint (choix à l'origine de fortes controverses). La « citoyenneté calédonienne », dont les attributs ne se limitent pas aux droits civiques, confère également l'accès prioritaire à l'emploi local dans le secteur privé ou dans la fonction publique locale. Enfin, la répartition des compétences entre les collectivités calédoniennes est particulière, avec une compétence d'attribution pour l'État, la Nouvelle-Calédonie, les communes et une compétence résiduelle mais générale conférée aux provinces (CE 7 déc. 2015, *Assoc. Ensemble pour la planète*, n° 393473).

Une large partie de la doctrine a jugé sévèrement cette « souveraineté fondante » et ce « bricolage » institutionnel (P. Avril et J. Gicquel[1]). Mais le statut de la Nouvelle-Calédonie est fondé sur un compromis politique. Il a eu le mérite de mettre un terme à de terribles violences. Il a également bénéficié initialement d'une approbation du peuple français à l'évolution de la Nouvelle-Calédonie vers l'autodétermination à l'occasion du référendum du 6 novembre 1988.

Le non l'emporte. – Une première consultation sur l'accession à la pleine souveraineté s'est déroulée le 4 novembre 2018. Le non l'a emporté (à 56,6 %).

Le résultat était clair, mais l'accord de Nouméa (p. 5), qui se voulait pragmatique, a prévu qu'à l'issue de cette consultation deux nouvelles consultations pouvaient être organisées (v. V. Hipeau, « La République et la Nouvelle-Calédonie : une valse (des référendums) à trois temps ? », *D.* 2019. 263).

Une deuxième consultation a été organisée le 4 octobre 2020. Le non l'a de nouveau emporté, mais il n'a atteint que 53,26 % des voix (contre 46,74 s% de non). L'écart s'est resserré, ce qui constitue le plus mauvais des scénarios. Le rattachement à la République française ou l'indépendance ont besoin d'un résultat net.

Une troisième et dernière consultation est prévue le 12 décembre 2021.

Et si le oui l'emportait ?.... – Des réflexions ont été menées pour anticiper l'issue du référendum. Il n'est pas prévu de rupture avec la République française. Plusieurs options sont envisagées. Le statut organisera un partenariat privilégié entre la France et la Nouvelle-Calédonie ou une autonomie renforcée dans des conditions qui restent à déterminer. Plusieurs scénarios ont été dressés[2].

En tout état de cause, il est difficile de concevoir que la Nouvelle-Calédonie puisse exercer ses compétences régaliennes, de défense, de monnaie, etc., sans une association étroite avec la France. Il faudra un accord international ou un compromis interne.

Un exemple pour d'autres entités ?. – On ne peut anticiper la réaction des territoires qui aspirent à une autonomie renforcée. Le statut de la Nouvelle-Calédonie ne sera plus transitoire si la réponse des Calédoniens à l'accession à la pleine souveraineté reste négative. Cette entité disposera d'un statut qui pourra alors faire naître des revendications dans d'autres collectivités.

Par exemple, la Polynésie française a déjà réclamé un statut équivalent à celui de la Nouvelle-Calédonie. Une procédure de révision constitutionnelle a même été initiée mais elle a échoué (la loi constitutionnelle a été

1. P. Avril et J. Gicquel, chron. const., *Pouvoirs*, n° 88, 1999, p. 178.

2. V. rapport au Premier ministre, oct. 2013, de J. Courtial, F. Mélin-Soucramanien : *Réflexions sur l'avenir institutionnel de la Nouvelle-Calédonie*, Doc. fr., 2014.

adoptée par les deux assemblées le 12 oct. 1999, mais le processus constitutionnel a été interrompu[1]). La Polynésie française bénéficie désormais du statut de « collectivités d'outremer » prévu par la loi constitutionnelle du 28 mars 2003.

Perspective fédéraliste et « *souveraineté partagée* ». – De nouveaux compromis institutionnels doivent être trouvés. Ils s'écartent des principes de l'État unitaire décentralisé.

La vocation fédérale de la Nouvelle-Calédonie est manifeste. L'exercice de certaines compétences (notamment en matière judiciaire) fait l'objet d'un partage de souveraineté. Si le titulaire de la souveraineté reste le peuple français, son exercice est, en revanche, partagé. L'accord de Nouméa prévoit d'ailleurs expressément « un partage de souveraineté avec la France » (préamb. § 4 et 5)[2].

L'idée de souveraineté-partagée est fortement contestée. On s'interroge sur l'utilisation d'un concept dont la signification proposée s'oppose à celle qu'il recouvre traditionnellement. La souveraineté est, par définition, indivisible (v. Séquence 4). En outre, le droit de la décentralisation dans un État unitaire n'admet pas le partage des compétences régaliennes avec les collectivités infra-étatiques.

En revanche, une perspective fédérale permet de dépasser l'obstacle de la souveraineté. La division du pouvoir est acceptable dans une fédération où l'on admet, au nom du pacte constitutionnel fondateur, une forme de « double niveau de souveraineté » (*system of "dual sovereignty"* : cf. *Printz v. United States* (521 U.S. 898 [1997]) : v. *Grands arrêts de la Cour suprême des États-Unis*, dir. E. Zoller, n° 75, PUF, 2000, p. 1271).

La réflexion sur le pacte institutionnel, lors de la constitution d'une fédération, suppose de dépasser l'idée de souveraineté, qui « loin d'être la condition même de l'étude du fédéralisme (...) en constitue, au contraire, l'obstacle qu'il faut lever si l'on veut penser le fédéralisme » (O. Beaud, *Théorie de la Fédération*, Léviathan, 2007, p. 59).

En tout état de cause, quel que soit le résultat de la (ou les) consultation(s) sur l'avenir de la Nouvelle-Calédonie, une solution de compromis devra être trouvée avec la République (partenariat privilégié ou autonomie renforcée). Les choix relatifs au niveau de souveraineté auront lieu *a posteriori* et *a contrario*. Ils dépendront de la forme de l'État réinventée.

1. R. Porteilla, « Le nouveau statut de la Polynésie française », *RFDA* 1999. 14 ; J.-Y. Faberon, *RFDC* 2001/2, n° 46, p. 381.
2. F. Lemaire, « Propos sur la notion de "souveraineté partagée" ou sur l'apparence de remise en cause du paradigme de la souveraineté », *RFDC* 2012, n° 92, p. 821 ; J.-Y. Faberon, « La Nouvelle-Calédonie, "pays à souveraineté partagée" », *RD publ.* 1998. 645 ; J.-Y. Faberon et G. Agniel (dir.), *La souveraineté partagée en Nouvelle-Calédonie et en droit comparé*, Doc. fr., 2000.

SÉQUENCE 4
Constitution et souveraineté

Un pouvoir qui l'emporte...

La *souveraineté* a été « la grande affaire de la France » (G. Vedel[1]). La lecture de la Constitution de 1958 donne à penser qu'elle le reste. Son titre premier est intitulé « *De la souveraineté* ».

Encore faut-il que ce concept répété à l'envi soit défini...

La souveraineté est « une, indivisible, inaliénable et imprescriptible ». Cette célèbre formule figurait dans la première constitution écrite française, du 3 septembre 1791 (art. 1er, T. III). Elle est souvent évoquée en guise de définition. Pourtant, l'énoncé de ces caractères ne suffit pas à définir le concept de souveraineté.

Une pluralité de sens. – Le terme de souveraineté est utilisé dans des sens différents. Selon les discours, la souveraineté est évoquée pour désigner un *pouvoir*, une *puissance*, une *liberté*, des *compétences* ou un principe de *légitimité*. Son titulaire diffère également. Il peut être l'*État*, la *nation*, le *peuple*, etc.

Certains auteurs ont donc théorisé que la souveraineté avait plusieurs significations. Une trilogie a été proposée : la souveraineté désignait la portée du pouvoir souverain, les compétences régaliennes et le statut de l'autorité qui exerçait la souveraineté. Raymond Carré de Malberg a prétendu que l'idée de souveraineté avait revêtu successivement trois significations : dans « son sens originaire » le terme souveraineté désigne « le caractère suprême d'une puissance pleinement indépendante, et en particulier de la puissance étatique. Dans une seconde acception, il désigne l'ensemble des pouvoirs compris dans la puissance d'État, et il est par suite synonyme de cette dernière. Enfin il sert à caractériser la position qu'occupe dans l'État le titulaire de la puissance étatique et ici la souveraineté est identifiée avec la puissance de l'organe »[2].

---

1. G. Vedel, *Commentaire*, 1992, n° 59, p. 640.
2. R. Carré de Malberg, *Contribution à la Théorie générale de l'État*, t. I, 1920, Sirey, rééd. CNRS 1962. 79. Ces développements sont inspirés de H. Rehm : *Allgemeine Staatslehre*, Freiburg i. B.,

Un sens général. – La diversité des significations rend le concept incertain. Pour autant, ces significations convergent. Une définition générale se dégage : la souveraineté est « un pouvoir qui l'emporte sur les autres » (dict. Larousse). Son titulaire *l'emporte* sur toute autre autorité.

Cette définition est proposée en première approche. Elle doit être complétée parce qu'elle peut être utilisée pour d'autres pouvoirs que celui du souverain. Par exemple, le pouvoir du président de l'université l'emporte sur celui des directeurs de composantes de son établissement sans que le président de l'université puisse être qualifié de souverain...

Mais cette première définition est intéressante parce qu'elle justifie de nombreux postulats :

- Elle permet d'affirmer que la norme constitutionnelle adoptée par le souverain est placée au sommet de la hiérarchie des normes ;
- Elle justifie que les représentants du peuple souverain disposent d'un pouvoir normatif qui l'emporte sur celui des autres autorités ;
- Elle permet de considérer que le pouvoir de l'État est supérieur à celui des collectivités territoriales parce qu'il est souverain ; et, à l'inverse, que l'État ne peut avoir de supérieur dans la communauté internationale parce qu'il est souverain. Etc.

Au regard de ces postulats, la souveraineté apparaît comme un pouvoir exceptionnel. Il confère à son titulaire un statut privilégié. Il importe donc de comprendre la signification de ce statut pour définir l'idée de souveraineté.

Il faut également désigner le titulaire de la souveraineté : est-ce l'État, la nation, le peuple... ?

Au demeurant, cette question est souvent mal posée parce que la souveraineté est toujours celle de l'État (I), mais elle est exercée *dans* l'État par l'autorité qui a la plus haute légitimité politique. Cette autorité peut être, selon les époques, le peuple, la nation, le roi, un empereur, etc. (II).

I ▪ La souveraineté *de* l'État

La signification de la souveraineté de l'État peut être établie en s'interrogeant sur l'origine de l'idée (A), ses caractéristiques (B) et les compétences qui lui sont rapportées (C). Une définition apparaît qui permet de prendre position dans les débats contemporains et notamment sur la proposition de *souveraineté partagée* (D).

Berlag von Mohr, 1899, p. 59 (v. A. Haquet, *Le concept de souveraineté en droit constitutionnel français*, PUF, 2004, p. 12).

A ▪ L'origine de l'idée de souveraineté

La souveraineté a accompagné l'essor de la monarchie à partir de la fin du XVIe siècle. Ce pouvoir était d'un genre nouveau.

Un principe nécessaire à la monarchie. – L'ancienne féodalité (XIe-XIIIe s.) était une organisation hiérarchique qui unissait les membres de la noblesse entre eux. La féodalité était fondée sur le lien personnel entre les membres de la société. Au contraire, la monarchie s'est opposée à la multitude des autorités seigneuriales et aux liens personnels. Ce régime était fondé sur l'unité du pouvoir (monarchie signifie en grec : pouvoir d'un seul). Elle supposait un pouvoir suprême et indivisible. La souveraineté était ce pouvoir qui a permis d'affirmer, à partir du XIIIe siècle, que *le roi est empereur en son royaume (rex in regno suo est imperator regni sui)*.

La souveraineté, un pouvoir d'un genre nouveau. – Elle a été conceptualisée avec efficacité aux XVIe-XVIIe siècles par des jurisconsultes favorables à l'idée monarchique (Bodin, Loyseau, Coquille, Lebret...). Jean Bodin, notamment, a magistralement démontré dans *Les Six livres de la République* (1576) qu'une puissance de commandement ne pouvait être efficace et légitime que si elle était incontestable et indivisible.

Dès lors, la souveraineté a changé la nature du pouvoir et la structure de l'ordre juridique. Pour justifier que la souveraineté ne fût pas un pouvoir ordinaire, il a fallu accepter qu'il n'appartînt pas au roi à titre de propriété. Celui-ci l'incarnait et l'exerçait sans en disposer librement.

Cette idée apparaît à la fin du Moyen Âge, où l'on décèle chez le roi une double personnalité qui dispose et exerce le pouvoir. Il y a, avec Ernst Kantorowicz, « deux Corps du roi » (1957) : le corps physique donc mortel et le corps politique du souverain qui est perpétuel.

Progressivement, cette conception du pouvoir s'est institutionnalisée. La souveraineté devient un pouvoir impersonnel reconnu à une entité abstraite : le *royaume* ou l'*État*. Dès le début du XVIIe siècle, le jurisconsulte Loyseau déclare que « la souveraineté est la forme qui donne l'être à l'État ».

L'idée de souveraineté a contribué à l'acceptation d'un ordre juridique dominé par une autorité. Avec cette idée, le droit n'était plus formé d'un ensemble de règles émanant d'une multitude d'autorités féodales. Le souverain posait les règles les plus élevées, ce qui impliquait une hiérarchie des autorités et des normes. L'unité de la puissance de l'État est devenue un principe élémentaire.

B ▪ Les caractéristiques de la souveraineté

La souveraineté est traditionnellement définie comme un pouvoir suprême et incontestable (1), dont la légitimité est supposée (2). Ce pouvoir est indivisible (3).

1. Un pouvoir suprême et incontestable

Un pouvoir suprême. - Le mot souveraineté vient de *superanus*, terme de latin médiéval qui désigne la supériorité. La souveraineté est un pouvoir supérieur. Son titulaire doit avoir la maîtrise de son territoire et disposer du monopole de l'édiction des règles juridiques les plus élevées.

Pour Jean Bodin, le souverain a « puissance de donner loi à tous en général, et à chacun en particulier ; mais ce n'est pas assez, car il faut ajouter, sans le consentement de plus grand, ni de pareil, ni de moindre que soi » (*Les six livres de la République*, Livre I, Chap. X). La souveraineté est donc avant tout une puissance de commandement qui réserve à son titulaire le pouvoir législatif le plus élevé[1].

Le souverain établit les règles juridiques dont le rang est supérieur (aujourd'hui, par exemple, on considère que la constitution est la norme juridique la plus élevée parce qu'elle est adoptée par le peuple souverain). En outre, le souverain est libre de fixer le contenu du droit. Pour Jean Bodin, « la souveraineté n'est limitée ni en puissance, ni en charge, ni à certain temps » (*Les six livres de la République*, Livre I, Chap. VIII). Aucune autorité politique ne peut l'empêcher d'agir et aucune loi ne peut lui être opposée et établir des conditions de validité des normes qu'il édicte.

Un pouvoir incontestable. - Le souverain est, par définition, au-dessus des lois. *Princeps legibus solutus est* (le prince est délié des lois). Il n'a pas de compte à rendre et ne peut être sanctionné.

Le caractère incontestable du pouvoir souverain a eu des conséquences importantes sur l'évolution de l'Ancien Régime. Celui-ci n'a pu intégrer l'idée de séparation des pouvoirs et a contraint le roi à s'opposer aux contre-pouvoirs.

Pourtant, l'indivisibilité de la souveraineté ne signifie pas que ce concept s'oppose à la séparation des pouvoirs. L'on peut concevoir que cette séparation organise la délégation de la souveraineté originelle (ex. de la nation) entre plusieurs autorités (gouvernement, parlement, juges). Mais, le roi, sous l'Ancien régime, n'était pas une simple autorité qui aurait bénéficié, avec d'autres organes, d'une délégation de la souveraineté. Il exerçait un pouvoir souverain qui n'était pas partagé et qui n'était pas contestable.

De même, le droit constitutionnel français, qui a retranscrit ultérieurement l'idée de souveraineté, a consacré le caractère incontestable de ce pouvoir. La loi, adoptée par le Parlement, qui représentait la nation souveraine, était incontestable ; c'est pourquoi, les tribunaux ont longtemps refusé de la contrôler.

Ce pouvoir suprême et incontestable permet au titulaire de la souveraineté d'imposer sa loi et d'exercer la puissance publique sur son territoire (souverai-

---

1. J. H. Franklin, *Jean Bodin et la naissance de la théorie absolutiste*, PUF, 1993 ; O. Beaud, *La puissance de l'État*, PUF, 1994.

neté dite *interne*). Elle le rend indépendant des autres souverains (souveraineté dite *externe*).

2. Une légitimité supposée

Les sujets doivent obéir au souverain parce que son pouvoir est incontestable. Ce postulat pose la question de sa légitimité. Les sujets doivent-ils obéir au souverain lorsqu'ils n'ont plus confiance en lui ? Peuvent-ils revendiquer un droit de « résistance à l'oppression » (art. 2 DDHC) ?

Les théoriciens de la souveraineté ont considéré qu'il était difficile d'admettre que les sujets pussent se demander s'ils avaient confiance en une autorité avant de lui obéir. Ce mode de raisonnement aurait été une source de désordre. Pour les partisans de la monarchie, il était préférable d'obéir sans s'interroger sur la légitimité du souverain.

Pour autant, même les théoriciens de la souveraineté étaient conscients que les rois pouvaient ne pas être vertueux. Ils ont donc généralement admis que les sujets pouvaient ne pas respecter le souverain lorsqu'il se transformait en tyran. Mais ce cas de figure ne pouvait qu'être exceptionnel. « O qu'il y aurait de tyrans s'il était licite de les tuer » (Bodin, *Les six livres de la République*, Livre II, Chap. V).

La légitimité résultant du contrat social

Les théoriciens qui étaient hostiles à la désobéissance au souverain ont dû trouver une raison théorique au caractère incontestable de la souveraineté.

Pour résoudre cette difficulté, Thomas Hobbes a proposé un raisonnement fondé sur l'accord originel des sujets. Dans *Le Léviathan* (1651, ouvrage rédigé dans un contexte de guerre civile en Angleterre), Hobbes part de l'idée que les sujets du roi ont accepté sa souveraineté. Le souverain existe parce que les sujets ont un jour décidé de renoncer à leur liberté à son profit. Les hommes ne se respectent pas (« l'homme est un loup pour l'homme »). Ils sont en guerre permanente. Le désordre est constant parce qu'il n'y a pas de loi du plus fort, le plus faible pouvant également espérer l'emporter par la ruse. Aussi, pour mettre un terme à cette situation, les hommes décident-ils de conférer le pouvoir à un souverain. Par ce *contrat social*, les sujets s'engagent à lui obéir. Chaque individu est alors « l'auteur de ce que fait le souverain ». Il ne peut donc y avoir d'injustice parce que « c'est impossible de commettre une injustice envers soi-même » (*Léviathan*, II, XVIII).

Cette théorie artificielle du contrat social a laissé des traces profondes en histoire des idées politiques. Jean-Jacques Rousseau l'a reprise (*Du contrat social*, 1762) et démocratisée dans la mesure où le pouvoir n'est plus confié à un être physique, le roi, mais à un corps collectif. Pour Rousseau, à l'instant du contrat social, « au lieu de la personne particulière de chaque contractant, cet acte d'association produit un corps moral et collectif composé d'autant de membres que l'assemblée a de voix, lequel reçoit de ce même acte son unité, son moi commun, sa vie et sa volonté » (*Du contrat social*, I, VI). Ce corps collectif exprime la *volonté générale*.

La légitimité des décisions du souverain provient du fait que le peuple souverain ne peut prendre de décisions qui oppriment les citoyens. Ceux-ci le composent. Dès lors, le souverain ne peut être « injuste, puisque nul n'est injuste envers lui-même » (*Du contrat social*, VI, II).

Cette idée postule qu'une majorité ne peut pas opprimer une minorité, ce que l'avenir des peuples infirmera.

3. Un pouvoir indivisible

La souveraineté, selon la formule de Cardin Le Bret, « n'est non plus divisible que le point en la géométrie ».

Une puissance de commandement ne peut pas être partagée. Le pouvoir politique donné à deux autorités divise et annihile la souveraineté. Elles n'ont plus la qualité de souverain parce que l'une d'elles peut s'opposer aux décisions proposées par l'autre. Pour cette raison, la souveraineté est indivisible. Elle ne peut avoir qu'un titulaire.

L'indivisibilité de la souveraineté a été proclamée tout au long de l'Ancien Régime. Elle a été réaffirmée à la Révolution française bien que l'on ait changé de souverain. La nation a remplacé le roi. Selon l'article 3 de la Déclaration de 1789, « le principe de toute Souveraineté réside essentiellement dans la Nation ».

Ce caractère de la souveraineté est affirmé, comme nous l'avons vu, dans la première constitution écrite française de 1791 : « la souveraineté est une, indivisible, inaliénable et imprescriptible » (art. 1er, T. III). Cette formule emphatique a été retranscrite dans les constitutions de 1793, 1795 et 1848. Elle comporte une énumération de caractères qui semblent se répéter et traduisent des difficultés rédactionnelles débattues lors de la séance du 10 août 1791. Certains parlementaires considéraient que l'énumération de ces caractères était inutile. D'autres hésitaient entre le terme *inaliénable* et *imprescriptible*. À l'issue d'un débat sur la possibilité de déléguer la souveraineté à des représentants, à laquelle Robespierre s'opposait, il a été décidé de mentionner ces divers caractères. La nation pouvait déléguer ses pouvoirs à des représentants (notamment au roi dans la Constitution de 1791), mais cette délégation n'affectait pas la souveraineté. Pour le prouver, on a affirmé que la souveraineté était *une, indivisible, inaliénable et imprescriptible*[1].

---

1. A. Haquet, *Le concept de souveraineté en droit constitutionnel*, *op. cit.*, p. 47 s.

C ▪ Les compétences de l'État souverain

La souveraineté est classiquement présentée à partir d'une liste de compétences que tout souverain doit posséder. À défaut, il n'est pas souverain. Ce sont les compétences *régaliennes* (1). Cette liste ne peut, cependant, être limitée. Le souverain a la plénitude des compétences. Il les choisit librement (2).

1. Les compétences régaliennes

Le pouvoir le plus important du souverain est d'adopter les règles supérieures. À vrai dire, cette compétence englobe toutes les autres dans la mesure où il permet au souverain de régir la société : « sous cette puissance de donner et de casser la loi, sont compris tous les autres droits et marques de souveraineté » (Jean Bodin, *Les six livres de la République*, Livre I, Chap. X). Le même constat a été effectué par Jean-Jacques Rousseau (*Du contrat social*, livre II, chap. II).

Pour cette raison, les autorités qui participent à l'exercice de la souveraineté sont celles qui adoptent les règles de droit supérieures. Ainsi, en droit constitutionnel français, on considère classiquement que la souveraineté est reconnue à deux autorités normatives : le peuple souverain, qui adopte la constitution, directement par référendum ou indirectement par ses représentants ; le Parlement, qui adopte les lois au nom du peuple souverain. En revanche, les autres autorités normatives, et notamment les autorités réglementaires, ne participent pas à l'exercice de la souveraineté.

En outre, une distinction apparaît entre les domaines de compétences du souverain. Certains domaines sont jugés plus dignes que d'autres de relever de la souveraineté. Une liste de compétences est ainsi traditionnellement réservée au souverain. Elles ont peu varié au fil du temps. Il s'agit principalement de la justice, la défense, la monnaie et la conduite des relations internationales. Ce sont des compétences élémentaires sans lesquelles l'État n'existe pas. Or, sans État, il n'y a pas de souveraineté...

Pour autant, cette liste est discutable parce que l'on peut se demander pourquoi elle est aussi restrictive. Pourquoi ne pas mentionner des compétences élémentaires de l'État en matière d'éducation, ou de santé ?[1] Un souverain qui est incapable d'agir dans ces matières est-il souverain ? C'est la critique qui est formulée à l'encontre de certains États en perdition qui ne peuvent éduquer ou soigner leur population. Leur souveraineté paraît formelle dès lors que ces missions élémentaires ne sont pas assumées ou ne peuvent l'être que par des organisations extérieures à l'État.

Dresser une liste de domaines liés à la souveraineté, valables pour tous les États et à toutes les époques, est arbitraire. C'est oublier que le souverain choisit lui-même ses compétences.

1. R. De Bellescize, *Les services publics constitutionnels*, LGDJ, 2005.

2. La compétence de la compétence

La souveraineté donne à son titulaire le pouvoir de choisir lui-même ses compétences. On dit qu'il a *la compétence de la compétence*. Le souverain peut décider de s'attribuer une nouvelle compétence. Ce peut être, par exemple, la politique de l'environnement. Ainsi, dans la Charte de l'environnement de 2004, qui est une loi constitutionnelle, le Peuple français a-t-il proclamé que « la préservation de l'environnement doit être recherchée au même titre que les autres intérêts fondamentaux de la Nation » (préambule de la Charte). À l'inverse, le souverain peut décider de ne plus exercer une compétence régalienne. Par exemple, le Peuple français a renoncé à la politique monétaire et au franc lors du référendum du 20 septembre 1992. Il a préféré adopter la monnaie européenne, l'euro.

Le débat contemporain sur l'autolimitation de la souveraineté. – L'État est-il encore souverain s'il renonce à des compétences élémentaires, comme la monnaie, la justice ou sa politique de défense ? Une entité étatique peut-elle être reconnue en cette qualité sans *plénitude de compétences* ? Cette question a été très débattue à partir des années 1990, notamment, sur la construction européenne.

En France, la question de savoir si l'État pouvait renoncer à une compétence élémentaire a été posée au Conseil constitutionnel en 1992. Le traité sur l'Union européenne (traité de Maastricht) a été soumis au Conseil constitutionnel par le président Mitterrand. Le Conseil a considéré que ce traité ne pouvait pas être ratifié sans révision préalable de la Constitution. L'exercice de la souveraineté était affecté par des transferts de compétences à l'Union européenne (déc. n° 92-308 DC du 9 avril 1992). La Constitution a donc été révisée. La loi constitutionnelle du 25 juin 1992 a introduit un titre XV dans la Constitution sur l'Union européenne.

En réaction, des sénateurs « souverainistes » ont de nouveau saisi le Conseil constitutionnel en lui demandant de vérifier que la révision de la Constitution respectait la souveraineté nationale.

Le cœur de la souveraineté. – Les requérants ont expliqué que l'on ne pouvait pas transférer une compétence régalienne. En outre, si une révision autorisait une atteinte à la souveraineté, une fois, on ne voyait pas pourquoi une autre révision ne pourrait pas l'autoriser par la suite. Après la monnaie, pourquoi ne pas transférer la défense, et ensuite la diplomatie, la fiscalité, etc. Que restera-t-il alors de la souveraineté de l'État français ? Dans leur saisine, les requérants ont interrogé le Conseil sur « le seuil au-delà duquel les transferts dits de "compétence" touchant ou ne touchant pas à ces conditions essentielles et consenties pour favoriser la construction européenne conduiront à changer la nature de l'État ? / En d'autres termes, si la souveraineté n'est plus qu'une "addition de compétences" (...) et si on peut lui ôter successivement des compétences comme des feuilles à un artichaut, à partir de quel moment ou de quel degré la "souveraineté-artichaut" verra-t-elle son cœur atteint ? ».

Le Conseil constitutionnel a esquivé le débat. Il a considéré que le Parlement, qui exerçait le pouvoir constituant, pouvait modifier la Constitution comme il le désirait. Il n'avait donc pas à se prononcer sur l'atteinte à la souveraineté (déc. n° 92-312 DC du 2 sept. 1992, *Maastricht II*).

D ▪ La thèse de la souveraineté-partagée

Pour justifier le partage de la souveraineté entre la République française et l'Union européenne, ou encore avec des collectivités infra-étatiques (comme la Nouvelle-Calédonie), la thèse a parfois été avancée que la souveraineté pouvait être partagée. Son exercice serait réparti conjointement entre plusieurs titulaires. On peut se demander si cette *souveraineté-partagée* renvoie au concept de souveraineté ou à une notion portant le même intitulé mais qui ne recouvrerait plus le même concept (v. situation 4).

La concurrence entre plusieurs titulaires du pouvoir politique s'oppose à l'idée même de souveraineté. Son titulaire doit avoir l'exclusivité du pouvoir normatif supérieur et disposer d'une plénitude de compétences.

Ce mode de raisonnement peut toutefois échapper à la logique interne des États fédéraux. En raison de leur mode de création et du pacte constitutif de la fédération, une forme de souveraineté partagée peut être défendue en droit constitutionnel interne entre les États fédérés et la fédération (notamment sur la question de la révision de la constitution). La Cour suprême des États-Unis a ainsi fait référence à un double niveau de souveraineté (system of "dual sovereignty") : *Printz v. United States* (521 U.S. 898 [1997]). Pour autant, cette question ne concerne pas les relations entre l'État et les organisations supranationales.

II ▪ La souveraineté *dans* l'État

L'État est une fiction. L'exercice de sa souveraineté doit être confié à une autorité, le plus souvent mentionnée dans la constitution. Le titulaire de la souveraineté n'est généralement plus un roi, mais une entité (ex. nation ou peuple) qui est elle-même abstraite. Ce titulaire de la souveraineté ne peut donc, lui-même, exercer le pouvoir que par *représentation*.

Ce raisonnement implique de désigner successivement :
- le titulaire de la souveraineté dans l'État (A),
- lorsqu'il s'agit du Peuple, les citoyens qui le composent (B),
- et leurs représentants (C).

A ▪ Le titulaire désigné de la souveraineté

La constitution désigne le titulaire de la souveraineté. Il est parfois le même depuis les origines de l'État. La Constitution des États-Unis, par exemple, a pour souverain le « peuple des États-Unis » depuis la fin du XVIIIe siècle. Dans d'autres États, le titulaire a varié au cours de son histoire constitutionnelle faisant naître un doute sur l'identité du souverain. En France, s'agit-il de la nation ou du peuple ? Ces concepts sont distincts (1).

Des théories constitutionnelles ont été bâties à partir du concept de nation ou de celui de peuple pour décrire les régimes politiques (2).

1. Nation et peuple

Suivant les enseignements de Raymond Carré de Malberg, la doctrine française a opposé le *peuple* et la *nation* parce que leur nature aurait été différente.

- Le *peuple* est une personne réelle. Il correspond à « la totalité des citoyens », c'est-à-dire à une agrégation d'individus aux volontés disparates[1].

- La *nation*, à l'inverse, est une entité abstraite et immuable, qui n'est pas affectée par le renouvellement des générations. Pour Carré de Malberg, la nation « n'est pas seulement constituée par la génération présente des citoyens ; elle comprend, d'une façon indéfinie, la succession ininterrompue des générations nationales, présentes et futures »[2].

Cette distinction visait à défendre l'idée de nation. Elle a permis de souligner que le peuple avait une volonté spontanée et évolutive trop dépendante des réactions sociales, alors que la volonté de la nation était rationnelle et supérieure aux mouvements d'humeur de la population. La distinction était donc orientée.

Elle avait, néanmoins, le mérite de la simplicité. Elle permettait, notamment, de retenir une définition de l'idée de nation, ce mot si utilisé et, lui aussi, polysémique parce qu'instrumentalisé[3].

Qu'est-ce qu'une nation ?. - Le débat est ancien. Pour le résoudre, on a longtemps opposé deux conceptions de la nation. La première était dite *objective* et la seconde *subjective*.

- La conception *objective* impliquait que la nation regroupât des individus qui répondaient à des caractéristiques nationales (leur origine ethnique, leur lieu de naissance, leur langue, ou leur religion, etc.). Cette conception a été combattue parce qu'elle a produit les pires horreurs. Au nom de la pureté de la race, on a supprimé des catégories de population qui ne satisfaisaient pas

1. R. Carré de Malberg, *Contribution à la théorie générale de l'État*, T. II, 1922, Sirey ; rééd. CNRS 1962. 155.
2. *Contribution*, note 10, p. 176.
3. S. Rémi-Giraud, P. Rétat (dir.), *Les mots de la nation*, Lyon, PUF, 1996.

aux critères objectifs présupposés. Cette conception objective de la race (ou de l'ethnie) est dangereuse parce qu'elle repose sur une discrimination naturelle entre les individus.

– La conception *subjective* rend, au contraire, les critères objectifs secondaires. La nation regroupe avant tout des individus qui ont, personnellement, le sentiment d'appartenir à une même entité. Ils se sentent Français, Italiens, ou Russes, par leur culture, leur façon de vivre, ou encore le sentiment de solidarité qui les unit aux autres nationaux. La nation, pour reprendre la célèbre formule d'Ernest Renan, est un « vouloir vivre collectif » (*Qu'est-ce qu'une nation ?*, 1882). Cette conception présente, cependant, des faiblesses. Elle peut être orientée à des fins politiques. Elle a, ainsi, été énoncée à la fin du XIXe siècle, pour défendre l'idée selon laquelle les habitants d'Alsace-Lorraine, après la perte de ces territoires en 1871, avaient conservé le sentiment d'être français et, donc, la volonté de le rester. Cette conception subjective manque, par ailleurs, de cohérence parce qu'elle n'exclut pas des critères objectifs. Le sentiment national suppose, par exemple, un dialogue entre nationaux. Leur langue commune constitue un critère objectif. En outre, la conception subjective oblige à définir le sentiment national et mesurer le « vouloir vivre collectif ». Or le sentiment de solidarité nationale est devenu un objet de polémique.

Le débat contemporain sur l'idée de nation. – Cette idée est omniprésente dans les discours politiques portant sur la souveraineté nationale ou la cohésion de la communauté nationale. En témoigne le projet de loi constitutionnelle de *protection de la nation* sur l'état d'urgence et la déchéance de nationalité (qui fut annoncé par le président François Hollande devant le Congrès, après les attentats du 13 novembre). Il a principalement eu pour objet de montrer l'attachement de la communauté politique à l'idée de nation (projet qui a été discuté et abandonné).

L'identité nationale est une notion fondamentale. Elle mérite d'être définie. La question avait d'ailleurs paru suffisamment importante pour que le président Nicolas Sarkozy lançât un débat officiel sur le thème de « l'identité nationale » en novembre 2009. Il tourna à la cacophonie et échoua.

Cette entreprise considérable est dévolue aux historiens[1]. Cependant, la définition n'est pas neutre en droit constitutionnel parce que le concept de nation est au cœur de l'idée de souveraineté nationale et de l'État-nation. De même, cette question est essentielle dans les rapports entre la France et l'Union européenne qui « respecte l'identité nationale de ses États membres »

1. F. Braudel, *L'identité de la France*, t. 1 (*Espace et Histoire*), t. II et III (*Les hommes et les choses*), Arthaud-Flammarion, 3 vol., 1986-1987 ; A.-M. Thiesse, *La création des identités nationales. Europe XVIII-XXe siècles*, Seuil, 1999 ; C. Reynaud-Paligot, *De l'identité nationale. Science, race et politique en Europe et aux États-Unis, XIXe-XXe siècle*, PUF, 2011 ; S. Veynare, *Les origines de la France. Quand les historiens racontaient la nation*, Seuil, 2013.

selon l'article 4 du traité sur l'Union européenne[1]. Mais encore faut-il proposer une définition de l'identité nationale.

La définition des concepts est également indispensable pour la compréhension de certaines théories constitutionnelles. Les régimes politiques ont été expliqués par référence au titulaire de la souveraineté.

2. Théories de la souveraineté nationale et de la souveraineté populaire

La distinction entre la nation et le peuple a permis d'opposer la théorie de la *souveraineté nationale* à celle de la *souveraineté populaire* (a). Toutefois, leur traduction constitutionnelle relève plus du compromis que du choix en faveur de l'une d'elles (b).

a. Des théories opposées

Ces théories n'entretiennent pas le même rapport à la démocratie. La théorie de la souveraineté nationale est plus élitiste que celle de la souveraineté populaire, plus égalitariste.

La théorie de la *souveraineté nationale*. - Elle réserve la qualité de souverain à une « entité abstraite », la *nation*, qui, selon Carré de Malberg, « ne saurait par elle-même, ni vouloir ni agir ». Ce postulat produit les conséquences suivantes sur le régime politique.

1° Le régime est nécessairement représentatif. Le pouvoir ne peut être exercé au nom de la nation par n'importe quel citoyen. Les principes de la théorie de la souveraineté nationale sont élitistes. Ils limitent les prétentions à la citoyenneté qui n'est pas un *droit* pour les citoyens. En effet, il est si difficile de discerner la volonté de la nation que cette responsabilité doit être réservée à ceux qui en ont la capacité. La citoyenneté est donc considérée comme une *fonction*. La théorie de la souveraineté nationale n'est pas favorable au suffrage universel et admet les restrictions à la citoyenneté, que ce soit par l'instauration du suffrage *capacitaire* (limite le droit de vote et d'éligibilité aux personnes cultivées) ou *censitaire* (réserve la citoyenneté aux personnes les plus riches, réputées plus responsables).

2° Les élus ne rendent pas de comptes aux électeurs. Les représentants doivent avoir toute liberté de déterminer la volonté de la nation. Le mandat impératif, qui oblige les élus à respecter strictement le programme politique qui a permis leur élection, sous peine d'être démis, est prohibé. Les représentants, doués d'une grande raison, doivent s'exprimer librement. C'est de leur discussion qu'émane la volonté de la nation.

---

1. E. Cloots, *National Identity in EU Law*, Oxford University Press, 2015.

3° Enfin, puisque le régime est représentatif, le Parlement mérite d'être le lieu d'exercice de la souveraineté nationale. C'est au Parlement que la nation existe et s'exprime.

La théorie de la *souveraineté populaire*. - Cette théorie, au contraire, suppose que chaque citoyen dispose d'une parcelle du pouvoir souverain. Le titulaire de la souveraineté est formé de la somme des citoyens qui le composent. Elle s'inscrit dans la perspective du *Contrat social* de Jean-Jacques Rousseau, pour qui, si l'État est composé de dix mille citoyens, « chaque membre de l'État n'a pour sa part que la dix millième partie de l'autorité souveraine » (*Du Contrat social* [1762], livre III, chap. Ier).

La théorie de la souveraineté populaire traduit l'idéal démocratique. Elle implique le *suffrage universel*. La souveraineté du peuple doit être exercée par l'universalité des citoyens. Dès lors, la *démocratie directe* est privilégiée. Les citoyens doivent intervenir directement dans le processus d'adoption des décisions politiques (notamment par la voie du référendum).

Le Parlement, dont l'action reste nécessaire, ne doit comporter qu'une seule assemblée parlementaire. La fonction de ses membres est moins de délibérer que de se faire les porte-parole de la volonté commune des citoyens (la coexistence de deux assemblées, à la volonté différente, n'a donc pas de sens).

La théorie de la souveraineté populaire implique également un contrôle permanent des citoyens sur les élus. Leur mandat présente un caractère *impératif*.

b. La traduction constitutionnelle des théories

Les deux premières constitutions françaises, de 1791 et 1793, peuvent être décrites à partir des préceptes respectifs des théories de la souveraineté nationale et de la souveraineté populaire.

- La Constitution du 3 septembre 1791 dispose que la « souveraineté (...) appartient à la Nation » (art. 1er, Titre III). Elle institue un régime représentatif et précise que la « Nation, de qui seule émanent tous les pouvoirs, ne peut les exercer que par délégation » ; « la Constitution française est représentative : les représentants sont le Corps législatif et le roi » (art. 2, Titre III). Le suffrage universel est exclu tant pour la désignation des représentants de la Nation (malgré les termes de l'art. 6 de la Déclaration de 1789) que pour l'adoption de la constitution. En outre, la Constitution de 1791 a fait du roi un *représentant* de la nation alors qu'il n'était pas un élu du peuple. L'instauration du suffrage censitaire répond également à cette logique. Tous les Français ne votent pas. Les femmes sont exclues, ainsi que ceux qui ne payent pas un certain montant d'impôt. Ils ne sont que des *citoyens passifs*. Le droit de suffrage est réservé à ceux qui paient des impôts. Ils sont les *citoyens actifs*. Enfin, le mandat impératif est prohibé.

- À l'inverse, la Constitution montagnarde du 24 juin 1793 symbolise la souveraineté populaire. Elle n'a, certes, jamais été appliquée parce que « le gouvernement » est resté « révolutionnaire jusqu'à la paix ». Une dictature révolutionnaire a été instaurée. Elle a duré un an (juill. 1793 à juill. 1794). Malgré cela, cette constitution a marqué les esprits parce qu'elle représente le régime démocratique par excellence. Elle proclame que la « souveraineté réside dans le peuple » constitué de « l'universalité des citoyens ». En conséquence, « chaque citoyen a un droit égal de concourir à la formation de la loi et à la nomination de ses mandataires et de ses agents » (art. 29 de la déclaration). Le mandat est impératif et la démocratie directe est instaurée. Des procédés complexes sont néanmoins imaginés parce qu'il est difficile d'organiser ce type de démocratie dans un pays qui, à la Révolution, compte déjà 26 millions d'habitants. À défaut, la Constitution prévoit de les faire participer à des *assemblées primaires*, dont le rôle est, d'une part, de désigner les députés et, d'autre part, d'examiner les textes votés par le corps législatif. Dans l'hypothèse où un dixième des assemblées primaires s'opposait à un texte, un référendum devait être organisé.

Après 1793, aucun régime n'a traduit fidèlement la théorie de la souveraineté nationale ou celle de la souveraineté populaire. Les rédacteurs de chaque constitution se sont orientés plutôt vers l'une des théories sans y adhérer pleinement.

- Les régimes orientés vers la souveraineté nationale font de la *nation* le souverain et établissent un régime représentatif, c'est-à-dire un régime où les citoyens ne participent pas au pouvoir directement par des référendums. C'est le cas de la Constitution du 5 fructidor an III (ou Constitution du Directoire, qui ne dure que de 1795 à 1799), ou de la Charte constitutionnelle de 1830 (où Louis-Philippe est un roi, qui accepte de n'être que le « roi des Français »). De même, sous la IIIe République, le peuple ne peut exercer la souveraineté que par le Parlement. Aucun mécanisme de démocratie directe n'est prévu.
- Après 1793, aucun régime n'est vraiment orienté vers la souveraineté populaire[1]. Les régimes napoléoniens sont parfois cités car des référendums étaient organisés, mais ces derniers s'apparentaient à des plébiscites. Ces régimes n'étaient pas démocratiques. Au contraire, sous la Deuxième République, qui a instauré le suffrage universel le 5 mars 1848, tous les pouvoirs « *émanent du peuple* » (art. 18). Pour autant, le régime repose sur une séparation relativement rigide entre le pouvoir exécutif, confié à un président de la République élu au suffrage universel direct, et un pouvoir législatif exercé par l'assemblée nationale.

Tout bien considéré, les seuls régimes qui ont rigoureusement respecté les préceptes des théories de la souveraineté nationale et de la souveraineté populaire sont ceux de 1791 (souveraineté nationale) et 1793 (souveraineté populaire). Dès lors, est-il utile de continuer à se référer à ces théories ? Cette question a donné lieu à un important débat en 1946, lors de l'élaboration de

1. G. Bacot, *Carré de Malberg et l'origine de la distinction entre souveraineté du peuple et souveraineté nationale*, éd. CNRS, 1985.

la Constitution de la IVe République. Les partisans des deux théories se sont affrontés sur ce thème mais n'ont pu être départagés. À défaut, une solution de compromis a été retenue. L'article 3 de la Constitution de 1946 dispose que : « la souveraineté nationale appartient au peuple français ». C'est une formule très ambiguë, qui reflète les hésitations sur le choix du titulaire de souveraineté.

Cependant, les rédacteurs de la Constitution de 1958 se sont contentés de reprendre les termes de l'article 3 de la constitution précédente. Une formule similaire est mentionnée : « la souveraineté nationale appartient au peuple qui l'exerce par ses représentants et par la voie du référendum » (art. 3 Const. 1958).

La Constitution de 1958 comporte d'ailleurs des éléments qui relèvent de la souveraineté nationale (comme l'interdiction du mandat impératif, le caractère essentiellement représentatif du régime, ou l'existence de deux assemblées) et de la souveraineté populaire (comme la référence régulière au « peuple français » ou la possibilité d'organiser des référendums).

À vrai dire, le débat sur la désignation du titulaire de la souveraineté semble dépassé. À travers le monde, la notion de *peuple* s'est progressivement imposée. Dans une république, « tout pouvoir émane du peuple » (ex. : art. 20 de la Constitution allemande de 1949). Dans une démocratie, la souveraineté est exercée par le peuple (ex. : art. 1er de la Constitution italienne de 1947). Or beaucoup d'États sont des démocraties et des républiques.

Certes, certaines constitutions témoignent de spécificités historiques. Par exemple, la formule de la Constitution de Russie de 1993 – adoptée par le « peuple multinational de la Fédération de Russie, uni par un destin commun sur notre terre » – traduit la complexité de l'évolution de cet État. Mais, globalement, l'évolution démocratique est favorable à la référence au *peuple*.

Cette évolution a eu des incidences sur la *citoyenneté*.

B ▪ Le Peuple, composé des citoyens

Dans une république, « tous les citoyens »[1] choisissent les représentants du Peuple souverain (1). Généralement, la constitution détermine les qualités requises pour être citoyen (2).

1. Définition de la citoyenneté

Le citoyen participe à la vie publique et exerce des droits politiques. Il choisit, notamment, les représentants, qui vont prendre les décisions au nom du souverain. Sa principale prérogative est donc de voter pour désigner ceux qui

1. Selon la décision du Conseil constitutionnel n° 91-290 DC du 9 mai 1991, « le peuple français [est] composé de tous les citoyens français sans distinction d'origine, de race ou de religion » (cons. 13).

adoptent la loi. Cette définition de la citoyenneté figure à l'article 6 de la Déclaration des Droits de l'Homme et du Citoyen du 26 août 1789 : « la loi est l'expression de la volonté générale. Tous les citoyens ont droit de concourir personnellement, ou par leurs représentants, à sa formation ».

Le droit de vote, exercé à l'occasion des élections ou des référendums, est le principal attribut de la citoyenneté. Mais d'autres prérogatives, intitulées *droits civiques*, sont également conférées aux citoyens. Leur qualité les autorise à servir l'État (comme fonctionnaire et militaire, ou juré dans un procès).

La citoyenneté comporte des privilèges parce que les citoyens sont membres de la communauté nationale. À ce titre, ils désignent les représentants du souverain. La citoyenneté est donc réservée à ceux dont les qualités sont jugées dignes de participer à la vie publique.

Ces qualités varient selon les pays et les époques.

2. Les qualités requises pour être citoyen

L'âge (a), le sexe (b), le patrimoine (c) ou la nationalité (d) ont souvent été utilisés pour limiter la citoyenneté à certaines catégories de la population. Ils méritent une attention particulière. Pour autant, d'autres qualités, comme la nature de l'activité professionnelle (ex. : fonctionnaire ou militaire) ou l'appartenance à une religion, ont pu être utilisées à certaines époques et dans certains États pour limiter l'accès à la citoyenneté. L'appartenance à la communauté politique relève de déterminants sociologiques qui sont évolutifs.

a. L'âge

Cette condition est liée à la capacité civile. Elle permet d'être pleinement responsable de ses actes. Mais la capacité civile ne coïncide pas toujours avec la capacité électorale. Une personne majeure peut ne pas avoir le droit de vote. En outre, l'âge peut être différent pour le droit de vote et celui d'éligibilité, c'est-à-dire le droit de se présenter à une élection.

En France, la condition d'âge a varié. La Constitution de 1791 établissait que le citoyen actif avait au moins 25 ans. Aujourd'hui, l'âge requis est de 18 ans pour le droit de vote (depuis 1974). Le droit d'éligibilité est également passé à 18 ans pour les élections à l'Assemblée nationale et au Parlement européen (il était de 23 ans pour ces deux catégories d'élections avant la loi organique du 14 avril 2011). Il est également de 18 ans pour toutes les élections locales. De même, l'âge pour être élu au Sénat n'a cessé de baisser : il était de 35 ans avant la loi organique du 30 juillet 2003 et de 30 ans avant celle du 14 avril 2011, qui l'a fait passer à 24 ans ; en comparaison, la Constitution du Directoire de 1795 prévoyait que les membres du conseil des anciens devaient avoir plus de 40 ans...

Les droits de vote et d'éligibilité tendent désormais à se confondre avec ceux de la majorité mais la concordance n'est pas figée (en France, l'idée est ainsi régulièrement avancée de proposer le droit de vote dès 16 ans aux élections locales).

b. Le sexe

La reconnaissance du droit de vote et d'éligibilité aux femmes est relativement récente. En France, le suffrage universel, institué en 1848, les ignorait.

Différentes raisons expliquent l'exclusion des femmes, dont certaines sont liées à la définition de la citoyenneté. Celle-ci est liée à la capacité civile (v. *supra*). Or, pendant longtemps, les femmes mariées n'ont pas eu la capacité juridique. Le Code civil napoléonien, en 1804 disposait, notamment, que « les incapables de contracter sont les mineurs, les interdits, les femmes mariées dans les cas exprimés par la loi » (art. 1124). Historiquement, la citoyenneté est également liée à l'armée. Le citoyen de la Révolution, notamment, est inscrit « au rôle de la garde nationale » (Const. de 1791, art. 2, titre IV). Par la suite, la citoyenneté a longtemps été assimilée à la contrepartie d'un service militaire que les femmes ne faisaient pas.

Paradoxalement, l'attitude valeureuse des femmes durant la guerre a contribué à la reconnaissance de leur citoyenneté, que ce fût après la Première ou la Seconde Guerre mondiale. La citoyenneté féminine a été reconnue dans de nombreuses démocraties occidentales après 1918 (notamment au Royaume-Uni, États-Unis, Canada, Allemagne, Autriche, Danemark, Pays-Bas, Suède, Irlande, notamment). En revanche, il a fallu attendre l'après Seconde Guerre mondiale pour qu'elle fût admise dans des États comme l'Italie ou la France. Une ordonnance du 21 avril 1944 du général de Gaulle, en qualité de président du gouvernement provisoire, a accordé la citoyenneté aux femmes ; elles sont devenues « électrices et éligibles dans les mêmes conditions que les hommes ».

Ce droit de vote s'est généralisé à travers le monde. Si certains lieux de résistance anachroniques ont cédé (par ex., le tribunal fédéral suisse a imposé, en 1990, le droit de vote et d'éligibilité des femmes au canton d'Appenzell Rhodes-Intérieures), il reste peu d'États qui refusent d'accorder le droit de vote mais beaucoup qui n'encouragent pas leur éligibilité pour des raisons traditionnelles et souvent religieuses.

La parité en France. - Après la Seconde Guerre mondiale, le débat ne porte plus en France sur le droit de vote des femmes mais sur l'effectivité de leur participation aux fonctions politiques. Les femmes ont été peu nombreuses dans les assemblées politiques jusqu'à une période récente. En 1999, elles représentaient 11 % des élus à l'Assemblée nationale, 6 % au Sénat, 26 % dans les conseils régionaux, 21 % dans les conseils municipaux, 8 % dans les conseils généraux, mais 40 % au Parlement européen, qui n'était pas composé que d'élus français. Pour mettre un terme à cette situation, la parité dans les assemblées a été imposée. La Loi constitutionnelle du 8 juillet 1999 a prévu que « la loi favorise l'égal accès des femmes et des hommes aux mandats électoraux et fonctions électives ». Cette loi constitutionnelle autorisait l'adoption de mesures en faveur de la parité mais ne l'imposait pas.

Dans un deuxième temps, une loi du 6 juin 2000 a établi la parité pour les scrutins de liste ; c'est-à-dire pour les élections municipales (dans les communes de plus de 3 500 habitants ; seuil baissé à 1 000 habitants en 2013), pour les élections régionales et européennes, et pour les élections sénatoriales dans les départements où les sénateurs sont élus au scrutin de liste. Pour ces élections, les listes sont recevables lorsqu'elles comportent un nombre égal d'hommes et de femmes.

En revanche, la parité ne pouvait pas être imposée aux élections dont le mode de scrutin était uninominal et majoritaire. Une condition liée au sexe ne peut être imposée à un seul candidat... La parité ne concerne donc pas les élections présidentielles. Au mieux, le législateur a pu prévoir une forme de présentation paritaire pour les élections où la suppléance est prévue, ou imposer des binômes de candidats, composés d'une femme et d'un homme aux élections départementales.

La parité n'a pas été établie aux élections législatives parce qu'elles ont lieu au scrutin majoritaire. Pourtant, ces élections sont élémentaires dans un régime parlementaire. Aussi, un système par défaut a été instauré. Il repose sur une pénalité financière destinée à sanctionner les formations politiques qui ne présentent pas assez de candidates (loi modif. n° 88-227 du 11 mars 1988).

On peut constater une évolution : 12,3 % de femmes à l'AN et 16,9 % au Sénat, en 2007, avant les élections législatives ; 18,7 % à l'AN et 16,9 % au Sénat, après 2007 ; 26,9 % à l'AN après les élections de 2012 et 25 % à l'issue du renouvellement du Sénat en 2014. Mais l'évolution la plus importante s'est produite en 2017. La proportion de femmes est passée à 38,8 % à l'AN.

Au total, l'instauration de la parité a produit des effets spectaculaires dans le cadre des scrutins de liste. Sa portée est restée relative pour les scrutins majoritaires. Mais peut-on aller plus loin ? La parité soulève différentes interrogations.

La parité en débat. - Malgré ses effets bénéfiques, la parité reste discutée. Plusieurs critiques lui sont opposées. En premier lieu, on reproche à la parité de restreindre l'éligibilité en imposant un critère pour composer la liste alors que la possibilité de se présenter à une élection a toujours été conçue comme une liberté.

Elle soulève également des difficultés pratiques pour la composition des listes, notamment pour les élections, dans les petites communes par exemple, où les candidats peuvent faire défaut.

Surtout, l'instauration de la parité entre les sexes met en lumière un problème plus général relatif à la représentation réelle de tous les citoyens dans les assemblées. Pourquoi ne pas étendre la parité, ou instaurer des quotas pour atteindre d'autres objectifs en étant attentif à l'origine sociale, urbaine ou rurale, à la profession, l'âge, etc. ? Avec la parité, on peut se demander si le législateur n'a pas ouvert la boîte de Pandore dans laquelle se trouvent toutes les revendications en termes de représentation.

c. Le patrimoine et l'imposition

Ce critère ne peut être compris s'il n'est pas replacé dans son contexte. En France, il a été retenu entre 1791 et 1848, à une époque où une large partie de la population était encore illettrée et où régnait le poids des notables. Or, l'exercice des droits de vote et d'éligibilité supposait un minimum d'instruction et de liberté politique à l'égard des employeurs. Les catégories de la population qui étaient cultivées étaient généralement celles qui disposaient d'un patrimoine. Celui-ci, mesuré par l'imposition, a constitué un critère pour sélectionner les citoyens. Les défenseurs de cette conception restrictive de la citoyenneté prétendaient également que le patrimoine présentait l'avantage de garantir l'indépendance des citoyens. En outre, les élus pouvaient exercer leur mandat avec sérénité, sans être préoccupés par des considérations matérielles. Leurs voix étaient plus difficiles à acheter.

Ces préoccupations ont conduit les acteurs de la Révolution à établir un suffrage *censitaire* qui réservait les droits civiques aux personnes qui payaient des contributions directes d'un certain montant (rappelons que le *cens* était, sous la Rome antique, un mode de répartition des contributions à la vie publique établi en fonction de la fortune).

Ainsi, la Constitution de 1791 a-t-elle exclu de la citoyenneté les personnes insolvables, ou en état de domesticité. En outre, elle a distingué les *citoyens passifs* des *citoyens actifs* qui pouvaient voter parce qu'ils acquittaient une contribution directe d'au moins 3 journées de travail. Ces *citoyens actifs* désignaient les *électeurs*, qui ne pouvaient avoir cette qualité que s'ils étaient propriétaires ou locataires ou fermiers d'un bien évalué entre 100 et 400 journées de travail (selon la taille de la commune). Plus souple, la Constitution de l'an III (1795) a limité la citoyenneté aux personnes qui payaient une contribution directe et qui n'étaient pas en état de domesticité. Mais pour être électeur, il convenait d'être propriétaire d'un bien évalué à 150 ou 200 journées de travail, ou locataire ou fermier d'un bien évalué entre 100 et 200 journées de travail (selon la taille de la commune).

La confiscation de la citoyenneté. - Après 1814, le suffrage censitaire atteint des proportions qui sont telles que la monarchie se combine à la *ploutocratie*, régime où le pouvoir appartient aux détenteurs de la richesse. Sous la Restauration, les électeurs paient une contribution directe de 300 francs et nul ne peut être élu à la Chambre des députés s'il ne paie pas 1 000 francs de contribution directe (les membres de la *Chambres des pairs* étaient nommés par le roi). Le suffrage censitaire est alors particulièrement restrictif. En 1830, le régime orléaniste maintient le système censitaire, mais il baisse les montants à 200 francs pour être électeur et 500 francs pour être élu à la Chambre.

Suffrage universel masculin. - Le suffrage censitaire disparaît après la révolution de Février 1848. La République est proclamée pour la deuxième fois. Le décret du 5 mars 1848 proclame le suffrage universel direct.

Ultérieurement, le critère de l'imposition ne sera plus utilisé pour limiter la citoyenneté. Un principe simple s'est imposé dans la démocratie française :

un homme = une voix, sans condition patrimoniale. Ce principe n'a plus été remis en cause.

De façon paradoxale, le critère de l'impôt est utilisé aujourd'hui, à titre revendicatif, pour justifier une extension de la citoyenneté à de nouvelles catégories de personnes. En effet, les partisans du droit de vote des étrangers aux élections locales considèrent que toutes les personnes qui résident dans une commune et qui payent des impôts locaux méritent de voter. Les contribuables, quelle que soit leur nationalité, doivent pouvoir contrôler les élus qui gèrent les budgets pour lesquels ils versent une contribution.

d. La nationalité

Le droit de vote et d'éligibilité est réservé aux nationaux parce que le citoyen est un membre de la communauté politique nationale. Il appartient à une nation (et/ou) un peuple (v. *supra*). Le national peut donc s'exprimer en son nom. En revanche, les étrangers, qui appartiennent à d'autres communautés nationales, n'ont pas de légitimité pour s'exprimer au nom d'une nation ou d'un peuple auxquels ils n'appartiennent pas.

Ce raisonnement est en apparence simple même s'il se heurte à des difficultés lorsque coexistent des populations différentes sur un territoire, ou lorsque l'État s'est associé à des États voisins dans le cadre de traités internationaux.

Même si la nationalité reste une condition de la citoyenneté dans la plupart des États, cette condition peut faire l'objet de dérogations pour certaines catégories de populations.

En France, la citoyenneté est liée à la nationalité. – La Constitution de 1958 réserve le droit de vote et d'éligibilité aux nationaux. L'article 3 alinéa 4 dispose que « sont électeurs, dans les conditions déterminées par la loi, tous les nationaux français majeurs des deux sexes, jouissant de leurs droits civils et politiques ». La règle est posée au titre Ier de la Constitution qui est intitulé : « de la souveraineté ». La référence à la souveraineté justifie l'exclusion des étrangers de la citoyenneté. Le pouvoir souverain appartient de façon exclusive aux nationaux parce que la souveraineté est par définition indivisible. Elle se définit par ses caractères d'unicité et d'exclusivité.

Pour qu'il n'y ait aucun doute à cet égard, les rédacteurs de l'article 3 de la Constitution ont précisé que les citoyens sont des « nationaux français ». Ces termes ne souffrent pas d'ambiguïté.

Malgré cela, le critère de la nationalité est discuté pour les élections qui n'intéressent pas l'exercice de la souveraineté nationale. Les élections locales ne désignent pas des élus appelés à siéger dans des assemblées parlementaires. Les conseils municipaux, départementaux et régionaux adoptent des délibérations, qui sont des actes administratifs. Ce ne sont pas des actes législatifs. Leur nature est différente parce que l'on considère, traditionnellement, que ces actes ne relèvent pas de l'exercice de la souveraineté. Dès lors, on peut se demander si le critère de la nationalité pour la citoyenneté, posé à l'article 3 de la Constitution, concerne les élections locales, sans lien avec la souveraineté ?

Cette interprétation a été écartée par le Conseil constitutionnel. Il a considéré que la nationalité était une condition de la citoyenneté « pour tout suffrage politique » (déc. n° 82-146 DC du 18 nov. 1982, cons. 7 ; déc. n° 98-407 DC du 14 janv. 1999, cons. 12). Les citoyens ont les mêmes qualités pour toutes les élections politiques. Ils ont la même nationalité.

Ce principe n'est pas partagé par l'ensemble des États européens.

La généralisation du droit de vote aux étrangers aux élections municipales. - De nombreux États de l'Union européenne ont, depuis longtemps, reconnu le droit de vote aux élections municipales aux étrangers sous condition de résidence sur leur territoire durant un certain temps (par ex. en Irlande, Suède, Danemark, Pays-Bas, Finlande, Luxembourg, Belgique, Estonie). D'autres États reconnaissent le droit de vote et d'éligibilité aux élections locales pour certaines catégories d'étrangers. C'est le cas de la Finlande qui l'admet pour les ressortissants des autres pays scandinaves ; de l'Espagne et du Portugal qui l'octroient aux étrangers résidant sur leur territoire sous réserve de réciprocité (hors Union européenne, c'est le cas, par ex., du Royaume-Uni qui l'accorde aux citoyens du Commonwealth).

L'extension de la citoyenneté locale est donc assez répandue chez les voisins européens de la France. Mais des précisions doivent être apportées. Les États qui ont ouvert la citoyenneté aux étrangers ne leur ont pas octroyé le droit de vote aux élections nationales. Les étrangers participent seulement aux scrutins locaux. En outre, la France n'est pas isolée. Des États comme l'Allemagne ou l'Italie n'accordent pas le droit de vote aux étrangers.

Enfin, il existe une dérogation importante dans l'ensemble de l'Union européenne pour les ressortissants de l'Union européenne. Elle concerne également la France.

La citoyenneté européenne. - Les ressortissants communautaires ont le droit de voter et d'être éligibles aux élections municipales et européennes dans n'importe quel État membre où ils résident. Ce droit relève de la « citoyenneté de l'Union » ; « Est citoyen de l'Union toute personne ayant la nationalité d'un État membre. La citoyenneté de l'Union s'ajoute à la citoyenneté nationale et ne la remplace pas » (art. 20 du traité *sur le fonctionnement de l'Union européenne*).

Cette citoyenneté de l'Union a été instaurée par le traité de Maastricht qui a constitué une étape majeure de la construction européenne. Elle a favorisé l'évolution de l'Europe vers une Union politique. Cette évolution explique la vigueur des débats nationaux sur la ratification de ce traité. Un obstacle d'ordre constitutionnel s'est dressé. Le Conseil constitutionnel a déclaré le traité de Maastricht contraire à la Constitution. Il a considéré, notamment, que la Constitution ne permettait pas aux étrangers de contribuer à la désignation des conseillers municipaux parce que celle-ci a une incidence sur l'élection des sénateurs (élus en partie par les conseillers municipaux). Or le

Sénat, qui représente les collectivités territoriales, participe à l'exercice de la souveraineté nationale. En conséquence, le Conseil constitutionnel a estimé que « seuls les "nationaux français" ont le droit de vote et d'éligibilité aux élections effectuées pour la désignation de l'organe délibérant d'une collectivité territoriale de la République et notamment pour celle des conseillers municipaux » (déc. n° 92-308 DC du 9 avril 1992, cons. 26). La ratification du traité de Maastricht devait être précédée d'une révision de la Constitution.

La révision du 25 juin 1992 a introduit un article 88-3 dans la Constitution. Il dispose que : « le droit de vote et d'éligibilité aux élections municipales peut être accordé aux seuls citoyens de l'Union résidant en France ». Mais il a été convenu que les ressortissants communautaires élus aux conseils municipaux ne pussent participer à l'élection des Sénateurs, ou exercer au nom de l'État des prérogatives de puissance publique. L'article 88-3 précise que « ces citoyens ne peuvent exercer les fonctions de maire ou d'adjoint ni participer à la désignation des électeurs sénatoriaux et à l'élection des sénateurs ».

Le principe selon lequel le droit de vote et d'éligibilité est réservé aux nationaux fait donc l'objet d'une exception remarquable. Pour l'étendre aux autres catégories d'étrangers, une révision de la constitution serait nécessaire.

L'octroi du droit de vote aux étrangers aux élections locales relève d'un choix politique. Il n'est nullement imposé par la convention européenne des droits de l'homme (v. CEDH, 15 mars 2012, *Sitaropoulos et Giakoumopoulos c/ Grèce*, n° 42202/07). Maintes fois annoncée, avant les échéances électorales, la réforme n'a jamais été concrétisée[1].

C ▪ Les représentants

Les citoyens peuvent difficilement se réunir. Ils sont trop nombreux. Ils ne peuvent donc pas exercer directement le pouvoir. Leur *représentation* est nécessaire.

Les représentants les *rendent présents* au sein des organes politiques. Cette fiction permet de légitimer les règles adoptées au nom du souverain ; c'est-à-dire, en démocratie, au nom du peuple composé des citoyens (v. *supra*, Séquence 2, situations 1 et 2).

La représentation suppose que les représentants (généralement élus) rendent des comptes aux représentés (les citoyens). C'est le principe de la *responsabilité politique*.

1. Cl. Du Granrut, *La citoyenneté européenne*, LGDJ, 1997 ; O. Beaud, « Le droit de vote des étrangers : l'apport de la jurisprudence constitutionnelle allemande à une théorie du droit de suffrage », *RFDA* 1992. 409.

SÉQUENCE 4

Constitution et souveraineté

SITUATION 1

Les « conditions essentielles d'exercice de la souveraineté nationale »

Le Conseil constitutionnel veille à ce que les engagements internationaux ne portent pas atteinte à la souveraineté nationale. Ce principe est consacré à l'article 3 de la Constitution qui dispose que « la souveraineté nationale appartient au peuple qui l'exerce par ses représentants et par la voie du référendum » (titre I, *De la souveraineté*). L'article 3 de la Déclaration de 1789 dispose également que « le principe de toute souveraineté réside essentiellement dans la nation ».

Le préambule de la Constitution de 1958 mentionne que « le peuple français proclame solennellement son attachement aux Droits de l'homme et aux principes de la souveraineté nationale » (le curieux et incompréhensible pluriel du mot « principes » étant « dû à une erreur de transcription » lors de la rédaction de la Constitution, selon M. Jérôme Roux[1] ; cette erreur n'a jamais été rectifiée à l'occasion d'une révision de la Constitution).

Ces dispositions constitutionnelles ne sont pas favorables à la ratification d'engagements internationaux qui limitent la puissance étatique. Cependant, elles doivent être conciliées avec deux autres dispositions : l'alinéa 14 du préambule de la Constitution de 1946 (préamb. auquel le Conseil constitutionnel reconnaît valeur constitutionnelle) qui proclame que la République française se « conforme aux règles du droit public international », ainsi que l'alinéa 15 du préambule de la Constitution de 1946 qui dispose que, « sous réserve de réciprocité, la France consent aux limitations de souveraineté nécessaires à l'organisation et à la défense de la paix ». Ces dispositions auto-

1. J. Roux, *Le principe de la souveraineté de l'État dans la jurisprudence du Conseil constitutionnel*, thèse, Montpellier I, 1998, p. 7 s. (constat qui a été ultérieurement repris par F. Luchaire, « La souveraineté », *RFDC*, n° 43, 2000, p. 451).

risent des restrictions de souveraineté pour la ratification d'engagements internationaux. Mais des limites sont nécessaires et il appartient au Conseil constitutionnel de les déceler.

Pour opérer son contrôle, le Conseil constitutionnel utilise la formule suivante lorsqu'il contrôle les conventions internationales avant leur ratification (art. 54 Const.). Il s'assure que les engagements internationaux ne contiennent pas « une clause contraire à la Constitution, ou remettent en cause les droits et libertés constitutionnellement garantis ou portent atteinte aux conditions essentielles d'exercice de la souveraineté nationale » (v. *infra*).

Cette formule a une histoire. Elle s'est construite par étapes pour répondre aux critiques des commentateurs. Le Conseil constitutionnel a, en effet, contrôlé la compatibilité des engagements internationaux avec le principe de souveraineté en développant deux jurisprudences : celle fondée sur la distinction entre les *limitations* et les *transferts de souveraineté* et celle relative aux *conditions essentielles d'exercice de la souveraineté nationale*.

» Limitations et transferts de souveraineté

Cette distinction a marqué les esprits parce qu'elle paraissait avoir le mérite de la clarté. Cependant, les critiques formulées à son encontre ont conduit le Conseil constitutionnel à y renoncer.

Une distinction critiquée. – Elle a été retenue par le Conseil constitutionnel en 1976 à l'occasion du contrôle de la décision du Conseil des Communautés qui instaurait le suffrage universel direct pour la désignation des représentants français au Parlement européen. Pour admettre ce mode de désignation des députés européens, le Conseil constitutionnel a relevé que la Constitution autorisait les *limitations de souveraineté* mais s'opposait aux *transferts de souveraineté* (déc. n° 76-71 DC du 30 déc. 1976, *Ass. europ.*, cons. 2). Il a établi cette distinction en se référant à l'alinéa 15 du Préambule de la Constitution de 1946 qui dispose que « la France consent aux limitations de souveraineté ». *A contrario*, elle s'oppose aux transferts de souveraineté.

Cette distinction a été critiquée. Le pouvoir souverain est par définition entier. Son caractère inaliénable rend artificielle toute différence entre les restrictions de souveraineté. En outre, le critère quantitatif est difficile à mesurer. En effet, si l'on définit ce dernier comme une restriction importante de la puissance étatique, l'attribution continue de compétences à une organisation supranationale par des limitations successives de souveraineté peut constituer un transfert de souveraineté.

Du transfert de souveraineté prohibé au transfert de compétence autorisé. – Cette jurisprudence a été abondamment commentée et est pourtant restée isolée. Le Conseil constitutionnel n'a plus évoqué de lui-même, depuis 1976, l'opposition entre les *limitations* et les *transferts de souveraineté* pour contrôler la compatibilité d'un engagement international à la Constitution.

L'idée de *transfert* est même admise, mais elle concerne les *compétences*. Le transfert ne porte plus sur la souveraineté qui ne peut pas être, par définition, octroyée. En revanche, le Conseil constitutionnel admet la conformité à la Constitution des « transferts de compétences » opérés en faveur des « organisations internationales ». Dans sa décision de principe du 9 avril 1992, le Conseil constitutionnel retient une nouvelle formule : « le respect de la souveraineté nationale ne fait pas obstacle à ce que, sur le fondement des dispositions précitées du préambule de la Constitution de 1946, la France puisse conclure, sous réserve de réciprocité, des engagements internationaux en vue de participer à la création ou au développement d'une organisation internationale permanente, dotée de la personnalité juridique et investie de pouvoirs de décision par l'effet de transferts de compétences consentis par les États membres » (déc. n° 92-308 DC du 9 avr. 1992, *Maastricht I*, cons. 13).

» Retour aux conditions essentielles d'exercice de la souveraineté

La défense des « conditions essentielles d'exercice de la souveraineté nationale » (CEESN) est ancienne. Elle est apparue dans une décision du 19 juin 1970 par laquelle le Conseil constitutionnel a examiné la décision du Conseil des Communautés européennes du 21 avril 1970, relative au remplacement des contributions financières des États membres par des ressources propres aux Communautés. Selon le Conseil constitutionnel, cette décision n'était pas contraire à la Constitution parce qu'elle ne constituait qu'une mesure d'application des traités originaires. Il a considéré qu'elle ne portait « atteinte, *ni par sa nature, ni par son importance*, aux conditions *essentielles* d'exercice de la souveraineté nationale » (déc. n° 70-39 DC, cons. 9). Le Conseil constitutionnel devait affiner sa jurisprudence, la « nature et l'importance » de ces conditions étant difficile à déterminer.

La tentative avortée d'énumérer les conditions essentielles. – Le Conseil constitutionnel a énoncé, en vain, le contenu de ces *conditions essentielles*. Dans une décision du 22 mai 1985, il a précisé qu'elles se résument au « respect des institutions de la République », à « la continuité de la vie de la Nation » et à « la garantie des droits et libertés des citoyens » (déc. n° 85-188 DC, *Protocole n° 6*, cons. 2). Mais, de nouveau, les termes de cette jurisprudence ont été critiqués en raison de la généralité de l'objet du contrôle. L'ensemble du droit constitutionnel était concerné par les institutions, la vie de la Nation, les droits et libertés.

Les droits et libertés distingués de la souveraineté. – Le Conseil constitutionnel a donc renoncé à énumérer les « conditions essentielles d'exercice de la souveraineté nationale » (même s'il a conservé l'expression) et a séparé leur examen de celui des droits et libertés garantis par la Constitution (déc. n° 92-308 DC du 9 avr. 1992, *Maastricht I*, cons. 17-18). La distinction est confirmée par la décision du Conseil constitutionnel du 22 janvier 1999 (déc. n° 98-408 DC, *Cour pénale internationale*, cons. 13).

Désormais, le Conseil constitutionnel contrôle les engagements internationaux en s'assurant, selon une formule générale, qu'ils ne contiennent pas « une clause contraire à la Constitution, ou remettent en cause les droits et libertés constitutionnellement garantis ou portent atteinte aux conditions essentielles d'exercice de la souveraineté nationale » (déc. n° 2004-505 DC du 19 nov. 2004, *Traité établissant une Constitution pour l'Europe*, cons. 7 ; déc. n° 2005-524/525 DC, 13 oct. 2005, *Abolition de la peine de mort*, cons. 7 ; déc. n° 2007-560 DC du 20 déc. 2007, *Traité de Lisbonne*, cons. 9 ; cons. 3 ; déc. n° 2012-653 DC du 9 août 2012, *Traité sur la stabilité*, cons. 10, v. E. Oliva, *RFDA* 2012, n° 6, p. 1043[1] ; déc. n° 2017-749 DC du 31 juill. 2017, *CETA*, § 11).

1. J. Roux, *RTD eur.* 2012, n° 4, p. 855 ; Ph. Bachschmidt, A. Levade, A. Barilari, *Constitutions*, n° 2012-4, p. 562, p. 575, p. 628 ; M. Lombard, *AJDA* 2012, n° 31, p. 1717 ; X. Magnon, *RFDC* 2012, n° 92, p. 854 ; F. Chaltiel, *LPA*, 2012, n° 187-188, p. 3.

SITUATION 2

La non-reconnaissance en France d'un « peuple » régional

La loi ne fait pas de différence entre les membres de la communauté politique nationale, « tous les citoyens étant égaux à ses yeux » (art. 6 de la Déclaration de 1789). Emmanuel Sieyès avait évoqué ce principe de façon imagée dans son pamphlet *Qu'est-ce que le Tiers État ?* (1789). Il se figurait « la loi au centre d'un globe immense ; tous les citoyens sans exception sont à la même distance sur la circonférence et n'y occupent que des places égales » (chap. VI).

Les citoyens ne peuvent donc pas avoir de statut particulier sous prétexte qu'ils auraient des qualités personnelles singulières, ou qu'ils appartiendraient à des populations ayant une identité spécifique. Ce principe républicain est un fondement du droit constitutionnel français. Pourtant, cette conception de l'égalité est contestée. Comme beaucoup d'autres États (ex. l'Espagne avec certaines communautés dont là Catalogne, le Royaume-Uni avec l'Écosse et l'Irlande du Nord, ou la Belgique et ses entités fédérées), la France est confrontée à la question régionale. Des habitants de certaines collectivités périphériques (Corse et outre-mer, notamment) réclament la reconnaissance de leur spécificité.

Une exception a été admise. Il s'agit de la Nouvelle-Calédonie. Les accords de Nouméa reconnaissent le peuple Kanak et la loi organique a même « institué une citoyenneté de la Nouvelle-Calédonie » (art. 4 LO n° 99-209 du 19 mars 1999)[2]. Mais cette déroga-

2. L. Havard, « La réalisation de la citoyenneté calédonienne », *RD publ.*, n° 5, 2013, p. 1179.

tion au principe de l'unité de la citoyenneté s'explique par le caractère « transitoire » des dispositions du titre XIII de la Constitution relatives à la Nouvelle-Calédonie.

Pour les autres territoires, les citoyens sont indifférenciés. Le principe est celui de l'unité de la République et la non-reconnaissance de différents peuples. Un exemple illustre la vigilance du Conseil constitutionnel. Il s'agit de la non-reconnaissance du peuple corse.

En 1991, le Conseil constitutionnel a déclaré inconstitutionnelle une loi *portant statut de la collectivité territoriale de Corse*. Son article 1er énonçait que « la République française garantit à la communauté historique et culturelle vivante que constitue le peuple corse, composante du peuple français, les droits à la préservation de son identité culturelle et la défense de ses intérêts économiques et sociaux spécifiques ». Cet article était destiné à satisfaire la population corse en consacrant sa spécificité au sein de la République. Il a suscité d'âpres débats et a été déclaré contraire à la Constitution. Dans sa décision n° 91-290 DC du 9 mai 1991, le Conseil constitutionnel a estimé que cet article 1er de la loi remettait en cause le « concept juridique de "peuple français" » (v. B. Genevois, « Le contrôle de la constitutionnalité du statut de la collectivité territoriale de Corse », *RFDA* 1991. 407). Le Conseil a énoncé que la France est une République indivisible qui « assure l'égalité devant la loi de tous les citoyens quelle que soit leur origine ; que dès lors la mention faite par le législateur du "peuple corse, composante du peuple français" est contraire à la Constitution, laquelle ne connaît que le peuple français, composé de tous les citoyens français sans distinction d'origine, de race ou de religion » (cons. 13). La loi n° 91-428 du 13 mai 1991 *portant statut de la collectivité territoriale de Corse* a donc été promulguée sans cet article 1er[1].

Le besoin de reconnaissance reste présent. Aussi, le projet de loi constitutionnelle, présenté à l'Assemblée nationale le 9 mai 2018 (dont l'examen a néanmoins été suspendu), insérait dans la Constitution un article 72-5 disposant que « la Corse est une collectivité à statut particulier ».

1. R. Debbasch, « Constitutionnalité de la loi portant statut de la collectivité territoriale de Corse », *D.* 1991, n° 43, p. 624.

SITUATION 3

La non-reconnaissance en France des minorités linguistiques

La *Charte européenne sur les langues régionales ou minoritaires* a été adoptée en 1992 sous l'égide du Conseil de l'Europe. La France l'a signée le 7 mai 1999. Mais le président Chirac a saisi le Conseil constitutionnel pour qu'il vérifiât que cet engagement international n'était pas contraire à la Constitution.

Dans sa décision n° 99-412 DC du 15 juin 1999, le Conseil constitutionnel a déclaré la Charte contraire à la Constitution pour deux motifs :

– La Charte définit les minorités par un critère territorial. Selon la convention, les langues régionales ou minoritaires sont celles « pratiquées traditionnellement sur un territoire d'un État par des ressortissants de cet État ». Pour le Conseil constitutionnel, cette définition de la notion de minorité (des « "groupes" de locuteurs de langues régionales ou minoritaires, à l'intérieur de "territoires" ») était contraire aux « principes constitutionnels d'indivisibilité de la République, d'égalité devant la loi et d'unicité du peuple français » (cons. 10). L'ensemble des principes de la Constitution sont mobilisés pour s'opposer à la spécificité locale.

– La Charte reconnaissait également à tout individu le « droit imprescriptible » de « pratiquer une langue régionale dans la vie privée et publique ». Or, la Charte précisait que la vie publique concernait la justice, les autorités administratives et les services publics. Le Conseil constitutionnel ne pouvait donc pas admettre la ratification de la Charte parce qu'elle méconnaissait l'article 2 de la Constitution française selon lequel « la langue de la République est le français ».

La Charte ne pouvait pas être ratifiée. En effet, « si le Conseil constitutionnel (...) a déclaré qu'un engagement international comporte une clause contraire à la Constitution, l'autorisation de ratifier ou d'approuver l'engagement international en cause ne peut intervenir qu'après révision de la Constitution » (art. 54 Const.). Mais le président Chirac a refusé d'engager une révision de la Constitution pour permettre la ratification de la Charte.

L'article 75-1 de la Constitution, introduit par la révision de 2008, dispose que « les langues régionales appartiennent au patrimoine de la France ». Malgré cette précision, la France n'a toujours pas ratifié la Charte européenne sur les langues régionales ou minoritaires parce que la révision de la Constitution serait encore nécessaire.

Un projet de loi constitutionnelle *autorisant la ratification de la Charte européenne des langues régionales ou minoritaires* a été présenté au Parlement (v. B. Bonnet, « La charte européenne des langues régionales ou minoritaires. Une menace pour le pacte social ? L'avis du Conseil d'État du 30 juillet 2015 », *AJDA*, n° 40-2015, p. 2246), mais le Sénat l'a rejeté en première lecture en adoptant la question préalable (par cette motion, l'assemblée considère qu'il n'y a pas lieu de discuter du texte) le 27 octobre 2015.

Ce faisant, le Conseil constitutionnel reste le gardien du « français », « langue de la République » (art. 2, Const.), même s'il admet que « pour concourir à la protection et à la promotion des langues régionales, leur enseignement peut être prévu dans les établissements qui assurent le service public de l'enseignement ». Pour autant, le Conseil considère que la loi ne peut prévoir un « enseignement immersif d'une langue régionale » sans méconnaître l'article 2 de la Constitution si la méthode retenue « ne se borne pas à enseigner cette langue mais consiste à l'utiliser comme langue principale d'enseignement et comme langue de communication au sein de l'établissement » (déc. n° 2021-818 DC, 21 mai 2021, *Loi relative à la protection patrimoniale des langues régionales et à leur promotion*, § 19 et 20). De même, « les exigences de l'article 2 sont violées si des mentions des actes de l'état civil sont rédigées avec des signes diacritiques des langues régionales » (même déc. § 22).

SITUATION 4

L'Union européenne et l'exercice de la souveraineté

L'Union européenne est accusée par ses adversaires de participer à l'exercice de la souveraineté. Pourtant l'Union n'est pas une entité souveraine. Les arguments suivants peuvent être avancés en ce sens :

– La souveraineté est exercée par les États. Or l'Union européenne est encore une organisation supra-étatique. Elle n'est pas considérée comme un État, ni par les États membres ni par la Communauté internationale. La Cour de justice de l'Union européenne a précisé, elle-même, que « l'Union, du point de vue du droit international, ne peut pas, en raison de sa nature même, être considérée comme un État » (CJUE, ass. plén., 18 déc. 2014, avis 2/13 relatif à l'adhésion de l'Union à la CEDH [avis négatif], pt. 156).

– La vocation fédérale de l'Union n'a pas conduit à la création d'un État fédéral (v. J.-Cl. Piris, « L'Union européenne : vers une nouvelle forme de fédéralisme ? », *RTD eur.* 2005. 243). Dans son arrêt du 30 juin 2009 relatif au *traité de Lisbonne*, la Cour constitutionnelle allemande a estimé qu'il « n'est en particulier pas possible de déduire de l'instauration de la citoyenneté de l'Union la constitution d'un État fédéral (...). Depuis que le principe de la souveraineté populaire l'a emporté en Europe, seuls les peuples des États membres peuvent disposer de leur pouvoir constituant respectif et de la souveraineté de l'État » (§ 347 ; traduction : www.bundesverfassungsgericht.de).

– La consécration de la construction européenne dans les constitutions des États membres n'a pas provoqué leur dissolution au profit d'une constitution européenne.

Le Conseil d'État a ainsi précisé que, « tout en consacrant l'existence d'un ordre juridique de l'Union européenne intégré à l'ordre juridique interne », l'article 88-1 de la Constitution française, « confirme la place de la Constitution au sommet de ce dernier » (CE, ass., 21 avr. 2021, *La Quadrature du Net*, n° 393099).

– L'Union européenne ne choisit pas ses compétences comme le fait un État souverain. Elles lui sont attribuées par des traités ; l'on parle d'une « compétence d'attribution », comme le précise l'article 4 du traité sur l'Union européenne : « toute compétence non attribuée à l'Union dans les traités appartient aux États membres » (ce second point ne saurait cependant suffire, parce qu'une constitution fédérale peut limiter les compétences de l'État fédéral).

En ce sens, la Cour constitutionnelle fédérale allemande a précisé, dans un arrêt du 5 mai 2020 (2 BvR 859/15, 2 BvR 1651/15, 2 BvR 2006/15, 2 BvR 980/16.), que la Loi fondamentale allemande « n'autorise pas les organes de l'État allemand à transférer des pouvoirs souverains à l'Union européenne de telle sorte que l'Union européenne ait été autorisée, dans l'exercice indépendant de ses pouvoirs, à se créer de nouvelles compétences. Il interdit de conférer à l'Union européenne la compétence de décider de ses propres compétences (Kompetenz-Kompetenz) (cf. BVerfGE [...]) ».

– L'Union européenne exerce peu de compétences qui relèvent de la liste traditionnelle des compétences régaliennes. Certes, la création de l'Euro a une portée considérable. On ne saurait le nier. Cette compétence permet souvent d'affirmer que l'Union n'est plus une simple organisation internationale. Mais en dehors de la politique monétaire, aucune compétence souveraine n'a été réellement transférée. L'Union ne fait que participer à certaines compétences, comme la politique étrangère par exemple.

Le traité sur l'Union européenne prévoit que les questions de sécurité restent, par principe, de la compétence des États membres. Son article 4 précise que l'Union « respecte les fonctions essentielles de l'État, notamment celles qui ont pour objet d'assurer son intégrité territoriale, de maintenir l'ordre public et de sauvegarder la sécurité nationale. En particulier, la sécurité nationale reste de la seule responsabilité de chaque État membre ».

– Une supposition suffit à repousser l'idée selon laquelle l'Union européenne disposerait d'une souveraineté. Si c'était le cas, on peut se demander quelle entité dans l'Union serait désignée pour être titulaire de la souveraineté ? Existe-t-il un peuple européen qui soit titulaire d'une souveraineté européenne ? Non, assurément. Le traité sur l'Union européenne ne fait d'ailleurs pas référence à un peuple européen. Il se réfère aux « peuples de l'Europe ».

– Aucun État membre n'est tenu de rester dans l'Union. Le traité sur l'Union européenne prévoit que « tout État membre peut décider, conformément à ses règles constitutionnelles, de se retirer de l'Union » (selon une procédure décrite à l'art. 50 TUE). Le *Brexit* l'atteste. Les Britanniques se sont prononcés en faveur du départ du Royaume-Uni de l'Union européenne le 23 juin 2016.

L'Union européenne n'est pas une entité souveraine. L' « exercice de la souveraineté nationale » (déc. n° 92-308 DC du 9 avril 1992, cons. 14) appartient toujours « aux peuples des États » (déc. n° 76-71 DC du 30 déc. 1976, cons. 3).

Pour autant, l'Union européenne exerce des compétences qui présentent une importance considérable en matière économique et sociale. Il n'est donc pas abusif de se demander s'il peut y avoir un partage de la souveraineté avec les États membres. Si on est réaliste, il faut admettre que l'indépendance des États est limitée par l'Union européenne. L'activité économique est soumise à des règles édictées par les institutions européennes. La politique monétaire, le droit de la concurrence, la liberté de circulation des travailleurs, la politique agricole (etc.) relèvent de la compétence de l'Union européenne. Certes, la plupart de ces matières ne font pas partie de la liste traditionnelle des prérogatives souveraines, mais l'indépendance des États est limitée par ces transferts de compétences. Sans puissance économique, il n'y a pas d'indépendance.

Chaque État membre ne semble plus en capacité d'exercer librement sa souveraineté. L'Union européenne induit *l'interdépendance des souverainetés* des États.

SITUATION 5

La crise de la souveraineté

Peut-on encore affirmer que les États disposent d'une puissance indivisible, inaliénable et incontestable ? Selon une formule rituelle, *la puissance de l'État est devenue impuissance étatique*. Cette évolution participe du *dépérissement de l'État*. Par là même, la souveraineté de l'État serait en crise.

Évoquer la crise de la souveraineté suppose de définir les conditions d'une *crise* pour pouvoir *identifier* sa portée.

» Les conditions de la crise

Deux éléments de la crise doivent être soulignés. En premier lieu, la crise n'a de sens que si elle présente un aspect inquiétant, voire dangereux. Le terme est « emprunté du latin médical *crisis* » et désigne un moment qui correspond à la « phase grave d'une maladie », selon les rédacteurs du dictionnaire de l'Académie française (9e éd.) qui s'inquiètent de la banalisation de l'usage du terme.

La discipline du droit constitutionnel n'échappe pas à cette banalisation. Sont souvent évoquées la *crise de l'État*, celle des *institutions*, de la *citoyenneté*, de la *démocratie*, de la *représentation*, du *régime de la Ve République*, de *l'identité nationale*, du *constitutionnalisme*[1].

La crise comporte une deuxième caractéristique : elle est passagère. Le terme ne devrait pas être utilisé pour désigner des phénomènes durables ou irréversibles. Or, « le mot *Crise* est souvent employé abusivement. Il devrait être réservé à des phénomènes

1. Ex. J.-M. Denquin, « Pour en finir avec la crise de la représentation », *Jus Politicum*, n° 4, 2010 ; « Nos institutions sont-elles en crise ? » (débat), *Constitutions* 2014, p. 437 ; B. Mathieu, « La crise de la démocratie représentative : constat et éléments d'explication », *Constitutions* 2015, p. 317.

précis et à des événements limités dans le temps » (dict. AF, 9e éd.). La crise de la souveraineté est donc limitée dans le temps. La souveraineté de l'État n'est pas en crise si celle-ci dure depuis un demi-siècle et si elle semble destinée à perdurer. Il n'y a alors pas de crise mais une remise en cause dont il faut identifier l'objet.

» L'identification de la crise de la souveraineté

La crise ne porte pas sur le *concept*. En revanche, elle concerne la *notion*.

Le concept de souveraineté ne connaît pas la crise. – L'idée selon laquelle la souveraineté a été, mais qu'elle n'est plus, est une affirmation qui n'a *a priori* pas grand sens. La souveraineté, en tant que concept, ne peut pas être modifiée ou supprimée.

Le concept de souveraineté n'est pas une réalité, mais une idée. Il présente des caractéristiques qui ont été répétées et qui modèlent sa signification. Le caractère incontestable des actes du souverain, par exemple, se retrouve dans toutes les théories de la souveraineté (Bodin, Hobbes, ou Rousseau...).

Le titulaire de la souveraineté a, par définition, une puissance de commandement qui lui confère la « puissance de donner et de casser la loi » pour régir la société. Ce pouvoir est incontestable et indivisible (pour éviter que plusieurs titulaires de la souveraineté se neutralisent). Il est également inaliénable parce que la concession de tout ou partie de ce pouvoir lui fait perdre son caractère incontestable[1].

Sur le concept de souveraineté, Michel Troper a, ainsi, écrit qu'une « chose ne peut exister sous une autre forme que celle que nous connaissons. Un concept n'a pas d'histoire. Il est le même ou il est un autre »[2].

On pourrait dire aussi qu'*un concept a une histoire* qui lui impose une certaine signification. L'histoire de l'idée de souveraineté a modelé sa signification. Le *concept* de souveraineté ne connaît donc pas la crise, contrairement à la *notion*.

La notion de souveraineté connaît la crise. – La *notion* doit être distinguée du *concept*. La *notion* « est la mise en œuvre normative d'un concept, son existence en droit positif, dans un domaine juridique particulier » (J.-Ph. Derosier[3]). La notion de souveraineté traduit en droit constitutionnel le concept (l'idée) de souveraineté. Mais alors que la signification du concept

---

1. J. H. Franklin, *Jean Bodin et la naissance de la théorie absolutiste*, PUF, coll. « Fondements de la politique », 1993 ; O. Beaud, *La puissance de l'État*, PUF, 1994 ; S. Goyard-Fabre, *Jean Bodin et le droit de la République*, PUF, Léviathan, 1989 ; égal. *L'État, figure moderne de la politique*, A. Colin, 1999 ; L. Jaume, *Hobbes et l'État représentatif moderne*, PUF, 1986 ; F. Lessay, *Souveraineté et légitimité chez Hobbes*, PUF, Léviathan, 1988 ; G. Mairet, *Le principe de souveraineté (Histoires et fondements du pouvoir moderne)*, Gallimard, 1997 ; J. F. Spitz, *Bodin et la souveraineté*, PUF, 1998.
2. M. Troper, note biblio. sur *La souveraineté du peuple* de M. David, *RD publ.* 1996. 1507.
3. J.-Ph. Derosier, « Enquête sur la limite constitutionnelle : du concept à la notion », *RFDC* 2008/4, n° 76, p. 785 ; A. Haquet, *Le concept de souveraineté en droit constitutionnel français*, PUF, 2004, p. 16 ; G. Tusseau, *Les notions juridiques*, Economica, 2009.

est communément admise, la signification de la notion est discutée. Elle résulte du verdict des interprétations contentieuses (v. C. Grewe, « Constitutions nationales et droit de l'Union européenne », *Répertoire de droit européen*, 2009 [act. 2012], « § 2. Réinterprétations de la souveraineté » [§ 179 à 181]).

Il y a crise d'une notion lorsque sa définition entre en conflit avec le concept qu'elle recouvre. Ainsi, en droit constitutionnel français, la notion de souveraineté met-elle en œuvre le concept dans des conditions qui peuvent paraître contradictoires avec celui-ci. Par exemple, de nombreux interprètes de la Constitution française se demandent, souvent en vain, comment articuler le titre Ier sur *la souveraineté* et le titre XV sur *l'Union européenne*. Ils cherchent un mode d'argumentation qui puisse sauver le concept traditionnel que recouvre la notion de souveraineté. Celle-ci renvoie, depuis 1791, dans la tradition constitutionnelle française, à une puissance « une, inaliénable, indivisible et imprescriptible ». Or, ni l'interprétation systémique, qui procède par renvoi de signification d'une disposition à l'autre, ni l'interprétation fonctionnelle, qui propose une lecture moderne de la cohérence du texte ne permettent de sauvegarder cette définition d'une puissance étatique inaliénable (sauf à défendre l'idée d'une autolimitation de la souveraineté en faveur de l'Union européenne ; cependant, la thèse de l'autolimitation est souvent présentée comme un processus d'abandon de la souveraineté, sa réversibilité étant peu convaincante).

La crise de la notion de souveraineté est donc sérieuse. Elle a conduit, depuis longtemps, nombre de juristes à remettre en cause l'utilité de la notion de souveraineté qui ne paraît plus adaptée à l'état du droit constitutionnel (ou du droit international public)[1].

1. M. Chemillier-Gendreau, « Le concept de souveraineté a-t-il encore un avenir ? », *RD publ.* 2014, n° 5, p. 1283 ; J. Chevallier, *L'État post-moderne*, LGDJ, 4e éd., 2014.

SÉQUENCE 5

Aux origines de la Ve République

La tradition constitutionnelle

La France a connu quinze constitutions (et sept textes constitutionnels non appliqués). Son histoire constitutionnelle est heurtée et contrariée.

La première constitution écrite de 1791 n'a pas eu l'éclat et le succès d'un texte fondateur. Au contraire, comme l'a noté Guillaume Glénard, « son application d'à peine plus de dix mois, plus courte que sa gestation, longue de deux années, en fait l'archétype du texte constitutionnel raté »[1]. La France n'a donc pas bénéficié, comme les États-Unis, d'un socle constitutionnel.

Par la suite, la confiance dans la constitution n'a jamais été forte. Aucune constitution n'a atteint l'idéal institutionnel espéré. La remise en cause de l'ordre constitutionnel est une tentation constante (aujourd'hui, l'on disserte sur le passage à une VIe République).

La tradition constitutionnelle ne relève donc pas de l'évidence. Le contenu des constitutions s'est même progressivement « appauvri », comme l'a observé Philippe Ardant (en perdant, notamment, la référence à la société civile).

Pour autant, le temps long fait apparaître une stabilité institutionnelle et la confirmation de principes représentatifs[2]. Le droit constitutionnel a adhéré à la république, au régime parlementaire et aux institutions qui l'organisent. Les IIIe et IVe Républiques, notamment, ont consolidé le parlementarisme qui avait été instauré au XIXe siècle de 1814 à 1871.

Les institutions des IIIe (I) et IVe (II) républiques ont été reprises sous la Ve République (III). Celle-ci s'inscrit dans la tradition constitutionnelle. Elle n'a pas constitué une rupture institutionnelle, même si elle a provoqué un net basculement de l'équilibre des pouvoirs en faveur de l'Exécutif.

---

1. G. Glénard, *L'exécutif et la Constitution de 1791*, PUF, 2010, p. 3.
2. Ph. Ardant, « Le contenu des Constitutions : variables et constantes », *Pouvoirs*, n° 50, 1989, p. 31.

I ■ La Troisième République

Ce régime ne semblait pas conçu pour durer. Il a partagé ce trait avec la Ve République. Les lois constitutionnelles de 1875, qui forment la Constitution de la IIIe République, ont résulté d'un compromis entre monarchistes et républicains. Les uns et les autres espéraient revenir sur ces textes pour instaurer un régime correspondant à leur vision des institutions. Pour cette raison, les lois constitutionnelles de 1875 ne comportent pas de référence à la nature du régime. Elles ne proclament pas de droits ou de libertés. Elles ne consacrent pas de valeurs ou principes (tels que la soumission à la divine providence, la souveraineté du peuple ou du roi, la séparation des pouvoirs, etc.). Comme l'a écrit Maurice Deslandres, cette constitution « n'est à aucun degré une œuvre théorique, dogmatique, systématique » ; c'est une œuvre de « transaction »[1].

Les lois constitutionnelles étaient destinées à être modifiées. La procédure de révision était souple. Pourtant, ces lois constitutionnelles n'ont fait l'objet que de trois révisions en soixante-cinq ans. La loi constitutionnelle du 21 juin 1879 était relative au siège du pouvoir exécutif et des assemblées (transféré de Versailles à Paris). Celle du 14 août 1884 a consacré la forme républicaine du gouvernement et a établi l'inéligibilité à la présidence de la République des familles ayant régné sur la France. Celle du 10 août 1926 a été adoptée en période de crise financière. Elle a conféré un caractère constitutionnel à l'autonomie de la caisse de gestion des bons de la défense nationale et d'amortissement de la dette publique.

La IIIe République a établi un record de longévité dans l'histoire constitutionnelle française[2]. Les lois constitutionnelles ont été appliquées de 1875 à 1940. Pour parvenir à durer, la IIIe République a dépassé ses contradictions initiales (A) pour devenir un régime parlementaire de type moniste (B). Ce régime a perduré, mais il a aussi connu des dysfonctionnements dont le souvenir a pesé sur l'état d'esprit des rédacteurs des constitutions ultérieures (C).

---

1. M. Deslandres, *Histoire constitutionnelle de la France. L'avènement de la Troisième République. La Constitution de 1875*, A. Colin, 1937, p. 447-448.
2. P. Bodineau, M. Verpeaux, *Histoire constitutionnelle de la France*, PUF, 2013 ; J.-Ph. de Bujadoux, *La « Constitution de la IIIe République »*, LGDJ, 2015 ; J.-J. Chevallier, *Histoire des institutions et des régimes politiques de la France. De 1789 à 1958*, Dalloz, 9e éd., 2009 ; D. Gros, *Naissance de la IIIe République*, PUF, coll. « Léviathan », 2014 ; Jean-Marie Mayeur, *La vie politique sous la IIIe République*, Seuil, 1984 ; M. Morabito, *Histoire constitutionnelle de la France de 1789 à nos jours*, Montchrestien, 14e éd., 2016 ; R. Rémond, *La vie politique en France, 1879-1939. La République souveraine*, Fayard, 2002 ; O. Rudelle, *La République absolue. Aux origines de l'instabilité constitutionnelle de la France républicaine, 1870-1889*, Publications de la Sorbonne, 1982 ; P. Charlot, *La troisième République : ordre politique, ordre moral, ordre social*, éd. Inst. univ. Varenne, 2015 ; A. Granero, « Les révisions constitutionnelles non abouties sous la Troisième République », *RFDC* 2013, n° 96, p. 835.

A ▪ L'instauration du régime

Le Second Empire sombre à Sedan le 2 septembre 1870. Napoléon III capitule, l'armée française est humiliée et Paris se soulève. Le 4 septembre 1870, la République est proclamée au balcon de l'hôtel de ville de Paris. Un premier armistice est signé avec l'Allemagne le 26 janvier 1871 à Versailles. Il est suivi d'un armistice général le 15 février 1871.

1. Un Régime provisoire

Une Assemblée nationale est élue le 8 février 1871. Sa majorité est monarchiste (près de 400 membres sur 675). Cette assemblée doit se prononcer sur le conflit avec l'Empire allemand et accepter les conditions d'un traité de paix. L'Assemblée doit également résoudre les difficultés du moment ; « en attendant qu'il soit statué sur les institutions de la France », l'Assemblée nationale doit « pourvoir immédiatement aux nécessités du gouvernement et à la conduite des négociations » (décret du 17 févr. 1871).

L'Assemblée doit, aussi et surtout, trouver une solution à la situation de Paris qui est assiégé depuis septembre 1870. Les Parisiens se sont soulevés et une séquence insurrectionnelle historique est apparue : la *Commune de Paris*. Elle a duré de mars à mai 1871. Elle était composée de patriotes d'ultragauches, hostiles à l'Allemagne et opposés à l'Assemblée nationale à majorité monarchiste. Cette expérience politique révolutionnaire a fait l'objet d'une terrible répression. Elle a pris fin lors de la semaine sanglante du 21 au 28 mai 1871[1].

2. Une assemblée constituante divisée

Dans ce contexte troublé, l'Assemblée nationale a eu pour mission de légiférer et d'établir un nouveau régime. L'assemblée est constituante. Elle a « le droit d'user du pouvoir constituant, attribut essentiel de la souveraineté dont elle est investie » (loi du 31 août 1871).

Le pays connaît, cependant, de profondes divisions sociales et politiques. L'assemblée est également partagée. Sa composition a évolué au fil des élections (avec des poussées républicaines). Elle comprenait une majorité monarchiste qui se scindait elle-même en deux camps : les *légitimistes*, fidèles au comte de Chambord, et les *orléanistes*, partisans du comte de Paris. Un troisième camp minoritaire était formé par les *républicains*.

Le contexte politique n'était pas favorable à l'élaboration d'une constitution. Le choix retenu d'une assemblée constituante rendait également l'exercice difficile. D'âpres tractations eurent lieu au sein de l'Assemblée nationale. Il a fallu attendre quatre ans avant l'adoption des lois constitutionnelles définitives.

1. J. Rougerie, *Paris insurgé. La Commune de 1871*, Gallimard, 2012 ; Louise Michel, *La Commune*, La Découverte, 2015 ; Prosper-Oliver Lissagaray, *Histoire de la Commune de 1871*, La découverte, 2005.

Durant cette période, l'Assemblée nationale a adopté des lois pour organiser le gouvernement du pays. Elles ont été conçues à titre provisoire dans l'attente du nouveau régime. Elles ont, néanmoins, orienté la rédaction des futures lois constitutionnelles. Les lois du 31 août 1871 (dite *Constitution Rivet*), du 13 mars 1873 (dite *Constitution de Broglie*) et celle du 20 novembre 1873 ont prévu la responsabilité politique des ministres, ont institué la présidence de la République, établi le septennat et limité les relations entre le président et le Parlement (v. situation 1). Ces institutions ont été reprises par les rédacteurs des lois constitutionnelles et ces règles ont régi la IIIe République.

3. L'amendement *Wallon* du 30 janvier 1875

L'Assemblée nationale débute, le 21 janvier 1875, la discussion des propositions de la *commission des trente* (chargée par l'art. 2 de la loi du 20 nov. 1873 de l'examen des lois constitutionnelles). Un amendement, déposé par Henri Wallon, prévoit que « le président de la République » est « élu à la pluralité des suffrages par le Sénat et la Chambre des députés réunis en Assemblée nationale », « nommé pour sept ans » et « rééligible ». Cet amendement écarte implicitement toute référence à un monarque ou un empereur. Le président est celui de « la République ». La présidence de la République devient impersonnelle. Le titulaire de la fonction présidentielle (Mac-Mahon) n'est plus désigné nommément par le texte.

L'amendement Wallon est adopté à une voix de majorité (353 voix contre 352). La République est instaurée. Pour autant, les institutions de la IIIe République ont conservé l'empreinte des concessions que les républicains ont dû faire aux monarchistes pour permettre l'adoption des lois constitutionnelles. Maurice Deslandres a relevé que « la majorité monarchique » de l'assemblée constituante « s'est efforcée d'introduire dans cette République le plus possible d'institutions de tendance conservatrice et monarchiste ». Parmi elles, Deslandres mentionne « l'irresponsabilité parlementaire du président de la République, son long mandat, sa rééligibilité, la série de ses prérogatives, même vis-à-vis des chambres, l'institution de deux Assemblées, tout le statut du Sénat, la possibilité illimitée de la révision »[1].

B ▪ Les lois constitutionnelles de 1875

La Constitution de 1875 est formée de trois lois constitutionnelles : la loi du 24 février 1875 *relative à l'organisation du Sénat*, celle du 25 février 1875 *relative à l'organisation des pouvoirs publics* et celle du 16 juillet 1875 *sur les*

1. M. Deslandres, *Histoire constitutionnelle de la France. L'avènement de la Troisième République. La Constitution de 1875*, A. Colin, 1937, p. 448.

rapports des pouvoirs publics. Ces textes courts et techniques ne sont pas précédés d'une déclaration des droits. Ils organisent les pouvoirs publics principalement autour de deux institutions : le Parlement (1) et le président de la République (2).

1. Le Parlement

« Le pouvoir législatif s'exerce par deux Assemblées : la Chambre des députés et le Sénat » (art. 1er, loi const. du 25 févr. 1875). La réunion des deux chambres forme « l'Assemblée nationale ».

La Chambre des députés. - C'est la chambre basse. Les députés sont élus au suffrage universel direct pour quatre ans selon un mode de scrutin qui a varié.

Les députés ont l'initiative des lois et les votent. Les lois doivent être adoptées dans les mêmes termes par la Chambre et le Sénat. Les lois constitutionnelles organisent un bicamérisme égalitaire. Les pouvoirs des assemblées sont similaires.

Le régime de la IIIe République est *parlementaire*. La Chambre des députés contrôle le gouvernement. Elle l'investit et peut le renverser.

Le principe de la *souveraineté parlementaire* régit la IIIe République. Les compétences du parlement ne sont pas énumérées dans la Constitution. Le Parlement a la compétence de la compétence. Les juges ne peuvent contrôler la conformité des lois à la Constitution et l'action du législateur ne peut être concurrencée pas des procédures référendaires.

Ce principe autorise les assemblées à exercer le pouvoir constituant. Les chambres ont le droit « de déclarer qu'il y a lieu de réviser les lois constitutionnelles ». Elles adoptent des délibérations séparées à la majorité absolue des voix. Elles se réunissent ensuite en « Assemblée nationale » pour procéder à la révision. La délibération de l'Assemblée nationale est prise à la majorité absolue des membres la composant (art. 8, loi du 25 févr. 1875).

Le Sénat. - Cette institution bénéficiait d'un grand prestige. Les monarchistes lui attachaient la plus grande importance. L'une des trois lois constitutionnelles, celle du 24 février 1875, lui est même consacrée.

Les sénateurs sont désignés au suffrage universel indirect (75 sont inamovibles au début de la IIIe). Ils sont élus pour neuf ans. Le Sénat se renouvelle par tiers tous les trois ans (notons que la durée du mandat des sénateurs a été reprise sous la Ve République jusqu'à ce que la loi organique du 30 juillet 2003 réduise le mandat à six ans).

Sous la IIIe République, les sénateurs étaient désignés par les députés et les représentants des collectivités locales : conseillers généraux, d'arrondissement et délégués des conseils municipaux. Chaque commune avait un délégué ce qui favorisait les communes rurales. Gambetta pouvait affirmer, dans son discours prononcé à Belleville le 23 avril 1875, que le Sénat est « le grand conseil des communes de France ».

Le Sénat a des pouvoirs comparables à ceux de l'Assemblée nationale. Les deux assemblées doivent s'équilibrer. Le « Sénat a, concurremment avec la Chambre des députés, l'initiative et la confection des lois » (art. 8, loi du 24 févr. 1875). L'initiative est partagée même si « les lois de finances doivent être, en premier lieu, déposées à la Chambre des députés » (art. 8). De plus, le Sénat dispose de compétences exercées dans des conditions ultimes. Il peut être constitué en Cour de justice pour juger le président de la République, ou les ministres (art. 9). En outre, le président de la République ne peut dissoudre la chambre des députés que « sur l'avis conforme du Sénat » (art. 5, loi du 25 février 1875).

Le gouvernement est également responsable devant le Sénat. L'interprétation retenue de l'article 6 de la loi du 25 février 1875, qui précise que les ministres sont solidairement responsables devant « les chambres », a permis au Sénat de mettre en cause la responsabilité politique du gouvernement.

2. L'Exécutif

« Qu'est-ce que la Constitution de 1875 ? » : à cette question, Jean-Jacques Chevallier a répondu : « On a dit que c'était avant tout un Sénat » (allusion à la formule de Dufaure). « C'est avant tout un *président*, puis c'est un *Sénat* »[1]. En effet, aussi étonnant que cela puisse paraître au regard de sa pratique, les lois constitutionnelles de 1875 consacrent le rôle du président de la République et non du gouvernement. Ces lois ne mentionnent même pas le président du Conseil.

Le président de la République. – Le président est désigné pour sept ans par les députés et sénateurs réunis en Assemblée nationale. Il est élu à la majorité absolue.

Statut. – La responsabilité politique du président ne peut pas être engagée. Il ne peut également être poursuivi pénalement qu'en « cas de haute trahison » (art. 6 L. 25 févr. 1875 / à rapprocher de l'article 68 Const. 1958 avant la révision de 2007). Le président « ne peut être mis en accusation que par la Chambre des députés... » (art. 12 Loi const. 16 juill. 1875). L'interprétation qui a prévalu de cette formule était que le président bénéficiait d'un privilège de juridiction. Puisqu'il ne pouvait être mis en accusation « que » par la Chambre, il ne pouvait être poursuivi devant une autre juridiction.

Compétences. – Le président a des compétences très étendues. Il a le droit de dissoudre la chambre des députés, après avoir obtenu l'avis conforme du Sénat (art. 5 LC 25 févr. 1875). Il a « l'initiative des lois » concurremment avec le Parlement (art. 3 LC 25 févr. 1875). Il « surveille » et « assure l'exécution des lois », ce qui lui confère l'exercice du pouvoir réglementaire pour prendre les mesures nécessaires à l'entrée en vigueur des lois (art. 3 LC 25 févr. 1875). Il

1. J.-J. Chevallier, *Histoire des institutions et des régimes politiques de la France de 1789 à 1958*, Dalloz, p. 305.

dispose également « de la force armée » (art. 3 LC 25 févr. 1875). Il « nomme à tous les emplois civils et militaires » : (art. 3 LC 25 févr. 1875). Il « accrédite les ambassadeurs » (art. 3 LC 25 févr. 1875). Il a le « droit de convoquer extraordinairement les chambres » (art. 8 LC 16 juill. 1875). Il « négocie et ratifie les traités » (art. 9 LC 16 juill. 1875).

Le rapprochement avec les pouvoirs du président de la Ve République s'impose (v. Séquence 8). Le président sous la IIIe République disposait de pouvoirs comparables. Malgré cela, il a exercé une fonction essentiellement protocolaire.

Compte tenu de l'importance des pouvoirs reconnus au chef de l'État par les lois constitutionnelles de 1875, l'on peut comprendre que des présidents comme Jean Casimir-Perier (Pr. 1894-95, durant 6 mois seulement) ou Alexandre Millerand (Pr. 1920-24) n'aient pas supporté l'effacement de leur fonction. Ils ont adopté une attitude d'insoumission qui leur a, cependant, été défavorable (v. *infra*).

Le gouvernement. - L'organe est collectif. Les ministres sont « solidairement responsables devant les chambres de la politique générale du Gouvernement » (art. 6, loi du 25 févr. 1875). À l'origine, il s'agit d'un cabinet placé auprès du président de la République. Mais cette conception initiale a été rapidement abandonnée. Après la crise du 16 mai 1877 (v. situation 2), le gouvernement a pris son autonomie à l'égard du président de la République. Contrairement à celui-ci, qui est irresponsable politiquement et ne peut pénétrer au sein du Parlement, les ministres ont « leur entrée dans les deux chambres et doivent être entendus quand ils le demandent » (art. 6, loi du 16 juillet 1875, selon une formule qui figurait déjà à l'art. 54 la Charte de 1814, l'art. 46 de la Charte de 1830 et à l'art. 69 de la Const. de 1848).

Le président du Conseil. - Cet organe n'est pas prévu par la Constitution. Il a été institué par une règle non écrite d'origine politique (c'est une *convention de la constitution* : v. Séquence 1). La présidence du Conseil existe depuis longtemps. La fonction apparaît sous la Restauration, dès 1815 (confiée alors à Talleyrand). Elle est reconduite sous la Monarchie de Juillet et sous la IIe République. En 1871, la fonction de *vice-président du Conseil* est confiée à Jules Dufaure (il devient *président du Conseil* en 1876).

En l'absence de statut constitutionnel, le président du Conseil est un ministre parmi les autres. Il cumule sa fonction avec un ministère. En pratique, il lui appartient de former le gouvernement et d'assurer la présidence effective du Conseil des ministres bien que cette fonction soit officiellement confiée au président de la République.

La situation du président du Conseil a évolué sous la IIIe République. La Première Guerre mondiale a conforté la fonction de chef de gouvernement. Toutefois, il a fallu attendre l'adoption d'un article de la loi de finances du 24 décembre 1934 pour que fût enfin consacrée la présidence du Conseil.

C ▪ Les dysfonctionnements du régime parlementaire moniste

Le régime parlementaire pouvait évoluer en deux sens : rester un régime *dualiste* (ou orléaniste), ou devenir un régime *moniste*. Dans le *régime parlementaire dualiste*, le gouvernement est responsable devant le président de la République et le Parlement. Dans le *régime parlementaire moniste*, le gouvernement est seulement responsable devant le Parlement. La IIIe République est rapidement devenue un régime parlementaire moniste.

Cette orientation s'est imposée après la crise politique et institutionnelle du 16 mai 1877. Elle a opposé le président de la République Mac-Mahon, qui était monarchiste, à la majorité républicaine de la Chambre des députés. La crise a mis en jeu les institutions de la jeune IIIe République. Elle a conduit à une redéfinition de la fonction présidentielle. Les lois constitutionnelles de 1875 n'ont pas été modifiées. Mais leur interprétation a neutralisé les compétences du président de la République. Leur exercice effectif a été confié au gouvernement. Cette crise a eu des incidences considérables sur la nature du régime (v. situation 2). Elle a ouvert une très longue période de souveraineté parlementaire. Elle a duré jusqu'à la fin de la IIIe République et a réapparu sous la IVe République.

Il est difficile d'établir un jugement d'ensemble sur un régime politique. L'accusation d'inefficacité de la IIIe République est très discutable pour un régime qui est parvenu à durer soixante-cinq ans, qui a conçu une importante législation républicaine et qui a survécu à la Grande guerre.

Malgré cela, ce régime de souveraineté parlementaire a été décrié pour ne pas être parvenu à surmonter les crises politiques, sociales et financières du XXe siècle. C'est le sentiment que l'opinion publique a eu après la Première Guerre mondiale. Les maux de la IIIe République (1) ont alors engendré une profonde contestation du régime (2).

1. Les maux de la IIIe République

Ils ont été de deux ordres : la difficulté à légiférer (a) et l'instabilité gouvernementale (b).

a. La législation déléguée

Le Parlement est tout-puissant sous la IIIe République. On parle de *souveraineté parlementaire* pour qualifier la généralité des compétences du Parlement. Celui-ci peut intervenir en tout domaine. Il a *la compétence de la compétence.* Son action ne connaît pas d'entrave juridique. En revanche, elle rencontre des obstacles politiques.

Difficulté à légiférer. - Les gouvernements ont rarement bénéficié d'une majorité parlementaire homogène. L'absence de partis politiques structurés jusqu'au début du XXe siècle et, par la suite, leur opposition idéologique ont rendu la tâche des gouvernements complexe. Il leur était difficile de défendre un programme législatif cohérent. Le Parlement est divisé et le processus législatif peut s'avérer extraordinairement lent. Par exemple, la loi de 1928 sur *les assurances sociales* a été le résultat d'une longue et difficile réflexion. Évoqué par Clémenceau en 1885, son examen a été repris par le Parlement en 1920. D'avant-projets, en propositions de loi, en rapports, en commissions, la loi n'a été finalement promulguée que le 5 avril 1928.

La solution du décret-loi. - Après la Première Guerre mondiale, les chambres ont confié au gouvernement le soin de légiférer à leur place. Pour cela, un instrument juridique a été conçu : le *décret-loi*. Une habilitation est donnée par le Parlement au gouvernement pour adopter des règles dans des domaines qui relèvent de la compétence législative.

Ce procédé n'était pas prévu par les lois constitutionnelles de 1875. Elles réservaient le « pouvoir législatif » aux « assemblées » (loi du 25 févr. 1875). Malgré cela, le Parlement a voté des lois de plein pouvoir autorisant le pouvoir exécutif à édicter des décrets-lois pour surmonter les difficultés qu'a connues l'État français après la Première Guerre mondiale (v. situation 3).

b. L'instabilité gouvernementale

La IIIe République a connu une très forte instabilité gouvernementale : quatre-vingt-quatorze gouvernements en soixante-cinq ans. Elle s'explique par diverses raisons.

Le parlementarisme moniste a fragilisé l'Exécutif à l'excès. En l'absence de risque de dissolution, la chambre des députés pouvait renverser les gouvernements sans subir de représailles. En outre, les gouvernements ont rarement pu bénéficier du soutien d'une majorité parlementaire cohérente.

Le Sénat a également contribué à l'instabilité. Il peut renverser le gouvernement sous la IIIe République. Ce pouvoir est généralement réservé à l'assemblée élue au suffrage universel direct (même s'il existe des exceptions ; en Italie, le « gouvernement doit avoir la confiance des deux chambres » : art. 94 Const.). Sous la IIIe République, le Sénat considère qu'il peut renverser le gouvernement (en vertu de l'art. 6, loi du 25 févr. 1875).

L'instabilité ministérielle s'explique également par la souplesse des procédures mises en œuvre pour mesurer la légitimité du gouvernement. La défiance peut, notamment, résulter d'une *interpellation*. Il s'agit d'une technique par laquelle un parlementaire demande des explications au gouvernement par la voie d'une demande écrite présentée au président de l'assemblée. Il s'ensuit un vote de confiance.

La confiance des assemblées est si nécessaire qu'elle peut être sollicitée simplement. Elle est fréquemment demandée par les gouvernements. Ils démissionnent lorsqu'ils ne l'obtiennent pas, quelles que soient les procédures utilisées. En l'absence de majorité parlementaire homogène, la démission du gouvernement peut également résulter de la démission d'un ministre. Elle peut entraîner celle d'autres membres du gouvernement. Dans les coalitions, la discipline de groupe ne joue pas en faveur du gouvernement.

Les effets négatifs de l'instabilité gouvernementale ont, il est vrai, été atténués par la permanence de la classe politique. Les parlementaires intégraient des gouvernements successifs. Certains présidents du conseil ont ainsi dirigé plusieurs gouvernements (Aristide Briand a, par exemple, été onze fois président du Conseil). Mais l'instabilité ministérielle a créé un sentiment de lassitude.

2. La contestation du régime

Les dysfonctionnements du régime ont fait naître des réactions contre la IIIe République dont la plus négative fut *l'antiparlementarisme* (a). En réponse, des personnalités, politiques et juristes, ont proposé de réviser ou de réinterpréter les lois constitutionnelles (b). Mais aucune réforme n'aura lieu jusqu'à la Seconde Guerre mondiale et l'instauration du régime de Vichy (c).

a. L'antiparlementarisme

L'*antiparlementarisme* est un rejet de la classe politique. Il s'agit d'un état d'esprit contestataire qui fustige l'incompétence et le caractère malhonnête du personnel politique. Le phénomène se nourrit des crises et des affaires. Il a toujours accompagné les régimes représentatifs, mais il a atteint un degré élevé sous la IIIe République parce qu'il a été associé à une critique de son mode de fonctionnement.

René Rémond a montré que, sous la IIIe République, « trois reproches sont formulés contre le régime parlementaire. Son impuissance : il est inadapté à l'action politique. Sa nocivité : il divise au lieu de rassembler. Son injustice : il confisque le pouvoir au bénéfice d'une oligarchie de notables »[1].

La IIIe République a, en effet, connu de longues périodes durant lesquelles le Parlement était divisé. L'idée s'est établie dans l'opinion publique, notamment après la Première Guerre mondiale, que le Parlement fonctionnait à partir de combinaisons entre des politiciens qui se rendaient des services. Elles favorisaient l'instabilité ministérielle et l'inefficacité des gouvernements. Le régime manquait d'unité décisionnelle. Il était incapable d'affronter les difficultés[2].

---

1. R. Rémond, *La vie politique en France, 1879-1939. La République souveraine*, Fayard, 2002, p. 193.
2. Sur les « ingrédients de l'antiparlementarisme », v. B. Jeanneau, « L'antiparlementarisme d'hier à aujourd'hui », *Pouvoirs*, n° 64, 1993, p. 25 ; égal. Jean Defrasne, *L'Antiparlementarisme en France*, PUF, 1990 ; J.-Cl. Caron et J. Garrigues [dir.], revue *Parlement(s)*, HS n° 9 : *L'antiparlementarisme en France*, 2013.

L'intégrité de la classe politique était directement visée, ce qui a fragilisé leur légitimité. Les élus étaient réputés corrompus. Ils étaient accusés d'être moins préoccupés par l'intérêt général que par leur intérêt matériel.

Une polémique sur l'indemnité des parlementaires a illustré cet état d'esprit. Le 30 novembre 1906, la Chambre des députés a fait passer l'indemnité parlementaire de 9 000 à 15 000 francs par an. La revalorisation était justifiée parce que le montant n'avait pas été augmenté depuis 1871. Mais une campagne de presse a dénoncé cette mesure. Les députés furent surnommés les *quinze-millistes*. Par la suite, les parlementaires n'ont plus osé procéder à une augmentation (la solution retenue en 1938 a consisté à indexer le montant de l'indemnité sur le traitement de la haute fonction publique).

En outre, des affaires politico-financières (*Wilson, Panama, Dreyfus, Rochette, Hanau, Oustric, Stavisky...*) ont contribué au rejet de la classe politique. Elles ont eu un effet désastreux sur l'opinion publique.

La crise du 6 février 1934. - L'*affaire Stavisky* a précédé cette crise. C'était l'affaire de trop.

Alexandre Stavisky était un escroc soutenu par des personnalités politiques (il avait mis en place un système de faux bons au porteur). Son procès n'eut pas lieu. Il fut reporté à dix-neuf reprises sur décision du procureur général, qui était le beau-frère du ministre Camille Chautemps, lui-même lié à Stavisky. Celui-ci se « suicida », le 8 janvier 1934, « d'un coup de revolver qui lui a été tiré à bout portant » (titre du *Canard enchaîné*). Un mois plus tard, des manifestations antigouvernementales et antiparlementaires se déroulèrent à Paris. Elles tournèrent à l'émeute. Des associations et ligues d'extrême droite (dont l'Action française) et d'anciens combattants (notamment, les Croix de feu) se regroupèrent le 6 février 1934. Trente mille manifestants se réunirent place de la Concorde, face à l'Assemblée nationale, avec un slogan simple : *à bas les voleurs !* Un gouvernement provisoire fut même autoproclamé à l'hôtel de ville. Pour les émeutiers, la question s'est alors posée de savoir s'ils devaient prendre d'assaut le Palais Bourbon. Le Colonel de la Rocque, qui dirigeait la ligue des Croix-de-Feu, refusa cette action. Sa ligue se dispersa. Les partisans des autres ligues se battirent dans les rues avec les forces de l'ordre. Elles échouèrent dans leur tentative. On affirme souvent que la République a vacillé le 6 février 1934. En réalité, les mouvements d'anciens combattants, aussi déterminés qu'ils aient été, ne semblaient pas majoritairement antirépublicains. Ils étaient, certes, très opposés à la faiblesse du régime parlementaire, mais ils restaient favorables à la république.

En réaction à cet événement, des décrets ont été édictés pour réglementer les réunions sur la voie publique et permettre la dissolution des ligues.

Antiparlementarisme et populisme

Les deux mouvements se rejoignent mais ils méritent d'être distingués. Le populisme n'est pas une doctrine qui se limite au rejet des parlementaires et de la classe politique. Il ne peut également être réduit à un appel au peuple et à sa critique démagogique même si le terme est souvent utilisé en ce sens aujourd'hui. Il l'est même parfois de façon positive en l'assimilant à une quête de la faveur populaire.

Pierre-André Taguieff constate qu'« il est arrivé une singulière mésaventure au mot "populiste" : il est récemment devenu populaire. Le terme étant sorti du langage savant, ses usages dominants s'inscrivent désormais dans l'espace polémique occupé par les acteurs politiques, les journalistes et les intellectuels médiatiques »[1].

Le populisme est difficile à définir. Il ne s'agit ni d'un régime ni d'une idéologie. Il s'agit d'un phénomène politique, souvent qualifié d'« attrape-tout », mais qui présente des caractéristiques. Les populismes rencontrés aux États-Unis et en Russie au XIXe siècle, ou en Europe, notamment en France, ont en commun de prôner le retour au peuple et la défiance envers les élites qui l'ont trompé. Mais il est généralement complété par l'appel à une personnalité charismatique et honnête. Cet appel est associé au rejet d'une élite qui a usurpé la souveraineté du peuple et a trahi sa vertu. Le pays légal est opposé au pays réel. Ce populisme est qualifié par P.A. Taguieff de « protestataire ». Il est souvent couplé à un « populisme identitaire » qui renforce l'unité du peuple contre un ennemi de l'intérieur (le bouc émissaire qui peut être selon les époques le membre d'une communauté religieuse, ou d'une organisation) ou de l'extérieur (l'ennemi à nos portes). Dans les deux cas, l'unité nationale s'impose autour d'un chef qui établit un lien direct avec le peuple.

D'autres distinctions ont été proposées. L'étude du populisme connaît un regain d'intérêt parce que cette dérive est supposée caractériser nos démocraties[2].

La IIIe République a été contestée par les citoyens. Certains de leurs représentants ont également souhaité la modification du régime pour rétablir l'autorité de l'État.

---

1. P.-A. Taguieff, « Le populisme et la science politique », *in Les populismes*, J.-P. Rioux [dir.], Perrin, 2007, p. 17 ; P.-A. Taguieff [dir.], *Le Retour du populisme : un défi pour les démocraties européennes*, Universalis, 2004.
2. L. Goodwyn, *Democratic Promise. The Populist Movement in America*, Oxford univ. Press, New York, 1976 ; M. Canovan, *Populism*, Harcourt Brace Jovanovich, New York-Londres, 1981 ; G. Hermet, *Les populismes dans le monde : une histoire sociologique*, Fayard, 2001 ; D. Reynié, *Populismes : la pente fatale*, Plon, 2011 ; M. Winock, *Le XXe siècle idéologique et politique*, Perrin, 2009 ; C. Colliot-Thélène et Fl. Guénard [dir.], *Peuples et populisme*, PUF, 2014.

b. Le révisionnisme constitutionnel

Le *révisionnisme* correspond à des prises de position de personnalités politiques et professeurs de droit qui ont demandé la révision des lois constitutionnelles de 1875. Leurs intentions étaient variables. Elles relevaient d'un positionnement politique ou d'une réflexion sur l'évolution des institutions. Elles avaient néanmoins en commun de réclamer le renforcement de l'autorité de l'État et, pour cela, du pouvoir exécutif.

Des propositions ont été formulées à des époques successives. Elles suggéraient la remise en cause du parlementarisme absolu, la consécration de la fonction de président du Conseil, ou encore la restauration de l'exercice du droit de dissolution délivré de l'accord du Sénat[1].

La révision des lois constitutionnelles n'a pas eu lieu. La défaite militaire de 1940 a mis un terme au plus long régime républicain que la France a connu.

c. Pétain et le régime de Vichy

Le Parlement fait appel au maréchal Pétain le 16 juin 1940. Un mois plus tard est adoptée la loi constitutionnelle du 10 juillet 1940 qui « donne tout pouvoir au Gouvernement de la République, sous l'autorité et la signature du maréchal Pétain, à l'effet de promulguer par un ou plusieurs actes une nouvelle constitution de l'État français. Cette constitution devra garantir les droits du Travail, de la Famille et de la Patrie ».

À la fin de la guerre, l'ordonnance du 9 août 1944 *relative au rétablissement de la légalité républicaine sur le territoire continental* annule « l'acte dit loi constitutionnelle du 10 juillet 1940 », ainsi que « tous les actes dits : "actes constitutionnels" ». Cette ordonnance est signée par le général de Gaulle qui dirige le *Gouvernement provisoire de la République française* (GRPF).

Le gouvernement du régime de Vichy est qualifié « d'autorité de fait ». Ce régime a-t-il été celui de l'État français ? Si celui-ci existait encore, une autorité, qu'il faut identifier, le gouvernait.

Au regard des dispositions de l'ordonnance du 9 août 1944, le Conseil d'État estime que « la France libre et la France combattante et, par la suite, le Comité français de la libération nationale et le Gouvernement provisoire de la République française, ont été, à compter du 16 juin 1940, dépositaires de la souveraineté nationale et ont assuré la continuité de la République » (CE, ass., 13 avr. 2018, *Assoc. du musée des lettres et manuscrits*, n° 410939).

Dès lors, la responsabilité de l'État français devait-elle être engagée pour les actes du régime de Vichy ? Le débat reste ouvert même si des réponses

1. S. Pinon, *Les réformistes constitutionnels des années trente aux origines de la Ve République*, LGDJ, 2003 ; J. Gicquel et L. Sfez, *Problèmes de la réforme de l'État en France depuis 1934*, PUF, 1965 ; J.-P. Azéma et M. Winock, *Naissance et mort. La Troisième République*, coll. « Pluriel », 1978.

officielles ont été apportées. Dans son discours au Vélodrome d'Hiver du 16 juillet 1995, le président Chirac déclare que « la folie criminelle de l'occupant a été secondée par des Français, par l'État français ». Quelques années plus tard, le Conseil d'État a confirmé que la « responsabilité de l'État » a été engagée pour les dommages causés par les déportations à partir de la France qui ne résultaient pas d'une contrainte directe de l'occupant (CE, ass., avis 16 févr. 2009, *Hoffman-Glemane*, n° 315499 ; CE, ass., 12 avr. 2002, *Papon*, n° 238689 ; CE, ass., 6 avr. 2001, *Pelletier*, n° 224945).

En tout état de cause, le constat de la « nullité » de la loi constitutionnelle du 10 juillet 1940 a posé la question du rétablissement des institutions de la IIIe République.

II ▪ La Quatrième République

Les citoyens et citoyennes se sont opposés au rétablissement de la IIIe République lors du référendum du 21 octobre 1945 (les femmes ont le droit de vote en vertu d'une ordonnance du général de Gaulle du 21 avril 1944). Le même jour, les électeurs ont désigné les membres d'une assemblée constituante qui devait adopter une nouvelle constitution. Elle devait ensuite être approuvée par les citoyens lors d'un nouveau référendum.

La Constitution a été adoptée dans des conditions laborieuses. Un premier projet de constitution fut voté par l'Assemblée constituante le 19 avril 1946. Il établissait un système politique qui tendait au régime d'assemblée. Les citoyens l'ont désapprouvé lors du référendum du 5 mai 1946. Une nouvelle assemblée fut élue pour élaborer un deuxième projet de constitution. Celui-ci fut approuvé le 13 octobre 1946 par 9,3 millions de votants ; 8,16 millions d'électeurs ont voté contre la Constitution et 32 % du corps électoral s'est abstenu. La légitimité démocratique des nouvelles institutions était donc faible.

La Constitution est datée du 27 octobre 1946, jour de sa promulgation par le président du Gouvernement provisoire, Georges Bidault. Elle établit la Quatrième République.

L'élaboration de la Constitution a nécessité de nombreux compromis. Ils n'ont pas permis d'aboutir à la conception d'un régime qui se distinguât clairement de celui de la IIIe République. Dès lors, les critiques relatives à la souveraineté parlementaire ont resurgi (la Quatrième : la Troisième *en pire*). Pourtant, les rédacteurs de la Constitution ont tenté de remédier aux défauts du système politique précédent. Mais les correctifs apportés (A) ont été neutralisés par la pratique (B).

A ▪ Un régime parlementaire renouvelé

La forme de la Constitution de 1946 est très différente de celle de 1875. Comme nous l'avons vu, celle-ci était formée de lois constitutionnelles brèves, techniques et sans référence à des principes ou à des valeurs. La Constitution de 1946, au contraire, est formée d'un texte structuré comportant 106 articles. Ils sont précédés d'un préambule qui « réaffirme solennellement » les droits et libertés de la Déclaration de 1789 et les « principes fondamentaux reconnus par les lois de la République ». Ce préambule, lui-même, « proclame » une série de « principes politiques, économiques et sociaux ». De même, le titre Ier de la Constitution sur « la souveraineté » consacre les principes sur lesquels repose la République : elle est « indivisible, laïque, démocratique et sociale » (ces termes sont familiers parce qu'ils ont été retranscrits dans la Constitution de 1958).

Les compétences des autorités exécutives et législatives ont été revues et corrigées. Pour autant, elles sont toujours exercées dans le cadre d'un régime parlementaire moniste (1). Les leçons tirées de la IIIe République (2) devaient rendre le fonctionnement du régime parlementaire plus efficace. Elles ne visaient pas à modifier sa nature.

1. Les institutions de la IVe République

Les principales institutions sont le Parlement (a) et le cabinet dirigé par le président du Conseil (b).

a. Le Parlement

Le terme de *Parlement* figure dans la Constitution. C'est même la première fois, comme l'a relevé Georges Vedel, que « dans l'histoire constitutionnelle française », on donne au « terme de Parlement, une acception officielle »[1].

Le « Parlement » (art. 5 Const.) comprend deux assemblées : l'Assemblée nationale (qui n'est plus dénommée *chambre des députés*, comme sous la IIIe Rép.) et le Conseil de la République (qui perd l'appellation de Sénat).

L'Assemblée nationale est la principale assemblée parlementaire. Ses membres sont élus au suffrage universel direct. Le contrôle politique du gouvernement lui appartient de façon exclusive. Il a l'initiative des lois et les adopte.

Le Conseil de la République est une assemblée secondaire. Certes, il reste une assemblée parlementaire. Ses membres sont toujours élus au suffrage universel indirect, selon un même mode de désignation. Mais le Conseil de la République ne peut plus renverser le gouvernement. En outre, il ne donne

1. G. Vedel, *Manuel élémentaire de droit constitutionnel*, Sirey, 1949, p. 375.

qu'un avis sur les projets ou propositions de loi. Si son avis est négatif, l'Assemblée nationale peut passer outre par un nouveau vote ; il doit être obtenu à la majorité absolue si l'avis du Conseil de la République a été obtenu à cette même majorité.

Le Conseil de la République a récupéré ultérieurement quelques attributions. La pratique a autorisé les questions avec débat sur la politique du gouvernement au sein de cette assemblée. Une question de confiance lui a même été posée (André Marie a posé la question de confiance au Conseil de la République en 1948). La réforme de la Constitution de 1954 a également donné au Conseil de la République l'initiative des lois. Elle a rétabli la navette entre les assemblées, même si celle-ci est limitée à cent jours. Cependant, l'Assemblée nationale a le dernier mot lorsque le délai est écoulé.

b. L'Exécutif

La constitution prévoit que le président du Conseil est le chef d'un cabinet qui est censé ne dépendre que de lui. Il doit former le gouvernement. Le président du Conseil soumet à l'Assemblée nationale le programme et la politique du Cabinet qu'il se propose de constituer.

Le président du Conseil et les ministres « choisis par lui sont nommés par décret du président de la République » (art. 46 Const.), mais ils « ne peuvent être nommés qu'après que le président du Conseil ait été investi de la confiance de l'Assemblée » à la majorité absolue des députés (art. 45 Const.).

Le pouvoir réglementaire est retiré au président de la République au profit du président du Conseil. Celui-ci est responsable de « l'exécution des lois » (art. 47 Const.). Il nomme également aux emplois civils et militaires et assure la direction des forces armées (art. 47). Ses actes sont contresignés par les ministres.

De même, la dissolution est « *décidée* en Conseil des ministres, après avis du président de l'Assemblée », même si elle reste « prononcée, conformément à cette décision, par décret du président de la République ».

Celui-ci est « élu par le Parlement » (art. 29 Const.) qui se compose de l'Assemblée nationale et du Conseil de la République. Le président est élu pour sept ans et n'est rééligible qu'une fois. Il continue officiellement à présider le Conseil des ministres (art. 32, Const.), alors que « chacun » de ses actes « doit être contresigné par le président du Conseil des ministres et par un ministre » (art. 38, Const.). En pratique, le président exerce une fonction protocolaire sans être, pour autant, purement honorifique. Il joue un rôle politique par l'exercice d'une magistrature morale. Il peut, notamment orienter le choix du président du Conseil lorsqu'aucune personnalité ne s'impose à l'Assemblée (ex. la désignation d'Antoine Pinay, en mars 1952, par Vincent Auriol).

2. Les leçons de la IIIe République

Les rédacteurs de la Constitution ont voulu remédier à certains dysfonctionnements de la IIIe République et, notamment, à la tentation de la législation déléguée, la neutralisation du droit de dissolution, ou l'instabilité ministérielle.

La Constitution prévoit, en premier lieu, que le procédé des décrets-lois est prohibé : « l'Assemblée nationale vote seule la loi ». La Constitution précise même que l'assemblée « ne peut déléguer ce droit » (art. 13 Const.).

Les rédacteurs de la Constitution ont également souhaité restaurer l'exercice du droit de dissolution de l'Assemblée. Pour que son usage soit clarifié et accepté, ils ont établi un cadre pour sa mise en œuvre. L'article 50 de la Constitution prévoit que la dissolution ne peut intervenir durant les dix-huit premiers mois de la législature. Il faut respecter le vote des électeurs. La dissolution peut être prononcée ultérieurement pour mettre un terme à une crise politique. Elle peut intervenir lorsque « deux crises ministérielles » surviennent « au cours d'une même période de dix-huit mois ». Les deux crises peuvent être constituées par la démission du gouvernement provoquée par le vote d'une motion de censure ou le rejet d'une question de confiance. Mais ces votes ne sont pris en considération que lorsque les motions ont réuni la « majorité absolue des députés à l'Assemblée » (art. 49 Const.).

Il convenait également d'assurer la cohérence gouvernementale. La solidarité doit animer les membres du gouvernement et sa composition ne doit plus dépendre de compromis artificiels entre les groupes parlementaires. Pour cela, la Constitution prévoyait (avant la révision de 1954) que le président du Conseil était investi par l'Assemblée nationale. Le président du Conseil formait ensuite son gouvernement.

Des dispositions de la Constitution ont également eu pour finalité de mettre un terme à l'instabilité gouvernementale. Le procédé de l'interpellation est remplacé par la motion de censure. Celle-ci est votée par l'Assemblée nationale « un jour franc après le dépôt de la motion ». Elle n'entraîne la « démission collective du Cabinet (...) qu'à la majorité absolue des députés ».

De même, le rejet d'une « question de confiance » posée par le gouvernement n'entraîne sa démission qu'à la majorité absolue. La question de confiance ne peut être posée « qu'après délibération du Conseil des ministres », par « le président du Conseil » (art. 49 Const.). Un ministre n'est donc pas compétent pour prendre l'initiative d'engager la responsabilité politique du gouvernement devant l'Assemblée.

B ■ Mêmes maux, mêmes dysfonctionnements

La IVe République a de nouveau connu l'instabilité gouvernementale (1). En outre, le Parlement souverain s'est révélé incapable de légiférer sur les sujets difficiles. L'autolimitation législative a réapparu (2).

1. L'instabilité gouvernementale

La IVe République a connu vingt-quatre gouvernements en douze ans. Leur durée de vie a été variable. Certains gouvernements ont été éphémères (par ex., le gouvernement André Marie n'a duré qu'un mois, du 26 juill. 1948 au 28 août 1948 ; même durée pour le gouvernement Edgar Faure, du 20 janv. 1952 au 29 févr. 1952), ou parfois mort-nés (par ex., un gouvernement Queuille a duré deux jours, du 2 au 4 juill. 1950 ; un gouvernement Pineau n'exista qu'une journée, du 17 févr. 1955 au 18 févr. 1955). D'autres gouvernements ont eu une durée de vie raisonnable (un précédent gouvernement Queuille dura treize mois, du 11 sept. 1948 au 6 oct. 1949 et celui de Guy Mollet a existé durant seize mois, du 31 janv. 1956 au 21 mai 1957). Mais ces gouvernements ont constitué des exceptions. En moyenne, ils n'existaient que quelques mois. Le gouvernement de Pierre Mendès France, qui a tant marqué les esprits, n'a duré que sept mois et demi (du 19 juin 1954 au 5 févr. 1955).

Plusieurs raisons expliquent cette instabilité ministérielle. Elles relèvent du contexte politique et de la pratique des institutions.

La IVe République souffre comme la précédente d'une configuration politique éclatée. Aux deux partis de gouvernement (SFIO et MRP) s'opposent à partir de 1947 (début de la guerre froide) les communistes et bientôt les gaullistes. Dès lors, l'Assemblée nationale, dont les députés sont élus à la représentation proportionnelle, ne comprend jamais de majorité qui ne soit issue d'une coalition entre les principaux partis. Au moindre différend entre eux, la majorité disparaît.

La pratique institutionnelle a également reproduit celle du régime précédent. La Constitution prévoyait, comme nous l'avons vu, que le président du Conseil, seulement, était investi par l'Assemblée nationale à la majorité absolue (art. 45 al. 3 Const.). Cette procédure a paru insuffisante aux députés. Ils ont exigé une double investiture : celle du président du Conseil suivie de celle du gouvernement dans un deuxième temps. Cette pratique permettait de contrôler la formation du gouvernement dans son ensemble. Aussi, pour clarifier la procédure, la loi constitutionnelle du 7 décembre 1954 a-t-elle prévu une seule investiture pour l'ensemble du gouvernement à la majorité simple.

En pratique, également, le droit de dissolution s'est avéré difficile à mettre en œuvre parce que les parlementaires se sont contentés d'inciter le gouvernement à démissionner sans voter la défiance à la majorité absolue. Une majorité simple suffisait pour que le lien de confiance disparût et que le gouvernement démissionnât.

Les conditions de la dissolution ont, malgré cela, été une fois réunies en 1955. Deux gouvernements ont été renversés à la majorité absolue les 5 février et 29 novembre 1955. Dès lors, le président du Conseil Edgard Faure a pu demander la dissolution de l'Assemblée nationale. Après « décision du Conseil des ministres », un décret du président de la République René Coty prononça la dissolution de l'Assemblée le 1er décembre 1955.

Les présidents du Conseil ont également été responsables de l'instabilité gouvernementale. Ils ne respectaient pas les conditions prévues par la Constitution pour poser la question de confiance. Ils les contournaient pour mesurer directement la confiance de l'assemblée. Ils utilisaient, selon la formule de Georges Vedel, une « pseudo question de confiance », qui était, dans une vision de l'époque, « la vraie question de confiance, conforme au génie du régime parlementaire » dès lors qu'elle obligeait un gouvernement à se retirer s'il ne pouvait mettre en œuvre sa politique ; très simplement, « dans un débat où se présente un vote d'importance essentielle pour le Gouvernement, le président du Conseil fait savoir par une périphrase et sans employer les termes sacramentels de « question de confiance » que le Gouvernement ne pourra rester au pouvoir si la Chambre adopte telle ou telle solution » (G. Vedel[1]).

Enfin, il faut souligner que le mode de scrutin a joué un rôle important dans l'instabilité gouvernementale. Le scrutin proportionnel, organisé dans un cadre départemental, a largement contribué à la coexistence de formations politiques disparates au sein de l'assemblée. Ainsi, sous la troisième législature (1956-1958), l'Assemblée nationale, qui comprenait 596 membres, comptait 144 députés communistes, 100 socialistes, 98 modérés, 74 MRP, 60 radicaux-socialistes, 42 poujadistes, et des députés appartenant à cinq petits groupes.

Aucun parti ne parvenait à obtenir la majorité ou à s'imposer pour diriger durablement une coalition majoritaire. Cette perspective était difficile à réaliser dès lors que le très important Parti communiste était écarté du pouvoir. Il était marginalisé en raison du climat d'hostilité entre l'URSS et l'Occident.

On vit également apparaître une formation populiste, le parti poujadiste, qui fit une percée remarquable aux élections législatives du 2 janvier 1956. L'*Union et fraternité française* de Pierre Poujade a obtenu 52 sièges, dont le nombre a néanmoins été réduit à 42, puis à 30, par décision de l'assemblée (elle invalida des résultats). Il est vrai que ce parti, qualifié de *populiste* (v. *supra*), défendait un objectif simple et parlant : « *Sortez les sortants* ». Opposé à la classe politique, il ne pouvait participer à une majorité.

2. L'autolimitation législative

La législation déléguée est prohibée par l'article 13 de la Constitution de 1946 qui dispose que l'Assemblée nationale « ne peut déléguer » le droit de voter la loi. Cette interdiction était, cependant, difficile à opposer au Parlement qui restait souverain sous la IVe République. Il a conçu divers procédés qui lui ont permis de contourner l'interdiction de déléguer sa compétence législative et d'étendre le domaine réglementaire (v. situation 3).

---

1. G. Vedel, *Manuel élémentaire de droit constitutionnel*, Sirey, 1949, p. 465.

La Quatrième, un régime vilipendé

Une vision historique *finaliste* consiste à interpréter le passé par référence au futur. Il est souvent affirmé que les dysfonctionnements des IIIe et IVe Républiques s'expliquent par des lacunes qui ont été comblées sous la Ve République. Cette vision consiste à mettre en avant un régime contemporain pour dénigrer ceux qui l'ont précédé.

Le régime de la IVe République n'a duré que douze ans et a connu des dysfonctionnements. Pourtant, il ne mérite pas d'être présenté avec trop de sévérité. Ses acteurs ont manifesté la volonté de l'améliorer, comme l'atteste la révision de 1954 et les projets présentés à la fin de la Quatrième. Le projet de loi portant révision de la Constitution du 16 janvier 1958, dit projet Gaillard, et celui du 22 mai 1958, dit projet Pflimlin, préconisaient de rationaliser le parlementarisme (ex. : avec la question de confiance associée à l'adoption d'un texte sans vote, ou l'introduction de la législation déléguée : v. *Pouvoirs*, n° 76, p. 129 s.).

L'accusation d'inefficacité doit être relativisée. Ce régime est parvenu à reconstruire un pays meurtri par la guerre et à redresser son économie dans un climat politique difficile. Il a dû affronter la décolonisation et a subi les tensions de la Guerre froide. Il est parvenu, malgré ce contexte, à sceller la paix entre la France et l'Allemagne en créant les conditions favorables à la signature des traités sur la Communauté européenne du charbon et de l'acier (CECA) le 18 avril 1951, sur la Communauté économique européenne (CEE) et la Communauté européenne de l'énergie atomique (CEEA), le 25 mars 1957[1].

Malgré cela, l'on associe généralement l'impuissance de l'État à la faiblesse de la IVe République qui n'a pas su répondre aux inquiétudes de certaines catégories sociales. Elle n'a surtout pas été capable de surmonter les crises (Suez, Diên Biên Phu, l'Algérie).

Au printemps 1958, l'autorité de l'État devait être restaurée. La Ve République a répondu à cette attente. Celle-ci est souvent présentée comme un contre-modèle de la IVe République. Pourtant, nombre de principes et d'organes de la Constitution de 1958 figuraient déjà dans la constitution précédente.

1. J.-P. Rioux, *La France de la Quatrième République. L'ardeur et la nécessité. 1944-1952*, Seuil, 1980 ; *La France de la Quatrième République, l'expansion et l'impuissance, 1952-1958*, Seuil, 1983 ; *Pouvoirs, La IVe République*, n° 76, Seuil, 1996.

III ■ La naissance de la cinquième République

La IVe République n'a pas semblé capable de se réformer rapidement. En outre, elle n'a pas su répondre à la situation algérienne. Le Parlement de la IVe République a donc autorisé le passage à la Ve République (A) pour restaurer l'autorité de l'État (B).

A ■ De la IVe à la Ve République

Les événements du printemps 1958 sont à l'origine de la chute de la IVe République (1). Pour assurer la transition constitutionnelle, une procédure de « révision-abrogation » de la Constitution a été inventée (2).

1. Chronologie des événements du printemps 1958

Les inquiétudes des citoyens à l'égard de l'Algérie permettent de comprendre comment la IVe République a pu tomber en l'espace de quelques semaines. Ce régime a peiné à affronter le problème considérable de la décolonisation. Or, en 1958, la question de l'accession de l'Algérie à l'indépendance se pose. C'est un problème très difficile à gérer. Un nombre élevé de Français d'origine métropolitaine réside dans les départements français d'Algérie.

Ces territoires connaissent une guerre civile qui ne dit pas son nom. Elle dure depuis quatre ans. La situation se détériore au printemps 1958 et inquiète les Français d'origine métropolitaine. Ces Français (dénommés dans le langage de l'époque les « Français de souche ») vivent dans l'inquiétude des pourparlers du gouvernement avec le Front de Libération Nationale (FLN).

Le 13 mai 1958. - Ce jour-là, à Alger, une manifestation se transforme en insurrection. Elle marque la fin de la IVe République qui va s'écrouler comme un château de cartes. Ce 13 mai, le Palais du gouvernement est pris d'assaut. Un Comité de salut public est créé. L'armée ne réagit pas. Elle attend. Le 14 mai, le président du Conseil Pflimlin délègue l'autorité militaire au général Salan (futur chef de l'OAS) qui soutient le Comité de salut public.

– De Gaulle intervient le 15 mai. Il affirme être « prêt à assumer les pouvoirs de la République ». Cette initiative politique créa autant d'espoir que d'inquiétude. Le Général tint à rassurer immédiatement ceux qui s'inquiétaient du risque d'aventure que pouvait constituer l'appel à un militaire pour sortir d'une crise politique. Dans une conférence de presse du 19 mai, et devant des journalistes qu'il avait convoqués, il affirma qu'il n'avait jamais porté atteinte aux libertés publiques. Dans une réponse ciselée et devenue célèbre, il déclara : « L'ai-je jamais fait ? Au contraire, je les ai rétablies quand elles avaient disparu. Croit-on, qu'à 67 ans, je vais commencer une carrière de dictateur ? »

– Un Comité de salut public est créé en Corse le 24 mai. La France vit alors dans la crainte d'un coup d'État. La peur d'une action militaire favorise clairement l'appel au général de Gaulle. Le 29 mai, le président de la République René Coty propose la présidence du Conseil à De Gaulle. Le président Coty se dit même prêt à démissionner si le Parlement n'accorde pas l'investiture à De Gaulle.

– Le 1er juin, dans une grande tension politique, l'investiture est accordée au gouvernement formé par De Gaulle. Celui-ci devient le dernier président du Conseil de la IVe République. Le 3 juin, une loi constitutionnelle confie au gouvernement du Général la mission de rédiger une nouvelle constitution.

En apparence, la transition entre la IVe République et la Ve République a été réalisée légalement. Pour la première fois dans l'histoire constitutionnelle française, un changement de régime ne paraît pas avoir été opéré à la suite d'une révolution, d'une défaite, d'un coup d'État ou d'une guerre. Cette vision a donné à penser que l'on avait trouvé la solution juridique pour changer de constitution.

Cette présentation est historiquement et théoriquement contestable. La transition constitutionnelle ne s'est pas déroulée dans un contexte pacifique. Les événements d'Algérie, la peur d'un coup d'État et l'appel à un homme providentiel pour tenir l'armée ont joué un rôle décisif dans la chute de la IVe République.

2. La *révision-abrogation* de la précédente Constitution

Le Parlement, qui est encore celui de la IVe République, adopte une loi constitutionnelle le 3 juin 1958. Elle est promulguée le jour même. Elle prévoit une procédure pour l'élaboration d'une nouvelle constitution (a) et établit des principes qui s'imposent aux rédacteurs du texte constitutionnel (b).

a. La procédure

La loi constitutionnelle du 3 juin 1958 établit une procédure aussi originale que contestable pour mettre un terme à la IVe République. Cette procédure se présente comme une révision de la Constitution de 1946, alors qu'elle a pour finalité de supprimer cette constitution pour la remplacer par une autre. La loi constitutionnelle du 3 juin 1958 prévoit, à cette fin, de déroger à la procédure de révision prévue dans la Constitution de 1946 (art. 90). Elle dispose que « par dérogation aux dispositions de son article 90, la Constitution sera révisée par le gouvernement investi le 1er juin 1958 ».

La loi constitutionnelle du 3 juin 1958 prévoit que la Constitution doit être « révisée (...) dans les formes suivantes ». Le gouvernement élabore un projet de constitution. Il recueille ensuite l'avis du Comité consultatif constitutionnel qui devait comprendre deux-tiers de parlementaires (il fut présidé par Paul Reynaud). Par la suite, le texte devait être soumis pour avis au Conseil d'État (à cette occasion, Michel Debré prononça le 27 août 1958 un discours fondateur par lequel il exposa les objectifs des rédacteurs de la Constitution).

Enfin, la loi constitutionnelle du 3 juin 1958 prévoyait que le projet de constitution devait être soumis au référendum. Les citoyens l'approuvèrent lors du référendum du 28 septembre 1958. Le « oui » s'imposa avec plus de 80 % des voix. La Vᵉ République bénéficia ainsi d'une incontestable légitimité démocratique.

La nouvelle Constitution fut promulguée le 4 octobre 1958 par le président de la République René Coty. La date officielle de la Constitution correspond à celle de sa promulgation.

b. Les principes

La loi du 3 juin 1958 oriente le contenu de la future constitution. Cinq principes doivent être mis en œuvre par le gouvernement chargé de rédiger le texte :

- « 1° Seul, le suffrage universel est la source du pouvoir ». Les débats sur le titulaire de la souveraineté (nation ou peuple) ne doivent pas être un obstacle à la participation des citoyens à l'exercice du pouvoir. La légitimité politique doit être populaire.
- « 2° Le pouvoir exécutif et le pouvoir législatif doivent être effectivement séparés, de façon que le Gouvernement et le Parlement assument, chacun pour sa part et sous sa responsabilité, la plénitude de leurs attributions ». La séparation des pouvoirs doit être effective. Le but est de protéger l'exécutif contre le Parlement.
- « 3° Le Gouvernement doit être responsable devant le Parlement ». La nature du régime est déterminée par ce principe. La Vᵉ République sera *parlementaire*.
- « 4° L'autorité judiciaire doit demeurer indépendante pour être à même d'assurer le respect des libertés essentielles, telles qu'elles sont définies par le préambule de la Constitution de 1946 et par la Déclaration des droits de l'homme à laquelle il se réfère. » Les juridictions indépendantes doivent protéger les citoyens en se référant à des droits garantis par la Constitution. L'idée d'*État de droit* reste, cependant, éloignée de cette proposition où la justice n'est pas un pouvoir mais une « autorité ».
- « 5° La Constitution doit permettre d'organiser les rapports de la République avec les peuples qui lui sont associés ». L'État doit intégrer les « peuples associés ». En 1958, cette préoccupation était indissociable de la réflexion sur les institutions.

Ces principes ont été respectés. Il est vrai qu'ils avaient été énoncés par le général de Gaulle lors d'une déclaration le 1ᵉʳ juin 1958 à la tribune de l'Assemblée nationale (*JO* AN 1ᵉʳ juin 1958, p. 2576).

B ▪ Les préoccupations immédiates des rédacteurs de la Constitution

En 1958, il fallait restaurer l'autorité de l'État (1). Pour réaliser cet objectif, un texte a été rédigé par le gouvernement présidé par le général de Gaulle (2).

1. Restaurer l'autorité de l'État

Plusieurs conditions doivent être réunies pour que l'autorité de l'État soit restaurée. C'est le sentiment qui domine au printemps 1958.

La tentation de l'homme providentiel. – La IVe République a connu vingt-quatre gouvernements en douze ans. Ils paraissaient de transition. L'instabilité gouvernementale était insupportable. Les citoyens s'interrogeaient sur la continuité d'action à la tête de l'État. Ils constataient que les parlementaires défaisaient les gouvernements et qu'ils semblaient davantage préoccupés par leurs ambitions que par l'intérêt général. Cette situation était intolérable. Elle ne pouvait être acceptée dans un pays où l'imaginaire collectif a été nourri de la grandeur de l'État lorsqu'il a été placé sous l'autorité d'un véritable chef, que ce fût un roi ou un empereur. En 1958, la solution de Gaulle était donc attirante. *Le plus illustre des Français* était l'homme providentiel.

Supprimer la souveraineté parlementaire. – Sous les IIIe et IVe Républiques, le Parlement était souverain. Or, le Parlement s'est avéré incapable de légiférer sur les questions importantes. Les élus étaient politiquement divisés et ne voulaient pas adopter des mesures impopulaires. À défaut, le Parlement a délégué sa compétence au gouvernement. En outre, le contrôle parlementaire a paru excessif. Les parlementaires ont pris l'habitude de faire tomber les gouvernements. Les crises ministérielles ont fragilisé l'autorité de l'État et fait naître un antiparlementarisme. L'idée s'est donc imposée qu'il convenait, d'une part, de mettre un terme à la souveraineté du Parlement et, d'autre part, de protéger le pouvoir exécutif.

Pacifier l'Algérie. – La situation est très complexe. Elle s'inscrit dans le cadre d'un mouvement général de décolonisation qui a touché les grandes puissances européennes après la Seconde Guerre mondiale. La France a perdu l'Indochine, le Maroc et la Tunisie. Beaucoup d'Algériens considèrent qu'ils ont un droit à l'indépendance. Mais, en Algérie, ni l'armée ni les Français d'origine métropolitaine, dont le nombre est très élevé, ne veulent de cette solution.

Un mouvement militaire indépendantiste s'est créé en 1954. Le *Front de libération nationale* (FLN) a mené de nombreuses opérations qui ont créé les conditions d'une guerre civile en Algérie. La réaction de l'armée française a été violente. Mais elle ne peut se comprendre si l'on oublie que cette armée a été humiliée en Indochine quelques années auparavant (notamment lors de la perte du camp retranché de Diên Biên Phu le 7 mai 1954). L'armée française a également subi un second affront lors de la crise du canal de Suez (1956-

1957). La Grande-Bretagne et la France ont été contraintes par les États-Unis et l'URSS de retirer leurs forces militaires qu'elles avaient envoyées pour reprendre le contrôle du canal nationalisé par Nasser (cette crise a eu des conséquences politiques majeures, non seulement sur la place de la France dans la communauté internationale, mais aussi par la décision que celle-ci a prise en réaction de lancer son programme de dissuasion nucléaire).

À partir du mois de juin 1958, les rédacteurs de la Constitution sont animés par des préoccupations politiques concrètes.

2. La rédaction pragmatique de la Constitution

Les rédacteurs de la Constitution ont eu deux objectifs : résoudre les difficultés politiques du moment et rendre le nouveau régime politique efficace. Leurs ambitions théoriques étaient limitées, ce qui a pu donner à penser que le nouveau régime n'était pas conçu pour durer sur le long terme.

Des ambitions théoriques limitées. – Les rédacteurs de la Constitution ont eu des ambitions simples. Elles retranscrivent les idées constitutionnelles du général de Gaulle dont la grande ambition était de restaurer l'autorité de l'État. Pour parvenir à réaliser cet objectif, il convenait d'assurer la prééminence du chef de l'État. Il devait être le garant des intérêts supérieurs de la nation et être un arbitre au-dessus des partis politiques. Les idées du général de Gaulle sont connues. Elles ont été exposées à plusieurs reprises et notamment lors du discours de Bayeux du 16 juin 1946 (prononcé après le rejet par référendum du projet de constitution le 5 mai 1946).

Mais le Général n'a pas rédigé la Constitution. Cette tâche a été confiée à un groupe de travail dirigé par Michel Debré. Selon la formule de Didier Maus, « si le général de Gaulle n'a pas été la plume de la Constitution, sans lui, il n'y aurait pas eu de porte-plume »[1].

Les rédacteurs de la Constitution n'ont pas eu pour ambition de revisiter la philosophie du droit constitutionnel. La loi constitutionnelle du 3 juin 1958 n'a pas prévu la réunion d'une assemblée pour élaborer une déclaration des droits et libertés. Le texte de la nouvelle constitution ne comporte pas de déclaration. Son préambule se contente de renvoyer symboliquement à la Déclaration de 1789 et au préambule de la Constitution de 1946.

Déterminés à aller vite, les rédacteurs du projet de loi constitutionnelle ont recopié les dispositions des constitutions antérieures qui étaient relatives aux principes républicains et démocratiques. Par exemple, la phrase de l'actuel article 1er de la Constitution de 1958 selon laquelle « la France est une république indivisible, laïque, démocratique et sociale » figurait dans les mêmes termes à l'art. 1er de la Constitution de 1946. De même, celle de l'article 3 sur la souveraineté nationale est empruntée à la Constitution de 1946. Cette solu-

1. D. Maus, « De Gaulle et l'écriture de la Constitution de 1958 », *Mélanges Machelon*, LexisNexis, p. 735 ; égal. J.-L. Debré, *Les idées constitutionnelles du général de Gaulle*, LGDJ, rééd. 2015.

tion ne présentait pas seulement l'avantage de faciliter la rédaction du texte. Elle avait le mérite de l'inscrire dans la tradition constitutionnelle.

L'aspect transitoire de la Constitution. - Plusieurs aspects de la Constitution ont pu donner à penser qu'elle n'avait pas pour objet d'instaurer un régime durable.

- Une constitution est en principe impersonnelle. Son interprétation ne saurait résulter de la volonté permanente d'un homme. Or le texte de 1958 présentait un aspect conjoncturel. Le nouveau régime s'identifiait à la personne du général de Gaulle. Il ressemblait à un consulat et lui donnait un aspect transitoire.

- En outre, la qualité rédactionnelle du texte a souffert de ses conditions d'écriture. Ce n'était pas un beau texte. Il méritait d'être réécrit. Le juriste René Capitant, qui fut pourtant proche du général de Gaulle après la Seconde Guerre mondiale, écrivit que la Constitution de 1958 fut « le texte le plus mal rédigé de notre histoire constitutionnelle ». La qualité rédactionnelle était « inférieure même à la constitution de 1946 »[1]. Au demeurant, ce reproche démontre que la beauté d'un texte constitutionnel est dissociable de sa longévité et de l'efficacité du régime.

- Rédigée avec des objectifs pratiques, cette constitution semblait, dès son adoption, inadaptée à l'évolution contemporaine du droit constitutionnel. En effet, les constitutions de l'après Seconde Guerre mondiale, comme celles de l'Italie (1947), ou de la République fédérale d'Allemagne (1949), ont créé des *États de droit.* Les droits fondamentaux étaient consacrés dans une constitution et garantis par une juridiction constitutionnelle. La Constitution de 1958 créait les conditions d'évolution vers l'État de droit, mais elle ne l'instaurait pas en 1958.

En pratique, l'aspect transitoire de la Constitution de 1958 a été avéré par la révision de 1962. Elle a profondément changé la nature du régime[2]. Celui-ci a été rapidement adapté pour tenir compte des circonstances politiques (v. Séquence 6).

---

1. R. Capitant, Préface à *De Gaulle dans la République*, Plon, 1958, p. 363.
2. *Bibl. : Documents pour servir à l'histoire de l'élaboration de la Constitution*, publiés par le *Comité national chargé de la publication des travaux préparatoires des institutions de la Ve République*, Doc. fr., vol. I, 1987 ; vol. II 1988 ; vol. III, 1991 ; J. Gicquel, *Essai sur la pratique de la Ve République (bilan d'un septennat)*, LGDJ, 1968 ; P. Avril, *Le régime politique de la Ve République*, LGDJ, 1964 ; P. Avril, *La Ve République, histoire politique et constitutionnelle*, PUF, 1987 ; S. Sur, *La vie politique en France sous la Cinquième République*, Montchrestien, 2e éd., 1982 ; J.-J. Chevallier, G. Carcassonne, O. Duhamel, J. Benetti, *La Ve République. 1958-2015*, Dalloz, 16e éd., 2017 ; F. Rouvillois, *Les origines de la Ve République*, PUF, 1998 ; B. François, *Naissance d'une constitution*, Presses de Sc. po., 1997 ; G. Vedel, « La place de la Déclaration de 1789 dans le "bloc de constitutionnalité" », *in La déclaration des droits de l'homme et du citoyen et la jurisprudence*, PUF, 1989, p. 43-45 ; P. Jan, *Les constitutions de la France t. 2 (1814-1958). L'établissement du régime parlementaire*, LGDJ, 2016 ; J.-S. Boda, « Retour sur l'élaboration du Préambule de la Constitution de 1958 », *RFDC* 2016, n° 106, p. 283.

SÉQUENCE 5

Aux origines de la Ve République

SITUATION 1

Les acquis institutionnels du régime provisoire (1871-1875)

Après la défaite de Sedan et la fin du Second Empire, des lois ont été adoptées pour organiser les pouvoirs publics dans l'attente d'une nouvelle constitution. Ces lois avaient un objet transitoire. Or leur contenu sera en partie retranscrit dans les lois constitutionnelles ultérieures[1].

Les lois du 31 août 1871, des 13 mars et 20 novembre 1873 ont prévu la responsabilité politique des ministres, institué la présidence de la République, établi le septennat et limité les relations physiques entre le président et le Parlement. Les règles ont été reprises dans les lois constitutionnelles de 1875, mais aussi dans les constitutions suivantes.

1. Sur la période 1871-1875, v. M. Deslandres, *Histoire constitutionnelle de la France. L'avènement de la Troisième République. La Constitution de 1875*, A. Colin, 1937 ; G. Hanotaux, *L'échec de la monarchie et la fondation de la république (mai 1873-mai 1876)*, t. II, Plon, 1926 ; D. Halévy, *La fin des notables (II). La République des ducs*, Grasset, 1937.

» Présidence de la République et responsabilité de l'Exécutif (la loi du 31 août 1871)

Adolphe Thiers est nommé « chef du pouvoir exécutif de la République française » par un décret du 17 février 1871. Ce texte précise que Thiers exerce « ses fonctions, sous l'autorité de l'Assemblée nationale, avec le concours des ministres qu'il aura choisis et qu'il présidera ».

Une fonction provisoire. – Le décret du 17 février 1871 est pris pour assurer la transition du pays. En « attendant qu'il soit statué sur les institutions de la France », il convient, selon le décret, « de pourvoir immédiatement aux nécessités du gouvernement et à la conduite des négociations ». Il faut un chef provisoire. Thiers est l'homme de la situation. Il contribue à l'écrasement de *la Commune*. Il signe, le 10 mai 1871, le traité de Francfort qui prévoit l'annexion de l'Alsace-Lorraine et une indemnité de guerre. La majorité monarchiste laisse Thiers supporter la responsabilité de ces décisions.

« Président de la République française » responsable devant l'Assemblée. – Thiers est récompensé pour son action. Il est gratifié d'un nouveau titre. L'exposé des motifs de la loi du 31 août 1871 (dite *Constitution Rivet*) prend « en considération les services éminents rendus au pays par M. Thiers depuis six mois et les garanties que présente la durée du pouvoir qu'il tient de l'Assemblée ». Alors qu'il était chef du pouvoir exécutif, la loi du 31 août 1871 lui confère « le titre de président de la République française ». Pour autant, le texte précise que Thiers « continuera d'exercer, sous l'autorité de l'Assemblée nationale, tant qu'elle n'aura pas terminé ses travaux ». Thiers et ses ministres sont donc responsables devant l'Assemblée qui tient à les contrôler politiquement. La nature parlementaire du régime se dessine (v. G. Courtois, B. Mathieu et D. Rousseau, « Nos institutions sont-elles en crise ? », *Constitutions* 2014 p. 437).

» Le président hors de l'Assemblée (la loi du 13 mars 1873)

Thiers était un formidable orateur. Indispensable dans le contexte politique d'alors, mais redouté, il perd le droit de s'adresser librement aux parlementaires. La loi du 13 mars 1873 (dite *Constitution de Broglie*) l'éloigne de l'Assemblée. Elle prévoit que « le président de la République communique avec l'Assemblée par des messages qui, à l'exception de ceux par lesquels s'ouvrent les sessions, sont lus à la tribune par un ministre ». La procédure traduit la méfiance des parlementaires à l'égard de Thiers. Il peut être entendu, mais la discussion « est suspendue après la réception du message » par lequel le président déclare souhaiter « prendre la parole ». Il est « entendu le lendemain, à moins qu'un vote spécial ne décide qu'il le sera le même jour ». Thiers qualifia cette procédure de « cérémonial chinois ». La séance devait, en effet, être levée après que Thiers fut entendu, et la discussion n'était reprise qu'à une séance ultérieure hors sa présence. Cette procédure visait clairement à éloigner Thiers de la tribune.

Dans la Constitution de 1875, l'interdiction devient absolue. L'article 6 de la loi constitutionnelle du 16 juillet 1875 *sur les rapports des pouvoirs publics* dispose que « le président de la République communique avec les chambres par des messages qui sont lus à la tribune par un ministre ». Cette loi précise que « les ministres ont leur entrée dans les deux chambres et doivent être entendus quand ils le demandent ». La présidence est ainsi distinguée du cabinet au sein du pouvoir exécutif. Le premier doit rester à l'extérieur du Parlement alors que le deuxième est son interlocuteur.

Droit de message et irresponsabilité présidentielle. – Cette procédure a limité la possibilité de débat entre le président et l'assemblée. Elle a empêché toute mise en cause parlementaire du président.

L'irresponsabilité présidentielle est, au demeurant, la règle. Elle s'impose dans tous les États quelle que soit la nature du régime. Le président doit assurer la continuité de l'État en toutes circonstances. Il importe peu que le régime soit parlementaire ou présidentiel. Lorsqu'elle est organisée, l'intervention du président devant les assemblées le conduit à présenter un discours qui est soit rédigé par le gouvernement (ex. *discours du trône* au Royaume-Uni, aux Pays-Bas ou en Norvège) soit très général ou conditionné par la participation du Parlement à sa mise en œuvre (ex. *discours sur l'état de l'Union* aux États-Unis).

Logiquement, la loi du 13 mars 1873 transfère la responsabilité politique aux ministres. Elle précise que « les interpellations ne peuvent être adressées qu'aux ministres et non au président de la République » (art. 4). Cette règle a été reprise en 1875. Sous la IIIe République, « les ministres sont solidairement responsables devant les chambres de la politique générale du Gouvernement, et individuellement de leurs actes personnels. – Le président de la République n'est responsable que dans le cas de haute trahison » (art. 6, loi du 25 févr. 1875).

Les républiques ultérieures ont maintenu ces deux règles : le président est un organe extérieur au Parlement et irresponsable politiquement. La Constitution de 1946 prévoit que « le président de la République communique avec le Parlement par des messages adressés à l'Assemblée nationale » (art. 37) et qu'il « n'est responsable que dans le cas de haute trahison » (art. 42).

La Constitution de 1958 retranscrit ces dispositions. L'article 18 alinéa 1er dispose que « le président de la République communique avec les deux assemblées du Parlement par des messages qu'il fait lire et qui ne donnent lieu à aucun débat ». Cet alinéa n'a pas été modifié. Toutefois, une deuxième procédure a été ajoutée à l'article 18 par la loi constitutionnelle du 23 juillet 2008 qui permet au président de la République de « prendre la parole devant le Parlement réuni à cet effet en Congrès » (v. Séquence 8). Cette déclaration du président peut « donner lieu, hors sa présence, à un débat qui ne fait l'objet d'aucun vote ».

L'irresponsabilité politique du président de la République reste la règle. Dans sa rédaction initiale, la Constitution de 1958 reprend les termes des constitutions précédentes : « le président de la République n'est responsable des actes accomplis dans l'exercice de ses fonctions qu'en cas de haute trahison ». La formule a été modifiée par la loi constitutionnelle du 23 février 2007. Elle précise que le président « ne peut être destitué qu'en cas de manquement à ses devoirs manifestement incompatible avec l'exercice de son mandat ». Elle organise une procédure de destitution pour cette hypothèse (v. Séquence 7).

» L'instauration du septennat (la loi du 20 novembre 1873)

Même la durée du mandat présidentiel a été déterminée lors du régime provisoire qui a précédé la IIIe République. Des raisons d'ordre circonstanciel expliquent ce choix.

Thiers a progressivement perdu la confiance des monarchistes. Lui, que l'on pensait orléaniste, s'avère partisan d'une « République conservatrice » (message lu le 13 nov. 1872, à l'Ass. nat. : *Discours parlementaires de M. Thiers,* Levy, vol. XV, 1883, p. 27 ; discours prononcé le 4 mars 1873 à l'Ass. nat., *op. cit.*, p. 160). Il doit démissionner le 24 mai 1873 à la suite d'une interpellation. Dans la perspective de la restauration de la monarchie, l'Assemblée confie la présidence à une personnalité légitimiste. L'Assemblée remplace Thiers par le maréchal de Mac-Mahon et décide de fixer un délai pour l'exercice de son mandat.

L'Assemblée hésite sur la durée et sur les conditions d'un éventuel rétablissement de la monarchie. Le prétendant au trône est le comte de Chambord (Henri d'Artois, duc de Bordeaux). Il faisait preuve d'une grande intolérance à l'égard du régime à instituer. Le comte de Chambord était le petit-fils de Charles X mais il était sans héritier. Il n'était pas le seul descendant à pouvoir monter sur le trône. Le comte de Paris (Louis-Philippe-Albert d'Orléans) était le petit-fils de Louis-Philippe. L'accession au trône d'un prétendant orléaniste aurait permis d'instaurer un régime plus consensuel.

Pour cela, il suffisait d'attendre que le comte de Chambord passât de vie à trépas. Son espérance de vie paraissait limitée[1]. La durée du mandat de Mac-Mahon fut donc adaptée à cette perspective. Un délai de sept ans fut retenu qui répondait également à un compromis institutionnel. Le mandat devait être suffisamment long pour marquer la prééminence du chef de l'État et permettre de renouveler régulièrement sa légitimité.

Il s'agissait d'un mandat personnel. La loi du 20 novembre 1873 dispose brièvement que « le pouvoir exécutif est confié pour sept ans au maréchal de Mac-Mahon, duc de Magenta, à partir de la promulgation de la présente loi ; ce pouvoir continuera à être exercé avec le titre de président de la République et dans les conditions actuelles jusqu'aux modifications qui pourraient y être apportées par les lois constitutionnelles ».

La loi du 20 novembre 1873 instaure le *septennat*. Il a perduré tout au long de la IIIe République et a été maintenu dans les régimes suivants. La Constitution de 1946 prévoit que le président « n'est rééligible qu'une fois » (art. 29 al. 2). Cette durée est maintenue dans la Constitution de 1958 (art. 6) qui ne pose pas de limite à son renouvellement. Il a fallu attendre la révision constitutionnelle du 2 octobre 2000 pour que fût limitée la durée du mandat à cinq ans.

La révision de 2000 sur le quinquennat opère une rupture dans la tradition constitutionnelle[2].

1. Le comte de Chambord mourut en 1883.

2. J.-P. Camby, « 1873-1973 : cent ans de septennat », *RD publ.* 2000. 943.

SITUATION 2

La crise du 16 mai 1877 et ses conséquences sur le parlementarisme

Cette crise se produisit rapidement après l'adoption des lois constitutionnelles et la mise en place des institutions (un parallèle peut être suggéré entre cette crise et celle de 1962 ; elles prolongent, l'une comme l'autre, les interrogations des acteurs politiques sur la nature du nouveau régime).

L'origine de la crise. – Lors de l'adoption de la nouvelle constitution, les républicains souhaitaient voir disparaître deux institutions : le Sénat, cette chambre haute défendue par les monarchistes, et la présidence de la République, qui incarnait le pouvoir personnel (v. Sl. Milacic, « Les ambiguïtés du rapport français au président de la République », *Constitutions* 2013, p. 7). Si les républicains se sont accommodés de la première institution, ils ont en revanche conservé une défiance à l'égard de la seconde.

Pour le président Mac-Mahon, le régime parlementaire est *dualiste*. Le gouvernement doit avoir la double confiance du président de la République et du Parlement. Il importe peu que le président soit élu par les chambres et que sa légitimité émane elle-même du Parlement. Sans confiance du président, le gouvernement ne peut se maintenir.

Cette double confiance suppose une concordance des orientations politiques. Or elle n'existe pas au printemps 1877. Le président Mac-Mahon est monarchiste alors que la Chambre est devenue républicaine à l'issue des élections législatives de février-mars 1876. Jules Simon, républicain, est désigné président du Conseil en décembre 1876. Il a alors l'habileté de se déclarer « profondément républicain et résolument conservateur ».

Déroulement de la crise. – Mac-Mahon déplore l'action législative républicaine de la Chambre et notamment l'abrogation de la loi sur la presse. La complaisance du président du Conseil Jules Simon le fâche. Il lui adresse une lettre, le 16 mai 1877, dans laquelle il fustige son attitude. Il le blâme en ces termes : « On peut se demander si le chef de cabinet a conservé l'influence nécessaire pour faire prévaloir ses vues. Une explication est indispensable, car, si je ne suis pas responsable comme vous envers le Parlement, j'ai ma responsabilité envers la France ».

Pour Jules Simon la lettre n'est pas seulement une réprobation. Il l'interprète comme une révocation et donne sa démission. Il n'a pourtant pas été mis en minorité par la Chambre des députés. Ce faisant, comme l'a observé Maurice Deslandres, « par cette décision, J. Simon rendit la crise décisive et immédiate »[1].

1. M. Deslandres, *Histoire constitutionnelle de la France. L'avènement de la Troisième République. La Constitution de 1875*, A. Colin, 1937, p. 486.

Le président Mac-Mahon désigne immédiatement un nouveau président du Conseil. Il demande au duc de Broglie de former un gouvernement d'*ordre moral*. Mac-Mahon explique la situation et ses vues dans un message adressé aux chambres le 18 mai 1877. Il déclare s'opposer au programme républicain. Il ne veut pas de « la modification radicale de toutes nos grandes institutions administratives, judiciaires, financières et militaires ». Il affirme que, tant qu'il sera « dépositaire du pouvoir », il en fera « usage dans toute l'étendue de ses limites légales » pour s'opposer à ce qu'il « regarde comme la perte » du « pays ». Il ajourne également les chambres au 16 juin 1877. Les tensions n'étant pas apaisées, il obtient du Sénat l'avis favorable pour prononcer la dissolution de la Chambre des députés, ce qu'il fit le 25 juin.

La dissolution permet de donner la parole aux citoyens. En votant aux élections législatives, les citoyens sont appelés à se prononcer sur l'orientation politique de la Chambre et, par là-même, sur la définition du régime parlementaire : *moniste* avec un gouvernement responsable devant la Chambre, ou *dualiste* avec un gouvernement responsable devant le président de la République et la Chambre. Les termes du débat sont clairement posés. Elles permettent aux républicains de défier le président. Une célèbre formule illustre l'enjeu : dans un discours prononcé à Lille le 15 août 1877, Gambetta annonce que « quand la France aura fait entendre sa voix souveraine, croyez-le bien, Messieurs, il faudra se soumettre ou se démettre ».

Les républicains emportent les élections législatives en octobre 1877. Mac-Mahon ne se démet pas dans un premier temps. Il demande au général de Rochebouët de former un gouvernement qui doit démissionner en raison du refus de la Chambre d'entrer en contact avec lui. Mac-Mahon se soumet en décembre 1877. Dans un message adressé aux chambres le 14 décembre, il admet « la réponse du pays ». Il avait pourtant songé à dissoudre de nouveau la chambre. Dans ce message, cependant, il indique que « l'exercice du droit de dissolution (...) ne saurait être érigé en système de gouvernement ».

Les républicains emportent le Sénat en janvier 1879. Mac-Mahon démissionne. Il craignait une exaltation anticléricale. Elle apparaît (la première expulsion des congrégations est organisée en 1880).

Le parlementarisme devenu moniste. – Après la démission de Mac Mahon, son successeur Jules Grévy adresse un message aux chambres le 6 février 1879 dans lequel il déclare se soumettre « avec sincérité à la grande loi du régime parlementaire » ; elle implique qu'il n'entrera « jamais en lutte contre la volonté nationale, exprimée par ses organes constitutionnels ». Ce message signifie que le président de la République renonce à l'exercice du droit de dissolution.

Le régime parlementaire devient *moniste*. Il est également déséquilibré parce que les pouvoirs législatif et exécutif ne disposent plus de moyens d'actions réciproques. L'interprétation des lois constitutionnelles se fait en défaveur du président de la République. L'on a parlé de *constitution Grévy* pour qualifier cette interprétation des lois constitutionnelles qui marque une rupture avec celle retenue par Mac-Mahon. Le président a essentiellement pour mission de présider aux « solennités nationales », selon les termes de l'article 3 de la loi du 25 février 1875. La fonction présidentielle est devenue protocolaire même si elle ne fut pas dénuée de toute portée politique (notamment, à partir de 1913, avec l'élection de Poincaré[1]).

Après 1877, aucun président ne peut enfreindre cette conception protocolaire de la fonction présidentielle. À défaut, il est contraint de démissionner. Deux présidents ont subi ce sort.

– Jean Casimir-Perier, élu en juin 1894, a donné sa démission en janvier 1895 parce qu'il a été à la fois victime d'une campagne de diffamation et qu'il a refusé d'être politiquement marginalisé. Dans sa lettre de démission, il déclara : « Je ne me résigne pas à comparer le poids des responsabilités morales qui pèsent sur moi et l'impuissance à laquelle je suis condamné ». Mais sa démission n'a aucunement modifié l'interprétation du statut du président sous la IIIe République[2].

– Alexandre Millerand, élu président en septembre 1920, a souhaité réinterpréter l'entendue de sa fonction. Il s'est même prononcé en faveur d'une révision de la Constitution renforçant le pouvoir exécutif. Dans son discours prononcé à Évreux le 14 octobre 1923, Millerand déclare que « si la liberté est l'essence de la République, l'autorité ne lui est pas moins indispensable qu'à aucune autre forme de gouvernement ». Le pouvoir exécutif doit administrer et gouverner le pays. Ce discours de Millerand défend les thèses du *Bloc national* (qui était une coalition de la droite et du centre). Il scandalise les partis de gauche. Leur victoire aux élections législatives de mai 1924 conduit à un affrontement avec le président de la République. Le *Cartel des gauches* veut la démission de Alexandre Millerand. Elle n'est pas prévue par la Constitution, mais la Chambre des députés adopte une motion qui est sans appel. Elle se dit « résolue à ne pas entrer en relation avec un ministère qui, par sa composition, est la négation des droits du Parlement, refuse le débat constitutionnel auquel elle est conviée et décide d'ajourner toute discussion jusqu'au jour où se présentera devant elle un gouvernement constitué conformément à la volonté souveraine du pays ». Cette grève des ministères était intenable et le président Millerand fut contraint à la démission le 24 juin 1924[3].

1. N. Rousselier, *La force de gouverner. Le pouvoir exécutif en France*, Gallimard, 2015 ; C. Hauuy, « Le président de la République, vu par la doctrine publiciste, sous la IIIe Rép. », *RFDC* 2013, n° 93, p. 67.
2. Jean Casimir-Perier, *Notes sur la Constitution de 1875*, Dalloz, 2015 ; v. les témoignages sur cette personnalité que l'expérience présidentielle a meurtrie : E. Lemaire « Présentation générale des trois textes publiés », *Jus Politicum*, n° 15, juin 2015.
3. *Encyclopédie de droit politique*, documents : 1877-1879, la crise du 16 mai et la Constitution Grévy : http://droitpolitique.com/spip.php?article34)

SITUATION 3

La législation déléguée sous les IIIe et IVe Républiques

La difficulté à légiférer a conduit le Parlement à autoriser le gouvernement à adopter des règles dans le domaine législatif. Les pratiques des décrets-lois sous la IIIe République, de l'autolimitation législative sous la IVe et des ordonnances sous la Ve ont répondu à un objectif d'efficacité.

» Les décrets-lois de la IIIe République

Le Parlement a autorisé le gouvernement à adopter des normes qui relevaient de sa compétence. Une loi de plein pouvoir habilitait le gouvernement à modifier les lois en vigueur par décrets. Le terme de *décrets-lois* a été utilisé pour désigner cette législation déléguée.

Constitutionnalité douteuse. – La loi constitutionnelle du 25 février 1875 dispose que « le pouvoir législatif s'exerce par deux assemblées : la Chambre des députés et le Sénat » (art. 1er). Les lois constitutionnelles ne prévoient pas que le Parlement puisse déléguer sa compétence.

Pour s'opposer à cet argument, il a été soutenu que le Parlement, qui était souverain, était libre de laisser le gouvernement réglementer certaines matières. L'on évoqua la toute-puissance du Parlement qui rendait inutile la distinction entre la loi constitutionnelle et la loi ordinaire justifiant l'habilitation. D'aucuns évoquèrent aussi une coutume constitutionnelle autorisant la législation déléguée.

La constitutionnalité du procédé a, néanmoins, été très discutée. La thèse de la délégation n'a pas convaincu la doctrine. Pour Esmein, notamment, un organe ne pouvait pas déléguer sa compétence dès lors que le texte qui l'avait instituée n'avait pas prévu la possibilité de la déléguer. De même, Esmein n'acceptait pas l'idée d'un partage du pouvoir normatif entre celui du Parlement, intervenant dans des matières élémentaires, et les autres matières laissées à l'autorité réglementaire. Il considérait qu'« un pareil pouvoir réglementaire serait un véritable pouvoir de légiférer, concurrent avec celui du pouvoir législatif et sommeillant seulement lorsque ce dernier est en action »[1].

Malgré les controverses, la solution du décret-loi ne pouvait pas être contestée devant les tribunaux. Les décrets reposaient sur une habilitation législative qui, sous la IIIe République, ne pouvait pas faire l'objet d'un contrôle de leur conformité à la Constitution. La souveraineté de la loi interdisait sa contestation.

Une dérogation répétée. – La solution du décret-loi s'est progressive-

1. Esmein, *Éléments de droit constitutionnel français et* comparé, Sirey, 1914, 6e éd., p. 687.

ment imposée au milieu des années 1920. Elle a été conçue durant la Première Guerre mondiale pour répondre aux besoins exprimés par le gouvernement. Une loi du 10 février 1918 a autorisé le gouvernement Clémenceau à prendre des décrets pour le ravitaillement[1]. Après la Guerre, la solution a été utilisée à plusieurs reprises pour affronter la situation économique. Le Parlement adopta la loi d'habilitation du 22 mars 1924 (mais le gouvernement Poincaré n'eut pas le temps de l'utiliser). La loi du 3 août 1926 a conduit à des suppressions d'emplois et à des réorganisations de services. Celle du 28 février 1934 a autorisé le gouvernement à prendre les mesures d'économie qu'exigeait l'équilibre du budget. Les lois du 6 juillet 1934 et du 8 juin 1935 ont accordé des « pouvoirs exceptionnels » pour assurer *la défense du Franc et la lutte contre la spéculation*, etc. Le procédé s'est ensuite banalisé. Les lois d'extension de compétence ont été interprétées de façon extensive. Ainsi, la loi du 28 février 1934 a-t-elle justifié l'édiction de très nombreuses mesures réglementaires. Le gouvernement Doumergue (formé après les événements du 6 févr. 1934), notamment, a édicté des décrets-lois le 4 avril 1934 qui ont eu pour objet de réduire l'effectif des personnels de l'administration et diminuer leur traitement. Le décret-loi devint alors une solution pour renforcer le pouvoir exécutif. La conjonction des difficultés économiques et la montée des périls ont favorisé l'usage de ce procédé.

» L'autolimitation législative sous la IVe République

Après la Seconde Guerre mondiale, les rédacteurs de la nouvelle constitution ont souhaité mettre un terme à la pratique des décrets-lois. La législation déléguée a été prohibée par la Constitution du 27 octobre 1946. Son article 13 disposait que « l'Assemblée nationale vote seule la loi. Elle ne peut déléguer ce droit ». Le principe était clair, mais la nécessité a imposé l'extension du domaine de compétence du pouvoir réglementaire (v. R. Keller, « La portée des lois d'habilitation », *RFDA* 2006. 678).

Les décrets-lois réapparaissent sous des formes renouvelées. La loi André Marie du 17 août 1948 *tendant au redressement économique et financier* invente deux procédés :

– Le premier est celui de la *loi-cadre* par lequel le législateur établit des objectifs ou des orientations et renvoie au pouvoir réglementaire le soin de déterminer les conditions de leur réalisation. La fonction législative est ainsi transférée au pouvoir réglementaire dans la mesure où les décrets modifient les lois antérieures.

– Le deuxième procédé est celui de la *délégalisation du domaine législatif* qui voit le législateur limiter son domaine d'intervention. Il s'autolimite pour permettre au gouvernement d'intervenir (les art. 6 et 7 de la loi du 17 août 1948 faisaient référence aux « matières ayant par leur nature un caractère réglementaire »). Avec la loi du 17 août 1948 apparaît, comme l'a souligné alors Georges

1. F. Bock, *Un parlementarisme de guerre 1914-1919*, Belin, 2002.

Vedel, « un embryon de distinction entre la loi et le règlement du point de vue *matériel* »[1]. Cette distinction préfigure la répartition du domaine de la loi et du règlement prévue par les articles 34 et 37 de la Constitution de 1958.

La constitutionnalité de ces procédés a été très discutée. Le Conseil d'État fut consulté. Il estima que les extensions de compétence en faveur du pouvoir réglementaire étaient conformes à la Constitution malgré les termes de l'article 13. Dans un avis du 6 février 1953, le Conseil d'État a considéré que « le législateur peut, en principe, déterminer souverainement la compétence du pouvoir réglementaire ; qu'il peut à cette fin, décider que certaines matières relevant de la compétence du pouvoir législatif entreront dans la compétence du pouvoir réglementaire ». Toutefois, selon le Conseil d'État, cette extension de compétence porterait atteinte à l'exercice de la souveraineté par les représentants du peuple « si, par sa généralité et son imprécision, elle manifestait la volonté de l'Assemblée nationale d'abandonner au Gouvernement l'exercice de la souveraineté nationale »[2].

1. G. Vedel, *Manuel élémentaire de droit constitutionnel*, Sirey, 1949, p. 502 (rééd. Dalloz, 2002).

2. A. de Laubadère, « Des “pleins pouvoirs” aux « demi-décrets-lois », *D.* 1952. Chron. 35 ; R. Chapus, « La loi d'habilitation du 11 juillet 1953 et la question des décrets-lois », *RD publ.* 1953. 955.

SITUATION 4

Les ordonnances sous la Ve République

Tout bien considéré, la législation déléguée des *chefs de bureaux* est un mal nécessaire. L'évidence s'impose aux rédacteurs de la Constitution de 1958. Il faut accepter le procédé du décret-loi. L'Exécutif doit suppléer le législateur lorsque la situation l'impose.

Les rédacteurs de la constitution ont donc choisi d'instituer le procédé. L'article 38 de la Constitution permet au gouvernement « pour l'exécution de son programme, » de « demander au Parlement l'autorisation de prendre par ordonnances, pendant un délai limité, des mesures qui sont normalement du domaine de la loi ».

Le terme d'*ordonnance* a une connotation monarchique, mais la procédure est désormais admise. Elle n'est pas attentatoire à « la séparation des pouvoirs » (Cons. const. déc. n° 86-208 DC des 1er et 2 juill. 1986, cons. 7) parce qu'elle est encadrée, limitée dans le temps et dans son objet.

– La procédure est très codifiée. La loi d'habilitation est adoptée par le Parlement. Elle est soumise à la procédure d'élaboration des projets de loi (v. Séquence 9). L'ordonnance est délibérée en Conseil des ministres. Le président de la République signe l'ordonnance. Cette signature lui donne une valeur réglementaire. Une loi doit ratifier l'ordonnance pour lui conférer une valeur législative. La ratification doit être expresse (avant la révision constitutionnelle de 2008, la ratification pouvait avoir lieu implicitement à l'occasion de l'adoption d'une autre loi qui, sans avoir cette ratification pour objet direct, l'impliquait nécessairement : déc. n° 86-224 DC du 23 janv. 1987, cons. 24).

– La procédure est limitée dans le temps. La loi d'habilitation prévoit un premier délai durant lequel le gouvernement prend les ordonnances et un deuxième délai pour le dépôt du projet de loi de ratification.

– En outre, le Parlement ne peut plus donner des habilitations aussi générales que celles qui étaient proposées sous la IIIe République. Il doit préciser son programme sous le contrôle du Conseil constitutionnel[1].

Le procédé de l'ordonnance est utile au Parlement pour accélérer le processus législatif. Il lui permet de libérer l'ordre du jour des sujets techniques dont l'examen s'avère long (et le bénéfice politique limité). L'ordonnance est, par exemple, utilisée pour mener des programmes de codification, de simplification du droit ou pour la transposition des directives européennes.

Elle permet également d'éviter un affrontement au Parlement, que ce soit avec l'opposition ou une majorité parlementaire rétive. Elle réduit le travail d'explication et les risques d'amendement du projet.

L'emballement. – Le nombre d'ordonnances a considérablement augmenté au début du XXe siècle. Leur nombre avait été relativement raisonnable auparavant. Deux cent cinquante ordonnances, environ, ont été signées entre 1958 et 2002. En revanche, la période qui a suivi a révélé un phénomène inquiétant. L'utilisation du procédé s'est « banalisée » (J. Gicquel). Les « trains d'ordonnances » (P. Mazeaud) ont traduit une forme de dérèglement normatif.

La législation par ordonnances est assumée à partir des gouvernements des Premiers ministres Raffarin et Villepin. Le gouvernement de ce dernier, qui s'était donné « cent jours » pour réussir, a pris au début du mois de juin 2005 dix-sept ordonnances en vertu d'habilitations législatives antérieures à sa prise de fonction. Elles ont pour la plupart été adoptées sur le fondement de la loi n° 2004-1343 du 9 décembre 2004 *de simplification du droit*. De même, c'est en se passant du renouvellement de l'habilitation législative que quatorze ordonnances ont suivi au mois de juillet, ainsi que cinq à la fin du mois d'août et onze au mois de septembre. Cette solution a pu paraître étonnante mais elle n'a pas méconnu l'article 38 de la Constitution (CE, sect., 5 mai 2006, *M. Schmitt*, n° 282352). Par ailleurs, le Gouvernement Villepin a obtenu du Parlement qu'il vote, le 26 juillet 2005, une loi d'habilitation l'autorisant à prendre des mesures d'urgence en faveur de l'emploi. Ce texte a autorisé l'édiction

1. L. Favoreu, « Ordonnances ou règlements d'administration publique ? », *RFDA* 1987. 686.

très rapide, dès le 2 août 2005, d'une série d'ordonnances, dont celle, fortement médiatisée, relative au *contrat de travail « nouvelles embauches »*.

Cette pratique a soulevé de vives inquiétudes[1]. Mais elle ne s'est pas atténuée. Les chiffres parlent. 19 ordonnances ont été publiées au *Journal officiel* en 2003, 61 en 2004, 93 en 2005, 29 en 2006, 20 en 2007, 30 en 2008, 49 en 2009, 33 en 2010, 43 en 2011, 43 en 2012, 25 en 2013, 54 en 2014, 65 en 2015, 88 en 2016, 74 en 2017, 30 en 2018, 57 en 2019, 127 en 2020 (en raison de la crise sanitaire) : 940 ordonnances ont ainsi été publiées pour 18 années civiles, alors qu'il n'y en avait eu que 250 en 44 ans (entre 1958 et 2002). Autant dire que l'ordonnance a contribué à l'inflation législative[2].

Ce choix est totalement assumé. La technicité de certains sujets explique le recours à ce procédé. Mais ce n'est pas la seule raison. Il répond à une volonté affichée de « légiférer par ordonnances », selon la formule du président Hollande, afin de « raccourcir les délais pour plus d'efficacité » (v. *Le Monde* 13 mars 2013 ; v. égal. J. Benetti, « "Réduire le temps législatif" : d'une surprenante "prière" présidentielle passée quasiment inaperçue », *Constitutions* 2016, p. 45). L'urgence est, en effet, « au nombre des justifications que le Gouvernement peut invoquer pour recourir à l'article 38 de la Constitution » (Cons. const. déc. n° 99-421 DC du 16 déc. 1999, cons. 13).

Le rythme législatif étant dominé par l'urgence, l'ordonnance est devenue un procédé usuel.

Une forme de concurrence dans la production normative, avec la procédure législative ordinaire, s'est même installée. Un rapport d'information du Sénat relève que, « sur la période 2012-2018, le nombre d'ordonnances dépasse celui des lois adoptées selon la procédure ordinaire » (RI, *Bilan de l'application des lois au 31 mars 2020*, de Mme V. Létard, n° 523, 17 juin 2020, p. 23). En outre, l'argument du gain de temps paraît discutable. Ce même rapport souligne, en effet, que « le délai entre la demande d'habilitation d'une part (...) et la prise de l'ordonnance (...) est bien supérieur au délai moyen de vote d'une loi sur la même session, et ce y compris lorsque les textes d'habilitation passent par la procédure accélérée » (p. 24).

1. P. Delvolvé, « L'été des ordonnances », *RFDA* 2005. 909.
2. C. Boyer-Merentier, *Les ordonnances de l'article 38 de la Constitution du 4 octobre 1958*, Economica, 1986 ; M. Guillaume, « Les ordonnances : tuer ou sauver la loi ? », *Pouvoirs*, n° 114 (La loi), 2005, p. 117 ; A.-M. Le Pourhiet, *Les ordonnances*, LGDJ, 2011.

SÉQUENCE 6

L'évolution de la Ve République

Terminologie

La Constitution de *la* Ve *République* est officiellement celle du « *4 octobre 1958* ».

Pourquoi la Ve République ?. – Cette dénomination résulte d'un constat. Ce régime politique a été précédé de quatre périodes durant lesquelles la souveraineté a appartenu au peuple. La république a été établie durant la Révolution. Elle l'a été de nouveau en 1848 (IIe Rép.), en 1875-79 (IIIe Rép.) et 1946 (IVe Rép.). La Ve République s'inscrit dans cette histoire et dans une tradition constitutionnelle.

Tradition et instabilité constitutionnelle. – L'évocation d'une tradition peut surprendre si l'on énumère la quinzaine de constitutions que la France a connues depuis 1789 (vingt-deux textes constitutionnels si l'on prend en compte ceux qui n'ont pas été appliqués). Ce nombre élevé de constitutions contraste avec la stabilité constitutionnelle de certains États. Les États-Unis, par exemple, ont connu une seule constitution depuis 1787. La France, en revanche, n'est pas parvenue à maintenir une constitution dans un délai supérieur à soixante-cinq ans (record de durée établi par la IIIe République).

L'opposition entre les États à forte stabilité constitutionnelle et ceux à instabilité chronique doit être nuancée. Tous les systèmes constitutionnels connaissent un processus continu d'adaptation. Il peut prendre des formes différentes (ex. coutumes qui évoluent au Royaume-Uni, ou changement de constitutions des États fédérés dans un État fédéral même si celui-ci connaît une stabilité constitutionnelle[1]). Certains États choisissent de revisiter leur constitution alors que d'autres États subissent des changements de régime.

La France présente – il est vrai – la singularité de connaître les deux formes d'instabilité. Mais celle-ci ne doit pas occulter sa tradition constitutionnelle.

1. J.-L. Halpérin, « Changer *de* constitution et *par* la constitution : l'exemple historique des États fédérés d'Amérique jusqu'à la Première Guerre mondiale. », *Jus Politicum*, n° 9, juill. 2013.

Elle se traduit par la permanence de certaines institutions et par la retranscription de règles et principes de constitutions en constitutions.

Pourquoi le 4 octobre 1958 ?. – La date officielle d'une loi, qu'elle soit constitutionnelle ou ordinaire, correspond à celle de sa *promulgation*. Par cet acte, le président de la République constate l'existence d'une loi et donne ordre aux pouvoirs publics de l'appliquer. En l'occurrence, la Constitution de la Ve République a été promulguée le *4 octobre 1958* par le président René Coty.

La Constitution française est donc toujours celle du 4 octobre 1958. Elle a pourtant été largement modifiée. Son contenu et sa forme ont changé depuis 1958 (I), faisant évoluer le système politique (II).

I ▪ L'évolution de la Constitution

La Constitution est aujourd'hui très différente de celle conçue en 1958. L'évolution a concerné l'ensemble du texte. Elle a porté sur les catégories de règles constitutionnelles (A), la procédure de révision (B) et le contenu de la Constitution (C).

A ▪ Les catégories de règles constitutionnelles

Il n'y a qu'*une* Constitution : celle du 4 octobre 1958. Mais le texte promulgué en 1958 ne regroupe plus l'ensemble des normes de référence de valeur constitutionnelle. Des règles issues d'autres sources ont été invoquées par le Conseil constitutionnel (1). Une « Charte de l'environnement » a également été adossée à la Constitution par le Constituant (2).

1. L'extension des normes de référence

La Constitution est formée d'un ensemble de règles et principes de valeur constitutionnelle. Il comprend à titre principal le texte de 1958 (a), la Déclaration de 1789, les « principes politiques, économiques et sociaux » du Préambule de la Constitution de 1946 (b) et les « principes fondamentaux reconnus par les lois de la République » (c).

Le Conseil constitutionnel se réfère à ces catégories de normes pour contrôler la conformité des lois à la Constitution. Cet ensemble forme un *bloc de constitutionnalité* qui apparaît, cependant, hétérogène (d).

a. Les dispositions de la Constitution de 1958

Ces dispositions forment le pivot du bloc de constitutionnalité. Les règles qui figurent dans le texte de 1958 n'ont, certes, pas une valeur constitutionnelle supérieure aux autres. Le Conseil constitutionnel n'a pas reconnu de hiérarchie entre les différentes sources constitutionnelles. Pour autant, les dispositions qui figurent dans le texte de 1958 se situent au fondement de la Ve République. Ce texte constitue, en quelque sorte, la matrice de la Constitution. Avec lui, en effet, la communauté politique française a établi en 1958 un nouvel ordre juridique.

L'objet de la Constitution est pour l'essentiel institutionnel. Il énonce certains principes fondamentaux (notamment à l'art. 1er), mais ses dispositions sont pour la plupart relatives aux organes constitutionnels.

Le juge constitutionnel trouve donc un intérêt à se référer au texte de 1958 pour résoudre des questions d'ordre institutionnel. Par exemple, le Conseil constitutionnel examine les lois de décentralisation par référence au titre XII de la Constitution consacré aux « collectivités territoriales ». En revanche, il ne trouve pas dans le texte de 1958 les éléments suffisants du contrôle des lois aux droits et libertés. Ainsi, dans sa décision n° 2010-14/22 QPC du 30 juillet 2010, le Conseil constitutionnel a eu besoin de se référer au principe du « respect des droits de la défense » pour déclarer le régime de la garde à vue contraire à la Constitution. Or ce principe n'apparaît pas dans le texte de 1958.

Le Conseil constitutionnel a donc été contraint de dépasser le texte de 1958 et d'étendre la Constitution à d'autres sources constitutionnelles.

Il dut faire preuve d'audace (même s'il a attendu le départ du père fondateur de la Ve République : le général de Gaulle a démissionné le 28 avril 1969 et est décédé le 9 novembre 1970). L'année suivante, le Conseil constitutionnel a retenu une nouvelle interprétation de la Constitution que l'on a pu qualifier de « véritable coup d'État juridique » (R. Badinter[1]).

b. La Déclaration de 1789 et le Préambule de 1946

Le *coup d'État juridique* s'est produit en 1971. Cette année-là, le Conseil constitutionnel, présidé par Gaston Palewski, s'est prononcé sur la conformité à la Constitution d'une loi qui limitait la liberté d'association. La loi modifiait des articles de la loi du 1er juillet 1901 relative au contrat d'association. Elle donnait au préfet la possibilité de soumettre l'existence d'associations à une autorisation donnée par le juge judiciaire. C'était une atteinte à la liberté d'association. Mais cette liberté n'était pas consacrée dans le texte de 1958. Le Conseil constitutionnel devait donc trouver un autre fondement à cette liberté s'il souhaitait la défendre.

La liberté d'association était consacrée par la loi du 1er juillet 1901. Elle faisait partie de l'œuvre législative de la IIIe République. C'était une liberté fondamentale. Cependant, cette loi de 1901 n'avait pas de valeur constitution-

1. R. Badinter, « Une longue marche "Du Conseil à la Cour constitutionnelle" », *Cahiers du Conseil constitutionnel*, n° 25 ; égal. G. Boudou, « Autopsie de la décision du Conseil constitutionnel du 16 juillet 1971 sur la liberté d'association », *RFDC* 2014, n° 97, p. 5.

nelle lorsqu'elle a été adoptée. En outre, il paraissait difficile de lui reconnaître valeur constitutionnelle soixante-dix ans plus tard, sous l'égide d'une constitution différente.

C'est pourtant ce que le Conseil constitutionnel est parvenu à réaliser à l'égard du contenu de cette loi, dans sa décision n° 71-44 DC du 16 juillet 1971, même si la lecture de la délibération montre des oppositions entre les conseillers (le rapporteur François Goguel avait initialement proposé un projet de décision qui était contraire à celui soutenu par le président Gaston Palewski et retenu par le Conseil constitutionnel : v. séance du Cons. const. du 16 juillet 1971, *Les grandes délibérations du Conseil constitutionnel (1958 - 1986)*, Dalloz, 2e éd., 2014, p. 214).

Un raisonnement en trois temps. - Le raisonnement retenu dans la décision du 16 juillet 1971 est le suivant :

• 1er temps. - Le préambule de la Constitution de 1958 dispose que : « le peuple français proclame solennellement son attachement aux Droits de l'homme et aux principes de la souveraineté nationale tels qu'ils ont été définis par la Déclaration de 1789, confirmée et complétée par le préambule de la Constitution de 1946 » (version initiale). Ces formules ont été introduites en 1958 pour rassurer les parlementaires sur la nature du nouveau régime. Elles étaient symboliques. Mais, en 1971, le Conseil constitutionnel considère que les textes évoqués dans ce préambule peuvent avoir une portée juridique. Le Peuple français déclare « son attachement à ces textes ». Dès lors, le Conseil constitutionnel en déduit qu'ils ont valeur constitutionnelle. Il décide donc de se référer, dans sa décision du 16 juillet 1971, au préambule de la Constitution de 1946.

L'ensemble du préambule intègre la Constitution. - Le Préambule de 1946 proclame « comme particulièrement nécessaires à notre temps, les principes politiques, économiques et sociaux » (al. 3 à 18 du Préamb.). Ces principes ont donc été évoqués par le Conseil constitutionnel, notamment à partir de sa décision n° 74-54 DC du 15 janvier 1975, *IVG* (*GDCC*, Dalloz, 17e éd., n° 15, p. 165). De même, le Conseil constitutionnel a intégré la Déclaration de 1789. Il lui a reconnu valeur constitutionnelle dans sa décision n° 73-51 DC du 27 décembre 1973.

À cette étape du raisonnement, la difficulté relative à la liberté d'association n'est pas résolue. La constitutionnalisation du préambule de 1946 ne suffit pas à donner valeur constitutionnelle à la liberté d'association. Le Conseil constitutionnel a poursuivi son raisonnement en deux étapes supplémentaires pour parvenir à intégrer la liberté d'association à la Constitution.

c. Les principes fondamentaux reconnus par les lois de la République (PFRLR)

• 2e temps. - Puisqu'il se réfère au préambule de la Constitution de 1946, le Conseil constitutionnel estime qu'il peut évoquer le préambule de ce préambule, qui mentionne que « le peuple français (...) réaffirme solennellement les droits et les libertés de l'homme et du citoyen consacrés par la déclaration des droits de 1789 et les principes fondamentaux reconnus par les lois de la République ». Quels sont ces « principes fondamentaux reconnus par les lois de la République » en 1946 ? On peut supposer qu'il s'agit des principes énoncés par les grandes lois de la république précédente, c'est-à-dire celles de la IIIe République.

• 3e temps. - La loi de 1901 sur la liberté d'association figure incontestablement parmi les grandes lois de la IIIe République. Or, elle ne prévoit pas d'autorisation pour la création d'une association. Le Conseil constitutionnel a donc estimé que, « au nombre des principes fondamentaux reconnus par les lois de la République et solennellement réaffirmés par le Préambule de la Constitution, il y a lieu de ranger le principe de la liberté d'association ». Il en a déduit que la création d'associations ne peut être soumise à l'intervention préalable de l'autorité administrative ou même de l'autorité judiciaire (déc. n° 71-44 DC du 16 juill. 1971, cons. 2).

Le Conseil constitutionnel, défenseur des droits et libertés. - Dans sa décision de 1971, le Conseil constitutionnel procède au contrôle de la conformité d'une loi à une liberté garantie par la Constitution. Lors de la délibération, l'un de ses membres souligne l'importance de la décision. Le professeur François Luchaire observe que le Conseil a ainsi, comme les institutions étrangères, exercé une « tâche de défenseur des libertés » (*Les grandes délibérations du Conseil constitutionnel, op. cit.*, p. 215). La constitutionnalisation du droit est en marche. Mais les sources du contrôle de constitutionnalité sont restées principalement écrites.

Référence limitée aux PFRLR. - On a pu craindre que le Conseil constitutionnel ne réinventât le droit constitutionnel en multipliant les « principes fondamentaux reconnus par les lois de la République » (PFRLR). Il s'est gardé de cette tentation. Depuis 1971, il ne s'est référé qu'à une dizaine de PFRLR. Le Conseil constitutionnel n'a pas renoncé à cette catégorie de normes de valeur constitutionnelle (par exemple, le Conseil a consacré le PFRLR de l'atténuation de la responsabilité pénale des mineurs et de la nécessité de l'instauration d'un traitement pénal qui leur soit adapté : déc. n° 2002-461 DC, 29 août 2002, cons. 26 ; il a aussi reconnu un PFRLR sur les spécificités du droit applicable dans les départements d'Alsace et de Moselle : déc. n° 2011-157 QPC, 5 août 2011, cons. 4). Pour autant, le juge constitutionnel préfère se référer aux règles et principes qui figurent dans les textes constitutionnels. Ils forment l'essence du bloc de constitutionnalité.

Conditions. - Le PFRLR doit être fondamental. Pour le Conseil constitutionnel, ce principe se rapporte donc aux « droits et libertés fondamentaux », à « la souveraineté nationale » ou à « l'organisation des pouvoirs publics » (déc. n° 2013-669 DC, 17 mai 2013, cons. 21). Il faut également que le principe se dégage de la législation antérieure à 1946 sans avoir subi de dérogations (déc. n° 88-244 DC, 20 juill. 1988, cons. 12).

d. Un bloc de constitutionnalité hétérogène

Le *bloc de constitutionnalité* est une expression utilisée pour désigner l'ensemble des normes de référence du contrôle de constitutionnalité. Il est étroitement lié au principe de constitutionnalité et au contrôle de la conformité des lois à la Constitution. Il a été utilisé au début des années 1970 pour montrer que la Constitution n'était plus constituée du seul texte de 1958. La formule n'a pas été employée par le Conseil constitutionnel. Elle a été inventée par la doctrine. Elle fut évoquée par Claude Emeri (*RD publ.* 1970. 678) et a connu ses lettres de noblesse avec Louis Favoreu qui lui a donné une forte notoriété[1].

L'idée de bloc. – Il ne devrait pas y avoir de contradiction dans un bloc. Les règles constitutionnelles qui le constituent devraient avoir la même portée. C'est le sens que l'on a donné à la décision n° 81-132 DC du 16 janvier 1982 *nationalisations* (*GDCC*, Dalloz, 17e éd., n° 30, p. 367) dans laquelle le Conseil constitutionnel précise que les dispositions qui figurent dans le texte de 1958 n'ont pas une portée supérieure à celles de la Déclaration de 1789 : celles-ci ont « pleine valeur constitutionnelle » (déc. n° 81-132 DC précitée, cons. 16).

Le bloc de constitutionnalité est un ensemble qui doit être accepté malgré la diversité de ses sources (le terme de « bloc » fait ainsi écho à la célèbre formule de Clémenceau prononcée à la Chambre le 29 janv. 1891 selon laquelle la « révolution est un bloc dont on ne peut rien distraire »). Or les normes de référence du contrôle de constitutionnalité relèvent de catégories hétérogènes.

En effet, le bloc de constitutionnalité n'est pas seulement composé des articles de la Constitution de 1958, de la Déclaration de 1789, des « principes politiques, économiques et sociaux » du Préambule de 1946, des « principes fondamentaux reconnus par les lois de la République » et de la Charte de l'environnement de 2004. Pour effectuer son contrôle de constitutionnalité, le Conseil constitutionnel se réfère également à des *principes constitutionnels*, des *exigences constitutionnelles*, ou encore des *objectifs de valeur constitutionnelle*. Ces règles prétoriennes sont évoquées par le Conseil constitutionnel pour trouver des solutions à des difficultés d'interprétation. Le Conseil constitutionnel se réfère à ces règles en l'absence de réponse figurant dans les éléments principaux du bloc de constitutionnalité, ou dans l'hypothèse d'une contradiction entre des règles constitutionnelles.

Ces règles prétoriennes sont également énoncées pour justifier la limitation de droits constitutionnels. Le Conseil doit parfois trouver un motif d'intérêt général justifiant l'intervention du législateur. Par exemple, le Conseil constitutionnel estime que le législateur doit poursuivre l'*objectif de valeur constitutionnelle* (OVC) que constitue « la possibilité pour toute personne de disposer d'un logement décent ». À ce titre, il peut limiter le droit de propriété ou la

---

1. L. Favoreu, « le principe de constitutionnalité », *Mélanges Eisenmann*, Cujas, 1975, p. 33 et L. Favoreu, avec L. Philip, *Les grandes décisions du Conseil constitutionnel*, Dalloz.

liberté contractuelle du propriétaire dès lors que la loi poursuit cet objectif (ex. déc. n° 2009-578 DC du 18 mars 2009, cons. 14 ; déc. n° 2015-470 QPC du 29 mai 2015, cons. 7)[1].

Règles endogènes ou exogènes. – À cette première interrogation relative à la cohérence du bloc de constitutionnalité s'ajoute une deuxième difficulté relative aux règles qui n'ont pas valeur constitutionnelle mais qui sont utilisées dans le contrôle de constitutionnalité.

Les règles endogènes. – Certaines règles du droit interne, qui n'ont pas valeur constitutionnelle, servent de normes de référence au Conseil constitutionnel pour contrôler la conformité des lois à la Constitution. Les lois de finances, par exemple, doivent respecter la loi organique relative aux lois de finances (LOLF). Celle-ci n'a pas valeur constitutionnelle, mais elle s'impose au Parlement parce que la loi organique est adoptée selon une procédure plus contraignante que celle prévue pour une loi ordinaire.

Les règles exogènes. – Des révisions de la Constitution ont également introduit dans le texte constitutionnel des références à des règles spécifiques, comme celles négociées avec l'Union européenne. La République entretient des liens particuliers avec cette communauté politique (v. art. 88-1 Const.). Dès lors, il revient au Conseil constitutionnel, dans certains cas, de contrôler la compatibilité des lois par rapport aux directives européennes (v. Séquence 11). Il s'agit d'une constitutionnalité par renvoi qui est justifiée par une exigence constitutionnelle.

La norme de référence du contrôle de constitutionnalité est toujours trouvée dans la Constitution, ce qui conduit aujourd'hui la doctrine à considérer que le mot constitution pourrait tout simplement remplacer ceux de bloc de constitutionnalité[2].

2. La Charte de l'environnement

La *Charte de l'environnement* est une extension singulière de la Constitution pour trois raisons. Elle est issue, en premier lieu, d'une intervention du Constituant. Elle ne résulte pas d'une construction prétorienne du Conseil constitutionnel. La Charte a été adossée à la Constitution par la loi constitutionnelle n° 2005-205 du 1er mars 2005. En second lieu, ce texte se distingue de ceux de 1958, 1789 et 1946 par la spécificité de son objet. La Charte ne concerne que *l'environnement*. En troisième lieu, la Charte ne comprend pas seulement l'énoncé de droits et libertés. Elle comporte aussi des devoirs.

Le nouveau triptyque. – La loi constitutionnelle du 1er mars 2005 a modifié le premier alinéa du Préambule de la Constitution de 1958 pour présenter la Charte. Auparavant, ce préambule disposait que « le peuple français proclame

1. P. de Montalivet, *Les objectifs de valeur constitutionnelle*, Dalloz, 2006 ; M. Heitzmann-Patin, *Les normes de concrétisation dans la jurisprudence du Conseil Constitutionnel*, LGDJ, 2020.
2. L. Favoreu *et alii*, *Droit constitutionnel*, Dalloz, 18e éd., 2016, n° 137.

solennellement son attachement aux Droits de l'homme et aux principes de la souveraineté nationale tels qu'ils ont été définis par la Déclaration de 1789, confirmée et complétée par le préambule de la Constitution de 1946 ». La loi constitutionnelle de 2005 a ajouté : « ainsi qu'aux droits et devoirs définis dans la Charte de l'environnement de 2004 ».

À vrai dire, « 2004 » ne correspond pas à une date marquante. Il s'agit de l'année de l'élaboration de la Charte. Un triptyque historiquement artificiel a donc été élaboré : 1789/1946/2004.

Difficultés d'interprétation. - La construction de ce triptyque n'est pas la seule difficulté posée par ce texte. Elle soulève de nombreuses interrogations concernant ses destinataires et sa portée. Pourtant, la Charte établit des principes élémentaires en droit de l'environnement, comme celui de précaution (art. 5) ou celui qui impose de réparer les dommages causés à l'environnement (art. 4). Mais il est difficile de déterminer l'ensemble des droits et obligations que la Charte prévoit, ainsi que leurs destinataires. Que signifie, par exemple, le droit « de vivre dans un environnement équilibré et respectueux de la santé » prévu à l'article 1er... pour ceux qui résident dans une ville dont l'air est pollué ? Ont-ils le droit d'exiger l'interdiction de la circulation des voitures ou la fermeture des usines à l'origine de la pollution ? Et qui est concerné par la défense de l'environnement ? À la lecture des alinéas qui précèdent les articles de la Charte, et qui forment un préambule, il s'agit du « peuple français », de « l'humanité », des « êtres humains », de « l'homme », des « sociétés humaines », de la « Nation », des « générations futures », et des « autres peuples »... Pour éluder la difficulté, l'on peut estimer que ces alinéas n'ont qu'une portée symbolique. Mais cette interprétation ne résout pas totalement la difficulté parce que les autres articles de la Charte font eux-mêmes référence à différents destinataires. Sont concernés par les droits et devoirs liés à l'environnement : « chacun », « toute personne », « les autorités publiques », « les politiques publiques », « la recherche et l'innovation »...

La portée juridique de la Charte ne pouvait pas être neutralisée. La loi constitutionnelle du 1er mars 2005 a été adoptée par le Congrès. La Charte n'était pas une simple déclaration. Le Conseil constitutionnel a précisé que « l'ensemble des droits et devoirs définis dans la Charte de l'environnement, ont valeur constitutionnelle » (déc. n° 2008-564 DC du 19 juin 2008, *Loi relative aux organismes génétiquement modifiés*, cons. 18 ; dans le même sens, v. CE, ass., 3 oct. 2008, *Cne d'Annecy*, n° 297931). La jurisprudence constitutionnelle reste, néanmoins, nuancée sur la portée de la Charte. Le Conseil constitutionnel estime, notamment, que toutes les dispositions de la Charte n'instituent pas un droit ou une liberté que la Constitution garantit et qui pourraient être invoqués à l'appui d'une question prioritaire de constitutionnalité (QPC). Ainsi, les alinéas qui précèdent les articles de la Charte de l'environnement ont, certes, « valeur constitutionnelle », mais « aucun d'eux n'institue un droit ou une liberté que la Constitution garantit ». Une QPC ne peut donc pas être posée par référence à ces alinéas (déc. n° 2014-394 QPC du 7 mai 2014, cons. 5).

Progressivement, le Conseil constitutionnel mentionne les articles de la Charte qui peuvent être évoqués et les exigences qui leur sont associées[1].

Par exemple, le droit pour chacun de « de vivre dans un environnement équilibré et respectueux de la santé » est, selon le Conseil constitutionnel, une « exigence constitutionnelle ». Elle s'impose à l'État. Pour autant, le Conseil estime qu'il « ne saurait se prononcer sur l'opportunité des objectifs que le législateur assigne à l'action de l'État, dès lors que ceux-ci ne sont pas manifestement inadéquats à la mise en œuvre de cette exigence constitutionnelle » (déc. n° 2019-794 DC, 20 déc. 2019, pt. 38).

Le Constituant, dans un premier temps, et le Conseil constitutionnel, dans un second temps, par son interprétation, font évoluer les normes de référence de valeur constitutionnelle.

B ▪ La procédure de révision de la Constitution

Les nombreuses révisions ont été rendues possibles par une certaine souplesse de la Constitution (1) et par la liberté que le Constituant a prise en 1962 avec les termes de la Constitution. Deux procédures ont été utilisées. La première était expressément prévue à l'article 89 de la Constitution (2) et la deuxième fut retenue par le général de Gaulle à partir d'une lecture très orientée de l'article 11 de la Constitution (3).

1. Une constitution semi-rigide

Les *constitutions souples* peuvent être modifiées dans des conditions similaires à celles des lois ordinaires. Les *constitutions rigides*, au contraire, ne peuvent être révisées que par la mise en œuvre d'une procédure plus contraignante. Il est parfois demandé au peuple souverain d'intervenir.

La Constitution de 1958 se situe entre les deux. Elle est semi-rigide. Elle ne peut être révisée qu'en suivant une procédure particulière, ce qui n'a pas empêché sa révision à vingt-quatre reprises.

Une accélération des révisions a même eu lieu à partir de 1992 : dix-neuf révisions ont été adoptées entre 1992 et 2008 (durant cette période, sept révisions ont concerné le droit européen ou le droit international). La présidence de Jacques Chirac, notamment, fut très favorable à l'adoption de lois constitutionnelles (14 révisions).

---

1. V. *GDCC*, Dalloz, 17e éd., n° 40, p. 487 ; égal. : www.conseil-constitutionnel.fr/conseil-constitutionnel/francais/a-la-une/juin-2014-la-charte-de-l-environnement-de-2004.141685.html ; « Les dix ans de la Charte de l'environnement 2005-2015 », *Constitutions* 2015, p. 185.

La dernière révision date, cependant, du 23 juillet 2008 (la précédente avait eu lieu le 4 févr. 2008). Une forme d'accalmie règne aujourd'hui sur la Constitution, même si des projets de loi constitutionnelle sont en attente.

2. La procédure de l'article 89

Elle est prévue au titre XVI de la Constitution. Il est intitulé « de la révision ». Il comprend un article unique (art. 89) qui décrit la procédure de révision. Elle paraît commander la validité de toute loi constitutionnelle.

La procédure se déroule en trois étapes :

1° La première est celle de l'initiative. Elle émane du président de la République, sur proposition du Premier ministre, ou des membres du parlement.

2° La deuxième étape est celle de la discussion du texte par l'Assemblée nationale et le Sénat et de leur adoption en termes identiques. Cette phase délibérative est parlementaire.

3° La troisième étape est celle de l'adoption « définitive » du texte. La loi constitutionnelle doit être « approuvée par référendum ». La décision de l'organiser dépend du président de la République. Son choix est discrétionnaire (CE 29 déc. 2004, n° 264298).

À titre dérogatoire (« *Toutefois* », mentionne l'alinéa 3 de l'article 89), la loi constitutionnelle peut être adoptée définitivement par « le Congrès » qui est la réunion de l'Assemblée nationale et du Sénat. Deux conditions sont posées. Le Congrès peut se prononcer sur un *projet* et non sur une proposition de loi constitutionnelle (pour éviter que les parlementaires ne modifient librement la constitution et la séparation des pouvoirs dans un sens favorable au Parlement). En outre, le Congrès doit voter le texte à la majorité des trois cinquièmes.

Un seul référendum par la voie de l'art. 89. – Le Congrès a été privilégié depuis 1958. Cette issue est politiquement moins risquée. La voie référendaire n'a été retenue qu'une seule fois dans le cadre de l'article 89 pour l'adoption définitive de la loi constitutionnelle sur la réduction de la durée du mandat du président de la République (LC n° 2000-964 du 2 oct. 2000). Le danger représenté par le référendum était alors limité. La réponse faisait consensus, ce qui a paradoxalement limité l'intérêt de la consultation. Le référendum organisé le 24 septembre 2000 a connu un taux d'abstention considérable (69,81 %).

Notons que, pour organiser un référendum, il faut que, au préalable, les deux assemblées aient approuvé le texte. À défaut, le président ne peut convoquer les citoyens.

> Par exemple, le président Macron a souhaité organiser un référendum pour que fût approuvée la modification de l'article 1er de la Constitution. La révision portait sur la préservation de l'environnement. Cette modification du texte constitutionnel avait été proposée par la « convention citoyenne pour le climat » (composée de 150 citoyens tirés au sort). La proposition avait été reprise dans

un projet de loi constitutionnelle, déposé à l'Assemblée nationale le 20 janvier 2021. Il prévoyait d'insérer, à la fin de l'article 1er de de la Constitution, une phrase ainsi rédigée : « Elle [la loi] garantit la préservation de l'environnement et de la diversité biologique et lutte contre le dérèglement climatique ». Cependant, le Sénat a refusé l'insertion du verbe « garantir » à l'article 1er de la Constitution parce qu'il aurait été une source d'obligation pour l'État français et qu'il aurait alimenté les contentieux. Le désaccord sur ce mot et l'opposition entre les assemblées (qui présentait également un fort enjeu politique) ont semblé indépassable. L'Exécutif a donc mis un terme au processus de révision et renoncé à ce stade à un référendum (annonce du Premier ministre du 6 juillet 2021).

La majorité des trois cinquièmes. - La loi constitutionnelle est définitivement adoptée par le Congrès à la majorité des trois cinquièmes des suffrages exprimés. Les partis dits *de gouvernement* doivent accepter les termes de la révision. Le sujet doit être consensuel et la démarche ne doit pas être politisée. Plusieurs révisions ont ainsi été adoptées préalablement à la ratification d'un engagement international.

L'opposition refuse, en effet, de laisser à la majorité présidentielle le bénéfice politique d'une révision constitutionnelle. Sans l'accord de l'opposition, l'exercice peut s'avérer inutile ou périlleux (par ex., la loi constitutionnelle n° 2008-724 du 23 juillet 2008 *de modernisation des institutions* n'a été adoptée par le Congrès, le 21 juillet 2008, que par une voix de plus que celle requise pour la majorité des trois cinquièmes des suffrages exprimés).

Par exemple, le président Macron a dû renoncer à trois révisions de la Constitution (entre 2018 et 2021, il a déposé à l'Ass. nat. le 9 mai 2018 le projet de loi constitutionnelle *pour une démocratie plus représentative, responsable et efficace* ; le projet de loi const. déposé le 29 août 2019 à l'Ass. nat. *pour un renouveau de la vie démocratique* ; le projet de loi const. déposé le 20 janv. 2021 à l'Ass. nat. *relatif à la préservation de l'environnement*). Les trois tentatives de révision de la Constitution ont échoué en raison de l'opposition du Sénat.

L'accord entre les assemblées doit être trouvé avant le Congrès. En outre, même lorsque le projet est voté en termes identiques, les conditions de l'approbation du texte par les deux assemblées permettent d'évaluer les chances de succès devant le Congrès. Lorsqu'elles sont faibles, le président peut renoncer à le convoquer (comme ce fut le cas pour l'instauration du quinquennat en 1973).

Sans refuser ouvertement le texte, l'opposition peut aussi modifier le contenu du projet de loi constitutionnelle dans des conditions inacceptables. La surenchère est alors destinée à rejeter le texte. Par exemple :

- Le projet de loi constitutionnelle instituant un contrôle de constitutionnalité des lois par voie d'exception, déposé le 30 mars 1990, a été adopté par l'Assemblée nationale (majoritairement à gauche) et par le Sénat (majoritairement à droite), mais la haute assemblée a apporté des modifications si importantes au projet que le gouvernement a préféré interrompre la procédure.

– Le même sort a été réservé au projet de loi constitutionnelle *de protection de la nation*, déposé à l'Assemblée nationale le 23 décembre 2015. Il portait sur l'état d'urgence et la déchéance de nationalité (v. situation 3). Le texte a été modifié par le Sénat dans des conditions qui ont donné à penser que la droite, majoritaire dans cette assemblée, s'opposerait systématiquement au texte voté par l'Assemblée nationale (majoritairement à gauche). Le président Hollande a donc mis un terme à la navette entre les assemblées. Il a « décidé », le 30 mars 2016, « de clore le débat constitutionnel » parce qu'« une partie de l'opposition est hostile à toute révision constitutionnelle ».

3. La procédure de l'article 11

Le général de Gaulle n'a pas suivi en 1962 la procédure prévue à l'article 89 de la Constitution. Le Parlement n'entendait pas voter le projet de loi constitutionnelle instaurant l'élection du président de la République au suffrage universel direct. La deuxième étape de la procédure prévue à l'article 89 ne pouvait donc pas être franchie. Elle prévoit l'adoption du projet en termes identiques par les assemblées.

Le général de Gaulle a donc choisi d'organiser un référendum en utilisant l'article 11 de la Constitution. Il permet d'organiser un référendum pour l'adoption d'une loi ordinaire. La procédure était expéditive. La validité de cette loi constitutionnelle paraissait contestable. Elle n'a, cependant, pas été censurée par le Conseil constitutionnel. Il s'est déclaré incompétent pour se prononcer sur la conformité à la Constitution des lois adoptées par référendum (déc. n° 62-20 DC du 6 nov. 1962, cons. 2 : v. Séquence 7).

La Constitution de 1962 ?

L'idée a été défendue selon laquelle la loi constitutionnelle de 1962 n'était pas une simple révision mais une *refondation* de la Ve République. La procédure de l'article 89 était en tout état de cause inopérante. Le Peuple souverain aurait institué un nouveau régime en établissant l'élection du président de la République au suffrage universel direct. La Constitution de 1958 serait ainsi devenue celle de 1962.

Cette thèse repose sur la distinction entre l'adoption d'une *nouvelle constitution* et celle d'une *loi constitutionnelle*. La deuxième se distinguerait de la première par son mode d'édiction et par son contenu. La *loi constitutionnelle* est adoptée selon la procédure de révision prévue dans la *Constitution*. En outre, elle ne peut pas remettre en cause les principes essentiels de l'ordre constitutionnel. Or la révision de 1962 ne pouvait relever de la catégorie de la loi constitutionnelle ni par sa portée ni par la procédure utilisée.

Cette thèse ne s'est pas imposée. La Constitution reste celle de 1958, modifiée par une loi constitutionnelle en 1962 selon une procédure admise par les interprètes authentiques de la Constitution (v. Séquence 7).

C ▪ L'adaptation de la constitution matérielle

Les révisions constitutionnelles ont été bénéfiques parce qu'elles ont évité des crises de régime. La Constitution de 1958 a duré quasiment aussi longtemps que celle de la IIIe République. Ces révisions ont permis au régime politique d'évoluer (1). Elles ont autorisé la transformation de l'État. Il s'est intégré à l'Union européenne (2) et s'est décentralisé (3).

1. L'évolution du régime

Quatre révisions majeures de la Constitution méritent l'attention. Elles ont déterminé l'évolution du régime.

La révision de 1962 sur l'élection présidentielle. - Comme nous l'avons vu, l'élection du président de la République au suffrage universel direct a été décidée par référendum en 1962. La portée de cette révision est fondamentale. La désignation du président au suffrage universel direct lui confère la plus haute légitimité politique. Celle-ci incite le Parlement et le gouvernement à se placer au service du président. La Ve République était initialement dominée par le chef de l'État en raison du destin particulier qui unissait le général de Gaulle aux Français. Elle devient à partir de 1962 un régime parlementaire à hégémonie présidentielle en raison du nouveau mode de désignation du président (v. Séquence 7).

La révision de 1974 sur la saisine du Conseil constitutionnel. - La loi constitutionnelle du 29 octobre 1974 autorise soixante députés ou soixante sénateurs à saisir le Conseil constitutionnel. Désormais, l'opposition au sein de l'Assemblée nationale ou du Sénat peut demander au Conseil constitutionnel de déclarer une loi inconstitutionnelle. Toute loi importante est déférée au Conseil constitutionnel. Il est devenu un contre-pouvoir à la majorité présidentielle.

La révision de 2000 sur le quinquennat. - La loi constitutionnelle du 2 octobre 2000 a fait coïncider la durée du mandat présidentiel et celle des députés. Une même majorité dite *présidentielle* gouverne la France pendant cinq ans. Cette situation correspondait à la pratique antérieure à la révision. Seules les périodes de cohabitation interrompaient l'hégémonie présidentielle. Avec l'instauration du quinquennat, ces périodes de cohabitation semblent peu probables (mais pas impossibles v. Séquence 7). En outre, le quinquennat a semblé renforcer la présidentialisation du régime. La confusion entre la fonction présidentielle et celle du Premier ministre s'est trouvée accentuée.

La modernisation des institutions réalisée par la loi constitutionnelle de 2008. - La plus vaste révision de la Constitution est également la plus récente. Elle date du 23 juillet 2008. Il s'agit d'un grand toilettage de la Constitution. Près de la moitié des articles de la Constitution ont été modifiés.

Cette loi constitutionnelle n'a pas changé la nature du régime. Ce n'était pas l'objectif du Constituant. Ses rédacteurs ont souhaité renforcer l'autonomie du Parlement face à l'Exécutif et conférer des droits nouveaux aux citoyens. Certaines innovations sont remarquables. Le renouvellement du rôle joué par les commissions a favorisé l'autonomie des assemblées. De même, l'introduction de la *question prioritaire de constitutionnalité* (QPC) a contribué au développement du contrôle de constitutionnalité. Désormais, tout justiciable peut contester la conformité d'une loi à la Constitution devant n'importe quel tribunal. Même les contempteurs de l'action du président Sarkozy ont loué « la divine surprise » (D. Rousseau[1]) qu'a représentée la QPC.

2. La participation de la France à l'Union européenne

Les rédacteurs de la Constitution de 1958 n'étaient pas favorables au projet européen et à l'idée de supranationalité[2]. Ils n'ont donc pas traité la question européenne dans la Constitution, ce qui a pu étonner certains juristes, comme Georges Vedel, qui se sont demandé « pourquoi la difficulté qu'avaient posée successivement sous la IVe République les divers traités ou projets de traités européens n'a pas été résolue explicitement par la Ve République, alors que ses fondateurs en avaient l'occasion dans une perspective favorable à leurs vœux ? »[3].

Jusqu'en 1992, la Constitution ne fait pas référence à la construction européenne. Ce n'est que trente-cinq ans après la signature du traité de Rome et trente-quatre ans après l'adoption de la Constitution de 1958 que le projet européen fait son entrée dans la Constitution. La loi constitutionnelle du 25 juin 1992 introduit un titre XV alors intitulé : « Des Communautés européennes et de l'Union européenne ».

La création d'une communauté politique. - Elle procède du traité de Maastricht qui crée l'Union européenne (signé le 7 févr. 1992 et entré en vigueur le 1er nov. 1993). Ce traité constitue une étape importante dans la construction européenne. Elle est appréciée différemment selon le degré d'adhésion au projet européen (fondamentale pour ses partisans, funeste pour les autres). Mais que l'on soit pro-européen ou souverainiste, il faut convenir que la ratification du traité sur l'Union représente une étape charnière dans la construction européenne. Ce traité transforme la *Communauté économique européenne* (CEE)

1. D. Rousseau, *Le Consulat Sarkozy*, Odile Jacob, 2012, not. p. 114 s.
2. Ch. de Gaulle, *Mémoires d'espoir*, Plon, 1970, p. 180 et p. 200 ; M. Debré, *Une certaine idée de la France*, Fayard, 1992, p. 62.
3. G. Vedel, « Les racines de la querelle constitutionnelle sur l'élection du Parlement européen », *Pouvoirs*, 1977, n° 2, p. 25.

en une union politique. L'Europe n'a plus vocation à être une simple zone de libre-échange. Elle doit aussi mener des politiques communes en matière économique et sociale pour assurer le bien-être des citoyens européens. Elle comporte un projet supranational. À cette fin, le traité de Maastricht prévoit des transferts de compétences dont certaines relèvent de la souveraineté des États membres. Le pouvoir de battre monnaie, notamment, est transféré à des instances européennes. Le traité crée également une « citoyenneté européenne ». Elle permet aux citoyens européens de voter et de se présenter aux élections législatives européennes, ainsi que de participer aux élections municipales quel que soit leur lieu de résidence au sein de l'Union européenne.

L'inconstitutionnalité du traité sur l'Union européenne. – Le Conseil constitutionnel s'est opposé à la ratification du traité dans une décision n° 92-308 DC du 9 avril 1992. Cet engagement portait atteinte aux « conditions essentielles d'exercice de la souveraineté nationale ». La Constitution a donc été révisée pour permettre la ratification du traité. La loi constitutionnelle 25 juin 1992 introduit un titre XV sur l'Union européenne. Son article 88-1 dispose que « la République participe à l'Union européenne, constituée d'États qui ont choisi librement, d'exercer en commun certaines de leurs compétences ».

D'autres révisions de la Constitution ont suivi pour autoriser la ratification de traités successifs ; notamment en 1997, pour le traité d'Amsterdam, ou en 2008, pour le traité de Lisbonne. Progressivement, la République française a accepté de limiter sa souveraineté au profit de l'Union européenne.

Mais toutes les révisions de la Constitution n'ont pas permis à la construction européenne de progresser. Un coup d'arrêt brutal s'est produit en 2005. Alors que la loi constitutionnelle du 1er mars 2005 a rendu possible la ratification du *traité établissant une Constitution pour l'Europe*, les citoyens français ont refusé, à 54 %, d'autoriser sa ratification.

Cette fracture politique accentue l'idée d'une ligne de partage dans la Constitution. Alors que son titre Ier porte sur « la souveraineté », le titre XV reconnaît la participation à « l'Union européenne ». Cette dualité au sein du texte constitutionnel est une source de tension.

3. L'adaptation de la forme de l'État

La forme de l'État est unitaire. Elle est retranscrite à l'article 1er de la Constitution qui dispose que « la France est une République indivisible »[1]. Mais cet État unitaire s'est fortement décentralisé depuis le début des années 1980. Aussi la loi constitutionnelle du 28 mars 2003 a-t-elle ajouté à l'article 1er de la Constitution que « l'organisation » de la République est « décentralisée ». La loi constitutionnelle a également refondu le titre XII de la Constitution sur les collectivités territoriales : v. Séquence 3, *l'État*, situation 1.

1. R. Debbasch, *Le principe révolutionnaire d'unité et d'indivisibilité de la République*, Economica, PUAM, 1988.

II ■ L'évolution du système politique

La logique du régime parlementaire, c'est-à-dire du système politique, a été rapidement pervertie (A) par l'instauration de l'élection du président de la République au suffrage universel direct (B). Cette évolution a consacré l'autorité du pouvoir exécutif et a altéré l'équilibre entre les pouvoirs (C).

A ■ La Ve République : un régime parlementaire dévoyé

Ce régime reste *parlementaire* (1) malgré la concentration du pouvoir au profit du président de la République. L'hégémonie présidentielle ne doit pas occulter la logique du régime (2).

1. Un régime parlementaire

Dans un régime parlementaire, la séparation entre les pouvoirs est souple. Ce système politique favorise la collaboration entre des pouvoirs législatif et exécutif qui ne sont pas strictement spécialisés. Sous la Ve République, en effet, l'Exécutif peut intervenir dans l'exercice du pouvoir législatif en disposant, par exemple, de l'initiative des lois. Les pouvoirs disposent également de moyens d'action réciproques. L'Exécutif peut dissoudre l'Assemblée nationale et celle-ci peut renverser le gouvernement.

La responsabilité du gouvernement est également un critère essentiel permettant d'identifier le régime parlementaire. Les rédacteurs de la Constitution de 1958 ont respecté le troisième principe posé par la loi constitutionnelle du 3 juin 1958 qui prévoyait que « le Gouvernement » est « responsable devant le Parlement ». Michel Debré l'affirme clairement dans son discours devant le Conseil d'État du 27 août 1958 : la responsabilité du gouvernement devant le Parlement est « la ligne directrice du régime parlementaire que le projet [de constitution] a l'ambition d'instituer ».

En revanche, la Ve République n'est pas un *régime présidentiel*. Cette expression est, certes, employée par facilité pour souligner que le *président* de la République exerce une fonction éminente (il faut noter qu'elle est également utilisée aujourd'hui, assez fréquemment et de façon péjorative, dans le langage politique et médiatique, pour désigner des régimes étrangers où règne une concentration dictatoriale du pouvoir au bénéfice d'un président élu).

Il est cependant d'usage, chez les constitutionnalistes, d'utiliser les termes de « régimes présidentiels » pour qualifier ceux qui organisent une séparation rigide entre des pouvoirs spécialisés. Dans ces régimes, les pouvoirs exécutif et législatif ne peuvent s'opposer par la mise en œuvre de procédés de dissuasion, comme la dissolution ou la motion de censure. Or ces moyens d'action réciproques existent sous la Ve République. Elle ne devrait donc pas être qualifiée de régime présidentiel.

Sous la Ve République, le gouvernement n'existe pas sans le soutien du Parlement, comme l'ont démontré les périodes de cohabitation ou de mise en cause de la légitimité de l'Exécutif[1].

Il est, dès lors, difficile d'écarter la logique parlementaire du régime même si son fonctionnement est caractérisé par l'hégémonie présidentielle.

2. Un régime parlementaire à hégémonie présidentielle

La Ve République est un régime parlementaire d'un type particulier. Son mode de fonctionnement favorise le détournement du pouvoir au profit du président de la République. Il s'agit d'un régime parlementaire dévoyé dans le sens où ses règles de fonctionnement ont été détournées de leur vocation. Le bicéphalisme de l'Exécutif ne s'est pas traduit par un partage équilibré des fonctions entre le président de la République, garant des intérêts supérieurs de la nation, et le gouvernement responsable devant le Parlement. Sous la Ve République, règne une concentration du pouvoir au bénéfice du *chef de l'État* (expression qui ne figure pas dans la Constitution, l'art. 15 faisant seulement référence au « chef des armées »).

Comment intituler ce régime parlementaire ? La question est constamment débattue (c'est presque un jeu depuis 1958). Comment désigner ce régime parlementaire sans le qualifier de *régime présidentiel* en utilisant, néanmoins, le terme « président » pour marquer son hégémonie ?

Régime semi-présidentiel. – Maurice Duverger a proposé de qualifier ce régime de *semi-présidentiel*[2]. L'expression a connu un certain succès. Elle désignait les régimes où le président était élu au suffrage universel direct mais où le gouvernement restait responsable devant le Parlement. Le régime semi-présidentiel était, selon Maurice Duverger, une catégorie de régime mixte (mi-présidentiel, mi-parlementaire). Cette catégorie comportait elle-même une typologie avec des régimes semi-présidentiels à prédominance présidentielle (en France), à partage du pouvoir entre le président et le gouvernement (Finlande, République de Weimar, Portugal) et à effacement du président (Autriche, Islande et Irlande).

L'expression de *régime semi-présidentiel* a été critiquée. Elle était tendancieuse. Elle donnait à penser que le régime était par nature présidentiel et qu'il ne fonctionnait pas selon ses règles initiales parce que la séparation des pouvoirs n'était pas rigide. Or la Ve République n'a jamais été conçue comme un régime de séparation rigide entre les pouvoirs. En outre, l'idée de régime

1. J.-Ph. Derosier, « François Hollande et le fait majoritaire – La naissance d'un fait majoritaire contestataire », *Constitutions* 2015, p. 509 ; J. Gicquel, « Variations sur la présidence normale de François Hollande », *Mélanges Colliard*, Dalloz, 2014, p. 305.
2. M. Duverger, *Le système politique français*, PUF, 18e éd., 1980, p. 185.

semi-présidentiel contredisait celle de l'hégémonie présidentielle. La Ve République favorise la domination du président sur les pouvoirs exécutif et législatif.

Régime présidentialiste. - Pour cette raison, il paraît préférable d'utiliser les termes de régime *présidentialiste*. Ils marquent clairement la primauté du président. Pour Jean Gicquel, « il existe, en effet, un *saut qualitatif* entre la condition du chef de l'État qui n'est *rien* (régime parlementaire) ; quelque chose (régime présidentiel) et celle » du régime présidentialiste « où il est tout ou peut s'en faut »[1]. Ce terme, que Jean Gicquel attribue à Jean Buchmann[2], a été utilisé pour décrire le détournement du pouvoir au profit du chef de l'État. Le présidentialisme désignait l'autoritarisme présidentiel qui régnait dans des États d'Amérique latine et d'Afrique[3]. La présentation du présidentialisme a été une dénonciation de la dérive de certains régimes vers une forme de dictature présidentielle[4].

La Ve République n'a pas connu cette dérive. Elle est un État de droit et comporte des contre-pouvoirs (v. *infra*).

Régime parlementaire à hégémonie présidentielle. - La Ve République reste un régime parlementaire même s'il est dévoyé. Aussi, l'expression de *régime parlementaire à hégémonie (ou primauté) présidentielle* paraît appropriée pour désigner ce régime. L'expression a l'inconvénient de la longueur, mais l'avantage de faire apparaître clairement la logique *parlementaire* de la Ve République. Elle peut, au demeurant, être employée alternativement avec celle de *présidentialisme* pour dénoncer les dérives du régime.

B ▪ L'étiologie de l'hégémonie présidentielle

L'autorité qui gouverne est, en principe, celle qui est politiquement responsable. Pour cette raison, le gouvernement est l'autorité éminente dans un régime parlementaire parce qu'il est politiquement responsable devant le Parlement.

La Ve République est un régime parlementaire. Le président de la République est irresponsable politiquement (v. Séquence 7) mais il est l'autorité éminente. Dès lors, il convient de justifier ce détournement du pouvoir au bénéfice du chef de l'État.

---

1. J. et J.-E. Gicquel, *Droit constitutionnel et institutions politiques*, Montchrestien, 29e éd., p. 165.
2. J. Buchmann, *L'Afrique noire indépendante*, LGDJ, 1962.
3. A. Hauriou, *Droit constitutionnel et institutions politiques*, Montchrestien, p. 570 ; R. Ngando Sandjè, « Le renouveau du droit constitutionnel et la question des classifications en Afrique : quel sort pour le régime présidentialiste ? », *RFDC* 2013, n° 93, p. 26.
4. F. Moderne, « Les avatars du présidentialisme dans les États latino-américains », *Pouvoirs*, n° 98, 2001, p. 63 ; A. A. Cárdenes, « Le régime présidentiel argentin : des discours sur l'atténuation de la présidentialisation à la réalité de sa consécration définitive », *RFDC* 2013, n° 93, p. 36.

La réponse réside dans la légitimité politique du président de la République. Elle est plus élevée que celle des membres du gouvernement et du parlement, qui sont incités à se placer au service du président (1) durant une législature qui est de même durée que celle du mandat du président (2).

1. La légitimité politique du président

Elle a deux sources : l'élection au *suffrage universel direct* et l'apparition du *fait majoritaire*. Après chaque élection présidentielle, l'Assemblée nationale est renouvelée et a une majorité dont l'orientation politique coïncide avec celle du président. C'est un constat. L'élection du président au suffrage universel direct et l'existence d'une majorité législative acquise à sa cause favorisent la formation de la *majorité présidentielle*.

Ce phénomène permet de comprendre comment le président de la Ve République est parvenu « à faire fonctionner le parlementarisme à son profit, à en "capter" les mécanismes qui, dans les régimes parlementaires arrivés à maturité (c'est-à-dire monistes), bénéficient en principe au chef du gouvernement » (Armel Le Divellec[1]).

Après son élection, le président de la République impose son programme à sa « majorité parlementaire ». Il le déclare sans embages. Ainsi, après les élections législatives de 1981, le président Mitterrand adressa un message aux députés dans lequel il affirma que ses « engagements constituaient la charte de l'action gouvernementale. J'ajouterai, puisque le suffrage universel s'est prononcé une deuxième fois, qu'ils sont devenus la charte de votre action législative. Vous les connaissez et je n'y reviens pas » (8 juill. 1981).

Plus récemment, après son élection, le président Macron a expliqué devant le Congrès, le 3 juillet 2017, que le Premier ministre était « dépositaire à la tête du gouvernement de [s]es engagements et [qu'il] en présentera la mise en œuvre dans son discours de politique générale » (ce que le Premier ministre É. Philippe fera le 4 juill. 2017 à l'Ass. nat. et le lendemain au Sénat).

L'obéissance est la règle politique. Il conduit le Premier ministre à mettre ses compétences à la disposition du chef de l'État (initiative des lois, engagement de la responsabilité du gouvernement, signature des décrets d'application des lois). À cet égard, la rationalisation du parlementarisme sous la Ve République accentue le présidentialisme. Le Premier ministre a des moyens juridiques qui lui permettent d'orienter l'action du Parlement (en maîtrisant l'ordre du jour des assemblées, par exemple). En se plaçant au service du président, le Premier ministre favorise l'hégémonie présidentielle.

Cette évolution du fonctionnement du système politique n'est pas propre à la France. La concentration du pouvoir au bénéfice du chef de l'exécutif concerne de très nombreux États. Il s'agit d'un phénomène qui se répand dans les démocraties.

---

1. A. Le Divellec, « La chauve-souris », *in La République, Mélanges en l'honneur de Pierre Avril*, Montchrestien, 2001, p. 351.

Régimes parlementaires à hégémonie du chef de l'exécutif

L'hégémonie ne bénéficie pas nécessairement au chef de l'État. Certains régimes parlementaires organisent également une forme d'élection indirecte du chef du gouvernement par les citoyens.

Au Royaume-Uni, par exemple, les électeurs choisissent indirectement le Premier ministre. Cette désignation est assurée par deux éléments du régime : le mode de scrutin majoritaire à un tour applicable à la désignation des membres de la Chambre des communes (qui favorise le bipartisme et l'existence d'une majorité parlementaire) et la règle coutumière qui commande à la Reine de nommer comme Premier ministre le leader du parti qui a gagné les élections législatives. Le Premier ministre bénéficie ainsi d'une forte légitimité. Comme le président français, le Premier ministre britannique dispose d'une légitimité démocratique et d'un soutien de la majorité à la Chambre. Il peut ainsi jouer un rôle prépondérant au sein d'un *régime parlementaire à hégémonie primo-ministérielle*.

La concentration du pouvoir s'inscrit dans une tendance générale à la personnalisation du pouvoir résultant d'élections générales. En France, un candidat devient *l'élu du peuple* à l'issue de l'élection présidentielle et des élections législatives. Elles sont combinées pour favoriser ce résultat.

2. La concordance des mandats

Depuis l'instauration du quinquennat en 2000, le mandat du président de la République est de la même durée que celui des députés. Tous les cinq ans, les citoyens renouvellent la majorité présidentielle.

Pour parvenir à ce résultat, les citoyens votent à quatre reprises en l'espace de deux mois : deux fois à l'élection présidentielle (ex. 23 avr. et 7 mai 2017) et deux fois, généralement, aux élections législatives (ex. 11 et 18 juin 2017). Celles-ci ont été volontairement organisées après l'élection présidentielle, ce qui crée un effet d'entraînement de la première sur les deuxièmes.

« L'inversion du calendrier ». - Cette expression est systématiquement utilisée pour désigner la modification opérée par la loi organique n° 2001-419 du 15 mai 2001 de la date d'expiration des pouvoirs de l'Assemblée nationale. Le terme d'« inversion » donne à penser qu'un changement radical a été opéré (le cours des événements aurait été inversé). En réalité, la modification n'a pas été une inversion mais une rectification. Lorsque les élections coincident, la présidentielle se déroule avant les législatives (comme en 1981 et 1988, le président Mitterrand ayant prononcé la dissolution de l'Assemblée nationale après son élection). Pour une raison fortuite, les élections législatives auraient dû se tenir avant l'élection présidentielle de 2002 si la rectification n'avait pas été opérée. La dissolution de l'Assemblée nationale, prononcée le 21 avril 1997 par le président Chirac, a placé le terme du mandat des députés avant celui du président de la République. La loi organique n° 2001-419 du 15 mai 2001 a donc modifié le déroulement des échéances électorales. Elle a reporté la date des élections législatives après l'élection présidentielle. Le calendrier a ainsi été restauré.

L'apparition d'une majorité présidentielle à l'issue de ces élections nationales contribue à l'hégémonie présidentielle.

C ▪ Les effets de l'hégémonie présidentielle

La Ve République a une réputation d'efficacité institutionnelle par comparaison aux régimes précédents (1). La concentration du pouvoir est la contrepartie de cette efficacité bien que la capacité d'action du chef de l'État ait, paradoxalement, diminué sous la Ve République (2).

1. L'efficacité du régime

La stabilité gouvernementale (a) et l'unité du pouvoir exécutif au bénéfice du président (b) sont mises en avant pour défendre ce régime.

a. La stabilité gouvernementale

Sur la durée, la Ve République se distingue des régimes précédents par la longévité des gouvernements et par la reconduction des premiers ministres.

Le président de la République choisit la composition du gouvernement. Elle est, pour l'essentiel, imposée au Premier ministre. Le Parlement ne participe pas directement à sa formation. Les groupes parlementaires ne font pas les gouvernements sous la Ve République. Il en résulte une forte stabilité gouvernementale.

Certains gouvernements sont de très courte durée pour des raisons conjoncturelles et électorales. Au lendemain des élections présidentielles, la pratique veut que le Premier ministre donne la démission de son gouvernement et le président nouvellement élu nomme un gouvernement de transition en attendant de connaître le résultat des élections législatives. Leur durée varie d'une trentaine à une quarantaine de jours (ex. Mauroy I, Rocard I, Raffarin I, Fillon I, Ayrault I, Philippe I). Le nouveau Premier ministre est ensuite renouvelé et nommé à la tête d'un deuxième gouvernement pour que le résultat des élections législatives concorde avec celui de l'élection présidentielle.

Stabilité et cohérence gouvernementales en cohabitation. – Le gouvernement le plus long de la Ve République ne relève pas d'une période normale mais de la cohabitation. Le gouvernement Jospin dura 1 800 jours, du 2 juin 1997 au 6 mai 2002. Sa composition politique était très équilibrée, comme le fut, du reste, celle du gouvernement Balladur lors de la précédente cohabitation. La contrainte de la formation d'un gouvernement de cohabitation a favorisé sa cohérence, contrairement à certains gouvernements de période normale, dont la composition est imposée de façon discrétionnaire par le président de la République.

Le présidentialisme : une pratique pouvant être remise en cause. – L'hégémonie présidentielle n'est pas inéluctable. Un président de la République peut renoncer à cette prééminence, par choix institutionnel ou par contrainte politique. La remise en cause de son hégémonie peut résulter d'une perte de légitimité.

Exemple. – Le président Chirac a été confronté à des situations qui ont mis en cause son hégémonie.

– Ainsi, la période 2005-2006 a-t-elle été marquée par un net affaiblissement de la position du président de la République. L'étonnante influence du Premier ministre Dominique de Villepin a été conjuguée à une baisse de popularité du président Chirac et à une diminution de ses moyens physiques. Ces facteurs ont incité le président à se placer en retrait de l'action gouvernementale. Un équilibre a été trouvé entre le président et le Premier ministre. Il a, cependant, été revu à l'occasion de la crise du *contrat première embauche* (CPE). L'intervention du président de la République, le 31 mars 2006, a fait réapparaître son hégémonie institutionnelle. Elle a permis de sortir de la crise. En qualité d'arbitre, le président Chirac a demandé que la loi adoptée, à l'initiative du Premier ministre Dominique de Villepin, ne fût pas appliquée pour mettre un terme aux manifestations de rue et blocages d'universités. Le chef de l'État est un recours ultime dans ce type de situation.

– La situation politique fut, en revanche, très défavorable au président Chirac à l'issue d'une défaite aux élections législatives. Il a dû cohabiter avec une majorité hostile et un gouvernement d'une autre orientation politique. Le président Chirac a connu cette situation de 1997 à 2002.

Mais la *cohabitation* est exceptionnelle sous la Ve République (neuf ans, seulement, depuis 1958). Elle est considérée comme dérogatoire. En période *normale*, la Ve République est régie par un principe : l'unité du pouvoir.

b. L'unité du pouvoir

La concentration du pouvoir au profit du chef de l'État est admise dans sa nécessité et dénoncée dans ses effets.

Une concentration admise. – L'administration étatique s'est renforcée au cours du XXe siècle. Cette évolution a bénéficié au pouvoir exécutif au détriment du Parlement. Comme l'a montré Maurice Duverger, la technicité des questions traitées a imposé l'intervention de l'administration en amont du processus de décision. Cette administration est placée au service du gouvernement, qui est, sous la Ve République, contrôlé par le président. Cette évolution n'est pas propre à la France. Elle concerne la plupart des démocraties[1].

1. M. Duverger, *La monarchie républicaine – ou comment les démocraties se donnent des rois*, R. Laffont, 1974 ; v. égal. le numéro spéc. *Le débat* : « La monarchie présidentielle », n° 55, 1989/3, p. 22 à 60.

En France, la concentration du pouvoir au bénéfice du chef de l'État s'explique également par des données historiques. L'unité du pouvoir a forgé l'État. Ce principe a marqué l'organisation étatique. Il a justifié l'octroi du pouvoir à une autorité politique qui incarnait l'État, que la vision soit royaliste, jacobine, napoléonienne ou gaulliste. L'unité du pouvoir au profit d'un homme ne heurte pas la sensibilité politique nationale. Elle est associée à l'idée de puissance et, par nostalgie, à la grandeur de la France.

À cela s'ajoute une problématique contemporaine relative à l'insécurité. Il règne une forme de désordre résultant des mutations et des nouveaux enjeux. Dans ce contexte incertain et troublé, un capitaine doit fixer un cap. Il doit orienter l'action nationale.

Au début de la Vᵉ République, le président a eu pour mission de rétablir l'autorité de l'État. Aujourd'hui, l'objectif est un peu différent. Le président doit tracer des perspectives dans un environnement instable et complexe.

En outre, des arguments relatifs à la réactivité et à l'efficacité dans la prise de décision peuvent être avancés. La concentration du pouvoir peut s'avérer utile lors des périodes de crise.

Ces raisons justifient la concentration du pouvoir. Elles la légitiment sans pour autant faire disparaître sa critique. L'autoritarisme est condamné.

Une concentration dénoncée. – Le présidentialisme est critiqué parce qu'il s'oppose à la séparation des pouvoirs, ce qui nuit au fonctionnement du régime parlementaire.

– Le présidentialisme se nourrit de la confusion des pouvoirs. Il l'entretient et favorise l'abus de pouvoir. La multiplicité des missions dévolues au président, dans l'idéal du *souverain nourricier*, peut paraître déraisonnable. Leur réalisation suppose des vertus hors du commun. Le président, qui n'est pas responsable politiquement durant son mandat, ne saurait commettre d'erreurs.

« D'un point de vue métaphysique, s'il a manqué quelque chose à cette constitution, c'est de n'avoir pas intégré à sa vision, à ses prévisions, les faiblesses, les fatigues, les contradictions de la nature humaine » (Jean Carbonnier, *Droit et passion du droit sous la Vᵉ République*, Flammarion, 1996, p. 26).

Il ne faudrait pas penser que le général de Gaulle n'était pas conscient du danger. Dans ses *Mémoires d'espoir* (II), il écrivait que « sans doute faudrait-il » pour ce président, « qu'il voulût porter la charge et qu'il en fut capable. Cela bien évidemment, la loi ne peut le garantir. Car, en aucun temps et dans aucun domaine, ce que l'infirmité du chef a, en soi, d'irrémédiable ne saurait être compensé par la valeur de l'institution ». Pour le Général, « le succès n'est possible que si le talent trouve son instrument » (*L'effort, 1962...*, Plon, 1971, p. 17).

– En outre, l'équilibre des pouvoirs, qui caractérise le régime parlementaire, est mis en cause par la concentration du pouvoir au profit du président. Elle transforme les assemblées en *chambres d'enregistrement* et les membres de la majorité parlementaire en députés *godillots*, qualificatif péjoratif donné aux députés de l'UNR de la période gaulliste (critique qu'il faut relativiser car, s'il est vrai que les politiques publiques voulues par le président s'imposent au Parlement, elles sont traduites dans des lois dont le contenu fait toujours l'objet d'une négociation entre l'exécutif et les assemblées).

La VIe République et la fin du présidentialisme ?. – Ces critiques récurrentes de la Ve République ont alimenté un discours contestataire. Il prône l'avènement d'un nouveau régime : la *VIe République*. Ses règles ne sont pas connues (contrairement à son intitulé qui s'impose de lui-même) même si ses partisans préconisent généralement le retour au fonctionnement d'un régime parlementaire classique en raison des excès du présidentialisme.

La Ve République et le régime présidentiel ?. – Une autre solution institutionnelle a été préconisée. Elle part d'un double constat : l'on ne reviendra pas sur l'élection du président de la République au suffrage universel direct et le président n'est pas responsable devant le Parlement contrairement à son gouvernement. Il faut donc séparer clairement les pouvoirs exécutif et législatif. Sur le modèle du régime présidentiel, il conviendrait de supprimer la fonction de premier ministre pour que le gouvernement dépende du seul président de la République. Il faut choisir un régime cohérent.

C'est la question que se pose le président François Hollande qui estime qu'« il n'est plus possible de rester au milieu du gué »[1].

2. L'influence contestée du président de la République

Le présidentialisme se serait renforcé (a). Cette idée, souvent véhiculée, est erronée. La capacité d'action du président sur la société n'a cessé de s'affaiblir sous la Ve République (b).

a. Messianisme et hyperprésidence

Il est habituel d'affirmer que l'instauration du quinquennat et l'inversion du calendrier ont accentué le présidentialisme. Le régime s'écarterait ainsi de la conception arbitrale de la fonction présidentielle prônée par le général de Gaulle.

Lors de chaque campagne présidentielle, les candidats proposent de vastes réformes (des institutions françaises et européennes, des entreprises, du statut des fonctionnaires, de l'enseignement, de la fiscalité, de l'aide sociale, de la sécurité, de l'accueil des étrangers, etc. ; tout y passe). Le président doit répondre aux problèmes des Français, selon une formule convenue.

Il est un sauveur. L'élection relève du messianisme. Élu, le président est confronté à cette formidable attente. Le président Emmanuel Macron a ainsi déclaré : « Je sais que les Françaises et les Français, en cette heure, attendent beaucoup de moi. Ils ont raison car le mandat qu'ils me confient leur donne

---

1. F. Hollande, *Les Leçons du pouvoir*, Stock 2018, rééd. 2019 LP, p. 44.

sur moi le droit d'une exigence absolue. J'en suis pleinement conscient » (discours d'investiture du 14 mai 2017, Élysée).

La fonction présidentielle aurait donc évolué. Le président ne serait plus un simple arbitre placé au-dessus des contingences politiques. En réalité, la primauté du chef de l'État a été très tôt assumée. Elle l'a été par le fondateur de la Vᵉ République. De Gaulle affirma, notamment, dans sa conférence de presse du 31 janvier 1964, que « l'autorité indivisible de l'État est confiée tout entière au président par le peuple qui l'a élu ».

Malgré cela, l'idée s'est instaurée au début du XXIᵉ siècle que la fonction présidentielle méritait d'être réinvestie. Après les longs mandats de François Mitterrand (qui dura quatorze ans) et de Jacques Chirac (douze ans), il est apparu nécessaire à ses successeurs d'intervenir davantage dans la politique gouvernementale. Les présidents n'avaient cessé de le faire. Mais peu importe. Un nouveau message devait être porté. Désormais, les citoyens doivent choisir « un président qui gouverne », selon Nicolas Sarkozy (discours au Havre du 29 mai 2007). Le président a le « devoir d'agir » (discours à Colombey-les-deux-églises, le 9 nov. 2010).

Après l'élection de Nicolas Sarkozy en 2007, les termes d'*hyperprésident*, ou d'*omniprésident* se sont répandus dans les médias. La réactivité du président a été érigée en principe d'action. Ses successeurs, François Hollande et Emmanuel Macron, n'ont pas repris ces éléments de langage. Ils ont usé de qualificatifs durant leur campagne présidentielle pour se démarquer du président sortant. En 2012, François Hollande a voulu être un *président normal,* s'opposant à l'attitude de Nicolas Sarkozy. En réaction, le président suivant, Emmanuel Macron, a entendu s'opposer au *président normal* pour être un *président jupitérien.*

Pour autant, ces postures n'ont pas renforcé la capacité d'action du président.

b. L'affaiblissement de la capacité d'action du président

Les derniers présidents n'ont pas disposé d'un pouvoir d'influence aussi important que celui des premiers présidents de la Vᵉ République. Leur liberté d'action s'est trouvée progressivement limitée par des contraintes institutionnelles ou économiques. Le président n'agit pas librement.

De façon générale, l'influence du pouvoir politique sur l'économie de marché a diminué. Celle-ci s'est mondialisée et a réduit la capacité d'intervention de nombreux États. Le président de la République française n'a pas la possibilité d'orienter l'activité économique dans de nombreux domaines. En outre, la dépolitisation de certains secteurs a été organisée (par exemple, des autorités administratives indépendantes ont été créées pour réguler des secteurs qui étaient auparavant contrôlés par le pouvoir politique).

La puissance de l'État (et donc de son chef) a également été réduite par les transferts de compétences opérés en faveur d'autorités *infra* ou *supra* étatiques. Au niveau interne, les collectivités territoriales exercent des compétences qui sont, dans leur ensemble, considérables. Sans être des contre-pouvoirs, les collectivités s'administrent librement. Elles ne sont pas placées dans une situation de subordination par rapport au pouvoir exécutif national. Le président de la République ne peut, par exemple, imposer un mode de gestion des collectivités. Même si elle est jugée dispendieuse, l'augmentation des effectifs de la fonction publique territoriale est une donnée que les présidents qui se sont succédé n'ont pu que constater (l'État peut, au mieux, chercher à contractualiser ses relations avec les collectivités).

Dans le même ordre d'idées, au niveau supra-étatique, les transferts de compétences en faveur de l'Union européenne limitent les capacités d'action des autorités nationales. Par exemple, au début de la Ve République, le président peut agir sur la politique monétaire en imposant la dévaluation du Franc. Ce levier a disparu avec l'euro. Aujourd'hui, le président doit justifier les écarts budgétaires de l'État auprès des instances européennes.

Par ailleurs, la majorité présidentielle ne maîtrise plus le processus normatif. Elle doit prendre en considération la compatibilité des lois aux engagements internationaux (pour que les tribunaux ne les écartent pas) et elle doit mesurer le risque d'inconstitutionnalité. Le Conseil constitutionnel, qui est qualifié de « contre-pouvoir », contrôle les lois de la majorité présidentielle (un *contre-pouvoir* étant un pouvoir destiné à limiter celui d'une autorité politique).

Le titulaire de la fonction présidentielle n'est donc plus aussi « puissant » que l'était celui des premiers septennats. La critique du présidentialisme est mal orientée lorsqu'elle dénonce son accentuation depuis l'instauration du quinquennat[1].

Il est toutefois permis de se demander si cette diminution de l'influence du président va perdurer. Lorsque règne l'insécurité, le rôle du chef de l'exécutif et ses compétences régaliennes sont renforcés. Il incarne l'unité du pouvoir. Les temps troublés favorisent le présidentialisme.

---

1. R. Ghevontian, « La révision de la Constitution et le président de la République : l'hyper présidentialisation n'a pas eu lieu », *RFDC* 2009, n° 77, p. 119 ; M. R. Donnarumma, « Le régime semi-présidentiel. Une anomalie française », *RFDC* 2013, n° 93, p. 37 ; Sl. Milacic, « Les ambiguïtés du rapport français au président de la République », *Constitutions* 2013, p. 7 ; Ch. Bidégaray, « Retour sur une anaphore : la présidence "normale" », *Mélanges Machelon*, LexisNexis, 2015, p. 71.

SÉQUENCE 6

L'évolution de la Ve République

SITUATION 1

Les comités de réflexion pour légitimer les révisions de la Constitution

Plusieurs révisions de la Constitution ont été précédées de la création de comités chargés de formuler des propositions de réformes. Leurs rapports ont été utilisés, souvent fidèlement, pour rédiger le projet de loi constitutionnelle.

L'institution de ces comités n'est pas prévue par la Constitution. Elle relève de la pratique. Elle a concerné un nombre limité de révisions. Pour autant, ces comités ont joué un rôle majeur en raison des sujets étudiés et de leur influence sur le processus de révision de la Constitution.

Dépolitiser la révision constitutionnelle. – L'institution d'un comité présente un intérêt stratégique. Elle permet d'atténuer la critique de l'instrumentalisation de la constitution. Sa révision doit paraître nécessaire pour que l'opposition accepte de la voter et que la majorité qualifiée du Congrès (3/5e) soit atteinte. L'expérience montre que l'opposition doit éprouver de sérieuses raisons pour laisser au président de la République le bénéfice d'une révision constitutionnelle.

Pour obtenir son accord, il convient de donner une légitimité au projet de loi constitutionnelle qui ne soit pas partisane. La création d'un comité, composé de *sages* – selon la formule consacrée –, permet de dépolitiser le processus constituant.

Le comité est souvent composé d'universitaires, de conseillers d'État, de personnalités qualifiées et d'une proportion plus ou moins élevée d'élus. Leur choix n'est pas neutre. Les membres du comité sont choisis pour ne pas nuire au processus constituant. Pour autant, la composition du comité ne doit pas être politisée pour qu'il ne perde pas sa raison d'être.

Le comité rédige un rapport dans lequel figurent ses propositions. Il est remis au président de la République qui demande ensuite au gouvernement de rédiger un projet de loi constitutionnelle par référence au contenu de ce rapport. La démarche politique de la révision constitutionnelle est ainsi atténuée.

Les travaux des comités qui se sont succédé depuis 1992 ont été de grande qualité. Celle-ci s'explique par une certaine liberté laissée à leurs membres, même si des lettres de mission leur sont adressées au préalable. Elles orientent les travaux des comités qui intègrent l'idée que la concrétisation de leurs conclusions dépend largement des attentes du président de la République.

Cinq comités ont été créés à l'initiative du président de la République dans la perspective d'une révision de la Constitution. Un groupe de travail a également été institué en 2014, au sein de l'Assemblée nationale. Il mérite l'attention même s'il soulève des interrogations sur le devenir du procédé du comité.

Le Comité consultatif pour la révision de la Constitution, ou comité Vedel (1992). – Institué par le président Mitterrand, le 2 décembre 1992, le comité présidé par le Doyen Vedel a remis son rapport le 15 février 1993 (v. *JO* du 16 févr. 1993 p. 2537 ; égal. rapport, Doc. fr., 1993). Ce document faisait, notamment, des propositions sur les compétences du président de la République, du Premier ministre et du Parlement, ainsi que sur l'indépendance de la justice. Le comité prévoyait également un référendum à l'initiative d'un cinquième des parlementaires soutenus par un dixième des électeurs. Il a aussi préconisé l'instauration d'une question préjudicielle de constitutionnalité posée au Conseil constitutionnel.

La plupart des propositions n'ont pas eu de suite en raison d'un contexte politique qui ne se prêtait pas à une révision de la Constitution. Mais leurs termes ont été repris dans les rapports des comités suivants (notamment, dans le rapport Balladur). En outre, les rédacteurs de la loi constitutionnelle du 27 juillet 1993 sur le statut pénal des ministres se sont approprié les éléments essentiels des propositions du comité Vedel.

La commission de réflexion sur le statut pénal du président de la République (2002). – Cette commission, présidée par le professeur Pierre Avril, a été invitée par le président Chirac à réfléchir à un thème précis : le statut pénal du chef de l'État. La dépolitisation du sujet était indispensable dans le contexte de l'époque. Les affaires, qui concernaient la ville de Paris (dont Jacques Chirac fut maire) et le financement du RPR (que J. Chirac présida), ont posé la question de l'immunité pénale du président de la République pour des actes accomplis en dehors de l'exercice de son mandat. Les procédures juridictionnelles engagées à l'encontre du président de la République ont créé une crise institutionnelle.

La commission a remis son rapport le 12 décembre 2002 au président de la République (*JO* du 13 déc. 2002 p. 20633 ; égal. rapport, Doc. fr., 2002). La Commission a « voulu rompre avec la mauvaise pratique par laquelle des procédures en réalité politiques tentent de parodier les procédures judiciaires ». La mise en accusation du président ne pouvait être une responsabilité pénale. Aussi, pour ne pas confondre « la logique judiciaire et la logique politique », la commission a suggéré de prévoir une procédure de destitution.

La commission a proposé une nouvelle rédaction des articles 67 et 68 de la Constitution. Ses propositions ont été reprises dans la loi constitutionnelle du 23 février 2007 (v. Séquence 6).

Le comité de réflexion sur la modernisation et le rééquilibrage des institutions (2007). – Deux mois après son élection, le président Nicolas Sarkozy a créé un comité dont la mission était de proposer une réforme d'ensemble de la Constitution pour moderniser les institutions. Il était présidé par un ancien Premier ministre, Édouard Balladur (les comités suivants ont également été présidés par un acteur politique). Le comité devait réaliser une sorte de bilan d'étape de la Ve République. Il devait établir des propositions pour rééquilibrer les relations entre les pouvoirs exécutif et législatif et tenir compte des effets produits par plusieurs révisions de la Constitution (ex. élection du président au suffrage universel direct ou instauration du quinquennat).

Le rapport fut remis le 29 octobre 2007. Il comporte soixante-dix-sept propositions qui portent sur une large partie de la Constitution (v. *JO* du 30 oct. 2007 p. 17699 ; égal. www.comité-constitutionnel.fr.). La loi constitutionnelle du 23 juillet 2008, établi par référence à ce rapport, modifie près de la moitié des dispositions de la Constitution.

Les préconisations et leur concrétisation dans la loi constitutionnelle du 23 juillet 2008 sont si nombreuses qu'elles seront étudiées dans les séquences suivantes.

Le comité de réflexion sur le Préambule de la Constitution (2008). – Le président Sarkozy a confié à Simone Veil le soin de présider un comité de réflexion sur le Préambule de la Constitution. Ce comité, créé le 9 avril 2008, a été chargé d'étudier si les droits fondamentaux reconnus par la Constitution devaient être complétés par des principes nouveaux.

L'exercice était risqué et l'on doit louer la sagesse du comité qui, dans son rapport remis le 17 décembre 2008, n'a pas recommandé que le préambule fût modifié. Le comité Veil est, en effet, l'un des rares comités, au-delà même du droit constitutionnel, à avoir eu le courage de ne pas proposer de réformes. Elles lui paraissaient inutiles ou dangereuses. Il est rare qu'un comité propose, après avoir fait un « bilan des avantages et des coûts », de ne pas modifier l'état du droit. Il a eu l'intelligence de souligner que « le vice principal de l'arsenal constitutionnel des droits fondamentaux n'est pas d'être insuffisant, mais d'être inconnu ».

Les comités sont, au contraire, portés à proposer des réformes (c'est notamment le cas des très nombreux comités institués pour réformer l'administration). Ils veulent se montrer utiles et considèrent que leur lettre de mission leur impose un résultat. Ils ont ainsi contribué à l'inflation législative et réglementaire.

La Commission de rénovation et de déontologie de la vie publique, ou Commission Jospin (2012). – À l'instar de son prédécesseur, le président Hollande a créé un comité quelques mois après son élection. Instituée le 16 juillet 2012, la *commis-*

sion de rénovation et de déontologie de la vie publique fut présidée par l'ancien Premier ministre Lionel Jospin. Elle était composée, notamment, de professeurs de droit public et de conseillers d'État. Le président Hollande a adressé un courrier à Lionel Jospin par lequel il indiquait le sens des réformes à venir. Le 9 novembre 2012, le président de la commission a remis son rapport dans lequel figuraient trente-cinq propositions. Elles étaient d'ordre institutionnel et juridictionnel (rapport, Doc. fr., nov. 2012) :

– Sur la candidature à l'élection présidentielle, la commission a préconisé d'abandonner le système du parrainage par les élus (les 500 signatures). Il aurait été remplacé par le recueil de 150 000 signatures de citoyens émanant d'au moins 50 départements. Mais cette solution n'a pas été retenue (v. LO n° 2016-506 du 25 avr. 2016 *de modernisation des règles applicables à l'élection présidentielle*).

– Sur la représentativité de l'Assemblée nationale, la commission a proposé d'introduire une part limitée de députés élus au scrutin proportionnel. Leur nombre aurait été limité à 10 % des députés pour garantir « l'objectif fondamental d'une majorité stable ». Cette préconisation n'a pas été reprise.

En ce qui concerne, la représentativité du Sénat, la commission a suggéré de modifier le collège des grands électeurs. Pour cela, elle préconisait d'écarter les députés de ce collège et d'augmenter le nombre de voix des conseillers départementaux et régionaux pour qu'ils représentent 15 % du collège, ces catégories de collectivités étant sous-représentées. En outre, le scrutin proportionnel de liste aurait été généralisé aux départements qui élisent trois sénateurs. Cette dernière proposition a connu un prolongement. La loi n° 2013-702 du 2 août 2013 *relative à l'élection des sénateurs* a, notamment, prévu que dans les départements où sont élus trois sénateurs ou plus, l'élection a lieu à la représentation proportionnelle.

– Sur le cumul des mandats, la commission a recommandé qu'il soit quasiment interdit. Un ministre ne pourrait plus exercer de mandat local. Le parlementaire ne pourrait conserver qu'un mandat local simple. Ces recommandations audacieuses, souhaitées par l'Exécutif, ont trouvé une traduction (v. LO n° 2014-125 du 14 févr. 2014 *interdisant le cumul de fonctions exécutives locales avec le mandat de député ou de sénateur* ; loi n° 2014-126 du 14 févr. 2014 *interdisant le cumul de fonctions exécutives locales avec le mandat de représentant au Parlement européen*).

– Sur le statut pénal du président, la commission a proposé la remise en cause, « tant au pénal qu'au civil », de « l'inviolabilité du président de la République pour les actes qui n'ont pas été accomplis en sa qualité de chef de l'État » (prop. n° 17 et 18). La procédure de révision de la Constitution a été initiée mais elle a été suspendue en l'absence d'accord avec l'opposition (v. D. Baranger, O. Beaud, « Un regard de constitutionnalistes sur le rapport Jospin », *RFDA* 2013. 389).

Le groupe de travail sur l'avenir des institutions (2014-2015). – Une mission de réflexion sur les institutions a été créée à l'Assemblée nationale.

Elle a été instituée à l'initiative de son président, Claude Bartolone et fut coprésidée par l'historien Michel Winock.

Ce groupe de travail se distingue des précédents comités à la fois par son initiative, sa composition et sa durée. Il n'a pas été institué par le président de la République. Il comprenait un nombre relativement élevé de membres (vingt-trois dont onze élus, des universitaires et des personnalités qualifiées). Ses travaux ont duré dix mois (nov. 2014-sept. 2015).

Le rapport a été adopté le 2 octobre 2015. Il a porté sur l'ensemble des institutions de la Ve République (rapport, Doc. fr., 2015). Il formule dix-sept propositions qui préconisent de réformer en profondeur la Constitution (que ce soit, par ex., l'institution parlementaire en fusionnant le Sénat et le CESE ; en modifiant le nombre de sièges de parlementaires ; en améliorant la procédure parlementaire ; mais aussi en modifiant la durée et la mission du président de la République ; en créant un statut de l'élu ; en renforçant l'indépendance de la justice ou, encore, en modernisant le Conseil constitutionnel, etc.). Ces exemples ne constituent qu'un aperçu des préconisations. Le rapport revisite l'ensemble de la Constitution pour une révision dont l'ampleur dépasserait, si on la mettait en œuvre, celle de 2008. Le groupe de travail suggère, par exemple, de revenir au septennat, qui serait non renouvelable, « afin de placer le temps présidentiel « au-dessus » du temps parlementaire ». Autant dire que la concrétisation de ces propositions était faible sans le soutien de l'Exécutif et du Sénat (représenté au sein du groupe par un seul sénateur).

Du rapport officiel au libre exercice de réflexion. – Avec ce rapport, le procédé du comité évolue vers l'exercice doctrinal. Il a le mérite de favoriser la réflexion sur les thèmes choisis par le groupe de travail. Le rapport a, notamment, insisté sur un sujet insuffisamment traité dans les rapports précédents : celui de « la défiance des citoyens vis-à-vis de la parole politique en mettant en évidence un décalage entre les promesses électorales et la situation vécue par la population » (p. 30). Des propositions ont été formulées pour répondre à cette préoccupation.

Pour autant, on peut se demander si la critique systématique des institutions pour réinventer la Ve République et la création répétée de comités n'a pas commencé à épuiser le procédé[1].

---

1. G. Braibant, « Les « commissions Vedel », *RFDA* 2002. 213 ; M. Verpeaux « Moderniser et équilibrer les institutions de la Ve République. Premières réflexions sur 77 propositions », *JCP* 14 nov. 2007, p. 15 ; J.-Ph. Feldman, « Le comité de réflexion sur le Préambule de la Constitution et la philosophie des droits de l'homme », *D.* 2009. 1036 ; F. Mélin-Soucramanien, D. Rousseau, B. Mathieu, « La Commission Jospin, premier bilan et perspectives », *Constitutions* 2013. 27 ; D. Rojas, « La traduction juridique d'une « réforme constitutionnelle » Réflexion sur la mise en œuvre des propositions du rapport de la Commission de rénovation et de déontologie de la vie publique », *RFDC* 2016, n° 106, p. 439 ; Ph. Blacher, « Peut-on refaire la démocratie ? Observations sur le rapport du Groupe de travail sur l'avenir des institutions », *JCP* 23 nov. 2015, n° 48, p. 2138.

SITUATION 2

L'article 88-1 de la Constitution : l'intention des rédacteurs et l'interprétation du Conseil constitutionnel

Dans sa rédaction actuelle, l'article 88-1 de la Constitution dispose que « la République participe à l'Union européenne constituée d'États qui ont choisi librement d'exercer en commun certaines de leurs compétences en vertu du traité sur l'Union européenne et du traité sur le fonctionnement de l'Union européenne, tels qu'ils résultent du traité signé à Lisbonne le 13 décembre 2007 » (v. Code constitutionnel et des droits fondamentaux, Dalloz, art. 88-1).

L'article 88-1 est devenu la norme constitutionnelle de référence du contrôle des normes de l'Union européenne. Le Conseil constitutionnel se réfère à cet article pour s'assurer que la loi transpose les directives européennes (déc. n° 2004-496 DC du 10 juin 2004, cons. 7 ; déc. n° 2004-498 DC du 29 juill. 2004, cons. 4 ; déc. n° 2006-540 DC du 27 juill. 2006, cons. 17 ; déc. 2006-543 DC du 30 nov. 2006, cons. 4 ; déc. n° 2008-564 DC du 19 juin 2008, cons. 42 ; déc. n° 2011-631 DC du 9 juin 2011, cons. 44 ; déc. n° 2018-765 DC du 12 juin 2018, § 2 ; déc. 2018-768 DC du 26 juill. 2018, § 2). Il considère que « la transposition en droit interne d'une directive de l'Union européenne résulte d'une exigence constitutionnelle ». Ce contrôle concerne « la transposition en droit interne d'une directive de l'Union européenne » mais aussi « le respect d'un règlement de l'Union européenne, lorsqu'une loi a pour objet d'y adapter le droit interne » (déc. n° 2018-765 DC du 12 juin 2018, § 2).

La transposition de ces normes est une « exigence » déduite de l'article 88-1 de la Constitution. Le Conseil constitutionnel ne fonde pas sa solution sur l'article 55 de la Constitution qui pose le principe de la supériorité des traités ratifiés dès leur publication (les normes dérivées ne faisant pas, il est vrai, l'objet d'une ratification).

Pourtant, l'article 88-1 ne fait pas référence aux normes européennes dérivées. En outre, et surtout, on peut s'étonner de la référence à cet article dans un sens favorable à l'intégration communautaire, alors que les rédacteurs de l'article 88-1 ont tenté de s'opposer à toute entreprise fédéraliste. Les dispositions de l'article 88-1 ont été introduites par un amendement adopté par l'Assemblée nationale (*JO*, AN, CR, séance du 12 mai 1992, p. 1081) pour « définir le cadre de l'Union européenne » (E. Guigou, min. Déléguée aux affaires européennes). L'amendement avait été proposé par MM. A. Lamassoure, P. Mazeaud, J.-J. Hyest et les commissaires membres des groupes UDF, RPR et UDC. Bien qu'émanant de l'opposition, il fût accepté par le Gouvernement (v. *JO*, AN, déb., séance du 11 mai 1992, p. 1076).

L'objectif était de ne pas donner un blanc-seing à l'autolimitation de la souveraineté française au profit de l'Union européenne.

Les précisions de A. Lamassoure, coauteur de l'amendement sur l'article 88-1, l'attestent, lorsqu'il déclare lors de la procédure constitutionnelle que « la différence entre la souveraineté et la compétence, c'est la différence entre ce que nous faisons aujourd'hui, exceptionnellement, à l'Assemblée nationale, et notre activité législative ordinaire de législateur. C'est la différence entre la constitution et la loi. La souveraineté est inaliénable. L'Europe que nous faisons a besoin de transferts de compétences et non pas d'aliénation de souveraineté » (*JO*, déb., AN, CR, séance du 6 mai 1992, p. 927).

Les auteurs de la révision constitutionnelle du 25 juin 1992 souhaitaient limiter l'ampleur de celle-ci et restreindre ainsi l'étendue des transferts : « respectueu[se] du principe de souveraineté », la révision n'était censée introduire dans la Constitution « aucune disposition qui autoriserait d'une manière générale les transferts de compétence nécessaires à d'éventuelles étapes ultérieures de la construction européenne » (rapport G. Gouzes, *JO*, Doc. AN, n° 2676, 1991-92, p. 66 ; dans le même sens, v. égal. déb. AN, CR, *JO*, séance 5 mai 1992, p. 847 ; v. égal. rapport J. Larché, *JO*, Doc. Sénat, n° 375, 1991-92, p. 26-36.).

L'article 88-1 limitait les avancées de la construction européenne. Il imposait l'accord du pouvoir constituant pour chaque transfert de compétence. Le Conseil constitutionnel a maintenu cette signification de l'article 88-1, mais il l'a également utilisé pour affirmer la supériorité des normes européennes sur les lois : v. Séquence 11.

Cette interprétation conforte les arguments de ceux qui considèrent que l'interprétation authentique se substitue à celle des rédacteurs du texte : v. Séquence 1.

SITUATION 3

La révision continue de la Constitution

Pourquoi avoir révisé la Constitution à vingt-quatre reprises depuis 1958 ? Si la constitution est un texte gravé dans le marbre, sa révision devrait être exceptionnelle et n'intervenir qu'après une période de réflexion. C'est rarement le cas, malgré l'institution de quelques comités (v. situation 1). L'expérience montre que les révisions sont contraintes. Elles répondent souvent aux circonstances (v. J.-L. Debré, « La Constitution fête ses 55 ans », *D.* 2013. 2632).

Révisions contraintes. – Sous la Ve République, de nombreuses révisions ont été précédées d'une décision du Conseil constitutionnel constatant la contrariété à la Constitution d'un engagement international. Assumant sa fonction d'« aiguilleur », le juge constitutionnel indique la « bonne voie », c'est-à-dire la procédure à suivre qui peut être celle de la révision constitutionnelle (G. Vedel, « Le Conseil constitutionnel, gardien du droit positif ou défenseur de la transcendance des droits de l'homme », *Pouvoirs*, n° 54, p. 151).

La ratification d'engagements d'internationaux a été précédée à plusieurs reprises d'une décision du Conseil constitutionnel et d'une révision préalable de la Constitution (ex. déc. n° 92-308 du 9 avril 1992 et loi const. du 25 juin 1992 pour permettre la ratification du traité de Maastricht ; déc. n° 91-294 DC du 25 juill. 1991 et LC du 25 nov. 1993 sur les accords de Schengen ; déc. n° 97-394 DC du 31 déc. 1997 et LC du 25 janv. 1999 sur le traité d'Amsterdam ; déc. n° 98-408 DC du 22 janvier 1999 et LC du 8 juill. 1999 sur le traité portant statut de la Cour pénale internationale ; déc. n° 2004-505 DC du 19 nov. 2004 et LC du 1er mars 2005 sur le traité établissant une Constitution pour l'Europe ; déc. n° 2005-524/525 DC du 13 oct. 2005 et LC du 23 févr. 2007 sur l'interdiction de la peine de mort).

Ces révisions sont contraintes mais également provoquées. La déclaration de contrariété à la Constitution est attendue et la saisine du Conseil constitutionnel a essentiellement pour objet de connaître l'étendue de la révision de la Constitution.

Révisions stratégiques. – Des révisions majeures ont résulté de circonstances politiques. Ce fut le cas, par exemple, de la révision relative à l'élection présidentielle. Le général de Gaulle a fait preuve d'opportunisme en engageant la procédure aboutissant à la révision constitutionnelle du 6 novembre 1962 sur l'élection du président de la République au suffrage universel direct. La fin de la guerre d'Algérie, un attentat qui le visait et une forme d'hostilité montante du Parlement ont incité le Général à agir (v. Séquence 7).

Révisions de circonstance. – D'autres révisions s'expliquent par la nécessité de mettre un terme à un climat délétère. Par exemple, les révisions du 27 juillet 1993 instaurant la Cour de justice de la République ou celle du 23 février 2007 relative à la responsabilité du président de la République étaient des réponses à l'affaire du sang contaminé et aux procédures judiciaires dirigées à l'encontre du président de République. Les lois constitutionnelles ont été adoptées pour régler des difficultés. Ce faisant, elles ont ouvert des polémiques qui ont perduré. Aujourd'hui encore, on s'interroge sur la nature de la responsabilité pénale des ministres (établie par la loi constitutionnelle de 1993), ou sur l'irresponsabilité pénale du président (prévue par la loi constitutionnelle de 2007). Les solutions retenues restent débattues. Les procédures constitutionnelles engagées ultérieurement sur ces thèmes montrent le caractère circonstanciel des solutions retenues (v. Séquence 7).

Révisions post-électorales. – Certaines révisions résultent de promesses de campagne. Elles sont traduites dans un projet de loi constitutionnelle à l'issue de l'élection présidentielle. Par exemple, après avoir été élu, Nicolas Sarkozy a annoncé une réforme des institutions dans son discours d'Épinal du 12 juillet 2007. Il a créé à cette fin le *comité de réflexion sur la modernisation et le rééquilibrage des institutions* le 18 juillet 2007 et a engagé ultérieurement la procédure de révision qui a conduit à l'adoption de la loi constitutionnelle du 23 juillet 2008 *de modernisation des institutions de la Ve République*.

Cette révision se distingue par son ampleur de l'ensemble des vingt-trois autres révisions. Mais elle s'inscrit dans un processus constant d'adaptation de la Constitution qui, depuis 1958, résulte de contraintes, de stratégies, de circonstances politiques, ou de promesses électorales.

Les vingt-quatre révisions de la Constitution. – loi constitutionnelle n° 60-525 du 4 juin 1960 *tendant à compléter les dispositions du titre XII de la Constitution* (sur les États de la communauté) ;

– loi n° 62-1292 du 6 novembre 1962 *relative à l'élection du président de la République au suffrage universel* ;

– loi constitutionnelle n° 63-1327 du 30 décembre 1963 *portant modification des dispositions de l'article 28 de la Constitution* (sur la session parlementaire) ;

– loi constitutionnelle n° 74-904 du 29 octobre 1974 *portant révision de l'article 61 de la Constitution* (sur la saisine du Conseil constitutionnel par soixante députés ou soixante sénateurs) ;

– loi constitutionnelle n° 76-527 du 18 juin 1976 *modifiant l'article 7 de la constitution* (sur l'intérim de la Présidence de la République) ;

– loi constitutionnelle n° 92-554 du 25 juin 1992 *ajoutant à la Constitution un titre : "Des Communautés européennes et de l'Union européenne"* (révision préalable à la ratification du traité de Maastricht) ;

– loi constitutionnelle n° 93-952 du 27 juillet 1993 *portant révision de la Constitution du 4 octobre 1958 et modifiant ses titres VIII, IX, X et XVI* (sur la Cour de justice de la République) ;

– loi constitutionnelle n° 93-1256 du 25 novembre 1993 *relative aux accords internationaux en matière de droit d'asile* ;

– loi constitutionnelle n° 95-880 du 4 août 1995 *portant extension du champ d'application du référendum, instituant une session parlementaire ordinaire unique, modifiant le régime de l'inviolabilité parlementaire et abrogeant les dispositions relatives à la Communauté et les dispositions transitoires* ;

– loi constitutionnelle n° 96-138 du 22 février 1996 *instituant les lois de financement de la sécurité sociale* ;

– loi constitutionnelle n° 98-610 du 20 juillet 1998 *relative à la Nouvelle-Calédonie* ;

– loi constitutionnelle n° 99-49 du 25 janvier 1999 *modifiant les articles 88-2 et 88-4 de la Constitution* (révision préalable à la ratification du traité d'Amsterdam) ;

– loi constitutionnelle n° 99-568 du 8 juillet 1999 *insérant, au titre VI de la Constitution, un article 53-2 et relative à la Cour pénale internationale* ;

– loi constitutionnelle n° 99-569 du 8 juillet 1999 *relative à l'égalité entre les femmes et les hommes* ;

– loi constitutionnelle n° 2000-964 du 2 octobre 2000 *relative à la durée du mandat du président de la République* (sur le quinquennat) ;

- loi constitutionnelle n° 2003-267 du 25 mars 2003 *relative au mandat d'arrêt européen* ;

- loi constitutionnelle n° 2003-276 du 28 mars 2003 *relative à l'organisation décentralisée de la République* ;

- loi constitutionnelle n° 2005-204 du 1er mars 2005 *modifiant le titre XV de la Constitution* (révision préalable à la ratification du *traité établissant une Constitution pour l'Europe*) ;

- loi constitutionnelle n° 2005-205 du 1er mars 2005 *relative à la Charte de l'environnement* ;

- loi constitutionnelle n° 2007-237 du 23 février 2007 *modifiant l'article 77 de la Constitution* (sur le corps électoral de la Nouvelle-Calédonie) ;

- loi constitutionnelle n° 2007-238 du 23 février 2007 *portant modification du titre IX de la Constitution* (sur la responsabilité du président de la République) ;

- loi constitutionnelle n° 2007-239 du 23 février 2007 *relative à l'interdiction de la peine de mort* ;

- loi constitutionnelle n° 2008-103 du 4 février 2008 *modifiant le titre XV de la Constitution* (révision préalable à la ratification du traité de Lisbonne) ;

- loi constitutionnelle n° 2008-724 du 23 juillet 2008 *de modernisation des institutions de la Ve République.*

SITUATION 4

La constitution et l'état d'urgence

L'état d'urgence ne figure pas dans la Constitution de 1958. Il a été institué par la loi n° 55-385 du 3 avril 1955 pour affronter les événements d'Algérie[1]. Cette loi a été modifiée à plusieurs reprises (notamment par la loi n° 55-1080 du 7 août 1955, l'ord. n° 60-372 du 15 avr. 1960, la loi n° 2015-1501 du 20 nov. 2015 et la loi n° 2016-987 du 21 juill. 2016). Elle prévoit que l'état d'urgence est déclaré par décret en Conseil des ministres et que sa prorogation au-delà de douze jours ne peut être autorisée que par la loi.

L'état d'urgence peut être activé « sur tout ou partie du territoire (...) soit en cas de péril imminent résultant d'atteintes graves à l'ordre public, soit en cas d'événements présentant, par leur nature et leur gravité, le caractère de calamité publique ». Son application donne aux autorités administratives des moyens d'action supplémentaires. Elles peuvent, par exemple, pratiquer des perquisitions à domicile, de jour et de nuit (art. 6, loi 1955), ou assigner à résidence toute personne « à l'égard de laquelle il existe des raisons sérieuses de penser que son

1. Bibl. O. Beaud et C. Guérin-Bargues, *L'état d'urgence. Étude constitutionnelle, historique et critique*, LGDJ, 2016 ; P. Cassia, *Contre l'état d'urgence*, Dalloz, 2016 ; D.-A. Camous, A. Geslin et K. Roudier, *L'état d'urgence*, Dalloz, 2016.

comportement constitue une menace pour la sécurité et l'ordre publics » (art. 11).

L'État d'urgence a été déclaré à plusieurs reprises. Il a été activé en 1955 et 1958 en raison des événements d'Algérie, ainsi qu'en 1961 à la suite du putsch des généraux. Sa déclaration a également été prononcée en 1984 à la suite des émeutes en Nouvelle-Calédonie et en 2005 pour faire face aux violences dans les banlieues. Enfin, l'état d'urgence a été déclaré en réaction aux attentats du 13 novembre 2015 à Paris.

L'état d'urgence soulève des interrogations. Il crée un climat défavorable au respect des libertés individuelles. Il oblige les autorités publiques à faire preuve d'une vertu supérieure à celle des temps ordinaires[1].

Son application à répétition soulève des questions. L'État de droit est-il compatible avec un état d'exception ? La Constitution doit-elle prévoir les régimes qui restreignent les droits et libertés qu'elle garantit ? La question reste posée malgré l'échec de la tentative de révision de la Constitution. Elle avait, notamment, pour objet d'inscrire le dispositif de l'état d'urgence dans la Constitution.

» État d'exception et État de droit

La France a pris la décision le 24 novembre 2015 de déroger à la Convention européenne des droits de l'homme (en application de son article 15). Cette dérogation ne pouvait pas être totale. Elle a concerné la mise en œuvre de l'état d'urgence et ne pouvait, en tout état de cause, porter sur certains articles de la convention (comme l'art. 2 sur le droit à la vie, ou l'art. 3 sur l'interdiction de la torture).

En outre, des juges indépendants ont continué à protéger les droits et libertés des citoyens. Les principes de l'État de droit restent garantis malgré l'état d'urgence.

Le contrôle du juge administratif. – Les mesures prises pour l'application de l'état d'urgence sont « soumises au contrôle du juge administratif dans les conditions fixées par le code de justice administrative, notamment son livre V », qui porte sur les mesures de référé (art. 14-1 de la loi n° 55-385 du 3 avr. 1955, introduit par la loi n° 2015-1501 du 20 nov. 2015). La loi précise, au demeurant, que « la condition d'urgence est présumée satisfaite pour le recours juridictionnel en référé formé contre une mesure d'assignation à résidence ». Durant la longue période d'application de l'état d'urgence, de 2015 à 2017, de nombreuses assignations à résidence ont ainsi été déférées au juge administratif.

Le juge des référés peut également se prononcer sur la demande tendant à enjoindre au président de la République de mettre fin à l'état d'urgence avant l'expiration du délai de trois mois (CE Ord. 27 janv. 2016, *Ligue des droits de l'homme et autres*, n° 396220).

L'inquiétude a, en effet, porté sur la tentation de prolonger l'état d'urgence sur une très longue période.

Le risque de banalisation de l'état d'urgence. – La durée d'un état d'exception est un indice de son effi-

1. F. Saint-Bonnet, *L'état d'exception*, PUF, 2001.

cacité (ou de son inefficacité sur le long terme). L'état d'urgence a été déclaré en réaction aux attentats de 2015. Son application a été prorogée à plusieurs reprises par les lois n° 2015-1501 du 20 novembre 2015, n° 2016-162 du 19 février 2016, n° 2016-629 du 20 mai 2016, n° 2016-987 du 21 juillet 2016, n° 2016-1767 du 19 décembre 2016 et n° 2017-1154 du 11 juillet 2017. La persistance du risque a justifié la prorogation de l'état d'urgence sur une période de deux ans sur l'ensemble du territoire national.

Il reste que « les renouvellements de l'état d'urgence ne sauraient se succéder indéfiniment », comme l'a souligné le Conseil d'État : « l'état d'urgence doit demeurer temporaire. Les menaces durables ou permanentes doivent être traitées, dans le cadre de l'État de droit, par des moyens permanents renforcés » prévus par la loi (avis du Conseil d'État sur les projets de loi du 2 févr., 28 avr. et 18 juill. 2016). Pour lutter contre ces menaces, plusieurs lois se sont succédé pour renforcer la sécurité et la lutte contre le terrorisme.

La prorogation de l'état d'urgence a une raison d'être : donner aux autorités administratives des moyens supplémentaires et nécessaires par rapport à ceux dont elles disposent habituellement. Sur le long terme, il devient difficile d'admettre que ces moyens sont justifiés par une situation d'exception.

De même, l'on peine à concevoir que le régime de l'état d'urgence qui autorise l'octroi de ces pouvoirs ne soit pas prévu par la Constitution.

» Constitutionnalité et constitutionnalisation de l'état d'urgence

Le régime de l'état d'urgence n'est pas prévu par la Constitution, contrairement à celui de l'état de siège qui, pour sa part, n'a jamais été déclaré sous la Ve République.

Un régime conforme à la Constitution. – L'absence de référence à l'état d'urgence dans la Constitution ne signifie pas que ce régime d'exception soit inconstitutionnel. Le Conseil constitutionnel a eu l'occasion de préciser que la loi du 3 avril 1955, bien qu'adoptée sous la IVe République, n'avait pas été abrogée par la Constitution de 1958 (Cons. const. déc. n° 85-187 DC du 25 janv. 1985, cons. 4 ; CE juge des référés 21 nov. 2005, n° 287217). Sans se prononcer sur la constitutionnalité de la loi du 3 avril 1955, le Conseil constitutionnel n'a pas relevé de contrariété du régime de l'état d'urgence à la Constitution (certains de ses aspects ont, néanmoins, été discutés : v. déc. n° 2015-527 QPC du 22 déc. 2015 ; déc. n° 2016-535 QPC du 19 févr. 2016).

Un régime absent de la Constitution. – Les rédacteurs de la Constitution n'ont pas inscrit *l'état d'urgence* dans le texte pour des raisons circonstancielles. Le général de Gaulle souhaitait avant tout introduire l'article 16 dans la Constitution. Il était très attaché à cet article qui conférait les pleins pouvoirs au président de la République (v. Séquence 8). Pour le reste, il n'a pas cherché à défendre un cadre constitutionnel nouveau pour d'autres états d'exception. Pour cette raison, les rédacteurs de la Constitution se sont contentés de faire référence à l'*état de siège* qui était déjà mentionné à l'article 7 de la Constitution de 1946 (en vertu de la LC du 7 déc. 1954). Il a été retranscrit à l'article 36 de la Constitution. En revanche, aucune disposition n'a été ajoutée sur l'*état d'urgence*[1].

» Le projet de loi constitutionnelle *de protection de la nation*

Pour combler cette lacune, le comité Vedel en 1993 et le comité Balladur en 2007 ont suggéré de mentionner l'état d'urgence à l'article 36 de la Constitution. Cet article, où figurait déjà l'état de siège, aurait comporté un renvoi à une loi organique précisant le régime de ces états de crise. Cependant, ces propositions n'ont pas été traduites dans une loi constitutionnelle.

L'initiative de réviser la Constitution n'a été prise que sous la pression des événements. Devant le Parlement réuni en Congrès, le 16 novembre 2015, le président Hollande a déclaré qu'il convenait de « faire évoluer notre Constitution pour permettre aux pouvoirs publics d'agir, conformément à l'État de droit, contre le terrorisme de guerre ». L'annonce a eu lieu après les attentats de Paris du 13 novembre dans un moment de sidération.

Les premiers mots de l'exposé des motifs du projet de loi constitutionnelle de *protection de la Nation* en témoignent : « La France a été durement frappée par de lâches attentats. 130 personnes sont mortes. Des centaines sont blessées, parfois à jamais ». Après les attentats, la révision constitutionnelle avait une portée symbolique. Tel un cénotaphe, la Constitution rendait hommage aux victimes.

Le projet de loi constitutionnelle, déposé à l'Assemblée nationale le 23 décembre 2015, comportait deux articles : le premier était relatif à l'état d'urgence et le deuxième à la déchéance de nationalité. Il donnait un fondement constitutionnel plus assuré aux mesures pouvant être adoptées en période d'état d'urgence et il prévoyait l'intervention du Parlement pour sa prorogation (qui est prévue par les art. 2 et 3 de la loi du 3 avr. 1955 et non par la Constitution). Le projet de loi constitutionnelle laissait également à la loi la possibilité de prévoir la déchéance de nationalité pour les personnes nées françaises détenant une autre nationalité.

La révision a cependant échoué. Elle n'a pas résisté aux critiques. Ses adversaires ont dénoncé son inutilité. La loi prévoyait déjà le dispositif de l'état d'urgence ainsi que des cas de déchéance de nationalité (25 et 25-1 C. civ.). Ils ont également douté de son efficacité pour prévenir les attentats.

Des considérations politiques ont également prévalu. L'opposition s'est opposée au projet en se livrant à de la surenchère. Le projet de loi constitutionnelle n'a pas été adopté dans les mêmes termes par l'Assemblée nationale et le Sénat. Le président de la République a donc « décidé », le

1. O. Beaud et C. Guérin-Bargues, « L'état d'urgence de novembre 2015 : une mise en perspective historique et critique », *Jus Politicum* n° 15, 2016.

30 mars 2016, « de clore le débat constitutionnel » (v. Dossier : « L'état d'urgence », *RFDA* 2016. 417 et, notamment, B. Mathieu, « La tentative de révision constitutionnelle relative à l'état d'urgence et à la déchéance de nationalité – Radiographie d'un échec », p. 417).

Quatre mois plus tard eut lieu le terrible attentat de Nice. L'état d'urgence a été de nouveau prorogé. Il restera en vigueur jusqu'au 1er novembre 2017 (après avoir été prorogé à six reprises depuis sa déclaration en novembre 2015).

Pour accompagner la sortie de l'état d'urgence, la loi n° 2017-1510 du 30 octobre 2017 *renforçant la sécurité intérieure* a renforcé la compétence des autorités civiles, et notamment des préfets, pour prévenir une menace terroriste qui apparaît durable.

SITUATION 5

La Ve République à l'épreuve de la pandémie

Les citoyens ont affronté une crise sanitaire sans précédent depuis un siècle. Les pouvoirs publics ont dû réagir très rapidement. Il s'est en effet écoulé très peu de temps entre le constat de l'existence d'une épidémie de Covid-19 (en déc. 2019/janv. 2020), devenue pandémie (début mars 2020), et l'annonce de mesures exceptionnelles pour protéger la population (le 12 mars).

Ces mesures étaient indispensables mais elles ont désorganisé la vie économique et sociale du pays. Elles ont également gravement affecté l'exercice des droits et libertés fondamentaux, comme celles d'aller et venir et d'entreprendre.

Elles étaient difficiles à supporter mais elles ont été globalement acceptées. L'intérêt général a prévalu.

L'État également a tenu. Il a joué son rôle protecteur. De même, la crise a confirmé l'efficacité du régime de la Ve République en période de crise. Elle a conforté le rôle prépondérant du chef de l'État. Il a été un « arbitre actif », s'adressant régulièrement aux Français pour les informer des mesures envisagées destinées à lutter contre l'épidémie.

L'exercice du pouvoir a semblé se concentrer à l'Élysée. Les mesures ont certes été adoptées par d'autres autorités mais l'hégémonie présidentielle, qui caractérise la Ve République, les oblige à respecter les choix du chef de l'État. Cette logique, qui a pu être critiquée, s'est imposée avec vigueur durant la crise sanitaire.

» La retranscription des adresses présidentielles

Le président a exercé sa mission qui est d'assurer, « par son arbitrage, le fonctionnement régulier des pouvoirs publics ainsi que la continuité de l'État » (art. 5 Const.). Pour autant, il n'avait pas la compétence — au sens de titre juridique à agir — pour prendre les décisions qu'il annonçait. Les règles législatives et réglementaires ont été adoptées avec célérité par d'autres autorités.

- Le confinement, par exemple, évoqué par le président le 12 mars 2020, a été imposé par un décret signé par le Premier ministre et contresigné par les ministres de la Santé et de l'Intérieur (Décr. n° 2020, 16 mars 2020). Le Premier ministre disposait, en effet, de la compétence « en vertu de ses pouvoirs propres (...) pour édicter des mesures de police applicables à l'ensemble du territoire, en particulier en cas d'épidémie » (CE 22 déc. 2020, n° 439-800).

- De même, l'« état d'urgence sanitaire » n'a pas été « créé » par le président de la République même s'il s'est écoulé peu de temps entre les annonces du chef de l'État des 12 et 16 mars 2020 et l'instauration de ce dispositif. L'état d'urgence sanitaire a été inséré dans un projet de loi déposé au Sénat par le Premier ministre le 18 mars 2020 (texte qui habilitait aussi le gouvernement à intervenir par ordonnances pour accompagner les entreprises et les salariés, qui reportait le deuxième tour des élections municipales et qui autorisait le gouvernement à prendre, par ordonnances, des règles adaptant les procédures pénale, civile et administrative). La loi a été adoptée par les deux assemblées quatre jours plus tard (L. n° 2020-290, 23 mars 2020).

En parallèle, un projet de loi organique portant le même intitulé a été déposé le 18 mars 2020. Il suspendait les délais pour l'examen des QPC par la Cour de cassation, le Conseil d'État et le Conseil constitutionnel. La loi organique a été adoptée de façon expéditive, le 21 mars. Pourtant, même dans le cadre d'une procédure accélérée, un délai minimum de 15 jours est prévu pour la délibération et le vote des assemblées sur un projet de loi organique. Ce délai, imposé par l'article 46 de la Constitution, n'a donc pas été respecté. Malgré cela, le Conseil constitutionnel a considéré que « compte tenu des circonstances particulières de l'espèce, il n'y a[vait] pas lieu de juger que cette loi organique a été adoptée en violation des règles de procédure prévues à l'article 46 de la Constitution » (déc. n° 2020-799 DC, 26 mars 2020, § 3).

Durant cette période, les autorités nationales ont semblé prêtes à prendre toutes les mesures rendues nécessaires par « les circonstances ». Il convenait donc de lever les doutes sur la légalité des mesures adoptées. La création d'un régime législatif pour encadrer ces mesures a paru nécessaire.

» L'« état d'urgence sanitaire »

La loi n° 2020-290 du 23 mars 2020 a créé un nouveau régime d'exception : l'« *état d'urgence sanitaire* ». Il peut être déclaré par un décret du président de la République en conseil des ministres, la prorogation au-delà d'un mois devant être adoptée par le Parlement sur avis d'un comité de scientifiques. Lorsque l'état d'urgence sanitaire (EUS) est déclaré, le Premier ministre prend les mesures imposées par la situation sanitaire dans le cadre des compétences qui lui sont conférées par la loi (v. CSP, art. L. 3131-15) ; v. Séquence 8, situation 2.

Première vague et EUS. – Par dérogation, le premier état d'urgence sanitaire a été déclaré directement par le législateur pour une durée de deux mois (art. 4, L. n° 2020-290 du 23 mars 2020). Il a été prolongé jusqu'au 10 juillet par la loi n° 2020-546 du 11 mai 2020. À compter du 10 juillet, un autre dispositif est entré en vigueur. La loi n° 2020-856 du 9 juillet 2020 a organisé la sortie de l'EUS et a donné au Premier ministre (jusqu'au 30 oct. 2020) des pouvoirs pour continuer à lutter contre la présence du Covid-19 (ce qui a conduit les opposants au gouvernement à parler d'EUS prolongé ou déguisé).

Deuxième vague et EUS. – Cependant, une autre vague de contamination a obligé le président de la République a déclarer une nouvelle fois l'état d'urgence sanitaire (Décr. n° 2020-1257, 14 oct. 2020). Cette mesure s'est inscrite dans une séquence législative du même ordre. La loi n° 2020-1379 du 14 novembre 2020 a prorogé l'état d'urgence sanitaire jusqu'au 16 février 2021 et celle n° 2021-160 du 15 février 2021 l'a maintenu jusqu'au 1er juin 2021. La sortie de crise sanitaire a été organisée par la loi n° 2021-689 du 31 mai 2021 qui a attribué au Premier ministre des pouvoirs similaires pour contenir la propagation de l'épidémie.

L'exigence d'efficacité l'a emporté. Ces lois ont permis d'affronter la crise sanitaire, ce qui ne veut pas dire que, en retour, la confiance dans les institutions se soit renforcée.

» Les interrogations sur le fonctionnement des institutions

Durant cette période, la vie démocratique a été perturbée et la concentration du processus décisionnel à l'Élysée a fait naître de nombreuses interrogations.

Désorganisation de la démocratie représentative. – Le fonctionnement de toutes les assemblées délibérantes a été contrarié, à commencer par celui de l'Assemblée nationale.

Devenue un *cluster*, cette assemblée s'est imposée des mesures contraignantes. Elle a notamment limité la présence des députés à quelques dizaines (le nombre a varié entre le 17 mars et le 22 juin). Cette restriction n'a cependant pas rendu inconstitutionnelle la procédure législative dès lors, selon le Conseil constitutionnel, qu'il n'a pas été établi que « les députés auraient été empêchés, de ce fait, de prendre part aux votes ou de présenter leurs amendements » (déc. n° 2020-800 DC du 11 mai 2020, § 6).

La mansuétude du Conseil constitutionnel a toutefois atteint ses limites lorsque l'Assemblée nationale a modifié son règlement en prévoyant qu'en cas de « circonstances exceptionnelles de nature à affecter de façon significative les conditions de participation, de délibération ou de vote », la Conférence des présidents pouvait adapter temporairement les modalités de participation, de délibération et de vote des députés lors des réunions de commission et en séance publique. Cette modification du règlement était trop générale et imprécise. Elle autorisait toutes les adaptations possibles et a donc été déclarée inconstitutionnelle (déc. n° 2021-814 DC du 1er avr. 2021) (v. Ferdinand Mélin-Soucramanien, « L'Assemblée nationale aux temps de la pandémie de Covid-19. Si le grain ne meurt... », *RFDA* 2020. 623).

Durant la crise sanitaire, la démocratie locale a également connu de graves dysfonctionnements. La visioconférence a été largement utilisée pour les réunions des conseils, ce qui a modifié les conditions des délibérations. Surtout, la crise a perturbé le déroulement des processus électoraux. Après l'allocution du président de la République du 12 mars 2020, la question s'est posée de savoir si les élections municipales pouvaient être maintenues. Le premier tour des élections municipales a finalement été organisé, comme prévu, le 15 mars 2020 (il connut cependant un fort taux d'abstention) ; en revanche, le deuxième tour, qui devait en principe se tenir une semaine plus tard, a été reporté au 28 juin (ce deuxième tour fut également marqué par l'abstention). Plus de trois mois se sont écoulés entre les deux tours de scrutin. De même, les élections départementales et régionales prévues l'année suivante ont été perturbées. En raison du risque sanitaire, les élections ont été reportées de quelques mois (de mars à juin 2021). Les discussions sur les dates ont pesé sur la préparation de la campagne électorale et le taux de participation fut particulièrement faible (sur « la crise de la représentation », v. Séquence 2, situation 2).

Ces difficultés rencontrées par les assemblées représentatives contrastent avec la situation du pouvoir exécutif au niveau national. L'absence d'élection présidentielle durant cette période a contribué à cette impression de stabilité. Elle a également été favorisée par l'organisation retenue à l'Élysée pour l'exercice du pouvoir.

Le président en son « conseil de défense ». – Durant la crise, le président de la République a pris l'habitude de réunir le « conseil de défense et de sécurité nationale » pour déterminer l'action des pouvoirs publics. La stratégie de l'État pour lutter contre l'épidémie a été définie au sein de cet organe.

Très souvent réuni (une quarantaine de fois en 2020), le conseil de défense est devenu le lieu emblématique de l'exercice du pouvoir durant la crise sanitaire, organe que le chef de l'État préside (en vertu de l'art. 15 Const. : « il préside les conseils et les comités supérieurs de la défense nationale »).

Cet organe n'est pas nouveau. Le « conseil de défense et de sécurité nationale » a été institué par le décret n° 2009-1657 du 24 décembre 2009. Il a remplacé le conseil de sécurité intérieure (qui lui-même a succédé à divers comités institués depuis le début du XXe siècle).

Sa mission est définie à l'article R. 1122-2 du Code de la défense : le « conseil de défense et de sécurité nationale définit les orientations en matière de programmation militaire, de dissuasion, de conduite des opérations extérieures, de planification des réponses aux crises majeures, de renseignement, de sécurité économique et énergétique, de programmation de sécurité intérieure concourant à la sécurité nationale et de lutte contre le terrorisme. Il en fixe les priorités ».

Dans sa formation plénière, le conseil de défense comprend, outre le président de la République, le Premier ministre et les ministres de la défense, de l'intérieur, de l'économie, du budget et des affaires étrangères. Le président peut convoquer aussi d'autres ministres (art. R. 1122-2, C. défense).

Le conseil de défense peut également se réunir en formation restreinte. Le président détermine alors sa composition en fonction des points figurant à l'ordre du jour. Il peut aussi réunir le conseil en formation spécialisée (pour un conseil de défense sanitaire, ou un conseil de défense écologique, par exemple).

De façon générale, pour ces trois types de formation, le président de la République peut convoquer « toute personnalité en raison de sa compétence », ce qui lui permet de choisir sa composition.

Les réunions du conseil de défense se tiennent à l'Élysée. La préparation et le suivi des mesures décidées au sein de cette instance sont assurés par le « secrétariat général de la défense et de la sécurité », qui est un service du Premier ministre.

Durant la crise, la vie de la nation a été rythmée par les annonces effectuées à l'issue des conseils de défense sanitaire (sur la liberté de circulation, le port du masque, la vaccination, le confinement, le télétravail, l'ouverture des établissements d'enseignement, des commerces et des lieux accueillant du public, etc.). L'attention a donc été appelée sur la teneur des discussions au sein des conseils. Cependant, leur publicité est restée limitée car les réunions étaient couvertes par le secret-défense.

L'opposition a dénoncé l'opacité des conseils de défense qu'elle a qualifiés de « comités secrets ». Elle a également critiqué le détournement de cet organe dont la vocation est *a priori* de traiter de questions relatives à « la défense et la sécurité nationale » et non d'orienter la politique sanitaire.

Ce point peut néanmoins être discuté. Le décret du 24 décembre 2009 donne, en effet, mission au conseil de défense de fixer les priorités pour gérer les « crises majeures ». Or cette notion est si générale qu'elle peut inclure les catastrophes sanitaires.

En outre, il ne faut pas surévaluer le rôle des conseils de défense. Des arbitrages sont rendus mais les mesures sont prises ultérieurement par des autorités, comme le Premier ministre et les membres du gouvernement, qui endossent la responsabilité politique des décisions.

La grande difficulté, durant cette période, a porté sur les choix qui ont été effectués dans un contexte extraordinairement difficile.

» La mise en cause des autorités politiques

Au début du printemps 2020, les connaissances scientifiques sur le virus étaient incertaines, les moyens pour endiguer l'épidémie faisaient défaut et les mesures de protection envisagées paraissaient socialement insupportables. Pour des responsables politiques, pouvait-on imaginer une situation plus difficile ? Malgré cela, ils ont dû intervenir et, par la suite, assumer les conséquences de leurs décisions.

Exigences contradictoires, avis scientifiques et choix politiques.

Il n'existait aucune solution simple et acceptable pour tous. Toute décision avait de terribles conséquences (par ex., la décision de fermer les établissements de commerce a fait plonger l'économie ; à l'inverse, leur réouverture a pu contribuer à un rebond de l'épidémie). Des solutions différentes ont donc alterné pour limiter leurs effets négatifs.

La responsabilité des décideurs était considérable. Aussi, pour renforcer leur légitimité, celle des scientifiques a été sollicitée. Elle a été intégrée au processus de communication et de décision. La loi a notamment prévu que les « données scientifiques disponibles sur la situation sanitaire qui ont motivé » la décision de déclarer l'état d'urgence sanitaire doivent être « rendues publiques » (art. L. 3131-13, al. 1, CSP). Elle a, en outre, prévu qu'un « comité de scientifiques » devait rendre « périodiquement des avis sur l'état de la catastrophe sanitaire, les connaissances scientifiques qui s'y rapportent et les mesures propres à y mettre un terme » (art. L. 3131-19, CSP).

Les Français ont ainsi pris régulièrement connaissance des avis du conseil scientifique (ainsi que ceux, très nombreux, donnés à travers les médias par des spécialistes aux divers statuts...).

Cependant, une démocratie sanitaire n'a pas remplacé la démocratie représentative. Les spécialistes ont donné leurs avis, mais ce sont les autorités gouvernementales qui ont décidé et assumé la responsabilité politique.

La mise en jeu de la responsabilité. — *Qui doit l'assumer ?*

La responsabilité politique n'a pas concerné les parlementaires. On ne porte pas plainte contre la souveraineté nationale. De même, elle n'a pas concerné le président. Il est irresponsable pénalement dans l'exercice de ses fonctions. Il est également irresponsable politiquement dans le sens où, s'il rend des comptes à la Nation (et éventuellement aux électeurs à l'occasion de sa réélection), il ne peut être sanctionné par le Parlement (sauf à être destitué en cas de manquement à ses devoirs manifestement incompatible avec l'exercice de son mandat : v. séquence 7).

En revanche, le gouvernement doit rendre des comptes aux assemblées, ce qu'il a fait durant la crise sanitaire (dans le cadre des mécanismes des questions au gouvernement, des commissions d'enquête, et des questions de confiance,...). Il a, néanmoins, pu compter sur le large soutien de la majorité présidentielle.

Les membres du Gouvernement sont, par ailleurs, responsables pénalement « des actes accomplis dans l'exercice de leurs fonctions et qualifiés crimes ou délits au moment où ils ont été commis ». C'était le risque majeur pour le Premier ministre et les ministres de la Santé qui se sont succédé. Ils ont, en effet, dû affronter de nombreux reproches. Ont-ils pris les bonnes décisions pour protéger la population (en assurant l'approvisionnement en masques, en adoptant la bonne doctrine sur les masques et les tests, en organisant correctement la campagne de vaccination, en déterminant des dates pertinentes des confinements et déconfinements, etc.) ?

De très nombreuses plaintes ont été adressées à la Cour de justice de la République (par référence, notamment, au délit prévu à l'article 223-7 du Code pénal qui dispose que « quiconque s'abstient volontairement de prendre ou de provoquer les mesures permettant [...] de combattre un sinistre de nature à créer un danger pour la sécurité des personnes est puni de deux ans d'emprisonnement et de 30 000 euros d'amende »). Ces plaintes sont examinées par la commission des requêtes de la Cour de justice.

SÉQUENCE 7

Le statut des autorités exécutives

L'« *Exécutif* » sous la Ve République

Le « pouvoir exécutif » est distingué du « pouvoir législatif » dans le préambule de la Déclaration des droits de l'homme de 1789. Les termes renvoient à la *séparation des pouvoirs*, principe consacré à l'article 16 de cette même Déclaration.

Il répond aux préceptes de Montesquieu selon lesquels il convenait de séparer le pouvoir « de faire des lois, celui d'exécuter les résolutions publiques et celui de juger les crimes ou les différends des particuliers »[1]. Il est donc traditionnellement admis que les autorités qui ne sont pas chargées de légiférer ou de juger exercent la fonction exécutive. Elles veillent à l'application de la loi.

L'*Exécutif* exerce, notamment, cette fonction sous la Ve République.

Les fonctions de l'Exécutif. – Le terme d'*Exécutif* désigne le président de la République et les membres du gouvernement. Le président est chargé de promulguer la loi, le Premier ministre prend les décrets pour que les lois entrent en vigueur et les membres du gouvernement font appliquer la loi.

Cette présentation est, pour autant, réductrice. Les missions de l'Exécutif sous la Ve République sont plus générales. Dans le cadre d'un régime parlementaire à hégémonie présidentielle, le chef de l'État est une autorité éminente qui veille aux intérêts de la nation. « Il assure, par son arbitrage, le fonctionnement régulier des pouvoirs publics ainsi que la continuité de l'État » (art. 5 Const.). Il oriente la politique du gouvernement qui « détermine et conduit la politique de la nation » (art. 20 Const.).

Le statut de l'Exécutif dans un régime parlementaire. – Les missions confiées aux autorités exécutives sont très étendues. Le statut de ces autorités reste, néanmoins, déterminé par la nature du système politique. Dans un

1. Montesquieu, *De l'Esprit des lois*, 1748, livre XI, chap. VI.

régime parlementaire, l'Exécutif est bicéphale et les autorités qui le constituent ont des statuts différents.

Sous la Vᵉ République, les statuts du président et des membres du gouvernement s'opposent, notamment dans leur mode de désignation (I) et dans la mise en jeu de leur responsabilité (II).

I ▪ La désignation des autorités exécutives

Le mode de désignation du président de la République et des ministres est différent. Le premier est élu (A) alors que les seconds sont nommés (B).

A ▪ Le mandat du président de la République

Deux révisions de la Constitution ont modifié le mode d'élection du président et la durée de son mandat.

1. L'élection présidentielle

La Constitution ne prévoyait pas, en 1958, l'élection du président au suffrage universel direct (a). Cet aspect de la Vᵉ République doit être souligné pour comprendre le déséquilibre institutionnel provoqué par la révision constitutionnelle de 1962 menée selon une procédure constitutionnelle contestable (b).

a. Le mode initial de désignation

À l'origine, la Constitution prévoyait que le président de la République était désigné par un collège d'élus.

Une légitimité extra-parlementaire. – Le président était élu « par un collège électoral comprenant les membres du Parlement, des conseils généraux et des assemblées des Territoires d'Outre-Mer, ainsi que les représentants élus des conseils municipaux » (art. 6 Const., dans sa version du 4 oct. 1958). En outre, la Constitution envisageait « la participation des États membres de la Communauté au collège électoral du président de la République » qui devait être « fixée par accord entre la République et les États membres de la Communauté » (art. 6).

Ce mode de désignation était différent de celui retenu sous les régimes parlementaires antérieurs. Sous la IIIᵉ République, le président était désigné par « l'Assemblée nationale » regroupant les membres de la Chambre des députés et du Sénat. Sous la IVᵉ République, le président était élu par « le Parlement » qui était la réunion de l'Assemblée nationale et du Conseil de la République.

En 1958, le général de Gaulle ne voulait plus de l'emprise des partis sur le président. Il s'était déjà exprimé en ce sens après la Seconde Guerre mondiale. Dans son discours de Bayeux du 16 juin 1946, il considérait que la légitimité du « chef de l'État » ne devait pas émaner du Parlement. Pour lui, le président devait être « placé au-dessus des partis » et donc de l'Assemblée nationale. Pour permettre au chef de l'État d'avoir une légitimité propre, le Général préconisait qu'il fût élu par un vaste « collège qui englobe le Parlement mais beaucoup plus large et composé de manière à faire de lui le président de l'Union française en même temps que celui de la République ».

La Constitution du 4 octobre 1958 prévoyait ce mode d'élection du président. Il n'était, au demeurant, pas envisageable de retenir une élection au suffrage universel direct.

Les obstacles. - Plusieurs raisons s'opposaient à ce mode de désignation :

– Le nouveau régime devait être parlementaire et non présidentiel (selon le troisième principe posé par la loi constitutionnelle du 3 juin 1958). Or, selon la conception du régime parlementaire qui était dominante, le chef de l'État devait bénéficier d'une légitimité résultant de son élection par les parlementaires.

Ce mode de désignation est classique dans un régime parlementaire. Dans plusieurs États voisins de la France, la légitimité du chef de l'État est parlementaire (ex. en Allemagne ou en Italie) ou héréditaire (dans les monarchies constitutionnelles, comme le Royaume-Uni, la Belgique ou l'Espagne). Pour autant, la nature parlementaire du régime n'interdit pas au président d'être élu directement par les citoyens. Certains États, en Europe, ont un régime parlementaire où le président est élu au suffrage universel direct (ex. Autriche, Bulgarie, Finlande, Irlande, Islande, Pologne, Portugal, Roumanie). Dans ces États, les attributions du président sont variables. Sa fonction est généralement d'ordre protocolaire, ce qui n'a pas été envisagé en 1958 pour le président de la Ve République. Mais les rédacteurs de la Constitution ont tenu à rassurer les parlementaires sur la nature du régime en ne faisant pas élire le chef de l'État au suffrage universel direct.

– Les républicains étaient traditionnellement hostiles à la personnalisation du pouvoir. Deux souvenirs hantaient leur esprit. Le premier était celui de l'élection du prince Louis-Napoléon Bonaparte. Désigné au suffrage universel direct le 10 décembre 1848, il a opéré un coup d'État le 2 décembre 1851 pour se maintenir au pouvoir. Le président devint l'empereur Napoléon III. Cette expérience fut gravée dans la mémoire républicaine. Ce souvenir était d'autant plus prégnant que, postérieurement au Second Empire, la consolidation de la nature parlementaire de la IIIe République se fit contre la présidence du Maréchal de Mac-Mahon. Le président n'était pas élu au suffrage universel direct. Cependant, l'évolution du régime après la crise du 16 mai 1877 a conduit à dissocier le président du gouvernement responsable devant le parlement (v. Séquence 5, situation 2). Dans un régime parlementaire, il paraissait inutile d'attribuer une forte légitimité au président de la République.

– En 1958, la question du périmètre du corps électoral posait également problème. Il était difficile de concevoir que le président fût élu directement par l'ensemble des citoyens de la métropole, des départements d'outre-mer, des territoires et États de la Communauté.

– Enfin un obstacle politique se posait en 1958. Le Parti communiste ne voulait pas de l'élection du président au suffrage universel direct. Pour lui, la centralisation de l'exercice du pouvoir devait être réservée à une assemblée du peuple. Ce parti est important à la fin de la IVe République (il obtient, notamment, 26 % des voix aux élections législatives de 1956). Sa position sur le sujet ne pouvait pas être négligée.

Pour ces raisons, les rédacteurs de la Constitution n'ont pas prévu que le président fût élu au suffrage universel direct. Il a été élu par le collège électoral précité composé de 80 000 élus. C'est ainsi que fut désigné président de la République Charles De Gaulle, le 21 décembre 1958. Il obtint 78,5 % des voix.

L'ensemble de ces considérations rendait impossible l'élection du président au suffrage universel direct. Pourtant, quatre plus tard seulement, le général de Gaulle a proposé la modification du mode de désignation du président.

b. La révision constitutionnelle du 6 novembre 1962

De Gaulle estime qu'il est devenu nécessaire de prévoir l'élection du président de la République au suffrage universel direct. Sa proposition se heurte à l'hostilité de la classe politique.

Les motifs de la révision. – Le général de Gaulle considère qu'il bénéficie d'un « lien exceptionnel » qui l'unit aux Français. Mais il pense à ses successeurs, à ceux qui « viendront (...) tour à tour, prendre le poste » qu'il occupe (allocution radio-télévisée du 20 sept. 1962). Ils ne pourront pas revendiquer sa légitimité historique. Ils rencontreront des difficultés à exercer la présidence. C'est l'explication qu'il livre pour justifier la modification du mode de désignation du président.

À vrai dire, de Gaulle s'inquiète également de sa liberté d'action. Son long état de grâce s'achève. Avec la fin de la guerre d'Algérie, certains groupes parlementaires entendent le défier.

Un événement a été utilisé. Le Général a échappé à un attentat perpétré le 22 août 1962 au Petit-Clamart par des membres de l'OAS. L'émoi qu'il a suscité a favorisé une initiative politique. De Gaulle a saisi l'occasion. Il a annoncé ses intentions le 20 septembre 1962 dans une allocution radio-télévisée.

Les réactions politiques. – Les parlementaires ont dénoncé les conséquences de l'instauration de l'élection du président au suffrage universel direct sur la nature du régime. Ils étaient conscients que cette révision marginaliserait le Parlement. Ils ont donc réagi à cette initiative. Ils ne pouvaient pas mettre en cause la responsabilité politique du président. À défaut, ils ont déposé une motion de censure contre le gouvernement. Elle fut votée le

5 octobre 1962 par une majorité de députés (le *cartel des non*) qui regroupa toutes les formations politiques à exception de l'UNR (Union pour la Nouvelle République, qui soutenait le général de Gaulle). Le gouvernement Pompidou était officiellement renversé.

Malgré l'adoption de cette motion de censure, le référendum sur la révision de la Constitution fut organisé le 28 octobre 1962. Le « oui » l'emporta avec 62 % des suffrages. La loi constitutionnelle fut promulguée le 6 novembre 1962.

Le résultat du référendum était prévisible. Il fut organisé avant les législatives. Son résultat donna un avantage au général de Gaulle dans la perspective de ces élections. Elles eurent lieu les 18 et 25 novembre 1962. L'UNR-UDT, qui soutenait le président de Gaulle, a obtenu 51 % des suffrages. C'est l'apparition en France du *fait majoritaire* : une même orientation politique domine désormais l'Exécutif et le Législatif. Ils forment la *majorité présidentielle*.

À la fin du mois de novembre 1962, la victoire politique du général de Gaulle est totale (même si la procédure constitutionnelle retenue a été vivement contestée : v. situation 1).

Une élection à deux tours. – Lors du prochain scrutin, le président de la République sera élu « au suffrage universel direct » (art. 6 Const.). L'élection a lieu au scrutin majoritaire à deux tours. Le président est élu à « la majorité absolue des suffrages exprimés » (art. 7 Const.). Si un candidat n'obtient pas cette majorité, un deuxième tour à lieu quatorze jours après le premier. Deux candidats restent en lice. Charles de Gaulle a ainsi dû subir un deuxième tour après avoir été mis en ballottage par François Mitterrand lors de l'élection de décembre 1965.

2. Le débat sur la durée du mandat présidentiel

La réduction de la durée du mandat du président a été l'un des serpents de mer de la Ve République (a). Cette réduction paraissait nécessaire mais également très complexe à réaliser en raison de son incidence sur les équilibres institutionnels. Ce sont finalement des circonstances politiques favorables qui ont permis l'adoption d'une révision constitutionnelle en l'an 2000 sur le quinquennat (b). Il n'y a pas eu, en revanche, de véritable débat sur la limitation du nombre de mandats successifs (c).

a. Les termes du débat

La durée du mandat présidentiel a été fixée à sept ans au début de la IIIe République. Cette durée a été prévue, en 1873, pour le maréchal de Mac-Mahon, de façon à laisser du temps aux prétendants royalistes de s'organiser. Cette longue durée n'a pas posé de difficulté sous les IIIe et IVe Républiques parce que le président, élu par le Parlement, exerçait une fonction protocolaire. Cette durée a également été acceptée en 1958 parce qu'elle contribuait à distinguer le statut du chef de l'État de celui du gouvernement.

Cette durée a cependant paru trop longue dans un régime dominé par le président de la République. Le problème est apparu dès le second mandat du général de Gaulle. Sa rupture en « mai 68 » avec une partie de la société a montré que la légitimité politique du président devait être renouvelée plus rapidement.

Par la suite, un deuxième constat a plaidé en faveur de la réduction de la durée du mandat. François Mitterrand a été le premier président à accomplir deux mandats complets, mais il a également connu deux périodes de cohabitation de deux ans à la fin de chaque mandat. Son successeur, Jacques Chirac, a également subi une période de cohabitation lors de son premier mandat. Elle fut particulièrement longue (de 1997 à 2002).

Différentes propositions ont été faites pour réduire la durée du mandat à cinq ans. L'idée a été, notamment, émise par le programme commun de la gauche en 1972. Elle a été ensuite reprise par le président Pompidou, qui a fait adopter un projet de révision constitutionnelle en ce sens en 1973 par l'Assemblée nationale et par le Sénat. La majorité était cependant trop étroite pour que le texte fût soumis au Congrès avec des chances de succès. Ultérieurement, le candidat à l'élection présidentielle de 1981, F. Mitterrand, a proposé un mandat de cinq ans renouvelable une fois, ou un mandat de sept ans non renouvelable. Il n'a pas engagé de révision de la Constitution à ce sujet après avoir été élu.

La révision paraissait complexe. Le *Comité* Vedel, institué par le président Mitterrand, n'a pas réussi, en son sein, à proposer une solution sur le sujet qui fît l'unanimité (v. rapport du 15 févr. 1993, Doc. fr., 1993, p. 33 à 37). Les spécialistes de la Ve République s'inquiétaient des incidences de cette révision sur les équilibres institutionnels. Adopter le quinquennat aurait conduit à faire coïncider la durée du mandat présidentiel avec celle du mandat des députés. Cette réforme aurait renforcé le présidentialisme en raison de l'effet d'entraînement du résultat de l'élection présidentielle sur les élections législatives.

L'onde de choc de la présidentielle sur les législatives

L'effet d'entraînement du résultat de l'élection présidentielle sur celui des législatives est considérable. Il contribue au *fait majoritaire*, c'est-à-dire à l'existence d'une majorité à l'Assemblée nationale : par exemple, après l'élection présidentielle de mai 2012, une majorité de gauche gagne les élections législatives de juin 2012 (331 sièges, soit 57 %de l'effectif de l'AN) ; de même, après l'élection présidentielle de mai 2017, *La République en Marche* obtient la majorité absolue aux élections législatives de juin 2017 (338 sièges, soit 58,6 %).

Cet effet d'entraînement est un gage de concordance entre l'orientation politique du président de la République et celle de la majorité parlementaire. Pour cette raison, le Comité Balladur a souhaité l'institutionnaliser en proposant que le premier tour de l'élection législative ait lieu le jour du second tour de l'élection présidentielle (proposition n° 4). Cette proposition n'a pas été retenue.

Cet effet d'entraînement présente l'inconvénient de réduire l'intérêt des élections législatives. Elles sont fondamentales dans un régime parlementaire. Malgré cela, le résultat des législatives semble acquis d'avance. Le programme du président sera celui de la nouvelle assemblée. Logiquement, l'abstention augmente aux élections législatives (il était, par exemple, de 43,7 % au 2e tour des élections législatives de 2012 et de 56,8 % à celles de 2017).

Pour remédier à cet inconvénient, et limiter le présidentialisme, il pourrait être envisagé, comme l'a suggéré le *groupe de travail* Bartolone-Winock (v. Séquence 6), de « renverser » le calendrier électoral pour que les élections législatives précèdent l'élection présidentielle. Les leaders des formations politiques mèneraient alors campagne pour obtenir une majorité et devenir Premier ministre.

L'adoption de cette solution paraît, cependant, peu probable en raison de l'attachement des citoyens à l'élection présidentielle. Celle-ci ne saurait occuper une place secondaire.

b. La révision constitutionnelle du 2 octobre 2000

Dans le cadre de la cohabitation, le président Chirac et le Premier ministre Jospin ont accepté l'idée du quinquennat. La révision était souhaitée par les Français. Elle était « dans l'air du temps » (selon l'explication de Jacques Chirac[1]). Le prétexte a résidé dans une proposition de loi constitutionnelle déposée à l'Assemblée nationale le 9 mai 2000 par l'ancien président de la République Valéry Giscard d'Estaing (cosignée par Ph. Douste-Blazy, A. Madelin et J. Rossi). Elle prévoyait un mandat de cinq ans renouvelable une fois.

Une révision circonscrite au premier alinéa de l'article 6. - Cette conjonction d'intérêt peut se rencontrer en période de cohabitation sur des sujets majeurs. Le Premier ministre Lionel Jospin a soutenu cette initiative. Il est vrai qu'il avait défendu l'idée du quinquennat lors de la campagne présidentielle de 1995.

Le 5 juin 2000, le président Chirac s'est prononcé en faveur d'une révision de la Constitution pour instaurer le quinquennat, mais il a tenu à ce que la durée du mandat présidentiel soit réduite « sans autre réforme de la Constitution ». À défaut, Jacques Chirac déclara : « s'il devait y avoir un texte qui soit amendé, en fin de procédure parlementaire, j'arrêterais tout ». Le projet de loi constitutionnelle a donc comporté un article unique qui modifiait seulement le premier alinéa de l'article 6 de la Constitution. Celui-ci disposait que « le président de la République est élu pour cinq ans au suffrage universel direct ».

1. J. Chirac en coll. avec J.L. Barré, *Mémoires 2*, Nil, 2011, p. 277.

Pour la première fois sous la Vᵉ République, la mise en œuvre de la procédure de révision prévue à l'article 89 de la Constitution ne s'est pas terminée par la réunion du Congrès. Un référendum a été organisé le 24 septembre 2000. Le oui l'emporta avec 73,21 % (mais l'abstention fut très importante ; elle atteignit 69,81 % du corps électoral parce que la réponse était évidente).

c. La révision constitutionnelle du 23 juillet 2008

Le nombre de mandats successifs du président de la République a ensuite été limité à deux à l'occasion de la révision constitutionnelle de 2008. C'était le souhait du président Sarkozy qui l'avait suggéré dans sa lettre de mission du 18 juillet 2007 adressé au Comité Balladur. Celui avait pourtant critiqué cette limitation, considérant qu'il fallait respecter « la souveraineté du suffrage ». Mais le président Sarkozy a réitéré ce choix dans sa lettre d'orientation du 12 novembre 2007 qui demandait au Premier ministre d'élaborer un projet de loi constitutionnelle. La limitation a été retenue par le Constituant. Après modification, l'article 6 alinéa 2 de la Constitution dispose que « nul ne peut exercer plus de deux mandats consécutifs ».

3. L'intérim de la présidence

L'intérim est une période durant laquelle la fonction présidentielle est assumée par une autre autorité que le président de la République. Son remplacement est nécessaire en cas de *vacance* (la fonction n'a plus de titulaire) ou d'empêchement (la fonction ne peut être assumée par son titulaire).

Le président du Sénat exerce les fonctions de président de la République à titre provisoire en cas « de vacance » ou « d'empêchement constaté par le Conseil constitutionnel » (art. 7 al. 4 Const.). Si le président du Sénat est lui-même dans l'incapacité d'exercer cette fonction, le gouvernement assume l'intérim.

La Vᵉ République a connu deux périodes d'intérim présidentiel. Elles ont été assumées par le même président du Sénat : Alain Poher (qui a été président de 1968 à 1992). Il a exercé la fonction de président de la République par intérim du 28 avril au 20 juin 1969 (à la suite de la démission du général de Gaulle) et du 2 avril au 27 mai 1974 (après le décès du président Pompidou).

La situation est transitoire. Certains mécanismes constitutionnels sont donc neutralisés durant l'intérim. Les procédés des articles 49 et 50 de la Constitution sur la responsabilité politique du gouvernement ne peuvent être mis en œuvre. De même le président ne peut procéder à une dissolution de l'Assemblée nationale, organiser un référendum, ou entreprendre une révision de la Constitution.

Toutefois, si les circonstances l'imposaient, on peut penser que le président par intérim pourrait exercer les pouvoirs exceptionnels de l'article 16, décréter l'état de siège ou déclarer l'état d'urgence.

À noter que le Premier ministre peut suppléer le président pour une courte période (art. 21 Const.).

B ▪ L'accès aux fonctions gouvernementales

La primauté présidentielle est marquée pour la désignation (1) et la révocation (2) des membres du gouvernement.

1. Désignation

Le mode de désignation est différent pour le Premier ministre (a), qui « dirige l'action du Gouvernement » (art. 21 Const.) et pour les autres membres du gouvernement (b).

a. Nomination du Premier ministre

« Le président de la République nomme le Premier ministre » (art. 8 al. 1er Const.). La désignation a lieu très peu de temps après la prise de fonction du président[1]. Il nomme son Premier ministre ainsi que les principales autorités de la présidence de la République (notamment, le secrétaire général de l'Élysée, le secrétaire général adjoint, le chef de l'état-major particulier, le directeur de cabinet, le conseiller diplomatique, les conseillers, etc.).

Le choix du Premier ministre procède de la volonté du président de la République à l'exclusion de celle de l'Assemblée. La Constitution n'oblige plus le président à procéder aux consultations d'usage (comme c'était le cas en vertu de l'art. 45 de la Const. de 1946). Le choix dépend de circonstances politiques librement appréciées par le président de la République.

En l'absence de procédure d'investiture, le nouveau Premier ministre n'a pas l'obligation de présenter une question de confiance à l'Assemblée nationale après sa nomination. Il le fait par stratégie politique. La demande de confiance vise à mobiliser la majorité politique. Elle contraint les parlementaires à manifester leur soutien au gouvernement.

Le Premier ministre peut également demander au Sénat « l'approbation d'une politique générale » (art. 49 al. 4) ou « faire, sur un sujet déterminé, une déclaration qui donne lieu à débat » (art. 50-1). Mais le vote des sénateurs ne pourra pas engager la responsabilité du gouvernement. Cette pratique des déclarations au Sénat a été mise en œuvre tardivement, au milieu des années 1970, avec Jacques Chirac en 1975 et Raymond Barre et 1977. Elle a ensuite été répétée à une dizaine de reprises.

b. Nomination des ministres

L'article 8 alinéa 2 de la Constitution dispose que, « sur la proposition du Premier ministre », le président de la République « nomme les autres membres du

---

1. J. Thomas, « Le premier Gouvernement nommé par le nouveau président », *JCP* n° 15, 10 avr. 2017, p. 698.

gouvernement ». Un décret de composition du gouvernement est signé par le président de la République et contresigné par le Premier ministre.

La lettre de l'article 8 alinéa 2 donne à penser que le Premier ministre choisit les ministres. En pratique, le président de la République dicte la composition du gouvernement. Il détermine également le nombre de ministres et la structure du gouvernement. Les ministères peuvent être créés, regroupés ou supprimés, à l'exception de celui du « ministre de la justice » dont l'existence est mentionnée à l'article 65 de la Constitution. Le président signe également les décrets relatifs aux attributions de chaque ministre.

Absence de hiérarchie. – La composition du gouvernement permet d'établir une forme de classification même si la hiérarchie n'existe pas entre les ministres. La qualité de *ministre d'État*, parfois utilisée, est honorifique. Elle ne fait que marquer symboliquement l'importance politique d'un ministre au sein du gouvernement. Le ministre d'État exerce la direction d'un ministère. Il n'est plus, comme sous les IIIe et IVe Républiques, un ministre sans portefeuille.

S'il n'existe pas de hiérarchie au sein des ministères, les ministres sont à la tête de départements ministériels, alors que les ministres délégués et les secrétaires d'État placés auprès des ministres sont chargés d'un domaine d'activité au sein de ces départements.

Les secrétaires d'État occupent le dernier rang protocolaire. Ils ne contresignent pas les décrets et ne participent au Conseil des ministres que lorsqu'ils sont concernés par son ordre du jour.

La liste dressée par le décret établissant le gouvernement ne respecte pas l'ordre alphabétique établissant ainsi un ordre protocolaire. Le ministre désigné au premier rang occupe une fonction éminente. Les membres du gouvernement qui suivent immédiatement dirigent des ministères régaliens ou des départements ministériels dont le domaine d'activité est essentiel. Le rang protocolaire traduit, en effet, une distinction dans l'importance des départements ministériels (ex. affaires étrangères ; justice ; environnement ; défense ; éducation nationale et enseignement supérieur ; finances ; Intérieur ; affaires sociales et santé ; travail ; aménagement du territoire ; agriculture ; logement ; économie ; culture ; famille ; fonction publique ; ville, jeunesse et sports ; etc.). Les intitulés des ministères sont parfois déroutants. Aux ministères régaliens, à l'appellation classique, s'ajoutent des ministères chargés de la réalisation d'objectifs prioritaires (ex. « lutte contre l'exclusion »). Ces intitulés, qui traduisent des choix politiques, ne facilitent pas la cohérence de la structure gouvernementale[1].

---

1. Y. Jégouzo, « Structures gouvernementales et changement », *AJDA* 2012. 1025 ; M.-A. Granger, « Les décrets portant attributions des membres du Gouvernement », *RFDC* 2013, n° 94, p. 335 ; M. Caron, *L'autonomie organisationnelle du gouvernement. Recherche sur le droit gouvernemental de la Ve République*, éd. Inst. univ. Varenne, 2015.

2. La démission des membres du gouvernement

La Constitution de 1958 a prévu un régime différent pour la démission du Premier ministre (a) et celle des ministres (b). Elle règle également la question de leur retour à la vie parlementaire (c).

a. La démission du Premier ministre

La révocation du Premier ministre n'est pas prévue par la Constitution. Son article 8 dispose que « le président de la République (...) met fin à ses fonctions sur la présentation par celui-ci de la démission du Gouvernement. » Il appartient donc au Premier ministre de présenter sa démission. Le pouvoir de le nommer ne semble pas emporter celui de le révoquer.

En pratique, une interprétation contraire s'est imposée. Les présidents ont contraint huit premiers ministres à démissionner : Michel Debré (en 1962), Georges Pompidou (1968), Jacques Chaban-Delmas (1972), Pierre Mauroy (1984), Michel Rocard (1991), Édith Cresson (1992), Jean-Pierre Raffarin (2005) et Jean-Marc Ayrault (2014).

Un seul Premier ministre a réellement démissionné indépendamment de la volonté du président. Il s'agit de Jacques Chirac. Dans une lettre adressée au président Giscard d'Estaing le 26 juillet 1976, le Premier ministre explique qu'il ne peut plus « continuer à accomplir la tâche » qui lui a été confiée et qu'il remet sa démission.

De même, un autre Premier ministre, Manuel Valls, a présenté sa démission pour se présenter aux primaires de la gauche (où il sera battu) organisées pour désigner le candidat à l'élection présidentielle de 2017.

Partir pour ne pas être un « triste sire ». – Les raisons de cette pratique de la démission-révocation du Premier ministre sous la Ve République ont été exposées par Jacques Chaban-Delmas (alors Premier ministre du président Pompidou), le 15 octobre 1970, dans le cadre d'un débat à l'Assemblée nationale qui l'opposait à Gaston Defferre et François Mitterrand. Jacques Chaban-Delmas a rappelé que « le président de la République a le pouvoir de dissoudre l'Assemblée nationale, c'est-à-dire de subtiliser au Premier ministre ce sur quoi il aurait pu s'appuyer ». Il en a donc déduit qu'un Premier ministre « qui s'accrocherait à son poste, qui se dresserait contre le chef de l'État (...) serait un triste sire... ». En effet, le chef du gouvernement provoquerait une crise au sein de l'Exécutif qui serait inutile et qui obligerait le président à user d'un pouvoir considérable qu'est la dissolution de l'Assemblée nationale.

Usage, convention de la constitution, coutume ?. – Ces révocations ont donné le sentiment qu'une règle non écrite était apparue. Il ne s'agissait pas seulement d'une pratique résultant d'un usage mais d'une obligation de démissionner à la demande du président.

La notion de *convention de la Constitution* a été avancée pour justifier la portée contraignante de la pratique sans la qualifier pour autant de coutume (v. Séquence 2). Selon le Professeur Pierre Avril, les conventions de la Consti-

PRÉSENTATION

tution sont des « règles dont l'origine est proprement politique » qui sont relatives à « l'application de la Constitution »[1]. Il s'agit d'une « règle non écrite précisant l'exercice de pouvoirs juridiques », dont la « sanction est exclusivement politique » (P. Avril et J. Gicquel[2]). La responsabilité du Premier ministre devant le président en serait l'exemple-type.

Mais cette convention résisterait-elle à un Premier ministre, leader d'un parti clef de la majorité, que le président aurait nommé à cette fonction pour lui assurer une majorité à l'Assemblée nationale ? Comment l'obliger à démissionner ?

Surtout, la *cohabitation* a montré que cette *convention de la constitution* dépend des résultats des élections législatives. La portée de cette *convention* est donc à géométrie politique variable. Il est évident que le président Mitterrand n'aurait pu obtenir le départ du Premier ministre Jacques Chirac entre 1986 et 1988, ou du Premier ministre Édouard Balladur entre 1993 et 1995. De même, Jacques Chirac, devenu président, n'aurait pu exiger la démission du Premier ministre Lionel Jospin entre 1997 et 2005.

En pratique, le maintien en fonction du Premier ministre dépend de sa capacité politique à résister au président de la République. Le chef du gouvernement doit avoir le soutien inconditionnel de la majorité de l'Assemblée nationale. À défaut, il ne peut pas résister au président.

b. La démission d'un ministre

Les règles sont différentes. La Constitution prévoit que les ministres peuvent être renvoyés. Son article 8 alinéa 2 dispose que le président de la République « met fin à leurs fonctions », « sur la proposition du Premier ministre ». La démission est donc subie. Le ministre est invité à la présenter.

Notons que si la démission du Premier ministre entraîne la chute du gouvernement, celle d'un ministre ne provoque pas celle du gouvernement.

c. Le retour à la vie parlementaire

Les ministres sont souvent parlementaires avant d'entrer au gouvernement. Ils entendent donc retrouver leur siège de député ou de sénateur lorsqu'ils quittent le gouvernement.

Avant la révision constitutionnelle de 2008, le retour au Parlement n'était pas de droit. Les ministres étaient remplacés par leur suppléant de façon définitive. Cette règle, à laquelle le général de Gaulle attachait une importance toute particulière, avait été établie en souvenir de l'attitude des ministres-députés de la IVe République. Les rédacteurs de la Constitution de 1958 ont voulu mettre un terme à l'instabilité gouvernementale. Sous les républiques précédentes, les ministres restaient parlementaires. En conséquence, les dépu-

---

1. Pierre Avril, *Les Conventions de la Constitution*, PUF, 1997, p. 2.
2. P. Avril et J. Gicquel, *Lexique de droit constitutionnel*, PUF, 2012.

tés n'éprouvaient pas de scrupules à démettre des ministres qui ne perdaient pas leur statut de parlementaire. Des ministres ont même voté, en leur qualité de parlementaire, la défiance contre leur propre gouvernement.

Les rédacteurs de la Constitution de 1958 ont donc contraint les ministres à choisir clairement entre leur vocation de membre du gouvernement ou de parlementaire. Pour revenir au Parlement, les ministres révoqués devaient demander la démission de leur suppléant pour qu'une élection législative partielle fût organisée. Ils devaient, ensuite, gagner l'élection partielle.

Cette règle a posé des difficultés. Elle créait des relations compliquées entre le titulaire du mandat de parlementaire et son suppléant. Elle était contournée par l'organisation d'une élection partielle où le taux d'abstention était généralement élevé.

La loi constitutionnelle du 23 juillet 2008 a modifié l'article 25 de la Constitution. Il prévoit désormais que les parlementaires devenus ministres sont remplacés temporairement par leur suppléant le temps de l'exercice de leur fonction gouvernementale[1]. C'est une règle impérative. Le Conseil constitutionnel a, ainsi, déclaré inconstitutionnelle la disposition d'une loi organique qui prévoyait que le ministre pouvait conférer un caractère définitif à son remplacement (Cons. const. déc. n° 572 DC du 8 janv. 2009). Le parlementaire suppléant est un représentant provisoire.

Cette modification de l'article 25 soulève des questions. L'on a vu réapparaître une forme d'indiscipline. Des ministres n'hésitent plus à critiquer l'action de leur propre gouvernement. La sanction politique est, il est vrai, limitée. En étant révoqués, ils prennent seulement le risque de retrouver leur siège sans subir l'impopularité du gouvernement...

II ■ La responsabilité des autorités exécutives

Le régime de protection de la fonction présidentielle diffère de celui des ministres. L'irresponsabilité qui domine le régime du président (A) s'oppose à la responsabilité de principe des ministres (B).

A ■ La protection de la fonction présidentielle

Hormis les périodes de cohabitation, le président de la République se conduit comme le chef de la majorité présidentielle. Il ne saurait, cependant, voir sa responsabilité politique engagée. Le président de la République représente l'État, ce

1. S. Lamouroux, « La révision de l'article 25 de la Constitution ou la mise en place d'une incompatibilité à coquille vide », *RFDC*, n° 77, 2009, p. 135.

qui lui confère une charge symbolique. La fonction présidentielle et la personne qui l'incarne méritent d'être respectées[1]. En outre, le président assure la continuité de l'État. Dans tous les régimes (qu'ils soient de type présidentiel ou parlementaire), le chef de l'État (roi ou président) ne peut être renversé parce qu'il garantit la permanence de l'exécutif. Dans un régime parlementaire, comme celui de la Ve République, le chef de l'État doit nommer un nouveau gouvernement dans l'hypothèse où celui-ci serait renversé. L'irresponsabilité politique du président français, qui est si discutée, répond à une logique institutionnelle.

Le président bénéficie d'un régime d'immunité pour le protéger et lui permettre d'exercer pleinement son mandat. Sa personne est *inviolable* dans le sens où sa poursuite devant un tribunal est refusée durant son mandat. En outre, il est *irresponsable* dans la mesure où il n'a pas à répondre de ses actes. Les deux questions sont liées parce que l'inviolabilité du président s'explique par son irresponsabilité pénale.

Il convient donc de concentrer l'attention sur l'irresponsabilité du président. Elle présente une double nature : elle est à la fois politique (1) et pénale (2).

1. L'irresponsabilité politique

Durant son mandat, l'irresponsabilité politique du président est absolue. Un argument littéral justifie ce statut. L'article 20 de la Constitution dispose que « le gouvernement détermine et conduit la politique de la nation ». L'interprétation *a contrario* de cet article donne à penser que le président de la République ne gouverne pas, ce qui explique que sa responsabilité politique ne peut pas être engagée.

Ce raisonnement s'était imposé sous les IIIe et IVe Républiques parce que les présidents exerçaient une fonction protocolaire. Elle était relativement neutre. Cette explication a, cependant, perdu toute pertinente sous la Ve République. Le président de la République est le principal acteur du système politique. L'irresponsabilité dont il bénéficie est difficilement compréhensible. Un représentant doit rendre des comptes dans un régime représentatif. Cette irresponsabilité ne peut s'expliquer que par la logique institutionnelle évoquée ci-dessus.

La responsabilité devant les électeurs. – L'idée a souvent été avancée que le président rend des comptes à ses électeurs. D'aucuns considèrent même que le président élu au suffrage universel direct n'a de comptes à rendre qu'aux citoyens. Il existerait une sorte de mise en cause de la responsabilité

1. Sur la discrète abrogation du délit d'offense au président de la République par l'art. 21 de la loi n° 2013-711 du 5 août 2013 et la condamnation antérieure de la France par la CEDH dans l'affaire de l'écriteau portant la formule « casse-toi pov'con » (CEDH 14 mars 2013, n° 26118/10, *Eon c/ France*), v. O. Beaud, « À propos de la suppression du délit d'offense au président de la République », *AJDA* 2014. 25 ; O. Beaud, « Le délit d'offense au président de la République. Un épisode à redécouvrir de la République gaullienne (1959-1969) », *Annuaire de l'Institut M. Villey*, vol. 4, 2012, p. 79 ; notes et chron. de L. Burgorgue-Larsen *AJDA* 2013, p. 1794 ; O. Beaud, *D.* 2013. 968 ; N. Droin, *RFDA* 2013. 594 ; D. de Bellescize, *Constitutions* 2013. 257.

du chef de l'État devant le peuple, lors du renouvellement de son mandat, ou de certains scrutins nationaux comme les référendums.

Cette explication peut être défendue, mais elle doit être nuancée pour plusieurs raisons :

- La responsabilité politique suppose que les représentés (les citoyens) puissent mettre un terme (directement ou indirectement par d'autres représentants) au mandat du président. Ce n'est pas le cas si l'on se contente d'attendre la fin du mandat. Le non-renouvellement n'est pas une sanction politique infligée à une action en cours.

En outre, l'hypothèse d'un président sortant qui ne se représente pas s'est déjà réalisée. Le 1er décembre 2016, le président F. Hollande, « conscient des risques que ferait courir une démarche (...) qui ne rassemblerait pas largement autour d'elle », décide « de ne pas être candidat à l'élection présidentielle » (mais d'aucuns peuvent prétendre qu'il s'agit d'une forme de sanction politique, la décision étant prise sous la pression de l'opinion publique).

- L'on peut s'interroger également sur la réalité de la sanction à l'occasion de l'élection présidentielle. Le renouvellement du mandat porte sur le bilan du président sortant. Mais il est important de relever qu'il porte aussi sur sa capacité à se renouveler. Or les motivations du corps électoral peuvent être, à cet égard, aussi diverses que variées. Le désir de renouveler ou non le représentant sortant est concurrencé par celui de porter au pouvoir une nouvelle personnalité politique. La non-réélection n'est donc pas nécessairement une sanction du précédent mandat. Un président, qui n'a pas démérité, peut être remplacé par un président dont le profil et le projet paraissent plus séduisants.

- Enfin, l'échec politique, que représente une défaite à un référendum ou aux élections législatives, ne signifie pas que le président doive nécessairement assumer le résultat du scrutin.

Il peut, certes, le faire s'il a engagé son avenir sur le résultat du référendum dans une vision gaulliste de la fonction présidentielle. Le référendum ressemble alors à un plébiscite. C'est la nature de la consultation qu'a organisée le général de Gaulle en 1969 sur la création des régions et la rénovation du Sénat. Dans son allocution du 25 avril 1969, le Général déclara que s'il était désavoué, « quels que puissent être le nombre, l'ardeur de l'armée de ceux » qui le soutiennent, sa tâche « actuelle de chef de l'État deviendra évidemment impossible ». Il cesserait aussitôt d'exercer ses fonctions. Le référendum a eu lieu le 27 avril 1969. Le non l'emporta avec 52,41 % des voix. Le général de Gaulle démissionna le lendemain.

Mais cette attitude n'a pas été partagée. François Mitterrand et Jacques Chirac ont refusé d'engager leur responsabilité sur le résultat de la consultation qu'ils proposaient. Le président Mitterrand organisa un référendum le 20 septembre 1992 sur le traité sur l'Union européenne. Il avait annoncé à l'avance qu'il ne démissionnerait pas si le non s'imposait (le oui l'emporta avec 51 % voix). De même, le président Chirac organisa un référendum sur le traité portant Constitution pour l'Europe. Le non l'emporta nettement, le 29 mai 2005, avec 54,67 % des voix. Jacques Chirac ne démissionna pas.

Dans le même ordre d'idées, la défaite aux élections législatives n'oblige pas le président de la République à démissionner. François Mitterrand refusa cette issue en 1986 et en 1993. Pourtant la défaite de la majorité présidentielle fut très lourde en 1993 (le PS n'obtint que 10 % des sièges alors que le RPR gagna 44 % des sièges et l'UDF 37 %). De même, Jacques Chirac refusa de démissionner à l'issue de la défaite de la droite aux élections législatives de mai-juin 1997 alors qu'elles avaient été organisées à la suite de la dissolution de l'Assemblée nationale que le président avait décidée le 21 avril 1997.

2. L'irresponsabilité pénale

Le président de la République est irresponsable pénalement. Cette protection est également traditionnelle (a). Elle n'a été contestée qu'à une époque récente. L'*affaire Chirac* et la question du traitement des délits commis par le président en dehors de l'exercice de ses fonctions (b) ont conduit à la révision constitutionnelle de 2007 (c). Ce statut pénal, conçu pour surmonter des difficultés, paraît inachevé (d).

a. Une protection traditionnelle

La protection juridictionnelle dont bénéficie le chef de l'État n'est pas propre au droit institutionnel français. Nos voisins européens prévoient une immunité absolue, notamment dans les monarchies constitutionnelles (par exemple, en Espagne « la personne du Roi est inviolable et n'est pas soumise à responsabilité » : art. 56 Const.), ou une protection fonctionnelle et un privilège de juridiction au bénéfice du chef de l'État. Par exemple, en Allemagne, le président fédéral peut être accusé par le Bundestag ou le Bundesrat pour « violation délibérée de la Loi fondamentale ou d'une autre loi fédérale » (art. 61 de la Loi fond. pour la RFA). Il appartient ensuite à la Cour constitutionnelle fédérale, après l'avoir éventuellement suspendu de l'exercice de ses fonctions, de constater que le président s'est rendu coupable d'une violation (art. 61 al. 1). Elle peut alors le déclarer déchu de ses fonctions (art. 61 al. 2). De même, en Italie, « le président de la République n'est pas responsable des actes accomplis dans l'exercice de ses fonctions, hormis les cas de haute trahison ou d'attentat à la Constitution. Dans ces cas, il est mis en accusation par le Parlement » (art. 90 Const. Rép. italienne) et jugé par la Cour constitutionnelle (art. 134).

Une irresponsabilité traditionnelle. - En France, le principe d'irresponsabilité a toujours été retenu. Ainsi, les lois constitutionnelles de 1875 prévoyaient-elles que le président ne pouvait être jugé que par la Haute cour de justice constituée par le Sénat, après une mise en accusation votée par la Chambre des députés. De même, sous la IVe République, le président ne pouvait être jugé que par la Haute cour, composée pour les deux tiers par les membres de l'Assemblée nationale, le tiers restant étant choisi en dehors d'elle.

Sous la Ve République, de 1958 à 2007, la Haute cour de justice était composée en nombre égal de députés et de sénateurs. Elle comportait vingt-quatre juges parlementaires (ord. n° 59-1 du 2 janv. 1959). L'instance était politique, même si la commission d'instruction ne comprenait que des membres de la Cour de cassation. Le président de la République pouvait être mis en accusation par une résolution votée à la majorité absolue en termes identiques par les deux assemblées.

Une infraction unique : la haute trahison. – Avant la révision constitutionnelle de 2007, l'article 68 prévoyait, de façon évasive, que le président n'était « responsable des actes accomplis dans l'exercice de ses fonctions qu'en cas de haute trahison ». Les règles du Code pénal ne paraissaient pas applicables aux litiges portés devant la Haute Cour de justice. Mais aucune réponse n'a été apportée à cette question parce qu'aucun président n'a été traduit devant la Haute Cour de justice.

La question de l'interprétation de l'article 68 de la Constitution n'a été posée que sous la présidence de Jacques Chirac. Un juge d'instruction a, en effet, souhaité mettre en examen le président de la République...

b. Le débat sur le jugement des infractions commises en dehors de l'exercice de la fonction

Des enquêtes judiciaires ont été ouvertes sous la présidence Chirac. Elles ont mis en cause le président de la République. Elles concernaient des faits qui étaient antérieurs à l'entrée à l'Élysée. Elles portaient, notamment, sur le financement du RPR par la création d'emplois fictifs à la mairie de Paris. Un système frauduleux aurait été mis en place avec l'accord implicite de Jacques Chirac, qui était maire de Paris avant de devenir président de la République. Dès lors, s'est posée la question de savoir s'il était possible de poursuivre l'ancien maire, devenu chef de l'État, devant un tribunal correctionnel ? La réponse ne relevait pas de l'évidence. Plusieurs questions se posaient.

– La Constitution prévoyait-elle une immunité juridictionnelle qui interdisait de traduire le président devant un tribunal correctionnel ? La réponse était difficile à apporter parce que l'article 68 de la Constitution prévoyait simplement que le président n'était « responsable des actes accomplis dans l'exercice de ses fonctions qu'en cas de haute trahison ». Or les actes évoqués ne concernaient ni l'exercice des fonctions ni la haute trahison. Ces actes devaient-ils être traités comme ceux des citoyens ordinaires ?

– S'est également posée la question de la conciliation du respect dû à la fonction présidentielle et de la qualité de justiciable. La première doit être respectée. Peut-on perturber son exercice en contraignant le chef de l'État à consacrer du temps à préparer sa défense ?

– Enfin, on s'est interrogé sur le type de sanction infligée au président reconnu coupable. Une peine incompatible avec la dignité de sa fonction ou *a fortiori* privative de liberté n'était pas envisageable.

Les juges ont répondu à ces interrogations dans des termes différents. L'interprétation retenue par le Conseil constitutionnel fut simple. Le président bénéficie d'une immunité pénale complète durant l'exercice de ses fonctions. Dans sa décision n° 99-408 DC du 22 janvier 1999, le Conseil constitutionnel a considéré que « pendant la durée de ses fonctions, la responsabilité pénale [du président] ne peut être mise en cause que devant la Haute cour de justice ». À défaut, le président ne peut être jugé. Mais cette interprétation ne fut que partiellement confirmée par la Cour de cassation. Dans un arrêt du 10 octobre 2001, *Breisacher* (Ass. plén., n° 01-84922), la Cour a estimé que la Haute Cour de justice était seulement compétente pour les actes commis dans l'exercice de ses fonctions. Cette interprétation signifiait que les actes accomplis en dehors de l'exercice des fonctions, durant le mandat ou antérieurement, ne devaient pas être jugés par la Haute Cour de justice. Ils devaient l'être par les juridictions ordinaires après la fin du mandat, les délais de prescription étant suspendus.

Le Conseil constitutionnel et la Cour de cassation ont donc eu une divergence d'interprétation sur l'étendue de la compétence de la Haute Cour de justice (actes relevant ou non de l'exercice des fonctions) et sur la question des délais de prescription des actes accomplis avant l'entrée en fonction.

Le sentiment d'impunité

Le président Chirac était accusé sans pouvoir se défendre devant un tribunal tout en donnant le sentiment de se protéger derrière son immunité juridictionnelle. Aussi, pour clarifier la situation, Jacques Chirac a confié à une commission de réflexion, présidée par le Professeur Pierre Avril, le soin d'« examiner le statut pénal » du président de la République. Le rapport, remis en décembre 2002, a préconisé de maintenir l'immunité juridictionnelle durant le mandat et de prévoir une procédure exceptionnelle de destitution du président dans l'hypothèse où celui-ci manquerait à ses devoirs et ne pourrait plus rester en fonction. Ces conclusions ont été fidèlement reprises dans une loi constitutionnelle adoptée cinq plus tard.

c. La loi constitutionnelle du 23 février 2007

La loi constitutionnelle du 23 février 2007 modifie le titre IX de la Constitution. Il est intitulé de « la Haute Cour ». La loi constitutionnelle consacre l'irresponsabilité pénale et l'inviolabilité du président. Pour autant, l'irresponsabilité pénale du président est provisoire pour les actes accomplis en dehors de l'exercice de ses fonctions. En outre, l'irresponsabilité de principe n'exclut pas une mise en cause ultime de la responsabilité du président. Il peut être destitué.

1°/ Irresponsabilité pénale pour les faits accomplis dans l'exercice des fonctions. - De façon claire, l'article 67 de la Constitution précise que « le président de la République n'est pas responsable des actes accomplis en cette qualité ». Sa responsabilité pénale ne peut être engagée pour les actes accomplis dans l'exercice de ses fonctions (par exemple, le président ne pourrait pas être poursuivi devant un tribunal pour mise en danger de la vie d'autrui sous prétexte qu'il a pris la décision d'envoyer des militaires dans une zone de combat). Quelles qu'en soient les conséquences, la décision est prise par le président au nom de l'intérêt national. C'est un acte politique qui n'engage pas la responsabilité de son auteur.

2°/ Inviolabilité. – Le président doit exercer ses fonctions en toute quiétude. Pour cela, l'article 67 dispose que le président « ne peut, durant son mandat et devant aucune juridiction ou autorité administrative française, être requis de témoigner non plus que faire l'objet d'une action, d'un acte d'information, d'instruction ou de poursuite. ».

La signification de cette prescription semble claire. Pourtant, on s'est demandé si le président pouvait témoigner spontanément pour faciliter le bon déroulement d'une instruction.

3°/ Irresponsabilité pénale provisoire pour les faits antérieurs. – L'article 67 prévoit que « tout délai de prescription ou de forclusion est suspendu ». / « Les instances et procédures auxquelles il est ainsi fait obstacle peuvent être reprises ou engagées contre lui à l'expiration d'un délai d'un mois suivant la cessation des fonctions ». Ainsi, après avoir quitté l'Élysée, Jacques Chirac a été mis en examen, le 21 novembre 2007, pour des emplois présumés fictifs. Le tribunal correctionnel de Paris l'a condamné à deux ans de prison avec sursis pour ingérence et prise illégale d'intérêt. La justice a été rendue sur des faits remontant aux années 1992-1994 en l'absence de l'ancien président à l'audience. Il était âgé de 79 ans. La durée de la suspension de la prescription est une critique souvent avancée contre ce statut pénal.

4°/ Responsabilité ultime. – Malgré son irresponsabilité pénale, la connaissance de certains actes du président peut faire perdre toute légitimité au président de la République. L'article 68 de la Constitution prévoit donc que le président « peut être destitué » « en cas de manquement à ses devoirs manifestement incompatible avec l'exercice de son mandat ». Les conditions ont été précisées par la loi organique n° 2014-1392 du 24 novembre 2014 (LO promulguée sept ans après l'adoption de la loi constitutionnelle...).

La destitution est suivie d'une élection. Elle a pour objet de mettre un terme au mandat. Même destitué, le président déchu pourra tenter de laver l'affront en se représentant devant les électeurs. La destitution du président ne le rend pas inéligible.

L'on peut parler de *responsabilité ultime* dans le sens où les conditions posées par la Constitution pour sanctionner le « manquement » à ses « devoirs » sont difficiles à satisfaire. L'article 68 dispose que « la destitution est prononcée par le Parlement constitué en Haute Cour ». Pour y parvenir, chaque assemblée doit voter une résolution à la majorité des deux tiers des membres la composant. Cette même majorité qualifiée est requise devant la Haute Cour. Un président ne peut donc pas être destitué sans accord de la majorité et de l'opposition. Autant dire, qu'en pratique, la procédure risque de ne pas arriver à son terme, sauf à ce que le président commette un acte si grave que sa présence à l'Élysée apparaisse intolérable. Dans ce cas, le chef de l'État aura certainement démissionné avant que la procédure n'aboutisse.

Ni justice pénale - ce qui explique que la *Haute Cour* n'est plus qualifiée *de Justice* - ni justice politique, la Haute Cour vise seulement à mettre un terme au mandat du président. La procédure présente pourtant des aspects pénal et politique. L'aspect pénal peut être présent lorsque le déclenchement de la procédure est justifié par la connaissance d'une infraction. Il apparaît également après la destitution parce que le président devient un citoyen ordinaire. Il peut être jugé par une juridiction pénale. De même, la motivation politique n'est jamais absente du déroulement de ce type de procédure. Comme l'a noté la commission Avril, au regard des exemples étrangers, si la mise en cause du président « peut avoir à l'origine une approche pénale, elle se transforme rapidement en une responsabilité d'une autre nature, dès qu'est enclenché le processus de jugement par la représentation nationale » (ex. B. Clinton aux États-Unis en 1998 ; F. Collor en 1992 et D. Rousseff en 2016 au Brésil).

La politisation de la procédure de destitution : l'exemple du Brésil

Cette procédure présente toujours une nature hybride (politico-judiciaire) parce que le motif pénal avancé peut être instrumentalisé à des fins politiques, comme l'atteste, au Brésil, la procédure engagée à l'encontre de la présidente Dilma Rousseff. Elle a été poursuivie pour le *délit de responsabilité* (« *delitos de responsabilidad* » : art. 52, *Constitución de la República Federativa del Brasil*). Le Parlement a estimé que la présidente, élue en 2010, avait menti sur l'état des finances publiques et du déficit brésilien, notamment en 2014 à l'occasion de sa réélection. Pour masquer l'ampleur du déficit, elle a fait supporter des dépenses étatiques par des banques publiques. Cette pratique était fort ancienne mais elle a été, en l'occurrence, qualifiée de crime de responsabilité. Dilma Rousseff a été destituée le 31 août 2016.

La Constitution brésilienne prévoit que la Chambre des Députés autorise, à la majorité des deux tiers, l'ouverture d'une procédure contre le président. Il appartient, ensuite, au Sénat d'« instruire le procès et de juger le président » (art. 52). Elle peut le destituer à la majorité des deux tiers. Les députés ont autorisé, le 17 avril 2016, le jugement de Dilma Rousseff. Le Sénat l'a suspendue de l'exercice de ses fonctions le 12 mai et l'a destituée le 31 août 2016. La procédure a été menée dans un climat politique délétère, sur fond de manifestations de masse et de règlements de comptes menés par des organisations politiques où régnait la corruption. Les considérations politiques ont prévalu durant la procédure[1].

1. M. Figueiredo, « Judiciarisation du processus de destitution de la présidente de la République devant la Cour suprême fédérale. Retour sur les "Pédalages fiscaux" et scandales de corruption au Brésil », *Constitutions* 2016, p. 252.

d. Un statut pénal déséquilibré

En France, la procédure de destitution n'a pas eu l'occasion d'être mise en œuvre. Les critiques portent sur les lacunes du statut pénal du président. Il semble inachevé.

– La principale critique porte sur le caractère unilatéral de la protection dont il bénéficie. Le président de la République ne peut faire l'objet d'une action judiciaire, mais il peut lui-même engager une action.

Cet aspect du statut pénal du président est apparu rapidement, après l'adoption de la loi constitutionnelle du 23 février 2007. Le président Nicolas Sarkozy a porté plainte à plusieurs reprises durant son mandat (il exerça, par exemple, six actions judiciaires en 2008). Il fut également partie civile dans l'affaire *Clearstream.*

La Cour de cassation a admis que « le président de la République, en sa qualité de victime, est recevable, en application de l'article 2 du code de procédure pénale, à exercer les droits de la partie civile pendant la durée de son mandat ». L'argument de la partialité a été écarté. Pour la Cour, « la seule nomination des juges par le président de la République ne crée pas pour autant une dépendance à son égard dès lors qu'une fois nommés, ceux-ci, inamovibles, ne reçoivent ni pressions ni instructions dans l'exercice de leurs fonctions juridictionnelles » (Cass., ass. plén., 15 juin 2012, n° 10-85.678).

De même, la Cour européenne des droits de l'homme considère que le président de la République peut exercer les droits de la partie civile durant son mandat. Cette action ne s'oppose pas au droit à un procès équitable (CEDH 18 oct. 2018, *Thiam c/ France*, n° 80018/12).

– À ces interrogations relatives à l'indépendance et à l'impartialité des magistrats s'ajoutent celles qui concernent la longueur des procédures relatives aux actes commis par le président en dehors de l'exercice des fonctions. Les délits ne sont jugés qu'après la fin du mandat. Le délai peut être très long (v. *supra*).

Les propositions de la Commission Jospin et ses suites

Le président de la République, François Hollande, a demandé à la *commission de rénovation et de déontologie de la vie publique* (dite *commission Jospin*) d'examiner « s'agissant du président élu, s'il y a lieu de faire évoluer son statut juridictionnel » ; ainsi que de se « prononcer sur les conséquences d'une suppression de la Cour de justice de la République (v. *infra*) » (lettre de mission du 16 juillet 2012).

En réponse, la commission Jospin a fait trois propositions dans son rapport remis le 9 novembre 2012. Elle a préconisé d'affirmer « le caractère exclusivement politique » de la procédure de destitution du président de la République (prop. n° 16). Pour cela, la Commission a recommandé de renoncer à l'expression de Haute Cour et suggéré d'utiliser le terme de Congrès (qui correspond déjà dans la Constitution à la réunion de l'ensemble des députés et sénateurs : *cf.* art. 18 et 89 de la Const.). La commission Jospin a également préconisé de mettre fin à l'inviolabilité du chef de l'État en matière pénale pour tous les actes qui n'ont pas été accomplis en sa qualité de président de la République (prop. n° 17). Il aurait donc pu être poursuivi et jugé au cours de son mandat (cet aspect de la réforme paraissait, pour le moins, délicat). Enfin, la commission Jospin a suggéré que fût supprimée l'inviolabilité du président de la République en matière civile (prop. n° 18). Des justiciables devraient pouvoir assigner le président devant un juge civil ordinaire (ex. tribunal de grande instance). La commission a considéré que cette possibilité devait être ouverte dès lors qu'était supprimée l'inviolabilité pénale du chef de l'État pour les actes qui relevaient de sa vie privée. En effet, l'inviolabilité du président en matière civile a été prévue par la loi constitutionnelle de 2007 pour éviter que les justiciables n'attaquassent le chef de l'État devant les juridictions civiles, à défaut de pouvoir le faire devant les juridictions pénales. Mais ce risque de contournement disparaissait dès lors que le chef de l'État pouvait être jugé par les juridictions pénales.

En réponse à ces préconisations, un projet de loi constitutionnelle *relatif à la responsabilité juridictionnelle du président de la République et des membres du Gouvernement* (n° 816) a été déposé à l'Assemblée nationale le 14 mars 2013. Le processus de révision constitutionnelle a été initié, mais il a été immédiatement mis en attente. La procédure suppose que le projet de révision soit adopté en termes identiques par les deux assemblées, approuvé par référendum, ou par le Congrès à la majorité des trois cinquièmes. Or, l'accord du Sénat est compliqué à obtenir, le référendum est difficile à organiser et le Congrès suppose l'accord de l'opposition[1].

1. *Bibl.* : O. Beaud, « La controverse doctrinale autour de la responsabilité pénale du président de la République », *RFDA* 2001. 1187 ; O. Beaud, « président et partie civile : une compatibilité problématique ? », *D.* 2012. 1916 ; O. Beaud, Ph. Lauvaux, « Sur le prétendu "impeachment à la française" », *D.* 2003. 2646 ; M. Poujol, « La constitution de partie civile du chef de l'État. État des lieux et perspectives », *RFDC* 2013, n° 94, p. 397 ; J. Martinez, « L'action en justice du président de la République : un citoyen comme un autre ? », *RFDC* 2014, n° 99, p. 533 ; F. Savonitto, « Un président enfin responsable politiquement. Enfin presque... », *Constitutions* 2014, p. 450 ; M. Verpeaux, « La destitution du président de la République peut être prononcée ! », *JCP A* 2014, n° 48, 2335 ; L. Baghestani, « Brève du constitutionnaliste : à propos de la loi organique du 24 novembre 2014 portant application de l'article 68 de la Constitution », *LPA*, 2015, n° 82, p. 4.

B ▪ La responsabilité des membres du gouvernement

Le régime de la responsabilité du Premier ministre et des ministres est conçu par opposition à celui du président de la République. Contrairement à celui-ci, les membres du gouvernement sont politiquement (1) et pénalement (2) responsables des actes accomplis dans l'exercice de leurs fonctions.

1. La responsabilité politique

Le gouvernement est solidairement responsable devant l'assemblée dont les membres sont élus au suffrage universel direct, c'est-à-dire l'Assemblée nationale. Cette responsabilité politique s'impose dans un régime parlementaire. Dès lors que « le Gouvernement détermine et conduit la politique de la nation » (art. 20 Const.), l'Assemblée nationale peut mettre « en cause » sa « responsabilité » (art. 49 et 50 Const.).

Une responsabilité collective. – L'Assemblée nationale ne peut pas révoquer un ministre. Elle censure le gouvernement dans son ensemble. Le gouvernement est un organe collégial. Ses actes engagent politiquement l'ensemble des ministres.

Pour cette raison, les décisions les plus importantes du pouvoir exécutif sont délibérées en Conseil des ministres. Présidé par le président de la République (art. 9 Const.), le Conseil des ministres réunit le Premier ministre, les ministres et les secrétaires d'État (ces derniers n'étant présents que lorsqu'ils sont concernés par l'ordre du jour). Il marque la solidarité de l'ensemble des membres du gouvernement à l'égard des textes qui lui sont présentés ou des procédures qui sont engagées (v. art. 13, 36, 38, 39, 49, et 74-1 Const.).

La responsabilité politique du gouvernement devant le Parlement est étudiée dans la Séquence 10.

2. La responsabilité pénale des membres du gouvernement

Jusqu'en 1993, les ministres qui commettaient des infractions dans l'exercice de leurs fonctions bénéficiaient d'un privilège de juridiction (v. N. Havas, *La responsabilité ministérielle en France*, Dalloz, 2012). Ils ne pouvaient être jugés que par la Haute Cour de justice. Composé de parlementaires, elle ne possédait pas l'impartialité requise pour s'acquitter de sa mission. Un ministre ne pouvait être renvoyé devant la Haute Cour de justice que par une décision adoptée dans les mêmes termes par les deux assemblées parlementaires. Cette procédure garantissait l'impunité des ministres.

Une exception a confirmé la règle. Une résolution, votée par l'Assemblée et le Sénat, a mis en accusation l'ancien ministre de la Coopération Christian Nucci dans l'affaire *du Carrefour du développement* (qui fut la première d'une longue série d'affaires politico-financières). Christian Nucci a cependant échappé à la Haute Cour de justice parce qu'il a bénéficié d'une loi d'amnistie de janvier 1990. L'action a été éteinte.

Cette absence de poursuite et de condamnation confirmait l'analyse de Benjamin Constant qui prédisait, en 1815, que « les ministres seront souvent dénoncés, accusés quelques fois, condamnés rarement, punis presque jamais » (*Principes de politique*, chap. IX, *De la responsabilité des ministres*, 1815 ; *in Écrits politiques*, Gallimard, 1997, p. 404).

Un scandale sanitaire national a conduit à une modification du statut pénal des ministres (a) et à la création de la Cour de justice de la République (b) dont l'existence est, malgré cette évolution, contestée (c).

a. L'affaire du *sang contaminé* et la nécessité de réviser la Constitution

L'*affaire du sang contaminé* a bouleversé l'opinion publique. Dans les années 1984-1985, le Centre national de transfusion sanguine (CNTS) a pris le risque de distribuer du sang susceptible d'être contaminé par le virus du sida à des personnes hémophiles. Il y eut de nombreux décès. Les ministres en charge de ces dossiers connaissaient le problème. L'opinion publique a réclamé que les ministres soient jugés. Pour cela, il convenait de réviser la Constitution pour permettre le jugement des ministres pour des actes relevant de leurs fonctions.

Changement de paradigme

Ce choix soulevait une question considérable. Peut-on admettre que les actes politiques accomplis par un ministre dans l'exercice de ses fonctions, et donc dans l'intérêt général, puissent être qualifiés d'infractions pénales et être sanctionnés par une autorité judiciaire, elle-même sans légitimité politique[1] ?

Et comment occulter la nature particulière de la décision politique lorsque son auteur doit faire prévaloir l'intérêt général et choisir entre des solutions dont les conséquences peuvent être négatives, voire dramatiques ?

Par exemple, lors de la crise sanitaire de Covid-19, les autorités exécutives ont été amenées à privilégier certains objectifs répondant à l'intérêt général au détriment d'autres objectifs : sauver des vies (en imposant, par ex., le confinement) ou l'économie (en autorisant, par ex., la réouverture des commerces) ? Ces choix ont causé des préjudices et certainement fait des victimes, mais ils devaient être effectués et assumés par les autorités politiques. En outre, comment occulter, durant cette même crise, la difficulté qu'ont rencontrée les autorités politiques à prendre position alors qu'elles étaient dépendantes de données scientifiques évolutives et d'informations remontées dans le cadre

1. O. Beaud, *Le sang contaminé - Essai critique sur la criminalisation de la responsabilité des gouvernants*, PUF, 1999.

de divers circuits administratifs ? Comment, dans ces conditions, faire supporter aux ministres la responsabilité pénale de ces décisions ?

Il n'y a pas de consensus sur les réponses à apporter à ces interrogations. La doctrine est restée divisée.

Mais, au début des années 90, lorsque la création de la Cour de justice est envisagée pour juger les ministres, un sentiment d'injustice prédominait. La pression politique et populaire était trop forte pour que la Constitution ne fût pas révisée.

b. La création de la Cour de justice de la République

La révision constitutionnelle du 27 juillet 1993 a inséré un titre X dans la Constitution intitulé : *« De la responsabilité pénale des membres du gouvernement »* (art. 68-1 à 68-3). Elle prévoit que l'action des ministres est régie par le droit pénal. Ils sont « pénalement responsables des actes accomplis dans l'exercice de leurs fonctions et qualifiés crimes ou délits au moment où ils ont été commis » (art. 68-1 al. 1er Const.). Ils sont jugés par une « Cour de justice de la République » (art. 68-1 al. 3) qui est « liée par la définition des crimes et délits ainsi que par la détermination des peines telles qu'elles résultent de la loi » (art. 68-1 al. 3).

Certaines de ces formules figuraient déjà à l'article 68 de la Constitution (ainsi qu'à l'art. 56 de la Const. de 1946 et, dans des termes moins précis, à l'art. 12 de la loi const. du 16 juill. 1875). Mais elles n'avaient pas d'intérêt pratique dans la mesure où les ministres n'étaient jamais traduits devant la Haute Cour. Les parlementaires ne le souhaitaient pas. En effet, l'innovation principale de la révision du 27 juillet 1993 résulte dans la possibilité donnée aux citoyens ordinaires de saisir la *Cour de justice de la République* (CJR).

La saisine de la CJR. - Toute personne qui a un intérêt à agir peut déposer plainte auprès de la commission des requêtes (art. 68-2 al. 2). Celle-ci examine l'affaire et peut transmettre la requête au procureur général près la Cour de cassation pour qu'il saisisse la commission d'instruction, qui renvoie l'affaire à la Cour de justice (art. 68-2 al. 3). Le procureur général peut également saisir d'office la Cour sur avis conforme de la commission des requêtes (art. 68-2 al. 4).

Composition de la Cour de justice. - Il ne s'agit pas d'une juridiction ordinaire. Sur les quinze juges, douze magistrats sont des parlementaires (6 députés et 6 sénateurs). La cour comprend également trois magistrats de la Cour de cassation (art. 68-2 al. 1er Const.). La présidence est assurée par un conseiller à la Cour de cassation (qui l'élit).

c. Le débat sur la suppression de la Cour de justice de la République

François Hollande, candidat à l'élection présidentielle de 2012, a déclaré que la composition de la Cour de justice de la République créait « un doute sur son impartialité ». Selon lui, « les ministres sont des citoyens comme les autres, ils seront donc soumis aux juridictions de droit commun » (*Le Monde*, 6 févr. 2012). Devenu président, il a demandé à la commission Jospin (v. *supra*) « de se prononcer sur les conséquences d'une suppression de la Cour de justice de la République ».

La suppression préconisée par la commission Jospin. – Dans son rapport, la commission a considéré que ce « privilège de juridiction » ne permettait pas de juger les ministres de façon impartiale. En outre, ce privilège faisait courir des risques de « discordance entre les décisions rendues par les juridictions répressives » lorsque la même affaire était examinée par un autre juge sur un autre fondement. La commission a donc recommandé que le ministre fût jugé par le tribunal correctionnel ou par la cour d'assises de Paris. La commission a préconisé qu'une commission collégiale de magistrats fût chargée d'instruire l'affaire pour tenir compte de la nature des actes. Le nombre de magistrats et de jurés en assises aurait également été augmenté. Enfin, la commission a suggéré que les victimes fussent parties au procès, ce qui n'est pas le cas actuellement devant la Cour de justice de la République. Les victimes pourraient ainsi se constituer « partie civile » et être présentes à l'audience comme les autres acteurs du procès.

Le projet de loi constitutionnelle du président Hollande. – Un projet de loi constitutionnelle *relatif à la responsabilité juridictionnelle du président de la République et des membres du Gouvernement* (n° 816) a été enregistré à l'Assemblée nationale le 14 mars 2013. Il prévoyait la suppression de la Cour de justice de la République et donc l'abrogation des articles 68-2 et 68-3 de la Constitution. Les ministres, selon le projet de loi constitutionnelle, sont jugés par les « juridictions de Paris (...) composées d'au moins trois juges » pour les actes accomplis dans l'exercice de leurs fonctions. Pour ces mêmes actes, ils ne peuvent être poursuivis qu'après « autorisation d'une commission des requêtes comprenant trois magistrats du siège à la Cour de cassation, deux membres du Conseil d'État et deux magistrats de la Cour des comptes ».

La procédure a été initiée mais le contexte politique n'a pas autorisé sa poursuite.

Après l'élection d'Emmanuel Macron, un nouveau projet a été présenté qui reprenait, sur ce sujet, un dispositif similaire.

Le projet de loi constitutionnelle du président Macron. – Le projet de loi constitutionnelle *pour une démocratie plus représentative, responsable et efficace* (n° 911) a été enregistré à l'Assemblée nationale le 9 mai 2018. Il prévoyait de supprimer la Cour de justice de la République. Les ministres étaient jugés par la Cour d'appel de Paris. Pour éviter les procédures abusives, une commission devait filtrer les requêtes (commission composée de trois magistrats de la Cour de cassation – dont l'un des membres la présiderait –, de deux membres du Conseil d'État et de deux magistrats de la Cour des comptes).

Ce projet distinguait les infractions relevant d'une juridiction judiciaire de droit commun, de celles relevant de la compétence de la Cour d'appel de

Paris. Il prévoyait que, pour les premières, « les membres du Gouvernement sont responsables, dans les conditions de droit commun, des actes qui ne se rattachent pas directement à l'exercice de leurs attributions, y compris lorsqu'ils ont été accomplis à l'occasion de l'exercice de leurs fonctions ». Pour les « crimes ou délits » commis « dans l'exercice de leurs fonctions », la responsabilité des ministres « ne peut être mise en cause à raison de leur inaction que si le choix de ne pas agir leur est directement et personnellement imputable ».

L'adoption de ce projet de loi constitutionnelle supposait l'accord du Sénat. Le contexte politique mouvementé n'a pas permis de l'obtenir.

Une nouvelle tentative a eu lieu. Le projet de loi constitutionnelle du 29 août 2019, qui a remplacé le projet de révision présenté en 2018, a repris ses dispositions sur la suppression de la Cour de justice de la République. Mais l'examen de ce texte a été rapidement suspendu. Son adoption par les deux assemblées en termes identiques et sa ratification par le Congrès paraissaient peu probables.

SÉQUENCE 7

Le statut des autorités exécutives

SITUATION 1

Controverse constitutionnelle : la « voie référendaire » de l'article 11

La « voie référendaire » a été empruntée par le général de Gaulle en 1962 lorsqu'il a proposé l'instauration de l'élection du président de la République au suffrage universel direct. Il a pris l'initiative de la révision de la Constitution alors qu'elle ne pouvait passer l'obstacle du Parlement (v. Séquence 7). Le projet de révision devait être « voté par les deux assemblées en termes identiques » selon l'article 89 alinéa 2 de la Constitution. L'accord des parlementaires était nécessaire. Or ils ne voulaient pas de l'élection du président au suffrage universel direct. Dans la mesure où la révision n'était politiquement pas envisageable par la voie de l'article 89, le général de Gaulle décida d'utiliser celle de l'article 11 de la Constitution.

L'article 11 ne figure pas au titre XVI de la Constitution relatif à « la révision ». En outre, l'article 11 ne fait pas référence aux lois constitutionnelles. Son alinéa 1er dispose que : « le président de la République (...) peut soumettre au référendum tout projet de loi portant sur l'organisation des pouvoirs publics [sur des réformes relatives à la politique économique ou sociale de la nation et aux services publics qui y concourent (en vertu de la loi const. du 4 août 1995)], ou tendant à autoriser la ratification d'un traité qui, sans être contraire à la Constitution, aurait des incidences sur le fonctionnement des institutions ». L'article 11 n'a donc pas été prévu pour l'adoption de lois constitutionnelles. Il a été conçu pour l'adoption de lois ordinaires.

L'explication du général de Gaulle. – Dans son allocution radio-télévisée du 20 septembre 1962, le général de Gaulle déclare que la Constitution « prévoit aussi, de la façon la plus simple et la plus claire, que le président de la République peut proposer au pays, par voie de référendum, tout projet de loi. Je souligne, tout projet de loi concernant l'organisation des pouvoirs publics. Ce qui englobe, bien évidemment, le mode d'élection du président ». L'article 11 permet donc aux citoyens d'intervenir pour modifier la Constitution et les compétences de ses organes. Ce fut, du moins, l'interprétation retenue par le Général.

Selon lui, les articles 11 et 89 de la Constitution distinguent la voie « référendaire » de la voie « parlementaire ». La première permet aux Français de s'exprimer directement. C'est une forme d'appel direct au Peuple. Il s'agit de la solution « la plus démocratique ». C'est aussi, selon le Général, « la plus justifiée, car la souveraineté nationale appartient au peuple et elle lui appartient évidemment, d'abord, dans le domaine constituant ». Et le Général de rappeler que « c'est du vote de tous les citoyens qu'a procédé directement notre actuelle Constitution ». La voie référendaire fait donc intervenir le Souverain qui est libre de modifier la constitution. Aucun obstacle ne peut lui être opposé.

Le Général rappelle les termes de l'article 3 de la Constitution lorsqu'il déclare que « le peuple exerce sa souveraineté, soit par ses représentants, soit par le référendum ». Les parlementaires peuvent donc participer à l'exercice de la souveraineté et, donc, au pouvoir constituant par la voie de l'article 89, alors que le peuple souverain peut exercer directement son pouvoir constituant par la voie du référendum.

Deux interprétations opposées. – Cette interprétation de l'article 11 de la Constitution retenue par le général de Gaulle a été vivement contestée. Deux interprétations ont été défendues :

– La première reposait sur la lettre de la Constitution. La révision devait se faire uniquement dans le cadre de la procédure prévue à l'article 89. L'article 11 ne concernait que l'adoption de lois ordinaires. La Constitution a donc été violée.

– La deuxième interprétation justifiait la constitutionnalité de la procédure par référence à la qualité de l'auteur de la révision. Les modalités de la révision constitutionnelle ne pouvaient pas s'imposer au peuple souverain. Celui-ci n'est pas un simple organe. Le Peuple intervient librement parce que le souverain a la compétence de sa compétence.

En tout état de cause, ce débat n'a pas empêché l'organisation du référendum. Il eut lieu le 28 octobre 1962. Le oui l'emporta.

La saisine du Conseil constitutionnel. – Le président du Sénat, Gaston Monnerville, soumit la loi constitutionnelle au Conseil constitutionnel pour empêcher sa promulgation. Il estima que le Conseil constitutionnel pouvait être saisi de cette loi référendaire parce que le projet présenté aux citoyens s'intitulait « projet de loi relatif à l'élection du président au suffrage universel ». Il s'agissait, selon Gaston Monnerville, d'une simple loi et non d'une loi constitutionnelle. Le président du Sénat a donc considéré qu'il pouvait déférer cette « loi » au Conseil constitutionnel au titre de l'article 61.

Le Conseil constitutionnel se déclare incompétent. – La délibération fait apparaître des divergences sur la recevabilité du recours au regard des termes de la saisine (v. *Les grandes délibérations du Conseil constitutionnel*, Dalloz, 2e éd., p. 113). Dans sa décision, le Conseil constitutionnel reconnaît la difficulté. Il souligne que l'article 61 de la Constitution lui donne mission d'examiner les lois organiques et les lois ordinaires « sans préciser si cette compétence s'étend à l'ensemble des textes de caractère législatif, qu'ils aient été adoptés par le peuple à la suite d'un référendum ou qu'ils aient été votés par le Parlement, ou si, au contraire, elle est limitée seulement à cette dernière catégorie ». Cependant, le Conseil constitutionnel considère qu'« il résulte de l'esprit de la Constitution qui a fait du Conseil constitutionnel un organe régulateur de l'activité des pouvoirs publics que les lois que la Constitution a entendu viser dans son article 61 sont uniquement les lois votées par le Parlement et non point celles qui, adoptées par le Peuple à la suite d'un référendum, constituent l'expression directe de la souveraineté nationale » (déc. n° 62-20 DC du 6 nov. 1962, cons. 2).

Gaston Monnerville déclara que « le Conseil constitutionnel venait de se suicider ». Force est de constater que le Conseil a survécu à cette séquence. Il a même confirmé sa jurisprudence. Dans sa décision du 23 septembre 1992 relative au référendum sur le traité de Maastricht, le Conseil constitutionnel a de nouveau considéré qu'il ne lui appartenait pas d'apprécier la constitutionnalité de lois qui « constituent l'expression directe de la souveraineté nationale » (déc. n° 92-313 DC du 23 sept. 1992, cons. 2)[1]. Cette position a également été confirmée pour l'examen *a posteriori* des lois référendaires en réponse à une question prioritaire de constitutionnalité (déc. n° 2014-392 QPC du 25 avr. 2014, cons. 8).

Une procédure établie par l'usage ? – Le général de Gaulle a de nouveau utilisé l'article 11 pour l'organisation du référendum du 27 avril 1969. Cette interprétation s'est inscrite dans l'*esprit* de la constitution gaulliste.

Elle semble s'être imposée au fil du temps (v. Nguyen Van Tuong, « La connexité des articles 11 et 89 de la Constitution », *D.* 1995. 143). Les oppositions initiales ont perdu de leur vigueur avec le temps. Ainsi, le président Mitterrand a-t-il admis en 1988 que « l'usage établi et approuvé par le peuple peut désormais être considéré comme l'une des voies de la révision, concurremment avec l'article 89 »[2]. Pourtant, François Mitterrand avait dénoncé en 1964 « le subterfuge de l'article 11 ». Il « ne pouvait tromper aucun juriste » même s'il avait « trompé le peuple »[3].

La controverse n'est pas close. – Toutes les institutions de la République n'ont pas entériné cette interprétation de l'article 11. Le Conseil d'État continue à distinguer « les référendums par lesquels le peuple français exerce sa souveraineté, soit en matière législative dans les cas prévus par l'article 11 de la Constitution, soit en matière constitutionnelle comme le prévoit l'article 89 » (CE, ass., 30 oct. 1998, *Sarran,*

1. P. Taillon, *Le référendum expression directe de la souveraineté du peuple ?*, Dalloz, 2012.

2. F. Mitterrand, entretiens avec O. Duhamel, *Pouvoirs*, n° 45, avr. 1988, p. 138.

3. F. Mitterrand, *Le coup d'État permanent*, Plon, 1964, rééd. UGE 1993. 160.

n° 200286 ; *GAJA*, 20e éd., 2015, n° 96).

En outre, les conditions établies par la loi constitutionnelle de 2008 pour l'organisation d'un référendum d'initiative partagée conduisent à s'interroger sur cette interprétation de l'article 11. Pourquoi prévoir dans la Constitution des conditions à l'organisation d'un référendum si l'on considère que l'Exécutif peut appeler le peuple à s'en dispenser ?

SITUATION 2

La présentation des candidats à l'élection présidentielle

Le président de la République est élu « au suffrage universel direct » (art. 6 Const.). Tout citoyen peut se présenter à l'élection présidentielle si sa candidature satisfait les conditions posées par la loi. Le scrutin est en apparence ouvert. Il suffit d'avoir dix-huit ans et de remplir les conditions générales d'éligibilité prévues pour les autres élections (C. élect., art. L.O. 127). Cependant, sans le soutien d'un parti politique, peu de citoyens peuvent espérer obtenir le parrainage des cinq cents élus. Cet obstacle est difficile à franchir. Il est controversé.

» La sélection du candidat à la candidature

Un candidat peut se présenter à l'élection présidentielle sans être investi par un parti politique. L'idée est même souvent avancée que l'élection présidentielle constitue le point de rencontre d'un candidat et de la nation. Le soutien d'un parti politique n'a, par exemple, pas été déterminant pour le général de Gaulle, ou pour Emmanuel Macron. Mais, en dehors de ces contre-exemples, il est difficile de se présenter avec quelque chance de succès sans l'investiture préalable ou, à tout le moins, le soutien d'une formation politique. Elle offre des moyens pour organiser la campagne et les appuis nécessaires à l'obtention des parrainages. Le soutien d'une formation politique est également indispensable pour l'organisation des élections législatives qui suivent l'élection présidentielle (par ex., pour gouverner, le général de Gaulle a eu besoin du soutien de *l'UNR* et Emmanuel Macron a dû constituer *LaRem*).

Les partis politiques investissent leur candidat à l'élection présidentielle selon des procédures qui varient. Le candidat peut être choisi directement et investi par le *congrès* du parti. Les modalités sont variées. La désignation peut aussi être organisée dans le cadre de *primaires*. Elles sont *ouvertes* lorsqu'elles autorisent les citoyens à participer à la désignation des candidats. Elles sont *fermées* lorsque le vote est réservé aux adhérents.

Le choix discuté des primaires. – Ce mode de sélection des candidats répond à l'évolution des partis politiques. La faiblesse idéologique des formations politiques et l'absence de leadership ont favorisé l'organisation de primaires. Les candidats ne s'imposent plus naturellement dans les anciens partis. Les instances dirigeantes peinent à établir un projet de société. Les fondateurs du parti ne le dirigent plus. La campagne des primaires permet de sélectionner un nouveau leader et d'établir un programme pour la campagne électorale.

En 2017, la médiatisation de ce mode de sélection fut telle que la primaire est apparue comme la première phase de l'élection présidentielle. Elle n'a pourtant pas été organisée par toutes les formations politiques.

En outre, un candidat, qui refuserait de participer à une primaire, pourrait se présenter à l'élection présidentielle[1]. En 2017, ce fut le cas d'Emmanuel Macron. Sa candidature victorieuse a été soutenue par un parti qu'il avait fondé et qui avait, à l'époque, pour principale vocation de le porter à la présidence de la République (EM = En Marche = Emmanuel Macron). Le programme d'action de ce parti, créé en avril 2016, était orienté vers cet objectif.

De surcroît, ce processus s'est avéré catastrophique pour les *partis* dits *de gouvernement* lors de la campagne électorale de 2017. Leurs candidats ont été éliminés au premier tour de l'élection présidentielle, alors que les deux candidats présents au second tour, Emmanuel Macron et Marine Le Pen, n'ont pas été investis à l'issue de primaires.

– François Fillon a remporté largement les primaires *de la droite et du centre* en novembre 2016. Il fut discrédité par une affaire, mais il refusa de renoncer au bénéfice de sa désignation. Il entraîna son camp dans la défaite. Pourtant, l'alternance, qui s'était souvent réalisée depuis 1981, donnait à penser que la droite était favorite à cette élection.

– À gauche, cet échec ne profita pas à la majorité socialiste, déjà affaiblie par la décision du président de la République sortant ne pas se représenter. Pour le Parti socialiste, la primaire a également eu des effets délétères. La popularité du candidat, qui avait gagné en janvier 2017 les *primaires citoyennes*, s'est effondrée. Mais il ne se désista pas. Benoît Hamon a obtenu un score de 6,35 % à l'élection présidentielle.

Les effets des primaires interrogent. Ils sont paradoxaux. Les primaires donnent une légitimité populaire au candidat qui interdit au parti de le contrôler. Le parti devient l'otage de son candidat quelles que soient les circonstances.

» Le système du parrainage

Des parrainages sont requis. Les conditions dans lesquelles le candidat d'une formation politique a été investi n'ont pas d'incidence sur le respect de cette obligation.

Ce filtre a été établi pour limiter le nombre de candidats. Le déroulement de la campagne électorale serait, en effet, perturbé par un excès de candidats. Il serait impossible d'organiser une campagne dans des

1. V. *Les primaires* (dossier), *Pouvoirs*, n° 154, sept. 2015.

conditions sérieuses si des dizaines ou des milliers de candidats se présentaient. Ils ne pourraient pas bénéficier d'un temps de parole équivalent sauf à autoriser une libre expression des candidats en fonction des attentes des médias. En pratique, cette solution serait très défavorable aux petits candidats. Le financement public de la campagne électorale serait également fragilisé par un nombre élevé de candidats. Il obligerait à réduire le montant du financement ou, au contraire, à autoriser un libre financement.

Le candidat à l'élection présidentielle doit être présenté par au moins cinq cents élus membres du Parlement, des conseils régionaux et départementaux, ou des maires, maires délégués et maires des arrondissements de Paris, Lyon et Marseille. Les présidents de certaines intercommunalités peuvent également avoir la qualité de « parrain » d'un candidat, ainsi que les députés français du Parlement européen (pour une présentation exhaustive : v. art. 3 de la loi n° 62-1292 du 6 nov. 1962).

Un candidat doit avoir une dimension nationale. Un candidat ne doit pas être seulement présenté par les élus d'un territoire. Sa vocation n'est pas de défendre des intérêts locaux. Les signatures doivent donc provenir d'au moins trente départements ou collectivités d'outre-mer, sans que plus d'un dixième d'entre eux puissent être les élus d'un même département ou d'une même collectivité d'outre-mer. Ce système de *parrainage* vise à limiter le nombre de candidatures. L'égalité de traitement entre les candidats n'a de sens que si leur nombre est limité.

Ce système de *parrainage* est dénoncé par les candidats qui ne bénéficient pas du soutien d'un réseau d'élus. L'obtention des cinq cents signatures est une préoccupation importante pour les petits candidats. Ils dépensent beaucoup de temps et d'énergie à obtenir les signatures nécessaires.

Le système des parrainages fait naître des interrogations. Il permet de limiter le nombre de candidats présents au premier tour (il était de six à l'élection présidentielle de 1965, sept en 1969, douze en 1974, dix en 1981, neuf en 1988, neuf en 1995, seize en 2002, douze en 2007, dix en 2012 et onze en 2017). Mais ce système crée des difficultés pour des candidats qui disposent d'une certaine légitimité mais qui ne bénéficient pas du soutien des élus, alors qu'il n'empêche pas des candidatures assez peu représentatives, pour ne pas dire insolites, d'être validées.

Ce système oblige les candidats à organiser une précampagne pour l'obtention des signatures. Elle ouvre la voie à des tractations ; la « chasse aux signatures », comme l'a décrite Guy Carcassonne, « nuit quelque peu à la dignité des chasseurs, parfois à celle du gibier »[1].

Critiqué, ce système a été contesté devant le Conseil constitutionnel.

» La présentation d'un candidat n'est pas l'expression d'un suffrage

Marine Le Pen, candidate à l'élection présidentielle de 2012, a soulevé une

1. G. Carcassonne, « nuit quelque peu à la

question prioritaire de constitutionnalité parce qu'elle contestait la conformité à la Constitution de la loi n° 62-1292 du 6 novembre 1962, modifiée notamment par la loi organique n° 76-528 du 18 juin 1976. La loi impose la publication du nom des cinq cents parrains, ce qui peut dissuader nombre d'élus à donner leur signature à certains candidats.

Le Conseil constitutionnel s'est prononcé sur la publicité du parrainage. Elle semblait heurter l'article 3 de la Constitution selon lequel « le suffrage » est « toujours » « secret ». Le Conseil constitutionnel a considéré que la question ne se posait pas en ces termes. Selon lui, « la présentation de candidats par les citoyens élus habilités ne saurait être assimilée à l'expression d'un suffrage ». Le parrainage n'est pas un vote. La règle du secret ne s'applique donc pas. Le Conseil constitutionnel estime même que la publicité favorise « la transparence de la procédure ».

Le Conseil constitutionnel a également dû se prononcer sur la composition de la liste publiée des signataires. Les candidats ne reçoivent pas seulement cinq cents signatures. Leur nombre de signatures est plus élevé (dans des proportions qui varient selon les candidats). Pour assurer une égalité de traitement entre les candidats, le nombre de signatures publiées avait été limité (avant la LO du 25 avril 2016, v. *infra*) à cinq cents pour ne pas donner l'impression que la légitimité des candidats disposant d'un grand nombre de parrainages était plus élevée. Les signatures étaient donc choisies par tirage au sort. Le Conseil constitutionnel a considéré qu'il n'avait pas à substituer son appréciation à celle du législateur, mais il a souligné que ce système faisait apparaître « une différence de traitement » entre les parrains « en ce que la probabilité de voir leur nom et leur qualité publiés varie en fonction du nombre de présentations dont les candidats ont fait l'objet » (Cons. const. déc. n° 2012-233 QPC du 21 févr. 2012).

» La proposition du *parrainage citoyen* et la réponse du législateur

Le débat sur la publicité des parrainages précède chaque élection présidentielle. Il concerne les candidats mais aussi les nombreux maires sans étiquette des petites communes rurales qui hésitent à parrainer un candidat et à afficher une orientation politique (14 296 parrainages ont été accordés pour la présentation des candidats en 2017, alors que le nombre d'élus concernés s'élevait à 45 000 environ).

Les élus ne peuvent contourner la difficulté en procédant à un tirage au sort public pour attribuer leur signature. Avant les élections présidentielles de 2007 et 2012, le Conseil constitutionnel a rendu public un communiqué précisant qu'il ne tiendrait pas pour valides les signatures attribuées par tirage au sort. Il reste que ce système de présentation des candidats est décrié parce qu'il peut entraîner, comme l'a relevé le Comité Balladur, « de la part des candidats à la candidature, de véritables cam-

dignité des chasseurs, parfois à celle du gibier », *La constitution*, Seuil, 2014, p. 67.

pagnes de démarchage, dont le moins que l'on puisse dire est qu'elles ternissent l'image de la démocratie ».

Pour résoudre cette difficulté, tout en limitant le nombre de candidatures, le Comité Balladur a proposé de remplacer le parrainage par une pré-sélection des candidats par un collège de cent mille élus (proposition n° 15). La proposition n'a pas été reprise par le législateur. Par la suite, la commission Jospin a proposé d'instaurer un parrainage par les citoyens (prop. n° 1). Un seuil de 150 000 signatures obtenues dans au moins 50 départements aurait été institué. Notons que ce type de dispositif est prévu dans certaines constitutions. Par exemple, le candidat à l'élection présidentielle polonaise « est présenté par au moins 100 000 électeurs » (art. 127, Const. de la Rép. de Pologne). Au Portugal, la Constitution prévoit que « les candidatures aux élections présidentielles sont présentées par au moins 7 500 citoyens électeurs et au plus par 15 000 » (art. 124).

En France, les pétitions ouvertes aux citoyens inquiètent (les consultations également). La réaction a donc été négative. Le président Hollande a renoncé « au parrainage citoyen pour l'élection présidentielle » en raison « de la difficulté de sa mise en œuvre » (vœux au Conseil constitutionnel, du 7 janv. 2013). Le Parlement s'est contenté d'une loi organique améliorant le système des parrainages.

La loi organique n° 2016-506 du 25 avril 2016 *de modernisation des règles applicables à l'élection présidentielle*. – La loi organique actualise les modalités de présentation des candidats. Elle mentionne de nouvelles catégories d'élus locaux dans la liste des « parrains » (ex. présidents de métropole, ou conseillers métropolitains de Lyon). Une solution radicale est également adoptée. Le législateur a décidé de rendre public l'ensemble des signatures des élus. La liste n'est plus limitée à cinq cents signatures tirées au sort. La transparence est complète. La loi organique améliore également les conditions matérielles de présentation des candidatures (qui doivent être rédigées sur des formulaires signés et adressés par leur auteur au Conseil constitutionnel pour mettre un terme à d'étranges pratiques consistant pour les bénéficiaires et leurs équipes à collecter et remettre eux-mêmes les signatures) (v. R. Rambaud, « Le paquet de modernisation électorale », *AJDA* 2016. 1285).

SITUATION 3

Lorsque le président ne s'exprime pas au nom de tous les Français

Le chef de l'État est, selon la formule convenue, *le président de tous les Français*. Il n'est pas le représentant des forces politiques qui ont favorisé son élection. Il est, selon la conception gaulliste, « placé au-dessus des partis ».

La parole du président a donc longtemps échappé à la comptabilisation du temps alloué à l'Exécutif dans les médias audiovisuels. Le président n'était pas concerné par la règle dite des « trois tiers » qui résultait d'une directive de l'Office de la radiodiffusion télévision française (ORTF) du 12 novembre 1969. Les médias devaient proposer un temps de parole équivalent au gouvernement, à la majorité et à l'opposition. La règle a été affinée par la suite. Les « personnalités appartenant à des formations non représentées au Parlement » se sont également vues reconnaître un temps de parole en vertu d'une délibération du Conseil supérieur de l'audiovisuel (CSA) du 8 février 2000. Cette catégorie ne comprenait pas le président de la République qui pouvait s'exprimer librement.

Ce privilège accordé au président de la République peut paraître étrange au regard de la pratique institutionnelle. Dans un régime parlementaire à hégémonie présidentielle, il est étonnant de ne pas comptabiliser le temps accordé au président ; il se comporte comme le chef de la majorité présidentielle.

Cette critique a été formulée par le comité Balladur. Il a considéré qu'il s'agissait d'une « anomalie » et a recommandé que « les interventions du président de la République soient comptabilisées avec celles du Gouvernement » (prop. n° 13, rapport oct. 2007). Les interventions du président dans les médias polarisent l'attention. Elles peuvent nuire à l'expression des courants d'idées et d'opinions.

Principe constitutionnel du pluralisme des opinions. – Le Conseil constitutionnel a souligné l'importance du « principe du pluralisme des courants d'idées et d'opinions ». Ce principe est « un fondement de la démocratie » (déc. n° 2012-233 QPC du 22 févr. 2012, cons. 4). Plusieurs dispositions de valeur constitutionnelle induisent ce pluralisme (art. 11 DDHC, art. 34 Const.) ou le consacrent. L'article 4 alinéa 3 de la Constitution dispose que « la loi garantit les expressions pluralistes des opinions et la participation équitable des partis et des groupements politiques à la vie démocratique de la Nation ».

Le respect du pluralisme dans les médias pose la question de la place réservée au président de la République dans le débat public.

La « place » du « chef de l'État ». – Le Conseil d'État a répondu à plusieurs questions relatives à la comptabilisation du temps de parole des formations politiques avant de se prononcer sur le statut du président dans les médias.

– La haute juridiction administrative a apporté des précisions sur le droit de réponse de l'opposition aux interventions du gouvernement. Il a considéré qu'il appartenait à l'autorité de régulation d'apprécier les mesures propres à assurer le respect de la règle (v. *supra*) des *trois tiers* (CE, ass., 20 mai 1985, *Labbé et Gaudin*, n° 64146). De même, il a jugé que cette règle était légale sous réserve de ne pas écarter les courants qui ne se rattachent ni à la majorité ni à l'opposition parlementaire (CE 7 juill. 1999, *Front national*, n° 198357).

– Le Conseil d'État s'est prononcé sur la prise en compte du temps de parole du président dans le cadre de la campagne référendaire de 2005. Le président Chirac était intervenu dans le débat et avait défendu le *traité portant constitution pour l'Europe*. La requête présentée au Conseil d'État portait sur une partie de la délibération du CSA du 22 mars 2005 relative au traitement de l'actualité liée au référendum. Le Conseil d'État l'a rejetée. Il a estimé que le CSA avait « exclu à bon droit la prise en compte dans ce cadre des interventions du président de la République ». Dans un considérant de principe, le Conseil d'État justifie ce traitement réservé au président « en raison de la place qui, conformément à la tradition républicaine, est celle du chef de l'État dans l'organisation constitutionnelle des pouvoirs publics » ; « le président de la République ne s'exprime pas au nom d'un parti ou d'un groupement politique » (CE 13 mai 2005, *Hoffer*, n° 279259).

Dans cet arrêt, le Conseil d'État ne s'est pas prononcé sur l'exclusion du temps de parole du président de la règle *des trois tiers* hors campagne électorale. L'affaire portait sur l'accès des formations politiques aux médias en période électorale et sur le refus d'intégrer le président à celles-ci. Le Conseil d'État a ainsi pu apporter de nouvelles précisions quatre ans plus tard sur le temps de parole du président.

L'évolution du contexte. – Le débat a été de nouveau ouvert après l'élection de Nicolas Sarkozy. Ses termes étaient différents. Le nouveau président était très présent dans les médias. Sa parole était relayée par ses collaborateurs qui se sont largement exprimés à la radio et à la télévision.

Le contexte était particulier. Il était marqué par une *hyperprésidence* (v. Séquence 6) qui se traduisait par une omniprésence médiatique. Le rapporteur public Catherine de Salins a ainsi relevé que la parole présidentielle « représentait en moyenne 7 % du temps de parole total mesuré des personnalités politiques entre 1989 et 2005 sur les trois chaînes faisant l'objet de la mesure (TF1, France 2 et France 3) » alors qu'« elle a dépassé le seuil de 20 % pendant les quatre trimestres allant de juillet 2007 à juin 2008 dans le même périmètre [respectivement 17,7 %, 20,3 %, 20,7 % et 24,1 % pour chaque trimestre] avant de redescendre à 13,4 % puis 11 % au second semestre de l'année 2008 » : concl. sur l'arrêt du CE 8 avr. 2009, *RFDA* 2009. 351.

Dans cet arrêt, le Conseil d'État interprète de façon pragmatique le temps de parole du président.

L'arrêt *Hollande et Mathus*. – L'arrêt du 8 avril 2009 n'est pas un revirement de jurisprudence. Le Conseil d'État a maintenu son considérant de principe : « le président de la République ne s'exprime pas au nom d'un parti ou d'un groupement politique ». Toutefois, le Conseil d'État précise que « ses interventions et celles de ses collaborateurs » peuvent, « selon leur contenu et leur contexte », participer « au débat politique national ». Il annule donc la délibération du CSA qui excluait toute forme de prise en compte des interventions du président de la République dans l'appréciation du respect du pluralisme politique par les médias audiovisuels (CE, ass., 8 avr. 2009, *Hollande et Mathus*, n° 311136, v. C. de Salins, « Les interventions du président de la République et l'audiovisuel », *RFDA* 2009. 351). En réponse, le CSA a précisé, dans une délibération n° 2009-34 du 3 juin 2009, que les services de télévision et de radio devaient prendre en compte les interventions du président de la République qui, « en fonction de leur contenu et de leur contexte, relèvent du débat politique national » ; les « réactions à ces interventions » ne doivent pas être « imputées sur les temps de parole des opposants dès lors qu'elles sont diffusées dans les deux jours suivants ». Le CSA a également demandé que soient prises en compte dans les mêmes conditions, les « interventions des collaborateurs du président de la République ».

Quelles interventions comptabiliser ?. – Toute intervention du président ne s'inscrit pas dans le cadre du « débat politique national ». Par exemple, une conférence de presse du président à l'étranger ne relève pas *a priori* de cette catégorie (même si elle l'est parfois). À l'inverse, la participation du président à une émission d'information relève souvent d'une démarche politique. Elle est assumée.

La différence de nature entre les interventions est difficile à établir. Il existe une multitude d'hypothèses (déclarations, vœux, déplacements, réceptions, messages...) qui ne sont pas des interventions politiques par nature mais qui le deviennent fréquemment. Le rapporteur public Catherine de Salins avait relevé la difficulté : en répondant « que les interventions du président de la République ne peuvent être radicalement exclues, vous aurez fait le plus facile. La difficulté réside en réalité dans la définition des modalités de leur prise en compte ». Mme Salins avait donc préconisé que, « dans le silence de la loi et à moins que le législateur ne s'empare de cette question, c'est au CSA qu'il appartiendra de trancher cette délicate question » (conclusions, *RFDA* 2009. 351). Le Conseil d'État a, en effet, précisé dans son arrêt du 8 avril 2009 qu'il convient de prendre en considération les interventions du président et de ses collaborateurs « selon leur contenu et leur contexte ». La nature de l'intervention du président et de ses collaborateurs doit être appréciée au cas par cas. Il appartient au CSA de déterminer les critères de prise en compte de ce temps de parole, ainsi que les conditions de réplique de l'opposition. Il convient de lui laisser une large marge d'appréciation parce que les modes d'intervention sont évolutifs (v. délibération du CSA n° 2017-62 du 22 novembre 2017 *relative au principe de pluralisme politique dans les services de radio et de télévision*).

SITUATION 4

Cour de justice de la République : sept procès et des interrogations persistantes

Les ministres peuvent être jugés par la Cour de justice de la République instituée par la loi constitutionnelle du 27 juillet 1993 pour des crimes ou délits accomplis dans l'exercice de leurs fonctions (v. *supra*, Séquence 7). Sept procès se sont tenus depuis 1993. Ils n'ont pas permis de lever les doutes que la création de cette institution a suscités. Selon les affaires, les procès ont donné à penser que cette instance était un mauvais compromis, qu'elle était inutile, ou, au contraire, qu'elle était nécessaire, ou même indispensable.

» Le procès sur l'affaire du sang contaminé (1999)

Un Premier ministre, Laurent Fabius, et deux ministres, Georgina Dufoix et Edmond Hervé, ont été poursuivis devant la Cour de justice de la République (CJR) dans l'affaire du sang contaminé. Ils l'ont été pour « homicides involontaires et atteintes involontaires à l'intégrité des personnes ». Par un arrêt du 9 mars 1999, la CJR a relaxé Laurent Fabius en soulignant qu'il avait, en sa qualité de Premier ministre, « contribué à accélérer le processus de décision » sur le dépistage obligatoire des donneurs de sang. La CJR a relaxé Georgina Dufoix, ministre des Affaires sociales ; « bien que disposant d'une délégation générale de pouvoirs au titre de l'article 21 de la Constitution pour l'ensemble des problèmes relevant de son ministère », elle « s'en est remise au secrétaire d'État à la Santé, placé sous son autorité ».

La motivation de l'arrêt concernant Edmond Hervé est plus ambiguë. La CJR a estimé que le secrétaire d'État à la Santé n'était pas responsable d'une situation qui relevait « essentiellement de l'organisation de la transfusion sanguine à l'époque des faits ». Pour autant, la CJR a considéré qu'il avait « commis une faute d'imprudence ou de négligence et un manquement à une obligation de sécurité ou de prudence ». Il n'a pas pris les mesures d'accompagnement qui s'imposaient. Il s'est abstenu de donner les instructions qui auraient pu empêcher le décès ou l'incapacité totale de travail de deux victimes. La CJR a déclaré Edmond Hervé coupable pour ces faits. Cependant, elle l'a *dispensé de peine* (par application de l'art. 469-1 C. pr. pén.).

Cette dispense de peine a été critiquée. Elle concerne habituellement les petits délits. Elle est accordée lorsque le trouble a disparu et que le reclassement de l'auteur de l'infraction est acquis. Dans cette affaire, la CJR n'a pas semblé assumer les conséquences de la constatation de l'infraction. Pour justifier la dispense de peine, la Cour a évoqué la longueur de la procédure (« quinze ans se sont écoulés depuis les faits et cinq ans entre la mise en mouvement de l'action publique » et le jugement). Elle a également relevé « qu'au cours de ces années de nombreuses thèses se sont opposées au sujet de l'affaire du sang contaminé » sans que les ministres « aient été en mesure de se défendre ». La CJR a précisé que « dans un tel contexte, Edmond Hervé n'a pu bénéficier totalement de la présomption d'innocence, en étant soumis, avant jugement, à des appréciations souvent excessives, comme c'est trop fréquemment le cas pour d'autres justiciables ». Il reste que « ces autres justiciables » auxquels la Cour fait référence sont rarement dispensés de peine...

D'autres critiques ont lourdement pesé sur ce procès. La présidence de la Cour a posé problème[1]. En outre, le procès a dérouté les victimes qui n'avaient pas la qualité de partie civile. Elles n'ont eu le droit d'assister aux débats qu'en qualité de spectateur.

Ce procès a fait apparaître le privilège de juridiction dont bénéficient les ministres. Le procès est apparu utile pour apaiser les esprits, mais le sentiment de justice n'a pas été partagé.

» Un procès pour une plainte en diffamation (2000)

Les adversaires de la Cour de justice de la République peuvent utiliser cette affaire pour la critiquer. Ce jugement était totalement inutile. Ségolène Royal a été traduite devant la CJR pour « complicité de diffamation envers des fonctionnaires publics ». Ministre déléguée à l'enseignement scolaire, elle avait dénoncé des actes de bizutage dans une classe préparatoire à l'école vétérinaire du lycée Thiers de Marseille. Ils avaient été commis par des élèves sans que les enseignants responsables des élèves aient réagi. Les enseignants ont considéré qu'ils avaient été diffamés. Ils ont porté plainte. À l'audience, l'avocat général a, cependant, considéré que les enseignants avaient « tacitement permis l'organisation des rapports de domination ».

Le 16 mai 2000, la Cour de justice a relaxé Mme Royal. Ce procès n'avait pas de raison d'être. Il n'aurait assurément pas dû être organisé. On peut s'étonner que le filtre n'ait pas fonctionné et que la requête n'ait pas été rejetée.

» Le procès pour escroquerie au préjudice de l'État (2004)

Cette fois, ce sont les partisans de la Cour de justice qui peuvent évoquer

1. Daniel Soulez Larivière, « La Cour de justice de la République et l'affaire du sang contaminé », *Pouvoirs*, n° 92, p. 91 ; Vincent Olivier, « Un président d'exception... », *L'express*, 18 févr. 1999 ; « Christian Le Gunehec : un tâcheron du droit », *Le Point*, 6 févr. 1999.

cette affaire pour montrer que l'institution est indispensable. Un ministre peut se comporter comme un délinquant dans l'exercice de ses fonctions. Il mérite alors d'être jugé pour les délits commis.

Michel Gillibert fut secrétaire d'État aux Personnes handicapées sous la présidence de François Mitterrand. Il a profité de ses fonctions pour détourner 8,5 millions de francs alloués par l'État à des associations fictives d'aide aux handicapés. Par un arrêt du 7 juillet 2004, la Cour de justice l'a condamné à trois ans d'emprisonnement avec sursis et à 20 000 € d'amende.

» Le procès pour malversations financières (2010)

Cette affaire plaide également en faveur de l'existence de la Cour de justice si l'on considère qu'elle constitue la seule voie à une condamnation.

Charles Pasqua a été poursuivi pour des malversations. Plusieurs dossiers ont été instruits. Ils ont montré qu'un ministre de l'Intérieur pouvait utiliser ses fonctions pour commettre des délits financiers. Le 29 avril 2010, l'avocat général, Yves Charpenel, a requis quatre ans de prison ferme (dont deux ans avec sursis), réclamé 200 000 euros d'amende et l'interdiction d'exercer ses mandats électifs. L'ancien ministre de l'Intérieur Charles Pasqua a été condamné le 30 avril 2010 par la Cour de justice à un an de prison avec sursis pour des détournements de fonds au préjudice de la *Sofremi* (société de vente de matériel de sécurité placée sous la tutelle du ministère de l'Intérieur). En revanche, la Cour a relaxé Charles Pasqua pour les affaires du casino d'Annemasse et de la *GEC-Alsthom*.

Il ressort de l'instruction que les preuves sont difficiles à apporter dans une affaire aussi complexe. On peut également se demander si le privilège de juridiction est justifié.

» Un procès pour « négligence » (2016)

Dans ce procès, la difficulté posée par la distinction entre la qualification pénale de l'infraction et l'aspect politique de l'affaire apparaît clairement. La « négligence » reprochée à Christine Lagarde a été réalisée dans l'exercice de ses fonctions dans un contexte qui ne permettait pas de penser qu'elle intervenait librement.

Avant d'être directrice générale du *Fonds monétaire international*, Christine Lagarde a occupé la fonction de ministre de l'Économie sous la présidence de Nicolas Sarkozy. Elle a été traduite en cette qualité, dans l'affaire *Tapie-Adidas*, devant la CJR pour avoir validé des arbitrages aussi inhabituels qu'onéreux pour l'État. Ils ont accordé à Bernard Tapie des indemnités dont le montant s'élevait à 405 millions d'euros.

Dans un arrêt du 17 février 2015, la cour d'appel de Paris a ordonné la rétraction des sentences arbitrales. Des liens sont apparus entre l'homme d'affaires, son conseil et un arbitre qui aurait circonvenu les deux autres. Cet arbitrage a paru pour le moins étonnant. Il a été rendu en défaveur de l'État après une victoire judiciaire de l'État. Il est également apparu douteux au regard, notamment, du montant du préjudice moral accordé à Bernard Tapie[1]. L'arbitrage a pourtant été validé par le ministre de l'Économie.

Christine Lagarde est renvoyée devant la CJR pour « négligence par une personne dépositaire de l'autorité publique » (C. pén., art. 432-16). Le pourvoi qu'elle avait formé contre son renvoi devant la Cour de cassation a été rejeté, qui a souligné que la ministre de l'Économie, « en sa qualité de dépositaire de l'autorité publique, avait la disposition de fonds publics ». La Cour de cassation a relevé « des manquements dans leur surveillance qui constituent autant de charges à son encontre d'avoir commis des négligences ». Or « ces fautes ont rendu possible le détournement de fonds publics par des tiers » (Cass., ass. plén., 22 juill. 2016, n° 16-80.133 ; v. *AJDA* 2016. 1543).

La CJR déclare Christine Lagarde coupable du délit de « négligence » le 19 décembre 2016 (CJR n° 2016/001). Il était pourtant apparu lors de l'audience qu'elle avait laissé l'Élysée gérer le dossier. Peu importe. La cour a estimé que, s'agissant d'un recours en annulation contre la sentence arbitrale, la décision de Mme Lagarde de ne pas l'exercer ne résultait pas d'un « seul choix politique malheureux échappant au contrôle de la Cour de justice de la République mais d'une négligence ». Elle est donc condamnée mais « dispensée de peine » (C. pén., art. 132-59) au regard, notamment, du « contexte » et de sa « personnalité »...

Cette affaire a posé la question de la liberté d'action d'un ministre dans un régime à hégémonie présidentielle. Elle soulève également une interrogation sur la légitimité d'une instance dite juridictionnelle pour apprécier la nature et les conséquences de cette relation.

Les procès qui se sont tenus montrent que la traduction d'un ministre devant la Cour de justice a du sens pour les actes dont la nature politique n'est pas trop prononcée (v. G. Giudicelli-Delage, « Justice pénale et décisions politiques : réflexions à partir des immunités et privilèges de juridiction », *RSC* 2003. 247). La sanction pénale est utile pour juger un ministre qui se comporte comme un délinquant. En revanche, le jugement d'un ministre soulève des difficultés lorsque les faits à l'origine de l'affaire s'inscrivent dans le cadre d'une action gouvernementale (affaires *du sang contaminé, Royal, Lagarde*). Les juges doivent contourner la logique politique de décisions prises par l'Exécutif pour les qualifier au regard du Code pénal. Ils n'y parviennent pas aisément[2].

1. Th. Clay, « Au tapis ! », *D.* 2015. 425 ; D. Mouralis, « Affaire Tapie-Adidas : les sentences arbitrales sont rétractées », *D.* 2015. 1253.

2. G. Carcassonne, « Cour de justice de la République : renoncer au Salmigondis à la française », *JCP* 2 avr. 2012, n° 14, p. 646 ; Jean Pradel, « Disparition d'une juridiction d'exception au profit d'une procédure d'exception », *JCP* 8 avr. 2013, n° 15, p. 701 ; C. Guérin-Bargues, « Cour de justice de la République : pour qui sonne le glas ? », *Jus Politicum*, n° 11, déc. 2013 ; C. Guérin-Bargues, *Juger les politiques ? La Cour de*

» Un procès pour révélation d'une information à caractère secret (2019)

M. Jean-Jacques Urvoas, garde des Sceaux, ministre de la Justice, a été traduit devant la CJR pour avoir, entre les deux tours de l'élection présidentielle, communiqué à un député des informations relatives à une enquête pénale le concernant. Il a été poursuivi devant la CJR du chef de violation du secret professionnel (en application de l'art. 226-13 C. pén.).

Mais un ministre est-il soumis au secret professionnel ? M. Urvoas contestait, en premier lieu, le caractère secret des informations figurant dans le document qu'il avait transmis et, en second lieu, l'existence d'un secret auquel il aurait été tenu en qualité de ministre de la Justice.

Pour la CJR, les informations ne devaient pas être divulguées. La Cour a considéré que « les informations relatives à une enquête pénale en cours, à ses développements et à ses perspectives, figurant dans les rapports du procureur de la République et du procureur général, présentent un caractère secret en application de l'article 11 alinéa 1er, du Code de procédure pénale ».

Par ailleurs, la CJR a estimé que le ministre de la Justice devait respecter le secret de l'information même si aucun texte n'instaurait d'obligation de secret professionnel au titulaire de la fonction. Pour la Cour, « si l'obligation au secret peut, pour certaines personnes, résulter d'un texte spécifique, le fait qu'aucun texte n'impose au garde des Sceaux le respect d'un secret en raison de sa fonction est sans incidence sur l'application de l'article 226-13 du Code pénal, dont le domaine d'application n'a pas été ainsi limité par le législateur ». L'intérêt de cette affaire porte sur ce point.

La Cour de justice de la République a donc déclaré l'ancien ministre de la Justice coupable d'avoir révélé des informations à caractère secret dont il était dépositaire. Il a été condamné à un mois de prison avec sursis et au paiement d'une amende de 5 000 euros (CJR n° 1-2019 du 30 sept. 2019).

» Le procès sur l'affaire Karachi (2021)

Cette affaire d'État concerne des contrats d'armement passés avec l'Arabie Saoudite et le Pakistan. Elle est en lien avec la campagne pour l'élection présidentielle de 1995. Les contrats ont été négociés par des intermédiaires qui ont perçu des commissions occultes et en ont rétrocédé une partie. À qui ? La question est restée en suspens durant un quart de siècle, mais il a été constamment affirmé que les rétrocommissions auraient financé la campagne électorale du candidat Édouard Balladur (Premier ministre de 1993 à 1995).

L'accusation était extrêmement grave. Elle comportait également une dimension tragique, car une autre affaire s'est ajoutée à celle-ci. Un attentat s'est produit, le 8 mai 2002 à Karachi, tuant onze employés français de la Direction des constructions navales et leurs accompagna-

---

Justice de la République, Inst. Villey, Dalloz, 2017.

teurs pakistanais. Il a également fait douze blessés. La cause n'a jamais été élucidée mais une explication est généralement avancée : l'attentat aurait été une réponse au non-versement d'une partie des commissions.

C'est l'enquête sur l'attentat de Karachi qui a conduit les enquêteurs à s'intéresser aux contrats d'armement et aux destinations des rétrocommissions.

Au terme d'une très longue instruction, les protagonistes de l'affaire et les proches du dossier (des conseillers, des intermédiaires et un ancien chef de la Direction des constructions navales internationales) ont été jugés le 15 juin 2020. Le tribunal correctionnel de Paris les a jugés coupables d'abus, complicité et recel d'abus de biens sociaux. Ils ont été condamnés à des peines de prison (de 2 à 5 ans). Les peines sont lourdes mais le tribunal a considéré qu'ils ne pouvaient ignorer l'origine douteuse des fonds.

Quelques mois plus tard, Édouard Balladur (91 ans), en qualité d'ancien Premier ministre, et François Léotard (79 ans), ancien ministre de la défense, ont comparu devant la Cour de justice de la République. Ils étaient poursuivis pour complicité d'abus de biens sociaux. Édouard Balladur était également poursuivi pour recel.

Le 4 mars 2021, la CJR a déclaré François Léotard coupable, l'a condamné à 2 ans de prison avec sursis et au paiement d'une amende de 100 000 euros.

Édouard Balladur, pour sa part, a été relaxé...

Un quart de siècle d'accusations qui étaient infondées...

SÉQUENCE 8

Les compétences du président de la République et du gouvernement

Compétences et missions

La *compétence* est un titre juridique qui autorise une autorité à intervenir. Ce titre peut figurer dans un texte ou résulter d'une règle non écrite. Il est conféré à une autorité pour la réalisation d'une *mission*.

Nature des compétences et des missions. – La Constitution de 1958 énumère les compétences du président et du gouvernement. Elles semblent distinctes. Celles du président relèvent plutôt de la fonction arbitrale et sont exercées ponctuellement (par exemple, le président peut prononcer la dissolution de l'Assemblée parce qu'il « assure, par son arbitrage, le fonctionnement régulier des pouvoirs publics »). Celles du gouvernement, qui « détermine et conduit la politique de la nation », s'inscrivent davantage dans le cadre d'une activité continue (par exemple, il exécute les lois et dirige l'administration).

Cette distinction est simple, mais elle est trop schématique. Elle est réductrice. Certaines compétences du président et du gouvernement sont partagées. En outre, cette distinction ne prend pas en considération le fonctionnement du système politique. La Ve République connaît un détournement des compétences du gouvernement et du Premier ministre au profit du président.

Il convient d'ajouter que la répartition des rôles au sein de l'exécutif évolue constamment. Elle dépend de la personnalité des protagonistes, de leur lecture de la Constitution, de leur vision des institutions, ainsi que des circonstances politiques. Comme l'a noté l'ancien Premier ministre Édouard Philippe, « la manière dont, à l'intérieur du pouvoir exécutif, le président et le Premier ministre se répartissent les rôles (...) est une affaire de personnes autant que de textes, et chaque président place le curseur où il l'entend »[1].

1. É. Philippe et G. Boyer, *Impressions et lignes claires*, éd. JC Lattès, avr. 2021, p. 179.

Le président : un arbitre qui gouverne. – L'« arbitrage » est un mot-clef de la Ve République. Il figure à l'article 5 de la Constitution. Mais le concept d'arbitrage a acquis une signification particulière. Pour le général de Gaulle, le président avait pour « attribution de servir d'arbitre au-dessus des contingences politiques » (discours de Bayeux du 16 juin 1946). Le chef de l'État était « au-dessus des luttes politiques » il était « un arbitre national » (discours de présentation de la nouvelle constitution, prononcé place de la République le 4 sept. 1958).

Le terme d'*arbitre* peut revêtir plusieurs sens. Dans un régime parlementaire, le *président-arbitre* peut exercer un *pouvoir neutre* (arbitre *passif*) ou *éminent* (arbitre *actif*). Sous la Ve République, le président exerce une fonction prépondérante. Il a vocation, comme l'a rapidement affirmé le général de Gaulle, « à inspirer, à orienter, à animer l'action nationale » (allocution radio-télévisée du 20 sept. 1962).

– Au fil du temps, le terme d'*arbitrage* est apparu peu approprié pour désigner le rôle du président de la République. D'autres qualifications ont été proposées pour rendre compte de l'hégémonie présidentielle. Des propositions ont notamment été avancées à l'occasion de la révision constitutionnelle de 2008. Nouvellement élu, le président Sarkozy a déclaré que les Français avaient élu un président « pour qu'il agisse et pour qu'il décide » ; les Français désignent « un président qui gouverne » (discours, Le Havre du 29 mai 2007). Dans cette perspective, le comité Balladur a proposé que l'article 5 de la Constitution précisât que le président « définit la politique de la nation » (prop. n° 1). Par cohérence avec cette modification de l'article 5, le comité suggéra que l'article 21 ne précisât plus que le gouvernement « détermine et conduit la politique de la nation » mais simplement qu'il la « conduit » (prop. n° 2).

Ces suggestions n'ont finalement pas été retenues par le Constituant. Elles auraient posé des difficultés en situation de cohabitation. Durant cette période, en effet, le président ne définit pas la politique de la nation. Cette mission incombe au gouvernement (III).

L'hégémonie présidentielle est cependant le régime *normal* de la Ve République. Les *pouvoirs propres* (I) et *partagés* (II) des autorités exécutives sont utilisés pour mettre en œuvre le programme d'action du président de la République.

I ■ Les pouvoirs propres

La Constitution confère des pouvoirs propres au président de la République (A) et au Premier ministre (B). Ils sont exercés par leur titulaire sans accord d'une autre autorité (le critère du contreseing étant peu pertinent pour distinguer les pouvoirs propres des pouvoirs partagés : v. *infra*, II, A).

A ▪ Les pouvoirs propres du président de la République

La Constitution réserve au président des pouvoirs propres à l'égard du Parlement (1) et dans l'exercice du pouvoir normatif (2). Elle lui attribue un pouvoir de nomination (3) ainsi que le droit de grâce (4). En situation de crise, la Constitution lui confère également des pouvoirs exceptionnels (5).

1. Les relations du président avec les assemblées

Le président de la République dispose de pouvoirs propres d'importance inégale à l'égard du Parlement. Il a le droit de dissoudre l'Assemblée nationale (a). Il peut également s'adresser aux parlementaires par des messages (b) ou des discours (c).

a. Le droit de dissolution de l'Assemblée nationale

Ce droit ne s'exerce qu'à l'égard de l'Assemblée nationale et non du Sénat.

Définition. – La dissolution met fin au mandat des députés. Le droit de dissoudre l'Assemblée nationale (art. 12 Const.) est essentiel dans un régime parlementaire. La virtualité de son usage contribue à rendre l'Assemblée fidèle.

Le président perd une large part de son influence sur le Parlement ainsi que sur le gouvernement lorsqu'il ne peut plus exercer le droit de dissolution. Ce sort a été réservé sous la IIIe République aux présidents après le renoncement à l'utilisation de ce droit en 1879 (v. Séquence 5, situation 2). Il a également été subi par le président Chirac après avoir dissous l'Assemblée nationale en avril 1997 et perdu les élections législatives qui suivirent. Le président Chirac dut supporter une cohabitation de cinq ans.

Conditions. – Sous la Ve République, la dissolution est un acte quasi discrétionnaire. Elle n'est pas réputée antidémocratique. Elle n'est pas soumise à une procédure contraignante. Le président de la République doit seulement consulter le Premier ministre et les présidents de l'Assemblée nationale et du Sénat avant de prononcer la dissolution (art. 12 Const.). Aucune autre condition n'est posée. La Constitution prévoit seulement des périodes ou des circonstances particulières durant lesquelles la dissolution ne peut être prononcée. Ce droit ne peut être exercé durant une année après une précédente dissolution (art. 12, *in fine*). Le président doit respecter le verdict des urnes (*dissolution sur dissolution ne vaut*). En outre, la dissolution ne peut être prononcée durant les périodes d'intérim présidentiel ou d'utilisation de l'article 16 de la Constitution.

Pratique. – Sous la Ve République, la dissolution de l'Assemblée nationale a été prononcée à cinq reprises. Les finalités étaient différentes.

– La première dissolution a été prononcée pour résoudre une crise entre les pouvoirs publics. Les citoyens ont été appelés à mettre un terme à une controverse politique et un conflit entre l'Exécutif et le Législatif. En 1962, après que le gouvernement Pompidou a été renversé par le vote d'une motion de censure (le 5 oct.), le général de Gaulle a dissous l'Assemblée (le 10 oct.). Il a appartenu aux citoyens d'accorder leur confiance à l'Exécutif ou à la majorité parlementaire sortante. Ils ont clairement soutenu le Général en lui donnant une majorité à l'issue des élections législatives de novembre 1962.

– La dissolution a également eu pour finalité de faire coïncider l'orientation politique du président nouvellement élu et celle de la majorité parlementaire. Par exemple, le président Mitterrand élu en mai 1981 a dissous l'Assemblée. La législature, qui était majoritairement à droite, s'achevait en 1983. Les élections législatives de juin 1981, gagnées par la gauche, ont permis la constitution d'une majorité placée au service du président de la République. Le message adressé au Parlement, le 8 juillet 1981, du président Mitterrand est explicite : « j'ai dit à plusieurs reprises que mes engagements constituaient la charte de l'action gouvernementale. J'ajouterai, puisque le suffrage universel s'est prononcé une deuxième fois, qu'ils sont devenus la charte de votre action législative ».

François Mitterrand a répété cette opération après sa réélection. Il a dissous l'Assemblée le 14 mai 1988. En revanche, son successeur s'est opposé à cette stratégie. Le président Chirac affirma, le 14 juillet 1996, que l'on ne dissout pas l'Assemblée nationale « pour la convenance du président » (en l'occurrence, des engagements expliquent ce choix ; des assurances du candidat Chirac avaient été données aux députés : v. J. Chirac, *Le temps présidentiel, Mémoires II*, Nil, 2011, p. 16).

– La dissolution peut aussi être décidée pour renouveler la légitimité politique du président, du gouvernement et de l'assemblée qui le soutient. La dissolution de l'Assemblée prononcée le 30 mai 1968 avait cette finalité. Elle visait à réaffirmer le lien entre les citoyens et leurs représentants.

Des élections législatives anticipées peuvent également être organisées pour favoriser la majorité parlementaire sortante. On a longtemps parlé de dissolution *à l'anglaise* parce que cette pratique était courante au Royaume-Uni avant 2011 (avant l'adoption du *Fixed-term Parliaments Act 2011*). Ainsi, le président Chirac a-t-il prononcé la dissolution de l'Assemblée le 21 mai 1997 (v. *supra*) pour éviter une défaite aux élections législatives prévues l'année suivante (v. J. Chirac, *Le temps présidentiel, Mémoires II, op. cit.*, p. 191 s.). L'échec électoral a néanmoins eu lieu et a été imputé au président[1].

b. Le droit de message

Ce droit est d'abord une interdiction : celle de pénétrer dans les assemblées. Pour communiquer avec les parlementaires, le chef de l'État peut adresser des

1. P. Albertini, *Le droit de dissolution et les systèmes constitutionnels français*, Rouen, PUR, 1977 ; V. Barbé, « Le Fixed-Term Parliaments Act 2011 ou la fin du droit de dissolution discrétionnaire

messages aux présidents de l'Assemblée nationale et du Sénat « qu'il fait lire et qui ne donnent lieu à aucun débat » (art. 18 Const.). Ce dispositif reproduit celui qui était prévu à l'article 37 de la Constitution de 1946 ; son contenu a été lui-même inspiré de celui des lois du 13 mars 1873 et du 16 juillet 1875. Cette interdiction s'explique par des considérations historiques (Séquence 5, situation 1) et par le statut du président dans un régime parlementaire. Le président représente l'État. Il doit se placer « au-dessus des contingences politiques », selon la formule gaullienne. Sa responsabilité politique ne doit pas être mise en cause à l'issue d'un débat parlementaire.

Cette explication répond à la logique du régime parlementaire. Elle suppose que son fonctionnement ne soit pas dévoyé. Or, la Ve République est un régime parlementaire à hégémonie présidentielle. En pratique, le président détermine la politique nationale au lieu et place du gouvernement. Il l'impose à la majorité parlementaire. Il ne serait donc pas illogique que le président se présente devant les parlementaires pour justifier son action et qu'il leur rende des comptes.

L'interdiction imposée au président de se rendre dans l'hémicycle de chaque assemblée étonne. Les membres du gouvernement participent aux débats parlementaires. Les chefs d'État et de gouvernements étrangers sont également invités à s'exprimer devant les chambres. Le roi d'Espagne s'est ainsi rendu à l'Assemblée nationale, le 7 octobre 1993. Sa présence créa l'événement parce qu'aucun chef d'État étranger n'avait été invité à prononcer un discours à l'Assemblée nationale depuis le président des États-Unis Thomas Woodrow Wilson le 3 février 1919. Se sont ensuite exprimés une vingtaine de présidents, rois, chefs de gouvernement, ainsi que le secrétaire général des Nations unies et le président de la commission européenne.

Dès lors, il convenait de prévoir une nouvelle forme d'expression du président.

c. La déclaration devant le Congrès

Dans son discours d'Épinal du 12 juillet 2007, le président Sarkozy a souhaité que « le président de la République puisse s'exprimer au moins une fois par an devant le Parlement pour expliquer son action et pour rendre compte de ses résultats ». Prenant ce souhait en considération, le Comité Balladur a proposé une modification de l'article 18 de la Constitution pour que le président de la République puisse « prendre la parole devant l'une ou l'autre des assemblées du Parlement » (prop. n° 5).

La loi constitutionnelle du 23 juillet 2008 a prévu cette prise de parole (art. 18 al. 2 Const.). Elle n'a pas lieu dans l'hémicycle de l'une des assemblées

au Royaume-Uni », Constitutions 2012, p. 28 ; D. Reignier, « Le *Fixed-term Parliaments Act 2011*. La révolution à l'anglaise », *RFDC* 2012, n° 91, p. 615.

mais dans celui du Congrès qui réunit l'ensemble des parlementaires à Versailles.

Pour éviter que l'intervention du président ne soit sanctionnée par un vote de défiance, l'allocution ne peut être suivie de l'adoption d'une motion. Il n'appartient pas au Congrès de voter pour approuver l'intervention. L'article 18 précise que la déclaration du président ne peut donner lieu, « hors sa présence », qu'à « un débat qui ne fait l'objet d'aucun vote »[1].

Première expérience. – La mise en œuvre de cette procédure a eu lieu pour la première fois le 22 juin 2009 dans un contexte politique favorable (à l'issue des élections européennes du 7 juin 2009) et dans la perspective d'un remaniement ministériel (réalisé le 24 juin). Le président Sarkozy a présenté un discours général avec une annonce : le lancement d'un grand emprunt pour financer des investissements permettant de réaliser des « priorités nationales ».

Deuxième expérience. – La réunion du Congrès qui a suivi les terribles attentats du 13 novembre 2015 a constitué un moment grave et solennel. Elle a permis au président de la République de s'adresser à la fois à la représentation nationale et, par sa retransmission, à l'ensemble de la Nation directement. L'intérêt de cette procédure s'est brusquement révélé.

La prise de parole du président a été suivie d'un débat. Il était de droit dès lors qu'il avait été demandé par le président de groupe (art. 23 du règlement du Congrès). Le débat a eu lieu hors la présence du président. Il a permis aux représentants des différents groupes parlementaires d'exprimer leur émotion et partager leurs préoccupations. Ce Congrès fut une communion nationale.

Troisième et quatrième expériences. – Le président Macron est intervenu devant le Congrès le 3 juillet 2017. Il s'est exprimé devant les parlementaires deux mois après son élection, deux semaines après les élections législatives et la veille de la déclaration de politique générale prononcée par son Premier ministre devant l'Assemblée nationale. Le président est donc intervenu en qualité de chef de la nouvelle majorité. Il a présenté ses projets de réformes institutionnelles (réduction du tiers du nombre de parlementaires, suppression de la Cour de justice de la République, instauration d'une dose de proportionnelle, notamment). Dans un discours très général, le président a exposé ses « principes d'action », mais il n'est pas entré dans les détails de la politique gouvernementale. Celle-ci a été exposée le lendemain à l'Assemblée nationale par le Premier ministre.

Lors de cette prise de parole devant le Congrès, le président Macron a également déclaré que, « tous les ans », il « reviendrait » devant les parlementaires pour leur « rendre compte ». Il s'est présenté l'année suivante, le 9 juillet 2018.

La procédure pourrait donc évoluer. Jusqu'alors, son utilité était contestée. Elle paraissait peu adaptée aux nouveaux modes de communication. L'on se

1. J.-Cl. Zarka, « L'intervention du chef de l'État devant le Parlement » *D.* 2008. 793.

posait des questions sur la raison d'être d'un formalisme que le président pouvait aisément contourner (le coût d'une réunion à Versailles interrogeait également).

La systématicité de la prise de parole du président devant le Congrès pourrait changer la nature de la procédure. L'intervention pourrait devenir l'équivalent du *discours sur l'état de l'Union* prononcé par le président des États-Unis. La référence est évidente.

Le modèle américain

Rappelons que le président des États-Unis se présente chaque année au Congrès, devant l'ensemble des représentants et des sénateurs. Son entrée est autorisée par le Speaker de la Chambre des Représentants, chambre où le président intervient. Ce discours a pris des formes différentes. S'il fut un discours, à l'origine, dénommé *message annuel*, il devint une simple lettre de 1801 à 1913, avant de redevenir un discours et de connaître une très forte médiatisation par sa retransmission télévisée à une heure de grande écoute. Il s'agit d'un moment fort de la vie démocratique. Ce discours comporte des orientations d'ordre législatif et budgétaire. Certains discours ont également établi les lignes directrices de la politique des États-Unis (comme la *doctrine Monroe*, énoncée dans le message du 2 nov. 1823 ; le discours des « *Four Freedoms* » du président Roosevelt du 6 janv. 1941 ; ou le discours du président G. W. Bush du 29 janv. 2002 sur la lutte contre « l'axe du mal »).

En France, la prise de parole annuelle devant le Congrès pourrait devenir un *discours sur l'état de la France*. Le président présenterait les enjeux politiques que l'État doit affronter. Mais, comme son homologue américain, le président français ne pourra voir sa responsabilité politique engagée à l'issue du discours.

2. Le président et le pouvoir normatif

Le président de la République dispose de pouvoirs qui accompagnent l'action du législateur. Il peut demander une nouvelle délibération de la loi (a) ou la déférer au Conseil constitutionnel (b). Il doit promulguer la loi au terme de la procédure législative (c). Le président contribue également à l'exercice du pouvoir réglementaire (d).

a. La nouvelle délibération de la loi

Après l'adoption de la loi, le président de la République peut, avant l'expiration d'un délai de quinze jours, « demander au Parlement une nouvelle délibération de la loi ou de certains de ses articles. Cette nouvelle délibération ne peut être refusée » (art. 10 al. 2 Const.).

Ni veto ni sanction. - La demande de nouvelle délibération est une procédure ancienne (introduite dans la Const. de 1848 à l'initiative de Tocqueville), mais elle ne permet pas au chef de l'État de s'opposer au législateur. Elle ne doit pas être confondue avec le *veto suspensif* dont dispose le président des États-Unis (sect. 7, art. 1er Const. US), ou avec le pouvoir de suspendre les lois (conféré, notamment, au roi par la Const. fr. de 1791 : section III : « de la sanction royale » ; la question de savoir si le roi était un colégislateur a été discutée parce que la nature de la sanction royale fut âprement débattue au sein de la *Constituante*[1]).

Rares utilisations. - Le président de la République n'a demandé une nouvelle délibération au Parlement que lorsque le texte législatif avait perdu sa raison d'être. Il ne l'a fait qu'à trois reprises. Ainsi, en 1983, le président Mitterrand a demandé une nouvelle délibération de la loi qui portait sur l'exposition universelle prévue à Paris en 1989, la France ayant renoncé à l'organiser. De même, le président Mitterrand en 1985 et le président Chirac en 2003 ont demandé une nouvelle délibération pour éviter de promulguer des lois qui avaient perdu leur cohérence après avoir été partiellement invalidées par le Conseil constitutionnel.

b. La saisine du Conseil constitutionnel

Le président de la République peut saisir le Conseil constitutionnel de la conformité d'une loi à la Constitution (art. 61 C al. 2 Const.). En pratique, il ne le fait quasiment jamais. Il n'a pas intérêt à contester devant le Conseil constitutionnel un texte qui a été adopté par la majorité parlementaire.

Mais cette retenue a connu ces dernières années plusieurs exceptions, le président ne cherchant pas, en saisissant le Conseil constitutionnel, à contester la loi mais, au contraire, à prouver sa conformité à la Constitution. Le président Hollande a ainsi déféré au Conseil constitutionnel la loi *relative au renseignement* (v. déc. n° 2015-713 DC du 23 juill. 2015). Dans le même sens, le président Macron a déféré la loi *visant à renforcer et garantir le maintien de l'ordre public lors des manifestations* (v. déc. n° 2019-780 DC du 4 avril 2019) ou la loi prorogeant l'état d'urgence sanitaire (v. déc. n° 2020-800 DC du 11 mai 2020).

Le président peut également saisir le Conseil constitutionnel de la compatibilité d'une convention internationale à la Constitution (art. 54 Const.). La pratique est différente. Avant de ratifier l'engagement international, le président doit s'assurer qu'il ne porte pas atteinte aux principes et règles de valeur constitutionnelle, ainsi qu'à la souveraineté nationale. Par exemple, le président Sarkozy a signé le traité de Lisbonne *modifiant le traité sur l'Union européenne et le traité instituant la Communauté européenne*, le 13 décembre 2007. Il a déféré cet engagement le jour même au Conseil constitutionnel (déc.

1. G. Glénard, *L'exécutif et la Constitution de 1791*, PUF, 2010, p. 95 s.

n° 2007-560 DC du 20 déc. 2007). La saisine intervient immédiatement après la signature. Elle peut aussi être plus tardive. Par exemple, le président Hollande a saisi le Conseil constitutionnel le 13 juillet 2012 de la question de savoir si l'autorisation de ratifier le traité de Bruxelles signé le 2 mars 2012 *sur la stabilité, la coordination et la gouvernance au sein de l'Union économique et monétaire* devait être précédée d'une révision de la Constitution (déc. n° 2012-653 DC du 9 août 2012).

c. La promulgation des lois

« Le président de la République promulgue les lois dans les quinze jours qui suivent la transmission au Gouvernement de la loi définitivement adoptée » (art. 10 al. 1er Const.).

Définition. - La promulgation est « l'acte par lequel le président de la République atteste, en apposant sa signature, l'existence de la loi et donne l'ordre aux autorités publiques d'observer et de faire observer cette loi » (CE 27 oct. 2015, *Féd. démocratique alsacienne*, n° 388807 ; CE, ass., 8 févr. 1974, *Cne de Montory*, n° 84888, *Leb.* p. 93).

Le président ne participe pas à la formation de la loi en la promulguant. Il ne fait que constater officiellement son existence, ce qui explique que la date de la loi est celle de sa promulgation. Le président, en qualité de chef de l'exécutif, fait le lien entre les pouvoirs législatif et exécutif. L'un fait la loi et l'autre la fait appliquer lorsque l'existence de la loi est constatée[1].

Un devoir. - Le président ne peut se dispenser de promulguer la loi qu'en saisissant le Conseil constitutionnel ou en demandant une nouvelle délibération de la loi. À défaut, il doit promulguer la loi dans les quinze jours. Il semble avoir une compétence liée. Dans l'hypothèse où le président ne procéderait pas à la promulgation de la loi, l'on peut supposer que la Haute Cour pourrait le destituer parce qu'il aurait manqué « à ses devoirs » (au sens de l'art. 68 Const.).

Le test de 2006. - Cette hypothèse est restée théorique depuis le début de la Ve République. Le président a toujours promulgué la loi. Même dans l'*affaire du CPE*, le président Chirac a accompli son devoir. Les nombreux opposants à ce texte, qui s'étaient exprimés dans la rue et par des blocages d'universités, avaient demandé au président de ne pas promulguer la loi. Dans une allocution du 31 mars 2006, le président Chirac a répondu qu'il promulguerait la loi. Elle avait été votée par le Parlement et déclarée conforme à la Constitution par le Conseil constitutionnel : « en démocratie, cela a un sens et doit être respecté », déclara Jacques Chirac. Il demanda, néanmoins, au gouvernement d'élaborer immédiatement un projet de loi pour modifier ce texte devenu politiquement gênant.

---

1. F. Bottini, « La promulgation des lois parlementaires », *RFDC* 2008, n° 61, p. 761.

d. Le pouvoir réglementaire

Le président de la République signe « les décrets délibérés en Conseil des ministres » (art. 13 Const.). Le Premier ministre signe les autres décrets, qualifiés de décrets en Conseil d'État (pour les distinguer les premiers portent la mention *« le Conseil des ministres entendu »* et les deuxièmes *« le Conseil d'État entendu »*).

Comment sait-on qu'un décret doit être signé en Conseil des ministres et qu'il relève de la compétence du président de la République ? Il y a plusieurs possibilités :

– La loi peut le prévoir, ce qui est peu fréquent. Elle renvoie généralement à un décret en Conseil d'État le soin de préciser ses conditions d'application. La loi mentionne rarement que ses dispositions sont précisées par un décret en Conseil des ministres. Lorsque c'est le cas, ce décret doit être signé par le président de la République et contresigné par le Premier ministre, ainsi que par les ministres responsables.

– Lorsque la loi ne le prévoit pas, ou lorsque le décret n'a pas pour objet de préciser le contenu d'une loi, le principe est que tout décret délibéré en Conseil des ministres doit être signé par le président de la République. Dès lors que des décrets « ont été délibérés en Conseil des ministres (...) alors même qu'aucun texte n'imposait cette délibération, ils devaient être signés (...) par le président de la République » (CE, ass., 10 sept. 1992, *Meyet*, n° 140376).

– Une pratique peu respectueuse de la lettre de la Constitution doit être relevée. Elle est apparue dès les premières années de la Ve République. Le président de la République signe des décrets non délibérés en Conseil des ministres. La défense nationale est un domaine privilégié de ce type de décrets. Ils sont légaux parce que le juge considère que la contre-signature apposée par le Premier ministre sur le décret équivaut à sa signature (CE, ass., 27 avr. 1962, *Sicard et autres*, *Leb.* p. 279). Il reste que le contenu du décret est déterminé par le président de la République[1].

3. Le pouvoir de nomination

Ce pouvoir se rapporte aux différentes fonctions du président. Les nominations peuvent se rattacher à ses fonctions arbitrales ou à sa participation à la politique gouvernementale. Il appartient, en effet, au président de la République de choisir le Premier ministre (a), certains membres du Conseil constitutionnel (b) et les titulaires d'un nombre élevé d'emplois civils et militaires (c).

1. F. Raynaud et P. Fombeur, « Définition du décret en Conseil d'État », *AJDA* 1998. 780 ; C. Maugüé et R. Schwartz, « Nature des décrets délibérés en Conseil des ministres », *AJDA* 1992. 643 ; M.-Th. Viel, « Régime des décrets librement délibérés en conseil des ministres », *AJDA* 1994. 904 ; J. Massot, « Les catégories de décrets réglementaires : critère matériel et critère formel », *Mélanges Avril*, Montchrestien, 2001, p. 363.

a. La nomination du Premier ministre

« Le président de la République nomme le Premier ministre » (art. 8 al. 1er Const.). C'est un pouvoir propre. La désignation du chef du gouvernement n'est pas soumise à l'approbation d'une autre autorité (v. Séquence 7).

b. La nomination de membres du Conseil constitutionnel

Le président de la République nomme trois membres du Conseil constitutionnel sur une période de neuf ans (art. 56 al. 1er Const.). Il désigne également le président du Conseil constitutionnel (art. 56 al. 3 Const.) : v. Séquence 11.

Ce pouvoir propre du président de la République est devenu contrôlé (et non partagé). La révision constitutionnelle de 2008 a prévu que les nominations au Conseil constitutionnel font l'objet d'un avis émanant de la commission permanente compétente de l'Assemblée nationale et du Sénat (art. 56 ; précisé par l'art. 3 de la loi n° 2010-838 du 23 juill. 2010). Il s'agit de la commission des lois constitutionnelles.

Les commissions ont un droit de *veto*. « Le président de la République ne peut procéder à une nomination lorsque l'addition des votes négatifs dans chaque commission représente au moins trois cinquièmes des suffrages exprimés au sein des deux commissions » (art. 13 al. 5).

En pratique, le déroulement de la procédure de nomination des membres du Conseil constitutionnel s'avère consensuel. Les commissions des lois des deux assemblées ont, par exemple, approuvé la nomination de M. Laurent Fabius à la présidence du Conseil constitutionnel à la quasi-unanimité (à l'AN : 20 voix pour, 1 contre ; au Sénat : 18 voix pour, aucune contre).

c. Les nominations aux emplois civils et militaires

L'article 13 de la Constitution dispose que le président de la République « nomme aux emplois civils et militaires de l'État » (art. 13 al. 2 Const.). Il s'agit d'un pouvoir propre. L'article 21 de la Constitution prévoit également que le Premier ministre « nomme aux emplois civils et militaires. » Toutefois, le pouvoir du Premier ministre s'exerce « sous réserve des dispositions de l'article 13 ». La compétence du Premier ministre est donc résiduelle. Elle s'arrête là où commence celle du président de la République, qui s'avère très étendue (v. situation 1).

4. Le droit de grâce

« Le président de la République a le droit de faire grâce à titre individuel » (art. 17 Const.). Ce droit ne doit pas être confondu avec l'amnistie qui est collective et « efface les condamnations prononcées » (C. pén., art. 133-9). La grâce n'efface pas l'infraction. Elle reste mentionnée au casier judiciaire. Elle « emporte seulement dispense d'exécuter la peine » (C. pén., art. 133-7).

La grâce est une mesure de clémence. Toute demande est instruite par le procureur près de la juridiction qui a prononcé la condamnation et par la direction des affaires criminelles et des grâces du ministère de la Justice qui rend un avis au président de la République. L'usage du droit de grâce a, néanmoins, dérivé à partir des années 1980. Des remises de peine ont été octroyées collectivement pour désengorger les prisons. Pour cette raison, la loi constitutionnelle de 2008 a prévu que le droit de grâce ne pouvait être accordé qu'à « titre individuel ».

Ce droit est un sujet de débat, alors que le nombre de grâces n'a cessé de diminuer depuis le début du XXe siècle. L'exercice de ce droit oppose souvent l'opinion publique, qui éprouve un sentiment d'injustice à l'égard de certains verdicts, et les juges qui défendent, non seulement, l'autorité de la chose jugée mais aussi la nécessité d'inscrire toute décision dans une jurisprudence. Une mesure de clémence peut entraîner des perturbations dans le traitement des affaires similaires. En outre, certaines évolutions du droit, comme l'abolition de la peine de mort, le droit d'interjeter appel contre les arrêts des cours d'assises, ou des mesures d'aménagement de peine, ont rendu la grâce présidentielle moins légitime[1].

5. Les compétences du président en état de crise

Pour répondre à des situations de crise, plusieurs dispositifs peuvent être activés : *les pouvoirs exceptionnels de l'article 16* de la Constitution, *l'état de siège* de l'article 36 et *l'état d'urgence* établi par la loi n° 55-385 du 3 avril 1955 et l'état d'urgence sanitaire crée par la loi n°2020-290 du 23 mars 2020. Ils confèrent au président de la République des pouvoirs dont la portée varie considérablement selon la nature du dispositif (v. Séquence 8, situation 2).

B ▪ Les pouvoirs propres du Premier ministre

L'expression de *chef de gouvernement*, qui est usuelle dans un régime parlementaire, ne figure pas dans la Constitution. Elle dispose que le Premier ministre « dirige l'action du gouvernement » (art. 21 Const.). Il n'est pas le supérieur hiérarchique des ministres. Pour autant, il n'y a pas en France de ministère dit *de porte fermée* (où les ministres gèrent librement leurs crédits comme ce fut le cas au Brésil, par exemple).

---

1. M.-H. Renaut, « Le droit de grâce doit-il disparaître ? », *RSC* 1996. 575 ; M. Guillaume, « Amnistie et grâce : ordre, contre ordre, désordre », *Mélanges Gicquel*, Montchrestien, 2008, p. 215 ; P. Türk, Le droit de grâce présidentiel à l'issue de la révision du 23 juillet 2008, *RFDC* 2009. 513 ; D. Girard, « Le président de la République : une autorité juridictionnelle méconnue », *RD publ.* 2013. 673 ; X. Philippe, « L'amnistie devant le juge constitutionnel », *Constitutions* 2013, p. 225.

Sous la Ve République, le Premier ministre a la maîtrise de l'action gouvernementale par l'exercice de trois compétences : il a l'initiative des lois (1), il dispose du pouvoir réglementaire (2) et il engage la responsabilité politique du gouvernement (3).

1. L'initiative des lois

Le Premier ministre est, au sein de l'Exécutif, l'autorité désignée par la Constitution pour déposer les projets de loi ordinaires. Ni le président de la République ni les ministres n'ont ce pouvoir. Selon la Constitution, « l'initiative des lois appartient concurremment au Premier ministre et aux membres du Parlement » (art. 39). Les ministres ne peuvent donc pas engager de réforme sans le soutien du Premier ministre.

Les textes législatifs élaborés dans les ministères sont présentés au Parlement par le Premier ministre. Il prend un *décret de présentation* qui désigne, notamment, l'assemblée sur le bureau de laquelle le projet est en premier lieu déposé, ainsi que les ministres chargés de soutenir la discussion.

2. Le pouvoir réglementaire

La Constitution n'attribue le pouvoir réglementaire au sein du pouvoir exécutif qu'à deux autorités : le Premier ministre et le président de la République. L'article 21 dispose que le Premier ministre, qui « assure l'exécution des lois », « exerce le pouvoir réglementaire » « sous réserve des dispositions de l'article 13 ». Le pouvoir réglementaire d'exécution de la loi n'est donc pas partagé avec les ministres (v. *infra*, situation 4). L'exercice de ce pouvoir par le Premier ministre n'est également pas « suborbonné à l'avis conforme d'une autre autorité de l'État » (et notamment une autorité indépendante comme la CNIL [Cons. const., déc. n° 2006-544 DC du 14 déc. 2006 ; déc. 2020-800 du 11 mai 2020, § 77], ou l'Autorité de la concurrence, [déc. n° 2015-715 DC du 5 août 2015]).

Pour autant, l'étendue du pouvoir réglementaire du Premier ministre est limitée par le domaine d'intervention du président de la République (c'est le sens qu'il convient de donner aux termes : « sous réserve des dispositions de l'article 13 »). Tout décret délibéré en Conseil des ministres ne peut être modifié que par un décret adopté selon la même forme. Or, les décrets délibérés en Conseil des ministres sont signés par le président de la République.

Cependant, les lois prévoient rarement que leurs décrets d'application sont pris en Conseil des ministres. L'essentiel des décrets à caractère réglementaire (à portée générale et impersonnelle) sont signés par le Premier ministre (les décrets à caractère réglementaire ne doivent pas être confondus avec ceux portant nomination et que le président signe en grand nombre).

Ce pouvoir réglementaire complète l'initiative de la loi. Il est somme toute logique que le Premier ministre, qui est chargé de présenter les projets de loi, soit celui à qui incombe la responsabilité de leur exécution. Le Premier ministre doit rendre les lois applicables en prenant les décrets nécessaires à leur entrée en vigueur (v. situation 4). Cette obligation constitutionnelle fait du Premier ministre une autorité incontournable. Elle contribue à établir sa qualité de chef de gouvernement.

3. L'engagement de la responsabilité politique

Le Premier ministre engage « devant l'Assemblée nationale la responsabilité du Gouvernement sur son programme ou éventuellement sur une déclaration de politique générale » (art. 49 Const.). Ce pouvoir lui est réservé, ce qui favorise la cohérence de l'action gouvernementale.

Aucun autre membre du gouvernement ne peut, sous la Ve République, prendre l'initiative de poser une question de confiance au Parlement. La responsabilité ne peut plus être engagée par un ministre, comme c'était le cas sous la IIIe République[1].

Ces pouvoirs propres du Premier ministre lui permettent de diriger « l'action du gouvernement » (art. 5 Const.). Aucune politique publique ne peut être réalisée sans son intervention. Il n'est donc ni un ministre parmi d'autres ni un simple « collaborateur » du chef de l'État (terme utilisé par le président N. Sarkozy lors d'une conversation avec des journalistes et que l'on se plaît souvent à rappeler).

En outre, à ces pouvoirs propres, s'ajoutent des pouvoirs dont l'exercice suppose l'accord des deux têtes de l'Éxécutif.

II ▪ Pouvoirs partagés

Les pouvoirs partagés sont exercés conjointement par le président de la République et le Premier ministre. Conjointement ne signifie pas en commun. Un pouvoir peut être partagé parce que l'une des autorités peut permettre ou empêcher l'autre autorité d'intervenir. Cela ne veut pas dire également que les autorités agissent ensemble. La notion de pouvoir partagé est donc ambiguë.

Il faut trouver un critère pour identifier les pouvoirs partagés et les distinguer des pouvoirs propres.

Le *contreseing* est souvent utilisé pour établir la liste des pouvoirs propres et des pouvoirs partagés entre le président de la République et le gouvernement. Or la référence à ce critère est discutable parce qu'elle ne respecte pas

1. *Pouvoirs*, n° 83, *Le Premier ministre*, 1997 ; A. Bonduelle, *Le pouvoir d'arbitrage du Premier ministre sous la Ve République*, LGDJ, 1999 ; O. Dord, « *Mens sana in corpore insano* : du gouvernement sous la Ve République », *Pouvoirs*, n° 99, 2001, p. 45.

la finalité du contreseing. Il n'a pas pour objet d'établir *l'accord réciproque* entre les autorités, qui est un critère pertinent du pouvoir partagé.

Le critère discutable du contreseing. - Le contreseing est une seconde signature apposée sur les actes du chef de l'État[1]. Une partie de la doctrine considère que la Constitution de 1958 établit la liste des pouvoirs propres du président de la République par référence au contreseing. Il est vrai que la Constitution énumère les pouvoirs du président qui sont exercés sans contreseing. L'article 19 dispose que « les actes du président de la République, autres que ceux prévus aux articles 8 (1er al.), 11, 12, 16, 18, 54, 56 et 61 sont contresignés par le Premier ministre et, le cas échéant, par les ministres responsables ». Les décisions qui ne sont pas contresignées semblent donc relever des pouvoirs partagés.

Pour être défendue de façon convaincante, une telle interprétation, suppose que le Premier ministre et les ministres puissent refuser de contresigner les décisions du président de la République. En pratique, ils ne s'opposent jamais à ses décisions par le contreseing. Le Premier ministre et les ministres responsables n'utilisent pas cette obligation constitutionnelle qui leur incombe pour contester les décisions du président.

Le contresignataire ne partage pas la compétence du président. La contresignature n'a jamais eu cet objet. C'est une formalité imposée aux ministres pour leur faire endosser la responsabilité politique des actes du chef de l'État. Au XIXe siècle, le Parlement a cherché à contrôler l'Exécutif. Il ne pouvait sanctionner le roi qui était irresponsable politiquement. À défaut, les parlementaires ont contraint les ministres à contresigner les actes du roi pour qu'ils en supportent la responsabilité politique.

Le contreseing n'est pas un titre à agir des ministres en matière réglementaire ou un droit de *veto* qu'ils pourraient utiliser contre le chef de l'État. Son absence n'est donc pas qualifiée d'incompétence mais de « vice de forme » dans la jurisprudence administrative (CE, ass., 12 juill. 1957, *Chambre de commerce d'Orléans et du Loiret* ; CE, sect., 31 déc. 1976, *Comité de défense des riverains de l'aéroport Paris-Nord*, n° 93044).

De même, si l'article 22 de la Constitution précise que « les actes du Premier ministre sont contresignés, le cas échéant, par les ministres chargés de leur exécution », le juge considère que le ministre contresignataire est celui qui doit, « à titre principal » préparer et appliquer les décrets du président (CE, sect., 10 juin 1966, *Leb.* p. 384 ; égal. Cons. const., 25 juill. 2000, cons. 8, *Hauchemaille, Rec.* p. 117).

Au regard de ces considérations, il est difficile de faire du contreseing le critère de répartition des pouvoirs propres et des pouvoirs partagés au sein de l'Exécutif.

1. B. Branchet, *Contribution à l'étude de la constitution de 1958, le contreseing et le régime politique de la Ve République*, LGDJ, 1996 ; A. Legrand, *Incompétence*, « § 2 - Problème du contreseing », *Répertoire de contentieux administratif*, Dalloz.

Le critère de l'accord réciproque. - Les pouvoirs partagés donnent lieu à l'intervention de différentes autorités exerçant une compétence dans le processus de décision. Il y a pouvoir partagé lorsqu'une autorité ne peut pas exercer seule une compétence (ex. initiative d'une autorité et décision d'une autre, codécision, décisions parallèles, etc.). Aussi, de façon beaucoup plus simple, le critère retenu, ci-après, dans la présentation des pouvoirs partagés sera celui de l'accord réciproque.

La Constitution prévoit en effet différentes hypothèses concernant des décisions ou des domaines de compétence où le président de la République et le Premier ministre ne peuvent agir sans accord réciproque, notamment dans la gestion du pouvoir exécutif (A) et dans la fonction législative (B).

A ▪ Les pouvoirs partagés dans l'exercice du pouvoir exécutif

La Constitution prévoit un partage des pouvoirs du président de la République et du Premier ministre lors de la formation du gouvernement (1), ainsi que dans deux domaines régaliens : l'armée (2) et la diplomatie (3). En pratique, cependant, la primauté du président s'est imposée dans ces domaines de compétence.

1. La formation du gouvernement

Le président de la République nomme les ministres et met fin à leurs fonctions « sur la proposition du Premier ministre » (art. 8 al. 2 Const.). Il s'agit donc d'un pouvoir partagé (v. Séquence 8), même si en pratique, il ne l'est pas. En période normale, le président détermine la structure du gouvernement et choisit ses membres. Le Premier ministre est associé à la formation du gouvernement.

En période de cohabitation, la situation est inversée. Le président de la République entérine les choix du Premier ministre sans être écarté de ceux qui concernent les ministères régaliens (par exemple, lors de la première cohabitation, le président Mitterrand a refusé que Jean Lecanuet et François Léotard deviennent respectivement ministre des Affaires étrangères et ministre de la Défense).

2. La politique de défense

La défense relève du *domaine réservé* du chef de l'État. Il s'agit d'une formule convenue. Elle est utilisée pour désigner les domaines de compétence privilégiés du président de la République en matière de défense et de politique étrangère. Cette formule du *domaine réservé* ne figure pas dans la Constitution. Elle fut utilisée par Jacques Chaban-Delmas, le 15 novembre 1959 au

Congrès de l'UNR. Elle a été ultérieurement dénoncée par son auteur. Malgré cela, elle s'est imposée dans le discours politique depuis le début de la Ve République.

Un domaine privilégié du chef de l'État. - Le président est « le garant de l'indépendance nationale » (art. 5 al. 2 Const.) et « le chef des armées » (art. 15). À ce titre, il préside « les conseils et comités supérieurs de la défense nationale » (art. 15). Il joue un rôle prépondérant dans l'orientation de « la politique de défense » qui est « définie en Conseil des ministres » (art. L. 1111-3, al. 1, Code de la défense).

Le chef de l'État préside ce conseil, ainsi que :

- le *conseil de défense et de sécurité nationale*, qui arrête les décisions en matière de direction générale de la défense et de direction politique et stratégique de réponse aux crises majeures ;

- le *conseil de défense et de sécurité nationale restreint*, qui arrête les décisions en matière de direction militaire de la défense ;

- le *Conseil national du renseignement*, qui est une formation spécialisée du conseil de défense et de sécurité nationale (le CNR arrête les orientations en matière de renseignement).

En outre, le président de la République nomme les officiers des armées de terre, de mer et de l'air (v. situation n° 1).

L'unicité du commandement militaire. - Celui-ci ne saurait être partagé. Le commandement implique l'unité de décision. Pour des raisons d'efficacité, il ne peut y avoir qu'un chef des armées. Or cette fonction est dans la Constitution clairement attribuée au président de la République (qualifié de « *chef* des armées »).

C'est le président, notamment, qui donne l'ordre d'engagement des forces nucléaires (décret n° 96-520 du 12 juin 1996 *portant détermination des responsabilités concernant les forces nucléaires*).

Le domaine partagé de la défense nationale. - Celle-ci doit être distinguée du commandement militaire. Le domaine de la défense nationale est beaucoup plus vaste (v. définition donnée par l'art. L. 1111-1, al. 3, Code de la défense nationale). Le président de la République détermine les orientations de la défense nationale. Pour autant, sa gestion est nécessairement partagée avec le Premier ministre qui est « responsable de la défense nationale » (art. 21 Const.) et le gouvernement qui « dispose (...) de la force armée » (art. 20). En effet, le « maintien en condition des forces » n'entre plus, comme l'explique Jean Massot, « dans le domaine de l'ordre donné pour exécution immédiate à une chaîne de commandement militaire, mais dans celui d'une longue préparation de plusieurs centaines de milliers d'hommes et de leurs équipements qui peut s'échelonner sur plusieurs années et qui n'est évidemment pas du seul ressort d'un chef des armées, aussi entouré soit-il »[1].

---

1. J. Massot, *Le chef de l'État, chef des armées*, LGDJ, 2011, p. 145.

Compétence du législateur. - Le Parlement dispose d'une compétence de principe sur les aspects généraux de la défense nationale. La loi « détermine les principes fondamentaux (...) de l'organisation générale de la défense nationale ». Elle « fixe », également, « les règles concernant (...) les sujétions imposées par la défense nationale aux citoyens en leur personne et en leurs biens ». Le Parlement adopte également les lois de finances et la loi de programmation militaire.

L'orientation stratégique donnée par le président à la défense nationale suppose l'intervention du législateur et du Premier ministre, celui-ci disposant de l'initiative de la loi. Le président ne peut donc agir seul.

Par exemple, la professionnalisation des armées a été annoncée par le président Chirac le 22 février 1996 mais elle a été organisée par la loi n° 97-1019 du 28 octobre 1997 *portant réforme du service national*. Elle fut votée en période de cohabitation par la majorité parlementaire de gauche.

Mentionnons également que, depuis la révision constitutionnelle de 2008, le Parlement ne se contente plus d'autoriser la déclaration de guerre. Il doit approuver l'envoi de forces armées à l'étranger lorsque la durée de l'intervention excède quatre mois (art. 35 Const. ; v. Séquence 10, situation 4).

L'ambiguïté des termes de la Constitution. - En pratique, cette répartition des compétences n'affecte pas l'hégémonie présidentielle. Dans le domaine de la défense, le président agit seul ou par l'intermédiaire du gouvernement et de sa majorité parlementaire[1].

Cette primauté présidentielle semble contredire l'article 21 de la Constitution qui dispose que le Premier ministre est « responsable de la défense nationale ». Mais le terme « *responsable* » peut avoir plusieurs sens. L'autorité responsable est celle qui exerce une fonction qui lui confère des pouvoirs, ou celle qui rend compte de la mise en œuvre de ces pouvoirs, ou seulement celle qui doit veiller à sa mise en œuvre.

Pour clarifier le sens des termes, le comité Vedel a suggéré en 1993 de modifier l'article 21 afin de mieux rendre « compte des compétences du chef du gouvernement dans la mise en œuvre des choix de stratégie, d'équipement et de répartition des moyens ». Le comité a estimé préférable que l'article 21 précisa que le Premier ministre était « responsable de *l'organisation* de la défense nationale ». Le terme « organisation » permettait de souligner que le Premier ministre était chargé de la mise en œuvre de la politique de défense décidée par le président. Dans le même sens, le Comité Balladur a proposé en 2007 que la supériorité du président de la République sur le Premier ministre en matière de défense fût clairement affirmée. Il a suggéré que l'article 21 de la Constitution disposât que le Premier ministre « met en œuvre les décisions prises dans les conditions prévues à l'article 15 en matière de défense nationale ». Le président Sarkozy s'est déclaré favorable à cette modi-

1. G. Carcassonne, « Le Premier ministre et le domaine dit réservé », *Pouvoirs*, n° 83, 1997, p. 65.

fication et le projet de loi constitutionnelle a repris la proposition du Comité Balladur. Le Constituant n'a, cependant, pas modifié les articles 15 et 21[1].

3. La direction de la diplomatie

Le président représente l'État. À ce titre, il « négocie et ratifie les traités » et « il est informé de toute négociation tendant à la conclusion d'un accord international non soumis à ratification » (art. 52 Const.). Il lui appartient également d'accréditer et de recevoir les lettres de créance des ambassadeurs (art. 14).

Le président dispose de compétences propres et exerce un rôle prépondérant dans un domaine qui reste partagé. Ses compétences sont indissociables de celles du gouvernement. La distinction entre les questions internationales de la compétence du président et la politique interne gérée par le gouvernement est une vue de l'esprit (comment pourrait-il en être autrement ? comment imaginer qu'un engagement international relatif, par exemple, aux organismes génétiquement modifiés puisse être distingué de la politique agricole nationale ?). Le ministère des Affaires étrangères et chaque ministère concerné conduisent ou participent aux négociations. De nombreux accords internationaux ne sont, du reste, pas ratifiés par le président de la République. Une distinction est opérée entre les traités (ou accords en forme solennelle) et les accords en forme simplifiée conclus par le gouvernement.

En outre, la ratification des traités les plus importants doit être autorisée par le Parlement. Leur liste est dressée à l'article 53 de la Constitution : v. Séquence 10.

B ▪ Les pouvoirs partagés dans l'exercice de la fonction législative

Les rôles sont inversés dans ce domaine. Au sein de l'Exécutif, le Premier ministre est le principal acteur du processus législatif. Les pouvoirs du président de la République concernent quelques aspects de la fonction législative. Ils portent, notamment, sur l'ouverture d'une session extraordinaire du Parlement (1), l'édiction des ordonnances (2), ou l'organisation d'un référendum législatif ordinaire (3).

---

1. J. Massot, *Le chef de l'État, chef des armées*, LGDJ, 2011 ; M. Verpeaux et B. Mathieu, *Les compétences en matière de défense sous la Vᵉ République*, Dalloz, 2016 ; H. Haenel, *La défense nationale*, PUF, coll. « Que sais-je ? », 1982 ; B. Chantebout, *L'Organisation générale de la défense nationale en France depuis la fin de la seconde guerre mondiale*, LGDJ, 1967.

1. L'ouverture et la clôture d'une session extraordinaire du Parlement

Le pouvoir de convoquer le Parlement en session extraordinaire est partagé. La convocation est demandée par le Premier ministre ou par la majorité des députés (art. 29 Const.) et la décision de convoquer le Parlement est prise par le président de la République (art. 30 Const.). Celui-ci prend un décret, « sur le rapport du Premier ministre », qui détermine l'ordre du jour de la session extraordinaire. Le décret établit, notamment, la liste des projets et propositions de lois qui seront examinés par les assemblées.

Le refus de convoquer le Parlement (1960). – La demande, qu'elle émane du Premier ministre ou des parlementaires, n'oblige pas le président de la République à convoquer le Parlement en session extraordinaire. Une réponse négative a ainsi été apportée par le général de Gaulle en mars 1960 à une demande de convocation d'une majorité de députés. Elle portait sur des questions agricoles et résultait, selon le Général, « des démarches pressantes (...) des dirigeants d'un groupement professionnel ». Dans une lettre du 18 mars 1960 adressée à Jacques Chaban-Delmas, président de l'Assemblée nationale, le général de Gaulle s'est opposé à cette invitation des parlementaires à convoquer le Parlement.

La répétition des sessions extraordinaires. – Au XXIe siècle, la question se pose dans des termes différents parce que les sessions extraordinaires sont devenues systématiques. Elles sont nécessaires pour répondre à la surcharge de l'ordre du jour des assemblées[1]. Le Parlement siège de façon quasiment continue. La session ordinaire commence le premier jour ouvrable d'octobre et prend fin le dernier jour ouvrable de juin (art. 28 Const.). À la mi-juin, un décret convoque le Parlement en session extraordinaire pour l'examen ou la poursuite de l'examen des textes à compter du début du mois de juillet. Un décret porte clôture de la session extraordinaire du Parlement fin juillet et un autre décret le convoque en session extraordinaire au mois de septembre.

2. L'édiction des ordonnances

Les ordonnances sont des mesures qui relèvent du domaine de la loi et qui sont prises par le gouvernement sur autorisation du Parlement (v. Séquence 9).

Une compétence partagée. – Le Premier ministre demande au Parlement l'autorisation de légiférer par ordonnance (art. 38 Const.). Le gouvernement élabore le texte qui est signé par le président de la République (art. 13 Const.). Le Premier ministre dépose le projet de loi de ratification de l'ordonnance dans le délai prévu par la loi d'habilitation. Le Parlement ratifie l'ordonnance de manière expresse pour lui conférer une valeur législative.

---

1. La session extraordinaire « est devenue ordinaire » : E. Aubin, « Session extraordinaire du Parlement : stop ou encore ? », *AJDA* 2014. 1577.

Le refus de signer les ordonnances (1986). - L'article 13 de la Constitution dispose que « le président de la République signe les ordonnances ». L'on sait depuis 1986 que le président de la République peut refuser de les signer. François Mitterrand a imposé cette interprétation de l'article 13. Un conflit l'a opposé au Premier ministre Jacques Chirac sur le contenu de projets d'ordonnances relatives aux privatisations, au découpage des circonscriptions législatives et au temps de travail. Le gouvernement Chirac demanda leur signature mais le président refusa. François Mitterrand, en tant qu'interprète authentique de ses propres compétences, estima qu'il n'avait pas une compétence liée. À défaut, le gouvernement a dû transformer les projets d'ordonnance en projets de loi.

3. L'organisation d'un référendum législatif ordinaire

L'article 11 de la Constitution distingue clairement le pouvoir de proposer un référendum, qui appartient au gouvernement et aux chambres, et le pouvoir de décider de son organisation qui relève de la compétence du président de la République. Les décisions sont distinctes. Chaque autorité intervient librement même si, en pratique et en période présidentialiste, l'appel au peuple du président ne saurait être empêché par le gouvernement ou les parlementaires. À l'inverse, il paraît difficile d'envisager que le gouvernement puisse imposer au président de la République l'organisation d'un référendum.

III ▪ La répartition des compétences en période de cohabitation

La cohabitation est une période de la Ve République durant laquelle le président ne dispose plus d'une majorité à l'Assemblée nationale. Il doit nommer un gouvernement dont l'orientation politique est opposée à la sienne[1].

Durant cette période, le fonctionnement du régime parlementaire est bicéphale (A). La répartition des pouvoirs ne s'inscrit pas dans le fonctionnement normal du système politique. La cohabitation relève d'une période exceptionnelle (B).

1. Cl.-A. Colliard, « Les pouvoirs du président de la République en cas de coexistence institutionnelle (mars 1986-mai 1988) », *RD publ.* 1989. 1565 ; « *La cohabitation* », J. Massot, *Chef de l'État et chef du gouvernement : dyarchie et hiérarchie*, Doc. fr., 1993 ; *Pouvoirs*, n° 91, 1999 ; M.-A. Cohendet, *La cohabitation : Leçons d'une expérience*, PUF, 1993 ; F. Luchaire et G. Conac, *Le droit constitutionnel de la cohabitation*, Economica, 1989.

A ▪ La relecture de la Constitution : un régime bicéphale

L'hégémonie présidentielle disparaît en cohabitation. Le gouvernement n'est plus au service du président. Celui-ci a perdu une part de sa légitimité politique à l'issue d'un échec électoral. Le Premier ministre est le chef de la majorité parlementaire et son gouvernement détermine « la politique de la nation » (art. 20 Const.).

Pour autant, en cohabitation, le Premier ministre n'est pas véritablement devenu le chef de l'Exécutif. Philippe Ardant et Olivier Duhamel ont montré que, durant cette période, « la hiérarchisation du pouvoir ne suit plus une architecture simple. Sur le fond, le Premier ministre devient premier décideur. À ceci près qu'en matières partagées, notamment pour les politiques étrangères et européennes, président et Premier ministre sont codécideurs. Et que protocolairement, médiatiquement, symboliquement, le président demeure le chef de l'État »[1].

Si la Constitution ne peut plus être interprétée au bénéfice du chef de l'État, les dispositions relatives à ses pouvoirs ne peuvent être méconnues. À « la question de savoir comment fonctionneront les pouvoirs publics », François Mitterrand répondit, qu'il ne connaissait « qu'une réponse, la seule possible, la seule raisonnable, la seule conforme aux intérêts de la nation : la Constitution, rien que la Constitution, toute la Constitution » (message de François Mitterrand au Parlement, 8 avr. 1986).

Ce faisant, le président de la République est dans une situation singulière. Il est le chef de l'État, mais il est également un acteur affaibli et le premier des opposants. Informé de l'action du gouvernement (notamment par la présidence du Conseil des ministres), il peut profiter de sa position pour dénoncer ses travers, attitude que les présidents Mitterrand et Chirac ont adoptée à l'approche de l'élection présidentielle.

Cette attitude a donné le sentiment que la cohabitation correspondait à une période de dysfonctionnement de la Ve République.

B ▪ Expériences

La Ve République a connu trois périodes de cohabitation :

– À l'issue des élections législatives gagnées par la droite, en mars 1986, le président Mitterrand (élu en 1981) a refusé de démissionner. Il s'est résigné à une cohabitation avec le gouvernement Chirac entre 1986 à 1988. Elle fut très conflictuelle. Il s'agissait davantage d'une coexistence que d'une cohabitation.

– À la fin de son second mandat et la défaite aux élections législatives de mars 1993, le président Mitterrand (réélu en 1988) a connu une deuxième

1. Ph. Ardant et O. Duhamel, « La dyarchie », *Pouvoirs*, n° 91, 1999, p. 13.

période de cohabitation avec le gouvernement Balladur. Elle a également duré deux ans mais elle s'est déroulée dans un climat apaisé. Le président Mitterrand n'était pas candidat à un troisième mandat.

- Son successeur, Jacques Chirac, a également subi une période de cohabitation après la victoire de la gauche aux élections législatives de mai-juin 1997. Elles avaient été organisées après la dissolution de l'Assemblée nationale. Cette troisième cohabitation de cinq ans a été particulièrement longue. Durant cette période, le président est resté en retrait. Il a adopté une posture critique à l'approche de l'élection présidentielle de 2002.

Une période exceptionnelle. - Depuis 1958, la durée cumulée des cohabitations n'a été que de neuf ans. Ces séquences sont situées. La cohabitation a été circonscrite à des périodes d'alternance rapide (entre 1986 et 2002) à une époque où la durée du mandat du président était de sept ans. Elle était supérieure à celle des députés. L'instauration du quinquennat a rendu peu probable la cohabitation. Désormais, la durée du mandat présidentiel est la même que celle des députés. Durant cinq ans, une majorité présidentialiste domine l'Exécutif et l'Assemblée nationale.

La cohabitation est devenue peu probable, mais elle n'est pas impossible. La remise en cause du présidentialisme peut advenir dans l'hypothèse de l'accès à la présidence d'un candidat qui ne serait pas le leader d'une formation politique majoritaire, d'une dissolution en cours de mandat, ou encore de la destitution du président. De même, une modification du mode de scrutin aux élections législatives pourrait entraîner la disparition du fait majoritaire. Elle pourrait obliger le président à nommer un gouvernement qui ne lui serait pas fidèle. Ces cas de figure doivent être envisagés.

SÉQUENCE 8

Les compétences du président de la République et du gouvernement

SITUATION 1

Les nominations du président de la République

Le président dispose d'un pouvoir de nomination très étendu. Il concerne de nombreux emplois ou fonctions supérieurs de l'administration étatique, organismes publics et entreprises contrôlées par l'État. Cette compétence de droit commun du président lui permet d'exercer un pouvoir d'influence considérable sur le secteur public.

Elle a été préservée malgré les critiques dont elle est régulièrement l'objet. La révision constitutionnelle de 2008 a, néanmoins, atténué son caractère discrétionnaire en instaurant un contrôle parlementaire des nominations.

» Une compétence de droit commun

Le président de la République « nomme aux emplois civils et militaires de l'État » en vertu de l'article 13 de la Constitution. Une formule similaire figure à l'article 21 : le Premier ministre « nomme aux emplois civils et militaires », mais le chef du gouvernement exerce cette compétence « sous réserve des dispositions de l'article 13 ». Ces dispositions attribuent au président une compétence de droit commun. Celle du Premier ministre est secondaire. En conséquence, lorsqu'un texte renvoie sans précision à un décret de nomination, la compétence est celle du président de la République (CE 20 déc. 2006, n° 278159).

L'article 13 de la Constitution énumère les emplois les plus élevés qui relèvent de la compétence du président de la République. Sont « nommés en Conseil des ministres », par un décret signé par le président de la République, notamment, les conseillers d'État, ambassadeurs, conseillers maîtres à la Cour des comptes, préfets, officiers généraux, recteurs et directeurs des administrations centrales. L'article 13 renvoie à une loi organique le soin de déterminer les autres emplois pourvus en Conseil des ministres. L'ordonnance n° 58-1136 du 28 novembre 1958 portant loi organique ajoute celui de procureur général près la Cour des comptes. Cette ordonnance renvoie également à un décret en Conseil des ministres le soin de préciser les emplois de direction qui justifient que les nominations aient lieu en Conseil des ministres. Le décret n° 59-587 du 29 avril 1959 dresse, dans un tableau annexé, la liste de soixante-seize établissements publics, entreprises publiques et sociétés nationales dont le dirigeant est nommé par décret en Conseil des ministres.

Le président de la République nomme également par décret simple (non délibéré en Conseil des ministres) les autres membres du Conseil d'État et de la Cour des comptes, les magistrats de l'ordre judiciaire, les professeurs de l'enseignement supérieur, ainsi que les officiers des armées de terre, de mer et de l'air (art. 2 ord. précitée n° 58-1136 du 28 nov. 1958). Il appartient également au président de la République de nommer les membres des corps dont le recrutement est assuré par l'École nationale d'administration (ENA), les ingénieurs de l'École polytechnique, ainsi que ceux du corps préfectoral (art. 2, même ord.).

Ce pouvoir de nomination concerne les administrateurs de l'État. Il ne s'étend pas aux autorités des collectivités territoriales. Elles sont dirigées par des autorités élues qui choisissent leur personnel en vertu du principe de libre administration locale.

» Le contrôle parlementaire des nominations

La loi constitutionnelle du 23 juillet 2008 a prévu un encadrement du pouvoir de nomination du président de la République. Elle a institué un contrôle parlementaire sur les nominations aux emplois ou fonctions présentant une « importance pour la garantie des droits et libertés ou la vie économique et sociale de la Nation ». Les nominations ont lieu après avis public de la commission permanente compétente de chaque assemblée (art. 13 al. 5 Const.).

La loi organique n° 2010-837 du 23 juillet 2010 dresse la liste des emplois ou fonctions concernés de cinquante-et-un organismes. Elle comprend des autorités publiques indépendantes (ex. l'AMF), des établissements publics à caractère administratif (ex. Météo-France) ou industriel et commercial (ex. la RATP), ainsi que des sociétés anonymes à capitaux publics (ex. EDF, la Poste ou la SNCF). La loi n° 2010-838 du 23 juillet 2010 précise les conditions dans lesquelles sont émis les avis sur les nominations et désigne, dans une annexe, les commissions des assemblées compétentes pour auditionner les candidats (v. G. Bergougnous, « L'avis des commissions permanentes sur les nominations à certains emplois et fonctions : entre élargissement et approfondissement », *Constitutions* 2013, p. 50).

Le président de la République « ne peut procéder à une nomination lorsque l'addition des votes négatifs dans chaque commission représente au moins trois cinquièmes des suffrages exprimés au sein des deux commissions » (art. 13 al. 5 Const.). La majorité qualifiée des trois cinquièmes est destinée à rendre exceptionnel le *veto* des commissions. La procédure contribue, néanmoins, à limiter les nominations de complaisance. L'audition devant les commissions oblige, en effet, les candidats à démontrer qu'ils ont les aptitudes requises. L'avis des commissions est rendu public. Une audition difficile et un avis négatif, sans atteindre la majorité qualifiée, peuvent discréditer une nomination.

Une liste évolutive. – La liste des emplois ou fonctions qui relèvent de cette procédure peut être modifiée pour tenir compte de l'évolution des organismes concernés. Le Conseil constitutionnel admet que le Parlement puisse ajouter ou supprimer un emploi ou une fonction (v. déc. n° 2012-663 DC du 27 déc. 2012 ; déc. n° 2013-1026 du 15 nov. 2013). Toutefois, le Conseil constitutionnel veille à ce que ne relèvent de cette procédure que les emplois et fonctions qui présentent une « importance pour la garantie des droits et des libertés ou la vie économique et sociale de la Nation » (déc. n° 2008-572 DC du 8 janv. 2009 ; n° 2009-576 DC du 3 mars 2009 ; 2010-609 DC du 12 juillet 2010). C'est le cas de la fonction de président de la *Haute autorité pour la transparence de la vie publique* (déc. n° 2013-675 DC du 9 oct. 2013, cons. 11), de la présidence de la *Commission nationale de contrôle des techniques de renseignement* (déc. n° 2015-714 DC du 23 juill. 2015, cons. 4), de la présidence du conseil d'administration de *l'Agence française pour la biodiversité* (déc. n° 2016-735 DC du 4 août 2016, paragr. 3), les fonctions de *président de l'autorité de régulation des jeux en ligne*, de la *commission du secret de la défense nationale*, de la *commission nationale des comptes de campagne et des financements politiques*, de la *commission nationale de l'informatique et des libertés*, du *haut conseil du commissariat aux comptes* et du collège du *haut conseil de l'évaluation de la recherche et de l'enseignement supérieur* (déc. n° 2017-746 DC du 19 janv. 2017, § 11), ou encore de la fonction de *médiateur du crédit aux candidats et aux partis politiques* (déc. n° 2017-753 DC du 8 sept. 2017, § 62). En revanche, ne mérite pas d'être soumise à cette procédure la nomination du président de *l'Institut national de l'audiovisuel* (déc. n° 2013-1026 du 15 nov. 2013, cons. 10).

Les emplois exclus de la procédure parlementaire. – L'article 13 (al. 3 et 5) de la Constitution exclut certains emplois. Le contrôle parlementaire serait contraire à la séparation des pouvoirs (ex. pour la nomination de conseillers d'État) ou heurterait la relation de confiance entre l'Exécutif et les titulaires des « emplois supérieurs dont la nomination est laissée à la décision du Gouvernement » (art. 25, loi n° 84-16 du 11 janv. 1984), comme ceux de préfet, recteur, ou directeur d'administration centrale (v. décret n° 85-779 du 24 juill. 1985). L'Exécutif doit disposer « d'un large pouvoir d'appréciation pour la nomination aux emplois supérieurs dans la fonction publique, dont les titulaires sont étroitement associés à la mise en œuvre de sa politique » même si le « choix doit être fait en prenant en considération les capacités requises pour l'exercice des attributions afférentes à l'emploi » (déc. n° 2010-94 QPC du 28 janv. 2011, cons. 4).

SITUATION 2

La réaction du président de la République à une situation d'exception

Des dispositifs constitutionnels et législatifs sont prévus pour affronter les états de crise. Ils sont conçus pour préserver les intérêts de la nation. Ils sont mis en œuvre par le président de la République qui doit assurer « la continuité de l'État » et qui est le « garant de l'indépendance nationale » (art. 5 Const.).

Le choix du dispositif dépend de la gravité du péril et de l'urgence à intervenir. En fonction de la nature des événements, le président de la République peut mettre en œuvre les pouvoirs exceptionnels de *l'article 16*, décréter *l'état de siège* ou déclarer *l'état d'urgence*.

» Les pouvoirs exceptionnels de l'article 16

L'article 16 de la Constitution confère au président de la République des pouvoirs exceptionnels lorsque le fonctionnement normal des institutions et le respect du droit ne permettent plus de faire face à une situation de crise[1].

L'expérience passée. – Les rédacteurs de la Constitution de 1958 n'ont pas voulu que se reproduisent les événements de 1940. Aucune procédure d'exception n'était prévue par la Constitution de 1875 pour affronter des circonstances exceptionnelles. En réponse à la situation, l'Assemblée nationale a donné, par la loi constitutionnelle du 10 juillet 1940, « tout pouvoir au gouvernement de la République, sous l'autorité et la signature du maréchal Pétain, à l'effet de promulguer par un ou plusieurs actes une nouvelle constitution de l'État français ». Elle a donné au Maréchal les clefs de la république.

En 1946, dans son discours de Bayeux, le général de Gaulle a souhaité qu'un régime particulier soit prévu « s'il devait arriver que la patrie fût en péril ». Ce régime ne

1. Bibl. : F. Saint-Bonnet, « Réflexions sur l'article 16 et l'état d'exception », *RD publ.* 1998. 1699 ; S. Karagiannis, « L'article 16 des autres. Pénétration d'une originalité française dans certaines Constitutions étrangères », *RD publ.* 2016. 957 ; M. Verpeaux, « Art. 1 – Le juge administratif et l'application de l'article 16 de la Constitution », *in Contrôle de constitutionnalité des actes administratifs, Rép. de contentieux administratif*, Dalloz.

sera mentionné qu'en 1958 à l'article 16 de la Constitution. À l'époque, le péril envisagé était, selon Michel Debré, celui de « la guerre atomique ».

Le défi de la dictature républicaine. – L'octroi de pouvoirs exceptionnels au président de la République est souvent comparé à ceux de la dictature romaine antique. Le Sénat pouvait autoriser l'un des consuls à désigner un dictateur. Il disposait des pleins pouvoirs pour affronter une grave menace.

La dictature républicaine relève du défi. Elle suppose que l'autorité qui exerce le pouvoir n'abuse pas de son exercice et renonce à le conserver (dans l'imaginaire historique, le modèle est incarné par Cincinnatus qui a exercé cette fonction en 458 et 439 av. J.-C. et qui est retourné à la culture de ses terres après les dictatures).

Le pari est à haut risque, mais il mérite d'être osé lorsque la patrie est en péril. Les régimes d'exception doivent être mis en œuvre lorsque les institutions ne parviennent plus à affronter une situation de crise. À défaut, elles peuvent être condamnées. « Tout État libre où les grandes crises n'ont pas été prévues est à chaque orage en danger de périr », comme l'a écrit Jean-Jacques Rousseau (*Considérations sur le gouvernement de Pologne*, chap. IX).

L'article 16 de la Constitution de 1958 a cet objet. Il organise ce défi en établissant les conditions autorisant la mise en œuvre des pouvoirs exceptionnels.

Conditions et procédure. – Les conditions de fond mentionnées à l'article 16 sont de trois ordres :

1° La situation doit créer une menace « grave » et « immédiate ». C'est une condition évidente.

2° La menace doit affecter « les institutions de la République, l'intégrité du territoire, l'indépendance de la nation ou l'exécution de ses engagements internationaux ». Ces formules sont très vagues.

3° La menace doit aboutir à « l'interruption du fonctionnement régulier des pouvoirs publics constitutionnels ». Il s'agit de la condition la plus significative. Les pouvoirs publics ne doivent pas être écartés de l'exercice de leurs compétences s'ils sont en mesure de régler la crise. Le gouvernement dispose d'autres moyens juridiques que l'article 16 pour régler une crise. Les pouvoirs octroyés aux forces publiques peuvent être étendus dans le cadre de *l'état d'urgence* ou de *l'état de siège* (v. *infra*) sans qu'il soit nécessaire d'activer l'article 16 de la Constitution.

La réunion de ces conditions est laissée à l'appréciation du président de la République.

Une procédure peu contraignante. – Le président de la République doit consulter le Premier ministre, les présidents des assemblées parlementaires et le Conseil constitutionnel avant la mise en œuvre de l'article 16. Leurs avis ne lient pas le président. Il doit également informer la Nation par un message.

La loi constitutionnelle de 2008 a prévu que le Conseil constitutionnel pouvait être saisi ultérieurement. C'était une préconisation du Comité Balladur. Le Conseil constitutionnel peut être saisi par soixante députés ou soixante sénateurs au terme d'un délai de trente jours d'utilisation de l'article 16. Après soixante jours, le Conseil constitutionnel s'autosaisit.

Les mesures. – Le chef de l'État prend toute décision rendue nécessaire par la situation. Il peut, s'il le faut, se substituer au gouvernement ou au législateur. Les mesures doivent avoir pour objectif « d'assurer aux pouvoirs publics constitutionnels, dans les moindres délais, les moyens d'accomplir leur mission » (art. 16 al. 3). C'est une condition essentielle. Le Conseil constitutionnel est consulté sur chaque décision (art. 16 al. 4 Const. ; ord. 7 nov. 58, art. 54).

Le Conseil constitutionnel ne peut s'opposer au président. Mais, dans ses avis, il appartient au Conseil constitutionnel de préciser si les conditions posées par l'article 16 restent réunies. Il peut se prononcer sur la teneur des décisions prises par le président de la République.

Le contrôle des mesures. – La décision de mettre en application l'article 16 constitue un « acte de gouvernement » (CE, ass., 2 mars 1962, *Rubin de Servens et autres, Leb.* p. 143). Le juge refuse de se prononcer sur sa légalité. Toutefois, il accepte de connaître des actes pris sur son fondement. Lorsqu'ils relèvent du domaine réglementaire, la légalité de ces actes administratifs peut être contrôlée.

La Haute Cour. – L'article 16 ne précise pas si la procédure de destitution est maintenue durant la période d'utilisation des pouvoirs exceptionnels. Cet article prévoit que « le Parlement se réunit de plein droit » (al. 4) et que « l'Assemblée nationale ne peut être dissoute pendant l'exercice des pouvoirs exceptionnels ». L'article 68 alinéa 1er dispose que la procédure de destitution est mise en œuvre « en cas de manquement » du président de la République « à ses devoirs manifestement incompatible avec l'exercice de son mandat ». L'on peut supposer que l'utilisation abusive de l'article 16 correspond à ce « manquement ». Le Parlement, réunit de plein droit et constitué en Haute Cour, doit pouvoir destituer le président de la République. Un contrôle démocratique ultime est ainsi préservé.

L'usage des pouvoirs en 1961. – L'article 16 de la Constitution a été utilisé très rapidement sous la Ve République. Le 21 avril 1961, un putsch éclate à Alger à l'instigation de généraux. Le général de Gaulle décide de mettre en application l'article 16. Il consulte le Conseil constitutionnel. Dans son avis du 23 avril, le Conseil estime que les officiers généraux subversifs en Algérie ont pour « but avoué de s'emparer du pouvoir dans l'ensemble du pays ». Pour le Conseil, « les institutions de la République se trouvent menacées d'une manière grave et immédiate » ; « les pouvoirs publics constitutionnels ne peuvent fonctionner de façon régulière ». Le Conseil est d'avis que « sont réunies les conditions exigées par la Constitution pour l'application de son article 16 ». Le jour même, le 23 avril, le général de Gaulle prononce un discours à la télévision dans lequel il annonce la mise en œuvre de l'article 16 pour prendre « au besoin directement, les mesures qui [lui] paraîtront exigées par les circonstances ». Il entend lutter contre « un pouvoir insurrectionnel établi en Algérie par un *pronunciamento* militaire » ; un pouvoir qui, selon le général de Gaulle, avait « une apparence : un quarteron de généraux en retraite » et une « réalité : un groupe d'officiers partisans, ambitieux et fanatiques ».

Le 25 avril 1961, la menace de coup d'État a disparu. Pourtant, l'utilisation des pouvoirs exceptionnels a perduré jusqu'au 30 septembre 1961. L'article 16 a été activité durant cinq mois pour une crise de cinq jours...

C'est « une expérience éternelle », écrivait Montesquieu, « que tout homme qui a du pouvoir est porté à en abuser ; il va jusqu'à ce qu'il trouve des limites » (*De l'Esprit des lois*, livre XI, chap. IV).

» L'état de siège

Le régime de l'état de siège est prévu à l'article 36 de la Constitution de 1958, mais, contrairement à l'article 16, il ne s'agit pas d'une innovation de la Ve République (l'art. 106 de la Const. de 1848 prévoyait ce régime et renvoyait à loi de soin de déterminer les cas dans lesquels l'état de siège pouvait être décrété ; de même, la loi const. du 7 déc. 1954 a complété l'art. 7 de la Const. 1946 pour que fût précisé que « l'état de siège est déclaré dans les conditions prévues par la loi »).

Le régime de l'état de siège (autrefois, des places fortes assiégées) est ancien. Au XIXe et XXe siècles, il a été décrété à plusieurs reprises (en 1848, 1870, 1871, 1914 et 1939). Il ne l'a pas été sous la Ve République.

Son régime a été, notamment, établi par les lois du 9 août 1849 et du 3 avril 1878. L'état de siège ne peut être déclaré « qu'en cas de péril imminent résultant d'une guerre étrangère ou d'une insurrection armée » (C. défense, art. L. 2121-1). Lorsque l'état de siège est décrété, « les pouvoirs dont l'autorité civile était investie pour le maintien de l'ordre et la police sont transférés à l'autorité militaire » (art. L. 2121-2, même code).

La décision de mettre œuvre l'état de siège est prise par le président de la République. L'état de siège est « décrété en Conseil des ministres » (art. 36, Const.). « Sa prorogation au-delà de douze jours ne peut être autorisée que par le Parlement » (art. 36).

» L'état d'urgence (sécuritaire)

L'état d'urgence n'est pas prévu par la Constitution (v. Séquence 6, situation 4). Ce régime a été établi par la loi n° 55-385 du 3 avril 1955 (modifiée par la loi n° 55-1080 du 7 août 1955, l'ord. n° 60-372 du 15 avr. 1960, la loi n° 2015-1501 du 20 nov. 2015 et la loi n° 2016-987 du 21 juill. 2016). Bien qu'adoptée sous la IVe République, la loi du 3 avril 1955 n'a pas été abrogée par la Constitution de 1958 (Cons. const., déc. n° 85-187 DC du 25 janv. 1985, cons. 4 ; CE juge des référés 21 nov. 2005, n° 287217).

L'état d'urgence octroie des pouvoirs de police administrative étendus aux autorités civiles. Il peut être déclaré « soit en cas de péril imminent résultant d'atteintes graves à l'ordre public, soit en cas d'événements présentant, par leur nature et leur gravité, le caractère de calamité publique » (art. 1er, loi n° 55-385 du 3 avr. 1955). L'état d'urgence est déclaré par décret en Conseil des ministres. Sa prorogation au-delà de douze jours ne peut être autorisée que par la loi (v. Ph. Zavoli, « État d'urgence », *Rép. de droit pénal et de procédure pénale*, Dalloz).

La prorogation de l'état d'urgence par le législateur ratifie la décision prise par décret de déclarer l'état d'urgence. Lorsque le législateur est intervenu, la légalité du décret ne peut pas être discutée par la voie contentieuse. Le juge s'assure, néanmoins, que les mesures prévues au décret sont justifiées par l'existence de troubles à l'ordre public (CE, ass., 24 mars 2006, *M. Rolin – M. Boisvert*, n° 286834).

L'état d'urgence a été déclaré à plusieurs reprises sous la Ve République (en 1955 et 1958 ; 1961 ; 1984 ; 2005 ; 2015 : v. Séquence 6, situation 4).

Depuis 2020, il est qualifié usuellement d'état d'urgence « sécuritaire » pour le distinguer du nouveau régime de l'« état d'urgence sanitaire ».

■ **L'état d'urgence sanitaire**

Le législateur a créé un nouveau régime d'exception pour donner une base légale aux mesures destinées à lutter contre la propagation du Covid-19 (v. Séquence 6, situation 5). La loi n° 2020-290 du 23 mars 2020 institue l'« *état d'urgence sanitaire* ».

Il est distinct du régime de « l'état d'urgence » créé par la loi du 3 avril 1955. Le régime de « l'état d'urgence sanitaire » a également été institué par le législateur sans révision préalable de la Constitution. Elle n'était pas nécessaire selon le Conseil constitutionnel. Selon lui, « la Constitution n'exclut pas la possibilité pour le législateur de prévoir un régime d'état d'urgence sanitaire », sous réserve, « dans ce cadre, d'assurer la conciliation entre l'objectif de valeur constitutionnelle de protection de la santé et le respect des droits et libertés reconnus à tous ceux qui résident sur le territoire de la République » (déc. n° 2020-808 DC du 13 nov. 2020, § 4).

L'objet de l'état d'urgence sanitaire ne se limite pas aux épidémies. Il est mentionné, ainsi que son dispositif, dans le Code de la santé publique (CSP) :

- L'état d'urgence sanitaire peut être déclaré « en cas de catastrophe sanitaire mettant en péril, par sa nature et sa gravité, la santé de la population » (CSP, art. L. 3131-12).
- Il est déclaré par décret en conseil des ministres (il est donc signé par le président de la République et contresigné par le Premier ministre et les ministres responsables ; ex. décr. n° 2020-1257 du 14 oct. 2020).

Le décret activant l'état d'urgence sanitaire est pris sur rapport du ministre chargé de la santé et « les données scientifiques disponibles sur la situation sanitaire qui ont motivé la décision sont rendues publiques » (CSP, art. L. 3131-13, al. 1). Un comité de scientifiques, qui est réuni sans délai, doit rendre des avis sur l'état de la catastrophe sanitaire.

Les assemblées parlementaires doivent également être informées des mesures prises et elles peuvent requérir toute information complémentaire. En outre, la prorogation de l'état d'urgence sanitaire, au-delà d'un mois, ne peut être autorisée que par la loi, après avis du comité de scientifiques (CSP, art. L. 3131-13, al. 3). La loi autorisant la prorogation doit fixer sa durée (le président de la République pouvant ultérieurement, par un décret en conseil des ministres, mettre fin à l'état d'urgence sanitaire avant l'expiration du délai fixé par la loi).

Lorsque l'état d'urgence sanitaire est déclaré, le Premier ministre peut prendre des mesures très contraignantes. Ses pouvoirs sont mentionnés à l'article L. 3131-15 du Code de la santé publique. Il peut, notamment, « restreindre ou interdire la circulation des personnes et des véhicules » ; « interdire aux personnes de sortir de leur domicile » ; « ordonner la fermeture provisoire d'une ou plusieurs catégories d'établissements recevant du public ainsi que des lieux de réunion » ; « prendre des mesures temporaires de contrôle des prix de certains produits », etc.. Ces mesures administratives, qui doivent être nécessaires et proportionnées à l'objectif poursuivi, qui est de protéger la population, peuvent être contrôlées par le juge administratif.

V. Danièle Cristol, « La Covid-19 : à nouveau danger, régimes exceptionnels », *RDSS* 2020. 839.

SITUATION 3

L'Exécutif et la démocratie semi-directe

Dans une *démocratie directe*, les citoyens exercent le pouvoir sans intermédiaire. Ils adoptent eux-mêmes les décisions en se réunissant (sur le modèle de l'*ecclésia* de la cité grecque) et en participant à des référendums. Dans une *démocratie représentative*, le pouvoir est exercé au nom et pour le compte des citoyens par des représentants du peuple. Dans une *démocratie semi-directe*, le pouvoir est exercé par les représentants, mais les citoyens participent régulièrement à l'adoption de décisions par référendum (v. Séquence 2, situation 1).

La lecture de la Constitution de 1958 donne à penser que la Ve République est une démocratie semi-directe : « la souveraineté nationale appartient au peuple qui l'exerce par ses représentants et par la voie du référendum » (art. 3 al. 1er Const.). Initialement, cette conception de la démocratie a été associée aux idées constitutionnelles du général de Gaulle. Il appartenait au président de la République de donner la parole au peuple sur les sujets qui engageaient l'avenir de la nation.

Le régime institué par la Constitution de 1958 prévoit, en effet, diverses procédures référendaires. Par ces voies, les citoyens peuvent, notamment, réviser la Constitution et adopter des lois ordinaires.

» La diversité des procédures

La Constitution 1958 prévoit différentes catégories de référendums. Les procédures se sont diversifiées au fil des révisions constitutionnelles :

– *Au niveau national*, une procédure référendaire est prévue pour la révision « définitive » de la Constitution (art. 89 al. 2 Const. ; v. *infra*). Deux autres procédures sont instituées pour l'organisation d'un référendum législatif (art. 11 ; v. *infra*).

– *Au niveau local*, la loi constitutionnelle de 2003 a créé le référendum décisionnel. « Les projets de délibération ou d'acte relevant de la compétence d'une collectivité territoriale peuvent, à son initiative, être soumis, par la voie du référendum, à la décision des électeurs de cette collectivité » (art. 72-1). La Constitution prévoit également la consultation des électeurs des collectivités situées outre-mer affectées par un changement de régime (art. 72-4). Le référendum détermine également le lien entre la République et les populations des territoires susceptibles de l'intégrer ou d'acquérir leur indépendance : « nulle cession, nul échange, nulle adjonction de territoire n'est valable sans le consentement des populations intéressées » (art. 53). De même, la Constitution prévoit que les populations de la Nouvelle-Calédonie sont appelées à se prononcer sur l'accession de leur territoire à la pleine souveraineté (art. 76 et 77).

– *Au niveau européen*, l'article 88-5 impose au président de la République d'organiser un référendum pour la ratification de tout traité relatif à l'adhésion d'un État à l'Union européenne.

La diversité de ces procédures aurait dû favoriser la démocratie semi-directe. Cela n'a pas été le cas. Les citoyens ont rarement eu l'occasion de se prononcer par référendum. La souveraineté nationale reste exercée par leurs représentants, que ce soit pour l'adoption des lois constitutionnelles ou des lois ordinaires.

» Le référendum constituant

La révision de la Constitution est, en principe, « définitive après avoir été approuvée par référendum » (art. 89 al. 2 Const.). Il appartient au président de la République d'organiser un référendum après la deuxième étape de la procédure prévue à l'article 89, c'est-à-dire après l'adoption du projet ou de la proposition de loi constitutionnelle en termes identiques par les assemblées.

Le droit de *veto* du président. – L'interprétation retenue de l'article 89 a conduit à reconnaître au président de la République un droit de *veto*. Le président peut décider d'arrêter la procédure de révision de la Constitution. Aussi, pour contraindre le président à la conduire à son terme, le Comité Balladur a préconisé une modification de l'article 89. Elle prévoyait que le président devait organiser un référendum dans les six mois qui suivaient le vote des assemblées. Cette proposition n'a, cependant, pas été reprise dans la loi constitutionnelle de 2008.

Un + deux référendum(s). – La Constitution a été révisée à vingt-quatre reprises depuis 1958, mais un seul référendum a été organisé dans le cadre de l'article 89. C'était le 24 septembre 2000. Les Français ont été appelés à approuver la loi constitutionnelle fixant la durée du mandat du président de la République à cinq ans (rép. oui à 73 % ; non à 27 %). Les autres lois constitutionnelles ont été définitivement adoptées par le Congrès. Par ailleurs, deux révisions ont été menées sur le fondement de l'article 11 de la Constitution. Deux référendums ont été organisés dans ce cadre les 28 octobre 1962 et 27 avril 1969. Le général de Gaulle a ainsi contourné les termes de l'article 89 (v. Séquence 7, situation 1).

La voie privilégiée du Congrès. – L'article 89 alinéa 3 permet au président de la République de ne pas présenter un projet de loi constitutionnelle au référendum. Le président peut choisir de soumettre le projet de loi constitutionnelle « au Parlement convoqué en Congrès ». Le projet doit alors être approuvé à la majorité des trois cinquièmes des suffrages exprimés. La procédure référendaire peut ainsi être écartée sauf s'il s'agit d'une « proposition » de loi constitutionnelle. Les parlementaires ne peuvent mener une procédure complète de révision. Le Parlement n'est plus souverain sous la Ve République et ne saurait mener seul une révision de la Constitution.

En pratique, l'initiative émane toujours du président de la République, ce qui permet, au final, de retenir la voie du Congrès. Celle-ci est privilégiée quelle que soit l'importance de la révision. Même une loi constitutionnelle qui a modifié la moitié des articles de la Constitution de 1958, comme celle du 23 juillet 2008, a été adoptée par le Congrès et non par référendum. L'on peut s'en étonner. En Suisse, par exemple, le référendum est obligatoire pour les révisions de la Constitution (art. 140 Const. fédérale).

» Le référendum législatif

L'organisation d'un référendum pour l'adoption d'une loi ordinaire est prévue par l'article 11 de la Constitution. La compétence est partagée. La mise en œuvre de la procédure doit être *proposée* au président de la République par le gouvernement ou par les assemblées (assemblées qui ne peuvent conjointement soutenir qu'un « projet de loi »). Le président ne peut donc agir seul. À l'inverse, la décision d'organiser un référendum ne peut lui être imposée. L'article 11 dispose que le président « peut soumettre un projet de loi » au référendum. Le président a donc la possibilité – et non l'obligation – de soumettre un projet de loi au référendum.

Le contrôle du Parlement. – La proposition du gouvernement doit avoir lieu pendant la durée des sessions pour permettre aux assemblées d'engager le cas échéant sa responsabilité politique (ex. : une motion de censure contre le gouvernement Pompidou a été adoptée en oct. 1962 en réaction à l'organisation du référendum instaurant l'élection du président de la République au suffrage universel direct). En outre, « lorsque le référendum est organisé sur proposition du Gouvernement, celui-ci fait, devant chaque assemblée, une déclaration qui est suivie d'un débat » (en vertu de l'art. 1er de la loi const. du 4 août 1995). Le Parlement est ainsi associé à la procédure même s'il ne peut s'opposer à l'organisation du référendum.

L'objet limité du référendum. – L'article 11 de la Constitution énumère les sujets sur lesquels peut porter un référendum. Il est circonscrit à l'organisation des pouvoirs publics et à l'autorisation de ratifier certains traités. La loi constitutionnelle du 4 août 1995 a également autorisé l'organisation de référendums sur les « réformes relatives à la politique économique ou sociale de la nation et aux services publics qui y concourent ». À cette rubrique, la loi constitutionnelle du 23 juillet 2008 a ajouté les « réformes relatives à la politique (...) environnementale ».

Les droits et libertés ne figurent pas à l'article 11. Ce domaine semble exclu du champ du référendum. Il est traditionnellement réservé au Parlement (v. art. 34 Const.). Selon un argument habituellement avancé, les représentants sont mieux préparés que les citoyens à s'opposer aux arguments démagogiques dans la définition des droits et libertés. Leur exclusion du champ du référendum fait, néanmoins, débat :

– Une partie de la doctrine interprète strictement cette restriction en partant de l'idée que ce qui n'est pas mentionné dans une énumération est exclu. L'article 11 ne fait pas expressément référence aux droits et libertés. Dès lors, un référendum ne peut les mettre en cause. En ce sens, l'échec en 1994 de la révision de la Constitution ne plaide pas en faveur d'une interprétation extensive de l'article 11. Le président Mitterrand a présenté un projet révisant l'article 11 *pour permettre aux Français de se prononcer par référendum sur les garanties fondamentales en matière de libertés publiques*. La procédure de révision s'est interrompue le 5 septembre 1984 lorsque le Sénat a voté la *question préalable* (refusant ainsi de délibérer sur le projet). Les lois constitutionnelles ultérieures, notamment celles de 1995 et 2008, n'ont pas étendu l'objet du référendum au champ des droits et libertés.

– Cet argument littéral n'empêche pas certains auteurs de considérer que l'article 11 permet d'organiser des référendums, même s'ils mettent en cause les droits et libertés. Un référendum relatif à la « politique économique ou sociale de la nation et aux services publics » peut intéresser un droit ou une liberté (le droit de grève, par exemple).

Il est difficile d'anticiper la réaction du juge constitutionnel à l'égard d'une telle interprétation. La question reste en suspens en l'absence de mise en œuvre d'une procédure référendaire mettant en cause les droits et libertés (v. B. Daugeron, « Mariage « pour tous » : retour sur la constitutionnalité du référendum », *D.* 2013. 320).

La pratique référendaire sous la Ve République. – La limitation du champ du référendum et la méfiance traditionnelle pour ce procédé ont contribué à son désintérêt.

Les citoyens n'ont été sollicités qu'à neuf reprises sur le fondement de l'article 11 :

– Les trois premiers référendums prolongeaient l'instauration du nouveau régime. Les deux premiers portaient sur l'Algérie : celui du 8 janvier 1961 concernait l'organisation des pouvoirs publics en Algérie avant l'autodétermination (réponse : oui à 75 %) ; le suivant, du 8 avril 1962, entérinait les accords d'Évian et l'indépendance à venir de l'Algérie

SITUATIONS

(rép. : oui à 90 %). Le troisième référendum s'inscrivait dans le cadre d'une refondation de la Ve République. En demandant aux citoyens, le 28 octobre 1962, d'approuver l'élection du président de la République au suffrage universel, le général de Gaulle a imposé sa conception du régime (rép. : oui, à 62,25 %).

– Le référendum du 27 avril 1969 a eu un objet, « la création de régions et la rénovation du Sénat », et un enjeu, la confiance dans le chef de l'État. Un an après les événements de mai 1968, le référendum portait sur des sujets institutionnels étrangers aux préoccupations des Français. L'échec du référendum (rép. oui à 47,6 % ; non à 52,4 %) a provoqué la démission du général de Gaulle. Son caractère plébiscitaire était évident. Il a marqué les esprits et accentué la méfiance à l'égard du procédé référendaire.

– Les deux référendums suivants n'ont pas passionné les Français. Celui du 23 avril 1972 portait sur l'adhésion de la Grande-Bretagne, du Danemark, de l'Irlande et de la Norvège aux Communautés européennes (rép. : oui à 68,3 %). Le deuxième, qui a été organisé seize ans plus tard, le 6 novembre 1988, concernait les dispositions statutaires et préparatoires à l'autodétermination de la Nouvelle-Calédonie (rép. : oui à 80 %). L'ennui qu'a engendré chez les citoyens la lecture de ces dispositions s'est traduit par une forte abstention (63 %).

– La procédure référendaire a retrouvé de l'intérêt avec le débat sur le traité de Maastricht. Il a éveillé les consciences citoyennes. L'euro et la citoyenneté européenne étaient des sujets porteurs. Ce traité a opposé les souverainistes aux Européens (qu'ils aient été convaincus, de raison ou résignés). Le oui l'a emporté le 20 septembre 1992 (rép. : oui à 51 % ; non à 49 %). La majorité était courte, trop courte pour envisager sereinement un nouveau référendum sur la construction européenne. Une nouvelle consultation a pourtant eu lieu treize ans plus tard. Le référendum du 29 mai 2005 a porté sur la ratification du *traité établissant une Constitution pour l'Europe*. Le résultat fut négatif (rép. : oui à 45,3 % ; non à 54,7 %).

Le référendum de 2005 a provoqué un psychodrame national. Aucun référendum n'a été organisé depuis. Pourtant les citoyens n'ont eu de cesse de manifester leur besoin de s'exprimer. Ils l'ont fait par des voies diverses (grèves, blocages, etc.). Une nouvelle forme de consultation devait donc être inventée.

» Le référendum d'initiative partagée

Pour combler le déficit démocratique, des espoirs ont été initialement placés dans le *référendum d'initiative populaire* (RIP). Il s'agissait d'une consultation organisée à l'initiative d'une partie des électeurs.

Pour répondre à cette attente, la loi constitutionnelle du 23 juillet 2008 a prévu une procédure référendaire qui associe les citoyens. Le Constituant a repris la proposition (n° 67) du Comité Balladur qui portait sur le *droit d'initiative populaire*.

À l'analyse, il apparaît que la nouvelle procédure, prévue aux alinéas 3 à 6 de l'article 11 de la Constitution, relève moins de l'initiative populaire que de la co-initiative. Le référendum est « organisé à l'initiative d'un cinquième des membres du Parlement » sur une « proposition de loi » « soutenue par un dixième des électeurs inscrits sur les listes électorales » (art. 11 al. 3). Il s'agit donc, au mieux, d'un *référendum d'initiative partagée* (Christophe Geslot a proposé de le qualifier de « droit de pétition des citoyens auprès des assemblées », v. tribune, *AJDA* 2013. 2113).

Le Parlement associé à la procédure. – Le référendum d'initiative partagée n'est pas un procédé dirigé contre le Parlement. Il ne peut « avoir pour objet l'abrogation d'une disposition législative promulguée depuis moins d'un an » (art. 11 al. 3). En outre, le Parlement est associé à la procédure référendaire. L'article 11 prévoit que le président de la République n'organise le référendum que « si la proposition de loi n'a pas été examinée par les deux assemblées dans un délai fixé » par une loi organique (art. 11 al. 5). Après que la proposition de loi a été déclarée recevable par le Conseil constitutionnel, elle doit être « examinée au moins une fois par chacune des deux assemblées parlementaires dans un délai de six mois » (art. 9, LO n° 2013-1114 du 6 déc. 2013). À défaut d'examen de la proposition de loi, le président de la République la soumet au référendum.

En outre, le référendum d'initiative partagée ne peut porter que sur un objet mentionné au premier alinéa de l'article 11 (v. *supra*). Le Conseil constitutionnel contrôle l'objet du référendum avant sa tenue. Il vérifie également que l'initiative a été soutenue par un dixième des électeurs.

Premières décisions du Conseil constitutionnel. – Une proposition de loi *visant à affirmer le caractère de service public national de l'exploitation des aérodromes de Paris* a été signée par 248 députés et sénateurs et déposée le 10 avril 2019 dans le cadre la procédure du référendum d'initiative partagée (cette proposition visait à s'opposer à la privatisation de la société *Aéroports de Paris*).

Le Conseil constitutionnel a considéré que les premières conditions étaient satisfaites. La procédure du RIP pouvait se poursuivre. La proposition a été présentée par plus d'un cinquième des membres du Parlement, son contenu correspondait à l'un des objets prévu par l'article 11 de la Constitution et n'était pas contraire à celle-ci (déc. n° 2019-1 RIP du 9 mai 2019). Cette décision a ouvert la période de recueil des soutiens des électeurs à la proposition de loi. La durée de cette période de recueil des signatures était de neuf mois (art. 4, LO n° 2013-1114 du 6 déc. 2013). Cependant, au terme de ce délai, le Conseil constitutionnel a constaté et déclaré que le nombre de signatures (1 093 030 soutiens) était insuffisant : déc. n° 2019-1-8 RIP du 26 mars 2020).

Interrogations sur le nombre de signatures. – L'initiative doit obtenir le soutien d'un dixième des électeurs inscrits sur les listes électorales. En mai 2021, il correspond à 4 794 755 signatures (47 947 555 électeurs étaient inscrits sur les listes électorales).

L'on a prétendu que ce nombre pouvait être facilement atteint par Internet. Or, jusqu'à aujourd'hui, aucune pétition n'a approché un nombre aussi élevé de signatures.

Une comparaison peut être faite avec la Suisse où cent mille électeurs peuvent proposer une révision partielle ou totale de la Constitution (art. 138 et 139). De même, en Italie, un « *referendum popolare* » peut être organisé à l'initiative de cinq cent mille électeurs pour abroger totalement ou partiellement les lois en vigueur (art. 75 Const. ital.). Ces seuils paraissent peu élevés par rapport à celui prévu en France pour le référendum d'initiative partagée. Mais des conditions sont posées. En Suisse, la validité de la demande de révision est contrôlée par le Parlement fédéral. En Italie, une condition de participation est prévue. La majorité des électeurs doit participer au scrutin pour que l'abrogation de la loi soit validée. Il faut donc une mobilisation politique de grande ampleur pour atteindre ce taux de participation (ex. : ce fut le cas les 12 et 13 juin 2011, avec 57 % de participation et 95 % de oui aux questions rejetant le retour au nucléaire, la privatisation de l'eau, ainsi que la loi sur l'immunité judiciaire du président du Conseil). En outre, la Constitution italienne exclut certains sujets du référendum populaire. Il « n'est pas admis pour des lois fiscales et budgétaires, d'amnistie et de remise de peine, d'autorisation de ratifier des traités internationaux » (art. 75).

Une loi organique adoptée cinq ans après la loi constitutionnelle. – L'article 11 renvoie à une loi organique le soin de déterminer ses conditions d'application. Le référendum d'initiative partagée, prévu par la loi constitutionnelle du 23 juillet 2008, ne pouvait entrer en vigueur sans cette loi organique. Le projet n'a été présenté en Conseil des ministres que le 22 décembre 2010. Le processus législatif fut laborieux. La loi organique n'a été adoptée définitivement que le 21 novembre 2013 et promulguée le 6 décembre 2013 (v. Ch. Geslot, « La mise en œuvre du référendum d'initiative minoritaire », *AJDA* 2014. 893). La lenteur de la procédure a fait naître des doutes sur l'acceptation de ce procédé de démocratie semi-directe par une large partie des parlementaires, qu'elle fût de droite (avant 2012) ou de gauche (après 2012) ; v. S. Pinon, « Improbable loi organique, impossible initiative populaire », *AJDA* 2009. 2002.

La loi organique n° 2013-1114 du 6 décembre 2013 détermine les différentes étapes du processus. Elle définit, notamment, le rôle du Conseil constitutionnel. Il est essentiel parce qu'il intervient en amont. Il apprécie la recevabilité de la proposition de loi.

Il reste que, depuis 2013, aucun référendum d'initiative partagée n'a été organisé. L'espoir placé dans ce procédé a été déçu. Les conditions prévues l'ont rendu trop difficile à mettre en œuvre.

Une démocratie représentative. – Les citoyens sont rarement consultés. Après le départ du général de Gaulle, les référendums se sont raréfiés. Certains citoyens n'ont même jamais connu de référendum à quelque niveau que ce soit.

La démocratie française reste représentative. Le peuple ne se gouverne pas lui-même. Il en a toujours été ainsi. Depuis la Révolution, les citoyens ont « le droit de concourir personnellement, ou par leurs Représentants » à la formation de la loi (art. 6, DDHC 1789). La deuxième voie, celle des « représentants », a toujours été privilégiée.

Au demeurant, la préférence pour la démocratie représentative est assez commune. Dans la plupart des États, le référendum n'est pas un mode de gouvernement. Il est, certes, d'usage fréquent en Suisse, répété dans les États fédérés des États-Unis, ou ponctuel en Italie. Mais, dans la plupart des États, il reste souvent limité à l'adoption des constitutions. La crise de la démocratie française ne saurait donc s'expliquer pas la seule absence de pratique référendaire.

SITUATION 4

L'obligation incombant au Premier ministre d'exécuter la loi

Généralement, les lois sont trop imprécises pour être d'application immédiate. Des décrets sont nécessaires pour déterminer leur portée. Ils fixent les conditions d'application des lois[1].

Il revient au Premier ministre de prendre les *décrets d'application* pour permettre aux lois d'entrer en vigueur (v. D. de Béchillon, « À propos de l'obligation faite au gouvernement de prendre des règlements d'exécution des lois », *AJDA* 2009. 686). Il ne s'agit pas d'une faculté mais d'une obligation qui se trouve renforcée par la reconnaissance au Premier ministre d'un pouvoir réglementaire général en matière de police.

» Une compétence de droit commun

L'article 21 de la Constitution dispose que le Premier ministre « assure l'exécution des lois » ; « sous réserve des dispositions de l'article 13, il exerce le pouvoir réglementaire ». Le président de la République n'est compétent que lorsque la loi renvoie à un *décret en Conseil des ministres* (en vertu de l'article 13). Le président est également compétent pour modifier un décret délibéré en Conseil des ministres.

La plupart des lois ne renvoient pas à des décrets en Conseil des ministres (signés par le président) le soin de préciser leurs conditions d'application, mais à des décrets en Conseil d'État (signés par le Premier ministre). La très grande majorité des

1. J.-M. Auby, « L'obligation gouvernementale d'assurer l'exécution des lois », *JCP* 1953.I.1080 ; B. Seiller, « Précisions sur l'obligation d'exercer le pouvoir réglementaire », *AJDA* 2004. 761 ; É. Sagalovitsch, « Pour une juridictionnalisation du contrôle parlementaire des lois inappliquées », *RFDC* 2014, n° 98, p. 369.

décrets à caractère réglementaire sont signés par le Premier ministre. La formule usuelle est la suivante : « les modalités d'application du présent article » de la loi « sont fixées par décret en Conseil d'État ».

La Constitution ne confère pas aux ministres un pouvoir réglementaire d'exécution de la loi. L'article 21 prévoit seulement que le Premier ministre « peut déléguer certains de ses pouvoirs aux ministres ». À ce titre, le juge considère que les ministres peuvent exercer un pouvoir réglementaire secondaire (par arrêtés) lorsqu'il est prévu par des lois ou décrets. Ils peuvent également adopter spontanément des mesures réglementaires pour assurer le bon fonctionnement des services placés sous leur autorité (CE 7 févr. 1936, *Jamart, Leb.* p. 172 ; CE, sect., 23 mai 1969, *Société « Distillerie Brabant et Cie », Leb.* p. 264).

Les ministres ont pourtant besoin d'édicter des normes. Leurs services rédigent les projets de lois et de décrets qui sont ensuite présentés au Premier ministre. La situation des ministres constitue traditionnellement « l'un des domaines de notre droit public où la distorsion entre les règles officielles de distribution des compétences et les besoins de la pratique est particulièrement apparente » (C. Wiener[1]). La distribution du pouvoir réglementaire au sein du gouvernement a toujours été concentrée en faveur du Premier ministre pour garantir l'efficacité et la cohérence de l'action gouvernementale.

1. C. Wiener, *Recherche sur le pouvoir réglementaire des ministres*, LGDJ, 1970, p. 13.

» L'obligation d'intervenir

Le Premier ministre a « non seulement le droit, mais aussi l'obligation de prendre dans un délai raisonnable les mesures qu'implique nécessairement l'application de la loi » (CE, sect., 28 juill. 2000, *Association France Nature Environnement, Leb.* p. 322). Il doit intervenir, que la loi ait expressément renvoyé à un décret en Conseil d'État le soin de fixer les conditions de son application (CE, ass., 7 juill. 2004, *Danthony, Leb.* p. 309), ou qu'elle ait omis de le préciser (CE 26 févr. 1954, *Département de la Guadeloupe, Leb.* p. 129). Les administrés ont, en effet, « le droit de voir leur situation (...) fixée de façon précise par un texte réglementaire », droit que le Premier ministre ne peut ignorer en alléguant un pouvoir discrétionnaire de prendre le décret d'application (CE, ass., 27 nov. 1964, *Ministre des Finances et des Affaires économiques c/ Dame veuve Renard, Leb.* p. 590). Le Premier ministre ne saurait également différer l'édiction du décret parce qu'il attend la formulation de demandes par des instances représentatives. Cette attitude peut conduire le Conseil d'État à enjoindre au Premier ministre d'intervenir (CE 28 mars 2012, *Assoc. nat. des sociétés d'exercice libéral*, n° 343962).

La carence peut engager la responsabilité de l'État. – L'inertie du Premier ministre peut causer un préjudice à un administré. Elle engage la responsabilité de l'État lorsqu'un rapport de cause à effet est établi entre le préjudice et l'abstention de l'autorité réglementaire (CE, sect., 24 juill. 1936, *Syndicat de défense des grands vins de la Côte-d'Or, Leb.* p. 861 ; CE, ass., 27 nov. 1964, *Ministre des Finances et des Affaires économiques c/ Dame veuve Renard, Leb.* p. 590 ; CE, sect., 10 mars 1967, *Société « Les ardoisières d'Angers », Leb.* p. 116).

» Le pouvoir réglementaire général en matière de police

En dehors de l'exécution de la loi, le Premier ministre s'est également vu reconnaître le pouvoir de prendre les mesures de police au niveau national. Il doit protéger l'ordre public en veillant au bon ordre, à la sûreté, à la sécurité et à la salubrité publique. À ce titre, le pouvoir exécutif dispose traditionnellement d'une compétence « en dehors de toute délégation législative » ; il prend les mesures de police qui doivent être « appliquées dans l'ensemble du territoire » (CE 8 août 1919, *Labonne, Leb.* p. 736). Sous la Ve République, le juge considère que le Premier ministre est titulaire de ce pouvoir de police général (ex. en matière de circulation routière). Les dispositions de l'article 34 de la Constitution de 1958 ont pu faire naître des doutes. Elles prévoient que « la loi fixe les règles concernant les garanties fondamentales accordées aux citoyens pour l'exercice des libertés publiques ». Malgré ces termes, le Conseil d'État considère que le Premier ministre dispose d'un pouvoir réglementaire spontané et général en matière de police (CE, ass., 13 mai 1960, *SARL « Restaurant Nicolas », Leb.* p. 324 ; Cons. cons., déc. n° 2000-434 DC du 20 juill. 2000, cons. 19, *Rec.* p. 107). L'« article 34 de la Constitution n'a pas retiré au chef du gouvernement les attributions de police générale qu'il exerçait antérieurement » ; il « appartient au Premier ministre, en vertu des articles 21 et 37 de la Constitution, de prendre les mesures de police applicables à l'ensemble du territoire et justifiées par les nécessités de l'ordre public » (CE 19 mars 2007, *Mme Le Gac*, n° 300467).

Cette compétence du Premier ministre a été pleinement confirmée à l'occasion de la crise sanitaire résultant de l'épidémie de Covid-19. Le premier confinement a été décrété le 16 mars 2020 avant que la loi créant l'état d'urgence sanitaire fût adoptée. L'urgence l'exigeait, ce que le juge administratif a admis. Le décret du Premier ministre, n° 2020-260 du 16 mars 2020, qui a imposé ce confinement était légal. Pour le Conseil d'État, le Premier ministre pouvait, « en vertu de ses pouvoirs propres, édicter des mesures de police applicables à l'ensemble du territoire, en particulier en cas d'épidémie, comme celle de Covid-19 que traversait la France » (CE 22 déc. 2020, n° 439800).

Dans l'exercice de cette compétence, le Premier ministre ne saurait, cependant, méconnaître la loi ou apporter une atteinte excessive à un droit ou une liberté. Les mesures doivent être nécessaires, adaptées et proportionnées à l'objectif poursuivi.

» Une autorité incontournable

Cette compétence réglementaire de droit commun, pour l'exécution des lois ou l'exercice des missions de police, contribue à faire du Premier ministre le *chef du gouvernement*. Il dispose, avec ce pouvoir réglementaire et l'initiative de la loi, de prérogatives qui le placent au centre du processus normatif.

Il dirige ainsi « l'action du gouvernement » (art. 21 al. 1 Const.). Il peut même fixer la doctrine du gouvernement dans l'interprétation des lois et règlements. Selon le Conseil d'État, le Premier ministre peut, « sur le fondement des dispositions de l'article 21 de la Constitution en vertu desquelles il dirige l'action du Gouvernement, adresser aux membres du Gouvernement et aux administrations des instructions par voie de circulaire, leur prescrivant d'agir dans un sens déterminé ou d'adopter telle interprétation des lois et règlements en vigueur » (CE 26 déc. 2012, n° 358226 : sur la question de la désignation des femmes dans les documents administratifs, le Premier ministre demande aux ministres et préfets de donner instruction à leurs services de substituer le terme « Madame » à celui de « Mademoiselle » ; CE 28 févr. 2019, n° 417128 : le Premier ministre prescrit aux membres du gouvernement de donner instruction à leurs services d'appliquer un certain nombre de règles grammaticales et syntaxiques, en s'abstenant, notamment, de faire usage de l'écriture inclusive).

SÉQUENCE 9

Le pouvoir législatif

La fonction législative sous la Ve République

Le « Parlement vote la loi » (art. 24 al. 1er Const.). Composé de représentants du Peuple, il adopte les règles qui régissent la société. Il participe à ce titre à l'exercice de la souveraineté nationale (art. 3 al. 1er Const.).

Il comprend deux chambres : l'Assemblée nationale, dont les députés sont élus au suffrage universel direct, et le Sénat, dont les sénateurs sont désignés au suffrage universel indirect (art. 24, al. 2 à 4, Const.) ; v. *infra*, situation 5.

La fonction législative est si importante que l'institution parlementaire est souvent identifiée à celle-ci. Une distinction est opérée entre le *pouvoir législatif* (du Parlement), le pouvoir exécutif (du gouvernement, surnommé « l'Exécutif ») et le pouvoir judiciaire (des tribunaux). Cette présentation est, néanmoins, réductrice.

Une fonction partagée. – Le gouvernement participe activement à la fonction législative et le Parlement exerce d'autres fonctions, comme le contrôle politique du gouvernement, l'évaluation des politiques publiques, ou l'adoption de résolutions ; elles n'ont pas pour objet l'adoption de lois.

Ces différentes compétences relèvent d'une fonction plus générale : la *délibération*. Elle est la raison d'être du Parlement.

La délibération. – Le rôle premier d'une assemblée démocratique est de débattre des affaires publiques, que la discussion aboutisse à l'adoption d'une norme, sous forme de *loi*, ou à une prise de position, comme une *résolution*. Le pouvoir du parlement est « délibérant », comme l'a démontré le doyen Hauriou, parce que « dans l'accomplissement de ses fonctions variées, il procède toujours par la même opération de la volonté qui, ici, est la délibération »[1].

Celle-ci a lieu au Parlement et non dans le secret du gouvernement. Même dans le régime présidentialiste, le Parlement reste le lieu du débat[2]. La rationa-

---

1. M. Hauriou, *Précis élémentaire de droit constitutionnel*, Recueil Sirey, 2e éd., 1930, p. 166.
2. Bibl. : E. Pierre, *Traité de droit politique, électoral et parlementaire*, Loysel, rééd. 1989 ; P. Avril, J.-E. Gicquel, J. Gicquel, Droit parlementaire, LGDJ, 6e éd., 2021 ; J.-Ph. Derosier, M. Doray (dir.), *La délibération après la révision constitutionnelle de 2008*, Mare et Martin, 2015 ; M. Mauguin Helgeson, *L'élaboration parlementaire de la loi. Étude comparative (Allemagne, France, Royaume-Uni)*, Dalloz, 2006 ; Ph. Blachèr, *Le Parlement en France*, LGDJ, 2012 ; J.-J. Urvoas et

lisation de la procédure législative (I) n'a pas remis en cause l'attrait pour cette procédure démocratique (II).

I ■ La rationalisation de la procédure législative

Sous la Ve République, la rationalisation du parlementarisme s'est traduite par l'octroi de fortes prérogatives au gouvernement (A) et par la limitation du domaine législatif (B).

A ■ Les prérogatives du gouvernement sur le Parlement

Les rédacteurs de la Constitution de 1958 ont encadré le processus législatif pour assurer la domination de l'Exécutif (1). La rationalisation du parlementarisme, combinée au fait majoritaire, a créé un déséquilibre excessif au profit du gouvernement. La révision de la Constitution de 2008 a eu pour objectif de permettre au Parlement de se réapproprier la maîtrise de la fonction législative (2).

1. La rationalisation contre la souveraineté du Parlement (1958)

Avant la Seconde Guerre mondiale, la *rationalisation du parlementarisme* a consisté à codifier les rapports entre le gouvernement et les assemblées. Cette codification a concerné, en premier lieu, la responsabilité politique. Elle a porté ensuite sur le processus d'élaboration des lois[1]. Après la Seconde Guerre mondiale, dans les régimes parlementaires qui ne connaissaient pas de majo-

M. Alexandre, *Manuel de survie à l'Assemblée nationale - L'art de la guérilla parlementaire*, O. Jacob, 2012 ; O. Dord, « Vers un rééquilibrage des pouvoirs publics en faveur du Parlement », *RFDC* 2009, n° 77, p. 99 ; J.-P. Camby, P. Servent, *Le travail parlementaire sous la Ve République*, LGDJ, 5e éd., 2010 ; P. Jan, *Les assemblées parlementaires françaises*, Doc. fr., 2010 ; *Le Parlement français et le nouveau droit parlementaire après la réforme de 2008 (déc. 2011), Jus Politicum*, n° 6, déc. 2011 (Armel Le Divellec : Vers la fin du « parlementarisme négatif » à la française ? : www.juspoliticum.com/Vers-la-fin-du-parlementarisme.html ; D. Chamussy : Le travail parlementaire a-t-il changé ? Le point de vue d'un praticien : www.juspoliticum.com/Le-travail-parlementaire-a-t-il.html ; J.-E. Gicquel, « Les effets de la réforme constitutionnelle de 2008 sur le processus législatif » : www.juspoliticum.com/Les-effets-de-la-reforme.html) ; S. Sanchez, « Aux origines du droit parlementaire français : le *Traité de la confection des lois* de Valette et Benat Saint-Marsy », *RFDC* 2013, n° 95, p. 661 ; P. Avril, « Renforcer le Parlement : qu'est-ce à dire ? », *Pouvoirs*, n° 146, 2013, p. 9 ; A. de Montis, « La parole parlementaire au lendemain de la révision constitutionnelle du 23 juillet 2008 », *RFDC* 2015, n° 103, p. 561.

1. B. Mirkine-Guetzévitch, *Les Constitutions de l'Europe nouvelle*, Delagrave, 10e éd., 1938.

rité politique durable, la rationalisation s'est traduite par la création de techniques juridiques permettant aux gouvernements d'exercer le pouvoir en orientant l'action législative[1].

Les rédacteurs de la Constitution de 1958 ont eu cette ambition de façon très marquée. Ils étaient convaincus que l'absence de majorité politique durable, constatée sous les républiques précédentes, imposait une forte rationalisation du régime parlementaire. Ainsi, lors de la présentation de l'avant-projet de constitution devant le Conseil d'État, le 27 août 1958, Michel Debré déclara « qu'en France la stabilité gouvernementale ne peut résulter d'abord de la loi électorale, il faut qu'elle résulte au moins en partie de la réglementation constitutionnelle, et voilà qui donne au projet son explication décisive et sa justification historique ». Il était illusoire, selon Debré, de compter sur l'existence de majorités pour adopter les projets de loi. Dès lors, il fallait « une réorganisation profonde de la procédure législative et budgétaire ».

De nombreuses prérogatives ont été attribuées au gouvernement pour lui permettre d'intervenir dans le processus législatif. Elles figurent, notamment, dans le titre V de la Constitution de 1958 relatif aux « rapports entre le Parlement et le Gouvernement ». Le Premier ministre peut, par exemple, maîtriser l'ordre du jour des assemblées (art. 48 Const.), s'opposer aux initiatives et amendements parlementaires ayant des incidences financières (art. 40 Const.), ou, encore, aussi étonnant que cela puisse paraître, imposer à l'Assemblée nationale, l'adoption d'un texte sans vote, sauf à voir le gouvernement renversé par cette même assemblée (art. 49 al. 3 Const.).

2. La tentative de revalorisation du Parlement (2008)

La *rationalisation du parlementarisme* a été un gage d'efficacité, mais elle a paru excessive dès lors que les gouvernements étaient soutenus par des majorités à l'Assemblée nationale, qu'elles fussent absolues ou relatives.

À l'issue de son élection, le président Sarkozy a constitué un Comité *de réflexion sur la modernisation et le rééquilibrage des institutions*, dont l'une des missions a été de « rééquilibrer les pouvoirs du Parlement par rapport à ceux de l'exécutif ». Ses travaux ont contribué à l'élaboration du projet de loi constitutionnelle, qui a donné lieu à la très importante révision de la Constitution du 23 juillet 2008. Cette loi constitutionnelle, ainsi que les textes qui l'ont accompagnée, ont modifié de nombreuses règles de la procédure parlementaire (v. *infra*).

Pour autant, la loi constitutionnelle n'a pas remis en cause la rationalisation du parlementarisme. On peut même dire, paradoxalement, qu'elle l'a accentuée dans sa définition première. En effet, la rationalisation consiste à codifier, dans des textes, les rapports politiques entre les assemblées et le gouverne-

1. Ph. Lauvaux, *Parlementarisme rationalisé et stabilité du pouvoir exécutif*, Bruylant, 1988.

ment. Ainsi, en 1958, les règles figurant dans les règlements des assemblées ont-elles été retranscrites dans la Constitution et les ordonnances portant lois organiques. De même, en 2008, la loi constitutionnelle a renvoyé ses conditions d'application à de nouvelles lois organiques. Elles régissent le droit parlementaire, qui ne relève plus, comme autrefois, de l'autonomie des assemblées. En outre, ces lois organiques sont toujours soumises, comme les règlements des assemblées, au contrôle du Conseil constitutionnel, dont la jurisprudence est devenue une source élémentaire du droit parlementaire.

Surtout, la revalorisation du Parlement n'a pas conduit à son autonomie. Les modifications ont été trop limitées pour empêcher le gouvernement d'orienter l'action du législateur. Par exemple, une innovation spectaculaire, comme celle relative à la fixation de l'ordre du jour « par chaque assemblée » (art. 48 Const.), n'a pas fait perdre en pratique au gouvernement la maîtrise de l'initiative législative. La principale activité du Parlement consiste toujours à examiner les projets de loi du gouvernement, souvent après engagement de la procédure accélérée.

Même diminuées, les prérogatives gouvernementales à l'encontre du Parlement continuent d'être utilisées pleinement avec la complicité de la majorité parlementaire ; car l'autonomie est avant tout un état d'esprit. Il permet de comprendre l'interprétation singulière de certaines dispositions de la Constitution et notamment celles relatives au domaine législatif.

B ▪ L'étendue du pouvoir législatif

La souveraineté parlementaire a pris fin en 1958 parce que le Parlement n'a plus disposé de la compétence de sa compétence. Il ne détermine plus le champ de ses interventions. Il partage le pouvoir normatif avec le Premier ministre (essentiellement : v. Séquence 8) qui dispose d'un pouvoir réglementaire. La Constitution a prévu deux domaines distincts pour la loi et pour le règlement (1) ; même si, en pratique, le gouvernement et le parlement ont géré très librement la répartition de ces domaines (2).

1. La limitation du domaine de la loi

En 1958, le Constituant a cherché à limiter l'intervention du Parlement à des sujets essentiels. Sous les républiques précédentes, son activité se caractérisait par une surproduction législative sur des sujets qui étaient souvent techniques et secondaires. L'article 34 de la Constitution énumère donc les compétences du législateur.

– Une première catégorie comprend des matières élémentaires, comme les droits civiques et les libertés publiques, l'état et la capacité des personnes, le régime des infractions pénales, l'imposition, etc.

– Une seconde rubrique comporte des matières importantes dans lesquelles la loi ne fixe pas les règles, mais se contente de poser les « principes fondamentaux ». Il s'agit, notamment, de l'organisation de la défense nationale, la libre administration des collectivités locales, l'enseignement, le régime de la propriété, le droit du travail, etc.

Ces compétences ont été énumérées à l'article 34 pour que le législateur n'ait qu'une compétence d'attribution (et non une compétence de principe). Pour autant, l'on trouve dans de nombreux articles du texte de 1958 ou, même dans d'autres textes de valeur constitutionnelle, un renvoi à la compétence du législateur. Par exemple la Charte de l'environnement fait du législateur l'autorité compétente pour régir son objet (ainsi, son art. 4 précise-t-il que « toute personne doit contribuer à la réparation des dommages qu'elle cause à l'environnement, dans les conditions définies *par la loi* »).

La compétence de l'autorité réglementaire est déterminée *a contrario*. Le pouvoir réglementaire ne fait pas l'objet d'une limitation matérielle exhaustive. Il peut intervenir dans tous les domaines, à l'exception de celles réservées au Parlement par l'article 34 de la Constitution. Le principe est que « les matières autres que celles qui sont du domaine de la loi ont un caractère réglementaire » (art. 37, al. 1er Const.).

D'aucuns ont pu penser, au début de la Ve République, que le pouvoir réglementaire disposait d'une compétence de principe et que son domaine était autonome. Mais « la révolution n'a pas eu lieu », selon la formule de Jean Rivero[1]. Les lois empiètent sur le domaine réglementaire sans opposition du Premier ministre.

2. Une distinction occultée

La répartition du domaine de la loi et du règlement, prévue notamment aux articles 34 et 37 de la Constitution, n'a intéressé ni le gouvernement ni le législateur. Elle n'a pas constitué une préoccupation majeure pour le gouvernement. Il était à l'origine des projets de loi. Il a œuvré pour leur adoption. Son but n'était donc pas ensuite d'attaquer les lois devant le Conseil constitutionnel sous prétexte qu'elles empiétaient sur son domaine réglementaire. De même, la répartition constitutionnelle du domaine de la loi et du règlement n'a pas intéressé le Parlement qui a souhaité adopter des réformes d'ensemble, comportant les amendements qu'il voulait, sans se soucier de la frontière de la loi et du règlement. En outre, pour le gouvernement, comme pour le Parlement, la distinction opérée par l'article 34 de la Constitution entre les questions pour lesquelles la loi « fixe les règles » et celles dont elle se contente de déterminer « les principes fondamentaux » s'est avérée trop difficile à gérer pour l'adoption de réformes générales portant sur des questions appartenant aux diverses catégories (ex. un projet de loi sur les retraites).

1. J. Rivero, « Rapport de synthèse », *Le domaine de la loi et du règlement*, actes du colloque d'Aix-en-Provence, PUAM, 1978, p. 263.

La distinction a donc été remise en cause en pratique, sans opposition du juge constitutionnel et du juge administratif, dès lors que l'empiétement favorisait le législateur.

– Le Conseil constitutionnel ne déclare pas contraire à la Constitution les lois qui empiètent sur le domaine réglementaire. Dans sa très importante décision du 30 juillet 1982, *Blocage des prix*, le Conseil constitutionnel considère que le domaine de compétence du législateur n'est pas strictement limité par l'article 34 de la Constitution. Le Conseil relève que le gouvernement dispose de moyens de procédure (prévus not. aux art. 37 et 41 Const.) qui lui permettent de s'opposer à l'intervention du Parlement en dehors des compétences prévues par l'article 34. Dès lors que le Gouvernement n'intervient pas, il faut convenir qu'il accepte cette extension de compétence. La loi n'est donc pas contraire à la Constitution. C'est en ce sens qu'il faut comprendre le considérant de principe de la décision du Conseil constitutionnel qui énonce que « la Constitution n'a pas entendu frapper d'inconstitutionnalité une disposition de nature réglementaire contenue dans une loi, mais a voulu, à côté du domaine réservé à la loi, reconnaître à l'autorité réglementaire un domaine propre et conférer au Gouvernement, par la mise en œuvre des procédures spécifiques des articles 37, alinéa 2, et 41, le pouvoir d'en assurer la protection contre d'éventuels empiétements de la loi »... (déc. n° 82-143 DC du 30 juill. 1982).

– Le Conseil d'État a également œuvré à la remise en cause du domaine réglementaire autonome. Si le juge administratif annule systématiquement tout règlement qui empiète sur le domaine de la loi, il considère, à l'inverse, que le législateur peut parfois intervenir dans le domaine réglementaire lorsqu'il s'agit de modifier un *principe général du droit* (PGD) ; c'est-à-dire un principe élémentaire énoncé par le juge à partir de « l'esprit des lois en vigueur et de l'opinion générale » (B. Genevois[1]). Par exemple, le droit de former un recours pour excès de pouvoir contre un acte administratif est un PGD énoncé par le juge (CE, ass., 17 févr. 1950, *Dme Lamotte*, *Leb.* p. 110). Pour le Conseil d'État, « il n'appartient qu'au législateur d'en déterminer l'étendue, d'en étendre ou d'en restreindre les limites » (CE, ass., 4 oct. 1974, *Dme David*, *Leb.* p. 464). L'autorité réglementaire n'est, en revanche, pas compétente pour modifier des principes généraux du droit.

L'autorité réglementaire est toujours secondaire par rapport au législateur, que ce soit dans le domaine que la Constitution semblait lui réserver (art. 37, al. 1er) ou *a fortiori* dans la mission d'exécution de la loi incombant au Premier ministre (art. 21). Ni cette autorité ni le président de la République, qui bénéficie pourtant d'une éminente légitimité, ne peuvent adopter des normes du même rang que celles du Parlement.

1. B. Genevois, *Rép. de contentieux administratif*, Dalloz, « Principes généraux du droit », n° 32.

Pour les réformes qu'elles envisagent, ces autorités privilégient, elles-mêmes, la voie législative. Les conditions dans lesquelles les lois sont adoptées expliquent cette prédilection[1].

II ▪ La procédure législative

Les règles inhérentes à la délibération parlementaire impliquent que le processus législatif soit public, transparent et contradictoire.

La procédure législative, qu'elle soit ordinaire (A) ou spéciale (B), répond à des exigences propres à la délibération. En dehors même de la question de la hiérarchie des normes, les caractères de la procédure parlementaire contribuent à comprendre l'attirance du gouvernement pour la voie législative au détriment de celle du règlement.

Mais, paradoxalement, la procédure législative est victime de son attrait. L'encombrement de l'ordre du jour des assemblées et la lenteur de la procédure législative conduisent l'Exécutif à contourner celle-ci par la voie de l'ordonnance (C).

A ▪ La procédure ordinaire

La procédure comporte trois grandes étapes : la conception du texte (1), son examen (2) et la recherche d'un accord entre les assemblées pour son adoption définitive (3). S'ajoute une quatrième phase, postérieure au processus parlementaire (4).

1. La conception du texte

a. Le partage de l'initiative

L'initiative de la loi « appartient concurremment au Premier ministre et aux membres du Parlement » (art. 39, al. 1er Const.). Le Premier ministre dépose des *projets* de loi et les parlementaires des *propositions* de loi.

– Les lois résultant des projets ou des propositions ont la même valeur juridique. Leur structure est identique. Un projet, ou une proposition, com-

1. R. Carré de Malberg R., *La Loi, expression de la volonté générale*, Sirey, 1931 ; L. Favoreu (avant-propos), *Le domaine de la loi et du règlement*, actes du colloque d'Aix-en-Provence, Economica / PUAM, 2e éd., 1981 ; égal. B. Mathieu, *La loi*, Dalloz, 3e éd., 2010 ; A. Haquet, *La loi et le règlement*, LGDJ, 2007 ; J.-P. Camby, *La loi*, LGDJ, 2015 ; F. Hamon et C. Wiener, *La loi sous surveillance*, O. Jacob, 1999 ; J. Trémeau J., *La réserve de loi. Compétence législative et Constitution*, PUAM / Economica, 1997.

porte un *exposé des motifs* qui est « destiné à en présenter les principales caractéristiques et à mettre en valeur l'intérêt qui s'attache à son adoption » (déc. n° 2014-12 FNR du 1er juill. 2014, cons. 5). Cette partie est suivie du *dispositif*, qui constitue l'élément normatif du texte, c'est-à-dire les dispositions législatives proposées. Le dispositif est composé en articles.

– La procédure pour l'élaboration des projets et des propositions de loi est différente[1]. Elle est très simple pour les propositions de loi, alors que différentes étapes s'imposent pour l'élaboration des projets de loi. En contrepartie, le gouvernement peut imposer l'examen des projets au Parlement. La plupart des textes adoptés sont, en effet, des projets et non des propositions de loi.

Cette différence, dans la phase qui précède le dépôt des textes, entre propositions et projets de loi, peut, du reste, inciter le gouvernement à soutenir des initiatives parlementaires pour échapper aux étapes de la procédure d'élaboration des projets de loi.

b. La procédure préalable au Parlement des projets de loi

Les projets de loi sont rédigés par le ministère qui en est porteur. Lorsque plusieurs ministères sont concernés, des réunions interministérielles sont organisées, sous l'arbitrage du Premier ministre (le suivi de la procédure étant assuré par le Secrétariat général du Gouvernement).

1) Les études d'impact. – Tout dépôt d'un projet de loi doit être accompagné d'une étude d'impact. Cette obligation ne s'impose que pour les projets et non pour les propositions de lois ou les amendements (déc. n° 2010-618 DC du 9 déc. 2010, cons. 4). Il s'agit d'évaluations préalables permettant aux ministères d'apprécier la nécessité d'engager le processus législatif après en avoir mesuré les conséquences. Les études d'impact recensent les options possibles en dehors de l'intervention législative et démontrent la nécessité de légiférer. Elles envisagent, également, les conséquences de la loi, en présentant, notamment, son intégration dans la législation actuelle, son articulation avec le droit européen, ou encore son coût financier.

Le procédé n'est pas mentionné dans la Constitution. Il a été prévu par la loi organique n° 2009-403 du 15 avril 2009. Mais la Constitution a institué le mécanisme de sanction à mettre en œuvre en cas d'absence d'étude d'impact (art. 39 Const.). La conférence des présidents (qui réunit le président de l'assemblée, les vice-présidents, les présidents des commissions et des groupes parlementaires, ainsi que le rapporteur général de la commission de finances) de la première assemblée saisie peut s'opposer à l'inscription du projet de loi à son ordre du jour en l'absence d'étude d'impact ou lorsque son contenu est insuffisant. La conférence a dix jours pour contrôler l'étude (art. 9, LO n° 2009-403 du 15 avr. 2009). En cas de désaccord du gouvernement, le

1. ForInCIP, *L'initiative de la loi* (J.-Ph. Derosier, dir.), LexisNexis, 2018.

Conseil constitutionnel se prononce sur la consistance de l'étude d'impact (v. art. 39 al. 3 Const.).

Le mécanisme des études d'impact, complexe et contraignant, avait été conçu pour limiter l'inflation législative, mais l'espoir a été déçu (v. situation 3).

2) L'avis du Conseil d'État. - Cette institution n'est pas seulement la plus haute juridiction administrative. Sa fonction consultative l'associe au processus législatif. Créé par la Constitution de l'an VIII, le Conseil d'État aide le gouvernement à confectionner les lois. L'article 52 de cette Constitution, disposait que, « sous la direction des consuls, un Conseil d'État est chargé de rédiger les projets de lois et les règlements d'administration publique (...) ». Cette fonction n'est, certes, plus mentionnée dans des termes aussi explicites dans la Constitution de 1958. Son article 39 prévoit que « les projets de loi sont délibérés (...) après avis du Conseil d'État » (art. 39 Const. al. 2). Il reste que le code de justice administrative dispose que « le Conseil d'État participe à la confection des lois et ordonnances » (CJA, art. 112-1).

L'avis du Conseil d'État porte principalement sur les aspects juridiques du texte. Il veille, notamment, à ce que le projet de loi ne soit pas contestable au regard des normes d'un rang supérieur, à sa cohérence dans le *corpus* des règles en vigueur, ou encore à ses conditions de présentation devant le Parlement (il vérifie, par ex., le contenu de l'étude d'impact). L'avis est juridique. Pour autant, le Conseil d'État ne s'interdit pas de se prononcer sur l'opportunité du texte. Mais « il s'agit », selon le président Marceau Long, « de l'opportunité entendue d'un point de vue administratif. Les choix politiques relèvent du Gouvernement seul »[1].

L'avis du Conseil d'État ne lie pas le gouvernement. Il peut décider de passer outre à un avis négatif.

L'avis est transmis au président de la République et au Premier ministre. Les avis ne sont rendus publics que sur décision du gouvernement. Jusqu'en 2015, ils étaient traditionnellement secrets, mais à l'initiative du président Hollande, le gouvernement les a rendu accessibles[2].

En outre, depuis la révision constitutionnelle de 2008, les avis du Conseil d'État peuvent porter sur des propositions de loi. Le président de l'Assemblée nationale ou celui du Sénat peut soumettre une proposition de loi pour avis, avant son examen en commission, sous réserve que son auteur ne s'oppose pas à la mise en œuvre de cette procédure (art. 39, al. 5 Const.). Elle déroge au principe selon lequel le Conseil d'État est le conseiller juridique du gouvernement et non des parlementaires (v. situation 4).

---

1. M. Long, « le Conseil d'État et la fonction consultative : de la consultation à la décision », *RFDA* 1992. 787.
2. www.legifrance.gouv.fr/Droit-francais/Les-avis-du-Conseil-d-État-rendus-sur-les-projets-de-loi ; v. situations 4.

3) L'éventuel avis du CESE. - Le *Conseil économique, social et environnemental* (CESE) est un organe constitutionnel. Le titre XI de la Constitution lui est consacré. Il instaure une assemblée, qui n'est pas parlementaire, mais qui a une autre légitimité : elle est socio-professionnelle. Le CESE représente la société civile, c'est-à-dire les corps intermédiaires et les forces vives de la nation. À ce titre, le CESE peut être consulté, à la demande du gouvernement, sur les projets de loi et donner son avis sur les propositions de loi qui lui sont soumises (art. 69 Const.). Il est obligatoirement consulté sur les projets de loi de programmation (art. 70 Const.).

Alors que les avis du CESE sont de qualité, les acteurs du pouvoir délibérant affichent une forme d'indifférence à son égard. Pour l'expliquer, une raison est souvent avancée. Cette assemblée aurait pour défaut historique de représenter les corps intermédiaires dont la légitimité a été rejetée à la Révolution. Ces corps sont censés être des intermédiaires néfastes entre le peuple et les autorités qui le gouvernent. Il faut donc les combattre. Or le CESE a pour mission de faire entendre leur voix.

Cependant, la principale raison pour laquelle le gouvernement ne saisit pas le CESE tient au rythme du processus législatif. Sa consultation ralentit la procédure, ce que ne veut en aucun cas le gouvernement.

Il reste que le CESE a une fonction de représentation différente de celle des assemblées parlementaires. La crise de la représentation, qui affecte notamment les assemblées parlementaires, a permis de redécouvrir les vertus du CESE. Ainsi, le projet de loi constitutionnelle, présenté au nom du président de la République à l'Assemblée nationale le 9 mai 2018 (v. *infra*, situation 5, *in fine*), renforçait le rôle du CESE. Il aurait été dénommé « Chambre de la société civile », sans pour autant devenir une assemblée parlementaire. Il aurait été chargé de la consultation du public. L'idée était de faire du CESE une institution permettant de mettre en relation les assemblées parlementaires avec la société civile. Cependant, la procédure de révision de la constitution a été suspendue.

Ce projet a été remplacé l'année suivante par un projet de loi constitutionnelle, déposé le 29 août 2019 à l'Assemblée nationale. L'institution était cette fois dénommée : « Conseil de la participation citoyenne ». Mais cette tentative a également échoué. Le texte n'a pas été discuté. Le titre XI de la Constitution relatif au CESE n'a donc pas été modifié.

Malgré cela, l'institution a été réformée par la loi organique n° 2021-27 du 15 janvier 2021 (v. Séquence 9, situation 5).

Cette loi organique a encouragé la saisine du CESE en permettant au gouvernement d'être dispensé des autres consultations que les lois et règlements peuvent prévoir (hormis quelques exceptions, v. art. 6 de la LO). Selon l'étude d'impact du projet de loi organique, cette disposition « devrait alléger le travail des services ministériels devant procéder aux diverses saisines obligatoires pour l'adoption de projets de loi en matière économique, sociale et environnementale. Elle devrait également avoir pour conséquence d'inciter davantage le Gouvernement à saisir le Conseil économique, social et environnemental, ce qui aura pour effet un accroissement de sa charge de travail ».

4) La délibération en Conseil des ministres. - « Les projets de loi sont délibérés en Conseil des ministres » (art. 39 Const. al. 2). Cette réunion, prévue par la Constitution, est obligatoire. Elle est politiquement essentielle parce qu'elle marque la solidarité de l'ensemble des membres du gouvernement à l'égard des textes présentés. Pour autant, la délibération est formelle. Le Conseil des ministres est un passage obligé et un lieu de protocole.

2. L'examen du texte

a. Le dépôt du projet ou de la proposition de loi

Le dépôt d'un projet ou d'une proposition de loi relève d'un choix politique. Le Premier ministre n'a pas l'obligation de soumettre un projet de loi au Parlement. Cette décision constitue un *acte de gouvernement* que le juge administratif refuse de connaître (CE, ass., 19 janv. 1934, *Compagnie marseillaise de navigation à vapeur Fraissinet, Leb.* p. 98). Pour le Conseil d'État, le refus de soumettre un projet de loi « touche aux rapports entre les pouvoirs publics constitutionnels et échappe, par là-même et sans que les engagements internationaux de la France puissent être utilement invoqués, à la compétence de la juridiction administrative » (CE 26 nov. 2012, *G. Krikorian*, n° 350492). De même, le juge national ne peut pas enjoindre au Premier ministre de déposer un projet de loi pour transposer en droit interne une norme européenne, comme une « décision-cadre » : la juridiction administrative est, comme la juridiction judiciaire incompétente pour connaître du litige parce qu'il « touche, notamment, à la conduite des relations internationales de la France » (T. confl. 6 juill. 2015, *G. Krikorian*, n° C 3395).

Le choix de l'assemblée. - La *proposition de loi* est déposée sur le bureau de l'assemblée (Ass. nat. ou Sénat) à laquelle le parlementaire (député ou sénateur) appartient. Le *projet de loi* est déposé sur le bureau de l'une des assemblées, au choix du gouvernement (le décret de présentation du Premier ministre désigne l'assemblée). Le Premier ministre choisit librement l'Assemblée nationale ou le Sénat, à deux exceptions près (v. art. 39 al. 2 Const.) : les projets de loi de finances et les projets de loi de financement de la sécurité sociale sont toujours présentés, en premier lieu, à l'Assemblée nationale. En revanche, les « projets de loi ayant pour principal objet l'organisation des collectivités territoriales » doivent être « soumis en premier lieu au Sénat ». Cette dernière disposition, introduite lors de la révision constitutionnelle du 28 mars 2003, s'explique par la fonction de « *représentation des collectivités territoriales* » du Sénat (art. 24 al. 3 Const.).

Après son dépôt, le texte est enregistré à la présidence de l'assemblée. Il est publié et mis en ligne sur le site de l'assemblée.

Les irrecevabilités des propositions de loi. - La révision constitutionnelle de 2008 tendait à renforcer l'autonomie des assemblées. Pour autant, elle n'a pas supprimé les irrecevabilités qui pouvaient être opposées au dépôt des propositions de loi des parlementaires.

– Une exigence restrictive, que doit contrôler le bureau des assemblées, conditionne la recevabilité des propositions de loi : « les propositions et amendements formulés par les membres du Parlement ne sont pas recevables lorsque leur adoption aurait pour conséquence soit une diminution des ressources publiques, soit la création ou l'aggravation, d'une charge publique » (art. 40 Const.). Cette irrecevabilité est redoutable parce que peu de lois n'ont pas d'incidences financières.

– En outre, une « arme », selon le mot de Michel Debré, a été « donnée au Gouvernement pour éviter les empiétements » du législateur sur le domaine réglementaire (discours devant le Conseil d'État du 27 août 1958). L'article 41 de la Constitution prévoit que le gouvernement peut opposer l'irrecevabilité « s'il apparaît au cours de la procédure législative qu'une proposition ou un amendement n'est pas du domaine de la loi ». Dans ce cas, la discussion est « immédiatement suspendue » (art. 27 ord. n° 58-1067). Le président de l'assemblée doit alors prendre position. Il admet l'irrecevabilité ou il saisit le Conseil constitutionnel qui règle le différend dans un délai de huit jours. Mais le Conseil constitutionnel a été rarement saisi (11 décisions, dont la dernière remonte au 23 mai 1979 : déc. n° 79-11 FNR...). La question de la frontière des domaines de la loi et du règlement n'a pas été une source de contentieux entre le gouvernement et sa majorité (v. *supra*)[1].

b. L'examen en commission

Le projet ou la proposition de loi est renvoyé, après son dépôt, à l'examen d'une commission permanente ou spéciale (art. 43 Const.). La création d'une commission spéciale est rare. Elle suppose que la compétence d'une commission permanente soit discutée ou que le gouvernement souhaite sa création. Le texte est, en principe, soumis à une commission permanente (huit à l'Assemblée nationale et sept au Sénat). Chaque commission a un domaine de compétence générale (ex. *affaires étrangères ; affaires culturelles et éducation*, etc.). Parmi elles, la commission *des finances* et la commission *des lois* occupent une place essentielle.

La méfiance persistante à l'égard des commissions. – Avant la révision constitutionnelle de 2008, chaque assemblée ne comptait que six commissions permanentes (au lieu de dix-huit à l'Assemblée nationale sous la IVe Rép.). La Constitution de 1958 avait limité leur nombre en réaction à leur emprise sur les ministères sous les IIIe et IVe Républiques. En 2007, le Comité Balladur a observé que les commissions étaient surchargées et a relevé que le nombre de commissions était plus élevé dans les assemblées des régimes parlementaires voisins (vingt-deux au *Bundestag* ou trente et un à la Chambre

1. E. Oliva, *L'article 41 de la Constitution*, PUAM / Economica, 1997.

des communes). Le Comité a donc proposé de porter leur nombre à dix. Mais la loi constitutionnelle de 2008 a retenu une solution de compromis. Les assemblées peuvent créer jusqu'à huit commissions.

Des travaux déterminants. - Les débats au sein des commissions permanentes anticipent ceux qui ont lieu en séance plénière. Le rôle des commissions est de préparer l'examen du texte en séance. Or, les membres qui composent les commissions sont nommés à la représentation proportionnelle des groupes politiques. Dès lors, les positions adoptées en commission sont généralement proches de celles de l'assemblée.

La réunion d'une commission débute par un exposé du rapporteur. Celui-ci joue un rôle essentiel dans la procédure parlementaire. Désigné par la commission, il étudie le texte, propose des amendements pour l'améliorer et rédige un rapport. Pour cela, le rapporteur effectue un important travail d'information, avec l'aide d'administrateurs du secrétariat de la commission. Il organise des réunions de travail, des consultations, des auditions, etc.

L'exposé du rapporteur est suivi d'une discussion générale, d'un examen des articles et des amendements. Chaque amendement et chaque article sont votés. Un vote d'ensemble a lieu sur le texte (art. 86 RAN ; art. 28 *ter* RS). La commission propose l'adoption, la modification ou le rejet du texte.

Le texte de la commission est celui présenté en séance. - *Avant le 1er mars 2009*, les décisions de la commission avaient une portée différente selon qu'il s'agissait d'une proposition ou d'un projet de loi. S'il s'agissait d'une proposition de loi, l'assemblée plénière débattait du texte retenu par la commission. En revanche, s'il s'agissait d'un projet de loi, l'assemblée discutait du projet initial du gouvernement. *Depuis le 1er mars 2009* (date d'entrée en vigueur de la loi const.), la discussion des textes - projets ou propositions - porte, en séance, sur le texte adopté par la commission (art. 42 Const. ; reprise de la prop. n° 37 du comité Balladur). Le rôle des commissions et l'autonomie des assemblées ont ainsi été renforcés. Cet apport de la révision constitutionnelle représente l'un des aspects essentiels de la modernisation du parlementarisme, bien qu'il fût peu médiatisé en raison de sa technicité.

Le Conseil constitutionnel veille au respect de la nouvelle règle. Il déclare la loi inconstitutionnelle lorsque cette règle est violée. Par exemple, le Conseil a censuré pour ce motif la loi renforçant les obligations de production de logement social. Le projet de loi soumis en séance publique dans la soirée du 11 septembre 2012 a porté sur le texte du projet de loi dont le Sénat avait été initialement saisi, alors que la commission, qui s'était réunie le matin du 11 septembre, avait examiné et adopté le projet de loi en le modifiant (déc. n° 2012-655 DC du 24 oct. 2012).

La procédure dite de « législation en commission ». - Lorsque cette procédure est utilisée, le droit d'amendement s'exerce uniquement en commission. Cette procédure est décidée par la conférence des présidents de l'assemblée (sauf opposition du gouvernement, du président de la commission saisie au fond ou d'un président de groupe). Le texte adopté par la commission ne peut plus être amendé. En séance, il n'est pas modifié. Il est mis en discussion et adopté en séance.

Cette procédure vise à accélérer le processus législatif. Elle a d'abord été expérimentée au Sénat (de 2015 à 2017) avant d'être pérennisée (art. 47 ter RS). Elle a également été introduite dans le règlement de l'Assemblée nationale (art. 107-1 à 107-3, RAN). Cette procédure a été instaurée sur le fondement de l'article 16 de la loi organique n° 2009-403 du 15 avril 2009 (v. Cons. const., déc. n° 2015-712 DC du 11 juin 2015, *RS* ; déc. n° 2017-757 DC du 16 janv. 2018, *RS* ; déc. n° 2019-785 DC du 4 juill. 2019, *RAN*).

c. L'examen en séance

I. – L'examen en séance suppose que le texte soit inscrit à l'ordre du jour des assemblées. À cet égard, il y a également un *avant* et un *après* 1er mars 2009.

Avant le 1er mars 2009. – Les rédacteurs de la Constitution ont voulu que le gouvernement ait la maîtrise de l'ordre du jour des assemblées (art. 48 Const.). Dans son discours du 27 août 1958, Michel Debré affirme que « le gouvernement responsable de l'État, donc de la législation, est normalement maître de l'ordre du jour des assemblées. Aucun retard ne doit être toléré à l'examen d'un texte gouvernemental, si ce n'est celui qui résulte de son étude ».

La pratique s'est avérée plus nuancée. Le gouvernement a composé avec la majorité parlementaire pour établir l'ordre du jour dit « prioritaire ». Mais il a pu imposer l'examen de ses projets de loi.

Le besoin d'autonomie du Parlement s'est affirmé et a conduit à prévoir, lors de la révision constitutionnelle du 4 août 1995, qu'une séance par mois fût réservée par priorité à l'ordre du jour fixé par chaque assemblée. Une *fenêtre*, ou *niche parlementaire*, a été instituée. Elle n'a guère été utilisée.

La situation a peu évolué. La plupart des propositions de loi n'ont pas été discutées par les assemblées parce que leur examen n'a pas été inscrit à l'ordre du jour. Par exemple, sous la XIIe législature (2002-2007), les 436 lois adoptées ne comptaient que 54 propositions de loi (contre 160 projets de loi et 222 projets de loi autorisant la ratification d'un engagement international).

Depuis le 1er mars 2009. – Pour redonner l'initiative aux parlementaires (dans le sens des préconisations du Comité Balladur), la loi constitutionnelle de 2008 a inversé le principe : désormais, « l'ordre du jour est fixé par chaque assemblée » (art. 48 Const.). Cet ordre du jour est déterminé par la conférence des présidents de chaque assemblée.

Mais la rationalisation du parlementarisme a perduré. Le Constituant de 2008 a neutralisé le principe qu'il avait posé. Un calendrier favorable au gouvernement a été imposé (art. 48 Const.). Les assemblées doivent prévoir un ordre du jour partagé par période de quatre semaines : celle-ci comporte deux semaines réservées, par priorité, aux projets de loi du gouvernement, une semaine de contrôle du gouvernement et une autre pour l'examen des textes retenus par l'assemblée ; s'ajoute une séance par mois réservée à l'initiative « des groupes d'opposition de l'assemblée intéressée ainsi qu'à celle des groupes minoritaires » (qui est, en pratique, désertée par les parlementaires de la majorité...).

La modification du calendrier a plutôt fait apparaître des contraintes dans l'organisation de l'agenda parlementaire, même s'il faut observer que le nombre de propositions de loi discutées et définitivement adoptées a augmenté après la révision constitutionnelle de 2008.

Parmi ces contraintes a été ajouté un délai incompressible entre le dépôt et l'examen en séance pour laisser du temps aux commissions. C'était une suggestion du comité Balladur. Elle a été retenue par le Constituant. La discussion en séance, en première lecture (c'est-à-dire en premier *examen* du texte par une assemblée), d'un projet ou d'une proposition de loi, ne peut intervenir, devant la première assemblée saisie, qu'à l'expiration d'un délai de six semaines après son dépôt. Dans un second temps, elle ne peut avoir lieu, devant la seconde assemblée saisie, qu'au terme d'un délai de quatre semaines à compter de sa transmission (art. 42 Const.).

Ces délais ne s'appliquent pas lorsque la *procédure accélérée* (anciennement *d'urgence*) a été engagée (à laquelle les *conférences des présidents* des deux assemblées peuvent théoriquement s'opposer conjointement). Or cette procédure est régulièrement mise en œuvre. En outre, ces délais incompressibles ne concernent pas les projets de loi de finances, de financement de la sécurité sociale, ainsi que ceux relatifs aux états de crise. Ainsi pour la prorogation de l'état d'urgence, qui suppose l'intervention du législateur (v. Séquence 6, situation 4 ; v. Séquence 8, situation 2), l'adoption de la loi est dispensée du respect des conditions de délai évoquées.

L'Exécutif cherche toujours à maîtriser l'ordre du jour des assemblées. Ainsi, le projet de loi constitutionnelle, présenté au nom du président de la République à l'Assemblée nationale le 9 mai 2018 (texte dont l'examen a été suspendu), rétablissait une priorité pour des textes du gouvernement « relatifs à la politique économique, sociale ou environnementale », même si les assemblées pouvaient s'opposer à sa mise en œuvre.

En sens contraire, les assemblées ont besoin de s'organiser. Pour cela, le règlement de l'Assemblée nationale impose au gouvernement de présenter son programme législatif (art. 48 RAN). Il prévoit que le gouvernement doit informer « la conférence des présidents des affaires dont il prévoit de demander l'inscription à l'ordre du jour de l'Assemblée et de la période envisagée pour leur discussion ». Le gouvernement donne ces informations à l'ouverture de la session puis, au plus tard, le 1er mars suivant. Mais elles ne sont données qu'à titre « indicatif ». Elles « ne sauraient lier le gouvernement dans l'exercice de ses prérogatives », comme l'a précisé le Conseil constitutionnel (déc. n° 2019-785 DC du 4 juill. 2019, § 6).

II – La discussion en séance publique. - Une discussion générale sur le texte et une discussion par article précèdent le vote d'ensemble sur la loi (art. 91 RAN ; art. 42 RS).

1° La discussion générale porte sur l'opportunité du texte. Interviennent successivement : un membre du gouvernement, le rapporteur de la commission saisie au fond, éventuellement, le rapporteur de la commission saisie pour avis, et les représentants des groupes.

2° Chaque article est ensuite discuté par les mêmes orateurs et dans des conditions similaires à celles de la discussion générale. En outre, chaque amendement proposé pour chaque article est examiné et voté (sous réserve que la procédure de « législation en commission » n'ait pas été décidée : v. *supra*).

Les parlementaires et le gouvernement ont le droit d'amendement, qu'ils exercent « en séance ou en commission » (art. 44 al. 1er Const.). Ce droit est « le corollaire de l'initiative législative » (déc. n° 88-251 DC du 12 janv. 1989, cons. 4). Il permet aux parlementaires d'exister dans la procédure législative. Puisqu'ils ont peu de chance de voir leurs propositions de loi inscrites à l'ordre du jour, ils peuvent, à défaut, modifier les textes proposés en défendant des amendements. Leur nombre est donc fort élevé. Un certain nombre d'entre eux est adopté et augmente de façon conséquente le volume des textes.

L'amendement est également utilisé par l'opposition pour ralentir la procédure législative. Elle relève de l'*obstruction*, dite *filibustering*, pratique développée par les membres du Congrès des États-Unis (qui consiste à utiliser les moyens de procédure pour saborder, tels des flibustiers, la discussion du texte). Sous la Ve République, l'obstruction peut se manifester par le dépôt d'un nombre considérable d'amendements pour prolonger la discussion. Les records en la matière (par ex., 137 500 amendements ont été déposés à l'Assemblée nationale par l'opposition au mois de sept. 2006 pour combattre le projet de loi autorisant la privatisation de Gaz de France) offrent un piètre spectacle de l'institution parlementaire.

Les amendements doivent être examinés en commission. Parmi les armes dont il dispose, le gouvernement peut, « après l'ouverture du débat », en séance, « s'opposer à l'examen de tout amendement qui n'a pas été antérieurement soumis à la commission » (art. 44 al. 2 Const.). En outre, les amendements qui ne présentent pas, « en première lecture, un lien, même indirect, avec le texte » (art. 45 al. 1 Const.), sont adoptés selon une procédure contraire à la Constitution et déclarés inconstitutionnels par le Conseil constitutionnel.

Des dispositifs favorisent également la progression de la discussion :

– Une solution a été trouvée concernant la *durée de la discussion* à l'Assemblée nationale. Le « temps législatif programmé » (TLP) permet de fixer une durée maximale pour la discussion d'un texte. Ce faisant, les groupes parlementaires doivent s'imposer des choix pour l'examen des amendements. La décision de mettre en œuvre le TLP est prise par la conférence des présidents. L'opposition dispose d'un temps majoré lors de l'examen du texte. Elle n'est donc pas, en principe, lésée (art. 49 et 55 RAN, par référ. à la LO n° 2009-403 du 15 avr. 2009 et l'art. 44 Const.).

Le procédé du *TLP* est efficace sous réserve qu'il ne porte pas sur un « texte fleuve »[1].

- Le gouvernement peut aussi demander à l'assemblée un *vote unique*, dit « vote bloqué » (déc. n° 90-278 DC du 7 nov. 1990, cons. 10, *RS*). Il évite de voter la loi article par article et amendement par amendement (art. 44 al. 3 Const.). Toutefois, ce vote ne fait pas obstacle à la discussion de chacune des dispositions du texte (déc. n° 59-5 DC du 15 janvier 1960). Cette procédure est efficace pour lutter contre l'obstruction. Sa mise en œuvre reste, cependant, limitée.

- Enfin, en dernier recours, le gouvernement peut user de l'arme ultime que représente la procédure prévue à *l'article 49 alinéa 3* de la Constitution. Elle permet l'adoption d'un projet ou d'une proposition de loi, sans vote par l'Assemblée nationale, en soumettant cette approbation implicite à la mise en jeu de la responsabilité du gouvernement. Le débat est suspendu lorsque le gouvernement utilise cette procédure et le texte est considéré comme adopté, sauf si une motion de censure est adoptée (dans les conditions prévues par l'art. 49 de la Const. et étudiées dans la *Séquence 10* sur le contrôle politique du gouvernement). Cette procédure est devenue exceptionnelle, notamment parce que la loi constitutionnelle de 2008 a limité son utilisation au vote d'un projet de loi de finances ou de financement de la sécurité sociale, ainsi qu'à celui d'un seul projet ou proposition de loi par session.

3. Navette et adoption définitive

Le bicamérisme a été rendu plus égalitaire sous la Ve République. La procédure législative a été conçue pour aboutir à l'adoption des lois dans les mêmes termes par l'Assemblée nationale et le Sénat. Les assemblées peuvent, néanmoins, s'opposer sur le contenu du texte. Les majorités politiques peuvent être différentes. Dans ce cas, le gouvernement a pour mission d'amener les assemblées à trouver un compromis.

a. La navette

Tout projet ou proposition de loi doit être examiné successivement par les assemblées « en vue de l'adoption d'un texte identique » (art. 45 al. 1er Const.). Le texte adopté par la première assemblée est ensuite renvoyé à la deuxième assemblée. En cas de désaccord, le texte retourne à la première assemblée. C'est la *navette* parlementaire.

---

1. L. Kouomou Simo, « Le temps législatif programmé à l'Assemblée nationale », *RD publ.* 2013 n° 4, p. 889 ; G. Bergougnous, « La discussion de la « loi Macron » en première lecture à l'Assemblée nationale : les limites du temps législatif programmé », *Constitutions* 2015, p. 204 ; égal. V. Mazeau, « Le temps législatif programmé à l'Assemblée nationale : organisation ou désorganisation des débats ? », *Constitutions* 2015, p. 345.

Chaque lecture du texte doit rapprocher les assemblées d'un texte commun. Pour cela, les parlementaires ne doivent pas modifier librement le texte à chaque lecture. C'est la règle dite de l'entonnoir, qui veut « que les adjonctions ou modifications qui peuvent être apportées après la première lecture par les membres du Parlement et par le Gouvernement doivent être en relation directe avec une disposition restant en discussion, c'est-à-dire qui n'a pas été adoptée dans les mêmes termes par l'une et l'autre assemblées » (Cons. cons., déc. n° 2018-771 DC du 25 oct. 2018, § 3).

En cas de désaccord évident entre les assemblées, le gouvernement peut mettre un terme à la navette. Il peut le faire après deux lectures du texte par chaque assemblée. Il peut également le faire rapidement, après une seule lecture, lorsque la « procédure accélérée » a été décidée. Une commission mixte paritaire (CMP) est alors créée. Composée de sept députés et sept sénateurs, la CMP est convoquée à la demande du Premier ministre. Elle peut l'être également à l'initiative conjointe des présidents des deux assemblées pour les propositions de lois. Sa mission est d'élaborer un compromis qui sera soumis aux assemblées[1]. La CMP propose un texte sur les dispositions restant en discussion.

b. Le dernier mot à l'Assemblée nationale

Dans l'hypothèse où, après la réunion de la CMP, les assemblées ne parviennent toujours pas à adopter un texte identique, le gouvernement peut mettre un terme définitif à la navette. Après une lecture par chaque assemblée, le gouvernement peut donner le dernier mot à l'Assemblée nationale. Il lui demande de « statuer définitivement » (art. 45 al. 4).

La logique majoritaire donne à penser que le dernier mot est habituellement donné à l'Assemblée nationale. En réalité, de nombreux textes sont adoptés en termes identiques (même s'il faut différencier l'accord trouvé sur les lois ordinaires et ceux autorisant la ratification des engagements internationaux : v. *infra*). Ainsi, entre 1958 et 2010, « les deux tiers des 3 203 lois ont été adoptées dans le cadre de la navette sans qu'il soit nécessaire de provoquer l'intervention d'une commission mixte paritaire ; 22,17 % des textes ont été votés à l'issue d'une CMP et 11,11 % ont donné lieu au dernier mot à l'Assemblée nationale » (rapport Gélard, Sénat, n° 128, session ord. 2010-2011, p. 8).

1. Il était envisagé dans le projet de loi constitutionnelle enregistré à l'Assemblée nationale en mai 2018 de limiter la navette parlementaire en permettant de clore rapidement la procédure en cas d'échec de la commission mixte paritaire (modif. art. 45 Const.). Si le Gouvernement décidait de donner le dernier mot à l'Assemblée nationale, le Sénat devait statuer dans les quinze jours sur le dernier texte voté par l'Assemblée nationale. Ensuite, l'Assemblée nationale statuait sur le dernier texte qu'elle avait voté par elle, dans les huit jours, en reprenant ou non des amendements du Sénat.

4. La phase postérieure au processus parlementaire

Après son adoption définitive, le président de l'assemblée transmet le texte au président de la République pour sa promulgation, par l'intermédiaire du secrétariat général du Gouvernement (ultérieurement, le même SGG veillera à la publication de la loi au *Journal officiel* et à sa mise en ligne sur le site *Legifrance*).

La « procédure législative est close par la promulgation », selon le Conseil constitutionnel (déc. n° 85-197 DC du 23 août 1985, cons. 22). Il est vrai que l'adoption définitive de la loi ne met pas nécessairement un terme au processus législatif. Théoriquement, le président de la République peut demander une deuxième lecture de la loi (art. 10 al. 2 Const. v. Séquence 8). Une décision du Conseil constitutionnel peut également empêcher la promulgation de la loi.

La phase qui suit la promulgation est celle de l'exécution de la loi. La « promulgation est l'acte par lequel le chef de l'État, en apposant sa signature, atteste l'existence d'une loi et donne ordre aux autorités publiques de l'observer et de la faire observer » (CE 27 oct. 2015, *Féd. démocratique alsacienne*, n° 388807 ; CE, ass., 8 févr. 1974, *Cne de Montory*, n° 84888, *Leb.* p. 93). Cet acte ne peut être contesté devant le juge administratif parce qu'il « n'est pas détachable de la procédure législative » (CE, 27 oct. 2015, n° 388807).

Après la promulgation, la loi est publiée au *Journal officiel*. Les étapes de l'élaboration de la loi peuvent être retracées à partir de ses *travaux préparatoires* ce qui favorise la transparence de la procédure parlementaire. Ces étapes correspondent aux différentes phases du processus législatif mentionnées au bas du texte publié au *Journal Officiel* (et accessibles sur les sites de l'Assemblée nationale et du Sénat). Le juriste peut ainsi suivre la conception du texte. Même si l'intention du législateur est une fiction, l'interprète fera volontiers référence aux travaux préparatoires pour justifier la signification d'une disposition législative.

B ▪ La procédure législative spéciale

La procédure législative prévue pour les lois ordinaires connaît des aménagements pour les lois ayant un objet spécifique, comme les lois organiques (1), les lois de finances et de financement de la sécurité sociale (2) et celles qui autorisent la ratification des engagements internationaux (3).

1. Les lois organiques

Le renvoi aux lois organiques est prévu dans les articles de la Constitution. Leurs dispositions spécifient que les règles sont posées « dans les conditions prévues » par des lois organiques. Celles-ci ont un objet similaire à la Constitution dans la mesure où elles la complètent. Elles organisent également les pouvoirs publics et régissent leur fonctionnement.

À l'origine, la Constitution de 1958 a donné au gouvernement la possibilité de légiférer par ordonnance au lieu et place du Parlement pour permettre « la mise en place des institutions » (ancien 92 Const.). Pour cette raison, certaines lois organiques s'intitulent encore *ordonnances portant loi organique* (ex. ord. n° 58-1067 du 7 nov. 1958 modifiée portant LO sur le Conseil constitutionnel).

La procédure d'adoption des lois organiques présente des particularités en raison de leur objet :

– Les lois organiques doivent être obligatoirement déférées au Conseil constitutionnel après leur adoption. Elles ne peuvent être promulguées avant qu'il n'ait déclaré leur conformité à la Constitution (art. 46 al. 5 Const.).

– Le bicamérisme est renforcé. En cas de désaccord entre l'Assemblée nationale et le Sénat, la première ne peut « statuer définitivement » sur une loi organique qu'à la « majorité absolue » (art. 46 Const., al. 3). En outre, « les lois organiques relatives au Sénat doivent être votées dans les mêmes termes par les assemblées » (art. 46 Const., al. 4). Toutefois, toutes les lois organiques qui intéressent le Sénat ne relèvent pas de cette catégorie. Il s'agit seulement des dispositions organiques qui posent « des règles applicables au Sénat ou à ses membres différentes de celles qui le sont à l'Assemblée nationale ou à ses membres » (déc. n° 2014-689 DC du 13 févr. 2014, cons. 5).

2. Les lois de finances et les LFSS

L'étude des lois de finances relève d'une discipline particulière[1]. La Constitution prévoit une procédure spécifique pour les lois de finances, qui déterminent les ressources et les charges de l'État. Elles relèvent de différentes catégories, mais sont soumises à un régime constitutionnel commun. La plus importante est la loi de finances de l'année. C'est le budget de l'État. Sont également adoptées les *lois de finances rectificatives*, qui modifient la loi de finances de l'année en cours d'exercice et la *loi de règlement*, qui arrête le montant définitif des dépenses et des recettes de l'État et le résultat budgétaire qui en découle.

Les lois de finances sont votées selon les conditions prévues par la Constitution et par la loi organique n° 2001-692 du 1er août 2001 (LOLF). Parmi ces conditions, il faut relever que l'initiative de la loi de finances appartient exclusivement au gouvernement (art. 47 al. 1er Const.). En outre, le projet de loi est déposé en premier lieu sur le bureau de l'Assemblée nationale (art. 39 al. 2 Const.). De plus, des délais très stricts sont imposés pour l'examen et l'adoption de la loi de finances annuelle (art. 47 Const.). Ils sont de 40 jours pour l'Assemblée nationale et 15 jours pour le Sénat. Au total, avec la navette,

1. V. not. Luc Saïdj et Jean-Luc Albert, *Finances publiques*, Dalloz, coll. « Cours », 8e éd., 2013.

le Parlement doit se prononcer dans un délai maximal de 70 jours. Passé ce délai, le gouvernement peut mettre en vigueur le projet par ordonnance.

Une révision de la Constitution, du 22 février 1996, a institué les lois de financement de la sécurité sociale (LFSS) pour permettre au Parlement de contrôler davantage sa gestion[1]. Ces lois déterminent les conditions générales de l'équilibre financier de la sécurité sociale. Elles sont adoptées dans les conditions prévues, notamment, par l'article 47-1 de la Constitution et par la loi organique n° 2005-881 du 2 août 2005. Elles sont également soumises à des conditions particulières, notamment en ce qui concerne leur initiative, qui est réservée au gouvernement, et au dépôt, qui a d'abord lieu à l'Assemblée nationale (art. 39 Const.). Des délais sont également imposés pour son examen (20 jours pour l'Assemblée et 15 jours pour le Sénat, le délai d'ensemble ne devant pas être supérieur à 50 j. : art. 47-1 Const.).

3. Les lois autorisant la ratification des engagements internationaux

La diplomatie est un domaine réservé à l'Exécutif. Le président de la République « négocie et ratifie les traités » (art. 52 Const.). Cependant, le Parlement doit autoriser la ratification (correspondant à l'engagement de l'État) des conventions internationales les plus importantes. Les traités de paix, de commerce, relatifs à l'organisation internationale, ceux qui engagent les finances de l'État, notamment, ne peuvent être ratifiés qu'en « vertu d'une loi » (art. 53 Const.).

Pour autant, la procédure législative est spécifique parce que « le seul pouvoir reconnu au Parlement en matière de traités et d'accords internationaux par la Constitution », comme l'a énoncé le Conseil constitutionnel, « est celui d'en autoriser ou d'en refuser la ratification » (déc. n° 2009-579 DC du 9 avr. 2009, cons. 24). Il ne lui appartient pas de modifier le texte même de la convention qui a été négocié par l'Exécutif à l'issue de négociations internationales. Les projets de loi autorisant la ratification sont étudiés en commission, mais font généralement l'objet d'un examen simplifié en séance. Le vote a lieu directement sans débat (art. 128 RAN ; art. 47 *décies* RS).

C ▪ Le procédé des ordonnances

Les rédacteurs de la Constitution de 1958 ont créé un procédé similaire à celui des *décrets-lois*. Puisqu'il est apparu impossible, sous les républiques précédentes, de se passer de ce procédé, le choix a été fait de l'accepter et de l'encadrer. Mais les vieux démons de la législation déléguée ont resurgi...

1. J.-J. Dupeyroux, M. Borgetto, R. Lafore, *Droit de la sécurité sociale*, Dalloz, coll. « Précis », 18e éd., 2015.

1. Une procédure encadrée par l'intervention du Parlement

La Constitution de 1946 avait interdit les *décrets-lois*. Ses rédacteurs avaient mentionné à l'article 13 que « l'Assemblée nationale vote seule la loi. Elle ne peut déléguer ce droit ». Malgré cela, le procédé a réapparu, sous la IVe République, sous les formes déguisées de la *délégalisation législative* et de la *loi-cadre*. Aussi, puisqu'il était inutile de renoncer au procédé, les auteurs de la Constitution de 1958 ont permis au gouvernement de demander au Parlement l'autorisation de prendre par ordonnances des mesures relevant du domaine de la loi (art. 38 al. 1er Const.).

Ils ont prévu une procédure qui comporte différentes étapes associant le Parlement en amont et en aval :

1/ Celui-ci doit, en premier lieu, voter une loi d'habilitation. Celle-ci est limitée dans le temps. L'article 38 alinéa 1er dispose, en effet, que « le Gouvernement peut, pour l'exécution de son programme, demander au Parlement l'autorisation de prendre par ordonnances, pendant un délai limité, des mesures qui sont normalement du domaine de la loi ».

2/ Le Conseil État donne son avis sur le contenu de l'ordonnance. Elle est délibérée en Conseil des ministres et signée par le président de la République.

3/ Une loi ratifie « de manière expresse » l'ordonnance.

La nature évolutive des dispositions des ordonnances

Elles ont nécessairement une nature étrange car elles interviennent dans le domaine de la loi mais ne sont pas adoptées par le Parlement.

Les dispositions des ordonnances n'ont pas une nature législative tant que le délai d'habilitation pour les prendre n'est pas écoulé et elles acquièrent une nature législative lorsqu'elles ont été ratifiées expressément par le Parlement. Entre les deux, c'est plus compliqué...

Plus exactement, c'est devenu compliqué. En effet, on a longtemps expliqué que, avant la ratification de l'ordonnance par le Parlement, cet acte était administratif (puisqu'il émanait du pouvoir exécutif). Avant sa ratification, l'ordonnance pouvait donc être attaquée devant le Conseil d'État (qui contrôle les actes administratifs) et non devant le Conseil constitutionnel (qui contrôle les lois). Le contrôle paraissait logiquement évolutif.

Ce régime a, cependant, été pertubé par une décision du Conseil constitutionnel n° 2020-843 QPC du 28 mai 2020. Le juge constitutionnel a relevé que, selon l'alinéa 3 de l'article 38 de la Constitution, passé le délai d'habilitation accordé par le Parlement au Gouvernement, les ordonnances qui n'ont pas été encore ratifiées « ne peuvent plus être modifiées que par la loi dans les matières qui sont du domaine législatif ». Dès lors, le Conseil constitutionnel a considéré que, passé ce délai d'habilitation, les ordonnances « doivent être regardées comme des dispositions législatives ».

Lorsque le délai d'habilitation est expiré, une QPC peut donc être présentée au Conseil constitutionnel à l'encontre d'une ordonnance non ratifiée, car il s'agit d'une « disposition législative ». En effet, selon l'article 61-1 de la Constitution, la procédure QPC concerne toute « disposition législative » qui « porte atteinte aux droits et libertés que la Constitution garantit ».

Toutefois, passé le délai d'habilitation, la compétence du juge administratif ne disparaît pas. Le Conseil d'État estime qu'il lui appartient toujours de contrôler les ordonnances qui n'ont pas été ratifiées. Il rappelle que « les ordonnances prises en vertu de l'article 38 de la Constitution conservent le caractère d'actes administratifs, aussi longtemps qu'elles n'ont pas fait l'objet d'une ratification, qui ne peut être qu'expresse, par le Parlement ». Certes, passé le délai d'habilitation, le Conseil d'État ne contrôle plus l'ordonnance au regard des « droits et libertés que la Constitution garantit » (contrôle réservé au Conseil constitutionnel dans le cadre d'une QPC), mais il contrôle l'ordonnance au regard des autres moyens qui lui sont présentés (CE, ass., 16 déc. 2020, n° 440258).

En revanche, la nature de l'ordonnance est certaine lorsqu'elle a été ratifiée de « manière expresse ». Ses dispositions « acquièrent valeur législative à compter de sa signature lorsqu'elles ont été ratifiées par le législateur » (Cons. cons., déc. n° 2020-851/852 QPC du 3 juill. 2020, § 11).

2. Une procédure contraignante

L'ordonnance ne constitue pas un procédé expéditif permettant au gouvernement de se voir transférer les compétences législatives. Deux conditions sont, notamment, posées :

– Les ordonnances sont édictées pour « l'exécution » du « programme » du gouvernement. Celui-ci doit préciser au Parlement la politique qu'il entend mener sur la question qui sera réglementée par les ordonnances. Même si le gouvernement n'est pas tenu de faire connaître à l'avance au Parlement la teneur des ordonnances, il doit, néanmoins, « indiquer avec précision la finalité des mesures qu'il se propose de prendre par voie d'ordonnances ainsi que leur domaine d'intervention » ; à défaut, l'habilitation est déclarée contraire à la Constitution (ex. déc. n° 2016-745 DC du 26 janv. 2017 § 9-14 ; déc. n° 2018-769 QPC du 4 sept. 2018, § 86-89).

– Le Parlement autorise le gouvernement à prendre des ordonnances « pendant un délai limité ». Le Parlement n'est donc pas dessaisi de sa compétence pour toute la législature. L'utilisation du procédé doit avoir lieu dans un délai relativement rapide.

Notons, toutefois, que si le Parlement peut demander à être informé des ordonnances qu'il prévoit de publier au cours du semestre (comme le prévoit l'art. 29 bis du règlement du Sénat), les informations données par le gouvernement sur le calendrier prévisionnel de ces ordonnances « n'ont qu'un caractère indicatif ». Elles « ne lient pas celui-ci dans l'exercice de sa compétence » (Cons. cons., déc. 2021-820 DC du 1er juill. 2021, § 8).

3. Un procédé usuel de législation

Le procédé est dérogatoire. Cependant, les gouvernements ont pris l'habitude de légiférer par ordonnances. Leur nombre est soutenu depuis une dizaine d'années. Il ne cesse d'augmenter. L'ordre du jour des assemblées est déjà encombré. Il faut donc éviter de leur proposer des projets de loi sur des sujets techniques ou d'un intérêt politique limité. La solution des ordonnances est apparue préférable.

Le procédé est utile, mais il ne respecte pas le rythme de la procédure législative[1]. Il est souvent présenté négativement comme traduisant un dysfonctionnement du processus législatif. Il favorise l'inflation législative. L'ordonnance est, selon M. Pierre Delvolvé, « un signe de changement et même de dérèglement juridique et politique »[2].

1. J. Thomas, « Les ordonnances et le temps », *RD publ.* 2015. 913.
2. P. Delvolvé, « L'été des ordonnances », *RFDA* 2005. 909 ; égal. Ph. Lauvaux, J. Massot (dir.), *La législation déléguée*, éd. *Société de législation comparée*, nov. 2014.

SÉQUENCE 9

Le pouvoir législatif

SITUATION 1

L'instrumentalisation de la loi

La qualité de la loi s'est dégradée (v. J. de Clausade, J.-J. Urvoas, J.-L. Warsmann, « La qualité de la loi en débat », Constitutions 2010, p. 195). L'affirmation est rapide parce qu'elle occulte une réflexion sur la représentation de ce qui doit être « juste » pour le législateur, notion qui a varié au fil du temps[1]. En outre, le discours sur la mauvaise qualité de la loi n'est pas nouveau. Il existait sous les régimes antérieurs. Comme l'avait déjà noté Georges Burdeau, à la fin de la IIIe République, la loi était devenue un « procédé de gouvernement » (APD 1939.8).

Toutefois, un degré supplémentaire a été atteint dans la dévalorisation de l'action du législateur sous la Ve République. Dans les démocraties d'opinion et médiatiques du XXIe siècle, les lois sont devenues de circonstance. Selon la formule de Guy Carcassonne, « tout sujet d'un "vingt heures" est virtuellement une loi »[2]. La loi est devenue un mode de communication. L'effet d'annonce est essentiel. Le législateur doit être réactif, même si le sujet a été traité à répétition. Le rythme de production législative est donc élevé[3].

Pour autant, l'inflation législative est mal nommée parce qu'elle ne se mesure pas au nombre de lois. Contrairement à une idée reçue, ce nombre n'est pas plus important sous la Ve République que sous le régime précédent. Il était très élevé sous la IVe République (par ex., 263 lois ont été publiées au *JO* en 1950 et 191 en 1957, toutes catégories de lois confondues). La dégradation de la qualité de la loi, que traduit le phénomène de « l'inflation législative ». concerne surtout la modification chronique des lois. Celle-ci n'apparaît plus comme l'expression de la « volonté générale » (art. 6 DDHC) mais comme la mise en œuvre du programme de chaque nouveau gouvernement. L'inflation porte, également, sur le volume des lois, dont la faute incombe à la fois au gouverne-

1. D. Baranger, *Penser la loi*, Gallimard, 2018.
2. G. Carcassonne, « Penser la loi », *Pouvoirs*, n° 114, 2004, p. 40.
3. J.-M. Pontier, « Délire et dérives du législateur », *AJDA*, n° 36-2015, p. 2001.

ment et aux parlementaires (par ex., le projet de loi Macron comportait déjà 106 articles, avant de devenir la loi n° 2015-990 du 6 août 2015 qui, après avoir été amendée, comprend 308 articles...). Cette multiplication des articles législatifs a des effets négatifs sur l'édiction des décrets d'application, dont la tardiveté est également une source d'insécurité juridique.

La mauvaise qualité de la loi porte aussi sur sa complexité et son inutile technicité. La loi ne devrait pas être un règlement. La loi guide les citoyens. Ce n'est pas un texte abusivement technique, dont la lecture est incompréhensible pour les non-spécialistes[1].

Un exemple de bavardage législatif avec l'article 1er de la loi n° 2016-1888 du 28 déc. 2016 de modernisation, de développement et de protection des territoires de montagne : – « *Art. 1. - La République française reconnaît la montagne comme un ensemble de territoires dont le développement équitable et durable constitue un objectif d'intérêt national en raison de leur rôle économique, social, environnemental, paysager, sanitaire et culturel. La montagne est source d'aménités patrimoniales, environnementales, économiques et sociétales. / « Le développement équitable et durable de la montagne s'entend comme une dynamique de progrès initiée, portée et maîtrisée par les populations de montagne et appuyée par la collectivité nationale, dans une démarche d'autodéveloppement, qui doit permettre à ces territoires d'accéder à des niveaux et conditions de vie, de protection sociale et d'emploi comparables à ceux des autres régions et d'offrir à la société des services, produits, espaces et ressources naturelles de haute qualité. Cette dynamique doit permettre également à la société montagnarde d'évoluer sans rupture brutale avec son passé et ses traditions en conservant, en renouvelant et en valorisant sa culture et son identité. Elle doit enfin répondre aux défis du changement climatique, permettre la reconquête de la biodiversité et préserver la nature et les paysages. / « L'État, les collectivités territoriales et leurs groupements, dans le cadre de leurs compétences respectives, mettent en œuvre des politiques publiques articulées au sein d'une politique nationale répondant aux spécificités du développement équitable et durable de la montagne, notamment aux enjeux liés au changement climatique, à la reconquête de la biodiversité et à la préservation de la nature et des paysages ainsi que des milieux aquatiques, et aux besoins des populations montagnardes permanentes et saisonnières,*

---

1. M. Vivant, « Légiférer avec modération », *D.* 2015. 561 ; égal. v. le rapport du Conseil d'État de 1991 sur la sécurité juridique et ses célèbres formules sur « la marée normative », la « logorrhée législative et réglementaire », le « droit » qui « bavarde », etc. ; le rapport 2006 du même CE consacré de nouveau à la sécurité juridique et la complexité du droit : www.conseil-etat.fr/content/download/356/1096/version/1/file/rapportpublic2006.pdf) ; l'étude annuelle 2016 du Conseil d'État, sur la simplification et qualité du droit : www.ladocumentationfrancaise.fr/var/storage/rapports-publics/164000610.pdf ; égal. J. Benetti, « "Réduire le temps législatif" : d'une surprenante "prière" présidentielle passée quasiment inaperçue », *Constitutions* 2016, p. 45.

en tenant compte des enjeux transfrontaliers liés à ces territoires. Dans le cadre de cette politique, l'action de l'État a, en particulier, pour finalités : (...) »

Dans ce même article 1er, s'ensuivent dix-neuf paragraphes énonçant ces « *finalités* » pour « *faciliter* », « *prendre en compte* », « *encourager* », « *développer* », « *soutenir* », « *réaffirmer* », « *favoriser* », « *promouvoir* », « *accompagner* », « *réévaluer* », etc. les actions de l'État en faveur des territoires de montagne.

Cet article soulève des questions sur sa raison d'être. Quelle est la portée normative de ces déclarations d'intention ? Des dispositions programmatiques et symboliques aussi générales peuvent-elles être prescriptives ? Pourquoi ne pas avoir placé ces éléments dans l'exposé des motifs du projet de loi ?

Un mal inéluctable ? La légistique au service du législateur. – La prise de conscience de la mauvaise qualité des lois et de ses effets pervers a favorisé l'émergence d'une nouvelle discipline : la légistique, ou l'art de rédiger les lois. Il s'agit d'une méthodologie, qui tend à devenir une science[1].

La légistique formelle porte sur les techniques rédactionnelles, le style des lois, leur présentation, etc. La légistique matérielle oriente la rédaction des lois dans leur contenu.

La légistique a acquis une forme de reconnaissance institutionnelle. Le site officiel Legifrance, du gouvernement, propose un « guide de légistique » qui a pour « objet de présenter l'ensemble des règles, principes et méthodes qui doivent être observés dans la préparation des textes normatifs (lois, ordonnances, décrets, arrêtés) » : www.legifrance.gouv.fr/Droit-francais/Guide-de-legistique

Malheureusement, en France, la légistique, est une discipline qui est surtout utilisée pour critiquer la loi... Elle accompagne le discours doctrinal et institutionnel sur la mauvaise qualité de la loi.

Un mal inéluctable ? Pour une culture de l'évaluation. – Diverses solutions ont été instaurées pour améliorer la qualité des lois. Mais leurs bienfaits dépendent de la bonne volonté des acteurs du pouvoir délibérant.

– Le procédé de l'étude d'impact des projets de loi, notamment, a suscité beaucoup d'espoir. Il était la solution qui devait enrayer l'inflation

1. Égal. R. Degron, « La lutte contre l'inflation normative dans les territoires. Entre homéopathie et thérapie génique », *JCP A* 23 déc. 2013, n° 2367 ; L. Mader, *L'évaluation législative : pour une analyse empirique des effets de la législation*, Payot, 1985 ; Ch.-A. Morand (dir.), *Légistique formelle et matérielle*, Marseille, PUAM, 1999, p. 18 ; F. Peraldi-Leneuf (dir.), *La légistique dans le système de l'Union européenne : quelle nouvelle approche ?*, Bruylant, 2012 ; F. Peraldi-Leneuf et S. de la Rosa (dir.), *L'Union européenne et l'idéal de la meilleure législation*, Pedone, 2013 ; D. Remy, *La légistique. L'art de faire les lois*, éd. Rommillat, 1994 ; P. Albertini (dir.), *La qualité de la loi. Expériences française et européenne*, Mare et Martin, 2015 ; P. Albertini, *La crise de la loi. Déclin ou mutation ?*, LexisNexis, 2015 ; Dossier : « Mieux légiférer », *JCP* 2015, suppl. au n° 14 ; A. Flueckiger, *(Re)faire la loi : traité de légistique à l'ère du droit souple*, Berne, Stämpfli, 2019.

législative et améliorer la qualité des lois : en vain (v. situation 3).

– L'expérimentation législative permet de tester, « pour un objet et une durée limités » (art. 37-1 Const.) un dispositif avant de le généraliser. Elle est de plus en plus souvent utilisée.

– Il en est de même de la disposition (dite clause) de revoyure. Insérée dans la loi, cette disposition prévoit le motif ou le moment à partir duquel le gouvernement doit présenter un nouveau projet de loi. Elle contraint le législateur à reconsidérer le contenu de sa loi en prenant en compte la pratique et l'évolution du contexte dans lequel elle s'est appliquée. Mais, en France, la culture de l'évaluation législative, qu'elle soit ex ante ou ex post, reste trop faible[1].

1. J. Marchand-Arvier, P. Deumier, « Expérimenter pour bien légiférer ? », *Rev. trav.* 2014. 305.

SITUATION 2

La réaction du Conseil constitutionnel à la dégradation de la qualité de la loi

Le contrôle de la qualité de la loi est un exercice difficile pour le Conseil constitutionnel. Il a pour mission de vérifier la conformité des lois à la Constitution et non de porter un jugement de valeur sur la rédaction des textes législatifs. Il lui est difficile de s'opposer au choix des mots, du style, de la longueur du texte, ou de son degré de technicité. Le contrôle de la qualité de la loi ne doit porter que sur les aspects en lien avec le contrôle de constitutionnalité.

Le contrôle des cavaliers législatifs. – Il représente le volet le plus efficace de la jurisprudence constitutionnelle. Le Conseil constitutionnel veille à la cohérence des textes. Les projets de loi sont souvent dénaturés par des amendements (dits *cavaliers législatifs*) dont le contenu n'a pas de rapport avec l'objet du texte. Le Conseil constitutionnel les contrôle en se référant à l'article 45 de la Constitution. Cet article précise que les amendements sont recevables en première lecture devant les assemblées à condition d'avoir « un lien, même indirect » avec le texte législatif (par ex., le Conseil constitutionnel a censuré, dans sa déc. n° 2016-745 DC du 26 janv. 2017, 36 articles de la loi n° 2017-86 du 27 janv. 2017 *relative à l'égalité et à la citoyenneté* considérés comme des cavaliers législatifs [cette loi comprenait 224 articles alors que le projet de loi initial n'en comptait que 44] ; déc. n° 2018-771 DC du 25 oct. 2018 : censure de 22 cavaliers législatifs dans la loi *alimentation* ; déc. n° 2018-772 DC du 15 nov. 2018, censure de 19 articles [sur 234 articles de la loi votée alors que le projet de loi ne comptait que 65 articles] ; ex. censure de 24 cavaliers législatifs dans la loi n° 2019-486 *relative à la croissance et la transformation des entreprises* [loi comprenant 221 articles alors que le projet de loi n'en que comptait 73] ; déc. n° 2020-807 DC du 3 déc. 2020, censure 26 cavaliers dans la loi n° 2020-1525 du 7 déc. 2020 *d'accélération et de simplication de l'action publique* [la loi adoptée comprenait 149 articles alors que le projet de loi n'en comptait que 50]).

Le contrôle de « l'intelligibilité » de la loi. – Le Conseil constitutionnel veille à la clarté de la loi. Il s'assure qu'elle ne soit pas lacunaire ou confuse, que le législateur exerce pleinement la compétence que lui confie la Constitution et qu'il respecte l'« objectif de valeur constitutionnelle d'intelligibilité et d'accessibilité de la loi » qui « impose au législateur d'adopter des dispositions suffisamment précises et des formules non équivoques » (déc. n° 2009-599 DC du 29 déc. 2009, cons. 56). Le Conseil opère ce contrôle, notamment, en matière fiscale, où les mécanismes sont réformés en permanence. Il a ainsi censuré une disposition législative qui avait « atteint un niveau de complexité tel » qu'elle était « inintelligible pour le citoyen » ; elle invitait le contribuable « à opérer des arbitrages » et elle conditionnait « la charge finale de l'impôt aux choix éclairés de l'intéressé », ce qui le plaçait en situation d'insécurité juridique (déc. n° 2005-530 DC du 29 déc. 2005, cons. 79).

Le nombre de déclarations d'inconstitutionnalité par référence à l'inintelligibilité de la loi reste faible parce que la censure est difficile à opérer. Le contrôle est néanmoins maintenu (le Conseil constitutionnel a, par exemple, décidé d'étendre ce contrôle aux lois de transposition des directives européennes : déc. n° 2018-768 DC du 26 juill. 2018, § 4).

Le Conseil constitutionnel a, par exemple, censuré des dispositions qui, « par leur contradiction », portaient atteinte « à l'objectif de valeur constitutionnelle d'intelligibilité et d'accessibilité de la loi » (déc. n° 2016-741 DC du 8 déc. 2016, § 146), ou qui étaient « dépourvues de portée normative » ce qui avait « pour effet de nuire à l'intelligibilité » de la loi (déc. n° 2018-766 DC du 21 juin 2018, § 8).

Le Conseil constitutionnel procède à ce contrôle avant que la loi ne soit promulguée (art. 61 Const.). En revanche, il estime que « la méconnaissance de l'objectif de valeur constitutionnelle d'intelligibilité et d'accessibilité de la loi ne peut, en elle-même, être invoquée à l'appui d'une question prioritaire de constitutionnalité sur le fondement de l'article 61-1 de la Constitution » (déc. n° 2012-280 QPC du 12 oct. 2012, cons. 12).

La sanction de la « loi non-normative ». – La loi pose des règles qui régissent la société. Elle s'adresse à des sujets de droit. Pour cette raison, selon une célèbre formule de Portalis, la loi « permet ou elle défend ; elle ordonne, elle établit, elle corrige, elle punit ou elle récompense » (*Discours préliminaire au premier projet de Code civil*). Une loi ne devrait pas être un texte d'affichage, ou comporter des formules incantatoires. La loi n'est pas un discours.

Aussi, après avoir déclaré qu'une loi a « pour vocation d'énoncer des règles et doit par suite être revêtue d'une portée normative » (décision n° 2004-500 DC du 29 juill. 2004, cons. 12), le Conseil constitutionnel a sanctionné, en 2005, le législateur pour avoir adopté un article purement déclaratif. Les dispositions étaient, selon le Conseil, « manifestement dépourvues de toute portée normative ». Elles étaient, dès lors, contraires à la Constitution (déc. n° 2005-512 DC du 21 avr. 2005, cons. 17). Il est vrai que l'art. 7, II, de la *loi d'orientation et de programme pour l'avenir de l'école* disposait, notamment, que « l'objectif de l'école est la réussite de tous les élèves ». Le contraire eut été étonnant...

Si la décision semblait relever du bon sens, une partie de la doctrine l'a cependant critiquée. La décision reposait sur une opposition entre les lois *prescriptives* et les lois *descriptives*. Or, le critère rédactionnel n'est pas déterminant. La loi est celle qui est valide dans un ordre juridique[1]. En outre, la signification prescriptive de la loi peut apparaître dans un certain contexte. C'était le cas pour l'article de la loi censuré sur *l'avenir de l'école*. Affirmer « l'objectif de réussite de tous les élèves » peut passer par des obligations pesant sur les autorités scolaires (comme un traitement différencié des élèves en difficulté).

Le Conseil constitutionnel a, néanmoins, eu l'occasion de réitérer sa jurisprudence. Il continue à préciser que « la loi a pour vocation d'énoncer des règles et doit par suite être revêtue d'une portée normative » (déc. n° 2010-605 DC du 21 avr. 2010, cons. 28 ; déc. n° 2012-647 DC du 28 févr. 2012, cons. 6 ; déc. n° 2016-741 DC du 8 déc. 2016, § 98). Il a écarté un grief en l'absence de portée normative de la disposition contestée (déc. n° 2015-495 QPC du 20 oct. 2015, cons. 16). Le Conseil a, de nouveau, déclaré inconstitutionnelles des dispositions « dépourvues de portée normative » (comme un article d'une loi qui se bornait à conférer à l'assemblée générale d'une société anonyme le pouvoir de confier à un administrateur la charge de suivre des évolutions technologiques... : déc. n° 2016-741 DC du 8 déc. 2016, § 99). Mais les décisions en ce sens restent rares (égal. déc. n° 2018-766 DC du 21 juin 2018, § 8)[2]. V. F. Lefebvre-Rangeon, « L'exigence de normativité de la loi », *AJDA* 2015. 1028.

L'inconstitutionnalité des lois mémorielles répressives. – Le Conseil constitutionnel a dû apprécier la conformité à la Constitution de ces lois controversées. Elles ont un objet spécifique : ces lois reconnaissent un fait historique et peuvent prévoir des peines pour ceux qui en contestent son existence.

– Par exemple, la loi *Gayssot* crée une infraction pour ceux qui dénient l'existence des crimes contre l'humanité commis durant la Seconde

1. E. Millard, « Qu'est-ce qu'une norme juridique ? » et V. Champeil-Desplats, « N'est pas normatif qui peut. L'exigence de normativité dans la jurisprudence du Conseil constitutionnel », *Cah. Cons. const.*, n° 21, 2007.

2. Ph. Bachschmidt, « Résurrection de la jurisprudence censurant les dispositions non normatives dans la loi », *Constitutions* 2017, p. 52.

Guerre mondiale (loi n° 90-615 du 13 juill. 1990, art. 9).

– De même, la loi n° 2001-70 du 29 janv. 2001 dispose que « la France reconnaît publiquement le génocide arménien de 1915 ». C'est une loi mémorielle, non dénuée d'arrière-pensées électoralistes. L'instrumentalisation de l'action législative est évidente, notamment lorsqu'elle est modifiée en 2012 à trois mois de l'élection présidentielle (en réprimant la contestation du génocide).

Le juge constitutionnel doit-il censurer une loi ayant cet objet et cette finalité ?

Pour le Conseil constitutionnel, qui a été saisi de la loi de 2012, « une disposition législative ayant pour objet de « reconnaître » un crime de génocide ne saurait, en elle-même, être revêtue de la portée normative qui s'attache à la loi » (Cons. const. déc. n° 2012-647 DC du 28 févr. 2012, cons. 6). Une loi mémorielle qui n'est pas normative ne modifie pas l'ordonnance juridique (ce qui est discutable dès lors qu'il s'agit d'une loi : v. *supra*). Mais la loi de 2012 allait plus loin et avait un aspect prescriptif. Elle réprimait les propos qui méconnaissaient l'existence du génocide. Le Conseil constitutionnel a donc déclaré cette loi contraire à la Constitution parce que le régime répressif instauré portait atteinte à « l'exercice de la liberté d'expression et de communication » (même déc.)[1].

En revanche, le Conseil constitutionnel a estimé que les dispositions précitées de la loi *Gayssot* n° 90-615 du 13 juill. 1990 n'étaient pas contraires à la Constitution parce que les propos incriminés constituaient « en eux-mêmes une incitation au racisme et à l'antisémitisme ». En conséquence, les dispositions législatives avaient pour « objet de réprimer un abus de l'exercice de la liberté d'expression et de communication qui porte atteinte à l'ordre public et aux droits des tiers » (déc. n° 2015-512 QPC du 8 janv. 2016, cons. 7)[2].

Le refus de défendre le domaine de la loi et du règlement (l'épisode du « prédéclassement »). – Le Conseil constitutionnel a également dû se prononcer sur le « caractère législatif » des lois... Certaines lois comportent, en effet, de nombreuses dispositions techniques qui relèvent du domaine du règlement, mais qui ont été insérées avec l'accord implicite du gouvernement.

---

1. J. Roux, « Le Conseil constitutionnel et le génocide arménien : de l'a-normativité à l'inconstitutionnalité de la loi », *D.* 2012. 987 ; A.-C. Foirry, « Loi mémorielles, normativité et liberté d'expression dans la jurisprudence du Conseil constitutionnel », *Pouvoirs*, 2012 ; n° 143, p. 141 ; N. Droin, « L'avenir des lois mémorielles à la lumière de la décision du Conseil constitutionnel du 28 février 2012 relative à la loi visant à réprimer la contestation de l'existence des génocides reconnus par la loi », *RFDC* 2013, n° 95, p. 589 ; rapport B. Accoyer de la mission d'information de l'Ass. nat. n° 1262 sur *les questions mémorielles*, 18 nov. 2008, qui dénonce « les dangers que recèle tout excès d'initiatives législatives » et préconise la solution des « résolutions » lorsque les assemblées entendent s'exprimer sur un fait historique.
2. F. Hamon, « L'évolution de la jurisprudence du Conseil constitutionnel sur les lois mémorielles », *Constitutions* 2016, p. 59 ; D. de Bellescize, « De la question du génocide arménien », *Constitutions* 2016, p. 113.

Ces lois n'ont pas été sanctionnées par le Conseil constitutionnel (en vertu de la jurisprudence *Blocage des prix* ; v. *supra*, partie Présentation). Mais, de 2005 à 2012, cette jurisprudence a été légèrement atténuée. En 2005, le Conseil constitutionnel a souligné le caractère réglementaire des dispositions de la loi qui lui étaient déférées (déc. n° 2005-512 DC du 21 avr. 2005). Mais ce constat n'avait pas pour objet de censurer la loi sous prétexte qu'elle empiétait sur le domaine réglementaire. Il s'agissait d'un *prédéclassement*. Il visait simplement à permettre au Premier ministre de modifier ultérieurement la loi par un décret si nécessaire (sans avoir à mettre en œuvre la procédure du déclassement de l'art. 37 al. 2 Const.).

Cet étrange contrôle a pris fin. Le Conseil constitutionnel a renoncé officiellement à cette jurisprudence en 2012 : « les requérants », doivent savoir que désormais, ils « ne sauraient se prévaloir de ce que le législateur est intervenu dans le domaine réglementaire pour soutenir que la disposition critiquée serait contraire à la Constitution ou pour demander que soit déclaré son caractère réglementaire » (déc. n° 2012-649 DC du 15 mars 2012, cons. 10). À titre d'explication, dans le commentaire officiel aux Cahiers du Conseil constitutionnel, on peut lire que la « décision de 2005 constituait une décision d'espèce, rendue dans le contexte particulier d'un débat sur la "qualité de la loi". Elle n'avait pas de précédent et le Conseil constitutionnel n'a pas estimé nécessaire de lui donner une suite ».

SITUATION 3

L'échec d'une solution à l'inflation législative : les études d'impact des projets de loi

Les études d'impact permettent d'apprécier la nécessité d'engager un processus législatif après en avoir mesuré les conséquences. Elles sont devenues un standard de qualité dans de nombreux États (ex. Royaume-Uni, États-Unis, Canada, Allemagne, Pays-Bas, Danemark, Espagne, etc.). Elles sont préconisées par l'OCDE et retenues par la Commission européenne.

En France, le procédé a été institué, il y a une vingtaine d'années, par la voie de circulaires du Premier ministre. Mais la pratique s'est avérée décevante. Le procédé a été inefficace et formel parce que les études ont été « réalisées tardivement, c'est-à-dire souvent après que l'arbitrage sur un texte a été rendu » (rapp. Mandelkern[1]).

1. Rapport Mandelkern, sur la qualité de la réglementation élaboré en 2002 ; égal. rapport Lasserre, *Pour une meilleure qualité de la réglementation*, Doc. fr., 2004.

Malgré ce constat d'échec, le Conseil d'État a suggéré de les rendre à la fois systématiques et contrôlées par le Conseil constitutionnel sur saisine de l'opposition parlementaire. Une telle solution supposait une révision de la Constitution[1]. Ces préconisations ont été, pour l'essentiel, reprises par le comité Balladur et par le Constituant en 2008 (art. 39 al. 3 Const. et LO n° 2009-403 du 15 avr. 2009, dont l'art. 8 prévoit le mécanisme de l'étude d'impact), bien que l'opposition ne peut plus saisir le Conseil constitutionnel. La saisine relève de la compétence de la seule conférence des présidents de la première assemblée saisie, qui est sensible au respect de l'ordre du jour et des textes proposés.

Depuis le 1er septembre 2009, tout projet de loi doit être accompagné d'une étude d'impact (v. A. Haquet, « Les *études d'impact* des projets de loi : espérances, scepticisme et compromis » *AJDA* 2009. 1986). Ces documents définissent « les objectifs poursuivis par le projet de loi », recensent « les options possibles en dehors de l'intervention de règles de droit nouvelles » et exposent « les motifs du recours à une nouvelle législation » (LO n° 2009-403 du 15 avr. 2009, art. 8). En outre, pour éviter que l'étude d'impact soit rédigée de façon formelle, la loi organique du 15 avril 2009 a prévu que huit rubriques devaient être remplies. L'étude doit, par exemple, proposer une « évaluation des conséquences économiques et financières » du projet de loi, déterminer ses conséquences sur « l'emploi public », articuler les dispositifs envisagés avec le droit européen, faire état des consultations menées avant la saisine du Conseil d'État (etc.). Ces rubriques ont été complétées par une circulaire du Premier ministre qui impose la prise en compte de leur impact en termes d'égalité entre les femmes et les hommes (circ. du 23 août 2012, *JO* n° 0196 du 24 août 2012, p. 13760). Le Conseil constitutionnel a, néanmoins, atténué le caractère systématique des études d'impact, dans sa décision n° 2009-579 DC du 9 avril 2009, en soulignant que le gouvernement pouvait s'en dispenser au regard de « l'objet » du projet de loi (cons. 15), ou des « exigences de la continuité de la vie de la nation » (cons. 17).

Cette interprétation du Conseil constitutionnel n'explique pas l'absence d'effet notable du procédé sur l'inflation législative. Tous les projets de loi sont accompagnés d'une étude d'impact, qui est en apparence exhaustive et consultable sur les sites des assemblées et sur Legifrance (www.legifrance.gouv.fr/Droit-francais/Études-d-impact).

Un document interne. – L'étude d'impact devait être « un outil d'évaluation et d'aide à la décision » (selon la circulaire du 15 avr. 2009 du Premier ministre *relative à la mise en œuvre de la révision constitutionnelle* ; *JO* 16 avr. 2009 p. 6546). En pratique, elle a davantage relevé de l'exercice imposé que de l'évaluation destinée à éclairer

1. Conseil d'État, rapport 2006, *Sécurité juridique et complexité du droit*, Doc. fr., 2006, p. 305 ; égal. le rapport du groupe de travail chargé d'une réflexion sur les suites du rapport 2006 du CE.

le gouvernement sur la nécessité d'élaborer un texte. Elle a donné des arguments pour justifier la mise en œuvre du processus d'élaboration d'un avant-projet de loi, dont le principe était déjà arrêté. Pourquoi et comment expliquer cet échec ?

1/ La loi est instrumentalisée par le gouvernement qui est obsédé par l'intérêt politique qu'il peut en retirer (v. situation 1). Une étude d'impact ne saurait le conduire à renoncer à un projet de loi.

2/ En France, les études d'impact sont – en principe[1] – rédigées par les ministères porteurs des projets de loi. Ils ne sont pas enclins à élaborer des études d'impact qui déconsidèrent le contenu des projets qu'ils conçoivent... Pour cette raison, le Conseil d'État préconise l'institution d'une « certification indépendante » du sérieux des évaluations préalables confiée à des personnalités qualifiées[2]. Le Conseil d'État s'inspire du modèle retenu dans d'autres pays européens où un organisme externe contrôle les évaluations préalables (notamment au Royaume-Uni, aux Pays-Bas, en Allemagne, en Suède et en Pologne).

3/ Contrairement à une idée reçue, le contenu de l'étude n'est pas figé. L'étude initiale est approfondie et réorientée en fonction de l'évolution du texte. Cette méthode s'oppose à la vision statique d'une évaluation *ex ante* de l'avant-projet de loi. Elle a été validée par le Conseil constitutionnel qui a censuré les dispositions de la loi organique n° 2009-403 qui prévoyaient que le gouvernement devait élaborer l'étude d'impact « dès le début de l'élaboration » des projets de loi (déc. n° 2009-579 DC du 9 avr. 2009, cons. 13). En réalité, comme l'a précisé la circulaire précitée du Premier ministre du 15 avril 2009, l'étude d'impact est « affinée au fur et à mesure de l'élaboration du projet ». Pour cette raison, les études d'impact font apparaître l'évolution de la réflexion des concepteurs de la réforme. Les phases le démontrent (diagnostic/objectifs/options/consultations/choix retenus). Ces phases, qui sont internes au département ministériel responsable du projet de réforme, comportent les traces des arbitrages successifs. Les alternatives critiques ne sont, cependant, pas mentionnées. Toutes les études d'impact préconisent, depuis le 1er sept. 2009, la présentation d'un projet de loi... Il n'y a pas de place à l'incertitude sur la *nécessité de légiférer*.

Et le Conseil constitutionnel ? – La procédure de l'article 39 (al. 3) de la Constitution (égal. art. 9 LO n° 2009-403 du 15 avr. 2009) permet à la conférence des présidents de la première assemblée saisie de s'opposer à une étude d'impact insuffisante. Mais la conférence des présidents, qui respecte

1. En janvier 2018, le gouvernement a confié à un cabinet d'avocats la rédaction de l'étude d'impact et de l'exposé des motifs du projet de loi *d'orientation des mobilités*. La méthode a surpris. Le résultat fut également discuté. Dans son avis sur le projet de loi, le Conseil d'État regretta « les insuffisances de l'étude d'impact » (CE, avis, 15 nov. 2018, n° 395.539).
2. CE, étude annuelle 2016, *Simplification et qualité du droit*, Doc. fr., p. 96.

l'ordre du jour négocié avec le gouvernement, n'est pas portée à contester devant le Conseil constitutionnel la suffisance de l'étude d'impact.

Une exception s'est produite au Sénat pour l'étude controversée du 17 juin 2014 sur le projet de loi relatif à la délimitation des régions, texte qui, selon l'étude d'impact, devait « obtenir un résultat concret rapidement » (p. 10) ; ce qui interdisait toute alternative et expertise exhaustive sur les effets de la fusion des régions. Le Conseil constitutionnel a rejeté tous les griefs (déc. n° 2014-12 FNR du 1er juill. 2014, cons. n° 6). Sa saisine a été assimilée à une manœuvre dilatoire, ce qui n'a pas encouragé les parlementaires à saisir de nouveau le Conseil constitutionnel[1].

L'insuffisance de l'étude d'impact peut également être critiquée par les requérants à l'occasion du contrôle *a priori* de la loi devant le Conseil constitutionnel (art. 61 al. 2 Const.). Toutefois, le Conseil écarte ce grief si la conférence des présidents n'a été saisie d'aucune demande tendant à constater l'insuffisance de l'étude d'impact (en vertu de la règle du préalable), ce qui réduit les possibilités de contestation (n° 2015-718 DC du 13 août 2015, § 4 ; déc. 2018-770 DC du 6 sept. 2018, § 4) [2].

Que faut-il faire pour améliorer le procédé ? – Créer une autorité administrative indépendante (AAI) pour contre-expertiser les études d'impact[3] ? Cette solution serait efficace si l'autorité était véritablement indépendante et préoccupée de *légistique*, Elle permettrait de jeter un regard neutre sur la qualité des études et, par là-même, sur la nécessité de légiférer[4].

1. J.-M. Pontier, « Études d'impact : l'interprétation en retrait de leur exigence par le Conseil constitutionnel. – L'exemple de la délimitation des régions », *JCP A* 2014, n° 48, 2334.

2. J.-Ph. Derosier, « L'impact toujours plus faible des études d'impact », *Constitutions* 2018, p. 379.

3. En ce sens, v. rapport d'information fait au nom de la mission d'information sur la simplification législative, Pr. Laure de la Raudière, Rapp. Régis Juanico, AN, n° 2268, 9 oct. 2014, not. p. 69-70.

4. B.-L. Combrade, *L'obligation d'étude d'impact des projets de loi*, Dalloz, 2017 ; B.-L. Combrade, « La simplification de la loi passera par l'étude d'impact », *Constitutions* 2014, p. 460 ; S. Hutier, « Retour sur un moyen récurrent : les malfaçons de l'étude d'impact des projets de loi », *RFDC* 2015, n° 101, p. 73.

SITUATION 4

Les nouveaux destinataires des avis du Conseil d'État sur les textes législatifs

L'avis du Conseil d'État sur les propositions de loi. – Cette procédure déroge au principe traditionnel selon lequel le Conseil d'État est le conseiller juridique du gouvernement et non des parlementaires[1]. La volonté de renforcer l'autonomie du Parlement et la critique de la mauvaise qualité des lois ne permettaient plus de réserver les avis du Conseil d'État aux projets de loi (de même que l'on pourrait envisager que des études impact soient réalisées par les ministères pour certaines propositions de loi ; v. *supra*).

Le Comité Balladur a donc proposé, en 2007, que le président de chaque assemblée parlementaire pût soumettre pour avis au Conseil d'État une proposition de loi. Cette suggestion a été reprise dans la loi constitutionnelle du 23 juillet 2008 (art. 30 al. 5, Const.). Mais les modalités prévues par la loi organique n° 2009-403 du 15 avril 2009 rendent cette procédure complexe, ce qui montre que la saisine du Conseil d'État par le Parlement est dérogatoire. L'auteur de la proposition de loi peut s'opposer à la procédure. S'il l'accepte, il peut produire des observations devant le Conseil d'État et participer avec voix consultative aux séances au cours desquelles l'avis est délibéré. Il bénéficie de l'avis. Il lui est réservé, ce qui peut paraître curieux alors qu'il appartient à une instance collective[2].

Le Conseil d'État a été saisi pour avis de propositions de loi à une vingtaine de reprises entre 2009 et 2016. La procédure s'inscrit dans le processus législatif. Ses contraintes apparaissent d'autant plus étranges, aujourd'hui, que le gouvernement a décidé de lever le secret des avis du Conseil sur les projets de loi.

La levée du secret des avis sur les projets de loi du Conseil d'État. – Un conseiller doit réserver ses avis, en toute discrétion, à son destinataire. Il appartenait donc au seul gouvernement de lever le secret des avis du Conseil d'État[3]. Mais ce secret était entouré de suspicion. Le Comité Balladur avait donc suggéré, en 2007, de les rendre publics pour « mettre un terme aux rumeurs qui entourent ces avis » (prop. 27). C'est, finalement, le président Hollande qui a annoncé, en janvier 2015, la levée du secret entourant les avis du Conseil d'État sur les projets de loi (v. P. Gonod « La publicité des avis du Conseil d'État », *AJDA* 2015. 369).

La levée du secret était redoutée. Elle risquait de dénaturer la teneur des avis et de favoriser une retenue du Conseil d'État. En pratique, on constate, surtout, que le Conseil d'État fait preuve de pédagogie. Ses avis ne sont plus seulement lus par le gouvernement, mais aussi par les citoyens.

1. L.-A. Bouvier, *Le Conseil d'État et la confection de la loi*, LGDJ, 2015 ; L.-A. Bouvier, « Les avis du Conseil d'État sur les projets de lois : légitimité d'une fonction juridique à portée politique », *LPA* 2015, n° 46, p. 6.
2. P. Gonod, « L'examen des propositions de loi par le Conseil d'État : procédure novatrice ou simple gadget ? », *RFDA* 2009. 890 ; M. Todorova, « Le Conseil d'État, conseiller du Parlement : premier bilan », *RFDC* 2013, n° 93, p. 125.
3. Y. Gaudemet, Th. Dal Farra, B. Stirn et F. Rolin, *Les Grands avis du Conseil d'État*, Dalloz, 3e éd., 2008.

SITUATION 5

Pourquoi conserver le Sénat ? Pourquoi renforcer le CESE ?

La suppression du Sénat est une vieille histoire. Elle resurgit à intervalles réguliers sous la Ve République. Le général de Gaulle a organisé un référendum en 1969 pour fusionner le Sénat et le Conseil économique et social. Plus récemment, cette proposition a été présentée par le groupe de travail sur *l'avenir des institutions* créé à l'Assemblée nationale. Elle a ensuite été défendue par le président de cette assemblée, Claude Bartolone, en janvier 2015.

L'on se souvient également qu'un Premier ministre en exercice, Lionel Jospin, avait affirmé en avril 1998 que le Sénat était une « anomalie parmi les démocraties » et « une survivance des Chambres hautes conservatrices ». En réaction, le président du Sénat, Christian Poncelet, avait répondu que le Sénat « était le produit de l'histoire ».

Que faire du Sénat ? Doit-on le réformer, le fusionner, ou le supprimer ? (v. *Pouvoirs*, n° 159, 2016 : « *Le Sénat, pour quoi faire ?* »). Pourquoi poser ces questions ?

Sous la Ve République, le Parlement « comprend l'Assemblée nationale et le Sénat » (art. 24 Const.). La première assemblée est composée de députés élus au suffrage universel direct et la seconde chambre de sénateurs désignés au suffrage universel indirect par un vaste collège électoral. Ces assemblées parlementaires ont un statut équivalent, même si, au terme de la procédure législative, le gouvernement a la possibilité de demander à « l'Assemblée nationale de statuer définitivement ». L'Assemblée a le dernier mot. Le Sénat ne peut être une source de blocage pour la législation ordinaire. Le Sénat ne peut également renverser le gouvernement. Depuis 1946, où le Sénat a été réduit au rang de Conseil de la République, la deuxième assemblée a perdu le pouvoir de mettre en cause la responsabilité politique du gouvernement.

Pourtant, le Sénat bénéficie d'une légitimité politique. Il représente le Peuple français. En « sa qualité d'assemblée parlementaire le Sénat participe à l'exercice de la souveraineté nationale » (Cons. cons., déc. n° 92-308 DC du 9 avr. 1992, cons. 26). En outre, il assure la « représentation des collectivités territoriales » (art. 24 al. 3 Const.). Cette fonction de représentation est essentielle dans un État dont « l'organisation est décentralisée » (art. 1er Const. 1958).

Alors pourquoi tant de critiques ?

» Les termes du débat

Les accusations sont diverses, mais elles ne suffisent pas à occulter les vertus du bicamérisme.

Le réquisitoire. – Le Sénat serait coûteux, conservateur et une source de division.

– Le coût financier du Sénat est souvent avancé. Doit-on préserver deux assemblées en période de restriction budgétaire ? La démocratie a un prix. Cette question mérite d'être posée, mais elle doit intégrer d'autres paramètres, comme le nombre d'élus ou le coût des autres institutions publiques (dont celui de l'Ass. nat.).

– Le sénateur serait conservateur. Il n'est, certes, pas illégitime de s'interroger sur l'absence d'alternance politique au Sénat[1]. Les relations entre le Sénat et la gauche ont toujours été compliquées. Au début de la IIIe République, les radicaux ont dû accepter cette institution qui succédait, selon eux, aux chambres hautes aristocratiques des monarchies constitutionnelles. Ils finirent par l'accepter. Mais, à la fin de la IIIe République, les relations de la gauche avec le Sénat se dégradèrent de nouveau. Le Sénat refusa d'accorder au gouvernement les pleins pouvoirs en matière financière. Le président du Conseil Léon Blum dut démissionner et le Front populaire prit fin.

Depuis le début de la Ve République, le Sénat a toujours été à droite à l'exception de la période 2011-2014. Cette orientation explique les critiques des partis de gauche à son égard.

Elles rejoignent celles relatives à sa composition sociologique. Les sénateurs ne seraient pas représentatifs de la population française. Le Sénat serait trop rural, trop âgé, trop masculin, trop blanc, etc.

La question de la représentativité de la communauté nationale est une question complexe. Elle se pose dans des termes équivalents à l'Assemblée nationale. Une assemblée ne peut être un échantillon de la population. Celle-ci ne peut être réduite à quelques centaines de personnes. La composition de l'assemblée doit avant tout répondre au type de représentation recherché.

– Le Sénat, qui représente les collectivités territoriales, a longtemps davantage incarné les territoires ruraux que les zones urbaines. Il fut qualifié de « chambre d'agriculture » par Maurice Duverger, ou de représentant de « la France du seigle et de la châtaigne » par Georges Vedel. Les grands électeurs des zones rurales votaient moins à gauche que le reste de la population. Le Sénat était à droite parce qu'il représentait largement les campagnes.

Cette explication était habituellement proposée. Mais le mode de scrutin a évolué et le nombre de sénateurs a été adapté à l'évolution démographique des départements (ex. douze sénateurs pour Paris et un seul pour la Lozère). En outre, l'opposition entre les villes et les campagnes est devenue caricaturale. Beaucoup de communes sont périurbaines. Il n'y a plus deux Frances. Les rats des villes côtoient les rats des champs.

– Des critiques portent également sur l'équilibre des institutions et sur l'exercice du pouvoir délibérant :

• Le Sénat peut être une source de blocage pour la révision de la Constitution. Son article 89 prévoit que le projet de révision doit être « voté par les deux assemblées en termes identiques ». Une majorité ne peut donc

1. V. Boyer, *La gauche et la seconde chambre de 1945 à nos jours*, L'Harmattan, 2007.

pas imposer une révision de la Constitution. Une délibération et un accord entre les assemblées s'imposent. La majorité présidentielle ne peut passer en force et c'est heureux. Ce reproche doit, au demeurant, être modéré au regard du nombre de lois constitutionnelles adoptées depuis 1958. La Constitution a été révisée à vingt-quatre reprises.

• Une autre critique porte sur l'expression de la « volonté générale ». Celle-ci est au singulier. Pourquoi diviser son expression ? L'existence de deux assemblées conduit à exprimer deux conceptions de l'intérêt général. Les divergences entre les assemblées montrent l'absence de consensus sur cet intérêt général. La division affaiblit. Elle est source d'inefficacité et de faiblesse. Elle affecte la légitimité[1].

L'unité est un idéal qui n'a cessé de se perpétuer dans la vie politique et institutionnelle française. Une nostalgie perdure pour une « Assemblée nationale » unique « formant le corps législatif », comme l'institua la première constitution écrite du 3 septembre 1791 (v. titre III, Chap. Ier, art. 1er). La Constitution de 1793 (non appliquée) prévoyait également que « le Corps législatif est un, indivisible et permanent » (art. 39).

Pourquoi diviser le corps des représentants ? La réponse réside dans la délibération. Il faut être deux pour dialoguer. Dans un régime monocamériste, sans statut de l'opposition, la délibération est rapide lorsque la majorité parlementaire discute avec elle-même.

1. J. Boudon, *Les Jacobins*, LGDJ, 2006.

Les vertus du bicamérisme. – Rapidement, avec la Constitution de l'an III (1795) et la création de deux conseils – des *Anciens* et des *Cinq-Cents* –, le bicamérisme (ou bicaméralisme) s'est imposé[2]. Deux assemblées à la composition différente coexistent. La première, dont les membres sont élus au suffrage universel direct, soutient et relaie l'action du gouvernement. La deuxième tempère cette action. Ses représentants sont désignés au suffrage indirect.

Ce suffrage permet de nommer des personnalités au profil différent de celui des députés. Les sénateurs sont plus indépendants du gouvernement. Ils n'ont pas mené une campagne électorale associée à la désignation de l'Exécutif (et, notamment, sous la Ve Rép., à l'élection du président). Les sénateurs adoptent souvent une attitude plus modérée que celle des députés. Le Sénat tempère et neutralise certains excès de l'autre assemblée. Pour ces raisons, le Sénat est souvent qualifié d'assemblée de sages et de chambre de réflexion.

L'un de ses principaux adversaires, au début de la IIIe République, l'a admis. Clémenceau (devenu sénateur en 1902) a reconnu que, longtemps, il avait eu « foi en la Chambre unique, comme émanation directe du sentiment populaire », mais qu'il en était « revenu, les événements [lui] ont appris qu'il faut laisser au peuple le temps de la réflexion. Le temps de la réflexion, c'est le Sénat. »

2. K. Fiorentino, *La seconde chambre en France dans l'histoire des institutions et des idées*, Dalloz, 2008.

– Il faut ajouter un argument d'ordre institutionnel en faveur du Sénat. Cette assemblée est permanente. Le Sénat se renouvelle partiellement, contrairement à l'Assemblée nationale dont les travaux prennent fin avec la législature (v. Ph. Bachschmidt, « Le sénat, assemblée permanente », *Constitutions* 2012, p. 269). Le Sénat est donc moins sensible aux alternances. Il tempère les excès des changements de majorité.

Le *bicamérisme* a été institué dans la plupart des démocraties occidentales. Le Sénat français n'est pas dans une situation particulière. Il a su, en outre, évoluer.

» L'accès au Sénat

Le nombre de sénateurs, ainsi que leur âge et la durée de leur mandat ont été modifiés. Le mode de scrutin a également été corrigé.

– Les sénateurs, élus au suffrage universel indirect, sont désignés par des grands électeurs (environ 160 000 élus). Le collège électoral comprend les députés de la circonscription, les conseillers départementaux, les conseillers régionaux et des conseillers municipaux (qui forment l'essentiel du collège électoral). Le mode de scrutin varie selon l'importance de la circonscription. Il est majoritaire, à deux tours, dans les départements qui élisent moins de trois sénateurs. Il est proportionnel dans les départements où sont élus trois sénateurs ou plus (loi n° 2013-702 du 2 août 2013). La parité entre les sexes s'applique dans la composition des listes de candidats lorsque les sénateurs sont élus à la proportionnelle.

– Jusqu'en 2003, le Sénat comptait 321 sénateurs élus pour 9 ans. Le nombre de parlementaires a augmenté pour des raisons démographiques et, parfois, électoralistes... La loi constitutionnelle de 2008 a donc limité leur nombre à 348 (et à 577 pour les députés). Ce nombre ne pourra être dépassé sauf à modifier l'article 24 de la Constitution.

C'est plutôt une baisse qui est envisagée. Lors de son discours devant le Congrès le 3 juillet 2017, le président Macron a proposé la « réduction d'un tiers du nombre des membres des trois assemblées constitutionnelles ». Par la suite, un projet de loi organique a été déposé en ce sens à l'Assemblée nationale le 29 août 2019. Il réduisait de 25 % le nombre de députés et de sénateurs. Mais ce texte n'a pas été discuté.

– L'âge requis pour être sénateur a également été modifié. Jusqu'à l'adoption de loi organique du 30 juillet 2003, nul ne pouvait être élu sénateur s'il n'était âgé d'au moins 35 ans. Cette loi organique a abaissé cette condition d'âge à 30 ans. Une nouvelle loi organique du 14 avril 2011 a fait passer l'âge requis à 24 ans (C. élect., art. L.O. 296).

– Surtout, la durée du mandat a été modifiée. La loi organique du 30 juillet 2003 dispose que « les sénateurs sont élus pour six ans ». Le « Sénat est renouvelable par moitié ». Auparavant, les sénateurs étaient élus pour 9 ans et le Sénat était renouvelé par tiers tous les 3 ans. Avec un mandat de 6 ans, la durée est logiquement la même que celle d'un élu local (d'un conseiller municipal, départemental ou régional). Elle est également proche de celle d'un député. Le Sénat n'est donc pas, comme dans d'autres institutions, le repère des élus que les campagnes électorales répugnent.

» La solution de la fusion du Sénat et du CESE

C'est une vielle idée. Dans son discours de Bayeux du 16 juin 1946, le général de Gaulle avait préconisé que la seconde assemblée représentât les collectivités locales et la société civile. Cette proposition s'inscrivait dans le prolongement des réflexions menées à la fin de la IIIe République (en ce sens, v. le *Projet d'une nouvelle constitution pour la France* de Maurice Deslandres de 1941). Le Général l'a reprise en 1969. Le référendum du 27 avril 1969 a proposé la fusion du Sénat et du Conseil économique et social. Les Français ont dit non (pour d'autres raisons), mais l'idée est restée.

Elle revient régulièrement lorsque le Sénat est critiqué ou lorsque l'on cherche une raison d'être au Conseil économique et social (devenu également « ...environnemental » depuis la révision de 2008). Le groupe de travail sur *l'avenir des institutions* créé, en octobre 2014 à l'Assemblée nationale, a préconisé la fusion des institutions « en créant éventuellement une assemblée parlementaire à deux collèges, pour mieux représenter les forces actives du pays ». La nouvelle institution conserverait « une compétence législative, mais son action serait davantage orientée vers l'évaluation et le contrôle » (prop. n° 10 du : rapport, Doc. fr., 2015).

Pour parvenir à ce résultat, il faudrait réviser la constitution. En effet, le Conseil économique, social et environnemental est une instance constitutionnelle (titre XI, art. 69 à 71, Const.) mais cette assemblée n'est pas parlementaire. Elle n'est pas décisionnelle.

Le CESE a un rôle particulier et une légitimité spécifique. Il représente la société civile. Il réunit des représentants des salariés, des entreprises, des associations, ainsi que des représentants du domaine de la protection de la nature et de l'environnement. Le Conseil compte 175 représentants (le nombre est inférieur au maximum de 233 membres autorisé par l'art. 71 Const., la loi organique n° 2021-27 du 15 janv. 2021 ayant supprimé la catégorie très discutée des personnalités qualifiées).

S'il était fusionné avec le CESE, le Sénat pourrait cumuler les fonctions de représentation du Peuple, des collectivités territoriales et des catégories socio-professionnelles. Serait ainsi institutionnalisé le dialogue entre les représentants de la société civile et les parlementaires. Des sénateurs siégeraient à ces divers titres dans le cadre d'une organisation qui serait assurément complexe. Pour y parvenir, il faudrait distinguer toutes les catégories qui forment les forces vives de la nation. Cette représentation serait réductrice. Cette fusion risquerait, en outre, de dénaturer le Sénat qui est une assemblée parlementaire.

Il faudrait, de surcroît, réviser la Constitution et, pour cela, obtenir l'accord du Sénat...

» La réforme du CESE

La solution de la fusion avec le Sénat a été remisée. Une autre évolution a été envisagée qui tend à faire du CESE un lieu où s'exerce la démocratie participative. Le projet de loi constitutionnelle, présenté au nom du président de la République à l'Assemblée nationale le 9 mai 2018 (et dont l'examen a été suspendu en raison de la situation politique), prévoyait de transformer le CESE en « Chambre de la société civile ». Malgré sa dénomination – « chambre » –, cette assemblée n'était pas de nature parlementaire. Elle avait pour mission d'éclairer les pouvoirs publics sur les enjeux économiques, sociaux et environnementaux. Pour cela, cette « chambre de la société civile » organisait la consultation du public. Elle avait, notamment, pour vocation à traiter les pétitions, qu'elle analysait et qu'elle pouvait transmettre aux assemblées parlementaires.

Cette tentative de révision de la constitution a échoué. Elle a, cependant, été immédiatement relancée.

À l'issue du *Grand débat national*, lors de sa conférence de presse du 25 avril 2019, le président Macron a proposé que le CESE soit renommé « Conseil de la participation citoyenne » et qu'il comprenne des citoyens tirés au sort. Cette évolution a été inscrite dans un projet de loi constitutionnelle déposé le 29 août 2019.

Ce nouveau projet a néanmoins connu le même sort que le précédent. Sa discussion a été rapidement suspendue. Le contexte politique et les relations entre les assemblées ne permettaient pas d'envisager une issue favorable.

Le titre XI de la Constitution relatif au CESE n'a pu être modifié. Malgré cela, l'institution a été réformée par la loi organique sans qu'une révision préalable de la constitution fût jugée nécessaire (déc. n° 2020-812 DC du 14 janv. 2021).

La loi organique n° 2021-27 du 15 janvier 2021 donne au CESE la possibilité d'organiser des consultations publiques et il peut « organiser une procédure de tirage au sort pour déterminer les participants de la consultation ». L'exposé des motifs de la loi organique présente, en effet, le CESE comme un « forum de la société civile ».

Dans ce cadre, la loi organique permet à des personnes tirées au sort et à des représentants d'instances consultatives locales de participer aux travaux des commissions du Conseil avec « voix consultative » (pour autant, comme l'a exigé le Conseil constitutionnel, la présence de ces personnes extérieures à l'institution doit « constituer une part limitée du nombre des membres d'une commission » : déc. n° 2020-812 DC du 14 janv. 2021, § 25).

La saisine du CESE par voie de pétition est également facilitée. La loi organique prévoit que la pétition peut désormais être adressée par « voie électronique » et être signée par « au moins 150 000 personnes âgées de seize ans et plus, de nationalité française ou résidant régulièrement en France » (alors qu'il convenait d'obtenir 500 000 signatures au préalable).

La légitimité du CESE pourrait donc progressivement se renforcer. Il appartiendra aux autorités destinataires de ses avis d'en tirer bénéfice.

SÉQUENCE 10

Le contrôle du gouvernement

*Présentation -

Dans un *régime représentatif*, les gouvernants agissent au nom des citoyens. Ils doivent leur rendre des comptes. Le principe de *responsabilité* oblige les représentants à répondre de l'exercice de leur fonction devant les citoyens.

Ce principe s'impose aux membres du gouvernement. Leur contrôle est « une condition essentielle de la liberté politique », expliquait Esmein sous la IIIe République[1]. Un siècle plus tard, l'exigence de contrôle du gouvernement s'est accrue. Le rôle de l'Exécutif dans les systèmes politiques est devenu prépondérant.

Responsabilité politique. – Les ministres sont nommés. Ils ne peuvent donc pas être contrôlés et directement sanctionnés par les citoyens à l'occasion d'une élection. Il appartient au Parlement, qui représente les citoyens, de procéder à ce contrôle. Le Parlement peut renverser le gouvernement en vertu du principe de *responsabilité politique*[2].

La mise en jeu de la responsabilité politique devant le Parlement pèse sur le « gouvernement ». Elle ne concerne pas le président de la République.

L'irresponsabilité du chef de l'État . – L'autorité qui incarne l'État et assure sa continuité voit rarement sa responsabilité politique engagée. Le Parlement n'adopte pas de motion de censure contre un président, un monarque ou un empereur. Qu'il exerce un pouvoir étendu (ex. États-Unis, Russie, Turquie, etc.) ou faible (ex. Allemagne, Espagne, Italie, Royaume-Uni, etc.), le chef de l'État est irresponsable politiquement.

---

1. Esmein, *Éléments de droit constitutionnel français et comparé*, Sirey, 6e éd., 1914, p. 138.
2. E. Pierre, *Traité de droit politique, électoral et parlementaire*, Loysel, rééd. 1989 ; *Pouvoirs*, n° 92, *La responsabilité des gouvernants*, 2000 ; P. Avril, J.-E. Gicquel, J. Gicquel, *Droit parlementaire*, LGDJ, 6e éd., 2021 ; Ph. Ségur, *La responsabilité politique*, coll. « Que sais-je ? », PUF, 1998 ; O. Beaud, J.-M. Blanquer (dir.), *La responsabilité des gouvernants*, Éd. Descartes, 1999 ; D. Baranger, *Parlementarisme des origines*, PUF, 1999 ; B. Mathieu, M. Verpeaux (dir.), *Responsabilité et démocratie*, Dalloz, 2008 ; N. Havas, *La responsabilité ministérielle en France*, Dalloz, 2012 ; B. Seiller (dir.), *Le contrôle parlementaire de l'administration*, Dalloz, 2010.

Le constat se vérifie en France. Sous la Ve République, la responsabilité politique du président de la République ne peut jouer qu'à l'occasion du renouvellement de son mandat (sous réserve qu'il se représente). En revanche, le président de la République ne peut être sanctionné politiquement par le Parlement. La procédure de destitution susceptible d'être engagée devant la Haute Cour n'a pas cet objet. Elle ne répond pas à la logique de la responsabilité politique. Elle n'oblige pas le président à rendre compte de son action. La destitution vise à mettre un terme à son mandat « en cas de manquement à ses devoirs manifestement incompatible avec l'exercice de son mandat » (art. 68 Const.), ce qui ne concerne pas le bilan politique de son action (v. Séquence 7).

La loi constitutionnelle du 23 juillet 2008 a très légèrement infléchi cette irresponsabilité. Un contrôle parlementaire des nominations du président de la République a été organisé (v. *infra*). Il traduit une évolution des relations entre les pouvoirs exécutif et législatif.

Le Parlement contrôle principalement le gouvernement qui, au demeurant, « détermine et conduit la politique de la Nation » (art. 20, al. 1er Const.). Dans un régime parlementaire, « le Gouvernement doit être responsable devant le Parlement » (loi const. du 3 juin 1958). Ce principe est, selon Michel Debré, « la ligne directrice du régime parlementaire que le projet a l'ambition d'instituer » (présentation du projet de constitution devant le Conseil d'État le 27 août 1958). Pourtant, en 1958, les rédacteurs de la Constitution n'ont pas mentionné expressément la *fonction de contrôle* alors que la possibilité leur en était donnée.

L'inscription de la « fonction de contrôle ». - Dans sa rédaction initiale, la Constitution disposait que le gouvernement était « responsable devant le Parlement » (art. 20), mais la *fonction de contrôle* exercée par le Parlement sur le gouvernement n'était pas spécifiée.

Cette fonction était induite de ses modalités. La Constitution, et les textes qui la complétaient, comportaient des mécanismes de contrôle du gouvernement. Ils permettaient de mettre en jeu la responsabilité du gouvernement, d'enquêter, de questionner les ministres, d'exercer un contrôle financier (etc.). La fonction de contrôle n'a été expressément mentionnée qu'en ce qui concerne : « le contrôle de l'exécution des lois de finances », art. 47 Const. (et, depuis 1996, celui de l'application des lois de financement de la sécurité sociale : art. 47-1).

En pratique, le contrôle du gouvernement n'a pas représenté l'activité principale des parlementaires sous la Ve République. La fonction législative les a accaparés à la satisfaction du gouvernement, qui n'attendait pas du Parlement qu'il le contrôlât mais qu'il votât ses projets de loi.

Un nouvel équilibre entre ces fonctions était recherché. La revalorisation du rôle du Parlement a été l'un des enjeux de la révision constitutionnelle de 2008[1].

---

1. J. Gicquel, « La reparlementarisation : une perspective d'évolution », *Pouvoirs*, n° 126, 2008, p. 47 ; P. Türk, *Les Commissions parlementaires permanentes et le Renouveau du Parlement*

À cette occasion, la fonction de contrôle a été institutionnalisée. La loi constitutionnelle du 23 juillet 2008 a prévu qu'« une semaine de séance sur quatre est réservée par priorité et dans l'ordre fixé par chaque assemblée au contrôle de l'action du Gouvernement et à l'évaluation des politiques publiques » (art. 48 al. 4, Const.). Pour cela, la « Cour des comptes assiste le Parlement dans le contrôle de l'action du Gouvernement » (art. 47-2, Const.). En outre, le Constituant a consacré la fonction de contrôle, ainsi que celle de l'évaluation des politiques publiques, en les situant au même niveau que la fonction législative (c'était une préconisation du comité Balladur). L'article 24 de la Constitution, modifié en 2008, dispose que « le Parlement vote la loi. Il contrôle l'action du Gouvernement. Il évalue les politiques publiques ».

L'association de ces fonctions révèle le rôle du Parlement : il *délibère* sur les affaires publiques.

La délibération. - Députés et sénateurs représentent les citoyens. Ils s'expriment en leur nom quelles que soient les fonctions exercées. Qu'il s'agisse du vote de la loi, ou du contrôle du gouvernement, les parlementaires exercent le « pouvoir délibérant », selon l'expression de Maurice Hauriou : « ce qui fait l'unité d'un pouvoir, ce n'est point telle ou telle de ses fonctions, c'est que, dans l'accomplissement de ses fonctions variées, il procède toujours par la même opération de la volonté qui, ici, est la délibération »[1]. Si « la fonction principale du pouvoir délibérant, dans l'État moderne, est de faire les lois » et « de voter les subsides et des impôts pour les besoins de l'État » (par les lois de finances), une fonction « non moins importante du pouvoir délibérant, dans le régime parlementaire, consiste dans le contrôle exercé sur le pouvoir exécutif par le jeu de la responsabilité ministérielle »[2].

La délibération sur les affaires publiques comprend la mise en jeu de la responsabilité du gouvernement et, plus largement, son contrôle. Dans l'exercice de cette fonction, le Parlement ne se contente pas d'accorder sa confiance à l'Exécutif. Contrôler consiste aussi à surveiller et vérifier les actions réalisées. Le contrôle est varié. Il a pour objet de mesurer la *confiance* (I), d'obtenir des *informations* (II) ou de prévenir les abus par l'octroi d'*autorisations* (III).

---

sous la Vᵉ République, Dalloz, 2005 ; P. Türk, *Le contrôle parlementaire en France*, LGDJ, 2011 ; *Pouvoirs*, n° 134, *Le contrôle parlementaire*, 2010 ; J.-P. Camby, P. Servent, *Le travail parlementaire sous la Vᵉ République*, LGDJ, 5ᵉ éd., 2010 ; P. Jan, *Les assemblées parlementaires françaises*, Doc. fr., 2010 ; *Le Parlement français et le nouveau droit parlementaire après la réforme de 2008 (déc. 2011)*, *Jus Politicum*, n° 6 ; Ph. Blachèr, *Le Parlement en France*, LGDJ, 2012 ; Ph. Lauvaux et A. Le Divellec, *Les Grandes Démocraties occidentales*, 4ᵉ éd., PUF, 2015.

1. M. Hauriou, *Précis élémentaire de droit constitutionnel*, Recueil Sirey, 2ᵉ éd., 1930, p. 166.
2. *Ibid.*

I ▪ La confiance

Dans un régime parlementaire, le gouvernement est responsable politiquement devant le Parlement. Généralement, cette responsabilité est engagée devant l'assemblée dont les membres sont désignés au suffrage universel direct. Ce principe n'est certes pas absolu. Sous la IIIe République, par exemple, « les ministres » étaient « solidairement responsables devant les chambres de la politique générale du Gouvernement » (art. 6 loi const. 25 févr. 1875 ; le Sénat a ainsi provoqué la chute d'une dizaine de cabinets)[1]. En revanche, sous les IVe et Ve Républiques, le choix a été fait, pour favoriser la stabilité gouvernementale, de réserver à l'Assemblée nationale le droit d'accorder la confiance au gouvernement.

La Constitution de 1958 prévoit que, « lorsque l'Assemblée nationale adopte une motion de censure ou lorsqu'elle désapprouve le programme ou une déclaration de politique générale du gouvernement, le Premier ministre doit remettre au président de la République, la démission du gouvernement » (art. 50 Const.). Le texte ne fait pas référence au Sénat. Celui-ci ne peut donc pas engager la responsabilité du gouvernement.

Deux procédures principales permettent de tester la relation de confiance entre le gouvernement et l'Assemblée nationale : la question de confiance (A) et la motion de censure (B). À ces procédures s'ajoutent l'engagement de la responsabilité du gouvernement sur un texte (C) et des procédures permettant au Premier ministre de présenter des déclarations accompagnées d'un vote sans engagement de responsabilité (D).

A ▪ L'engagement de la responsabilité du gouvernement

Le Premier ministre peut engager « devant l'Assemblée nationale la responsabilité du Gouvernement » (art. 49 al. 1er Const.). Cette procédure est couramment intitulée la *question de confiance*. Elle est traditionnellement posée après la formation d'un nouveau gouvernement (v. situation 1).

L'initiative réservée au Premier ministre. – Il n'appartient qu'au chef du gouvernement de prendre cette initiative. Un ministre ne peut poser la question de confiance à l'assemblée sous la Ve République. Le Premier ministre engage la responsabilité du gouvernement « après délibération du Conseil des ministres » (délibération qui n'est pas une autorisation collective sur la mise en jeu de la responsabilité du gouvernement ; v. commentaire officiel du Cons. const. sur la déc. n° 2016-736 DC).

1. B. Daugeron, « Un parlementarisme oublié : la responsabilité politique des ministres devant le Sénat sous la Troisième République », *Mélanges Machelon*, LexisNexis, 2015, p. 251.

Programme ou déclaration. - L'article 49 alinéa 1er de la Constitution autorise le Premier ministre à engager la responsabilité du gouvernement « sur son programme ou éventuellement sur une déclaration de politique générale ». Les termes ne renvoient pas à des notions distinctes : « programme » et « déclaration » ont une « acception analogue » selon le Conseil constitutionnel (déc. n° 76-72 DC du 12 janv. 1977, cons. 3).

Disparition de l'investiture. - La Ve République marque une rupture avec la république précédente. La Constitution de 1946 imposait au président du Conseil, qui était désigné par le président de la République « après les consultations d'usage », de soumettre « à l'Assemblée nationale le programme et la politique du Cabinet » qu'il se proposait de constituer. Le président du Conseil et les ministres ne pouvaient être « nommés qu'après que le président du Conseil ait été investi de la confiance de l'Assemblée » (art. 45 Const. 1946 ; la loi const. du 7 déc. 1954 a prévu une investiture de l'ensemble du gouvernement à la majorité simple). Au contraire, la Constitution de 1958 n'organise pas de procédure d'investiture. Sous la Ve République, le Premier ministre n'est pas tenu de poser la question de confiance. Il s'agit d'une faculté et non d'une obligation constitutionnelle.

Il prend généralement le risque, qui s'avère limité, d'engager la responsabilité du gouvernement sur une déclaration de politique générale (v. situation 1).

La majorité absolue des suffrages exprimés. - La déclaration de politique générale du Premier ministre est suivie d'un débat. Le temps de parole global attribué aux groupes parlementaires est fixé par la conférence des présidents de l'assemblée (art. 152 et 132 du règlement de l'Ass. nat. [ci-après, RAN]).

Le vote engageant la responsabilité du gouvernement sur la déclaration de politique générale est « émis à la majorité absolue des suffrages exprimés » (art. 152, RAN). Pour déterminer ces suffrages, ne sont pris en considération que les votes positifs ou négatifs et non les bulletins blancs. Les « suffrages exprimés » ne correspondent pas nécessairement à ceux de l'ensemble des députés qui ont participé au vote. Il s'agit de ceux qui ont fait un choix positif ou négatif et se sont ainsi « exprimés » au sens de l'article 152 du RAN. L'abstention de députés de la majorité est une attitude politique marquante. Mais, avec ce mode de calcul, leur abstention a un effet limité sur le résultat du vote.

Par exemple, le 16 septembre 2014, 31 députés socialistes (surnommés « les frondeurs ») n'ont pas voté la déclaration de politique générale du Gouvernement Valls II (art. 49, al. 1er Const.). Malgré cela, la confiance a été votée. Certes, la majorité était relative par rapport au nombre de députés (577), la majorité absolue par rapport au nombre de députés élus étant de 289 (577 / 2). Lors de ce scrutin, 566 députés ont voté : 269 ont voté pour et 244 contre. Pour atteindre, la « majorité absolue des suffrages exprimés », il convenait d'obtenir le vote favorable de 257 députés (269 + 244 / 2 = 256,5). Le nombre de députés qui ont voté blanc s'est élevé à 53. Leur vote n'a pas empêché l'obtention de la « majorité absolue » des « suffrages exprimés ».

Sanction de la défiance. – « Lorsque l'Assemblée nationale (...) désapprouve le programme ou une déclaration de politique générale du Gouvernement, le Premier ministre doit remettre au président de la République la démission du Gouvernement » (art. 50 Const.). Cette hypothèse ne s'est jamais réalisée depuis 1958 (dans le cadre de l'art. 49 al. 1er). En pratique, les députés de la majorité ne peuvent échapper à leur devoir de solidarité. Les députés soutiennent le gouvernement pour avoir une existence politique collective. Le Premier ministre prend donc un risque limité en posant la question de confiance.

Le fait majoritaire. – Il permet aux gouvernements de bénéficier de la confiance systématique des députés. Le fait majoritaire résulte des effets combinés du mode de scrutin majoritaire et de l'effet d'entraînement de l'élection présidentielle sur les élections législatives. La modification de l'une de ces données, et notamment du mode de scrutin, pourrait faire disparaître le *fait majoritaire*. L'approbation de la question de confiance ne serait plus systématique.

B ▪ La motion de censure

Elle a pour objet de renverser le gouvernement. Par le vote d'une motion de censure, « l'Assemblée nationale met en cause la responsabilité du Gouvernement » (art. 49 al. 2 Const.).

Le procédé est agressif, mais il a été policé. Sous la Ve République, quatre conditions le tempèrent :

– L'acte est concerté. L'initiative doit recueillir la signature d'« un dixième » des députés (art. 49 al. 2 Const.), soit cinquante-huit députés sur cinq cent soixante-dix-sept.

– L'initiative ne peut être répétitive : « un député ne peut être signataire de plus de trois motions de censure au cours d'une même session ordinaire et de plus d'une au cours d'une même session extraordinaire » (art. 49 al. 2 Const.). Les députés peuvent, en outre, signer une motion de censure en réaction à l'utilisation de l'article 49 alinéa 3 (v. *infra*).

– L'acte doit être réfléchi. Le vote n'est pas organisé dans la journée. Il « ne peut avoir lieu que quarante-huit heures après son dépôt » (art. 49 al. 2, Const.).

Toutefois, « à partir du dépôt, aucune signature ne peut être retirée ni ajoutée » (art. 153, RAN). La discussion de la motion de censure ne doit pas être abusivement retardée. Elle doit avoir lieu « au plus tard le troisième jour de séance suivant l'expiration du délai constitutionnel de quarante-huit heures consécutif au dépôt » (art. 154, RAN).

– Le vote de défiance doit être manifeste : « seuls sont recensés les votes favorables à la motion de censure qui ne peut être adoptée qu'à la majorité des membres composant l'Assemblée » (art. 49 al. 2, Const.). Le calcul de cette majorité ne prend pas en compte les abstentions. Les députés qui ne prennent pas part au vote sont réputés soutenir le gouvernement. Deux cent quatre-vingt-neuf députés doivent voter la motion pour qu'elle soit adoptée.

Un procédé neutralisé. - Une motion de censure a été adoptée en 1962 (v. *infra*). Depuis, aucun gouvernement n'a été renversé. La Ve République a rompu avec l'instabilité gouvernementale. La rationalisation du parlementarisme, dont relève l'article 49 de la Constitution, a œuvré en ce sens. On ne saurait toutefois lui attribuer le seul mérite de la stabilité gouvernementale. Le *fait majoritaire* précité à l'Assemblée nationale a joué un rôle décisif dans la pérennité des gouvernements.

Un gouvernement renversé le 5 octobre 1962. - Une motion de censure a été adoptée au début de la Ve République. Elle a été votée par les députés pour manifester leur opposition à l'élection du président de la République au suffrage universel direct. Les députés étaient conscients que la révision de la Constitution les marginaliserait. Ils ne pouvaient renvoyer le président de la République qui était irresponsable politiquement. Ils se sont donc attaqués au gouvernement Pompidou en déposant une motion de censure le 2 octobre 1962.

Le débat à l'assemblée fut vif. Le Premier ministre G. Pompidou a affronté des députés qui reprochaient au général de Gaulle de ne pas avoir respecté la procédure de révision constitutionnelle. L'article 89 prévoyait l'accord de l'Assemblée nationale et du Sénat pour réviser la Constitution. Pour contourner cette étape parlementaire, le général de Gaulle avait opté pour la procédure référendaire de l'article 11 qui ne paraissait pas avoir été conçue pour l'adoption de lois constitutionnelles (v. Séquence 7, situation 1). Dans un message adressé au Parlement, le 2 octobre 1962, le Général avait défendu la solution simple et directe du référendum, la « voie meilleure pour apporter au texte adopté en 1958 par le peuple français la modification qui s'impose et qui touche chacun des citoyens ».

Les députés étaient écartés du processus d'adoption d'une loi constitutionnelle qui devait conduire à la relégation du Parlement. Ils ne pouvaient pas l'accepter. À l'Assemblée, le 4 octobre, Paul Reynaud exprima l'indignation des parlementaires en ces termes : « pour nous, républicains, la France est ici et non ailleurs ». Dans une formule de rupture, il déclara : « Monsieur le Premier ministre, allez dire à l'Élysée que notre admiration pour le passé reste intacte mais que cette Assemblée n'est pas assez dégénérée pour renier la République ».

Le gouvernement Pompidou fut renversé le 5 octobre 1962. La motion de censure fut votée par le *cartel des non* qui regroupait toutes les formations politiques hostiles à l'initiative du général de Gaulle, à l'exception de l'UNR (Union pour la Nouvelle République). Le Premier ministre présenta au président de la République la démission du gouvernement comme l'imposait l'article 50 de la Constitution. En réaction, le général de Gaulle prit deux décisions : il maintint le gouvernement pour expédier les affaires courantes et il prononça la dissolution de l'Assemblée nationale. De façon paradoxale, les parlementaires qui avaient renversé le gouvernement perdirent leur mandat alors que celui-ci resta en place.

Les citoyens ont été appelés à arbitrer le conflit entre l'Exécutif et le Législatif. Ils se sont prononcés successivement sur la révision constitutionnelle et sur leur représentation à l'Assemblée nationale. Le référendum relatif à l'élection du président de la République au suffrage universel direct a eu lieu le 28 octobre 1962 : le oui l'a emporté avec 62 % des suffrages. La loi constitutionnelle a été promulguée le 6 novembre 1962. Organisé avant les élections législatives, le référendum a conféré un avantage au général de Gaulle. Les élections des 18 et 25 novembre 1962 ont donné au président une majorité. L'UNR-UDT, qui soutenait le général de Gaulle, obtint 51 % des suffrages. Le *fait majoritaire* est apparu.

La majorité de l'Assemblée est désormais solidaire du gouvernement. Les motions de censure ont peu de chance d'être adoptées. Elles sont déposées pour mobiliser l'opposition ou médiatiser un débat.

Le *fait majoritaire* persiste mais reste dépendant des circonstances politiques. Il n'est pas institutionnalisé. L'on doit relever, par exemple, que le gouvernement Bérégovoy a échappé de peu à la censure. Il n'a manqué que trois voix le 1er juin 1992 pour que le gouvernement fût renversé (le Parti communiste s'était retourné contre le Parti socialiste et avait voté la motion de censure). L'existence d'une majorité solidaire du gouvernement résulte d'un équilibre politique qui peut être remis en cause (v. *supra*).

C ▪ L'engagement de la responsabilité sur un texte

Le Premier ministre peut engager la responsabilité du gouvernement devant l'Assemblée nationale sur le vote d'un projet de loi ou d'une proposition de loi. Le texte est considéré comme adopté si le gouvernement n'est pas renversé.

L'article 49 alinéa 3 place les députés devant le choix suivant : accepter implicitement le texte ou renverser le gouvernement. Il oblige les députés de la majorité à soutenir le gouvernement et le texte. Le mécanisme présente un aspect disciplinaire. Il s'est avéré efficace dans la mesure où, depuis 1958, aucune majorité n'a renversé un gouvernement en réaction à l'utilisation de l'article 49 alinéa 3.

Cette procédure relève de la rationalisation du parlementarisme. Elle n'a pas été conçue pour un usage ordinaire. Dans son discours devant le Conseil d'État du 27 août 1958 Michel Debré explique que « l'expérience a conduit à prévoir en outre une disposition quelque peu exceptionnelle pour assurer, malgré les manœuvres, le vote d'un texte indispensable ».

Son utilisation devait être dérogatoire. Or, la fréquence ou les conditions de son utilisation ont été contestées (v. *infra*, situation 2). Elles ont alimenté les critiques sur la rationalisation du parlementarisme qui ont conduit le Constituant à limiter l'usage de la procédure.

La modification de l'art. 49 al. 3. - La campagne présidentielle de 2007 est à l'origine de la révision de l'article 49 alinéa 3. Il a été victime d'une surenchère électorale qui a consisté à le diaboliser. L'article 49 alinéa 3 est devenu le symbole de l'abaissement du Parlement et de l'arbitraire gouvernemental.

Le Comité Balladur a préconisé que la procédure soit réservée à l'adoption des lois de finances et des lois de financement de la sécurité sociale. En réponse, le président Sarkozy a demandé au Parlement de réfléchir à plusieurs solutions, « celle du comité bien sûr, mais aussi, par exemple, une limitation du nombre de recours possibles à cet article en une session ou en une législature, ou encore une utilisation de l'article 49 alinéa 3 qui serait limitée aux périodes durant lesquelles le gouvernement ne dispose pas d'une majorité absolue au Parlement ».

Au final, la loi constitutionnelle du 23 juillet 2008 a prévu que le Premier ministre pouvait recourir à cette procédure pour « le vote d'un projet de loi de finances ou de financement de la sécurité sociale », ainsi que pour « un autre projet ou une proposition de loi par session » (art. 49 al. 3 modif.).

Les termes de la révision de l'article 49 alinéa 3 ont soulevé des interrogations. L'on s'est posé la question de savoir si la procédure pouvait être utilisée une seule fois pour un texte, ou plusieurs fois lors de chacune de ses lectures ? L'on s'est également demandé si une seule délibération du Conseil des ministres autorisant sa mise en œuvre suffisait ?

Ces questions ont été notamment posées lors de l'utilisation de l'article 49 alinéa 3 pour l'examen de la *loi relative au travail* (dire loi *El Khomri*). Le Conseil des ministres a délibéré le 10 mai 2016 sur la mise en œuvre de cette procédure. Sur son fondement, le Premier ministre a engagé la responsabilité du Gouvernement à trois reprises sur le vote du projet de loi à l'Assemblée nationale : en première lecture le 10 mai 2016, en nouvelle lecture le 5 juillet 2016 et en lecture définitive le 20 juillet. La loi a été déférée au Conseil constitutionnel qui a estimé qu'« une seule délibération du Conseil des ministres suffit pour engager, lors des lectures successives d'un même texte, la responsabilité du Gouvernement qui en a ainsi délibéré » (déc. n° 2016-736 DC du 4 août 2016, paragr. 3).

D ▪ Les déclarations accompagnées d'un vote sans engagement de responsabilité

Deux procédures permettent au Premier ministre de solliciter un vote sur une déclaration sans engager la responsabilité du gouvernement : les articles 49 alinéa 4 et 50-1 de la Constitution.

L'art. 49 al. 4. - Le Premier ministre a « la faculté de demander au Sénat l'approbation d'une déclaration de politique générale ». Elle ne porte pas sur le « programme » du gouvernement (comme à l'art. 49 al. 1) mais seulement sur une question objet d'une « déclaration ». Cette procédure, qui ne nécessite

PRÉSENTATION

pas de délibération du Conseil des ministres, n'engage pas la responsabilité du gouvernement. Un vote négatif n'obligerait pas le gouvernement à démissionner. MM. Pierre Avril et Jean Gicquel ont ainsi relevé que, jusqu'à la révision constitutionnelle de 2008, « il s'agissait du seul vote politique prévu par la Constitution qui fût dépourvu d'effets juridiques »[1].

L'art. 50-1. - La déclaration avec débat a des effets similaires. Cette procédure a été instituée lors de la révision de la Constitution de 2008. L'article 50-1 prévoit que le gouvernement peut, « devant l'une ou l'autre des assemblées (...) faire, sur un sujet déterminé, une déclaration qui donne lieu à débat et peut, s'il le décide, faire l'objet d'un vote sans engager sa responsabilité » (v. art. 132, RAN ; art. 39, al. 6, RS). Il ne s'agit donc pas d'une question de confiance dans la mesure où le gouvernement n'a pas l'obligation de présenter sa démission si sa déclaration n'obtient pas le soutien de la majorité des membres de l'assemblée. De surcroît, la déclaration avec débat peut être présentée à l'Assemblée et au Sénat. Or la deuxième assemblée ne peut engager la responsabilité politique du gouvernement. Pour cette raison, la procédure de l'article 50-1 de la Constitution est souvent qualifiée de vote « consultatif ». Le choix de cet adjectif est discutable. Un vote qui mesure la légitimité du gouvernement ne saurait être « consultatif ». Son résultat a une portée politique. Dans un régime parlementaire, le gouvernement ne peut se maintenir sans le soutien de la majorité à l'Assemblée nationale. L'utilisation de la procédure de l'article 50-1 n'est donc pas étrangère à la mise en œuvre de la responsabilité politique du gouvernement même si celui-ci n'a pas l'obligation constitutionnelle de démissionner en l'absence de vote majoritaire.

Le gouvernement doit répondre politiquement de son action. Il doit aussi rendre compte au Parlement de son activité.

II ▪ L'information et l'évaluation

Le suivi de l'activité gouvernementale se traduit par des demandes d'information sous forme de questions posées aux ministres (A), par l'activité d'organes parlementaires spécialisés (B) et par le contrôle de l'application des lois (C).

A ▪ Les questions

Les questions constituent un procédé d'information traditionnel dans un régime parlementaire. En Angleterre comme en France, elles ont accompagné

1. P. Avril et J. Gicquel, *Droit parlementaire*, Montchrestien, 5e éd., 2014, p. 335.

le contrôle gouvernemental et l'essor de ce régime. Elles constituent, comme l'a souligné Michel Debré, « la marque décisive du régime parlementaire et des droits reconnus, dans le régime, à l'opposition » (dans son discours devant le Conseil d'État du 27 août 1958).

Les questions ne sont pas collectives. Elles sont posées par les parlementaires à des ministres qui sont tenus de leur apporter une réponse. Elles sont *orales* (1) ou *écrites* (2).

1. Les questions orales

Elles se subdivisent en plusieurs catégories : les questions dites *orales avec ou sans débat*, les questions *d'actualité* et les questions *à un ministre*.

Les questions orales, avec ou sans débat. – Tout parlementaire peut poser une question orale à un ministre. Il l'adresse au président de l'Assemblée nationale ou du Sénat qui la notifie au Gouvernement. La question doit être sommairement rédigée et ne doit pas contenir d'imputation personnelle. Elle est individuelle, c'est-à-dire qu'elle est posée par un seul parlementaire et appelle la réponse d'un ministre.

– La conférence des présidents de l'assemblée organise les séances de questions orales sans débat. Les réponses sont publiées au *Journal officiel*. En pratique, ces questions portent sur des sujets locaux.

– Le procédé des *questions orales avec débat* n'est pas parvenu à fonctionner. Il est tombé en désuétude à l'Assemblée nationale.

Les questions au gouvernement. – Pour permettre un dialogue ouvert entre le gouvernement et le Parlement, des séances de *questions au gouvernement* ont été organisées. Elles n'étaient pas prévues par les textes. Elles ont été suggérées par le président Giscard d'Estaing après son élection. Dans un message aux assemblées du 30 mai 1974, le nouveau président a préconisé à l'Assemblée nationale qu'elle « pourrait aménager son Règlement de manière à réserver chaque mercredi, en début d'après-midi, une heure pour des questions d'actualité, qui seraient posées à égalité de temps, et suivant une procédure à définir, par la majorité et par l'opposition ».

La proposition a été retenue. Des séances de questions d'actualité, appelées *questions au gouvernement*, ont été organisées. Elles ont favorisé le dialogue entre les ministres et les parlementaires. Les « questions au Gouvernement ont un caractère spontané ; elles ne sont ni déposées, ni notifiées, ni publiées » (art. 15, IGBAN). Elles permettent de solliciter un point de vue immédiat du ministre. Sa technicité est limitée par la nécessité de répondre rapidement.

Dans des conditions fixées par la conférence des présidents, chaque assemblée organise les séances hebdomadaires de *questions au gouvernement*. À l'Assemblée nationale, la moitié des questions, au moins, est posée par les députés de l'opposition (art. 133, RAN). Au Sénat, la conférence des présidents arrête la répartition entre « les groupes et la réunion administrative des sénateurs ne figurant sur la liste d'aucun groupe en tenant compte de leur importance numérique » (art. 75, *bis* RS).

Les séances des *questions au gouvernement* ont connu un grand succès (par ex., lors de la session 2017-2018, 1 084 questions au gouvernement ont été posées ; ex. il y a eu 4 718 questions posées sous la XIVe législature : 2012-2017). L'engouement s'explique par la retransmission des séances sur les chaînes de télévision publiques. Leur médiatisation contribue à la présence des députés. Comme le souligne René Dosière, il faut reconnaître que « sur tous les bancs, le souci de paraître à la télévision l'emporte souvent sur l'intérêt et le contenu des questions » (« Le contrôle ordinaire », *Pouvoirs*, n° 134, 2010, p. 39).

Les questions à un ministre (dites questions cribles). – La procédure est originale par son format. Plusieurs questions portant sur une thématique sont posées en l'espace d'une heure par les parlementaires à un ministre. La procédure autorise la réplique aux interventions des parlementaires et du ministre.

2. Les questions écrites

Chaque député ou sénateur peut poser une question écrite (QE) à un ministre. Sommairement rédigée et ne contenant pas d'imputation personnelle, la question écrite peut porter sur tout sujet à l'exception de ceux concernant le président de la République ou couverts par le secret de la défense nationale.

Une demande d'information. – La question écrite s'apparente souvent à une consultation juridique. Le parlementaire souhaite éclaircir un point de droit après avoir, généralement, été sollicité par des élus locaux ou des citoyens. Rédigée au sein du ministère concerné, la réponse forme la doctrine administrative de l'État. Elle est publiée au Journal officiel. Pour autant, la réponse n'a pas de valeur juridique contraignante. Elle ne peut être attaquée et annulée par un juge (CE, sect., 16 déc. 2005, *Soc. Friadent*, n° 272618) ; même si en matière fiscale, l'interprétation retenue du texte dans une réponse à une question écrite peut être opposée à l'administration.

L'obligation de répondre. – Le règlement de l'Assemblée nationale prévoit que « les réponses des ministres doivent être publiées dans les deux mois suivant la publication des questions » (art. 135 RAN ; art. 75 RS).

Sous la XIVe législature (2012-2017), 104 144 questions écrites ont été posées. Le nombre de réponses est moins élevé (83 970) que le nombre de questions posées en raison de la charge de travail que cette activité représente pour les ministères. Malgré cela, certains parlementaires se plaignent de l'absence de réponse systématique (les retards peuvent entraîner la radiation des questions du rôle de l'assemblée et l'obligation de les déposer à nouveau).

Certains parlementaires utilisent très largement le procédé de la question écrite. Pour limiter leurs ardeurs, l'article 135 alinéa 2 du règlement de l'Assemblée nationale (modif. par une résolution du 28 nov. 2014) a prévu que la conférence des présidents pouvait fixer « avant le début de chaque session ordinaire, le nombre maximal de questions écrites pouvant être posées par chaque député jusqu'au début de la session ordinaire suivante » (par ex. le nombre a été limité à cinquante-deux questions écrites par député pour la session 2017-2018).

Obtenir l'information sans méconnaître la séparation des pouvoirs.

Le législateur a régulièrement cherché à accentuer l'obligation pesant sur le gouvernement de lui livrer des informations. Des lois ont prévu que les assemblées parlementaires devaient être informées des mesures prises par les autorités administratives. Pour le Conseil constitutionnel, ce contrôle est légitime. Pour autant, il ne doit pas remettre en cause la séparation des pouvoirs, dans le sens où ce contrôle ne doit pas conduire les assemblées à s'immiscer dans l'action gouvernementale et la perturber.

Par exemple, le Conseil constitutionnel a déclaré inconstitutionnelle une disposition de la loi n° 2020-546 du 11 mai 2020 *prorogeant l'état d'urgence sanitaire* parce qu'elle prévoyait que le ministre de la santé, l'Agence nationale de santé publique, un organisme d'assurance maladie et les agences régionales de santé devaient transmettre « sans délai » aux assemblées « copie de tous les actes » relatifs au traitement et partage des données concernant la santé des personnes atteintes par le virus Covid-19. Pour le Conseil constitutionnel, « le législateur, compte tenu du nombre d'actes en cause et de la nature des données en jeu, a méconnu le principe de séparation des pouvoirs et les articles 20 et 21 de la Constitution » relatifs au rôle du gouvernement (déc. n° 2020-800 DC du 11 mai 2020, § 82).

B ▪ Les organes parlementaires spécialisés

En principe, il appartient aux commissions permanentes, dont l'institution est prévue par la Constitution (art. 13, 39, 42, 43, 44, 56, 65), d'assurer « l'information de l'Assemblée pour lui permettre d'exercer son contrôle sur la politique du Gouvernement » (art. 145, RAN).

Pour renforcer ce contrôle et le rendre plus efficace, des organes spécialisés ont été créés au sein des assemblées. Des commissions d'enquête (1), missions d'information (2) et différents organes d'évaluation (3) ont été institués pour contrôler le gouvernement, informer les parlementaires et évaluer les politiques publiques.

1. Les commissions d'enquête

Les assemblées peuvent créer des commissions d'enquête en vertu de l'article 6 de l'ordonnance n° 58-1100 du 17 novembre 1958 relative *au fonctionnement des assemblées parlementaires*. Ce droit avait été donné aux assemblées par cette ordonnance mais il n'était pas inscrit dans la Constitution. À l'occasion de la révision du 23 juillet 2008, un nouvel article 51-2 a été inséré dans la Constitution qui donne aux assemblées le droit de créer des « commissions d'enquête » pour « l'exercice des missions de contrôle et d'évaluation » du Parlement, afin de recueillir « des éléments d'information » (pour autant, l'ord. n° 58-1100 n'a pas été abrogée ; elle a été seulement modifiée)[1].

Organisation et pouvoirs. – Les commissions d'enquête sont instituées à titre temporaire ; « leur mission prend fin par le dépôt de leur rapport et, au plus tard, à l'expiration d'un délai de six mois à compter de la date de l'adoption de la résolution qui les a créées » (art. 6 ord. n° 58-1100).

Les commissions d'enquête de l'Assemblée nationale ne peuvent comprendre plus de trente députés (art. 142 RAN) et celles du Sénat plus de vingt et un membres (art. 8 *ter* RS). Elles sont instituées à la représentation proportionnelle des groupes (art. 6 al. 4 de l'ord n° 58-1100). La fonction de président ou de rapporteur revient à un membre de l'opposition (art. 143 RAN / art. 6 *bis* RS). À l'Assemblée nationale, chaque président de groupe d'opposition ou de groupe minoritaire peut demander, en vertu de son *droit de tirage*, la création d'une commission d'enquête une fois par session ordinaire (art. 141, RAN). Au Sénat, « chaque groupe a droit à la création d'une commission d'enquête » par année (art. 6 *bis* RS).

Les commissions d'enquête disposent de pouvoirs très étendus pour mener leurs investigations. Leurs rapporteurs exercent leur mission sur pièces et sur place. Toute personne peut être convoquée pour les besoins de l'enquête. La personne qui ne comparaît pas, qui refuse de déposer, ou de prêter serment est passible d'un emprisonnement de deux ans et d'une amende de sept mille cinq cents euros (art. 6 ord. n° 58-1100). Les auditions peuvent être publiques depuis 1991.

À l'issue de leurs travaux, les commissions d'enquête adoptent des rapports. Ils sont publiés sauf opposition de l'assemblée. Les « conclusions des commissions d'enquête sont dépourvues de tout caractère obligatoire » (déc. n° 2009-581 DC du 25 juin 2009, cons. 55). Elles n'ont pas de pouvoir de décision ou de sanction.

L'objet. – Les « commissions d'enquête sont formées pour recueillir des éléments d'information soit sur des faits déterminés, soit sur la gestion des services publics ou des entreprises nationales, en vue de soumettre leurs conclusions à l'assemblée qui les a créées » (art. 6 de l'ord n° 58-1100). L'objet est extrêmement large. La notion de « faits déterminés » permet d'enquêter sur tout sujet qui intéresse le Parlement, en dehors des questions qui sont exclues et qui limitent de façon considérable le champ du contrôle.

Les restrictions. – Elles sont de trois ordres :

1) Le sujet doit être étranger à une question faisant l'objet de poursuites judiciaires. La proposition de résolution de création d'une commission

1. J.-P. Camby, *Les commissions d'enquête parlementaires*, Doc. fr., 2013.

d'enquête doit être notifiée par le président de l'assemblée au garde des Sceaux pour qu'il précise si des poursuites judiciaires sont en cours (art. 139 RAN). L'intervention d'une commission d'enquête ne peut avoir lieu lorsque s'ouvre une procédure judiciaire portant sur les mêmes faits. L'interdiction est absolue : « il ne peut être créé de commission d'enquête sur des faits ayant donné lieu à des poursuites judiciaires et aussi longtemps que ces poursuites sont en cours. Si une commission a déjà été créée, sa mission prend fin dès l'ouverture d'une information judiciaire relative aux faits sur lesquels elle est chargée d'enquêter » (art. 6 de l'ord. n° 58-1100).

Cette restriction est justifiée par la séparation des pouvoirs et la nécessité de ne pas mettre une instruction sur la place publique. Il faut garantir la sérénité de la justice. Les commissions d'enquête ne doivent pas procéder à un pré-jugement de l'affaire (ce qui n'interdit pas la création d'une commission d'enquête sur les conditions de fonctionnement de la justice : ex. *affaire d'Outreau*). Les parlementaires sont donc contraints de limiter les investigations aux questions qui n'ont pas donné lieu à des poursuites judiciaires (ex. affaire *Cahuzac*).

2) Les rapporteurs des commissions d'enquête ne sont pas habilités à se faire communiquer les documents « revêtant un caractère secret et concernant la défense nationale, les affaires étrangères, la sécurité intérieure ou extérieure de l'État » (art. 6 ord. n° 58-1100).

3) Le sujet ne doit pas concerner l'action du président de la République. Le Parlement contrôle seulement le gouvernement et l'administration. Cette interprétation a été confortée par la modification de l'article 24 de la Constitution résultant de la révision de 2008. Cet article précise que « le Parlement contrôle l'action du Gouvernement ». De même, l'article 51-2 dispose que des commissions d'enquête sont créées « pour l'exercice des missions de contrôle et d'évaluation définies au premier alinéa de l'article 24 ». Or les articles 24 et 51-2 font référence au « gouvernement » et non au président. Celui-ci relève de l'Exécutif mais pas du *gouvernement*.

Cette limite est étonnante dans un régime parlementaire à hégémonie présidentielle. L'étendue de cette restriction a, en outre, été discutée. L'on s'est, notamment, interrogé sur la possibilité de créer une commission d'enquête sur le fonctionnement de l'Élysée (par ex., en 2009, dans l'affaire des *sondages de l'Élysée*), ou sur l'entourage du président (par ex., en 2018, dans l'affaire *Benalla*).

L'Élysée est pourtant soumis au contrôle annuel de la Cour des comptes et au contrôle budgétaire du Parlement. Les collaborateurs du président peuvent également être jugés. Ils ne bénéficient pas du régime d'irresponsabilité juridictionnelle et de l'inviolabilité du président de la République.

Il ne serait donc pas anormal qu'une commission d'enquête s'intéresse, directement ou indirectement, au fonctionnement de la présidence de la République. Ainsi, dans le cadre de l'affaire *Benalla*, la commission des lois de l'Assemblée nationale s'est vue conférer en juillet 2018 des prérogatives d'une commission d'enquête (en vertu de l'art. 5 ter, ord. n° 58-1100) pour « faire la lumière sur les événements survenus à l'occasion de la manifestation parisienne du 1er mai 2018 ». La commission des lois du Sénat a également été dotée de ces prérogatives pour étudier « les conditions dans lesquelles des personnes n'appartenant pas aux forces de sécurité intérieure ont pu être associées à l'exercice de leurs missions de maintien de l'ordre et de protection de hautes personnalités ». L'on perçoit la difficulté du contrôle à la lecture de ces intitulés. Les enquêtes ne devaient ni porter sur des actes du président de la République ni interférer avec une enquête judiciaire.

Ces règles restreignent de façon excessive le rôle des commissions d'enquête. Pour les atténuer, le Comité Balladur, en 2007, avait souhaité que l'ordonnance du 17 novembre 1958 fût modifiée pour permettre aux commissions d'enquête de travailler sur des questions qui font l'objet d'une information judiciaire (prop. n° 40). Il avait également suggéré que le président de la République pût être entendu à sa demande par une commission d'enquête. Mais ces modifications de l'ordonnance n'ont pas été retenues.

Malgré ces obstacles, une centaine de commissions d'enquête ont été créées à l'Assemblée nationale et au Sénat depuis 1958. Elles ont permis d'analyser des sujets de fond ou des questions pour lesquelles les parlementaires ont considéré que le gouvernement n'avait pas encore apporté des réponses convaincantes.

2. Les missions d'information

Les commissions permanentes assurent l'information des assemblées dans le contrôle de la politique du Gouvernement. À ce titre, elles peuvent confier à leurs membres une *mission d'information temporaire* (art. 145 RAN et art. 21 RS). Cette mission peut être commune à plusieurs commissions.

La mission d'information revêt « un caractère temporaire et se limite à un simple rôle d'information contribuant à permettre à l'Assemblée nationale d'exercer son contrôle sur la politique du Gouvernement » (déc. n° 2003-470 DC du 9 avr. 2003, cons. 22). La formule de la mission d'information est moins contraignante que celle d'une commission d'enquête. La mission ne dispose pas des mêmes pouvoirs, même si elle peut se voir confier des prérogatives des commissions d'enquête.

La mission analyse une question, procède à des auditions et peut organiser des déplacements en France ou à l'étranger. Son objet est extrêmement varié.

À l'Assemblée, des missions d'information de courte durée (ex. deux mois) ont été créées depuis le début de la XVe législature. Elles ont été dénommées *missions flash*.

3. Les organes d'évaluation

Le Parlement « évalue les politiques publiques ». Cette fonction a été inscrite dans la Constitution en 2008, aux articles 24 et 51-2. Elle accompagne le contrôle de l'action du gouvernement. L'évaluation d'une politique publique consiste à apprécier « l'efficacité de cette politique en comparant ses résultats aux objectifs assignés et aux moyens mis en œuvre » (selon le décret n° 98-1048 du 18 nov. 1998 *relatif à l'évaluation des politiques publiques*).

Divers organes ont été créés au sein des assemblées pour évaluer les politiques publiques :

Le Comité d'évaluation et de contrôle des politiques publiques (CEC). - Ce comité a été créé à l'Assemblée nationale en 2009. Il est présidé par le président de l'Assemblée nationale et comprend également trente-six membres désignés pour la législature de manière à assurer une représentation à la fois proportionnelle des groupes politiques et équilibrée des commissions permanentes (art. 146-2 RAN).

Le comité réalise des travaux d'évaluation portant sur des politiques publiques dont le champ dépasse le domaine de compétence d'une seule commission permanente. Il peut faire des propositions qui sont transmises au gouvernement (même si le Conseil constitutionnel a précisé que « les recommandations du comité transmises au gouvernement comme le rapport de suivi de leur mise en œuvre ne sauraient, en aucun cas, adresser une injonction au gouvernement », déc. n° 2009-581 DC du 25 juin 2009, cons. 62).

Le Comité est également saisi pour donner son avis sur les études d'impact des projets de loi (art. 146-5, RAN). Il peut aussi réaliser l'évaluation préalable d'un amendement d'un député ou d'un amendement de la commission saisie au fond (art. 146-6, RAN).

La mission d'évaluation et de contrôle (MEC). - Créée en 1999 par la commission des finances de l'Assemblée nationale, la MEC est coprésidée par deux députés de la majorité et de l'opposition. Cette structure comporte seize membres de la commission des finances relevant à parité de la majorité et de l'opposition. Des membres d'autres commissions permanentes de l'Assemblée nationale peuvent participer à ses travaux. Son mode de fonctionnement et ses prérogatives sont ceux des missions d'information.

Les thèmes retenus sont choisis par le bureau de la commission des finances. Un rapport d'information est rédigé en conclusion des travaux de la MEC. Le gouvernement lui répond « par écrit, dans un délai de deux mois », lorsque des observations lui sont notifiées (art. 60, LO n° 2001-692 du 1er août 2001 *relative aux lois de finances*).

La mission d'évaluation et de contrôle des lois de financement de la sécurité sociale (MECSS). - La loi n° 2004-810 du 13 août 2004 *relative à l'assurance maladie* a prévu la création « au sein de la commission de chaque assemblée saisie au fond des projets de loi de financement de la sécurité sociale une mission d'évaluation et de contrôle chargée de l'évaluation permanente de ces lois ». Cette mission a été créée au sein des commissions chargées des affaires sociales de l'Assemblée nationale et du Sénat.

La MECSS évalue les questions que posent les choix législatifs et l'exécution des lois de financement de la sécurité sociale.

L'assistance de la Cour des comptes. – La loi constitutionnelle de 2008 a consacré le rôle joué par cette institution. La « Cour des comptes assiste le Parlement dans le contrôle de l'action du gouvernement » (art. 47-2 Const.). Pour cela, elle « assiste le Parlement et le gouvernement dans le contrôle de l'exécution des lois de finances et de l'application des lois de financement de la sécurité sociale ainsi que dans l'évaluation des politiques publiques. Par ses rapports publics, elle contribue à l'information des citoyens » (art. 47-2). Des instances parlementaires spécialisées précitées, comme la MEC et la MESC, travaillent en collaboration avec la Cour des comptes[1].

Les délégations et offices. – Ces organes parlementaires permanents d'information et d'étude sont créés par la loi. Ils participent au contrôle et à l'évaluation du gouvernement. Ils permettent aux assemblées de développer leur capacité d'expertise dans un domaine particulier ou à l'égard d'une thématique transversale.

Les *délégations* sont des instances propres à chaque assemblée alors que les *offices* sont souvent communs aux assemblées. Des délégations ont ainsi été constituées dans chacune des deux assemblées, comme la *délégation parlementaire aux droits des femmes* (art. 6 *septies*, ord. n° 58-1100), ou la *délégation à l'outre-mer* (créée au Sénat en 2011 et à l'AN en 2012). Des organes communs à l'Assemblée nationale et au Sénat ont également été institués, tels que *l'Office parlementaire d'évaluation des choix scientifiques et technologiques* (créé par la loi n° 83-609 du 8 juill. 1983), ou la « *délégation* » *parlementaire au renseignement* (commune aux deux assemblées : art. 6 *nonies*, ord. n° 58-1100).

La raison d'être de ces délégations ou offices n'a pas toujours convaincu. Plusieurs d'entre eux ont été supprimés (comme l'*office parlementaire d'évaluation de la législation* ; l'*office parlementaire d'évaluation des politiques publiques* ; la *délégation parlementaire à l'aménagement et au développement durable du territoire* ; *l'office parlementaire d'évaluation des politiques de santé*). La loi n° 2009-689 du 15 juin 2009 *relative au fonctionnement des assemblées* a supprimé plusieurs de ces délégations après que la révision constitutionnelle de 2008 a autorisé les assemblées à créer de nouvelles commissions permanentes. Leur nombre, qui était auparavant limité à six, peut s'élever à huit dans chaque assemblée (art. 43 Const.). L'Assemblée nationale compte désormais huit commissions permanentes et le Sénat en comprend sept. Elles disposent d'un statut constitutionnel et n'admettent pas la concurrence des délégations.

---

1. P. Jan, « Parlement et Cour des comptes », *Pouvoirs*, n° 146, 2013, p. 107.

Les commissions des affaires européennes (CAE). - Des délégations ont bénéficié d'une élévation constitutionnelle de leur statut. Les *délégations pour l'Union européenne*, qui avaient été instituées en 1979, sont devenues des « commissions chargées des affaires européennes » à l'occasion de la révision constitutionnelle de 2008 (v. art. 88-4 Const. ; art. 6 *bis*, ord. n° 58-1100).

Les commissions des affaires européennes ne portent pas concurrence aux commissions permanentes qui restent compétentes pour examiner les propositions et projets de loi (en outre, en vertu du principe de double appartenance, les membres des CAE appartiennent à une autre commission). Leurs membres sont nommés après le renouvellement de l'assemblée (v. art. 151-1 RAN ; art. 73 *bis* RS). Les CAE ont pour mission d'informer et de contribuer au contrôle du Parlement sur l'action du gouvernement en matière européenne. Elles instruisent « les projets d'actes législatifs européens et les autres projets ou propositions d'actes de l'Union européenne » que « le Gouvernement soumet à l'Assemblée nationale et au Sénat, dès leur transmission au Conseil de l'Union européenne » (v. art. 88-4 Const.). Les CAE examinent ces documents et évaluent leurs enjeux (v. *infra*, situation 3).

C ▪ Le contrôle de l'application des lois

Les dispositions législatives trop imprécises ne peuvent entrer en vigueur. Aussi, malgré la séparation des pouvoirs, il appartient aux assemblées de s'assurer que les autorités exécutives édictent les décrets d'application des lois.

- Le Sénat accorde une attention particulière à l'application des lois. Les commissions permanentes sénatoriales recensent les mesures réglementaires depuis 1971. Elles livrent un bilan annuel sur l'application des lois (l'art. X *bis* de l'IGB avait même institué une *commission sénatoriale pour le contrôle de l'application des lois* qui a été supprimée en 2014). En outre, le « dossier législatif » figurant sur le site du Sénat fait apparaître « l'état d'application de la loi ». Ce dossier énumère les mesures réglementaires prévues par la loi et celles qui ont été prises par le gouvernement.

Le règlement du Sénat prévoit que le rapporteur de la commission permanente qui a examiné le projet ou la proposition de loi est chargé de suivre son application après sa promulgation (art. 19 *bis* B al. 1 RS).

- À l'Assemblée nationale, deux députés, dont l'un appartient à l'opposition, élaborent un rapport sur la mise en application de la loi. Le rapport est présenté à la commission compétente dans un délai de « six mois suivant l'entrée en vigueur » de la loi (art. 145-7, RAN ; le rapport ne doit, toutefois, pas « adresser d'injonction au gouvernement » : déc. n° 2004-493 DC du 26 févr. 2004, cons. 3). Les commissions permanentes de l'Assemblée nationale peuvent également confier à leurs membres « une mission d'information temporaire portant, notamment, sur les conditions d'application d'une législation » (art. 145, al. 2, RAN).

Le site *Legifrance*, qui est placé sous la responsabilité du Secrétariat général du gouvernement, publie également des *échéanciers de mise en application* de chaque loi, ainsi que des bilans semestriels faisant apparaître le taux d'exécution des lois. La transparence est donc assurée à défaut d'exécution rapide de l'ensemble des lois (critique qui doit être mise en perspective avec l'inflation législative).

III ▪ L'autorisation

Le contrôle suppose parfois des autorisations. Sans qu'il se substitue à l'Exécutif, le Parlement entérine les termes d'une négociation (A), des nominations (B), ou des états d'exception (C).

A ▪ L'autorisation de ratification

Le Parlement doit autoriser la ratification de certains traités ou accords. Il s'agit des « traités de paix, les traités de commerce, les traités ou accords relatifs à l'organisation internationale, ceux qui engagent les finances de l'État, ceux qui modifient des dispositions de nature législative, ceux qui sont relatifs à l'état des personnes, ceux qui comportent cession, échange ou adjonction de territoire » ; ils « ne peuvent être ratifiés ou approuvés qu'en vertu d'une loi » (art. 53 Const.).

L'initiative est gouvernementale. Le projet de loi est renvoyé à la commission des affaires étrangères (sauf pour les conventions fiscales qui sont, au Sénat, renvoyées à la commission des finances). Dans le cadre de ce processus d'autorisation, le traité ne saurait être amendé. Le vote porte seulement sur le projet de loi tendant à autoriser la ratification (art. 128 RAN ; art. 47 RS).

Une procédure simplifiée est mise en œuvre pour réduire le délai d'examen des projets d'autorisation de ratification. Elle permet de voter sur le texte sans débat. Elle est largement utilisée, le nombre de projets de loi d'autorisation représentant une part importante des textes examinés par les assemblées.

B ▪ Le contrôle parlementaire des nominations

Le Parlement examine certaines nominations du président de la République et des présidents des assemblées. Dans le cadre de cette fonction, le Parlement contrôle d'autres autorités que le « gouvernement ».

Les nominations du président de la République. – Certaines nominations méritent un contrôle parlementaire « en raison de leur importance pour la garantie des droits et libertés ou la vie économique et sociale de la Nation » (art. 13 al. 5). Une « loi organique » détermine la liste des « emplois ou fonctions » pour lesquels « le pouvoir de nomination du président de la République s'exerce après avis public de la commission permanente compétente de chaque assemblée » (même art.). La loi organique n° 2010-837 du 23 juillet 2010 dresse la liste des organismes concernés. La loi n° 2010-838 du 23 juillet 2010 précise les conditions dans lesquelles sont émis les avis sur les nominations et désigne, dans une annexe, les commissions des assemblées compétentes pour auditionner les personnalités dont la nomination est envisagée (v. Séquence 8, situation 1).

Cette procédure est applicable à d'autres nominations du président de la République. Les membres pressentis du Conseil constitutionnel (art. 56 al. 1, Const.), les personnalités qualifiées du Conseil supérieur de la magistrature (art. 65, al. 2 Const.) et le Défenseur des droits (art. 71-1, al. 4, Const.) sont auditionnés par les « commissions chargées des lois constitutionnelles » de l'Assemblée nationale et du Sénat. Elles sont compétentes pour émettre un avis sur ces nominations (art. 3, 4 et 5, la loi précitée n° 2010-838).

Le candidat est auditionné (art. 29-1 RAN ; art. 19 *bis*, RS). Le scrutin est secret. Si « l'addition des votes négatifs dans chaque commission représente au moins trois cinquièmes des suffrages exprimés au sein des deux commissions », le président de la République ne peut pas procéder à la nomination (art. 13 al. 5, Const.). En revanche, lorsque le vote n'est émis défavorablement que dans l'une des deux commissions, le président de la République peut nommer la personne pressentie (le cas s'est déjà présenté pour une personnalité qualifiée du CSM qui a été nommée malgré le vote négatif de la commission des lois du Sénat, le 14 janv. 2015).

Les commissions des assemblées doivent procéder à l'audition de la personnalité pressentie et émettre un avis dans un « délai raisonnable ». Si une commission s'abstient de recevoir le candidat dans ce délai, le président de la République peut procéder à la nomination (CE 13 déc. 2017, n° 411788 : rejet de la requête du président du Sénat qui demandait l'annulation de la nomination du président de la *commission de contrôle du découpage électoral* parce qu'elle n'avait pas été précédée d'un avis du Sénat).

Les nominations des présidents des assemblées. – Les nominations au Conseil constitutionnel (art. 56, al. 1er Const.) et au Conseil supérieur de la magistrature (art. 65, al. 2 Const.) envisagées par le président de l'Assemblée nationale et du Sénat sont soumises à la même procédure, même si un seul avis est requis. Le candidat est auditionné par la commission permanente de l'assemblée concernée. Le président de l'assemblée ne peut procéder à sa nomination lorsque le vote est négatif à la majorité des trois cinquièmes (l'hypothèse s'est déjà rencontrée à l'AN, le 14 janv. 2015 pour une nomination au *Conseil supérieur de la magistrature*, ainsi qu'au Sénat, le 19 mai 2015, pour une désignation à la *Haute autorité pour la transparence de la vie publique*).

PRÉSENTATION

C ▪ Les états d'exception et la guerre

Le Parlement contrôle les régimes dérogatoires résultant d'un état de crise (1). Il se prononce également sur les opérations militaires et l'entrée en guerre (2).

1. Les états de crise

L'Exécutif reste placé sous le contrôle du Parlement lorsqu'il met en œuvre les régimes prévus pour les « états de crise » (art. 42 et 48 Const.) comme *les états d'urgence (sécuritaire et sanitaire), l'état de siège* et *l'article 16.*

L'état d'urgence. – Il est déclaré par le président de la République. Il est décrété en Conseil des ministres. Une loi doit autoriser sa prorogation au-delà de douze jours (par ex., l'état d'urgence, qui avait été déclaré par le décret du 14 nov. 2015 après les attentats terroristes, a été prorogé par les lois du 20 nov. 2015, 19 févr. 2016, 20 mai 2016, 21 juill. 2016, 19 déc. 2016 et 11 juill. 2017). Ce régime de l'état d'urgence (dit sécuritaire) n'est pas prévu par la Constitution, mais par la loi n° 55-385 du 3 avril 1955 (v. Séquence 6, situation 4).

L'état d'urgence sanitaire. – Il est également déclaré par le président de la République, par un décret en Conseil des ministres, en cas « de catastrophe sanitaire ». Sa prorogation au-delà d'un mois doit être autorisée par le Parlement après avis d'un comité de scientifiques. Ce régime a également été institué par le législateur (L. n° 2020-290 du 23 mars 2020) sans révision préalable de la Constitution. Il a été conçu et activé à l'occasion de la pandémie de Covid-19 (v. Séquence 6, situation 5).

L'état de siège. – La décision de le mettre œuvre (qui n'a jamais eu lieu sous la Ve Rép.) est décrétée en Conseil des ministres par le président de la République. L'article 36 de la Constitution prévoit que « sa prorogation au-delà de douze jours ne peut être autorisée que par le Parlement » (v. Séquence 8, situation 2).

L'article 16. – Le Parlement n'est pas directement associé à la mise en œuvre des pouvoirs exceptionnels que le président de la République tient de l'article 16 de la Constitution. Toutefois, lorsque le président de la République les utilise, « le Parlement se réunit de plein droit ». L'article 16 ajoute que « l'Assemblée nationale ne peut être dissoute pendant l'exercice des pouvoirs exceptionnels ». Un contrôle du Parlement semble donc subsister et l'on peut supposer que la procédure ultime de la destitution, prévue à l'article 68, pourrait être mise en œuvre dans l'hypothèse où le président abuserait de ses prérogatives. Il pourrait être destitué pour « manquement à ses devoirs manifestement incompatible avec l'exercice de son mandat » (v. Séquence 8, situation 2).

2. Les opérations militaires et la déclaration de guerre

Le Parlement autorise la « déclaration de guerre » (art. 35 Const.) et la ratification des « traités de paix » (art. 53 Const.). Ces compétences sont fondamentales. Malgré cela, le Parlement a été tenu à l'écart de la conduite des opérations militaires sous la Ve République. Pour renforcer son droit de regard, la loi constitutionnelle de 2008 a prévu un droit à l'information du Parlement. Ce droit est mis en œuvre dans un délai de trois jours lorsque le gouvernement décide « de faire intervenir les forces armées à l'étranger ». Une autorisation parlementaire devient nécessaire pour « la prolongation » de l'intervention au-delà de « quatre mois » : v. *infra*, situation 4.

SÉQUENCE 10

Le contrôle du gouvernement

SITUATION 1

Le rituel des déclarations de politique générale

Après la formation du gouvernement, il est d'usage que le Premier ministre présente une déclaration de politique générale, suivie d'un débat et d'un vote. Le Premier ministre engage la responsabilité du gouvernement devant l'Assemblée nationale. Il s'agit d'une faculté et non d'une obligation. Elle relève pourtant d'un rituel qui s'inscrit dans une tradition parlementaire (v. Ph. Bachschmidt, « septembre 2014 : le Sénat en cours de renouvellement siège en session extraordinaire pour entendre la lecture d'une déclaration de politique générale faite devant l'Assemblée nationale », *Constitutions* 2014, p. 464).

La procédure d'investiture a disparu. La rédaction de l'alinéa 1er de l'article 49 a, néanmoins, pu donner à penser à certains interprètes que le gouvernement avait l'obligation de demander la confiance de l'Assemblée. La formule semble prescrire un comportement : « le Premier ministre, après délibération du Conseil des ministres, engage devant l'Assemblée nationale la responsabilité du Gouvernement sur son programme ou éventuellement sur une déclaration de politique générale ». Au début de la Ve République, cette interprétation a été défendue par Guy Mollet qui prétendait que l'indicatif valait impératif (« *engage* » signifierait : *doit engager*). Il aurait reçu des assurances en ce sens du général de Gaulle lors de la rédaction de la Constitution[1]. Mais l'interprétation qui s'est imposée a été différente. Il a été rapidement admis que le gouvernement n'avait pas l'obligation d'engager la responsabilité du gouvernement. Le Premier ministre Georges Pompidou a considéré que « la lettre et l'esprit de la Constitution de 1958 veulent (...) que le Gouvernement soit entièrement libre de demander ou non un vote de

1. P. Avril, « Une convention *contra legem* : la disparition du "programme" de l'article 49 de la Constitution », *Mélanges J. Gicquel*, Montchrestien, 2008, p. 9.

confiance » (déclaration devant l'AN, le 13 avr. 1966).

Certains Premiers ministres se sont abstenus de poser la question de confiance après la formation du gouvernement parce qu'ils n'étaient soutenus que par une majorité relative (comme ce fut le cas sous la IXe Législature, pour M. Rocard, E. Cresson et P. Bérégovoy).

Ce choix déroge à la pratique. La question de confiance est posée pour sceller le pacte qui unit les autorités exécutives et législatives. Après l'élection présidentielle, notamment, elle permet d'établir le programme de la *majorité présidentielle*.

Le prolongement de la campagne présidentielle. – La déclaration du Premier ministre en début de législature a généralement pour objet de concrétiser les promesses de campagne du candidat élu à la présidence. Par exemple, dans sa déclaration de politique générale du 4 juillet 2017, le Premier ministre Édouard Philippe a repris « le cap » tracé par le président Macron durant la « campagne » et rappelé la veille « devant le Parlement réuni en Congrès ». Cinq ans auparavant, le 3 juillet 2012, le Premier ministre Jean-Marc Ayrault avait repris, dans sa déclaration de politique générale, les réformes qui avaient été proposées par le candidat Hollande (sur des sujets de société, comme l'instauration du mariage pour tous, ou sur des questions institutionnelles, comme la limitation du cumul des mandats).

En 2007, le président de la République Nicolas Sarkozy, nouvellement élu, était intervenu avant son Premier ministre. Il n'avait pas convoqué le Congrès, la procédure n'existant pas à l'époque. Mais le président Sarkozy avait présenté, le 20 juin 2007, un discours programmatique à l'Élysée dans le cadre d'une rencontre avec les parlementaires de la majorité. La déclaration du Premier ministre François Fillon du 3 juillet 2007 s'était inscrite dans le prolongement de la déclaration présidentielle[1].

La déclaration de politique générale relève donc d'un exercice contraint. Malgré cela, elle permet au Premier ministre d'affirmer sa qualité de chef de gouvernement. La responsabilité rend le pouvoir légitime. Le vote de confiance qui suit la déclaration permet au Premier ministre d'imposer son autorité. Par ce vote, il s'assure de la solidarité de sa majorité à l'Assemblée nationale. Il la met à l'épreuve en sollicitant la confiance. Ce faisant, il se positionne comme l'interlocuteur privilégié des parlementaires.

Un examen de passage. – Le contenu de la déclaration varie. Il peut ressembler à un programme d'action, être technique, ou relever du discours sur les valeurs[2].

L'exercice est toujours délicat. Le discours doit être ambitieux et précis, sans être arrogant ou ennuyeux. L'équation est trop complexe pour favoriser les grands moments d'éloquence. Les discours doivent s'inscrire dans la logique présidentia-

---

1. P. Marchand, « La déclaration de politique générale a-t-elle vécu ? », *Parlement[s]*, 2008, n° 10, p. 152.
2. P. Marchand, *Le Grand Oral – Les discours de politique générale de la Ve République*, De Boeck, 2007.

liste. Des déclarations réussies peuvent, de façon paradoxale, porter préjudice à leur auteur lorsqu'elles traduisent une trop forte ambition du Premier ministre.

La déclaration de Jacques Chaban-Delmas, le 16 septembre 1969, au ton présidentiel, a marqué les esprits. Le Premier ministre proposa « de construire une nouvelle société ». L'expression était belle, trop belle... Il obtint une large confiance des députés à cette occasion (369 voix pour, 85 contre). La confiance fut renouvelée lors des déclarations suivantes (382 voix pour, 89 contre, le 15 oct. 1970 ; 368 voix pour, 96 contre, le 23 mai 1972). La dernière déclaration fut présentée à l'initiative de Jacques Chaban-Delmas sans qu'il s'assurât du soutien préalable du président de la République. La confiance avec le président de la République était rompue. Le président exigea la démission du Premier ministre le 5 juillet 1972. Le président Pompidou expliqua, dans une conférence de presse du 21 septembre 1972, qu'il n'avait pas été favorable à cette question de confiance. Il ne l'avait acceptée que pour éviter d'« infliger une sorte de désaveu public » à son Premier ministre.

Présenté maladroitement, un discours peut également délégitimer le Premier ministre. La déclaration du 8 avril 1992 de Pierre Bérégovoy est à cet égard tristement célèbre. Pris par l'émotion, le Premier ministre porta des accusations (contre une « liste de personnalités » dont il déclara pouvoir « éventuellement parler »). Les réactions de l'opposition furent vives et la légitimité du Premier ministre en fut affectée.

La question de confiance est un exercice difficile parce que le Premier ministre doit convaincre sa majorité sans heurter l'assemblée. En outre, il est de bonne politique d'accompagner la déclaration devant l'Assemblée nationale d'une intervention devant le Sénat.

La lecture de la déclaration devant le Sénat. – Par respect pour la seconde assemblée, l'usage veut que le discours de politique générale soit lu à la tribune du Sénat par un ministre (le numéro deux du gouvernement). Par exemple, le Premier ministre E. Philippe a prononcé à l'Assemblée nationale, le 4 juillet 2017, une déclaration de politique générale qui a été lue le jour même au Sénat par le ministre de l'Intérieur, G. Collomb.

La déclaration lue devant le Sénat ne permet pas d'engager la responsabilité du gouvernement. Comme le Conseil constitutionnel l'a précisé, « le fait pour le Gouvernement de demander à l'Assemblée nationale l'approbation de son programme ou d'engager sa responsabilité sur une déclaration de politique générale exclut toute intervention du Sénat dans le déroulement de cette procédure » ; « la lecture à la tribune du Sénat de ce programme ou de cette déclaration constitue donc un acte de simple information » (déc. n° 76-64 DC du 2 juin 1976, cons. 4). Pour cette raison, la lecture au Sénat de la déclaration de politique générale par laquelle le Gouvernement engage sa responsabilité devant l'Assemblée nationale ne « fait l'objet d'aucun débat et n'ouvre pas le droit de réponse » (art. 39, RS).

Cette lecture ne doit pas être confondue avec les déclarations devant le Sénat instituées dans le cadre des articles 49 alinéa 4 et 50-1 de la Constitution.

L'approbation d'une déclaration par le Sénat. – Il peut s'agir d'une *déclaration de politique générale* ou d'une *déclaration avec débat*.

L'approbation sénatoriale d'une déclaration de politique générale : le Premier ministre a « la faculté de demander au Sénat l'approbation d'une déclaration de politique générale » (art. 49 al. 4 Const.). Cette déclaration « fait l'objet d'un débat » (art. 39 al. 2, RS). Par ce vote, les sénateurs approuvent les termes de la déclaration, même si la procédure n'organise pas un vote de confiance. Le résultat du vote n'engage pas la responsabilité du gouvernement. Pour autant, un Premier ministre ne se risquerait pas à présenter une déclaration de politique générale sans avoir l'assurance du soutien – ou de l'abstention (v. *infra*) – de la majorité sénatoriale (ce qui explique pourquoi la procédure n'a pas été utilisée avant 1975).

La demande d'approbation d'une déclaration de politique générale par le Sénat a souvent accompagné celle d'une déclaration devant l'Assemblée nationale. Le Premier ministre F. Fillon a, par exemple, sollicité du Sénat l'approbation d'une déclaration de politique générale le 25 novembre 2010. En accueillant le Premier ministre, le président de séance a relevé que « depuis le début de la Ve République, c'est la dix-septième fois que le Sénat est amené à se prononcer sur une telle déclaration et la quinzième qu'il le fait parallèlement à l'Assemblée nationale ». Depuis, une autre procédure est utilisée devant le Sénat.

La déclaration avec débat : l'article 50-1 de la Constitution, introduit par la loi constitutionnelle de 2008, permet au Gouvernement de faire, « devant l'une ou l'autre des assemblées », « sur un sujet déterminé, une déclaration qui donne lieu à débat et peut, s'il le décide, faire l'objet d'un vote sans engager sa responsabilité ».

La procédure de la déclaration avec débat de l'article 50-1 devant le Sénat a été plusieurs fois utilisée en combinaison avec celle de la déclaration de politique générale de l'article 49 alinéa 1er devant l'Assemblée nationale[1]. Par exemple, la déclaration de politique générale présentée devant l'Assemblée nationale, le 3 juillet 2012, par le Premier ministre Jean-Marc Ayrault, et suivie d'un vote (art. 49 al. 1er Const.), a été non seulement lue au Sénat le même jour par le ministre des Affaires étrangères, mais a été suivie, le 4 juillet 2012, d'une déclaration du Gouvernement avec débat devant le Sénat (art. 50-1 Const.). De même, après la formation du gouvernement Valls, le Premier ministre a présenté devant l'Assemblée nationale une déclaration de politique générale, avec débat et vote (art. 49 al. 1er Const.), qui a été suivie le 8 avril 2014 d'une déclaration du Gouvernement avec débat,

1. Ph. Bachschmidt, « avr. 2014 : une succession de déclarations du gouvernement devant le Parlement », *Constitutions* 2014, p. 167.

le 9 avril 2014 devant le Sénat (art. 50-1 Const.). Les mêmes étapes ont été respectées par le Premier ministre Bernard Cazeneuve, pour le dernier gouvernement de la XIVe législature.

Après l'élection présidentielle et les élections législatives de 2017, le Premier ministre Édouard Philippe a suivi les mêmes étapes : déclaration de politique générale devant l'Assemblée, le 4 juillet 2017, lecture de la déclaration devant le Sénat le même jour par le ministre d'État, ministre de l'Intérieur et, le lendemain, déclaration suivie d'un débat devant le Sénat (art. 50-1 Const.). Devant l'Assemblée nationale, le Premier ministre a obtenu la confiance de 370 députés (il n'y eut que 67 votes contre et 129 abstentions). Il appartient au gouvernement dans ce cas de figure de gérer une confiance accordée massivement, ce qui peut constituer paradoxalement un exercice complexe.

Le 12 juin 2019, le Premier ministre Édouard Philippe a engagé devant l'Assemblée nationale la responsabilité du gouvernement sur une déclaration de politique générale (sur 526 suffrages exprimés, 363 ont approuvé la déclaration et 163 l'ont désapprouvée). Devant le Sénat, il a présenté une déclaration suivie d'un débat et d'un vote en application de l'article 49 alinéa 4 de la Constitution. Le Sénat ne pouvait renverser le gouvernement par un vote négatif mais il aurait pu désapprouver son action. Le Premier ministre a donc pris un risque. Il était calculé en raison de l'évolution de la configuration politique. Les sénateurs n'ont certes pas approuvé la déclaration de politique générale (93 voix contre, 71 voix pour), mais le Premier ministre a pu constater que 181 d'entre eux s'étaient abstenus. De même, après l'activation de l'état d'urgence sanitaire pour lutter contre l'épidémie de Covid-19, le Premier ministre, Édouard Philippe, a présenté une déclaration du Gouvernement avec vote (au titre de l'art. 50-1 Const.). Elle portait sur le plan de déconfinement. Le résultat fut semblable : à l'Assemblée nationale le 28 avril 2020, 368 députés ont approuvé la déclaration, 100 l'ont désapprouvée et 103 se sont abstenus ; au Sénat, le 4 mai 2020, 89 sénateurs ont voté contre, 81 pour et 174 se sont abstenus.

Un vote favorable de l'Assemblée nationale ne garantit pas au chef du gouvernement de se maintenir. Malgré ce soutien de la majorité des députés, Édouard Philippe a été remplacé deux mois plus tard par Jean Castex. Une séquence similaire s'est alors reproduite. Après sa nomination, le nouveau Premier ministre a engagé, devant l'Assemblée nationale, la responsabilité du gouvernement au titre de l'article 49 alinéa 1 (345 députés ont voté pour et 177 contre). Par la suite, Jean Castex a lui aussi présenté des déclarations du Gouvernement avec vote, au titre de l'article 50-1, pour obtenir le soutien des parlementaires aux mesures adoptées pour contrer l'épidémie. Le 29 octobre 2020, sa déclaration sur la situation sanitaire fut approuvée à l'Assemblée nationale (par 399 députés, 27 se sont opposés et 144 n'ont pas pris part au vote) et rejetée par le Sénat (130 sénateurs ont voté pour et 178 contre). Le 1er avril 2021, la même procédure a été utilisée et marquée par l'abstention (à l'Ass. nat., sur 357 votants seulement, 348 députés ont approuvé la déclaration et 9 s'y sont opposés ; au Sénat, sur 41 suffrages exprimés seulement, 39 sénateurs ont voté pour et 2 contre).

L'utilisation de l'article 50-1 a donc permis au gouvernement de montrer qu'il avait le soutien de la majorité présidentielle à l'Assemblée nationale et qu'il entendait débattre avec les parlementaires des deux assemblées ; mais, la lecture des résultats donne à penser que la quête de légitimité s'est arrêtée là.

SITUATION 2

Le 49 al. 3 : un « déni de démocratie » ?

L'article 49 alinéa 3 de la Constitution permet au Premier ministre d'engager la responsabilité du Gouvernement devant l'Assemblée nationale sur le vote d'un projet de loi de finances ou de financement de la sécurité sociale, ainsi que sur un autre projet ou une proposition de loi par session. Il est considéré comme adopté, sauf si une motion de censure est votée : v. *supra*.

L'engagement de la responsabilité du gouvernement sur un texte est un instrument de la rationalisation du parlementarisme. Les rédacteurs de la Constitution ont donné à l'Exécutif un moyen de gouverner en l'absence de majorité. La pratique a démontré l'utilité de ce procédé.

Une procédure progressivement contestée. – La procédure de l'article 49 alinéa 3, qui avait été initialement conçue pour être dérogatoire (v. *supra*), a fait l'objet d'une utilisation répétée. Elle a été mise en œuvre à quatre-vingt-huit reprises depuis 1958 (cinquante et une fois si l'on s'en tient au nombre de textes concernés). Son utilisation a été courante, notamment de 1976 à 1993 (R. Barre l'utilisa huit fois ; P. Mauroy, sept fois ; L. Fabius, quatre fois ; J. Chirac, huit fois ; M. Rocard, vingt-huit fois ; E. Cresson, huit fois ; P. Bérégovoy, trois fois ; soit soixante-six mises en œuvre en dix-sept ans). Le Premier ministre M. Rocard, qui ne disposait que d'une majorité relative à l'Assemblée nationale, a gouverné par le 49 alinéa 3 (il l'a notamment utilisé à treize reprises lors de la session d'automne, du 2 oct. au 31 déc. 1990).

À l'inverse, d'autres Premiers ministres ont refusé de l'utiliser ou n'ont pas eu besoin d'y recourir (comme M. Couve de Murville, J. Chaban Delmas, P. Messmer, J. Chirac lors de son premier gouvernement). Après une période d'utilisation soutenue, les Premiers ministres ont délaissé l'article 49 alinéa 3. Lionel Jospin l'a jugé autoritaire (v. *Le Monde* du 13 févr. 2003, p. 7) et ne l'utilisa pas durant cinq ans (de 1997 à 2002). De même, François Fillon, qui disposait d'une solide majorité, n'a pas eu besoin de cette procédure durant cinq ans également (de 2007 à 2012). Jean-Marc Ayrault adopta la même attitude (de 2012 à 2014).

Les raisons de son utilisation. – Le gouvernement assume seul la responsabilité politique du texte. L'article 49 alinéa 3 facilite son adoption et permet d'occulter les tensions au sein de la majorité. Par exemple, le gouvernement Mauroy a évité à certains membres de la majorité de se prononcer sur une loi d'amnistie concernant les militants de l'OAS en utilisant, le 23 novembre 1982, l'article 49 alinéa 3 (pour l'adoption de la loi n° 82-1021 du 3 déc. 1982 *relative au règlement de certaines situations résultant des événements d'Afrique du Nord, de la guerre d'Indochine ou de la seconde guerre mondiale*).

L'article 49 alinéa 3 a également été utilisé pour lutter contre l'obstruction pratiquée par l'opposition. *Par exemple*, le Premier ministre J.-P. Raffarin l'a utilisé au mois de février 2003 sur la réforme du mode de scrutin aux élections régionales et européennes. Le projet était très décrié en raison du seuil envisagé de dix pour cent pour se maintenir au second tour des élections régionales (12 500 amendements ont été déposés et le débat promettait d'être houleux). L'article 49 alinéa 3 a permis de contourner ces difficultés. De même, le procédé a été utilisé par le Premier ministre D. de Villepin, le 9 février 2006, pour faire face à « l'obstruction » et accélérer le processus législatif sur le projet de loi créant le *contrat première embauche* (CPE). Dans une formule devenue célèbre, François Hollande, alors premier secrétaire du Parti socialiste, déclara le 9 février 2006 que « le 49-3 est une brutalité, le 49-3 est un déni de démocratie ».

Par la suite, la procédure de l'article 49 alinéa 3 a été mise en sommeil. Les gouvernements n'ont pas engagé leur responsabilité sur un texte de 2006 à 2015. La procédure n'a été réactivée qu'en février 2015, mais les termes de l'article 49 alinéa 3 avaient alors changé.

La pratique depuis 2008. – La loi constitutionnelle du 23 juillet 2008 a prévu que la procédure ne pouvait plus être utilisée que pour l'adoption d'un projet ou proposition de loi par session, ainsi que pour l'adoption d'un projet de loi de finances ou de financement de la sécurité sociale.

L'article 49 alinéa 3 a été de nouveau mis en œuvre dans un contexte politique délicat (v. G. Tusseau, « La réactivation du “49-3” », *D.* 2015. 560). Le Premier ministre M. Valls a engagé la responsabilité du gouvernement, le 17 février 2015, sur le projet de loi Macron *pour la croissance*. Alors qu'il semblait exister une majorité à l'Assemblée nationale pour soutenir le gouvernement et malgré quatre-vingt-deux heures de débats en commission, ainsi que cent onze heures de discussions en séance publique, le Premier ministre a utilisé l'article 49 alinéa 3 pour faire adopter le texte en première lecture à l'Assemblée nationale. Cette séquence parlementaire a montré qu'un gouvernement peut avoir besoin de cette procédure pour imposer un texte qui ne recueille l'approbation que d'une majorité relative de députés.

La contestation de l'article 49 alinéa 3 a été encore plus vive en 2016. La présentation du projet de loi *travail* (loi *El Khomri*) a provoqué de vives réactions syndicales. Dans un contexte social dégradé, marqué par les manifestations, des violences et de fortes tensions politiques, l'Exécutif a pris la décision d'utiliser la procédure de l'article 49 alinéa 3. Ce choix a été contesté. Le *"49.3"* est devenu un élément de crispation politique et un slogan pour les grévistes et manifestants. Le thème du « déni de démocratie » fut constamment associé à la mise en œuvre de cette procédure. Malgré cela, le Gouvernement a engagé sa responsabilité sur le projet de loi le 10 mai 2016. Au cours de la séance, le Premier ministre a répondu à l'accusation de « déni de démocratie » et du « coup de force » par la référence aux compétences du gouvernement : « la constitution est là ».

Enfin, le Premier ministre Édouard Philippe a engagé la responsabilité du gouvernement sur un texte hautement sensible : le projet de loi instituant un système universel de retraite. Le texte a été contesté par l'opposition et les syndicats. Il a provoqué de fortes mobilisations, notamment chez les fonctionnaires et dans les transports chez les bénéficiaires de régimes spéciaux.

Le gouvernement a prétendu que la stratégie de l'obstruction menée par l'opposition avait empêché la tenue du débat parlementaire dans des conditions normales. Ainsi, en raison du nombre considérable d'amendements que l'opposition avait déposés, la commission spéciale de l'Assemblée nationale n'avait-elle pu achever la discussion des articles. La commission n'avait pas adopté le texte et c'est donc celui déposé par le gouvernement qui avait été présenté en séance. La procédure s'est alors trouvée accélérée car le Premier ministre a utilisé l'article 49 alinéa 3. Le texte a été considéré comme adopté.

Cependant, ce projet a rencontré un inattendu et redoutable obstacle : le Covid-19. Le 16 mars 2020, le président Macron a annoncé que « toutes les réformes en cours seraient suspendues, à commencer par la réforme des retraites ».

SITUATION 3
Les résolutions

Les résolutions sont des actes du Parlement sans portée législative. La Constitution prévoit deux catégories de résolutions : celles qui ont un objet général et qui énoncent une position de principe et celles qui permettent d'associer les parlementaires à la procédure législative européenne.

» Les résolutions de l'art. 34-1

La *résolution* n'est pas une loi. C'est une prise de position. Elle n'a pas d'effet juridique contraignant. Elle permet au parlement d'exprimer un vœu sans dénaturer l'activité législative. La résolution est l'une des solutions retenues avec *l'étude d'impact* ou *l'expérimentation* (v. Séquence 9, situations 1 à 4) pour enrayer la dégradation de la qualité des lois. Le législateur ne doit plus discourir. Les positions de principe méritent d'être énoncées dans des actes d'une nature différente. La résolution répond à cet objet.

Par exemple, lorsque l'Assemblée nationale procède à « la réhabilitation des victimes de la répression de la Commune de Paris de 1871 » par l'adoption d'une résolution, le 29 novembre 2016, l'exposé des motifs du texte indique que la réponse législative n'aurait pas été adaptée pour « évoquer un événement historique » de cet ordre.

Cette possibilité donnée aux parlementaires de s'exprimer par des résolutions est récente. Elle n'était pas prévue en 1958. Les rédacteurs de la Constitution entendaient mettre un terme aux pratiques antérieures.

La nécessité de réviser la Constitution. - Sous les IIIe et IVe Républiques, le Parlement pouvait exprimer sa désapprobation de l'action gouvernementale en votant une résolution. La pratique des *interpellations-résolutions* a contribué à l'instabilité ministérielle. À partir de 1958, l'objet de la résolution a donc été strictement limité au fonctionnement interne des assemblées pour protéger l'Exécutif. La résolution concernait « les mesures et décisions d'ordre intérieur ayant trait au fonctionnement et à la discipline de ladite Assemblée », selon l'interprétation retenue par le Conseil constitutionnel dans sa décision n° 59-2 DC du 17 juin 1959, *RAN*.

Une révision de la Constitution a été nécessaire pour étendre l'objet de la résolution. Pour donner une nouvelle vocation à ce procédé, la loi constitutionnelle du 23 juillet 2008 a prévu que les assemblées pouvaient « voter des résolutions dans les conditions fixées par la loi organique » (art. 34-1, Const. ; art. 1 à 6, LO n° 2009-403 du 15 avr. 2009).

Pas de contrôle du gouvernement. - La loi constitutionnelle de 2008 a restauré le procédé de la résolution mais elle a interdit qu'il soit utilisé pour contrôler politiquement le gouvernement. Sont « irrecevables » les propositions de résolution « dont le Gouvernement estime que leur adoption ou leur rejet serait de nature à mettre en cause sa responsabilité ou qu'elles contiennent des injonctions à son égard » (art. 34-1, Const.). Pour s'en assurer la proposition de résolution est transmise au Premier ministre. Il apprécie sa recevabilité (art. 3, LO n° 2009-403). Le gouvernement précise au président de l'assemblée concernée s'il s'oppose à l'inscription de la proposition de résolution à l'ordre du jour.

La notion d'« injonction » figurant à l'article 34-1 de la Constitution est délicate à interpréter. La résolution ne comporte pas nécessairement un *ordre*. Pour autant, elle peut avoir une finalité qui est favorable ou non au gouvernement. Par exemple, une « résolution aux fins d'améliorer le processus de recrutement à la tête des grandes institutions culturelles » (adoptée par l'Ass. nat. le 5 juin 2013) n'était pas étrangère aux nominations envisagées. Elle a servi l'Exécutif. À l'inverse, les assemblées parlementaires perturbent l'activité diplomatique lorsqu'elles « invite[nt] le Gouvernement français à reconnaître l'État de Palestine » (résolutions adoptées par l'Ass. nat. le 2 déc. 2014 et par le Sénat le 11 déc. 2014).

Une procédure simple. – La proposition de résolution n'est pas examinée préalablement par une commission (art. 136, RAN ; art. 50 *bis* et s. RS). Elle ne peut faire l'objet d'amendements. L'assemblée adopte ou rejette la proposition.

Pratique. – Elle est restée limitée. Ainsi, à l'Assemblée nationale, sous la XIVe législature (2012-2017), cent-huit propositions de résolution ont été déposées sur des sujets d'intérêt varié (vingt d'entre elles ont été adoptées) ; sous la XIIIe législature (2007-2012), il y en avait eu treize (sept furent adoptées et six rejetées).

La pratique est orientée. Les restrictions à l'adoption de résolutions ont permis au gouvernement d'accepter ou non des résolutions en fonction d'intérêts partagés avec la majorité parlementaire. La pratique est également décevante au regard des objectifs recherchés en 2008. Le procédé de la résolution n'a pas atteint son objectif de lutter contre l'inflation législative. Le Comité Balladur avait préconisé d'autoriser le Parlement à adopter des résolutions pour lutter contre les « lois "bavardes" et dénuées de portée normative ». Or, ces résultats n'ont pas été atteints (v. l'étude annuelle 2016 du Conseil d'État, sur la *simplification et qualité du droit*).

Le Parlement a conservé ses réflexes. La solution de la résolution lui a paru insuffisante. Par exemple, le 11 mai 2010, l'Assemblée nationale a adopté, à l'unanimité, une résolution sur *l'attachement au respect des valeurs républicaines face au développement de pratiques radicales qui y portent atteinte*. Dans sa résolution, l'Assemblée a considéré que « les pratiques radicales attentatoires à la dignité et à l'égalité entre les hommes et les femmes, parmi lesquelles le port d'un voile intégral, sont contraires aux valeurs de la République ». Après s'être exprimé sur le sujet, l'Assemblée a adopté la loi n° 2010-1192 du 11 octobre 2010 *interdisant la dissimulation du visage dans l'espace public*. Une résolution sur le sujet ne pouvait suffire.

» Les « résolutions européennes » (art. 88-4 C)

Cette catégorie de résolutions est plus ancienne et a un objet spécifique. Elle date de la révision constitutionnelle du 25 juin 1992 préalable à la ratification du traité de Maastricht. Elle donne aux assemblées parlementaires le droit de s'exprimer sur le contenu des règles adoptées par les instances de l'Union européenne.

Protéger le domaine législatif national. – Le Parlement participe à l'exercice de la souveraineté nationale (art. 3 Const.). Il légifère dans les matières qui lui sont réservées (notamment, par l'art. 34 Const.). Son domaine de compétence et sa législation sont cependant concurrencés par les réglementations européennes. Le Parlement doit accepter la supériorité des règlements et des directives de l'Union européenne sur les lois internes. Cette supériorité est admise par les juridictions nationales. Selon le Conseil constitutionnel, elle résulte de l'article 88-1 de la Constitution selon lequel : « la République participe aux Communautés européennes et à l'Union européenne, constituées d'États qui ont choisi librement, en vertu des traités qui les ont instituées, d'exercer en commun certaines de leurs compétences » (déc. n° 2004-496 DC du 10 juin 2004, cons. 7). En ce sens, le juge judiciaire fait prévaloir les conventions internationales sur les lois. Il importe peu que les lois aient été adoptées antérieurement ou postérieurement à la ratification des engagements internationaux (Cass., ch. mixte, 24 mai 1975, *Soc. des cafés Jacques Vabre*, n° 73-13556). Le juge administratif a adopté la même solution (CE, ass., 20 oct. 1989, *Nicolo*, n° 108243) qui est étendue aux règlements communautaires (CE 24 sept. 1990, *Boisdet*, n° 58657) et directives européennes (CE, ass., 28 févr. 1992, *Soc. Arizona Tobacco Products*, n° 87753 / *SA Rothmans International*, n° 56776). Le Parlement français n'a donc pas intérêt (sauf pour des raisons électoralistes) à légiférer sur des questions qui ont fait l'objet d'une législation européenne. Le juge écarte l'application d'une loi incompatible avec une norme communautaire. Pour le Parlement français, il est préférable d'intervenir en amont dans le processus législatif européen.

La participation des assemblées nationales au processus normatif européen. – Longtemps, le Parlement français n'a pas eu vocation à participer à ce processus. La conduite des relations internationales était une compétence de l'Exécutif. Des membres du gouvernement représentaient la France au Conseil des ministres des Communautés, organe qui adoptait, avec le Parlement européen, les règlements et directives européennes. Le Parlement national n'était pas compétent pour se prononcer sur le contenu du droit dérivé communautaire. Mais l'Europe est devenue une union politique. Le *traité sur l'Union européenne* (signé à Maastricht le 7 févr. 1992) a contribué à cette évolution. Sa ratification supposait de faire participer les pouvoirs législatifs nationaux au fonctionnement de ce système politique européen intégré.

La loi constitutionnelle du 25 juin 1992 a prévu que l'Assemblée nationale et le Sénat pouvaient donner leur avis sur les projets de normes européennes avant qu'ils ne fussent adoptés. Les lois constitutionnelles des 25 janvier 1999 et 23 juillet 2008 ont élargi les catégories d'actes transmis aux assemblées. L'article 88-4 de la Constitution oblige le gouvernement à soumettre « à l'Assemblée nationale et au Sénat, dès leur transmission au Conseil de l'Union européenne, les projets d'actes législatifs européens et les autres projets ou propositions d'actes de l'Union européenne ». Cet article prévoit également que les assemblées peuvent adopter « des résolutions européennes » sur ces « projets ou propositions » d'actes législatifs européens, ainsi que sur « tout document émanant d'une institution de l'Union européenne » (v. A. Delcamp, « Les parlements nationaux et l'Union européenne : de la reconnaissance à l'engagement », *Rev. UE*, 2011, p. 7).

Leur examen est renvoyé à la « commission des affaires européennes » (CAE) de l'Assemblée nationale ou du Sénat (dont la constitution est prévue à l'art. 88-4 al. 3 Const.). La CAE examine ces documents et évalue leurs enjeux. Leur nombre est très élevé (plus d'un millier par an). Les textes qui présentent un intérêt peuvent faire l'objet d'un rapport d'information, ou d'une communication. La CAE peut également adopter des conclusions, ou une proposition de résolution européenne. Celle-ci est renvoyée à la commission permanente concernée.

Le gouvernement doit laisser à l'assemblée un délai d'examen suffisant pour que la résolution soit adoptée en temps utile (sur la « réserve d'examen parlementaire » ; *cf.* la circulaire du 21 juin 2010 *relative à la participation du Parlement national au processus décisionnel européen*). Ce délai d'examen est également imposé par le protocole n° 1 sur *le rôle des Parlements nationaux dans l'Union européenne* (annexé au traité de Lisbonne). Son article 4 stipule qu'un « délai de huit semaines est observé entre le moment où un projet d'acte législatif est mis à la disposition des parlements nationaux (...) et la date à laquelle il est inscrit à l'ordre du jour provisoire du Conseil en vue de son adoption ou de l'adoption d'une position dans le cadre d'une procédure législative. Des exceptions sont possibles en cas d'urgence ».

Portée juridique non contraignante. – Les résolutions européennes sont des prises de position. Elles affichent des objectifs et comportent des recommandations à l'attention du gouvernement (elles *s'opposent., appellent à la vigilance..., soulignent l'apport..., souhaitent..., se félicitent..., regrettent...*, etc.). Le gouvernement n'est pas lié par les termes des résolutions. Elles ont cependant une portée politique. Elles sont utilisées comme arguments par les représentants français au sein des instances européennes pour orienter les négociations sur le contenu des normes européennes.

Les avis sur l'application du principe de subsidiarité. – L'Assemblée nationale ou le Sénat peuvent également adopter des résolutions pour l'application du principe de *subsidiarité*. Elles peuvent « émettre un avis motivé sur la conformité d'un projet d'acte législatif européen » à ce principe. Il est « adressé par le président de l'assemblée concernée aux présidents du Parlement européen, du Conseil et de la Commission européenne » (art. 88-6 Const.).

Le principe de *subsidiarité* participe, avec les principes d'*attribution* et de *proportionnalité*, à la répartition des compétences de l'Union et des États membres.

– En vertu du *principe d'attribution*, « l'Union n'agit que dans les limites des compétences que les États membres lui ont attribuées dans les traités pour atteindre les objectifs que ces traités établissent ». L'Union n'est pas souveraine. Elle ne détermine pas librement ses compétences. Aussi, « toute compétence non attribuée à l'Union dans les traités appartient aux États membres » (art. 5 TUE).

– L'intervention de l'Union doit s'avérer nécessaire. Selon le *principe de proportionnalité*, « le contenu et la forme de l'action de l'Union n'excèdent pas ce qui est nécessaire pour atteindre les objectifs des traités » (art. 5 TUE).

– Dans le cadre des compétences partagées par l'Union et les États membres, le *principe de subsidiarité* suppose que l'Union intervienne « si, et dans la mesure où, les objectifs de l'action envisagée ne peuvent pas être atteints de manière suffisante par les États membres, tant au niveau central qu'au niveau régional et local, mais peuvent l'être mieux, en raison des dimensions ou des effets de l'action envisagée, au niveau de l'Union ». L'application de ce principe est placée sous le contrôle des organes européens et étatiques et, notamment, des « parlements nationaux ». Ils « veillent au respect du principe de subsidiarité » (art. 5, et 12 TUE) dans le cadre de la procédure prévue au protocole n° 2 *sur l'application des principes de subsidiarité et de proportionnalité*.

Les assemblées adoptent des résolutions qui portent avis motivé sur la conformité d'un projet d'acte législatif européen au principe de subsidiarité (art. 151-9 RAN ; art. 73 *octies* RS). Ces résolutions ne sont pas des prises de position dénuées de tout effet contraignant. Le protocole n° 2 *sur l'application des principes de subsidiarité* prévoit que la Commission européenne doit réexaminer les propositions d'acte législatif européen lorsque les avis motivés des parlements nationaux sur le non-respect du principe de subsidiarité représentent au moins une majorité des parlements nationaux (art. 7 protoc. n° 2).

Le contrôle des assemblées parlementaires nationales peut également avoir lieu *a posteriori*. Des résolutions peuvent avoir pour objet de contester devant la Cour de justice de l'Union européenne (CJUE) un acte législatif européen. L'article 88-6 de la Constitution permet à chaque assemblée de « former un recours devant la Cour de justice de l'Union européenne contre un acte législatif européen pour violation du principe de subsidiarité ».

SITUATION 4

Le Parlement et la guerre

Un partage des compétences est traditionnellement prévu entre le Parlement et l'Exécutif : l'autorisation de déclarer la guerre revient au Parlement et sa conduite relève du chef de l'exécutif. Cette répartition des compétences figure dans les constitutions depuis 1791 (v. T. III, chap. III, sect. I, art. 2 et 3, Const. 1791 ; art. 54, Const. 1793 ; art. 326, Const. an III ;

art. 50, Const. an VIII ; art. 54, Const. 1848 ; art. 9 loi const. 16 juill. 1875 ; art. 7, Const. 1946 ; art. 35, Const. 1958).

La tradition paraît rompue sous la Restauration et le Second Empire. Les Chartes de 1814 et 1830 prévoient que le roi, « chef suprême de l'État » « commande les forces de terre et de mer » ; il « déclare la guerre et fait les traités de paix » (art. 14, Charte 1814 ; art. 13, Charte 1830). Les mêmes formules figurent à l'article 14 de la Constitution de 1852 en faveur du président, devenu empereur (par le Sénatus-consulte du 7 nov. 1852). Mais l'évolution de ces régimes vers le parlementarisme induisait sur le long terme le contrôle du Parlement.

Dans un régime parlementaire, le gouvernement, qui est responsable politiquement, ne peut engager des opérations militaires sans rendre des comptes. Le Parlement vote les crédits et adopte les « lois militaires ». Ces « garanties » suffisent, comme l'explique Esmein, à contrôler l'usage des forces armées (*Éléments de droit constitutionnel français et comparé*, Sirey, 1914, p. 777).

Le Parlement devrait toujours contrôler les opérations militaires quelle que soit la nature du régime (dès lors qu'il existe un Parlement digne de ce nom). Ainsi, dans un régime présidentiel, la compétence du Parlement est-elle expressément mentionnée dans la constitution. Celle des États-Unis, notamment, précise que le président « sera commandant en chef de l'armée et de la marine des États-Unis » et que « le Congrès aura le pouvoir (...) de déclarer la guerre, d'accorder des lettres de marque et de représailles, et d'établir des règlements concernant les prises sur terre et sur mer » (art. 1er, sect. 8). L'on ne saurait concevoir un régime représentatif où la décision d'engager un conflit entre des nations relève de la seule compétence du chef de l'exécutif.

Ce contrôle du Parlement porte aussi sur les conditions de la paix. Les premières constitutions écrites françaises prenaient en considération l'alternance entre la guerre et la paix dans la répartition des compétences. La Constitution de 1791 disposait ainsi que « pendant tout le cours de la guerre, le Corps législatif peut requérir le roi de négocier la paix » ; « à l'instant où la guerre cessera, le Corps législatif fixera le délai dans lequel les troupes élevées au-dessus du pied de paix seront congédiées, et l'armée réduite à son état ordinaire » (T. III, chap. III, sect. I, art. 2). La disposition suivante précisait qu'il appartenait au Corps législatif de ratifier les traités de paix » (art. 3).

Cette idée d'alternance de la guerre et de la paix n'apparaît plus dans les constitutions contemporaines. Celle de 1958 distingue l'autorisation par le Parlement de déclarer la guerre (art. 35 al. 1er) de la ratification des « traités de paix » (dans des termes similaires, v. art. 27 Const. 1946 ; art. 8 loi const. du 16 juill. 1875). La paix est organisée à un niveau général. Le préambule de 1946 (auquel renvoie la Constitution de 1958) prévoit que « la France consent aux limitations de souveraineté nécessaires à l'organisation et à la défense de la paix » (al. 15).

Au demeurant, les conditions de la « guerre » et de la « paix » ne se posent plus dans les mêmes termes en raison de l'évolution des conflits[1].

Des conflits sans guerre. – La France a déclaré la guerre à l'Allemagne le 3 septembre 1939. Depuis, elle n'a officiellement jamais déclaré la guerre à un autre État. Sous les IVe et Ve Républiques, elle a pourtant connu de nombreux conflits armés sur son territoire ou à l'extérieur. Des centaines de soldats français sont morts dans des combats qui ont fait un nombre très élevé de victimes. Or ces conflits n'ont jamais été officiellement qualifiés de *guerres* (même pour la « *guerre* » *du Golfe* en 1990). L'article 35 alinéa 1er de la Constitution de 1958, qui dispose que « la déclaration de guerre est autorisée par le Parlement », n'a donc jamais été appliqué.

La guerre : un conflit armé entre des États. – L'état de guerre n'est pas reconnu en l'absence de confrontation entre des États. Or, l'intervention des forces françaises est rarement destinée à combattre les armées régulières d'un État. Les opérations extérieures (OPEX) visent à combattre des organisations terroristes et à protéger des populations civiles. Elles ne visent pas des États. La France n'est pas en guerre lorsqu'elle envoie des troupes au Kosovo, au Liban, en Côte d'Ivoire, au Tchad, en République centrafricaine, en Libye, au Mali, en Syrie, ou au Sahel.

Pour éviter le mot *guerre*, des termes sont utilisés qui euphémisent la situation. Ainsi, le *Livre blanc sur la défense et la sécurité nationale*, rendu public par le président de la République en avril 2013, fait référence aux « opérations de gestion de crises » (p. 84), aux « engagements majeurs », ou encore aux « opérations à dominante de coercition, dans un contexte de combat de haute densité » (p. 92).

Le terme de « guerre » a donc étonné et marqué les esprits lorsqu'il fut utilisé en 2015 pour qualifier les événements qui se sont déroulés sur le territoire national[2].

Le mot « guerre » utilisé pour qualifier des attentats. – Le terme a été employé dans des discours officiels pour qualifier les événements tragiques qui se sont succédé en France en 2015 et 2016 : « Oui, la France est en guerre contre le terrorisme, le djihadisme et l'islamisme radical » a affirmé le Premier ministre M. Valls à l'Assemblée nationale le 13 janvier 2015 ; « la France est en guerre » a déclaré le président F. Hollande devant le Congrès le 16 novembre 2015. Le terme de « guerre » semble avoir été utilisé par l'Exécutif pour mobiliser les citoyens et justifier l'état d'urgence.

La guerre n'est pas une opération de police destinée à empêcher des criminels de passer à l'action. Le terme semble avoir été utilisé de façon abusive. Les attentats ne relevaient pas d'un conflit armé avec un autre État (du reste, aucune autorisa-

1. E. Desmons, *Mourir pour la patrie ?*, PUF, 2001 ; *Droits*, n° 46 : *Pensées et pratiques de la guerre*, 2007.

2. ...sans même évoquer l'emploi à sept reprises de la formule « nous sommes en guerre » pour qualifier la lutte contre le virus dans « l'adresse au Français » du président Macron du 16 mars 2020.

tion de déclaration de guerre contre l'organisation terroriste de *l'État islamique* n'a été présentée au Parlement).

Pour autant, d'aucuns ont souligné que la référence au concept de *guerre* n'était pas dénuée de sens dans la mesure où des opérations terroristes de masse ont été commanditées par des organisations ennemies basées dans des États en guerre. Elles étaient animées par des intentions politiques destructrices. Ces actes de violence de grande ampleur commis sur le territoire national s'inscrivaient dans le contexte d'un conflit armé. Il s'agissait de « terrorisme de guerre » selon la formule employée par le président Hollande devant le Congrès (le 16 nov. 2015).

Le concept de *guerre* est-il encore adapté pour désigner les formes modernes de conflits ? (v. M. Delmas-Marty, « Face au terrorisme global, la distinction entre guerre et paix a-t-elle encore un sens ? », *Constitutions* 2018, p. 353). Cette interrogation n'est pas nouvelle. Elle avait contribué, en 2008, à la modification de l'article 35 de la Constitution.

Information et autorisation des envois de troupes. – Les opérations militaires extérieures, nous l'avons vu, ne s'inscrivent pas dans le cadre d'une « déclaration de guerre ». L'autorisation du Parlement n'est donc pas requise à ce titre. Jusqu'en 2008, le Parlement était informé de la nature de ces opérations lors de débats en séances publiques, par les travaux de ses missions d'information ou par le contrôle budgétaire. Le Parlement constatait l'existence de ces opérations. Il ne les autorisait pas.

Pour renforcer le contrôle du Parlement, la loi constitutionnelle du 23 juillet 2008 a prévu que « le gouvernement informe le Parlement de sa décision de faire intervenir les forces armées à l'étranger, au plus tard trois jours après le début de l'intervention » (art. 35 al. 2, Const.). L'information « peut donner lieu à un débat » qui n'est cependant « suivi d'aucun vote ». La loi constitutionnelle de 2008 a également imposé une « autorisation du Parlement » lorsque l'envoi des troupes à l'étranger « excède quatre mois » (art. 35 al. 3, Const.). En cas de désaccord entre les assemblées et pour éviter tout blocage, le gouvernement « peut demander à l'Assemblée nationale de décider en dernier ressort » (même art.). Cette procédure a été mise en œuvre à plusieurs reprises : dès septembre 2008, pour la prolongation de l'intervention en Afghanistan ; en janvier 2009, pour les interventions au Tchad, en République centrafricaine, en Côte d'Ivoire, au Liban et au Kosovo, en 2011 pour la Libye et en 2013 pour le Mali, en Irak et en Syrie en 2015.

SÉQUENCE 11

Le Conseil constitutionnel

Le gardien de la Constitution

Le Conseil constitutionnel a contribué à mettre un terme à la souveraineté parlementaire. Il a également renforcé *l'État de droit* où des juges, indépendants du pouvoir politique, protègent les droits et libertés constitutionnels.

La remise en cause de la souveraineté du Parlement. - Le contrôle de *constitutionnalité* (de la loi par rapport à la Constitution) et le contrôle de *conventionnalité* (de la loi par rapport aux engagements internationaux) ont mis un terme à la souveraineté parlementaire. Le contrôle de *constitutionnalité* est principalement assuré par le Conseil constitutionnel. Le contrôle de *conventionnalité* relève essentiellement des juges ordinaires.

Le Conseil constitutionnel veille à ce que « la loi n'exprime la volonté générale que dans le respect de la Constitution » (déc. n° 85-197 DC du 23 août 1985, cons. 20). Les juridictions ordinaires peuvent également, à la demande des justiciables, renvoyer une loi au Conseil constitutionnel pour s'assurer de sa conformité à la Constitution dans le cadre de la *question prioritaire de constitutionnalité* (QPC).

Le Conseil constitutionnel s'est également vu confier le contentieux parlementaire. Les rédacteurs de la Constitution ont mis fin à la pratique de la « vérification des pouvoirs » par les assemblées. Avant 1958, celles-ci vérifiaient elles-mêmes le résultat des élections parlementaires. Désormais, ce contrôle est effectué par le Conseil constitutionnel.

Avec le Conseil constitutionnel, les rédacteurs de la Constitution de 1958 ont créé « une arme contre la déviation du régime parlementaire » (Michel Debré, discours devant le Conseil d'État du 27 août 1958). Sa fonction initiale fut notamment de contenir l'intervention du législateur dans un domaine limité à un certain nombre de matières énumérées par la Constitution.

La mutation du Conseil constitutionnel. - Cette institution, forgée pour lutter contre la souveraineté parlementaire, a tardé à devenir une juridiction constitutionnelle. On a longtemps hésité à la qualifier ainsi. Les requérants, les modalités du contrôle, ou encore la multiplicité des missions du Conseil constitutionnel ont fait douter de sa nature juridictionnelle (v. situation 1).

Mais le Conseil constitutionnel a évolué. La mutation a eu lieu par étapes. L'extension du contrôle de constitutionnalité en 1971, la saisine par l'opposition à partir de 1974, ou l'ouverture en 2010 du Conseil aux justiciables par la *QPC*, ont changé l'institution.

Les règles d'organisation et de fonctionnement du Conseil constitutionnel conservent la trace de cette évolution, que ce soit dans la désignation des acteurs du procès constitutionnel (I) ou dans la nature des différents contentieux (II).

I ▪ Les acteurs du procès constitutionnel

Les acteurs du procès sont les membres du Conseil (A) et les requérants (B).

A ▪ Composition du Conseil constitutionnel

Le Conseil constitutionnel est composé de deux catégories de membres : les membres nommés (1) et les membres de droit (2).

1. Les membres nommés

Le Conseil constitutionnel comprend neuf membres nommés pour un mandat de neuf ans. Sa composition est renouvelée par tiers tous les trois ans. À chaque renouvellement, le président de la République, le président de l'Assemblée nationale et celui du Sénat désignent chacun un nouveau membre (art. 56 al. 1er Const.).

Le président de la République nomme le président du Conseil constitutionnel. Par une décision du 19 février 2016, le président François Hollande a nommé en cette qualité M. Laurent Fabius.

Le président du Conseil a voix prépondérante en cas de partage des voix.

Aucune condition professionnelle n'est prévue pour la désignation des membres du Conseil. En outre, leur choix ne peut pas être contesté devant le juge administratif (CE, ass., 9 avr. 1999, *Dme Ba*, n° 195616).

Cependant, les nominations sont précédées de l'avis des assemblées parlementaires. La loi constitutionnelle du 23 juillet 2008 a modifié les articles 56 et 13 de la Constitution et a prévu que les commissions permanentes compétentes des assemblées peuvent émettre un avis négatif sur le choix des autorités de nomination. Cet avis n'empêche la nomination que lorsque l'addition des votes négatifs dans la commission de l'Assemblée nationale ou celle du Sénat représente au moins trois cinquièmes des suffrages exprimés. Pour la désignation d'un membre par le président de la République, la nomination est soumise à l'avis des commissions permanentes compétentes des deux assemblées (v. art. 56 et 13 Const.).

La formation juridique des membres nommés est solide (v. situation 2) même si l'apparence est défavorable. En l'absence de qualités professionnelles requises imposées par les textes, les conditions de nomination semblent contraster avec celles prévues pour les autres cours constitutionnelles.

En Allemagne, Italie, ou Espagne, les membres des cours constitutionnelles doivent être, dans leur majorité ou totalité, des juristes de formation ou de carrière. Les conditions sont parfois inscrites dans la Constitution (v. situation 2). Aux États-Unis, il est d'usage de consulter des associations représentant le monde judiciaire (ex. l'*American Bar Association* et l'*American Civil Liberties Union*). La nomination est ensuite soumise au Sénat. Il peut mettre son *veto* (ce qu'il a fait à de nombreuses reprises). La formation, le parcours professionnel et la probité des candidats à la Cour suprême sont ainsi garantis.

En comparaison, les modalités de nomination des membres du Conseil constitutionnel français paraissent peu contraignantes, ce qui ne veut pas dire que les nominations relèvent de l'arbitraire.

2. Les membres de droit

Les « anciens présidents de la République » « font de droit partie à vie » du Conseil constitutionnel (art. 56 Const. al. 2). Ce privilège leur a été accordé, en 1958, pour leur garantir, en pratique, une retraite honorable et donner un statut aux anciens présidents de la IVᵉ République (même si Vincent Auriol [† 1966] et René Coty [† 1962] ont siégé peu de temps au Conseil constitutionnel).

Jusqu'en 2004, la présence des anciens présidents n'a pas été un sujet de débat. Les deux premiers présidents de la Vᵉ République (de Gaulle et Pompidou) n'ont pas intégré le Conseil constitutionnel et le quatrième, François Mitterrand, est décédé peu de temps après avoir quitté l'Élysée. En revanche, Valéry Giscard d'Estaing a décidé d'intégrer l'institution en 2004. Il a été suivi par Jacques Chirac en 2007 et Nicolas Sarkozy en 2012 (avant d'exprimer son souhait de démissionner : v. *infra*).

Aujourd'hui, aucun ancien président de la République n'est présent au Conseil constitutionnel. Jacques Chirac et Valéry Giscard d'Estaing sont décédés en 2019 et 2020. Leurs successeurs, Nicolas Sarkozy et François Hollande, ne siègent pas. Il convient donc de relativiser l'intérêt des critiques sur cette catégorie de membres du Conseil.

Une catégorie controversée. – La présence des anciens présidents de la République au Conseil constitutionnel a été très critiquée. L'attribution d'une rémunération aux anciens présidents, en leur qualité de membre du Conseil et en guise de retraite, a été un sujet de polémique. Les anciens présidents bénéficient déjà d'une pension de retraite pour leur activité professionnelle passée. De plus, un « soutien matériel et en personnel » conséquent leur est apporté en leur qualité d'ancien président de la République (décret n° 2016-

1302 du 4 oct. 2016). Outre une dotation annuelle, l'État met, notamment, à leur disposition des collaborateurs, un directeur de cabinet et un agent de service, ainsi que des locaux meublés et équipés[1].

La présence des anciens présidents au Conseil constitutionnel a également été critiquée parce qu'elle a participé à la politisation de l'institution, alors même que leur apport à l'activité du Conseil fut limité (v. Jean-Louis Debré : *Le Monde*, 8 mars 2011).

Pour le Conseil, l'arrivée du président de la République sortant peut également être difficile à gérer. C'est le cas du président qui a subi une défaite à l'élection présidentielle et dont le compte de campagne est rejeté par la Commission nationale des comptes de campagnes et des financements politiques (CNCCFP). Il appartient au Conseil constitutionnel de valider, en dernier ressort, le compte de campagne de l'un de ses membres. Ainsi, après sa défaite, le président Sarkozy a saisi le Conseil constitutionnel, dont il faisait partie, pour contester la décision du 19 décembre 2012 de la CNCCFP qui a rejeté son compte de campagne. Le Conseil constitutionnel ayant confirmé le rejet (ex. déc. n° 2013-156 PDR du 4 juill. 2013), le président Sarkozy a décidé de ne plus siéger au Conseil constitutionnel.

Cependant, la démission des membres de droit n'est pas prévue par la Constitution. Les anciens présidents de la République font « partie à vie du Conseil constitutionnel » (art. 56 al. 2 Const.).

Une procédure de révision de la Constitution engagée. - Le Constituant n'a pas suivi, en 2008, la préconisation du Comité Balladur qui avait suggéré de supprimer la catégorie des membres de droit (prop. n° 75). Selon le Comité, il suffisait de doter d'une « retraite » les anciens présidents de la République. De même, le rapport Jospin a souligné que l'appartenance au Conseil des anciens présidents soulève des « difficultés sérieuses pour l'exécution de ses missions juridictionnelles » et qu'elle « introduit une forme de confusion entre fonctions juridictionnelles et fonction politique qui ne lui paraît pas souhaitable » (prop. n° 32). En ce sens, un projet de loi constitutionnelle (n° 816), présenté au nom du président Hollande, a été déposé à l'Assemblée nationale le 14 mars 2013. Il supprime le deuxième alinéa de l'article 56 de la Constitution. Cependant, ce projet de loi n'a pas été inscrit à l'ordre du jour en l'absence d'accord politique avec l'opposition, ce qui rendait peu probable l'adoption du texte en termes identiques par les assemblées et par le Congrès. Un sort équivalent a été réservé au projet de loi constitutionnelle (n° 911) présenté au nom du président Macron, le 9 mai 2018, ou encore à celui du 29 août 2019 (n° 2203) qui remplaçait le précédent. Ils comportaient des dispositions analogues.

La catégorie des membres de droit du Conseil constitutionnel sera certainement supprimée à l'occasion d'une prochaine révision de la constitution. Le sujet ne fait plus débat.

1. M. Caron, « Le décret relatif au statut des anciens présidents de la République. Entre transpa-

3. Le secrétariat général du Conseil constitutionnel (SGCC)

Le *secrétaire général du Conseil constitutionnel* est nommé par le président de la République sur proposition du président du Conseil constitutionnel. Il est traditionnellement membre du Conseil d'État (à l'exception de M. Bernard Poullain, magistrat de l'ordre judiciaire, SGCC de 1983 à 1986).

Le secrétaire général est la cheville ouvrière du Conseil constitutionnel. Il dirige les services administratifs sous l'autorité du président. Il prend « les mesures nécessaires à la préparation et à l'organisation des travaux du Conseil » et il « établit un compte rendu sommaire de ces travaux » (art. 3, décret n° 59-1293 du 13 nov. 1959). Son rôle est incontournable dans le fonctionnement de l'institution.

Sans être le « dixième homme », le *secrétaire général du Conseil constitutionnel* exerce des fonctions qui ne se limitent pas, comme l'a expliqué Bruno Genevois, « à la surveillance du service administratif du Conseil », alors qu'une « telle mission est la seule qui soit exercée par le secrétaire général de la Cour constitutionnelle allemande ou par son homologue de la Cour italienne »[1].

Rôle du SGCC. – Le secrétariat général comporte plusieurs services (le service juridique et du greffe, le service administratif et financier, le service de la documentation, le service de la communication, le service des relations extérieures et celui de l'informatique). Le personnel est relativement réduit. Le SGCC joue pourtant un rôle essentiel dans le processus d'élaboration des décisions. Les membres du Conseil ont, en effet, besoin du SGCC pour préparer les projets de décision. Ils ne bénéficient pas, comme dans certaines cours, d'assistants judiciaires (*law clerks*)[2].

Ainsi, dans le cadre du contrôle *a priori*, le SGCC suit les travaux parlementaires et anticipe les risques de saisine du Conseil. Après l'enregistrement de celle-ci, le SGCC vérifie les signatures des requérants (nombre et qualité) et informe le *secrétariat général du gouvernement* (SGG) de la nécessité de bloquer le processus de promulgation de la loi. Le SGCC étudie la loi avec le membre du Conseil constitutionnel qui a été désigné comme rapporteur. Celui-ci organise des réunions dont la teneur conduit le *secrétariat général du Gouvernement* (SGG) à élaborer des observations qui sont transmises aux requérants. Suivent des réunions avec le rapporteur, prenant en considération

---

rence et fait du Prince », *AJDA* 2016. 2319 ; P. Wachsmann, « Le statut des anciens présidents de la République : de la déclaration d'inexistence évitée à l'indécence affichée », *D.* 2016. 1993.

1. B. Genevois, « Secrétaire général du Conseil constitutionnel : un témoignage », *Cah. Cons. const.*, n° 25, août 2009 ; égal. A. Ciaudo, « Un acteur spécifique du procès constitutionnel : le secrétaire général du Conseil constitutionnel », *RFDC*, n° 73, 2008/1, p. 17 ; O. Beaud, « Brèves remarques sur la nomination du secrétaire général du Conseil constitutionnel », *AJDA* 2015. 1009.
2. E. Zoller, « Présentation de la Cour suprême des États-Unis », *Cah. Cons. const.*, n° 5, nov. 1998.

les répliques des requérants, et la rédaction finale d'un rapport et d'un projet de décision soumis aux membres du Conseil constitutionnel.

Commentaire officiel des décisions. - Chaque décision fait l'objet d'un « commentaire » du SGCC. Il est publié sur le site du Conseil constitutionnel avec la décision. Son autorité est doctrinale mais sa lecture est précieuse parce que le Conseil pratique l'économie de moyens[1]. La motivation des décisions est souvent laconique et la longueur de certaines d'entre elles (ex. les 395 § de la déc. n° 2019-778 DC du 21 mars 2019) ne suffit pas à pallier l'aridité de l'argumentation.

La présentation des décisions du Conseil constitutionnel a, certes, évolué. Dès son arrivée, le nouveau président, M. Laurent Fabius, a souhaité que le Conseil constitutionnel s'efforce de rendre plus accessibles les décisions (v. entretien *Le Monde* du 18 avr. 2016). Un nouveau mode de rédaction a été retenu pour simplifier la lecture des décisions du Conseil constitutionnel (le changement a eu lieu avec les déc. n° 2016-539 QPC et n° 2016-540 QPC). Les paragraphes des décisions ne sont plus introduits par la traditionnelle formule « considérant que... », de façon à favoriser une rédaction moins formelle et plus intelligible (désormais, la citation du paragraphe de la décision [ex. par. 1] remplace celle du considérant [ex. cons. 1]).

Cette question s'inscrit dans le cadre d'une réflexion plus générale sur le mode de rédaction des décisions juridictionnelles françaises (qui a, notamment, conduit à une évolution de la rédaction des décisions du Conseil d'État et de la Cour de cassation).

B ▪ Les requérants

Le Conseil constitutionnel est chargé de vérifier que les actes législatifs et les engagements internationaux respectent la Constitution. Pour cela, les requérants peuvent saisir le Conseil constitutionnel avant ou après que les actes soient entrés en vigueur. Le contrôle peut être effectué *a priori* pour les lois et les engagements internationaux (1) ou *a posteriori* pour les lois (2).

Les requérants peuvent aussi, dans le cadre du contentieux électoral, intervenir avant, ou, après le scrutin. La procédure est, cependant, différente (3).

1. La saisine *a priori*

Cette saisine est facultative (a) pour certains actes, alors qu'elle est systématique (b) pour d'autres actes.

1. Th. Hochmann, « Gallodromes ou stupeur », *AJDA* 2015. 1945 ; C. Mialot, « Ne tirez pas sur le Conseil », *AJDA* 2015. 2233 ; W. Sabète, « De l'insuffisante argumentation des décisions du Conseil constitutionnel », *AJDA* 2011. 885.

a. La saisine facultative

Elle concerne les lois ordinaires et les engagements internationaux.

i) Les lois

Les lois peuvent être déférées au Conseil constitutionnel avant leur promulgation. Il se prononce sur leur conformité à la Constitution (art. 61 al. 2 Const.). Il ne s'agit que d'une possibilité (20 % des lois promulguées en moyenne). Elle n'a pas été remise en cause par l'introduction de la QPC. Le Conseil constitutionnel a même connu une augmentation du nombre de requêtes[1].

Cette saisine facultative du Conseil constitutionnel est prise en considération dans le processus législatif. Le risque contentieux est intégré. Il oriente l'examen du texte[2].

La procédure. – Le Conseil constitutionnel statue rapidement dans un délai d'un mois ; délai qui est ramené à huit jours, à la demande du gouvernement, lorsqu'il y a urgence (art. 61 al. 3 Const.).

L'instruction est secrète et l'audience n'est pas publique. Les requérants présentent leur argumentation dans une « lettre de saisine ». Elle énumère les griefs d'inconstitutionnalité. En défense, le gouvernement formule des « observations ».

Le problème des saisines blanches. – Des requérants ont présenté des requêtes sans soulever de grief. Ces saisines blanches n'avaient pas pour objet de contester la loi mais de lui conférer un label de constitutionnalité. La loi était déférée au Conseil constitutionnel à titre préventif. Cette pratique permettait de rassurer les destinataires de la loi. Par exemple, les présidents de l'Assemblée nationale et du Sénat ont déféré au Conseil constitutionnel la loi n° 2010-1192 du 11 octobre 2010 *interdisant la dissimulation du visage dans l'espace public*. Ils n'ont pas évoqué de grief (déc. n° 2010-613 DC du 7 oct. 2010).

Le Conseil constitutionnel a dû revoir sa jurisprudence après l'instauration de la QPC. Une déclaration d'office de conformité à la Constitution aurait neutralisé la QPC alors que celle-ci autorise l'examen de la constitutionnalité de la loi après son entrée en vigueur. Des parlementaires ont eu la tentation de déférer la loi dès son adoption par une saisine blanche pour rendre irrecevable ultérieurement les QPC à son encontre.

Le Conseil a donc réagi contre les saisines blanches. Il considère qu'à leur égard, il n'y a pas lieu « d'examiner spécialement (...) d'office » les dispositions

---

1. M. Guillaume, « Le traitement des saisines parlementaires par le Conseil constitutionnel depuis la QPC », *Nouv. Cah. Cons. const.*, 1er juin 2015, n° 48, p. 127.
2. J. F. Kerléo, « Les lois non déférées au contrôle de constitutionnalité *a priori* », *Revue générale du droit (www.revuegeneraledudroit.eu)*, 2014, n° 3 ; G. Drago, « L'influence de la QPC sur le Parlement ou la loi sous la dictée du Conseil constitutionnel », *Jus Politicum*, n° 6, 2011, www.juspoliticum.com/L-influence-de-la-QPC-sur-le.html

contestées (déc. n° 2011-630 DC du 26 mai 2011, cons. 3). Il concentre son contrôle sur la procédure d'adoption et se laisse ainsi la possibilité de contrôler la loi ultérieurement dans le cadre d'une QPC[1].

De façon plus subtile, les requérants ne présentent plus de saisines blanches lorsqu'ils ne cherchent pas à prouver la conformité de la loi à la Constitution. Ils soulignent l'importance des changements apportés par la loi, sans les critiquer, et demandent au Conseil constitutionnel de se prononcer sur la conformité des dispositions législatives à la Constitution (v., par ex., les saisines du président de la République et du président du Sénat sur la loi prorogeant l'état d'urgence sanitaire : déc. n° 2020-800 DC du 11 mai 2020).

Les requérants. - Dans l'esprit des rédacteurs de la Constitution, le Conseil constitutionnel assumait une fonction institutionnelle. Il était saisi par des autorités politiques. Leur nombre était limité. Seuls « le président de la République, le Premier ministre, le président de l'Assemblée nationale, le président du Sénat » pouvaient déférer les lois au Conseil constitutionnel. Ni l'opposition parlementaire ni *a fortiori* les justiciables ne pouvaient saisir le Conseil. Ce faisant, la majorité en place pouvait empêcher la saisine du Conseil. Il n'a, ainsi, été saisi qu'à une cinquantaine de reprises entre 1958 et 1974.

L'ouverture du Conseil constitutionnel à l'opposition. - La loi constitutionnelle du 29 octobre 1974 autorise soixante députés ou soixante sénateurs à saisir le Conseil constitutionnel pour lui demander de vérifier la conformité des lois à la Constitution (art. 61 al. 2 C).

Cette révision est l'une des plus importantes de la Ve République. Elle donne à l'opposition parlementaire une prérogative essentielle en lui permettant de faire constater la non-conformité d'une loi à la Constitution. La révision a également permis au Conseil constitutionnel de prendre son essor. Toute loi présentant un risque de non-conformité est susceptible d'être déférée au Conseil constitutionnel.

Les autres autorités saisissent rarement le Conseil constitutionnel. Ce rôle est dévolu à l'opposition parlementaire. Le président de la République, notamment, qui « veille au respect de la Constitution » en vertu de l'article 5 de la Constitution, ne défère pas les lois au Conseil constitutionnel (il le fait, en revanche, pour les engagements internationaux, v. *infra*).

Dérogeant à cette pratique, le président Hollande a déféré au Conseil constitutionnel la loi *relative au renseignement*. Cependant, pour éviter de proposer une saisine blanche et de contester la loi, le président de la République a seulement demandé au Conseil de vérifier que le texte respectait certains droits et libertés qu'il énonçait dans sa saisine (déc. n° 2015-713 DC du 23 juill. 2015)[2]. Dans le même esprit, le président Macron a déféré au

1. C. Fernandes, « Le contrôle de constitutionnalité *a priori* sur les lois ordinaires depuis l'entrée en vigueur de la QPC », *RFDA* 2018. 387 ; J.-Ph. Derosier, « Retour sur les "saisines blanches" du Conseil constitutionnel », *Constitutions* 2019, p. 479.
2. P. Mouzet, « Saisine blanche, fumée blanche » *AJDA* 2015. 1385 ; P. Jan, « Loi sur le renseignement : la saisine présidentielle doit-elle être motivée ? », *D.* 2015. 1047.

Conseil la loi *visant à renforcer et garantir le maintien de l'ordre public lors des manifestations* (déc. n° 2019-780 DC du 4 avr. 2019).

Les portes étroites. - Les citoyens restent exclus. Ils ne sont pas habilités à saisir directement le Conseil constitutionnel dans le cadre du contrôle *a priori*. En pratique, cependant, l'institution reçoit des « contributions extérieures » (émanant d'associations, entreprises, syndicats, etc.). Des avis sur la conformité de la loi à la Constitution lui sont adressés de façon spontanée. Georges Vedel avait qualifié cette procédure informelle de *portes étroites*. Elles paraissent inévitables et méritent d'être codifiées parce qu'elles contribuent à la réflexion des membres du Conseil sur la constitutionnalité de la loi. Pour autant, elles ne donnent pas à leurs auteurs la qualité de partie et elles ne leur confèrent pas de droits dans la procédure[1].

Les *portes étroites* bénéficient désormais d'une reconnaissance institutionnelle. Le Conseil constitutionnel a décidé (depuis févr. 2017) de publier la liste des auteurs de ces « contributions extérieures » et, même, de rendre publique leur teneur (première application avec la déc. n° 2019-785 DC du 4 juill. 2019 qui concernait le RAN).

Documents mis en ligne. - Sont proposés sur le site du Conseil constitutionnel : la décision, un communiqué de presse, un dossier documentaire (établi par les services du Conseil), le texte législatif adopté, des liens vers les dossiers législatifs des assemblées parlementaire, les textes des saisines, les observations du gouvernement et répliques des requérants, les contributions extérieures, ainsi que des références doctrinales.

ii) Les engagements internationaux

Les engagements internationaux peuvent être soumis au Conseil constitutionnel (art. 54 Const.). La loi constitutionnelle du 25 juin 1992 préalable à la ratification du traité sur l'Union européenne a donné à soixante députés ou soixante sénateurs la possibilité de saisir le Conseil constitutionnel pour qu'il vérifiât la compatibilité des stipulations d'une convention internationale à la Constitution. Mais cette lacune avait en réalité été comblée par le Conseil constitutionnel lui-même. Auparavant, les parlementaires pouvaient déjà saisir le Conseil constitutionnel de la conformité à la Constitution des lois autorisant la ratification des engagements internationaux. À cette occasion, le conseil examinait le contenu de ces engagements.

Le président de la république défère au Conseil constitutionnel les engagements internationaux dont on peut supposer qu'ils comportent une clause

1. G. Vedel, « L'accès des citoyens au juge constitutionnel : la porte étroite », *La vie judiciaire*, n° 2344, 11 mars 1991 ; *Les grandes délibérations du Conseil constitutionnel*, Dalloz, n° 14, p. 236 ; D. de Béchillon, D. Connil, « Réflexion sur le statut des "portes étroites" devant le Conseil constitutionnel », *note du club des juristes*, janv. 2017 : www.leclubdesjuristes.com/wp-content/uploads/2017/02/Club-des-juristes-Notes-Portes-etroites-Fev-2017.pdf. ; en réponse : Th. Perroud, « Le Conseil constitutionnel et les portes étroites », *blog.juspoliticum.com/*, 16 mars 2017.

contraire à la Constitution, remettent en cause des droits et libertés de valeur constitutionnelle ou portent atteinte aux conditions essentielles d'exercice de la souveraineté (ex. traités de Maastricht, d'Amsterdam, de Lisbonne, etc.). La requête est formulée de façon générale. Le président demande au Conseil constitutionnel si l'autorisation de ratifier le traité doit être précédée d'une révision de la Constitution.

b. Le contrôle systématique

Certains textes ont un objet particulier. Il impose leur contrôle systématique par le Conseil constitutionnel (art. 61 al. 1er Const.). Les lois organiques complètent la Constitution. Elles doivent être contrôlées avant leur promulgation pour éviter de contredire les dispositions de la Constitution. De même, les règlements des assemblées complètent la Constitution dans la mesure où ils participent à la réglementation du processus d'adoption des lois. Ils doivent être soumis au Conseil avant leur mise en application.

Les requérants. - Il appartient au Premier ministre de déférer au Conseil les lois organiques après leur adoption. Les parlementaires ne peuvent que présenter des « observations » sur ces lois organiques (elles sont visées dans la décision). Les règlements des assemblées sont transmis au Conseil par les présidents de l'Assemblée nationale et du Sénat.

Un contrôle *a priori*. - Le texte ayant été examiné d'emblée, un contrôle postérieur ne paraît pas nécessaire. Le Conseil d'État a estimé que « le Conseil constitutionnel doit être regardé comme s'étant prononcé sur la conformité à la Constitution de chacune des dispositions de la loi organique qui lui est soumise ». La constitutionnalité d'une loi organique ne peut donc, *a priori*, pas être soulevée devant un tribunal (CE 29 juin 2011, n° 347214 : même si le Conseil d'État souligne qu'un contrôle postérieur est envisageable en cas « de changement dans les circonstances »).

Enfin, parmi les contrôles systématiques, rappelons que l'organisation d'un *référendum d'initiative partagée* est également soumise au contrôle préalable du Conseil constitutionnel. Il doit vérifier les conditions de recevabilité prévues par l'article 11 alinéa 3 de la Constitution.

2. La saisine *a posteriori* (la QPC)

La *question prioritaire de constitutionnalité* (QPC) a ouvert le Conseil constitutionnel aux justiciables[1]. Elle représente la grande innovation de la révision constitutionnelle de 2008.

La procédure est entrée en vigueur le 1er mars 2010 (la première décision date du 28 mai 2010 : déc. n° 2010-1 QPC, *Cristallisation des pensions*). Le

1. M. Guillaume, « Avec la QPC, le Conseil constitutionnel est-il devenu une Cour suprême ? », *JCP N* 27 juill. 2012, 30-34, p. 25.

contentieux de la QPC est récent, mais il a d'ores et déjà contribué à augmenter de façon considérable l'activité du Conseil constitutionnel. Depuis 2010, 794 décisions (au 1er juill. 2019) ont été rendues dans le cadre de la procédure *QPC*. En comparaison, le Conseil n'avait rendu que 604 décisions (DC), entre 1958 et mai 2010, sur la constitutionnalité des lois dans le cadre du contrôle *a priori*.

L'art. 61-1 Const. - Cet article a été introduit dans la Constitution à l'occasion de la révision de 2008. Il prévoit qu'un recours devant le Conseil constitutionnel peut être présenté « lorsque, à l'occasion d'une instance en cours devant une juridiction, il est soutenu qu'une disposition législative porte atteinte aux droits et libertés que la Constitution garantit ». Le Conseil constitutionnel peut « être saisi de cette question sur renvoi du Conseil d'État ou de la Cour de cassation qui se prononce dans un délai déterminé ».

L'article 61-1 de la Constitution renvoie à une loi organique le soin de déterminer ses conditions d'application (LO n° 2009-1523 du 10 déc. 2009 ; v. égal. décret n° 2010-148 du 16 févr. 2010).

Ces textes ont établi la procédure de la *question prioritaire de constitutionnalité*. Elle est très ouverte (a), mais son objet est limité à la protection des droits et liberté. En outre, sa recevabilité est soumise à des conditions examinées par des juridictions de plusieurs niveaux (c).

a. Une procédure largement ouverte

La QPC peut être soulevée contre toute loi, devant quasiment toutes les juridictions et par tout justiciable.

Toute loi. - Le contrôle porte sur une loi quelle que soit sa nature (même une loi du pays). En revanche, le contrôle ne porte pas sur les règlements. Une ordonnance non ratifiée, qui présente un caractère réglementaire, ne peut faire l'objet d'une QPC (CE 11 mars 2011, n° 341658).

Le justiciable peut contester la constitutionnalité de lois récentes ou anciennes, même lorsqu'elles ont été adoptées sous des régimes précédents (par ex., le Conseil constitutionnel a abrogé un article de la loi du 29 juillet 1881 sur la liberté de la presse : déc. n° 2011-131 QPC du 20 mai 2011).

En général, la QPC ne porte pas sur la loi dans son ensemble. Elle concerne souvent une disposition (l'article d'un code, notamment). La disposition contestée doit être applicable au litige.

Toute juridiction. - La QPC peut être soulevée par les parties à l'instance devant les tribunaux de l'ordre judiciaire ou de l'ordre juridictionnel administratif. Elle peut être posée devant les juridictions inférieures, en appel, ou en cassation. Une QPC peut même être présentée à un juge des référés.

Une exception est prévue. La QPC ne peut être soulevée devant la Cour d'assises pour éviter d'allonger et de perturber une procédure (où des personnes sont placées en détention provisoire et des jurys populaires constitués pour une session). Pour autant, une QPC peut être soulevée dans un écrit accompagnant la déclaration d'appel à l'encontre d'un arrêt rendu par une cour d'assises.

Notons également qu'une QPC peut être soulevée devant le Conseil constitutionnel statuant en qualité de juge électoral (déc. n° 2011-4538 SEN du 12 janv. 2012).

Tout justiciable. - La QPC n'est pas un recours-citoyen. De façon abusive, il est souvent affirmé que la QPC offre aux citoyens une garantie supplémentaire pour la défense des droits et libertés. En réalité, la QPC n'autorise pas un recours direct des citoyens au juge constitutionnel. La procédure est réservée aux parties au procès.

La question est posée par les parties. Le juge ne peut soulever d'office une QPC. De même, un intervenant n'est pas recevable à soulever de sa propre initiative une QPC qui n'aurait pas été invoquée par l'une des parties (CE 22 févr. 2013, n° 356245).

Il appartient au justiciable de présenter la QPC dans un mémoire distinct et motivé.

La loi contestée doit être « applicable au litige ou à la procédure, ou constitue(r) le fondement des poursuites » (art. 23-2 de l'ord. n° 58-1067 du 7 nov. 1958). La QPC s'apparente à un contrôle concret parce que sa réponse conditionne l'issue du litige. Pour autant, le Conseil constitutionnel opère un contrôle *erga omnes* de la conformité de la loi par rapport à la Constitution. Bien que la QPC soit posée à l'occasion d'un litige et malgré l'apparence de procès que donnent les séances de plaidoirie au Conseil, celui-ci se prononce de façon abstraite sur la constitutionnalité de la loi.

b. Le contrôle de la loi aux droits et libertés garantis par la Constitution

La QPC a pour objet le respect des droits et libertés de valeur constitutionnelle. Elle ne porte pas sur la non-compatibilité des lois aux engagements internationaux (déc. n° 2010-605 DC du 12 mai 2010, cons. 16), ou sur d'autres motifs d'inconstitutionnalité, comme le non-respect de la procédure législative (ex. CE 21 nov. 2016, n° 402744).

Le Conseil examine les griefs qui affectent les droits et libertés que la Constitution garantit. Les effets de l'intervention du législateur, ou de son insuffisance, peuvent être mis en cause. Par exemple, la carence du législateur (on parle d'*incompétence négative*) peut être présentée dans le cadre d'une QPC lorsqu'elle a des incidences sur la protection d'un droit ou une liberté (Cons. cons., déc. n° 2010-5 QPC du 18 juin 2010, *SNC Kimberly-Clark*, cons. 3).

c. Les conditions posées par niveau

Toutes les cours constitutionnelles possèdent des mécanismes de sélection des requêtes pour ne pas être engorgées ou pour éviter de ralentir les procédures juridictionnelles. En France, la procédure de la QPC fait l'objet d'un double filtrage avant que la question ne soit renvoyée au Conseil constitutionnel.

Premier filtre. – Le premier juge ne transmet une QPC qui lui est posée à la juridiction suprême de son ordre juridictionnel (Conseil d'État ou Cour de cassation) que lorsque trois conditions sont satisfaites (art. 23-2 de l'ord. n° 58-1067 du 7 nov. 1958 portant LO sur le Cons. cons., inséré par la LO n° 2009-1523 du 10 déc. 2009 relative à l'application de l'art. 61-1 de la Const.) :

1) La disposition contestée doit être « applicable au litige ou à la procédure, ou constituée le fondement des poursuites ».

2) La disposition contestée ne doit pas avoir « déjà été déclarée conforme à la Constitution dans les motifs et le dispositif d'une décision du Conseil constitutionnel ». La QPC doit respecter l'autorité de la chose jugée.

Sont également exclus les renvois de dispositions « identiques, dans leur substance et dans leur rédaction » à celles qui ont déjà fait l'objet d'une déclaration d'inconstitutionnalité (CE 16 janv. 2015, *Soc. Métropole Télévision*, n° 386031). Le Conseil constitutionnel considère également que « si l'autorité attachée » à sa décision « ne peut en principe être utilement invoquée à l'encontre d'une autre loi, il n'en va pas ainsi lorsque les dispositions de cette loi ont un objet analogue à celui des dispositions législatives sur lesquelles le Conseil constitutionnel s'est déjà prononcé » (déc. 2016-612 QPC du 24 févr. 2017, § 7).

Le respect des décisions antérieures du Conseil constitutionnel comporte une réserve. Elle porte sur le « changement des circonstances ». Une disposition législative peut avoir été déclarée conforme à la Constitution dans une décision antérieure du Conseil constitutionnel, mais être de nouveau soumise à son examen « lorsqu'un tel réexamen est justifié par les changements intervenus, depuis la précédente décision, dans les normes de constitutionnalité applicables ou dans les circonstances, de droit ou de fait » (déc. n° 2009-595 DC du 3 déc. 2009, cons. 13). Les règles juridiques peuvent changer, ainsi que le contexte de leur application (par ex., la législation sur le financement du revenu minimum d'insertion par les départements mérite d'être réexaminé au regard de « l'évolution défavorable des charges exposées par les départements » : CE 20 avr. 2011, *Dép. de la Somme*, n° 346460).

3) Enfin, la question ne doit pas être « dépourvue de caractère sérieux ». Pour le dire simplement, elle doit présenter un intérêt. Il appartient au juge d'écarter les griefs sans pertinence.

Suspension de la procédure. – Le juge « statue sans délai par une décision motivée sur la transmission de la question prioritaire de constitutionnalité au Conseil d'État ou à la Cour de cassation » (art. 23-2, ord. n° 58-1067 du 7 nov. 1958). En attendant la réponse, le juge sursoit à statuer (sauf « lorsqu'une personne est privée de liberté à raison de l'instance » ou lorsque celle-ci « a pour objet de mettre fin à une mesure privative de liberté » : art. 23-3, même ord.).

Le juge peut aussi estimer que les conditions ne sont pas remplies. C'est généralement le cas. Il refuse de transmettre la QPC au Conseil d'État ou à la

Cour de cassation. Le juge règle alors le litige. S'il le souhaite, l'auteur de la QPC peut contester ce refus à l'occasion de l'appel ou du pourvoi en cassation formé contre la décision juridictionnelle.

Deuxième filtre. - Plusieurs conditions doivent être réunies pour que la Cour de cassation, ou le Conseil d'État, renvoie une QPC au Conseil constitutionnel.

La haute juridiction s'interroge sur les deux premières conditions examinées par la première juridiction. Elles sont communes aux deux niveaux :

- Elle s'assure que « la disposition contestée est applicable au litige ou à la procédure, ou constitue le fondement des poursuites ».

- Elle vérifie aussi que la disposition « n'a pas déjà été déclarée conforme à la Constitution dans les motifs et le dispositif d'une décision du Conseil constitutionnel, sauf changement des circonstances ».

En outre, la haute juridiction se demande si « la question est nouvelle ou présente un caractère sérieux » (art. 23-4 ord. n° 58-1067), ce qui suppose une appréciation plus rigoureuse de la conformité de la loi à la Constitution que les premiers juges (sans anticiper, pour autant, la décision du Conseil constitutionnel).

Lorsque ces conditions sont réunies, la Cour de cassation ou le Conseil d'État saisit le Conseil constitutionnel dans un délai de « trois mois » (art. 23-4 ord. n° 58-1067). Si ce délai n'est pas respecté, la question est transmise au Conseil constitutionnel (art. 23-7).

Décision du Conseil constitutionnel. - Il statue dans un délai de « trois mois » (art. 23-10 ord. n° 58-1067). Les parties peuvent présenter contradictoirement leurs observations. L'audience est publique.

Trois situations se présentent :

- Le Conseil constitutionnel déclare que la loi est conforme à la Constitution. La loi est applicable. La procédure, qui était jusqu'alors suspendue, reprend son cours devant le premier juge saisi. Il peut se fonder sur la loi pour résoudre le litige.

- La loi est déclarée conforme à la Constitution sous réserve d'interprétation. Elle est appliquée au litige avec la signification énoncée par le Conseil constitutionnel dans sa décision.

- La loi est déclarée contraire à la Constitution. Le Conseil constitutionnel abroge la loi (avec effet immédiat ou ultérieur). La loi n'est plus applicable au procès en cours dans les conditions précisées dans la décision (v. *infra* les effets de la déclaration d'inconstitutionnalité).

3. Les requérants en matière électorale

Si l'on se réfère au nombre de décisions rendues, le contentieux électoral est le plus important (au 31 déc. 2018, le Conseil constitutionnel a rendu depuis sa création : 3 812 décisions au titre du contentieux électoral et 1 448 décisions pour le contrôle de constitutionnalité).

– Le Conseil constitutionnel « statue, en cas de contestation, sur la régularité de l'élection des députés et des sénateurs » (art. 59 Const.). Les électeurs de la circonscription et les candidats peuvent contester l'élection d'un député ou d'un sénateur devant le Conseil constitutionnel jusqu'au dixième jour qui suit la proclamation des résultats (art. 33, ord. n° 58-1067 du 7 nov. 1958 portant LO sur le Cons. cons.).

D'autres requêtes relatives à ces élections, de nature différente, peuvent être portées devant le Conseil constitutionnel. Ainsi, la *Commission nationale des comptes de campagne et des financements politiques* (CNCCFP) peut-elle saisir le Conseil constitutionnel lorsqu'un candidat n'a pas déposé son compte. De même, le Conseil est juge d'appel des décisions des tribunaux administratifs portant sur les déclarations de candidature, ou sur la désignation des délégués sénatoriaux.

– Le Conseil constitutionnel veille aussi « à la régularité de l'élection du président de la République » et « examine les réclamations » (art. 58 Const.). Le Conseil intervient à différents stades de l'élection présidentielle. Il recense les résultats et, avant de les proclamer, examine les contestations. Ultérieurement, un candidat à l'élection présidentielle, dont le compte de campagne a été rejeté par la CNCCFP, peut saisir le Conseil constitutionnel pour contester la décision de cette instance (v. *supra*).

– La Constitution de 1958 confie également au Conseil constitutionnel le soin de veiller à la régularité des opérations de référendum national (art. 60 Const.). À ce titre, le Conseil est « consulté par le Gouvernement » en amont « sur l'organisation des opérations de référendum ». Il désigne par la suite des délégués et surveille le recensement des résultats. Il peut être saisi par les électeurs (v. *infra*, II, A, 2).

II ▪ Le procès constitutionnel

L'objet des contentieux (A) et l'effet des décisions (B) varient selon la nature du contrôle opéré par le Conseil constitutionnel.

A ▪ Les contentieux

Le Conseil constitutionnel considère qu'il dispose de compétences d'attribution. Il exerce les compétences expressément prévues par la Constitution ou par les lois organiques qui la complètent.

Pour autant, la Constitution lui a donné de nombreuses missions. Elles se répartissent, pour l'essentiel, en deux grandes catégories : le *contentieux constitutionnel* (1) et le *contentieux électoral* (2).

1. Le contentieux constitutionnel

Le Conseil constitutionnel défend le *principe de constitutionnalité*, selon lequel « seule une loi constitutionnelle peut déroger à une loi constitutionnelle »[1]. Les autorités législatives n'ont pas la compétence pour modifier la Constitution. Le rôle du Conseil constitutionnel est de vérifier que ces autorités respectent la Constitution (a).

Juge d'attribution, le Conseil constitutionnel ne contrôle que les normes qui relèvent des catégories que la Constitution a placées sous son contrôle. Il refuse de contrôler la constitutionnalité des autres normes en l'absence d'habilitation constitutionnelle (b).

a. Normes contrôlées

Le Conseil constitutionnel a pour mission de vérifier que les lois et engagements internationaux respectent les droits, libertés et principes constitutionnels. Il peut aussi intervenir, au cours de la procédure parlementaire, ou après la promulgation de la loi, pour se prononcer sur la recevabilité des projets de loi, ou sur le respect du domaine de la loi et du règlement. Cette dernière mission a été à l'origine de la création du Conseil constitutionnel (v. Séquence 9).

Le contrôle des domaines de la loi et du règlement. - Pour contraindre le législateur à limiter ses interventions aux matières qui lui étaient réservées (v. notamment, art. 34 et 37 Const.), une « arme » selon le mot de Michel Debré a été « donnée au Gouvernement pour éviter les empiétements à venir » (discours devant le Conseil d'État du 27 août 1958). Il s'agit de l'article 41 de la Constitution qui permet au gouvernement de soulever l'irrecevabilité d'un texte examiné au Parlement qui empiète sur le domaine réglementaire. En cas de désaccord avec le président de l'assemblée, le Conseil constitutionnel est saisi pour qu'il se prononce sur la nature du texte.

L'article 41 a été souvent mis en œuvre, mais le désaccord a été réglé entre l'Exécutif et le Parlement sans saisine du Conseil constitutionnel[2]. Il n'y a eu que onze saisines du Conseil constitutionnel au titre de l'article 41 de la Constitution et la dernière remonte à 1979 (déc. n° 79-11 FNR).

Lorsque la loi adoptée empiète sur le domaine réglementaire, le gouvernement peut demander au Conseil constitutionnel le droit de se réapproprier son domaine. Il peut le saisir pour qu'il constate que la loi a un caractère réglementaire (art. 37 al. 2 ; déc. L). Le Premier ministre pourra ainsi modifier la loi par décret. Cette procédure est régulièrement utilisée (ex. en 2020, ont été rendues six décisions « *L* » de déclassements de textes législatifs au rang réglementaire).

---

1. Ch. Eisenmann, *La justice constitutionnelle et la Haute Cour constitutionnelle d'Autriche*, LGDJ, 1928, p. 21 ; L. Favoreu, « Le principe de constitutionnalité (...) », *Mélanges Eisenmann*, Cujas, 1975, p. 33.
2. E. Oliva, *L'article 41 de la Constitution*, PUAM/Economica, 1997.

Le contrôle des études d'impact des projets de loi. - La Conférence des présidents de la première assemblée saisie peut s'opposer à l'inscription du projet de loi à son ordre du jour en l'absence d'étude d'impact ou en raison de son insuffisance (art. 9, LO n° 2009-403 du 15 avr. 2009). En cas de désaccord avec le gouvernement, le Conseil constitutionnel se prononce sur la consistance de l'étude d'impact (v. art. 39 al. 4 Const. ; déc. FNR). Depuis 2009, le Conseil constitutionnel n'a eu l'occasion que de rendre une seule décision dans le cadre de la procédure prévue par l'article 39 de la Constitution (déc. n° 2014-12 FNR du 1er juill. 2014 ; v. Séquence 9).

Les lois. - Les lois adoptées par les assemblées peuvent être déférées au Conseil constitutionnel avant (art. 61 al. 2 Const. ; cat. déc. DC) ou après leur promulgation (art. 61-1 Const. ; déc. QPC). Cette mission constitue l'objet principal du contentieux constitutionnel (v. *supra* I, B)[1].

Les lois du pays. - Les lois adoptées par le Congrès de Nouvelle-Calédonie peuvent être déférées au Conseil constitutionnel (art. 77 Const. ; accord de Nouméa ; art. 104 LO n° 99-209 du 19 mars 1999 ; cat. déc. LP).

Les engagements internationaux. - Le Conseil constitutionnel peut être saisi pour vérifier qu'un engagement international ne comporte pas une clause contraire à la Constitution. Dans ce cas, « l'autorisation de ratifier ou d'approuver l'engagement international en cause ne peut intervenir qu'après révision de la Constitution » (art. 54 Const. ; déc. DC).

Les engagements internationaux sont les traités ou conventions qui doivent être *ratifiés* ou *approuvés*. Le droit dérivé (communautaire, notamment), qui s'impose sans ratification ultérieure, est exclu de ce contrôle. Cette interprétation de l'article 54 de la Constitution retenue par le Conseil constitutionnel est constante, mais si elle a connu des exceptions (ex. contrôle de la décision du conseil des communautés européennes relative à l'élection de l'Assemblée au suffrage universel direct : déc. n° 76-71 DC du 30 déc. 1976).

Les règlements des assemblées. - Ils portent sur l'organisation et le fonctionnement de l'assemblée, les modalités de la procédure législative et le contrôle parlementaire. Ils ont donc pour objet de préciser les conditions de mise en œuvre de la Constitution et des lois qui l'accompagnent. L'examen de leur conformité à la Constitution est indispensable.

Ce contrôle des règlements des assemblées a participé à la remise en cause de la souveraineté parlementaire. Sous les régimes antérieurs, les assemblées étaient maîtresses de leur règlement. Il n'était « en apparence que la loi intérieure des assemblées », mais comme l'a noté Eugène Pierre, « en réalité c'est un instrument redoutable aux mains des partis ; il a souvent plus d'influence que la Constitution elle-même sur la marche des affaires publiques »[2].

1. Code constitutionnel et des droits fondamentaux, Dalloz, art. 61 et art. 61-1, *Commentaire* et *Jurisprudence*.
2. E. Pierre, *Traité de droit politique électoral et parlementaire*, éd. LIR 1924. 5e éd., n° 445, p. 490.

Sous la Ve République, « les règlements des assemblées parlementaires, avant leur mise en application, doivent être soumis au Conseil constitutionnel » (art. 61 al. 1 Const. ; déc. DC). Ces règlements n'ont pas valeur constitutionnelle. Leur conformité à la Constitution « doit s'apprécier au regard tant de la Constitution elle-même que des lois organiques prévues par celle-ci ainsi que des mesures législatives prises pour son application » (déc. n° 2014-705 DC du 11 déc. 2014).

b. Normes non contrôlées

Le Conseil constitutionnel refuse de contrôler les catégories de normes suivantes :

Les normes supraconstitutionnelles. - On entend par là des normes hiérarchiquement supérieures à la Constitution. Toutes les autorités normatives devraient les respecter. Elles seraient hors de portée du pouvoir constituant en raison de leur objet. Ces règles seraient immanentes. Elles s'imposeraient avec la force de l'évidence. Le Conseil constitutionnel n'a pas adhéré à cette théorie de la *supraconstitutionnalité* (v. Séquence 1).

Les lois constitutionnelles. - Le Conseil constitutionnel a également refusé de défendre une hiérarchie au sein des normes constitutionnelles. Il aurait pu considérer que les lois constitutionnelles, adoptées pour réviser la Constitution, devaient respecter certaines règles fondamentales de la Constitution (v. Séquence 1). Il a, cependant, précisé qu'il n'était pas compétent pour se prononcer sur la constitutionnalité d'une loi constitutionnelle. Il a estimé qu'il « ne tient ni de l'article 61, ni de l'article 89, ni d'aucune autre disposition de la Constitution le pouvoir de statuer sur une révision constitutionnelle » (déc. n° 2003-469 DC du 26 mars 2003, cons. 2)[1].

Les lois référendaires. - Le Conseil constitutionnel s'estime également incompétent pour apprécier la conformité à la Constitution des lois adoptées par la voie référendaire. Cette position a été adoptée en 1962 à l'occasion du référendum sur l'élection du président de la République au suffrage universel direct. Simple « organe régulateur de l'activité des pouvoirs publics », le Conseil constitutionnel s'est refusé à apprécier la constitutionnalité des lois référendaires parce qu'elles étaient « l'expression directe de la souveraineté nationale » (déc. n° 62-20 DC du 6 nov. 1962, cons. 2). Le Conseil constitutionnel a confirmé sa jurisprudence (déc. n° 92-313 DC du 23 sept. 1992, cons. 2, réf. sur le traité de Maastricht ; déc. n° 2014-392 QPC du 25 avr. 2014 : pas de contrôle d'une loi référendaire *a posteriori* dans le cadre d'une QPC)[2].

---

1. V. *Dossier* : « Contrôle de constitutionnalité des lois constitutionnelles », *Cah. Cons. const.*, n° 27, 2010 ; Ph. Blacher, « Le contrôle par le Conseil constitutionnel des lois constitutionnelles », *RD publ.* 2016. 545.
2. Patrick Taillon, *Le référendum expression directe de la souveraineté du peuple ?*, Dalloz, 2012.

2. Les contentieux électoral et référendaire

Le Conseil constitutionnel contrôle la régularité des scrutins nationaux[1]. Ils ont en commun de se rapporter à l'exercice de la souveraineté nationale. Il s'agit des élections présidentielles et parlementaires (a), ainsi que des référendums nationaux (b).

a. Le contrôle de la régularité des élections nationales

1. – « Le Conseil constitutionnel veille à la régularité de l'élection du président de la République. Il examine les réclamations et proclame les résultats du scrutin » (art. 58 Const. ; complété par ord. org. n° 58-1067 du 7 nov. 1958, art. 30 et loi n° 62-1292 du 6 nov. 1962, art. 3). À l'issue des opérations, le Conseil constitutionnel arrête et proclame les résultats de l'élection.

Cette mission est très générale. Le Conseil veille à la régularité des opérations et examine les réclamations (dans les mêmes conditions que celles fixées pour les opérations de référendum : art. 3.III de la loi n° 62-1292 du 6 nov. 1962 ; art. 46 s. ord. n° 58-1067 du 7 nov. 1958). Au préalable, il lui appartient de contrôler la validité des présentations (parrainages), l'éligibilité et le dépôt du compte de campagne des candidats. Ceux-ci peuvent également exercer un recours de pleine juridiction devant le Conseil constitutionnel à l'encontre des décisions de la Commission nationale des comptes de campagne et des financements politiques (CNCCFP).

Pour accomplir sa mission, le Conseil constitutionnel dispose de délégués choisis parmi les magistrats des ordres judiciaire et administratif, qui suivent sur place les opérations de vote. Ces délégués désignent eux-mêmes des magistrats, formant un ensemble d'environ 1 800 délégués chargés de suivre les opérations électorales.

Une pratique s'est instaurée depuis l'élection présidentielle de 1974. Dans une « déclaration », le Conseil formule des observations et des recommandations pour l'élection suivante. Dans celle du 24 mai 1974 (déc. n° 74-33 PDR), le Conseil préconise, notamment, d'augmenter le nombre de parrainages des candidats.

2. – « Le Conseil constitutionnel statue, en cas de contestation, sur la régularité de l'élection des députés et des sénateurs » (art. 59 Const.). C'est une innovation de la Ve République. Il appartenait traditionnellement aux assemblées de contrôler elles-mêmes la régularité de la désignation de leurs membres (ainsi, la Constitution des États-Unis dispose-t-elle que « chaque

1. G. Dumortier, « La procédure devant le Conseil constitutionnel, juge électoral : sous les pavés, la plage ? », *Nouv. Cah. Cons. const.*, 2013 n° 41, p. 33 ; J.-P. Camby, *Le Conseil constitutionnel, juge électoral*, Dalloz, 6e éd., 2013 ; J.-P. Camby, *Élections parlementaires (I)*, *Rép. cont. adm.*, Dalloz, mars 2014 ; B. Maligner, « Le Conseil constitutionnel, juge des opérations et des finances électorales », *Nouv. Cah. Cons. const.*, 2013, n° 41, p. 47.

PRÉSENTATION

Chambre sera juge de l'élection de ses membres, du nombre de voix qu'ils ont obtenues et de leur éligibilité » : sect. 5).

Les rédacteurs de la Constitution de 1958 ont réagi contre les abus des républiques précédentes. Les majorités politiques des assemblées se prononçaient sur les contestations électorales[1]. En 1956, notamment, l'invalidation de l'élection de onze députés poujadistes avait créé la polémique. Sans procéder à de nouvelles élections, les candidats avaient été remplacés par ceux qui étaient arrivés en deuxième position.

Désormais, les réclamations sont portées par les candidats ou par les électeurs devant le Conseil constitutionnel. Il connaît également des saisines de la CNCCFP (v. *supra*).

b. Les référendums nationaux

Le Conseil constitutionnel « veille à la régularité des opérations de référendum » (art. 60 Const.) prévues aux articles 11 pour l'adoption des lois (notamment ordinaires, ou autorisant la ratification des engagements internationaux) et 89 pour les lois constitutionnelles. Le Conseil constitutionnel est également compétent pour contrôler la régularité d'un référendum qui serait organisé pour l'adhésion d'un État à l'Union européenne (art. 88-5 Const.). Pour les opérations référendaires, le Conseil « examine et tranche définitivement toutes les réclamations » (art. 46 à 50, ord. n° 58-1067 précitée).

En outre, le Conseil constitutionnel accepte, depuis l'an 2000, d'être saisi par les électeurs. Le contrôle concerne « la régularité d'opérations à venir dans les cas où l'irrecevabilité qui serait opposée à ces requêtes risquerait [notamment] de compromettre gravement l'efficacité de son contrôle des opérations référendaires (...) » (déc. n° 2000-21 REF du 25 juill. 2000, *Hauchemaille* pour les référendums de l'art. 89 ; déc. n° 2005-31 REF du 24 mars 2005, *Hauchemaille et Meyet* pour les référendums de l'art. 11[2]).

Depuis la révision constitutionnelle de 2008, le Conseil constitutionnel vérifie les conditions de présentation du référendum d'initiative partagée (RIP), par les parlementaires et les citoyens (art. 11 Const. ; LO n° 2013-1114 du 6 déc. 2013 ; art. 45-1 ord. n° 58-1067 du 7 nov. 1958). Il doit s'assurer, notamment, du respect de son objet, que l'initiative émane de 1/5e des parlementaires, qu'elle est soutenue par 1/10e des électeurs et que la proposition de loi n'est pas contraire à la Constitution. Un contrôle de constitutionnalité du texte soumis au référendum est opéré en amont.

À ce titre, le Conseil constitutionnel a rendu sa première décision en 2019 ; 248 députés et sénateurs ont souhaité soumettre au référendum d'initiative

---

1. B. Daugeron, « Le contrôle des élections parlementaires avant le Conseil constitutionnel : la « vérification des pouvoirs », histoire et théorie », *Nouv. Cah. Cons. const.*, n° 41, oct. 2013.
2. Marthe Fatin-Rouge Stéfanini, « Un nouveau pas en matière de contrôle des référendums », *RFDA* 2005. 1040.

partagée une proposition de loi qui affirmait *le caractère de service public national de l'exploitation des aérodromes de Paris* (et s'opposait ainsi à la privatisation de la société *Aéroports de Paris*). Dans sa décision n° 2019-1 RIP du 9 mai 2019, le Conseil constitutionnel a considéré que les premières conditions étaient satisfaites et que la procédure de recueil des signatures pouvait être engagée. Mais, par la suite, le Conseil a déclaré que le nombre de signatures était insuffisant pour organiser le référendum : déc. n° 2019-1-8 RIP du 26 mars 2020 (v. Séquence 8, situation 3).

B ▪ L'autorité des décisions du Conseil constitutionnel

Les effets des décisions du Conseil constitutionnel varient selon la nature du contentieux, qu'il s'agisse du contrôle de constitutionnalité des lois (1), des engagements internationaux (2), ou du contrôle des opérations électorales (3).

1. Les effets du contrôle de la constitutionnalité des lois

Les décisions du Conseil constitutionnel « ne sont susceptibles d'aucun recours. Elles s'imposent aux pouvoirs publics et à toutes les autorités administratives et juridictionnelles » (art. 62 al. 3).

Pour autant, les effets des décisions du Conseil ne sont pas les mêmes pour le contrôle *a priori* de la conformité des lois (a) et le contrôle *a posteriori* (b).

a. Les effets du contrôle *a priori*

La loi déclarée inconstitutionnelle ne peut pas être promulguée (art. 62 Const.). Elle ne peut pas entrer en vigueur (la loi n'est pas « annulée », « censurée » ou « retoquée », même si ces termes sont utilisés par facilité de langage).

Le Conseil constitutionnel estime, depuis 2008, qu'il peut différer dans le temps les effets de la déclaration de non-conformité à la Constitution (pour laisser, par exemple, au législateur le temps de transposer correctement une directive européenne). Il peut décider de « reporter » de plusieurs mois « les effets de la déclaration d'inconstitutionnalité » pour « permettre au législateur de procéder à la correction » nécessaire (déc. n° 2008-564 DC du 19 juin 2008, *OGM*, cons. 58).

La déclaration partielle. - Le Conseil constitutionnel peut estimer qu'une partie seulement des dispositions de la loi est contraire à la Constitution. Il autorise la promulgation partielle de la loi, sauf lorsque ses dispositions forment un « ensemble » inséparable (art. 22 de l'ord. n° 58-1067 du 7 nov. 1958).

Un contrôle limité à certaines dispositions. - Le Conseil considère qu'il n'est pas tenu d'apprécier la conformité à la Constitution de toutes les dispositions de la loi. Il ne délivre pas de blanc-seing de constitutionnalité. Il ne veut pas donner à penser qu'il reconnaît valeur constitutionnelle à l'ensemble de la loi. La déclaration de constitutionnalité porte seulement sur les dispositions législatives examinées dans sa décision, c'est-à-dire celles qui ont été contestées par les auteurs des recours ou qui ont été soulevées d'office par le Conseil. Les autres dispositions pourront être contestées *a posteriori* dans le cadre d'une question prioritaire de constitutionnalité.

Les réserves d'interprétation. - Le Conseil constitutionnel utilise souvent, à l'instar de ses homologues italien, allemand et espagnol, un procédé intermédiaire pour ne pas censurer le législateur : il s'agit de la *réserve d'interprétation*. Elle forme une « catégorie de décision » du Conseil constitutionnel[1]. Elle prescrit que la loi n'est conforme à la Constitution que lorsqu'elle est interprétée dans le sens énoncé dans la décision du Conseil constitutionnel (v. *infra*, situation 5).

Les réserves d'interprétation sont mentionnées dans les *motifs* et dans le *dispositif* de la décision. Celui-ci précise les paragraphes dans lesquels les réserves sont formulées.

Forme de la décision. - Les décisions sont ainsi rédigées. Après le rappel du nom des requérants (et de leurs représentants pour les QPC), elles comportent :

- les *visas* désignant les textes de référence (partie précédée de la formule : « Au vu des textes suivants ») ;
- les *motifs* sur lesquels la décision repose, c'est-à-dire l'argumentation (partie structurée en paragraphes numérotés et précédée de la formule : « Le Conseil constitutionnel s'est fondé sur ce qui suit ») ;
- le *dispositif* qui contient la solution qui a autorité de chose jugée (partie structurée en articles et précédée de la formule : « Le Conseil constitutionnel décide »).

b. Les effets du contrôle *a posteriori*

Ils ne peuvent être les mêmes que ceux du contrôle *a priori*. Lorsqu'il contrôle une loi *a posteriori*, le Conseil constitutionnel se prononce sur une loi déjà entrée en vigueur. La loi a engendré des situations de droit. Un problème de sécurité juridique se pose.

L'annulation de la loi par le Conseil constitutionnel ne semble pas la bonne solution. Elle supprime les effets de la loi pour l'avenir et dans le passé. Elle crée de l'insécurité. Elle est difficilement acceptable[2].

L'abrogation. - Pour cette raison, l'article 62 de la Constitution (modifié par la LC de 2008) a prévu qu'une disposition déclarée inconstitutionnelle en réponse à une QPC n'est pas annulée. Elle est « abrogée ». La règle législative

1. A. Viala, *Les réserves d'interprétation dans la jurisprudence du Conseil constitutionnel*, LGDJ, 2000.
2. Pour éviter l'annulation, les cours constitutionnelles retiennent des solutions alternatives : v. L. Favoreu, W. Mastor, *Les cours constitutionnelles*, Dalloz, 2011, p. 81 ; O. Jouanjan, « Les effets dans le temps des décisions de la Cour constitutionnelle fédérale d'Allemagne », *Nouv. Cah. Cons. const.*, 2015, n° 47, p. 91.

est supprimée pour l'avenir à compter de la publication de la décision du Conseil constitutionnel.

Éviter le vide juridique. – Mais la solution de l'abrogation peut poser des problèmes de sécurité juridique. Abroger la loi crée également un vide. Il convient de le combler au plus vite. Pour pallier cette difficulté, l'article 62 de la Constitution dispose que l'abrogation de la loi peut avoir lieu, soit à la date de la décision du Conseil constitutionnel, soit à une date ultérieure fixée par cette décision. Le Conseil peut moduler dans le temps des effets de la décision. Cette solution permet de laisser du temps au législateur pour qu'il remédie à l'inconstitutionnalité.

Le Conseil constitutionnel peut tenir compte de différentes circonstances pour reporter les effets de l'abrogation. Elles peuvent être politiques (par ex. pour tenir compte de la suspension des travaux de l'Assemblée nationale, déc. n° 2012-226 QPC du 6 avr. 2012 : report de la date d'abrogation au 1er juill. 2013), ou pratiques (ex. examen en cours d'un projet de loi sur le même thème au Parlement, ou pour « éviter que cette déclaration affecte les modifications législatives en cours d'adoption par le Parlement » : déc. n° 2016-543 QPC du 24 mai 2016, par. 21 ; déc. n° 2012-282 QPC du 23 nov. 2012, cons. 33).

L'abrogation immédiate reste le principe en l'absence de précision contraire expressément mentionnée dans la décision du Conseil. En outre, « la déclaration d'inconstitutionnalité doit bénéficier à l'auteur de la question prioritaire de constitutionnalité ». De plus, la « disposition déclarée contraire à la Constitution ne peut être appliquée dans les instances en cours » (déc. 25 mars 2011, n° 2010-108 QPC et n° 2010-110 QPC).

Le Conseil constitutionnel veille aussi à ce que l'abrogation d'une disposition contraire à la Constitution ne présente pas l'effet pervers de supprimer des garanties pour les justiciables. Elles peuvent avoir le mérite d'exister même lorsqu'elles sont insuffisantes (en permettant, par exemple, « à certaines des personnes placées en détention provisoire d'exercer un recours contre certaines décisions leur refusant un permis de visite », déc. n° 2016-543 QPC du 24 mai 2016, par. 20). Pour cette raison, le Conseil reporte la déclaration d'inconstitutionnalité à une date qu'il détermine « afin de permettre au législateur de remédier à l'inconstitutionnalité constatée » et précise que « les décisions prises en vertu de ces dispositions avant cette date ne peuvent être contestées sur le fondement de cette inconstitutionnalité » (même déc., par. 21).

La responsabilité de l'État du fait des lois inconstitutionnelles

Dans trois arrêts du 23 décembre 2019 (*Soc. Paris Clichy, Soc. Hôtelière Paris Eiffel Suffren, M. Laillat*, n° 425981, n° 425983 et n° 428162), le Conseil d'État a admis la responsabilité de l'État du fait des lois déclarées contraires à la Constitution. Les personnes qui subissent des préjudices nés de l'adoption de ces lois peuvent demander réparation, si plusieurs conditions sont satisfaites.

• Le Conseil constitutionnel doit avoir déclaré la loi inconstitutionnelle :

- Il peut établir ce constat dans le cadre d'une question prioritaire de constitutionnalité (art. 61-1 Const.).

- Il peut aussi, dans le cadre du contrôle *a priori* (art. 61 Const.), déclarer qu'une loi déjà promulguée (qui ne lui aurait pas été auparavant déférée) est inconstitutionnelle. Il peut le faire à l'occasion du contrôle de dispositions législatives qui « la modifient, la complètent ou affectent son domaine ». En effet, en contrôlant la loi qui modifie la précédente, le juge peut constater que la première loi était inconstitutionnelle (c'est la jurisprudence *état d'urgence en Nouvelle-Calédonie* : déc. n° 85-187 DC du 25 janv. 1985).

• Une loi, qui a été déclarée inconstitutionnelle dans le cadre de ces procédures, a été appliquée. Elle peut avoir causé des préjudices. Les personnes concernées peuvent alors demander réparation. Pour cela, elles doivent s'adresser au juge administratif. Mais trois conditions doivent être remplies pour que le juge administratif accorde une indemnité :

1° La décision du Conseil constitutionnel, qui a déclaré la disposition législative inconstitutionnelle, ne doit pas s'opposer à l'indemnisation.

2° Comme dans toute action en responsabilité, la victime doit « établir la réalité de son préjudice et l'existence d'un lien direct de causalité » (entre l'inconstitutionnalité de la loi et le préjudice).

3° La demande doit être présentée dans un délai de quatre ans (en vertu de la règle de la prescription quadriennale), le délai débutant dès que le préjudice qui résulte de l'application de la loi a été connu de la personne concernée.

Lorsque ces conditions sont remplies, l'État peut voir sa responsabilité engagée parce que le législateur n'a pas respecté la Constitution.

La loi n'est donc plus un acte de souveraineté dont les destinataires doivent supporter toutes les conséquences ; ce que, au demeurant, l'on savait déjà. Le régime de responsabilité établi par le Conseil d'État, dans ses arrêts d'assemblée du 23 décembre 2019, prolonge une évolution jurisprudentielle sur la responsabilité du fait des lois.

En effet, la responsabilité pouvait déjà être engagée dans les cas suivants :

- une réparation pouvait être accordée sur le fondement de « l'égalité des citoyens devant les charges publiques » lorsque l'adoption d'une loi créait un préjudice important à l'égard d'une catégorie limitée de personnes (un préjudice « revêtant un caractère grave et spécial ») et à condition que la loi n'ait pas entendu exclure toute indemnisation (CE, ass., 14 janv. 1938, *Soc. des produits laitiers La Fleurette*, n° 51704, *Lebon* 25) ;

- ou pour « réparer l'ensemble des préjudices qui résultent de l'intervention d'une loi adoptée en méconnaissance des engagements internationaux de la France » (CE, ass., 8 févr. 2007, *Gardedieu*, n° 279522, *Lebon* 78).

La réparation des préjudices résultant de l'inconventionnalité ou l'inconstitutionnalité d'une loi mérite, en effet, d'être engagée en raison des « exigences inhérentes à la hiérarchie des normes ».

2. Les effets du contrôle de la compatibilité des engagements internationaux

Le Conseil constitutionnel a également pour mission de veiller au respect de la Constitution par les « engagements internationaux » (art. 54 Const.). Le contrôle a lieu avant la ratification des conventions.

Ce contrôle *a priori* est facultatif. Il est quantitativement moins important que celui des lois. Il est néanmoins essentiel. Les engagements internationaux ont une autorité supérieure aux lois nationales (a). Leur contrariété à la Constitution implique une révision préalable de la Constitution (b). Le Conseil constitutionnel s'assure, lorsqu'il est saisi, que les engagements internationaux ne comportent pas de clauses contraires à la Constitution. En revanche, il refuse toujours, de façon générale, d'admettre sa compétence pour vérifier que les lois respectent les engagements internationaux (c).

a. Un contrôle indispensable au regard de la règle *Pacta sunt servanda*

« Tout traité en vigueur lie les parties et doit être exécuté par elles de bonne foi » (art. 26 de la Convention de Vienne sur le droit des traités du 23 mai 1969). Le droit constitutionnel français reconnaît cette règle, dite *Pacta sunt servanda* : « la République française, fidèle à ses traditions, se conforme aux règles du droit public international » (al. 14 Pr. Const. 1946). Il est donc nécessaire de vérifier la compatibilité des conventions internationales avec la Constitution avant qu'elles soient ratifiées. Après sa *ratification* (qui correspond à *l'engagement*), l'État doit respecter la convention internationale même si elle s'avère contraire à sa Constitution.

Ce contrôle est d'autant plus nécessaire que la Constitution de 1958 dispose que « les traités ou accords régulièrement ratifiés ou approuvés ont, dès leur publication, une autorité supérieure à celle des lois » (art. 55 Const.). Les juridictions, judiciaires et administratives, écartent les lois *inconventionnelles*, qu'elles soient antérieures ou postérieures aux engagements internationaux (Cass., ch. mixte, 24 mai 1975, *Soc. des cafés Jacques Vabre*, n° 73-13556 ; CE, ass., 20 oct. 1989, *Nicolo*, n° 108243).

b. L'inconstitutionnalité dépassée par une révision de la Constitution

Lorsque le Conseil constitutionnel constate qu'un engagement international comporte une clause contraire à la Constitution, l'autorisation de le ratifier ne peut intervenir qu'après révision de la Constitution (art. 54 Const.). C'est, en effet, la Constitution qui est révisée et non la convention internationale qui est modifiée. Cette issue peut paraître paradoxale. La Constitution est supérieure à la convention internationale. Elle est supérieure à toute autre norme dans « l'ordre juridique interne » (Cons. cons., déc. n° 2004-505 DC du 19 nov. 2004, cons. 10 ; CE, ass., 30 oct. 1998, *Sarran*, n° 200286 ; Cass., ass. plén., 2 juin 2000, *Fraisse*, n° 99-60274). Cependant, il est plus facile de réviser la constitution que de renégocier une convention internationale.

Par exemple, le Conseil constitutionnel a, par sa décision n° 2007-560 DC du 20 décembre 2007, déclaré que le traité de Lisbonne, modifiant le traité sur l'Union européenne et le traité instituant la Communauté européenne, était contraire à la Constitution. Celle-ci a donc été révisée le 4 février 2008 pour autoriser la ratification du traité.

c. Le refus de contrôler la *conventionnalité* des lois

Aucune disposition de la Constitution ne donne compétence au Conseil constitutionnel pour procéder au contrôle de *conventionnalité* (c'est-à-dire au contrôle de la compatibilité des lois avec les conventions internationales).

C'est du moins l'interprétation de la Constitution retenue par le Conseil constitutionnel. Malgré les exhortations d'une partie de la doctrine, le Conseil constitutionnel a maintenu cette interprétation tout en acceptant une dérogation pour les directives de l'Union européenne.

L'opposition de principe. – La Constitution confère une autorité supérieure aux conventions internationales sur les lois en vertu de l'article 55. Une loi contraire à un engagement international semble contraire à la Constitution. Pour autant, cette primauté n'oblige pas le Conseil constitutionnel à procéder au contrôle de la conformité des lois aux engagements internationaux (déc. n° 74-54 DC du 15 janv. 1975, cons. 6). La validité des lois au regard de la Constitution ne dépend pas de leur rapport aux engagements internationaux (déc. n° 74-54 DC du 15 janv. 1975, *IVG*, cons. 5).

Le Conseil constitutionnel estime que le contrôle de *conventionnalité* de la loi peut être effectué par les autres juges (administratif et judiciaire). Les rôles sont ainsi répartis entre le Conseil constitutionnel, à qui incombe « le contrôle de conformité des lois à la Constitution », et les « juridictions administratives et judiciaires » qui contrôlent la compatibilité des lois avec les engagements internationaux ou européens (déc. n° 2010-605 DC du 12 mai 2010, cons. 11 ; v. égal. déc. n° 2014-694 DC, cons. 2).

Le régime particulier des directives de l'Union européenne. – Cette répartition des rôles pose problème à l'égard d'une catégorie particulière de norme qui s'inscrit mal dans la distinction : droit national/droit communautaire. Il s'agit des directives de l'Union européenne. Elles relèvent du « droit dérivé ». En effet, pour exercer leurs compétences, les institutions européennes adoptent des règles relevant de différentes catégories : règlements, directives, décisions, recommandations et avis : v. art. 288 TFUE. Parmi elles, les directives présentent la particularité de lier l'État destinataire « quant au résultat à atteindre, tout en laissant aux instances nationales la compétence quant à la forme et aux moyens ». Une norme nationale de transposition, qui peut être une loi, est en principe nécessaire (même si une directive claire, précise, inconditionnelle peut avoir un effet direct vertical permettant aux particuliers de s'en prévaloir à l'égard de leur État).

Deux questions se posent dans le cadre du contentieux constitutionnel : 1° le Conseil constitutionnel, qui contrôle la loi de transposition de la directive, peut-il déclarer une loi contraire à la Constitution parce qu'elle ne transpose pas correctement une directive ? 2° le Conseil constitutionnel peut-il, à cette occasion, déclarer contraire à la Constitution une loi qui transpose correctement une directive parce que cette dernière est contraire à la Constitution ?

1°/ Le contrôle de la loi nationale par rapport à la directive européenne. – Depuis sa décision n° 2004-496 DC du 10 juin 2004, *Loi pour la confiance dans l'économie numérique*, le Conseil constitutionnel estime que l'article 88-1 de la Constitution justifie ce contrôle. Aux termes de cet article, « la République participe à l'Union européenne constituée d'États qui ont choisi librement d'exercer en commun certaines de leurs compétences ». Dès lors, le Conseil constitutionnel considère que « la transposition en droit interne d'une directive de l'Union européenne résulte d'une exigence constitutionnelle » (déc. n° 2004-496 DC, cons. 7).

Ainsi, le Conseil constitutionnel a, pour la première fois, le 30 novembre 2006, déclaré contraire à l'article 88-1 de la Constitution une loi sur le maintien de tarifs réglementés du gaz parce qu'elle ne transposait pas correctement des directives (déc. n° 2006-543 DC du 30 nov. 2006).

Par extension, le Conseil constitutionnel considère qu'il lui appartient aussi de veiller au « respect d'un règlement de l'Union européenne » par la loi qui a « pour objet d'y adapter le droit interne » (déc. n° 2018-765 DC du 12 juin 2018, § 2 ; déc. 2018-768 DC du 26 juill. 2018, § 2).

Un contrôle restreint. – Le Conseil constitutionnel n'est pas compétent pour contrôler des dispositions législatives « qui se bornent à tirer les conséquences nécessaires de dispositions inconditionnelles et précises d'une directive » (ou d'un règlement) de l'Union européenne.

En outre, le Conseil constitutionnel, qui statue dans un délai très court dans le cadre du contrôle *a priori* (art. 61 Const.), opère un contrôle restreint de la loi par rapport à la directive. Il ne saurait déclarer inconstitutionnelle « qu'une disposition législative manifestement incompatible avec la directive qu'elle a pour objet de transposer ».

Il appartiendra ultérieurement « aux juridictions administratives et judiciaires » d'exercer ce contrôle à titre principal et, si nécessaire, « de saisir la Cour de justice de l'Union européenne à titre préjudiciel » (déc. n° 2010-605 DC du 12 mai 2010, cons. 17 ; déc. n° 2014-694 DC, 28 mai 2014, cons. 4).

En revanche, dans le cadre d'une QPC (art. 61-1 Const.), le Conseil constitutionnel peut éventuellement poser une question préjudicielle à la CJUE sur l'interprétation d'une norme européenne (v. déc. n° 2013-314P QPC du 4 avril

2013 sur l'interprétation de la décision-cadre n° 2002/584/JAI du Conseil du 13 juin 2002 relative au mandat d'arrêt européen[1]).

Un contrôle complexe. - De telles modalités de contrôle peuvent s'avérer compliquées à mettre en œuvre lorsque la loi de transposition s'applique à des situations qui s'étendent au-delà du droit communautaire. La loi ayant pour objet de transposer une directive peut concerner d'autres États que ceux de l'Union européenne. Une loi peut décider d'appliquer le même traitement à toutes les situations internes, qu'elles soient régies, ou non, par le droit de l'Union. Elle peut étendre le champ d'application d'une directive en droit interne pour uniformiser les régimes applicables. Dans ce cas, le Conseil constitutionnel dissocie l'objet de son contrôle. Il distingue également les normes de référence. Il contrôle la loi de transposition au regard des exigences de l'article 88-1 de la Constitution et il contrôle la même loi au regard des autres exigences constitutionnelles (déc. n° 2015-726 DC du 29 déc. 2015, cons. 8 ; en l'occurrence, la législation était relative à la distribution de dividendes transfrontaliers réalisés avec des États membres, ou non membres, de l'Union européenne).

2°/ Le contrôle de la directive par rapport à la Constitution. - Le contrôle des directives européennes est exercé par la Cour de justice de l'Union européenne. Pour le Conseil constitutionnel, « il n'appartient qu'au juge communautaire » de contrôler une directive, sauf s'il s'avérait qu'elle heurtait une « disposition expresse de la Constitution » (déc. n° 2004-496 DC du 10 juin 2004, cons. 7).

Une « disposition expresse » ? La formule était curieuse. Elle a été mal accueillie. Le Conseil constitutionnel l'a donc corrigée. Dans sa décision n° 2006-540 DC du 27 juillet 2006, *Droit d'auteur*, il considère que « la transposition d'une directive ne saurait aller à l'encontre d'une règle ou d'un principe inhérent à l'identité constitutionnelle de la France, sauf à ce que le constituant y ait consenti » (cons. 19). Il reste à définir l'*identité constitutionnelle*... Malgré la difficulté, la référence à cette notion a été confirmée (ex. déc. n° 2014-694 DC du 28 mai 2014, cons. 4 ; déc. n° 2017-749 DC du 31 juill. 2017, *CETA*, § 11 ; égal. CE 8 juill. 2015, n° 390154 ; déc. n° 2018-765 DC du 12 juin 2018, § 3 ; déc. n° 2018-768 DC du 26 juill. 2018, § 3)[2].

---

1. H. Labayle, R. Mehdi, *RFDA* 2013. 691 ; M. Gautier, *AJDA* 2013. 1086 ; A. Levade, *Constitutions* 2013, p. 187.
2. *Bibl.* : C. Haguenau-Moizard, « Les conditions de contrôle de constitutionnalité du droit dérivé », *AJDA*, n° 36-2015, p. 2035 ; J. Prevost-Gella, « L'instrumentalisation de la spécificité du droit de l'Union européenne par le Conseil constitutionnel », *RFDA* 2015. 137 ; J.-Ph. Derosier, *Les limites constitutionnelles à l'intégration européenne. Étude comparée : Allemagne, France, Italie*, LGDJ, 2015 ; M. Quesnel, *La protection de l'identité constitutionnelle de la France*, Dalloz, 2015 ; A. Guigue, « L'identité constitutionnelle du Royaume-Uni et le droit de l'Union européenne dans la jurisprudence constitutionnelle du Royaume-Uni », *RD publ.* 2016. 597 ; Rainer Arnold, « L'identité constitutionnelle allemande - un nouveau concept jurisprudentiel », *Constitutions* 2017, p. 515.

3. Les effets du contrôle des opérations électorales

Le Conseil constitutionnel déclare les résultats de l'élection présidentielle après avoir annulé, le cas échéant, les résultats des bureaux de vote où se sont produites des fraudes et des irrégularités qui ont altéré la sincérité du scrutin.

De même, en sa qualité de juge électoral, il peut, en vertu de l'article 41 de l'ordonnance n° 58-1067 du 7 nov. 1958, valider l'élection d'un député ou d'un sénateur, prononcer son annulation, ou réformer les résultats (ce qu'il évite systématiquement de prononcer, même s'il a, pour la première fois en 2015, réformé le résultat et déclaré élu un autre candidat : déc. n° 2014-4902 SEN du 12 févr. 2015, *Vaucluse*).

Le Conseil constitutionnel a également (indépendamment du contentieux relatif à l'élection) la compétence pour déchoir un candidat élu qui s'avère inéligible (C. élect., art. L.O. 136). Il peut le déclarer inéligible lorsqu'il n'a pas déposé son compte de campagne, que celui-ci fait apparaître un dépassement du plafond des dépenses électorales, ou encore qu'il a manqué gravement aux règles relatives au financement des campagnes électorales (art. L.O. 136-1, même code).

SÉQUENCE 11

Le Conseil constitutionnel

SITUATION 1

La nature du Conseil constitutionnel

La question de la qualification du Conseil constitutionnel est constamment soulevée depuis sa création. Le Conseil a été présenté comme un « contre-pouvoir » (R. Badinter). Il peut s'opposer à une loi adoptée par la majorité présidentielle. Or le Conseil entend être un juge. Il affiche sa neutralité politique.

» Le Conseil constitutionnel est-il une *juridiction* ?

Une juridiction doit être *indépendante* des pouvoirs exécutif et législatif. Elle règle des *différends* entre des *parties* par référence à des *règles de droit* (la juridiction dit le droit). La *procédure* contentieuse est « organisée » (CEDH, 22 oct. 1984, *Sramek c/ Autriche,* série A n° 84, § 36). Elle assure l'égalité de traitement entre les justiciables et le respect des droits de la défense (le principe du contradictoire, notamment, impose la communication des arguments de la partie adverse avant l'audience : CEDH, 29 mai 1986, *Feldbrugge c/ Pays-Bas,* série A n° 99, § 44). Cette procédure contribue à rendre *impartiale* une décision qui, sauf voie de recours, ne peut être remise en cause (la décision a « autorité de chose jugée », déc. n° 88-244 DC, cons. 18).

Au regard de ces critères, le Conseil constitutionnel est-il une juridiction ? L'État a répondu positivement. La France a ratifié, le 12 avril 2018, le protocole n° 16 à la Convention européenne des droits de l'homme qui permet aux plus « hautes juridictions » nationales d'adresser à la Cour européenne des demandes d'avis consultatifs. Une déclaration précise que ces « plus hautes juridictions » françaises sont le Conseil constitutionnel, le Conseil d'État et la Cour de cassation.

Malgré cela, la réponse mérite d'être nuancée. Elle est différente selon la compétence exercée par le Conseil constitutionnel :

– Les missions consultatives du Conseil constitutionnel ne s'inscrivent pas dans le cadre d'une fonction juridictionnelle. Le Conseil constitutionnel ne règle pas de litige entre des parties lorsque, en matière électorale, il rend des avis sur les décrets, prend des décisions, ou édicte des mémentos, ou circulaires.

– Il existe, en revanche, des raisons de considérer que le Conseil constitutionnel est une juridiction lorsqu'il règle un différend entre des parties[1]. C'est le cas lorsqu'il exerce les compétences suivantes :

• Le contentieux électoral présente les caractéristiques d'un procès lorsque le Conseil constitutionnel statue sur des « contestations » des candidats dans le cadre d'une procédure contradictoire[2].

• De même, le contentieux constitutionnel de la QPC implique des parties à « l'instance ». La décision du Conseil constitutionnel a, certes, une portée qui ne concerne pas seulement les parties. Elle a un effet *erga omnes*. La loi est abrogée et non simplement écartée lors du procès comme dans le système américain. Mais la procédure est conçue pour résoudre un « litige » et « la déclaration d'inconstitutionnalité doit bénéficier à l'auteur » de la QPC. Une procédure contradictoire est également prévue (art. 23-10, ord. n° 58-1067 du 7 nov. 1958 ; art. 3 du règlement intérieur sur la procédure suivie pour les QPC).

• Le caractère juridictionnel du contrôle *a priori* de constitutionnalité des lois a été discuté[3]. Il n'est toutefois pas abusif de considérer que la procédure est juridictionnelle au regard de certains critères. La procédure est contradictoire[4]. Deux parties s'opposent : le gouvernement, qui défend la loi (au nom de la majorité parlementaire, dans le contexte présidentialiste de la Ve République[5]), et l'opposition, qui a saisi le Conseil constitutionnel. Le gouvernement répond par des « observations » aux « saisines » des parlementaires. Le Conseil intervient dans un différend[6]. Le contentieux est abstrait, mais il s'inscrit dans le cadre d'un affrontement. En outre, le Conseil constitutionnel ne se désintéresse pas des conséquences de ses décisions pour les parties[7].

La fonction du Conseil constitutionnel semble hybride. Selon les attributions qui lui sont dévolues, le Conseil est un juge constitutionnel ou un « organe régulateur de l'activité des pouvoirs publics » (déc. n° 62-20 DC du 6 nov. 1962, cons. 2).

---

1. Th. Santolini, *Les parties dans le procès constitutionnel*, Bruylant, 2010.
2. G. Dumortier, « La procédure devant le Conseil constitutionnel, juge électoral : sous les pavés, la plage ? », *Nouv. Cah. Cons. const.*, n° 41, oct. 2013.
3. G. Vedel, « Réflexion sur les singularités de la procédure devant le Conseil constitutionnel », *Mélanges Roger Perrot*, Dalloz 1996 p. 537 ; G. Drago, « Le contentieux constitutionnel des lois, contentieux d'ordre public par nature », *Mélanges Roland Drago*, Economica, 1996 p. 9 ; J. Gicquel, « L'autonomie de la procédure suivie par le Conseil constitutionnel », *Mélanges Jean Waline*, Dalloz, 2002, p. 590 ; D. Rousseau, « Le procès constitutionnel », *Pouvoirs*, n° 137, 2011, p. 47.
4. M. Verpeaux, « La procédure contradictoire et le juge constitutionnel », *RFDA* 2001. 339.
5. D. Connil, « La défense de la loi déférée au Conseil constitutionnel. Analyse d'un paradoxe », *RFDC* 2013/4, p. 246.
6. P. Jan, *Le procès constitutionnel*, LGDJ, 2e éd., 2010 ; E. Cartier, « Le secrétaire général du gouvernement, défenseur attitré de la loi dans le cadre du contentieux de la QPC », *LPA*, 21 févr. 2013, p. 4.
7. S. Salles, *Le conséquentialisme dans la jurisprudence du Conseil constitutionnel*, LGDJ, 2016.

Ce constat a donné à penser, avec Marcel Waline, que cette instance était « tantôt contentieuse tantôt non contentieuse » selon qu'elle était, ou non, en présence, de « prétentions opposées » (préface à la 1re éd. des *GDCC*, Dalloz, 1975).

Ces prétentions ont, de surcroît, une portée politique. Elle contribue à troubler la qualification du Conseil constitutionnel.

» La neutralité affichée du Conseil constitutionnel

Le Conseil constitutionnel règle des différends entre des acteurs politiques. Il doit, à son corps défendant, prendre position dans un débat de nature politique.

En réaction, le Conseil affiche sa neutralité. Il entend attester de son impartialité pour ne pas apparaître comme un acteur du jeu politique.

Autojustification. – Le Conseil constitutionnel a affirmé sa neutralité politique dans une décision du 15 janvier 1975. Il a déclaré que la Constitution ne lui conférait pas « un pouvoir général d'appréciation et de décision identique à celui du Parlement, mais lui donne seulement compétence pour se prononcer sur la conformité à la Constitution des lois déférées à son examen » (déc. n° 74-54 DC du 15 janv. 1975, *IVG*, cons. 1 ; *GDCC*, 17e éd., n° 15).

L'objet sociétal de la loi contrôlée, relative à *l'interruption volontaire de grossesse*, explique cette prise de position[1]. Mais cette décision a également été rendue à une période charnière de l'histoire du contentieux constitutionnel, après la révision constitutionnelle du 29 octobre 1974 qui a donné à l'opposition parlementaire l'accès au Conseil constitutionnel.

Par cette formule, le Conseil revendique sa neutralité politique. Il cherche à éviter l'accusation de *gouvernement des juges*. Par la suite, il utilisera des formules qui auront la même fonction. Le Conseil a, par exemple, précisé que son contrôle n'avait pas pour objet « de gêner ou de retarder l'exercice du pouvoir législatif mais d'assurer sa conformité à la Constitution » (déc. n° 85-197 DC du 23 août 1985, cons. 20).

La formule issue de la décision du 15 janvier 1975 a été critiquée. Le contrôle de constitutionnalité oblige le Conseil constitutionnel à établir le sens des lois et les conditions de leur validité par référence à des règles constitutionnelles. Il doit déterminer le sens des normes à appliquer. Il peut donc sembler inutile de préciser qu'il interprète la Constitution et les lois avec un pouvoir d'appréciation différent de celui du Parlement. C'est une évidence.

Le Conseil constitutionnel a néanmoins réitéré sa formule, mais il l'a simplifiée. Il a considéré qu'il ne disposait pas « d'un pouvoir général d'appréciation et de décision de même nature que celui du Parlement » (déc. n° 2001-444 DC du 9 mai 2001, *LO modifiant la date d'expiration des pouvoirs de l'AN*, cons. 3).

Plus sobrement, le Conseil souligne désormais qu'il ne dispose pas « d'un pouvoir général d'appréciation de même nature que celui du Parle-

1. *cf. Les grandes délibérations du Conseil constitutionnel*, Dalloz, 2e éd., 2014, n° 21, p. 266.

ment » (ex. déc. n° 2011-112 QPC du 1er avr. 2011). La formule est usuelle et apparaît dans de nombreuses décisions.

Neutralité et objet de la loi. – Le Conseil constitutionnel s'astreint à adopter une attitude réservée pour donner le sentiment de ne pas se substituer au législateur. La tâche est difficile. Elle dépend du sujet traité.

– Certains sujets, notamment ceux *dits* de société, permettent au Conseil constitutionnel de donner ce sentiment. Par exemple, sur le mariage homosexuel, le Conseil constitutionnel a précisé, en 2011, que la question de savoir si une différence de traitement devait être retenue relevait de l'« appréciation » du législateur (déc. n° 2010-92 QPC, du 28 janv. 2011, cons. 9) et, en 2013, que la loi ouvrant le mariage aux personnes de même sexe était conforme à la Constitution (déc. n° 2013-669 DC du 17 mai 2013).

De même, le Conseil constitutionnel a laissé au législateur le soin de faire évoluer sa législation sur la prostitution. Il a seulement vérifié qu'il avait retenu « un moyen » qui n'était pas « manifestement inapproprié à l'objectif de politique publique poursuivi » : déc. n° 2018-761 QPC du 1er févr. 2019, § 12 (v. E. Buge, « Pénalisation des clients de la prostitution : le Conseil constitutionnel face aux choix de société », *AJDA* 2019. 969).

– Sur d'autres sujets, la marge d'appréciation du Conseil constitutionnel semble plus étendue. Les termes utilisés trahissent son libre arbitre, lorsqu'il évoque, par exemple, un *motif illégitime* pour censurer un choix du législateur. Par exemple, il s'est opposé au maintien du régime fiscal dérogatoire applicable aux successions en Corse parce que la législation, selon lui, conduisait à ce que, « sans *motif légitime*, la transmission des immeubles puisse être dispensée du paiement de droits de mutation » (déc. n° 2012-662 DC du 29 déc. 2012, *Loi de finances pour 2013*, cons. 133 ; à l'égard de cette formule, a écrit Martin Collet : « Gouvernement des juges, dites-vous ? », v. *Le Monde*, 3 janv. 2013).

SITUATION 2

Le débat sur la composition du Conseil constitutionnel

Il est « de la plus grande importance », selon Hans Kelsen, « d'accorder dans la composition de la juridiction constitutionnelle une place adéquate aux juristes de profession »[1]. Cette place serait insuffisante au Conseil constitutionnel[2]. L'institution serait politisée en raison du profil de ses membres.

1. H. Kelsen, « La garantie juridictionnelle de la Constitution », *RD publ.* 1928. 227.

2. J. Thomas, *L'indépendance du Conseil constitutionnel*, LGDJ, coll. « Fond. Varenne », 2010.

Les critiques. - La présence de personnalités politiques au Conseil soulève les interrogations suivantes :

1/ La première concerne les incidences de la carrière politique de ses membres sur la neutralité de l'institution. Les anciens chefs de gouvernement, ministres, parlementaires, ou directeurs de cabinet entrent au Conseil constitutionnel avec leur parcours politique et leur proximité avec des élus. Ils ne peuvent laisser leur carrière au vestiaire. Ils sont, au demeurant, nommés parce qu'ils ont cette légitimité. Mais cette expérience politique peut troubler le fonctionnement de l'institution. Elle ne favorise pas l'apparence de neutralité recherchée.

Le parcours politique des membres du Conseil peut être une source de perturbations. Il peut mettre l'institution en péril, notamment lorsqu'il concerne le président du Conseil constitutionnel. L'usage s'est en effet imposé de nommer d'éminentes personnalités politiques à la tête du Conseil.

L'affaire *Dumas* l'a démontré. Celui-ci a été ministre des Affaires étrangères (de 1984 à 1986 et de 1988 à 1993). Il a été nommé président du Conseil constitutionnel en 1995. Il fut compromis dans l'affaire *Elf* pour des faits remontant à l'époque où il exerçait des responsabilités ministérielles. Il fut mis en examen le 24 mars 1999. Durant onze mois, M. Roland Dumas dut se placer en « retrait » du Conseil constitutionnel. La situation, très mal vécue par les autres membres, devint intenable. Il démissionna le 1er mars 2000. Il fut pourtant relaxé, mais le mal était fait, tant pour lui que pour l'institution.

2/ La présence de personnalités politiques soulève la question de la légitimité du Conseil. Cette présence peut contribuer à la représentativité de l'institution et, au demeurant, être souhaitable[1]. Les juges rendent leurs décisions au nom du Peuple français. Bien qu'il n'utilise pas cette formule dans ses décisions, le juge constitutionnel représente le Peuple français et doit bénéficier d'une légitimité politique.

Mais la teneur de cette légitimité politique peut être discutée. La composition du Conseil constitutionnel ne saurait refléter l'ensemble des courants d'opinion. En outre, cette légitimité politique peut paraître en contradiction avec le lien institutionnel établi entre le juge constitutionnel et les autres tribunaux. Leur légitimité devrait être de même nature. Or la légitimité des juges se caractérise avant tout par « l'impartialité »[2]. Les juges inspirent confiance aux justiciables en raison de leurs compétences professionnelles, des garanties procédurales et d'une apparence de neutralité, notamment politique.

Le critère professionnel. - Pour mettre un terme à ce débat, la France pourrait s'inspirer de modèles étrangers où les qualités requises sont mentionnées dans la Constitution. Par exemple, l'article 135 de la Constitution italienne dispose que

1. R. De Bellescize, « Contre l'indépendance du Conseil constitutionnel », *Le Monde*, 12 juill. 2013.
2. Une légitimité qui, selon P. Rosanvallon, « se tient à distance égale de toutes les parties impliquées » (*La contre-démocratie. La politique à l'âge de la défiance*, Seuil, 2006, p. 115-116).

« les juges de la Cour constitutionnelle sont choisis parmi les magistrats, même à la retraite, des juridictions supérieures, ordinaires et administratives, les professeurs titulaires des facultés de droit et les avocats comptant vingt ans d'exercice de leur activité professionnelle » (on trouve une formule équivalente à l'art. 159 de la Constitution espagnole).

Tous les auteurs ne sont pas favorables à cette solution. Guy Carcassonne considérait que la situation française était préférable à celle où « ne figureraient au sein du Conseil constitutionnel que des magistrats et professeurs de droit blanchis sous la basoche, qui finiraient par avoir des discussions sans doute passionnantes et élevées, mais qui seraient parfaitement capables de déclencher une guerre civile, pour dire les choses simplement »[1].

Ce raisonnement a conduit, en pratique, à ce que des constitutionnalistes de renom ne fussent pas nommés au Conseil constitutionnel pour ne pas perturber le fonctionnement de l'institution... Le Professeur Louis Favoreu n'a pas eu cet honneur (ou, inversement, pourrait-on dire pour le Conseil constitutionnel). Ce fut le cas toutefois, parmi d'autres, de Georges Vedel, nommé en 1980 (v. B. Genevois, « Un universitaire au Conseil constitutionnel : le Doyen Georges Vedel », *RFDA* 2004. 215).

L'on peut également s'interroger sur la pertinence de cette argumentation lorsque l'on constate que les cours constitutionnelles qui rayonnent en Europe sont composées de juristes de formation et notamment de professeurs de droit[2]. Or ces cours n'ont pas encore déclenché de « guerre civile »...

Dans ce débat, l'on oublie aussi que les professeurs de droit ont des convictions politiques... (un membre du Conseil constitutionnel, professeur de droit, peut même quitter l'institution pour devenir ministre ; ce fut le cas de Mme Nicole Belloubet qui est devenue garde des Sceaux le 21 juin 2017).

Pour autant, le constat de la politisation du Conseil constitutionnel ne doit pas faire oublier que le parcours de la plupart des membres nommés depuis 1958 pourrait répondre à des critères reposant sur les qualités professionnelles (ex. : diplômes et expérience professionnelle). Il faut également relever que l'institution est parvenue à dépasser les clivages politiques. Une forme de neutralité s'est imposée qui s'explique, notamment, par l'indépendance des membres nommés, la collégialité et le travail accompli par son secrétaire général.

De même, il faut souligner que peu de cours constitutionnelles échappent à cette accusation de politisation de l'institution quelles que soient les qualités requises. Par exemple, si la

1. G. Carcassonne, « Les membres du Conseil constitutionnel : 1958-2008 », *Cah. Cons. const.*, HS 2009, 3 nov. 2009.

2. L. Favoreu, W. Mastor, *Les cours constitutionnelles*, Dalloz, 2011, p. 45 s. ; P. Bon, « La désignation des juges constitutionnels en droit comparé. Quels enseignements en tirer pour le Conseil constitutionnel ? », *in La composition des juridictions : perspectives de droit comparé*, Bruylant, 2014, p. 209.

Cour constitutionnelle fédérale d'Allemagne comprend des juristes de formation, la désignation des juges, « élus pour moitié par le *Bundestag* et pour moitié par le *Bundesrat* » (art. 94, *Loi fond. pour la RFA*), « revient » en pratique aux partis politiques[1].

Préserver l'apparence. – Celle-ci est fondamentale pour une juridiction. Elle participe au sentiment de justice. Les conditions d'âge, d'expérience et de qualification professionnelles contribuent à préserver cette apparence. Si l'on ne veut pas que pèsent continûment des accusations sur la compétence et l'orientation politique de ses membres, il convient de rééquilibrer sa composition. C'est une question de dosage. À défaut, l'institution ne peut échapper à la critique[2].

Connaître la position des membres du Conseil. – La publication d'opinions séparées, dissidentes ou concordantes, d'un ou plusieurs juges, relatives à la motivation ou au sens de la décision, permettrait de mettre en valeur les qualités d'argumentation juridique des membres du Conseil constitutionnel[3]. Mais, en France, cette solution n'a jamais été acceptée. Elle affecterait le secret et la collégialité de la délibération. La décision doit exprimer la position *du* Conseil.

1. M. Fromont, « Présentation de la Cour constitutionnelle fédérale d'Allemagne », *Cah. Cons. const.*, n° 15, janv. 2004 ; T. Hochmann, « La composition de la Cour constitutionnelle allemande bientôt conforme à la Loi fondamentale », *Constitutions* 2015, p. 535.
2. M.-L. Basilien-Gainche, Ph. Blachèr, F. Chaltiel, B. François, J.-Ph. Heurtin, « Le Conseil constitutionnel est plus que jamais, un vieux club de mâles en fin de carrière politique », *Le Monde*, 1er mars 2010 ; P. Wachsmann, « Sur la composition du Conseil constitutionnel », *Jus Politicum*, n° 5, 2010.
3. v. *Cah. Cons. const.*, n° 8, dossier : *Débat sur les opinions dissidentes*, juill. 2000.

SITUATION 3

La QPC : une procédure hybride

Question prioritaire de constitutionnalité, ou QPC. Les termes sont énigmatiques et l'acronyme barbare. Mais ils ont été retenus pour ne pas utiliser des expressions plus classiques, qui n'étaient pas adaptées à la procédure instituée. La QPC n'est, en effet, pas une *exception d'inconstitutionnalité*. Elle est plutôt une *question préjudicielle*, mais qui doit être posée *en priorité* parce qu'elle est concurrencée par *l'exception d'inconventionnalité*.

La QPC n'est pas une exception d'inconstitutionnalité. – L'institution d'une « exception » d'inconstitutionnalité a longtemps été proposée (v. le projet de loi const. de 1990 et la prop. n° 74 du Comité Balladur en 2007)[4]. Mais le

4. R. Badinter, « Aux origines de la question

terme n'est pas approprié pour qualifier la QPC. Une exception d'inconstitutionnalité est une demande incidente présentée devant un juge pour qu'il réponde à une question qui ne porte pas directement sur l'affaire, mais qui conditionne l'issue du procès (par exemple, devant une juridiction pénale, un avocat peut soulever une exception d'inconventionnalité en affirmant que la disposition du Code pénal, qui réprime une infraction et qui est le fondement de la poursuite, est contraire à un article de la Convention européenne des droits de l'homme).

Dans le cadre de la QPC, le juge ne se prononce pas directement sur la constitutionnalité de la loi. Or le *juge de l'action* doit être *le juge de l'exception*. La QPC n'est donc pas une exception d'inconstitutionnalité.

La QPC ressemble à une question préjudicielle. – Une question préjudicielle oblige le tribunal (juge *a quo*) à surseoir à statuer, ce qui suspend le cours de la procédure jusqu'à ce qu'un autre tribunal (juge *ad quem*) lui apporte la réponse (par exemple, le juge judiciaire interroge le juge administratif sur la légalité des actes administratifs ; de même, les tribunaux nationaux interrogent la Cour de justice de l'Union européenne sur l'interprétation et la validité des normes communautaires).

La QPC peut être assimilée à une « question préjudicielle » – comme l'envisageait le comité Vedel en 1993, rapport, précité, p. 77 – parce que le tribunal la renvoie à une juridiction supérieure (v. X. Magnon, « La question prioritaire de constitutionnalité est-elle une "question préjudicielle" ? » *AJDA* 2015. 254).

Certes, le tribunal devant lequel la QPC est soulevée procède à un premier contrôle. Il peut, notamment, considérer que la loi ne mérite pas d'être renvoyée (ce qui est généralement le cas : ainsi, entre les 1er mars 2010 et 1er mars 2015, environ 10 000 QPC ont été posées ; la Cour de cassation et le Conseil d'État n'ont respectivement transmis que 258 [sur 1 500] et 207 [sur 856] QPC). Mais le tribunal ne peut déclarer la loi inconstitutionnelle.

La QPC peut donc être qualifiée de *question préjudicielle*, même si une autre difficulté se présente pour la classer dans cette catégorie. Comme l'ont relevé MM. Julien Bonnet et Pierre-Yves Gahdoun, la question préjudicielle est « obligatoirement posée en amont du procès car, justement, la réponse donnée conditionne l'existence du procès. En cela, la QPC ne peut pas être une question préjudicielle, car elle peut être posée à tout moment de l'instance, y compris en cause d'appel. Elle n'est donc pas préjudicielle »[1].

La QPC est « prioritaire » mais elle n'est pas nécessairement posée en première instance.

Une question de constitutionnalité à poser en « priorité ». – La QPC doit être examinée *sans délai* par les pre-

prioritaire de constitutionnalité », *RFDC* 2014, n° 100, p. 777 ; G. Boudou, « De Chatenet à de Gaulle : La perspective d'un contrôle *a posteriori* de constitutionnalité des lois en 1968-1969 », *RFDC* 2016/3, p. 517.

1. J. Bonnet et P.-Y. Gadhoun, *La question prioritaire de constitutionnalité*, PUF, coll. « Que sais-je ? », 2014, p. 23.

miers juges. Mais ce n'est pas la raison principale pour laquelle la QPC est qualifiée de *prioritaire*. Elle est à poser *en priorité*..., mais avant quoi ? La QPC doit être posée avant que la contestation de la loi ne soit réglée par la réponse donnée à une question d'une autre nature. Le contrôle de la constitutionnalité des lois est concurrencé par le contrôle de *conventionnalité* des lois (c'est-à-dire, le contrôle de la compatibilité des lois avec les conventions internationales). Ces contrôles de *constitutionnalité* et de *conventionnalité* peuvent avoir le même objet. La QPC a pour objet de vérifier que les lois sont conformes aux droits et libertés consacrés dans la Constitution. Or, la plupart des droits et libertés sont également garantis par des engagements internationaux (ex. la Convention européenne des droits de l'homme).

Le contrôle de conventionnalité présente l'avantage de permettre au juge de répondre immédiatement à la question posée. Aussi, pour éviter cette concurrence préjudiciable à la QPC, la loi organique n° 2009-1523 du 10 décembre 2009 prévoit que l'examen de la QPC a toujours lieu avant (« par priorité ») celui de la compatibilité de la loi avec un engagement international (art. 23-2 ord. n° 58-1067 du 7 nov. 1958 portant LO sur le Conseil constitutionnel issu de la LO n° 2009-1523 du 10 déc. 2009).

Cette priorité permet de « garantir le respect de la Constitution et rappeler sa place au sommet de l'ordre juridique interne » (décision n° 2009-595 DC, 3 déc. 2009, cons. 14).

Exception à la priorité. – Le Conseil constitutionnel réserve, néanmoins, le cas de « l'incompatibilité d'une loi avec le droit de l'Union européenne ». Le juge n'est alors pas limité par la priorité réservée à la QPC. Il doit faire « ce qui est nécessaire pour empêcher que des dispositions législatives qui feraient obstacle à la pleine efficacité des normes de l'Union soient appliquées » au litige (déc. n° 2010-605 DC du 12 mai 2010, *Jeux d'argent et de hasard*, cons. 14).

SITUATION 4

L'ouverture du Conseil constitutionnel aux justiciables : la décision sur la garde à vue

L'institution de la *QPC* a eu des incidences considérables sur l'accès au droit constitutionnel par les justiciables et les praticiens du droit. Outre la première et symbolique décision QPC, qui a mis fin à la « cristallisation » des pensions de retraite applicable aux ressortissants des pays autrefois sous souveraineté française (déc. n° 2010-1 QPC du 28 mai 2010), la mise en œuvre de la nouvelle procédure a été marquée par la retentissante décision relative à la garde à vue (déc. n° 2010-14/22 QPC du 30 juill. 2010).

La seizième décision QPC a été saluée par les avocats comme une étape importante de l'État de droit. En effet, jusqu'en 2010, des centaines de milliers de personnes étaient chaque année placées en garde à vue dans le cadre d'une procédure permettant à un officier de police judiciaire de retenir une personne, dans les locaux de la police, pour une durée de 24 heures (pouvant être prolongée de 24 h.). La visite de l'avocat était limitée à 30 minutes et la décision du procureur de la République sur la poursuite était prise avant la fin de la garde à vue. Le sort de la personne placée en garde à vue se jouait donc durant ce délai, ce qui posait problème au regard du principe constitutionnel du *respect des droits de la défense.*

Ces critiques ont été relevées dans la décision du Conseil constitutionnel. Sa motivation se distingue de celle qui était habituellement retenue et qui était standardisée. Dans sa décision du 30 juillet 2010, les faits sont, au contraire, évoqués pour justifier l'interprétation retenue. Le Conseil constitutionnel observe, notamment, que l'évolution de la procédure a « contribué à banaliser le recours à la garde à vue, y compris pour des infractions mineures ; qu'elles ont renforcé l'importance de la phase d'enquête policière dans la constitution des éléments sur le fondement desquels une personne mise en cause est jugée ; que plus de 790 000 mesures de garde à vue ont été décidées en 2009 ; que ces modifications des circonstances de droit et de fait justifient un réexamen de la constitutionnalité des dispositions contestées » (cons. 18) (v. P. Puig, « QPC : le changement de circonstances source d'inconstitutionnalité », *RTD civ.* 2010. 513).

Le Conseil constitutionnel a donc déclaré les articles concernés du Code de procédure pénale contraires à la Constitution et a laissé onze mois au Parlement pour modifier la législation.

Une nouvelle loi, n° 2011-392 du 14 avril 2011, a été adoptée. Elle a, notamment, prévu la présence de l'avocat « dès le début de la garde à vue » (C. pr. pén., art. 63-3-1).

SITUATION 5

Un exemple de réserve d'interprétation : le droit de chasse sur la propriété d'autrui...

Dans une réserve d'interprétation, le Conseil constitutionnel considère qu'une loi est conforme à la Constitution lorsqu'elle est interprétée dans un certain sens. Il est énoncé dans la décision[1]. Les réserves d'interprétation sont mentionnées dans les *motifs* mais aussi dans le *dispositif*

1. Th. Di Manno, *Le juge constitutionnel et la*

de la décision (celui-ci précise alors les paragraphes dans lesquels les réserves sont formulées).

Le Conseil constitutionnel peut énoncer plusieurs types de réserves. Il peut :

- neutraliser certaines interprétations (interdisant certaines interprétations pour *vider la loi de son venin*) ;
- prescrire aux autorités d'appliquer la loi dans un certain sens (interprétation directive) ;
- apporter des corrections à la loi (interprétation constructive).

Dans les trois cas, le Conseil constitutionnel évite de déclarer la loi contraire à la Constitution. Il ne la censure pas. Il se contente d'orienter l'interprétation (même si une partie de la doctrine considère que la réserve d'interprétation est, ni plus ni moins, une décision parce qu'elle détermine la signification de la loi).

L'autorité des réserves d'interprétation. – Les juridictions judiciaires et administratives se réfèrent aux réserves d'interprétation en citant la décision du Conseil constitutionnel. L'exemple suivant sur les droits de chasse et de propriété le montre.

La chasse est un domaine traditionnel d'opposition entre les propriétaires et les associations communales de chasse agréées (ACCA). Ces associations sont chargées d'assurer une bonne gestion cynégétique. Mais certains propriétaires n'acceptent pas la présence de chasseurs sur leurs terres.

Le législateur est intervenu pour concilier les prérogatives de chacun. La loi a prévu que les associations communales sont constituées sur les terrains autres que ceux qui ont fait l'objet « de l'opposition de propriétaires, (...) qui, au nom de convictions personnelles opposées à la pratique de la chasse, interdisent, y compris pour eux-mêmes, l'exercice de la chasse sur leurs biens, sans préjudice des conséquences liées à la responsabilité du propriétaire, notamment pour les dégâts qui pourraient être causés par le gibier provenant de ses fonds » (C. envir., art. L. 422-10). La formule est alambiquée... Elle manque de clarté. Un propriétaire peut-il, au regard de cette disposition, exiger l'exclusion de ses parcelles du territoire d'une association de chasse sans justifier ses convictions personnelles ?

Pour le Conseil constitutionnel, la réponse à cette question est positive pour que la constitutionnalité de la loi soit admise. C'est une réserve d'interprétation de la loi. Le juge constitutionnel considère que « lorsque le propriétaire déclare s'opposer à la pratique de la chasse sur ses biens au nom ou à raison de ses convictions personnelles, son opposition ne sau-

---

technique des décisions "interprétatives" et France et en Italie, Economica, 1999 ; A. Viala, *Les réserves d'interprétation dans la jurisprudence du Conseil constitutionnel*, LGDJ, 1999 ; M. Disant, *L'autorité de la chose interprétée par le Conseil constitutionnel*, LGDJ, 2009 ; B. Mathieu et M. Verpeaux (dir.), *L'autorité des décisions du Conseil constitutionnel*, Dalloz, 2010 ; X. Magnon, « Sur un pont-aux-ânes ? L'autorité des décisions du Conseil constitutionnel, pour une distinction entre « autorité » et « force » de chose jugée », *RFDA* 2013. 859 ; M. Verpeaux, « Contrôle de constitutionnalité des actes administratifs », *Rép. de contentieux administratif*, Dalloz (janv. 2011, actual. mars 2014).

rait faire l'objet d'aucune demande de justification » ; c'est « sous cette réserve » que « les dispositions en cause ne sont pas contraires à la Constitution » (déc. n° 2000-434 DC du 20 juill. 2000, *Loi relative à la chasse*, cons. 28 et 29).

Cette réserve d'interprétation s'impose aux juges. Le Conseil d'État l'a admis. Il a précisé que le préfet qui exclut une parcelle à la demande de son propriétaire n'a pas à apprécier la sincérité de ses convictions personnelles à l'encontre de la pratique de la chasse sur son bien. Pour motiver son arrêt, le Conseil d'État a repris la réserve d'interprétation du Conseil constitutionnel de façon expresse (CE 3 avr. 2014, n° 364315).

Autorité de chose jugée. – Pour le Conseil d'État, « les réserves d'interprétation dont une décision du Conseil constitutionnel assortit la déclaration de conformité à la Constitution d'une disposition législative sont revêtues de l'autorité absolue de la chose jugée ». Elles « lient le juge administratif pour l'application et l'interprétation de cette disposition ». Dès lors, « il appartient à celui-ci d'en faire application, le cas échéant, d'office » (CE 15 mai 2013, *Cne de Gurmençon*, n° 340554, v. concl. A. Lallet [rapp. Public] : « L'autorité absolue de chose jugée par le Conseil constitutionnel », *AJDA* 2013. 1639).

Index

D

E

F

G

H

I

L

M

N

O

S

T

U

V

Table des matières

720765 - (II) – OSB 80 - NOR– (HCH)
Imprimé en France par CPI Bussière
en juin 2023
Dépôt légal : septembre 2021
N° d'impression : 2072574